Windows 10

Schritt für Schritt erklärt

von
Jörg Hähnle

Vierfarben

Liebe Leserin, lieber Leser,

in der Kürze liegt bekanntlich die Würze, und so salopp lässt sich auch am besten der Kerngedanke dieses kompakten und doch vollständigen Handbuchs zu Windows 10 beschreiben, in dem Sie zu jeder Aufgabe und Fragestellung auf maximal zwei Seiten die Lösung gezeigt bekommen.

Sollten Sie noch über keinerlei Erfahrung mit Windows verfügen – mit dem detaillierten Inhalts- oder Stichwortverzeichnis finden Sie sicher schnell heraus, worauf es Ihnen ankommt: Windows installieren, E-Mails schreiben, im Internet surfen oder Fotos bearbeiten. Haben Sie eine Aufgabe gemeistert, können Sie mithilfe der vielen Zusatztipps nach und nach weiter in die Materie einsteigen, bis zur Einrichtung von Benutzerkonten und Netzwerken.

Wer bisher schon Windows 8 oder 8.1 genutzt hat, dem wird manches in Windows 10 vertraut erscheinen – dennoch hat sich hier so einiges getan, zumal seit Erscheinen von Windows 10 im Juli 2015 eine Reihe von größeren und kleineren Updates hinzugekommen sind. Das fängt beim neuen Startmenü an und hört bei der Sprachassistentin Cortana und dem neuen Browser Edge noch lange nicht auf. Auf der anderen Seite wird auch dem Windows-7-Anwender oder Nutzern noch älterer Versionen hier nicht alles »spanisch« vorkommen. Doch wie man die Kacheln auf der Oberfläche handhabt und was genau dahintersteht – ein Programm oder auch eine Live-Anzeige der Mail- oder Wetter-App – das dürfte durchaus neu sein. Lassen Sie sich also überraschen von dem geballten Windows-Wissen, das Ihnen unser erfahrener Autor Jörg Hähnle schrittweise vermittelt!

Dieses Buch wurde mit größter Sorgfalt geschrieben und hergestellt. Sollten Sie dennoch einmal einen Fehler finden oder inhaltliche Anregungen haben, freue ich mich, wenn Sie mit mir in Kontakt treten. Für Kritik bin ich dabei ebenso offen wie für lobende Worte. Doch nun halte ich Sie nicht länger auf – viel Spaß und Erfolg mit dem neuen Windows wünscht Ihnen

Ihre Isabella Bleissem
Lektorat Vierfarben

isabella.bleissem@vierfarben.de

Sie haben Fragen, Wünsche oder Anregungen zum Buch?
Gerne sind wir für Sie da:

Anmerkungen zum Inhalt des Buches: *isabella.bleissem@vierfarben.de*
Bestellungen und Reklamationen: *service@vierfarben.de*
Rezensions- und Schulungsexemplare: *hendrik.wevers@vierfarben.de*

An diesem Buch haben viele mitgewirkt, insbesondere:
Lektorat Isabella Bleissem, Erik Lipperts
Korrektorat Marita Böhm, München
Herstellung Denis Schaal
Einbandgestaltung Julia Schuster
Coverfotos Shutterstock: 264856349 © Juta; iStockphoto: 18935684 © Jacob Wackerhausen, 84749997 © czekma13, 16039292 © gehringj, 5636949 © hougaard malan; Fotolia: 97008540 © Brocreative, 14208330 © Manfred Karisch
Typografie und Layout Vera Brauner
Satz Text & Bild, Michael Grätzbach, Kernen i. R.
Druck und Bindung Media-Print Informationstechnologie GmbH, Paderborn

Gesetzt wurde dieses Buch aus der TheSans (9,5 pt/13 pt) in Adobe InDesign CC 2015. Und gedruckt wurde es auf mattgestrichenem Bilderdruckpapier (115 g/m²).

Hergestellt in Deutschland.

Bibliografische Information der Deutschen Nationalbibliothek
Die Deutsche Nationalbibliothek verzeichnet diese Publikation in der Deutschen Nationalbibliografie; detaillierte bibliografische Daten sind im Internet über http://dnb.d-nb.de abrufbar.

ISBN 978-3-8421-0312-2

3. Auflage 2017
Vierfarben ist eine Marke der Rheinwerk Verlag GmbH
Rheinwerkallee 4, 53227 Bonn
www.vierfarben.de

Der Verlagsname Vierfarben spielt an auf den Vierfarbdruck, eine Technik zur Erstellung farbiger Bücher. Der Name steht für die Kunst, die Dinge einfach zu machen, um aus dem Einfachen das Ganze lebendig zur Anschauung zu bringen.

Inhalt

Windows Setup
Windows
Jetzt installieren
Computerreparaturoptionen
© 2017 Microsoft Corporation. Alle Rechte vorbehalten.

Eigenschaften von Maus
Tasten
Zeiger
Zeigeroptionen
Rad
Hardware
Vertikaler Bildlauf
Beim Drehen des Mausrads um einen Schritt bewegt sich das Bild um:
Folgende Anzahl Zeilen:
3
Eine Bildschirmseite
Horizontaler Bildlauf
Beim Kippen des Mausrads bewegt sich das Bild horizontal um folgende Anzahl Zeichen:

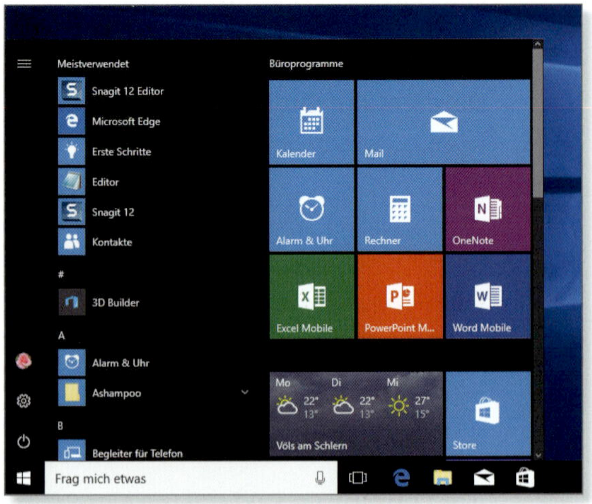
Meistverwendet
Snagit 12 Editor
Microsoft Edge
Erste Schritte
Editor
Snagit 12
Kontakte
#
3D Builder
A
Alarm & Uhr
Ashampoo
B
Begleiter für Telefon
Büroprogramme
Kalender
Mail
Alarm & Uhr
Rechner
OneNote
Excel Mobile
PowerPoint M...
Word Mobile
Mo
Di
Mi
Völs am Schlern
Store
Frag mich etwas

4 Dateien und Ordner 95

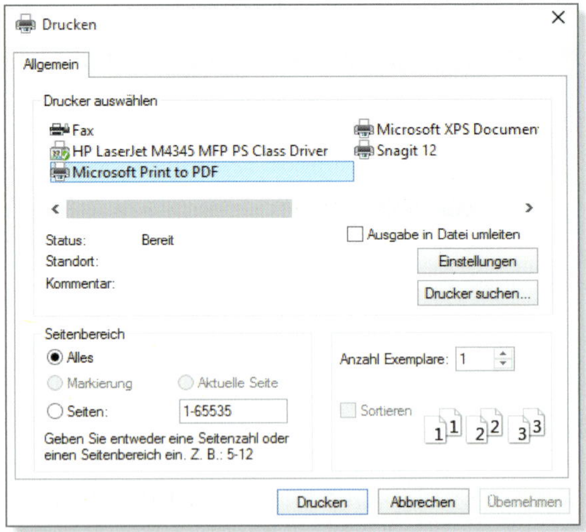
Drucken
Allgemein
Drucker auswählen
Fax
HP LaserJet M4345 MFP PS Class Driver
Microsoft Print to PDF
Microsoft XPS Documen
Snagit 12
Status: Bereit
Standort:
Kommentar:
Ausgabe in Datei umleiten
Einstellungen
Drucker suchen...
Seitenbereich
Alles
Markierung
Aktuelle Seite
Seiten: 1-65535
Geben Sie entweder eine Seitenzahl oder einen Seitenbereich ein. Z. B.: 5-12
Anzahl Exemplare: 1
Sortieren
Drucken
Abbrechen
Übernehmen

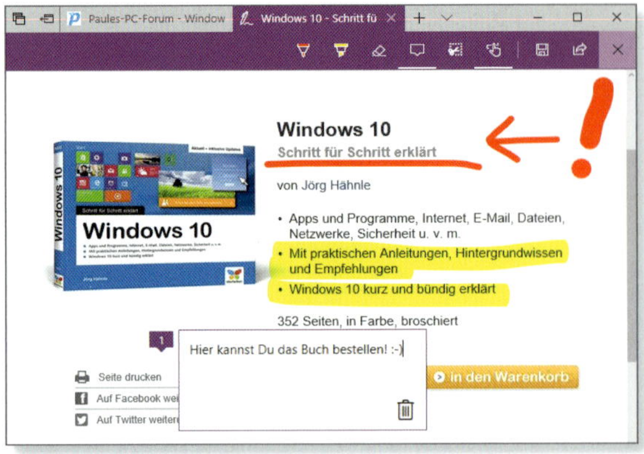
Windows 10
Schritt für Schritt erklärt
von Jörg Hähnle
Apps und Programme, Internet, E-Mail, Dateien, Netzwerke, Sicherheit u. v. m.
Mit praktischen Anleitungen, Hintergrundwissen und Empfehlungen
Windows 10 kurz und bündig erklärt
352 Seiten, in Farbe, broschiert
Hier kannst Du das Buch bestellen! :-)
In den Warenkorb
Seite drucken

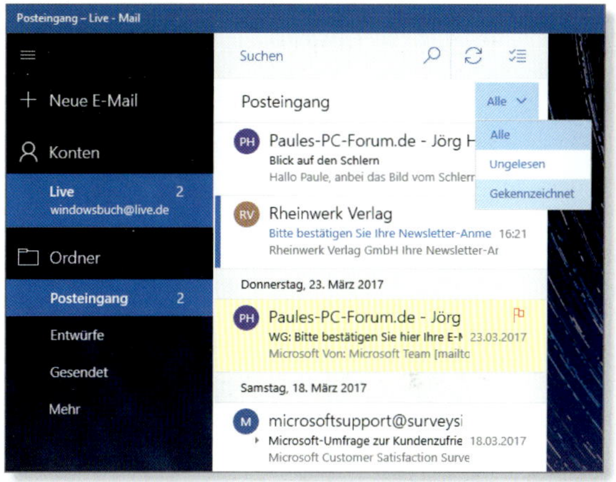
Posteingang – Live - Mail
Suchen
Neue E-Mail
Konten
Live 2
windowsbuch@live.de
Ordner
Posteingang 2
Entwürfe
Gesendet
Mehr
Posteingang
Alle
Alle
Ungelesen
Gekennzeichnet
Paules-PC-Forum.de - Jörg H
Blick auf den Schlern
Rheinwerk Verlag
Donnerstag, 23. März 2017
Samstag, 18. März 2017
microsoftsupport@surveysi

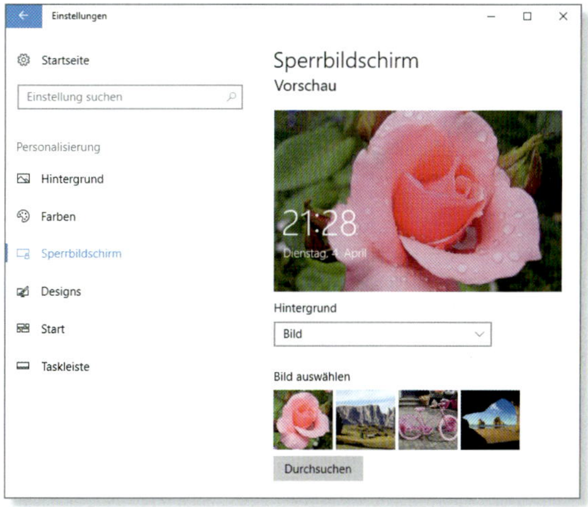
Einstellungen
Startseite
Einstellung suchen
Personalisierung
Hintergrund
Farben
Sperrbildschirm
Designs
Start
Taskleiste
Sperrbildschirm
Vorschau
21:28
Hintergrund
Bild
Bild auswählen
Durchsuchen

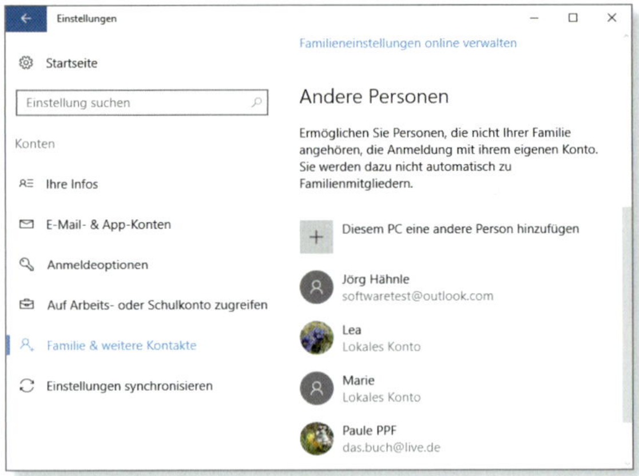
Einstellungen
Familieneinstellungen online verwalten
Startseite
Einstellung suchen
Andere Personen
Konten
Ermöglichen Sie Personen, die nicht Ihrer Familie angehören, die Anmeldung mit ihrem eigenen Konto. Sie werden dazu nicht automatisch zu Familienmitgliedern.
Ihre Infos
E-Mail- & App-Konten
Diesem PC eine andere Person hinzufügen
Anmeldeoptionen
Jörg Hähnle
softwaretest@outlook.com
Auf Arbeits- oder Schulkonto zugreifen
Lea
Lokales Konto
Familie & weitere Kontakte
Marie
Lokales Konto
Einstellungen synchronisieren
Paule PPF
das.buch@live.de

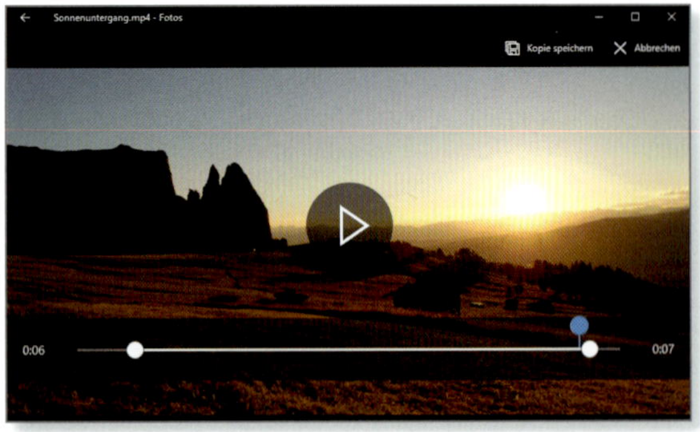
Sonnenuntergang.mp4 - Fotos
Kopie speichern
Abbrechen
0:06
0:07

Fotos
Hochladen
Teilen
Diashow
Bearbeiten
Auswählen
Album entfernen
Dolomiten im Mai
25.08.2016 – 25.05.2017
Nur dieses Gerät

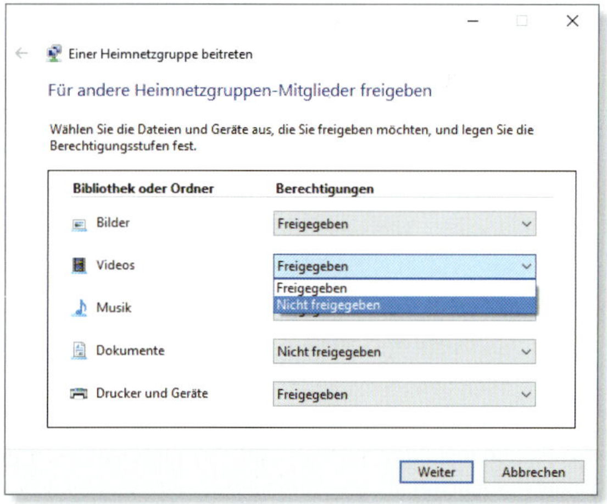
Einer Heimnetzgruppe beitreten
Für andere Heimnetzgruppen-Mitglieder freigeben
Wählen Sie die Dateien und Geräte aus, die Sie freigeben möchten, und legen Sie die Berechtigungsstufen fest.
Bibliothek oder Ordner
Berechtigungen
Bilder
Freigegeben
Videos
Freigegeben
Freigegeben
Nicht freigegeben
Musik
Dokumente
Nicht freigegeben
Drucker und Geräte
Freigegeben
Weiter
Abbrechen

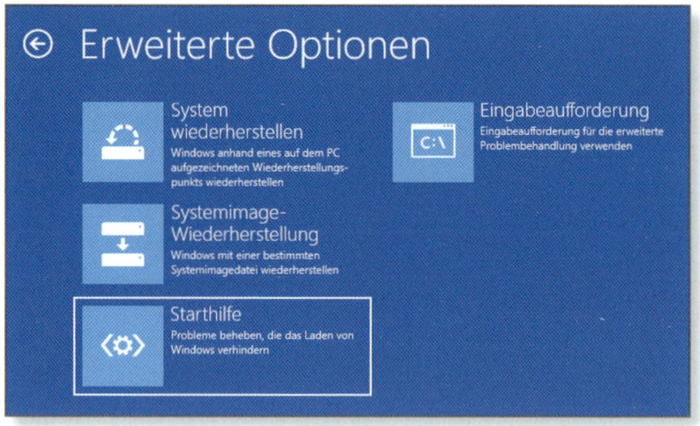

Erweiterte Optionen
System wiederherstellen
Eingabeaufforderung
C:\
Systemimage-Wiederherstellung
Starthilfe

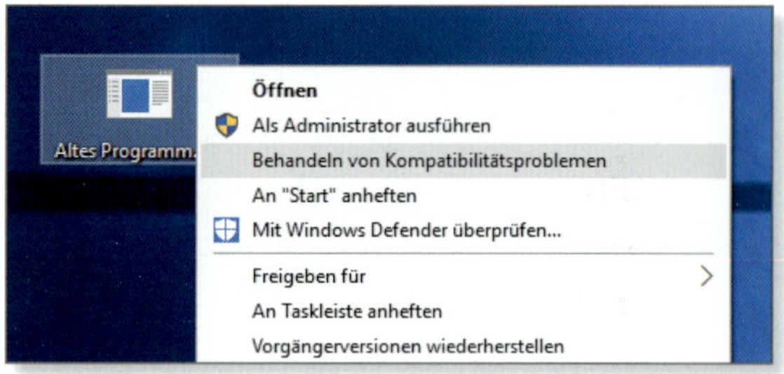

Altes Programm
Öffnen
Als Administrator ausführen
Behandeln von Kompatibilitätsproblemen
An "Start" anheften
Mit Windows Defender überprüfen...
Freigeben für
An Taskleiste anheften
Vorgängerversionen wiederherstellen

1 Herzlich willkommen!

In diesem Kapitel

- Vorwort
- Was ist neu in Windows 10?
- Wo finde ich was?

Das neue Windows ist da, und nun geht sie wieder los, die Suche nach altbekannten Einstellungen und Menüs. In Windows 10 hat sich gegenüber seinen direkten Vorgängern, Windows 7 und Windows 8.1, einiges geändert, nicht nur optisch, sondern vor allem in der Art und Weise, wie das neue System bedient wird. War in den früheren Windows-Versionen die *Systemsteuerung* noch die erste Anlaufstelle, um Einstellungen am System vorzunehmen, sind diese Konfigurationsmöglichkeiten nun vielfach in die neue Umgebung *Einstellungen* übertragen worden. Die alte Systemsteuerung ist weiter erreichbar und beinhaltet einige Optionen, die nicht oder noch nicht über die neuen Einstellungen erreichbar sind.

Unter Windows 8 hatte Microsoft das Startmenü entfernt, nun ist es aber zum Glück wieder zurück, und mit dem sogenannten *Creators Update* wurde es nochmals optimiert. In diesem Kapitel erfahren Sie, welche Neuerungen Windows 10 mit sich bringt und wo Sie diese finden können. Werfen Sie einen ersten Blick auf OneDrive zum Ablegen von Daten auf einem Onlinespeicher (»in der Cloud«), den nagelneuen, schnellen Browser Edge und nützliche Funktionen wie das Zurücksetzen des kompletten Systems im Fehlerfall oder auch den praktischen Dateiversionsverlauf, der Ihnen hilft, versehentlich gelöschte oder überschriebene Dateien wiederherzustellen.

Lernen Sie die charmante Sprachassistentin Cortana kennen, und schauen Sie sich unbedingt auch den überarbeiteten Explorer an, mit dessen Hilfe Sie Ihre Daten stets im Griff haben. Auch ein E-Mail-Programm ist wieder an Bord. Die Windows-App *Mail* wurde erheblich erweitert und verbessert und verfügt nun über alle Funktionen, die eine Mail-Anwendung benötigt.

Vorwort

Liebe Leserin, lieber Leser,

mein Name ist Jörg Hähnle, und ich bin 1967 geboren. Sehr früh schon zog mich die Computertechnik in ihren Bann, es war die Pionierzeit der Heimcomputer, Anfang der 1980er-Jahre. Los ging alles mit einem Commodore VC-20 mit 5 Kilobyte Arbeitsspeicher, wobei nur etwa 3,5 Kilobyte tatsächlich frei und nutzbar waren. Das entspricht in etwa der Speicherkapazität von gerade einmal 3.500 Zeichen. Zum Vergleich: 1.048.576 Kilobyte ergeben 1 Gigabyte, und in heutigen PCs werden meist 4 Gigabyte Speicher verbaut. Ich programmierte kleine Programme in Basic und nutzte den Computer ansonsten für aufregende Spiele in grober Pixelgrafik. Immerhin, der VC-20 konnte acht Farben darstellen!

Es dauerte nicht lange, bis die Ressourcen dieses kleinen Computers erschöpft waren, daher brauchte ich unbedingt den inzwischen erschienenen größeren Bruder, den Commodore C64. Nach langem Bitten gab meine Mutter schließlich nach und steuerte sogar einen großen Teil des Kaufpreises für den C64 bei. Was für ein unvergesslicher Tag! Unglaubliche 64 Kilobyte Arbeitsspeicher hatte der neue Computer, Programme und Daten wurden mithilfe einer sogenannten *Datasette* auf handelsüblichen Musikkassetten gespeichert und später auf große 5¼-Zoll-Disketten, wobei das Diskettenlaufwerk schon fast so groß und wuchtig wie der Computer war und anfangs sogar mehr kostete als der Rechner selbst. Festplatten gab es zu dieser Zeit noch nicht.

Der Computer blieb all die Jahre meine große Leidenschaft, sodass ich ihn auch zu meinem Beruf gemacht habe. Seit 2001 betreibe ich unter *www.Paules-PC-Forum.de* eine stark frequentierte Website zum Thema PC-Hilfe, und seit einigen Jahren bin ich zudem auch als Fachbuchautor tätig. Sooft es die Zeit zulässt, zieht es mich zum Wandern in die Berge, vor allem nach Südtirol. Das ist ein wunderschöner Ausgleich für die Arbeit am Computer.

Dieses Buch soll Ihnen eine Hilfe sein

Aber wie sieht die Technik heute aus? Heute werden neue Computer mit mehreren Gigabyte Arbeitsspeicher ausgeliefert und Festplatten in Terabyte-Größen angeboten. Windows 10, das neueste Mitglied der Betriebssystem-Familie, kommt auf den modernsten Computern zum Einsatz. Egal, ob es sich um einen Schreibtisch-PC mit herkömmlicher Tastatur- und Maussteuerung oder um einen Tablet-PC mit berührungsempfindlichem Bildschirm handelt, der mit Fingerbewegungen gesteuert wird – die Einsatzmöglichkeiten heutiger Computer scheinen nahezu unerschöpflich zu sein.

Das neue Betriebssystem unterscheidet sich nicht nur optisch, sondern auch im Hinblick auf seine Bedienung deutlich von seinen Vorgängern. Das neue Startmenü, das Sie in ähnlicher Ausführung vielleicht noch unter Windows 7 kennengelernt haben, ist das Sprungbrett für fast alle Aktionen, egal, ob Sie eine App starten oder eine Einstellung am System vornehmen, sich die aktuellen Wetterdaten für Ihren Wohnort anzeigen lassen oder einen schnellen Blick auf die neuesten Sportnachrichten werfen möchten. Vieles hat sich geändert, d. h., viele Menüs und Einstellungen sind nun an anderer Stelle zu finden oder wurden durch neue Möglichkeiten ersetzt. Wie bei jeder neuen Windows-Version sind auch unter Windows 10 etliche neue, sehr nützliche Funktionen hinzugekommen. Doch keine Frage, selbst erfahrene Windows-Anwender benötigen etwas Zeit für die Einarbeitung und das Kennenlernen der neuen Arbeitsabläufe.

Dieses Buch hilft Ihnen, den Einstieg in Windows 10 zu finden, und bringt Ihnen die neue Benutzeroberfläche und die Verwendung des neuen Startmenüs näher. Sämtliche Anleitungen in diesem Buch wurden sorgfältig ausgearbeitet und zeigen Ihnen auf leicht nachvollziehbare Weise alle Arbeitsschritte, die Sie zur erfolgreichen Erledigung einer Aufgabe benötigen. Dabei müssen Sie das Buch nicht Seite für Seite durcharbeiten, sondern können gezielt die Bereiche und Handlungsanleitungen nachschlagen, die Sie am meisten interessieren oder die Sie gerade durchführen möchten. Dank des praktischen Querformats bleibt das Buch stets auf der Seite geöffnet, die Sie gerade aufgeschlagen haben.

Windows 10 wird von Microsoft in unregelmäßigen Abständen aktualisiert. Mit diesen Aktualisierungen werden bekannt gewordene Sicherheitslücken im System geschlossen, aber auch immer mal wieder neue Funktionen hinzugefügt. Anderthalb Jahre nach Erscheinen von Windows 10 hat Microsoft seinem Betriebssystem bereits mehrere Updates spendiert, aktuell ist das eingangs erwähnte Creators Update. Das neue Betriebssystem ist also stets kleineren und größeren Änderungen unterworfen, und in diesem Buch wird auf alle Neuerungen eingegangen. Da alle diese Updates automatisch installiert werden, müssen Sie sich um nichts kümmern.

Zwar wurde auch Windows 10 für die Steuerung mit den Fingern auf sogenannten *Touchscreen*-Geräten, z. B. Tablet-PCs, optimiert, es lässt sich aber genauso einfach auf die bekannte Weise mit Maus und Tastatur bedienen. Auf einem Tablet-PC »tippen« oder »wischen« Sie also auf dem Bildschirm, um bestimmte Aktionen auszuführen, während Sie bei einem herkömmlichen Computer mit der Maus »klicken« oder auf der Tastatur bestimmte Tastenkombinationen drücken. Ich gehe bei den Beschreibungen der einzelnen Arbeitsschritte von einer herkömmlichen Steuerung mit Maus und Tastatur aus, werde im Einzelfall aber auch immer mal wieder die entsprechende Fingersteuerung erwähnen. Wie Sie z. B. per Fingergeste einen Rechtsklick ausführen und welche Touchgesten Ihnen noch zur Verfügung stehen, erfahren Sie in Kapitel 2, »Schnelleinstieg in Windows 10«.

Begeben Sie sich auf eine Entdeckungsreise durch Windows 10. Lernen Sie die Möglichkeiten kennen, die Ihnen das neue System bietet, und passen Sie es Ihren Bedürfnissen an. Ich wünsche Ihnen viel Spaß beim Lesen und Ausprobieren!

Jörg Hähnle

Was ist neu in Windows 10?

Das neue Startmenü

Ja, das Startmenü ist wieder da! Der häufigste Kritikpunkt unter Windows 8 war das fehlende Startmenü, welches durch den unbeliebten Startbildschirm ersetzt wurde. Unter Windows 10 ist das Startmenü also wieder zurückgekehrt, allerdings wollte Microsoft die Idee des Startbildschirms nicht komplett verwerfen und hat diesen nun einfach in das neue Startmenü integriert. Das Ergebnis ist ein Menü, das in Teilen an das Startmenü unter Windows 7 erinnert, aber auch Designelemente und die bekannten Kacheln aus Windows 8 enthält. Ein Klick auf eine Kachel ❶ startet die dazugehörige Desktop-Anwendung oder eine Windows-App bzw. öffnet einen Dateiordner im Explorer. Vom neuen Startmenü aus können Sie alle auf Ihrem Rechner installierten Programme starten, wichtige Systemeinstellungen erreichen und über die integrierte Suchfunktion nach Dateien, Programmen und Einstellungen suchen.

Standardmäßig repräsentieren die meisten Kacheln im Startmenü Apps, also kleine Programme, mit deren Hilfe Sie verschiedene Aufgaben erledigen können, z. B. das Schreiben und Empfangen von E-Mails mit der *Mail*-App. Sie können aber auch dem Empfang von Informationen dienen; so erfahren Sie z. B. mit der *Nachrichten*-App ❷ alles über tagesaktuelle Geschehnisse oder mit der *Wetter*-App ❸ die neuesten Wetterdaten. Apps sind im Funktionsumfang oft reduziert, weil sie für die Fingerbedienung auf Touch-Geräten, also beispielsweise einem Tablet-PC oder einem Smartphone, optimiert wurden. Neue Apps können Sie direkt über den *Windows Store* ❹ beziehen. Neben kostenpflichtigen Angeboten werden dort auch zahlreiche kostenlose Apps bereitgestellt.

Aber nicht nur Windows-Apps, auch herkömmliche Desktop-Anwendungen werden im Startmenü aufgelistet und können von dort aus gestartet, an die Taskleiste angeheftet und bei Bedarf auch wieder aus dem Menü entfernt bzw. komplett deinstalliert werden. Zwar ist das Startmenü mit seinen großflächigen Kacheln so gestaltet, dass es auch für die Fingerbedienung auf Tablet-PCs geeignet ist, die Bedienung mit Maus und Tastatur wird dadurch aber keinesfalls beeinträchtigt. Erkennt Windows, dass es auf einem Tablet-PC ausgeführt wird, schaltet das System automatisch in den sogenannten *Tabletmodus* und zeigt das Startmenü im Vollbild an. Spätestens jetzt ist die Nähe an den Startbildschirm unter Windows 8 nicht mehr zu übersehen. Man erreicht also mit wenigen Mausklicks alle wichtigen Einstellungen und kann den Computer über die **Beenden**-Schaltfläche ❺ bequem herunterfahren. Die Kacheln in der rechten Hälfte des Startmenüs können darüber hinaus nach Ihren eigenen Vorstellungen gruppiert und in der Größe verändert werden. *Live-Kacheln*, also Kacheln, deren Inhalt sich automatisch aktualisiert, wie z. B. die Wetter-App, lassen sich deaktivieren. Die Kachel zeigt dann statt der aktuellen Wetterdaten ein einfaches Piktogramm.

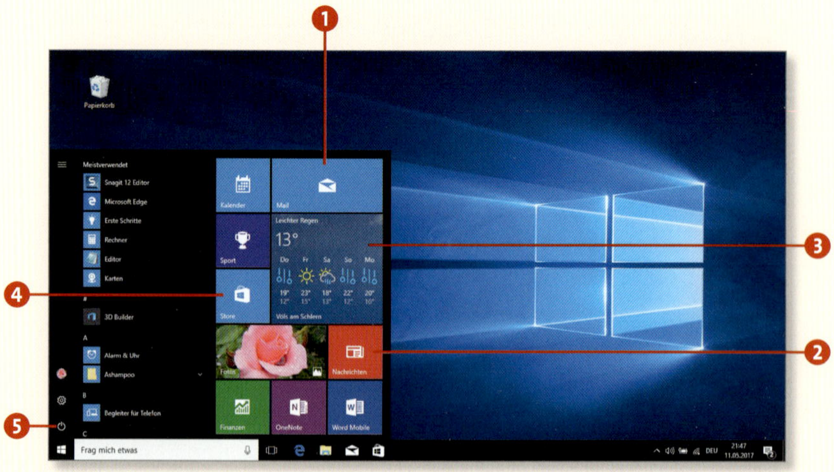

OneDrive

OneDrive ist ein kostenloser Dienst von Microsoft, der es Ihnen ermöglicht, Daten online zu speichern (*Cloud Computing*). OneDrive ist also quasi eine Onlinefestplatte. Auf dort gespeicherte Daten können Sie weltweit von jedem internetfähigen Computer aus zugreifen. Dabei können Sie bestimmen, wer Zugriff auf diese Daten erhalten soll, ob sie öffentlich für jedermann zugänglich sind oder ob Sie nur bestimmten Personen den Zugriff erlauben. So können Sie z. B. die Bilder aus dem letzten Urlaub in die »Wolke« (engl. *Cloud*) hochladen und Ihren Freunden und Bekannten den Zugang zu diesen Bildern gewähren. Oder Sie speichern Dokumente online ab, auf die Sie dann während Ihrer Geschäftsreise zugreifen können. Genauso wie auf Ihrer lokalen Festplatte auf dem heimischen Rechner können Sie die Daten auf OneDrive beliebig bearbeiten und natürlich jederzeit wieder löschen.

OneDrive ist direkt in den Explorer integriert, wenn Sie unter Windows mit einem Microsoft-Konto angemeldet sind. Außer über den Explorer können Sie den Dienst aber auch direkt über das Internet unter *www.OneDrive.com* erreichen und die Onlinefestplatte so auch, plattformunabhängig, auf mobilen Geräten wie Ihrem Smartphone oder Tablet-PC nutzen. Sobald Sie sich erstmalig mit einem Microsoft-Konto am System anmelden, können Sie zudem angeben, ob Sie OneDrive als Datenspeicher nutzen möchten, um dort automatisch eigene Fotos, Windows-Einstellungen oder Dokumente sichern zu lassen.

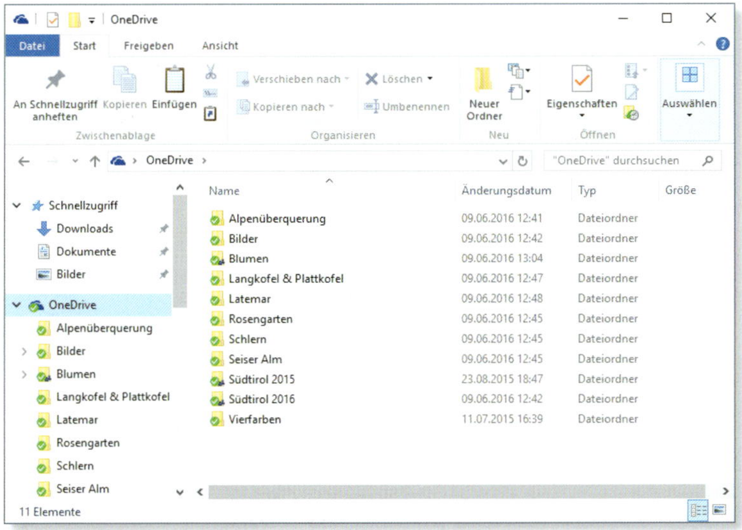

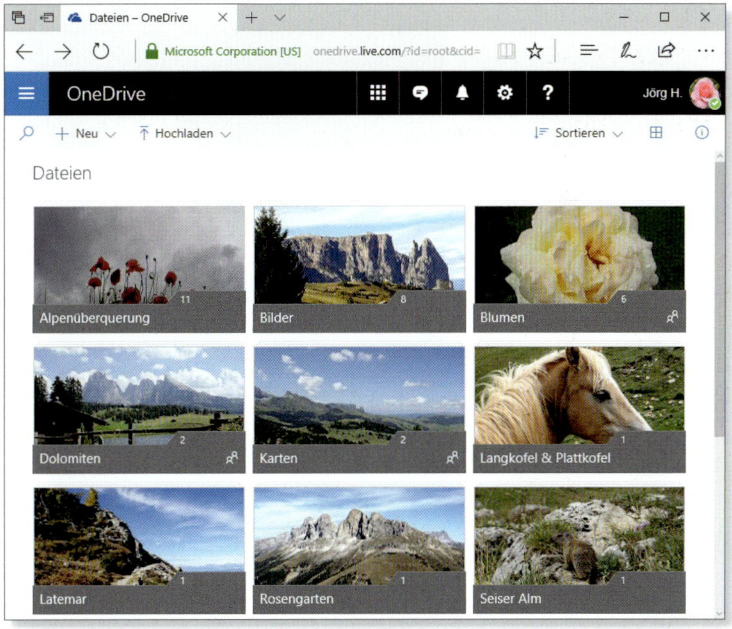

Wo finde ich was?

Das Startmenü

Dreh- und Angelpunkt des neuen Betriebssystems ist das Startmenü. Möchten Sie ein Programm starten, eine neue Hardware installieren oder die aktuellen Wetterdaten abrufen – der Weg führt Sie fast immer über das Startmenü. Ein Klick auf das Windows-Logo links unten auf dem Desktop oder die Windows-Taste öffnet das Menü. Jede der Kacheln steht für ein Programm, eine Windows-App oder auch eine Systemeinstellung. Die Transparenz des Hintergrunds sowie die Farben des Startmenüs können nach Ihren Wünschen angepasst werden (siehe dazu den Abschnitt »Das neue Startmenü personalisieren« auf Seite 200).

Eine aktive Internetverbindung vorausgesetzt, zeigen viele Kacheln verschiedenartige Informationen an, die automatisch aktualisiert werden, z. B. Finanznachrichten, Sportergebnisse, Eintreffen neuer E-Mails und Erinnerungen an Termine aus Ihrem Kalender. Die Kacheln nennt man entsprechend *Live-Kacheln*.

1. Meistverwendete und zuletzt hinzugefügte Anwendungen oder Einstellungen
2. Alphabetische Auflistung aller installierten Apps und Anwendungen
3. Profilbild, Benutzerwechsel und Kontoeinstellungen
4. Die wichtigsten Optionen im Schnellzugriff
5. Herunterfahren und Neustart des Computers
6. Eingabefeld, um das Internet und Windows zu durchsuchen
7. Die *Wetter*-App verfügt über eine Live-Kachel, auf der stets aktuelle Informationen angezeigt werden können.

Der Desktop im Überblick

Auf den ersten Blick scheint sich nicht viel verändert zu haben, der Desktop sieht aus, wie Sie ihn von früheren Windows-Versionen her kennen – hier mit einer Verknüpfung zum Papierkorb. In der Taskleiste finden Sie links unten die **Start**-Schaltfläche (das Windows-Logo), über die Sie das Startmenü aufrufen können, und daneben weitere Schaltflächen zum Öffnen verschiedener Programme und Systemfunktionen. Sie können an die Taskleiste weitere Programme anheften oder bei Bedarf zusätzliche Symbolleisten hinzufügen. Der rechte Teil der Taskleiste wird als *Infobereich* bezeichnet, hier werden neben Datum und Uhrzeit wichtige System- und Programminformationen angezeigt. Auch unter Windows 10 können Sie ein neues Hintergrundbild oder neue Designs festlegen (siehe den Abschnitt »Den Desktop einrichten« auf Seite 219).

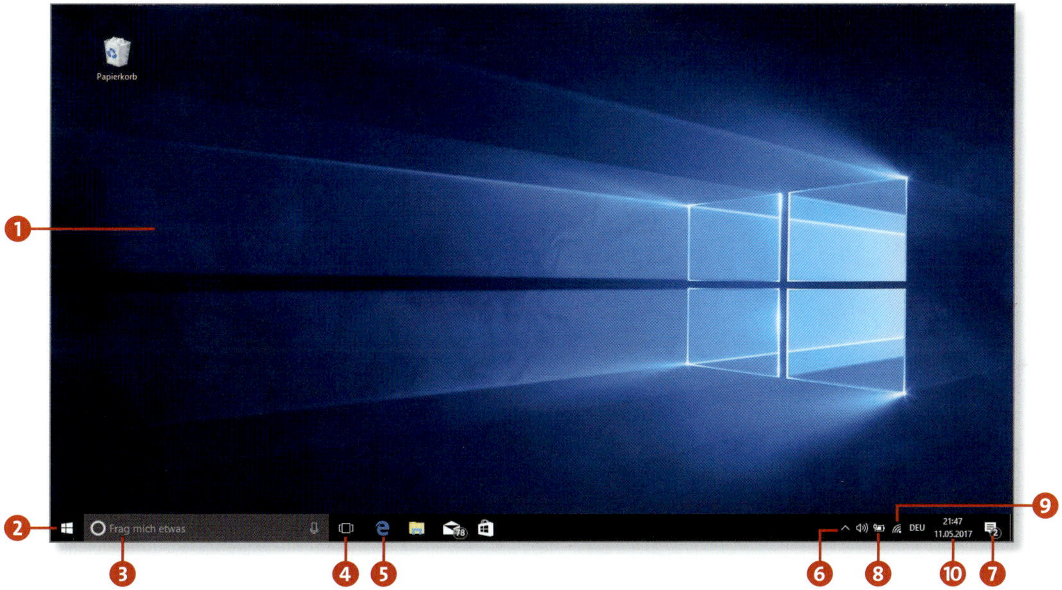

1. Der Desktop-Hintergrund ist frei wählbar.
2. **Start**-Schaltfläche zum Öffnen des Startmenüs
3. Windows und das Internet durchsuchen (Cortana)
4. Zwischen mehreren Desktops umschalten
5. Programme lassen sich an die Taskleiste heften, damit Sie sie schneller aufrufen können.
6. Legen Sie fest, welche Symbole im Infobereich angezeigt werden.
7. Hier gelangen Sie zum neuen Info-Center.
8. Der Bateriestatus zeigt die verbleibende Akkukapazität an.
9. Der Netzwerkstatus zeigt an, ob eine Internetverbindung besteht.
10. Datum und Uhrzeit

Der Explorer in der Übersicht

Ob Sie Dateien nun umbenennen, kopieren, löschen oder gleich neue Ordner anlegen möchten – all dies erledigen Sie über den Explorer. Hier haben Sie außerdem Zugriff auf alle im Computer verbauten oder angeschlossenen Speichermedien wie Festplatten und USB-Sticks oder auch das DVD-Laufwerk.

Neu ist der Explorer nicht, Sie kennen ihn sicherlich schon aus früheren Windows-Versionen, aber auch hier hat sich einiges getan. Er wurde nicht nur von *Windows-Explorer* in *Explorer* bzw. *Datei-Explorer* umbenannt, sondern auch gründlich überarbeitet und mit neuen Funktionen ausgerüstet. Anwender von Windows 8 werden das praktische *Menüband*, das unterhalb der Menüleiste eingeblendet wird und zahlreiche Optionen zur Dateiverwaltung enthält, bereits kennen. Nutzer, die von älteren Systemen zu Windows 10 gewechselt haben, werden das Menüband nun kennenlernen und bald nicht mehr missen wollen.

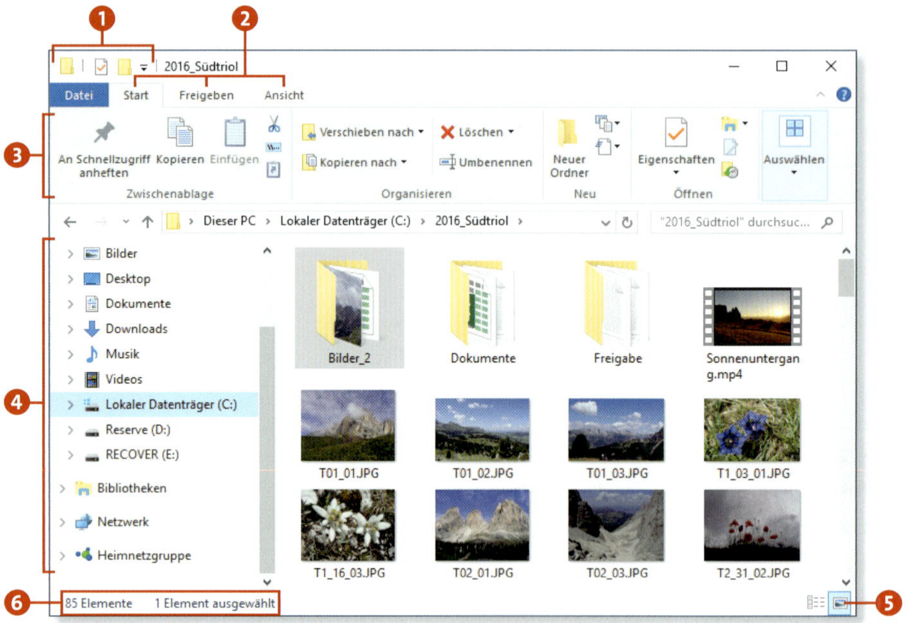

1. Symbolleiste für den Schnellzugriff
2. Über diese Registerkarten können Sie die einzelnen Unterregister des Menübandes öffnen.
3. Das neue Menüband enthält wichtige Befehle zum Bearbeiten von Dateien und Ordnern.
4. Im Navigationsbereich werden alle Laufwerke aufgelistet.
5. Die Anzeige der Dateien im Explorer lässt sich anpassen (hier sehen Sie die Ansicht **Große Symbole**).
6. Die Statusleiste zeigt Informationen zur Anzahl der ausgewählten Elemente und zu ihrer Größe an.

Darüber hinaus verfügt der Explorer natürlich auch über eine Suchfunktion, mit deren Hilfe Sie einzelne Verzeichnisse, aber natürlich auch die gesamte Festplatte nach Ordnern und Dateien durchsuchen können. Im linken Teil des Fensters werden Schnellzugriffs-Ordner, Bibliotheken, eventuell vorhandene Heimnetzwerkgruppen (siehe dazu auch den Abschnitt »Eine Heimnetzgruppe einrichten« ab Seite 276) sowie alle angeschlossenen Laufwerke aufgelistet. In der rechten Fensterhälfte sehen Sie den Inhalt des jeweils ausgewählten Ordners oder Laufwerks.

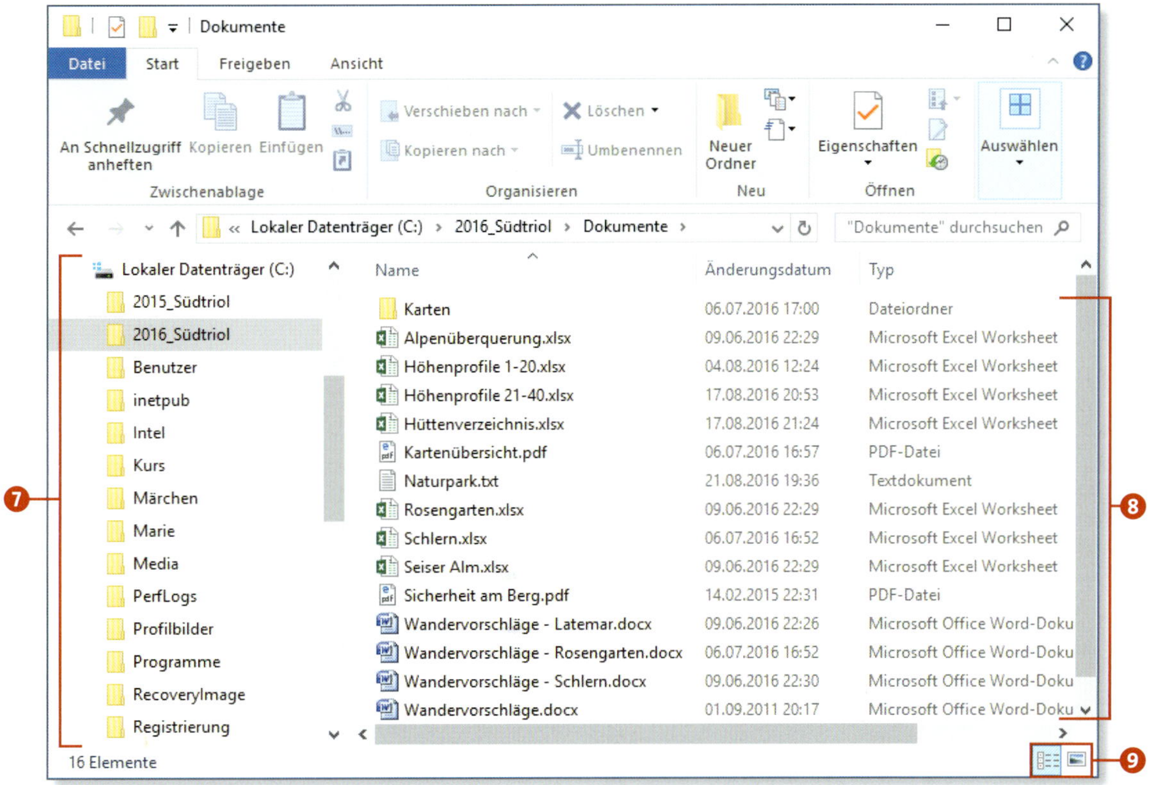

7 Im Navigationsbereich finden Sie alle Laufwerke. Hier sind außerdem die Favoriten im **Schnellzugriff**, alle **OneDrive**-Verzeichnisse und **Bibliotheken** aufgelistet. Teilnehmer eines Netzwerks werden im Abschnitt **Netzwerk** aufgeführt.

8 Wenn Sie einen Ordner anklicken, sehen Sie eine Liste der darin enthaltenen Dateien.

9 Mit diesen Schaltflächen verändern Sie die Anzeige (hier sehen Sie die Detailansicht der Dateien).

2 Schnelleinstieg in Windows 10

Ein Jahr lang bot Microsoft allen Windows-7- und Windows-8.1-Anwendern die Möglichkeit, kostenlos zu Windows 10 zu wechseln. In der Taskleiste wurde ein Windows-Symbol integriert, über das man bequem das Upgrade starten konnte, und wer sich mit dem Wechsel noch ein wenig Zeit ließ, wurde durch verschiedene Meldungen immer mal wieder zur Aktualisierung aufgefordert. Das kostenlose Wechselangebot ist inzwischen abgelaufen, und vielleicht haben auch Sie es genutzt? Sollten Sie Windows 10 noch nicht installiert haben, zeigt Ihnen dieses Kapitel, wie Sie dabei vorgehen und worauf Sie achten sollten. Die Frage ist: Führen Sie eine Neuinstallation durch, oder möchten Sie Ihr altes Windows über ein Upgrade aktualisieren?

Weiter geht es mit der Einrichtung und Erstkonfiguration des Systems. Legen Sie ein Benutzerkonto an, und verknüpfen Sie es mit einem neuen Microsoft-Konto. Und was ist eigentlich der Unterschied? Wo liegen die Vor- und Nachteile einer solchen Windows-Identität? So viel sei schon hier verraten: Ein Microsoft-Konto ist keinesfalls zwingend, und Sie können weiterhin auch ein lokales Benutzerkonto verwenden.

Zu guter Letzt werfen Sie einen Blick auf das neue Betriebssystem, lernen Tastatur und Maus kennen und erfahren, wie Sie Windows 10 auf einem Tablet-PC bedienen können. Falls es doch mal an einer Stelle etwas klemmen sollte, zeige ich Ihnen, wo Sie Hilfe bei PC-Problemen aller Art finden können.

In diesem Kapitel

- Ist Ihr Computer bereit für Windows 10?
- Bei Windows anmelden
- Alles zum neuen Startmenü
- Der Desktop in der Übersicht
- Der Task-Manager im Überblick
- Den Computer starten
- Den Computer ausschalten
- So gehen Sie mit der Maus um
- So bedienen Sie die Tastatur
- Windows 10 auf einem Touchscreen bedienen
- Die Bildschirmtastatur benutzen
- Hilfe erhalten
- Die Windows-Einstellungen
- Ihre persönliche Sprachassistentin

Ist Ihr Computer bereit für Windows 10?

Wenn Sie sich einen neuen Computer mit vorinstalliertem Windows 10 gekauft haben, müssen Sie sich keine Gedanken darüber machen, ob die Hardware des Computers für das neue Windows ausreicht. Ist Ihr PC allerdings schon ein paar Jahre alt und Sie möchten von Windows XP, Windows 7 oder Windows 8.1 auf Windows 10 wechseln, sollten folgende Systemvoraussetzungen erfüllt sein:

- Prozessor: 1 Gigahertz oder schneller mit Unterstützung für PAE, NX und SSE2
- Arbeitsspeicher: Sowohl für die 32-Bit-Version als auch für die 64-Bit-Version werden 2 GB (Gigabyte) benötigt.
- freier Festplattenspeicher: 16 GB (32 Bit) oder 20 GB (64 Bit)
- Grafikkarte: Microsoft DirectX 9-Grafikkarte oder höher mit WDDM-Treiber
- Bildschirm: mindestens ein 8- oder 7-Zoll-Display mit einer Auflösung von wenigstens 800 × 600 Bildpunkten

Nutzen Sie noch einen Rechner mit Windows XP, wird dieser aller Voraussicht nach die Systemvoraussetzungen nicht erfüllen können. Zwar ist es prinzipiell möglich, einen Computer aufzurüsten und z. B. eine leistungsstärkere Grafikkarte oder mehr Arbeitsspeicher zu verbauen, allerdings sind die technischen Möglichkeiten bei älteren Modellen begrenzt, und die Kosten stehen hier häufig in keinem annehmbaren Verhältnis mehr. In diesem Fall ist es daher empfehlenswert, einen neuen Computer mit moderner Ausstattung und einem bereits vorinstallierten Windows 10 zu erwerben.

Windows komplett neu oder als Upgrade installieren?

Sind alle Voraussetzungen erfüllt, kann Windows 10 auf Ihrem Rechner installiert werden. Microsoft lässt Ihnen hierbei die Wahl – Sie können Windows 10 als Upgrade über Ihr bestehendes Windows-7- oder Windows-8.1-System installieren und Ihre Programme und persönlichen Daten behalten, oder Sie nutzen die Möglichkeit einer sauberen Neuinstallation, bei der dann allerdings alle Daten auf Ihrem PC unwiderruflich gelöscht werden.

Welche Editionen von Windows 10 gibt es?

Microsoft hat die Zahl der verschiedenen Editionen auf drei reduziert. Für den privaten Anwender gibt es Windows 10 Home und Windows 10 Pro, für Unternehmen Windows 10 Enterprise. Der Vollständigkeit sei erwähnt, dass es auch noch sogenannte N-Versionen gibt, als z. B. Windows 10 Home N oder auch Windows 10 Pro N. Hierbei handelt es sich um Versionen, die ohne den Windows Media Player ausgeliefert werden, sich ansonsten aber nicht von den anderen Versionen unterscheiden. Das *N* im Namen steht für *Not with Media Player*. Der Hintergrund: Bereits 2005 sah eine EU-Kommission einen Wettbewerbsvorteil durch die Integration des Media Players in Windows und verlangte von Microsoft, sein Betriebssystem künftig auch ohne den Media Player anzubieten.

Windows 10 Pro verfügt gegenüber Windows 10 Home zusätzlich über erweiterte Netzwerk- und Datenverschlüsselungsfunktionen und ist für den Einsatz im Büro oder in kleinen Betrieben gedacht. Weitere Informationen zu den einzelnen Versionen finden Sie auch direkt bei Microsoft unter *http://windows.microsoft.com/de-DE/windows/compare*.

Die Tabelle rechts zeigt Ihnen die wichtigsten Funktionen und Unterschiede der für Sie relevanten Windows-Editionen.

Funktion	Windows 10 Home	Windows 10 Pro
Startmenü	ja	ja
Windows Store	ja	ja
Vorinstallierte Apps	ja	ja
Microsoft Edge	ja	ja
Sprachassistentin Cortana	ja	ja
Installation und Ausführung von x86-/x64-Software	ja	ja
Windows Defender	ja	ja
Windows Media Player	ja	ja
Windows Media Center	nein	nein
Neuer Explorer	ja	ja
PC zurücksetzen	ja	ja
BitLocker-Laufwerksverschlüsselung	nein	ja
BitLocker To Go	nein	ja
Booten von virtueller Festplatte	nein	ja
Anmeldung an einer Domäne	nein	ja
Gruppenrichtlinien	nein	ja
Remotedesktopverbindung	nein	ja

Windows 10 installieren

Windows 10 von einer DVD/einem USB-Stick installieren

Windows 10 wird im Handel auf DVD-ROM und auf einem USB-Stick zum Kauf angeboten. Bei einigen Onlinehändlern gibt es zusätzlich die Möglichkeit, das Betriebssystem als Download zu erwerben. Diese Anleitung beschreibt die Installation von einer DVD bzw. von einem USB-Stick und kann auch genutzt werden, wenn auf Ihrem Rechner bereits Windows 10 ausgeführt wird und Sie das System komplett neu aufsetzen möchten, z. B. nachdem Ihr PC mit Schadsoftware infiziert wurde, die sich nicht mehr entfernen lässt. Damit Ihr PC direkt von der Windows-DVD bzw. dem USB-Stick starten kann, müssen Sie zuvor im BIOS/UEFI die Startreihenfolge (auch *Bootreihenfolge*) ändern und Ihr DVD-/USB-Laufwerk an die erste Stelle setzen. Wie Sie ins BIOS/UEFI gelangen, erfahren Sie im Handbuch zu Ihrem Computer (siehe auch den Kasten »Startreihenfolge im BIOS/UEFI abändern« auf Seite 310).

1. Legen Sie nach Änderung der Startreihenfolge im BIOS/UEFI (siehe oben) Ihren Windows-Datenträger in das DVD-Laufwerk ein, oder verbinden Sie den USB-Stick mit Ihrem PC, und starten Sie diesen danach neu. Wenn Sie dazu aufgefordert werden, drücken Sie eine beliebige Taste, um den Startvorgang zu beginnen. Dieser erste Schritt entfällt, wenn Sie stattdessen die Installation direkt aus Windows 7 oder 8.1 heraus starten.

2. Legen Sie im ersten Dialogfenster zunächst **Installationssprache** ❶, **Uhrzeit und Währungsformat** ❷ sowie **Tastatur oder Eingabemethode** ❸ fest. Voreingestellt ist jeweils die deutsche Sprache. Treffen Sie Ihre Wahl, und klicken Sie anschließend auf **Weiter** ❹.
3. Dann klicken Sie auf **Jetzt installieren** ❺, um den Setup-Vorgang zu starten.

Wo befindet sich der Lizenzschlüssel?

Wenn Sie Windows 10 separat gekauft haben, finden Sie den Product Key meist als Aufkleber auf der Innenseite der Hülle des Installationsdatenträgers. Haben Sie Windows über das Internet als Downloadversion erworben, erhalten Sie zur Kaufbestätigung eine E-Mail mit dem Lizenzschlüssel. Drucken Sie diese Mail am besten gleich für Ihre Unterlagen aus.

4. Geben Sie nun den Product Key Ihrer Windows-Version ein, und klicken Sie anschließend auf **Weiter**.
5. Es folgen die Lizenzbedingungen. Akzeptieren Sie diese, indem Sie ein Häkchen vor der Option **Ich akzeptiere die Lizenzbedingungen** setzen und danach erneut auf **Weiter** klicken.
6. Für die saubere Neuinstallation klicken Sie anschließend auf **Benutzerdefiniert** 6.
7. Im nächsten Schritt wählen Sie die Partition aus, auf der Windows 10 installiert werden soll 7. (Für die Installation der 64-Bit-Version benötigen Sie mindestens 20 GB freien Speicherplatz, für die 32-Bit-Version 16 GB.) Klicken Sie danach auf die Schaltfläche **Weiter** 8.
8. Nun werden die Windows-Dateien kopiert und für die Installation vorbereitet. Die Installation läuft ab jetzt selbstständig ohne Ihr weiteres Zutun ab. Eine Neuinstallation dauert ca. 25 Minuten, ein Upgrade kann durchaus auch eine Stunde dauern. Ist die Installation abgeschlossen, muss Windows noch eingerichtet werden. Dieser Vorgang wird im Abschnitt »Windows einrichten« ab Seite 28 beschrieben.

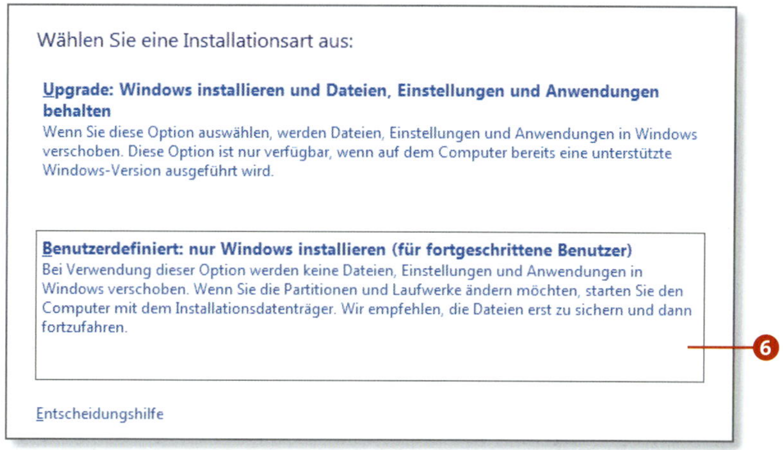

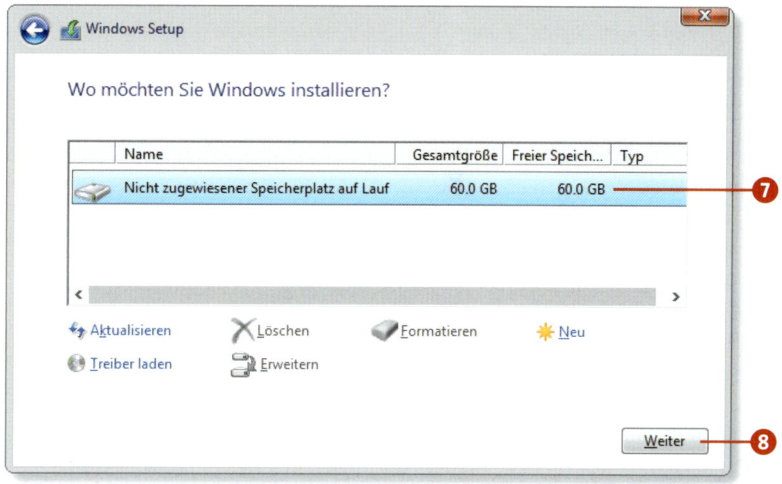

Wann ist eine Übernahme meiner persönlichen Dateien möglich?

Installieren Sie Windows 10 als Upgrade von Windows 7 oder 8.1, können Ihre persönlichen Dateien, Einstellungen und Programme übernommen werden. Anwender von Windows XP und Windows Vista müssen allerdings eine komplette Neuinstallation durchführen, bei der alle auf dem Rechner gespeicherten Daten verloren gehen.

Windows einrichten

Nach der Installation steht die Erstkonfiguration an. Alle Einstellungen können Sie zwar auch später noch vornehmen, viele Optionen sind allerdings schwer zu finden.

1. Die Assistentin Cortana meldet sich zu Wort und fragt in den ersten Schritten Ihre Region und das bevorzugte Tastaturlayout ab. Haben Sie ein Mikrofon an Ihrem PC angeschlossen, können Sie einzelne Fragen mündlich mit Ja oder Nein beantworten, oder Sie klicken auf die entsprechenden Schaltflächen.

2. Geben Sie nun an, für wen der Computer eingerichtet werden soll. Als Privatanwender markieren Sie die Option **Für persönliche Verwendung einrichten** ❶, und klicken dann auf **Weiter**. Soll der PC hingegen als Firmenrechner genutzt werden, wählen Sie **Für eine Organisation einrichten** ❷.

3. Wenn Sie bereits über ein Microsoft-Konto verfügen, geben Sie die dazugehörige E-Mail-Adresse ❸ ein. Falls dies nicht der Fall ist, klicken Sie auf **Konto erstellen** ❹. Sie können sich aber auch ohne Microsoft-Konto anmelden und dieses später anlegen.

4. Für eine Anmeldung ohne Microsoft-Konto wählen Sie den recht unscheinbaren Menüpunkt **Offlinekonto** ❺. Geben Sie einen Benutzernamen, ein Kennwort und einen Kennworthinweis ein, und klicken Sie anschließend auf **Weiter**.

5. Windows schlägt Ihnen vor, dass Sie eine PIN zur Anmeldung am System erstellen sollten. Sie können dieser Aufforderung

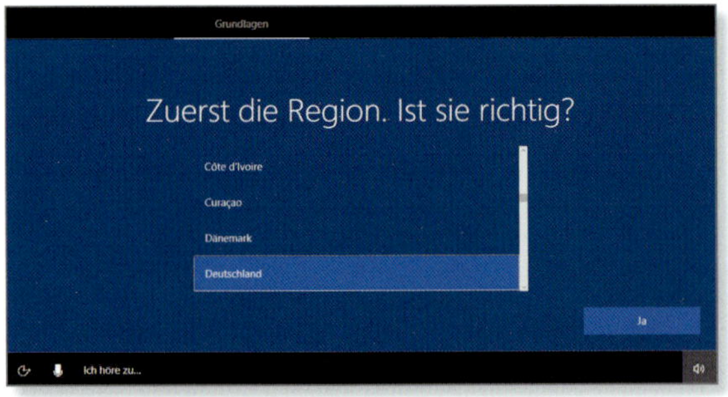

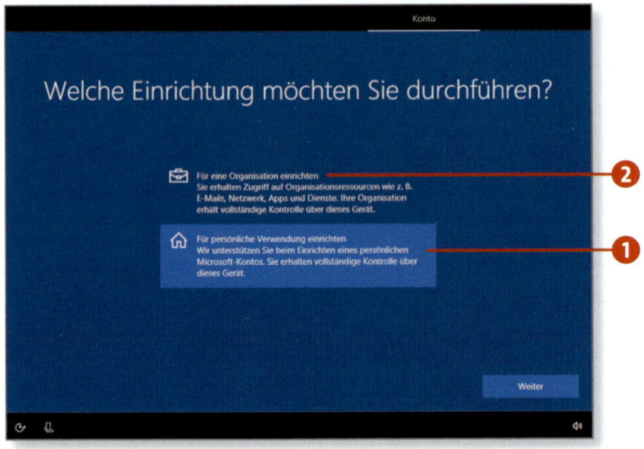

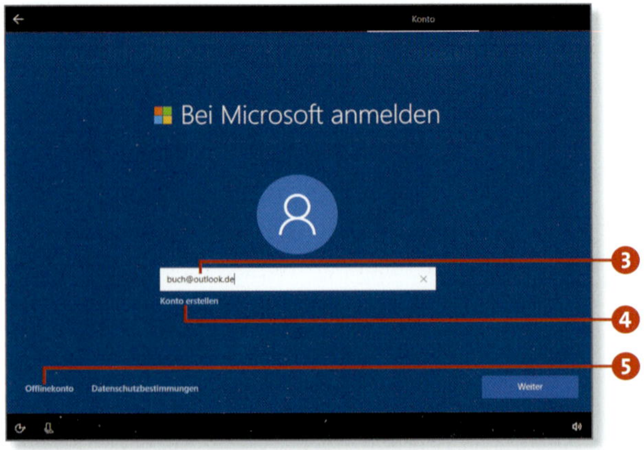

Einstellungen nachträglich ändern

Alle bei der Einrichtung vorgenommenen Einstellungen können Sie später bei Bedarf auch wieder ändern oder neuen Begebenheiten anpassen. Lesen Sie hierzu die Anleitung »App-Einstellungen für Datenschutz und Privatsphäre« ab Seite 306.

nachkommen oder den Schritt überspringen. Die PIN können Sie jederzeit ändern oder die Vergabe nachholen (siehe »Mit einem PIN-Code bei Windows anmelden« auf Seite 203).

6. Haben Sie sich in Schritt 3 mit einem Microsoft-Konto angemeldet, werden Sie jetzt gefragt, ob Sie Ihre Bilder und Dokumente automatisch auf OneDrive speichern möchten. Diese Funktion können Sie später in den Einstellungen zu OneDrive wieder ändern. Treffen Sie Ihre Wahl 6.

7. Cortana möchte Zugriff auf Informationen wie z. B. Ihre Position, Kontakte, E-Mails etc. erhalten. Zudem können Sie festlegen, ob Sie diesen Dienst mit den Worten »Hey Cortana« starten wollen 7. Möchten Sie Cortana nutzen, klicken Sie auf **Ja** 8. Einzelne Berechtigungen können Sie später wieder entziehen. Entscheiden Sie sich gegen Cortana, klicken Sie auf **Nein** 9. Sollten Sie sich später umentscheiden, ist eine Aktivierung der Assistentin jederzeit möglich.

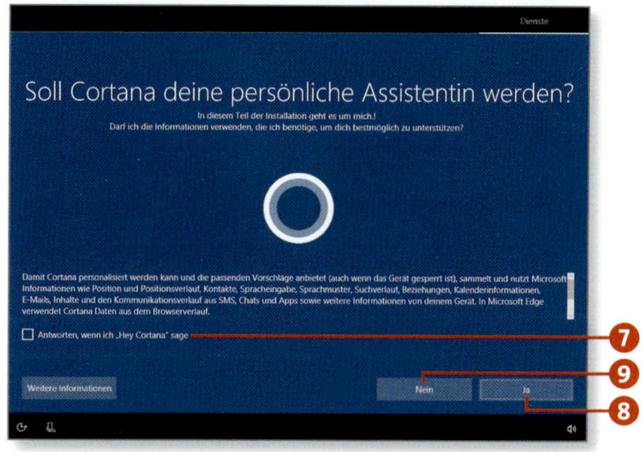

8. Nun haben Sie die Möglichkeit, einige Datenschutzeinstellungen vorzunehmen. Geben Sie im Abschnitt **Position** 10 an, ob Sie Ihre Positionsdaten samt Positionsverlauf an Microsoft senden möchten.

9. Über die Schaltfläche **Weitere Informationen** 11 können Sie ergänzende Hinweise zu den angezeigten Einstellungen aufrufen. Im Zweifel deaktivieren Sie lieber eine Option, Sie können sie später über die Datenschutzeinstellungen auch wieder aktivieren. Klicken Sie schließlich auf **Annehmen** 12, um zum nächsten Schritt zu gelangen.

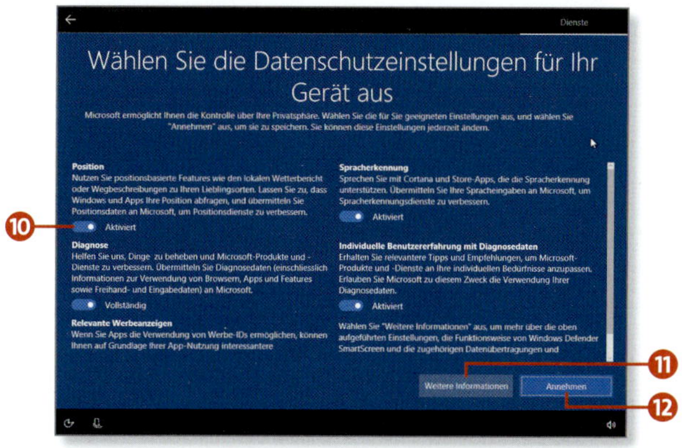

Ein Microsoft-Konto später erstellen

Für die Nutzung einiger Apps, z. B. der *Musik*-App, wird ein Microsoft-Konto benötigt. Wie Sie nachträglich ein Microsoft-Konto erstellen können, lesen Sie im Abschnitt »Bei Windows anmelden« auf Seite 30. In Kapitel 7, »Windows 10 individuell anpassen«, erfahren Sie, wie Sie ein lokales Konto in ein Microsoft-Konto umwandeln.

Bei Windows anmelden

Für die Nutzung einiger Dienste unter Windows 10, z. B. für OneDrive oder die Installation neuer Apps aus dem Windows Store, ist ein Microsoft-Konto Voraussetzung. Früher wurde das Microsoft-Konto *Windows Live ID* genannt. Wenn Sie bereits eine solche ID haben, besitzen Sie damit schon ein Microsoft-Konto. Ist dies nicht der Fall oder sind Sie sich nicht sicher, erstellen Sie einfach kostenlos und unverbindlich ein neues Konto.

1. Starten Sie Ihren Browser, und rufen Sie die Anmeldeseite unter *https://login.live.com* auf. Für die Erstellung eines neuen Microsoft-Kontos klicken Sie dort auf den Link **Dann erstellen Sie jetzt eins!** ❶.
2. Als Benutzername für Ihr Konto werden Sie aufgefordert, Ihre favorisierte Mail-Adresse einzutragen. Stattdessen können Sie aber auch eine neue Adresse speziell für Ihr Microsoft-Konto festlegen. Klicken Sie hierfür auf den Link **Stattdessen eine vorhandene E-Mail-Adresse verwenden** direkt unterhalb des Eingabefeldes für die Mail-Adresse.
3. Haben Sie sich für die Erstellung einer neuen E-Mail-Adresse entschieden, haben Sie nun die Auswahl zwischen den Endungen *hotmail.com*, *outlook.com* oder *outlook.de* ❷.
4. Falls Sie Ihr Kennwort einmal vergessen sollten, können Sie es zurücksetzen lassen. Geben Sie im weiteren Verlauf eine Telefonnummer oder eine E-Mail-Adresse an, an die ein Code zur Rücksetzung geschickt werden kann. Es reicht, wenn Sie eins von beiden angeben.

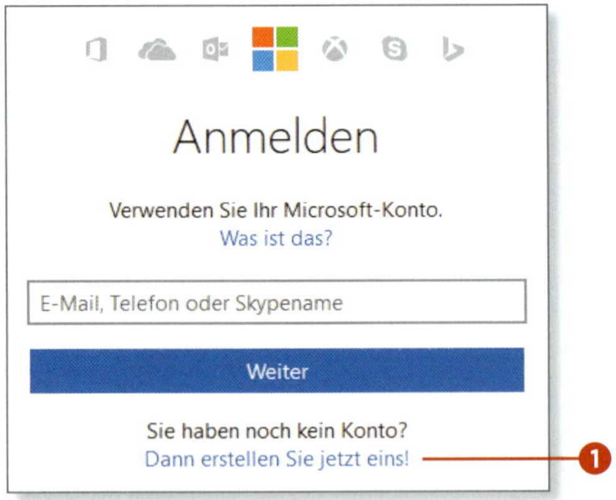

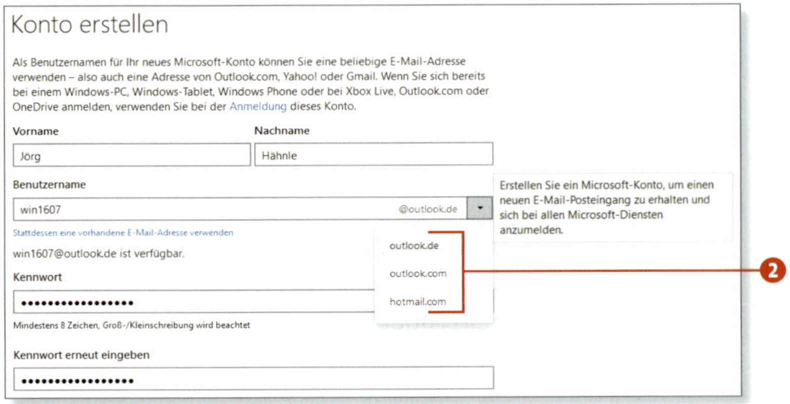

Kostenloses Outlook.com-Konto inklusive

Wenn Sie für die Anmeldung eine neue Adresse erstellen, erhalten Sie ein E-Mail-Konto, das Sie später auch über *Outlook.com* nutzen können. Dies erlaubt eine einfache Trennung zwischen dem Microsoft-Konto und Ihren privaten E-Mail-Konten.

5. Sind alle Angaben gemacht, klicken Sie auf die Schaltfläche **Konto erstellen**, um den Vorgang abzuschließen. Es folgt die Anzeige einer Übersichtsseite für das soeben erstellte Konto. Hier können Sie weitere Einstellungen vornehmen. Klicken Sie z. B. in den Kreis ❸ in der linken Spalte, um ein eigenes Profilbild festzulegen. Über **Ihre Informationen** ❹ können Sie persönliche Informationen wie Ihr Geburtsdatum oder auch den Anzeigenamen Ihres Kontos ändern.

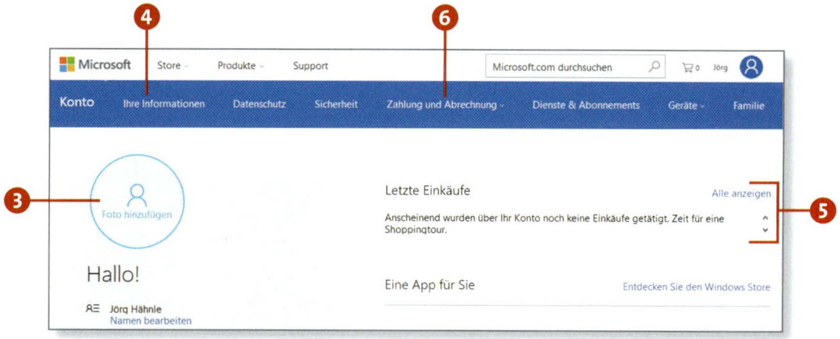

6. Direkt auf der Übersichtsseite werden, soweit verfügbar, Ihre letzten Einkäufe angezeigt ❺, etwa wenn Sie sich eine kostenpflichtige App gekauft und das Konto als Zahlungsmethode gewählt haben. Um Einkäufe tätigen zu können, müssen Sie allerdings erst im Menü **Zahlung und Abrechnung** ❻ eine Zahlungsoption festlegen.

7. Im Abschnitt **Sicherheit** ❼ haben Sie schließlich die Möglichkeit, Ihr Kennwort bei Bedarf zu ändern. Klicken Sie hierfür auf **Ändern des Kennworts** ❽. Über **Aktualisieren Sie Ihre Sicherheitsinformationen** ❾ legen Sie fest, wie Microsoft mit Ihnen in Kontakt treten kann, falls Sie z. B. das Kennwort zu Ihrem Konto vergessen haben. Wann und wo Sie das Konto zuletzt verwendet haben, können Sie über **Letzte Aktivität überprüfen** ❿ einsehen. Weitere sicherheitsrelevante Einstellungen, wie z. B. die Einrichtung einer Zwei-Schritt-Anmeldung für Ihr Konto, erreichen Sie über **Weitere Sicherheitsoptionen** ⓫.

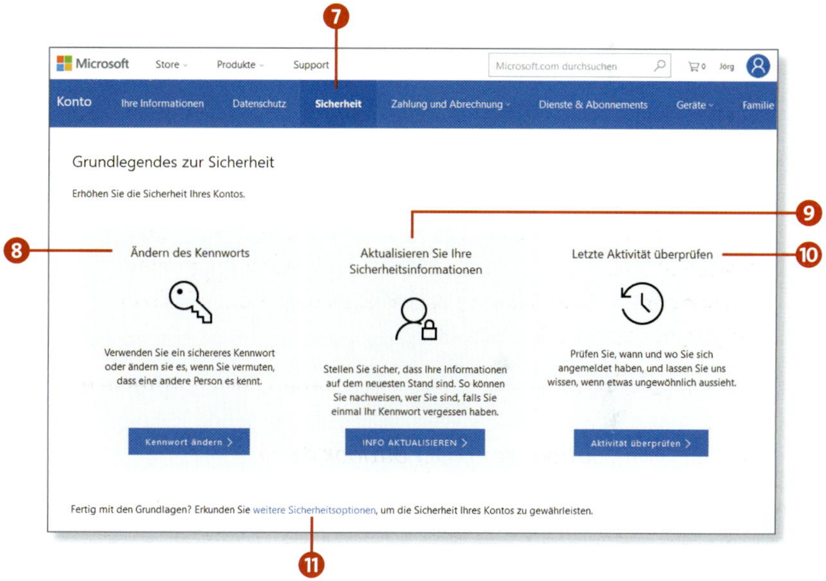

i

Vor- und Nachteile eines Microsoft-Kontos

Der Vorteil eines Microsoft-Kontos ist, dass Sie alle Dienste uneingeschränkt nutzen und z. B. aus dem Windows Store Apps herunterladen oder PC-Einstellungen mit anderen Rechnern synchronisieren können. Der Nachteil: Sie müssen persönliche Daten wie Name oder Geburtsdatum preisgeben (Microsoft verspricht, Ihnen keine Spam-Mails zu schicken).

Alles zum neuen Startmenü

Das Startmenü auf einen Blick

Im neuen Startmenü fallen zunächst die zahlreichen, in Größe und Farbe variierenden Kacheln ins Auge. In der rechten Hälfte des Menüs sehen Sie einige vorinstallierte Apps, z. B. die *Mail*-App, die *Kalender*-App oder die *Wetter*-App. Kacheln, deren Inhalte sich automatisch aktualisieren, wie die der Wetter-App, nennt man *Live-Kacheln*. Jedes neue Programm erhält eine neue Kachel und kann nach Bedarf an das Startmenü angeheftet oder wieder von dort gelöst werden. Mit jedem neuen Programm, das Sie im Startmenü platzieren, wird dieses automatisch nach unten hin erweitert. Die einzelnen Kacheln können Sie auf der Oberfläche verschieben und nach Ihrem Geschmack anordnen und sogar gruppieren (siehe den Abschnitt »Die Kacheln anpassen« ab Seite 208).

1. *Fotos* und *Wetter*, zwei von mehreren Live-Kacheln
2. Die Bezeichnungen für die Kachelblöcke können Sie frei wählen.
3. Über den Menüeintrag **Einstellungen** erreichen Sie schnell alle wichtigen Einstellungsmöglichkeiten.
4. Neue Programme können Sie über den *Store* erwerben.
5. Mithilfe der Bildlaufleiste am Rande des Menüs können Sie den Fensterinhalt nach oben verschieben und bisher verborgene Kacheln einblenden.

Die Bildlaufleiste ❺ wird erst sichtbar, wenn Sie die Maus bewegen. Links neben den Kacheln werden Ihnen die zuletzt verwendeten Anwendungen angezeigt sowie eine alphabetisch sortierte Übersicht über alle auf Ihrem Rechner installierten Programme. Sie haben auch hier die volle Kontrolle und können festlegen, welche Programme rechts im Startmenü angezeigt werden sollen. Klicken Sie eine Kachel an, wird das zugehörige Programm gestartet. Führen Sie einen Rechtsklick auf eine Kachel aus, wird ein Kontextmenü mit weiteren Optionen zu dieser Anwendung eingeblendet.

❻ Alle Apps und Programme im Überblick

❼ Die Kachel eines Programms an das Startmenü heften bzw. davon lösen

❽ Die Kachel eines Programms an die Taskleiste heften

❾ Hiermit kann das Programm deinstalliert werden.

❿ Um Kompatibilitätsprobleme zu vermeiden, müssen ältere Programme häufig mit Administratorrechten gestartet werden. Mehr dazu erfahren Sie im Abschnitt »Ältere Programme unter Windows 10 nutzen« auf Seite 314.

⓫ Über diesen Menüpunkt kann der Dateipfad, also der Speicherort der Anwendung, geöffnet werden.

Das »Hamburger-Menü« aufrufen

Wenn Sie ein Smartphone nutzen, kennen Sie diese Menüform vielleicht bereits. Immer wenn wenig Platz auf dem Bildschirm zur Verfügung steht, in einem Menü aber mehrere Optionen untergebracht werden sollen, kommt das sogenannte *Hamburger-Menü* zum Einsatz. Das Menü erhielt seinen Namen durch die besondere Darstellungsform. Meist drei übereinanderliegende horizontale Linien, die ein wenig an die einzelnen Schichten eines schmackhaften Hamburgers erinnern. Unter Windows 10 findet man dieses neue Menü fortan in allen Apps.

1. Starten Sie z. B. einmal die *Wetter*-App aus dem Startmenü.
2. Links oben im Programmfenster sehen Sie als Symbol des App-Menüs drei unscheinbar wirkende Linien **1**. Dabei spielt es übrigens keine Rolle, ob Sie die App auf einem herkömmlichen PC oder auf einem Tablet gestartet haben, das Menü befindet sich immer an der gleichen Stelle.

3. Tippen oder klicken Sie nun auf das Menü, öffnet sich seitlich eine Menüleiste und zeigt verschiedene Optionen an **2**.
4. Welche Menüpunkte zum Vorschein kommen, hängt von der gestarteten App ab. In der Wetter-App haben Sie beispielsweise die Auswahl zwischen den Optionen **Vorhersage**, **Karten**, **Historisches Wetter** oder **Favoriten**. Möchten Sie keinen der zur Verfügung stehenden Punkte aufrufen, tippen oder klicken Sie erneut auf das Hamburger-Menü, um es wieder zu schließen.

Menüpunkte erkennen

Die Symbole der Menüleiste sind nicht immer eindeutig, und so kann es mitunter etwas lästig werden, die Seitenleiste mit den Menübezeichnungen immer erst öffnen zu müssen. Verharren Sie stattdessen einen Moment mit dem Mauszeiger auf einem Symbol, zeigt Windows die Menübezeichnung an.

Die App-Leiste einblenden

Ein weiteres Bedienelement innerhalb einer Windows-App ist die App-Leiste. Dieses Element ist zunächst nicht sichtbar und zeigt sich erst, wenn es vom Anwender angefordert wird. Dabei gibt es eine Besonderheit zu beachten: Microsoft hat diese App-Leiste aus seinen eigenen Apps, wie z. B. Wetter, Nachrichten, Sport etc., entfernt und die Optionen in neue Menüleisten, die am Rand des Programmfensters angezeigt werden, ausgelagert (siehe den Abschnitt »Das ›Hamburger-Menü‹ aufrufen« auf Seite 34). In Apps von Drittanbietern, wie z. B. der ARD-App *Das Erste*, ist die App-Leiste aber meist noch verfügbar.

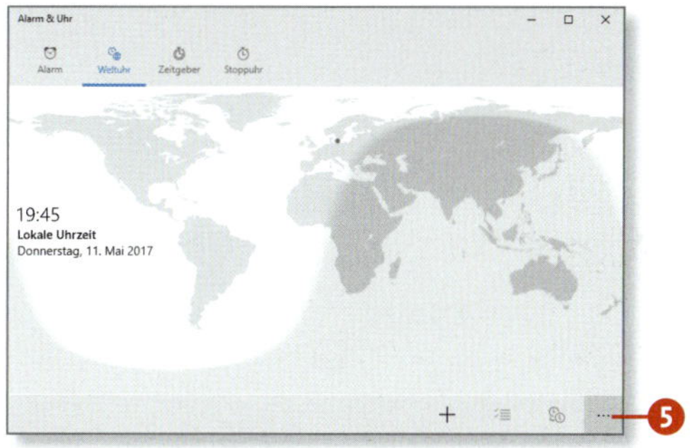

1. Sofern die ausgewählte App noch über eine App-Leiste verfügt, öffnen Sie diese durch einen Rechtsklick auf eine freie Stelle der Anwendung. Falls Sie ein Gerät mit Touchscreen verwenden, ist dafür eine Wischbewegung mit dem Finger vom unteren Bildschirmrand aus nötig.

2. Die im Beispiel genannte App-Leiste der App Das Erste zeigt nun oben und unten Schaltflächen, z. B. für den Wechsel in das laufende Programm (**Live** 1). Über den Menüpunkt **Programm** 2 rufen Sie eine elektronische Programmzeitschrift auf, und die Mediathek können Sie über den Programmpunkt **Video** 3 öffnen. Von den Unterseiten gelangen Sie über einen Klick auf **Startseite** 4 wieder zurück auf die Hauptseite der App.

3. Vereinzelt werden Sie aber auch Apps finden, die sich an keine der vorgegebenen Regeln halten. Hieran ist gut zu erkennen, dass die Bedienung der Apps noch nicht einheitlich geregelt ist. Öffnen Sie z. B. die App **Alarm & Uhr**, stellen Sie fest, dass sich hier mit einem Rechtsklick keine App-Leiste zeigt und dass die neue Menü-Schaltfläche 5 nicht wie sonst üblich links oben, sondern rechts unten zu finden ist und lediglich aus drei Punkten besteht.

Tastenkombination zum Öffnen der App-Leiste

Auch für die App-Leiste gibt es eine praktische Tastenkombination: [⊞] + [Z]. Drücken Sie das Tastenkürzel erneut, um die App-Leiste wieder auszublenden. Mithilfe der Tabulator-Taste [↹] können Sie zwischen den einzelnen Menüpunkten der App-Leiste wechseln, und mit [↵] wählen Sie die gewünschte Option aus.

Der Desktop in der Übersicht

Der Desktop hat sich im Laufe der letzten Windows-Versionen nicht sonderlich verändert, und so gibt er auch unter Windows 10 ein vertrautes Bild ab. Zu Beginn beherbergt der Desktop nur das Symbol für den Papierkorb. Doch viele Programme hinterlassen bei der Installation eine Verknüpfung auf dem Desktop, und derart kommen im Laufe der Zeit viele neue Symbole hinzu. Dabei handelt es sich stets um Verknüpfungen zu Desktop-Anwendungen oder zu Dateien und Ordnern. Neue Windows-Apps werden nicht als Verknüpfung auf dem Desktop angezeigt, sondern als Kachel im Startmenü. Die Erstellung einer Desktop-Verknüpfung ist aber möglich, ebenso wie das Anheften an die Taskleiste. Im Startmenü hingegen finden Sie Kacheln für Apps und Desktop-Programme. Am unteren Bildschirmrand sehen Sie die Taskleiste. Im mittleren Teil dieser Leiste werden die minimierten Fenster ausgeführter Programme und Apps angezeigt. (Wie man Fenster minimiert, erfahren Sie im Abschnitt »Fenster auf Vollbildansicht stellen« auf Seite 83.) Die Taskleiste befindet sich standardmäßig zwar am unteren Bildrand, Sie können diese aber jederzeit an den linken, den rechten oder auch an den oberen Bildrand verschieben. Dazu müssen Sie lediglich die Fixierung der Taskleiste über ihr Kontextmenü lösen und können die Leiste dann mit gedrückter Maustaste an den gewünschten Seitenrand verschieben.

1 Auf dem Desktop abgelegte Programmverknüpfungen
2 Im Hintergrund laufendes Programm
3 Miniaturvorschau einer geöffneten Anwendung
4 Schaltfläche zum Aufrufen des Explorers

In der linken unteren Ecke ist die neue **Start**-Schaltfläche zu sehen, ein Klick darauf öffnet das modernisierte Startmenü. Hinter der Schaltfläche gibt es aber noch etwas Interessantes zu entdecken. Wenn Sie einmal mit der rechten Maustaste auf die **Start**-Schaltfläche klicken, öffnet sich ein unscheinbares Kontextmenü. Es enthält wichtige Einträge z. B. zum Aufruf der Energieoptionen, des Geräte-Managers, der Datenträger- und Computerverwaltung, aber auch zum Start des Task-Managers und, ganz wichtig, zum Aufruf der Einstellungen. Anstatt mühsam mit der Maus in die Ecke zu fahren, um dort den erforderlichen Rechtsklick auf die **Start**-Schaltfläche vorzunehmen, können Sie zum Aufruf des »geheimen Startmenüs« auch die Tasten [Win] + [X] drücken. Microsoft bezeichnet dieses Menü übrigens als *Schnellstartmenü*.

Und es gibt noch ein Geheimnis zu lüften. Ganz rechts neben der Uhr, wo eigentlich nichts weiter zu sehen ist, verbirgt sich eine Schaltfläche, nämlich **Desktop anzeigen**. Wenn Sie also mit dem Mauszeiger in die rechte untere Ecke fahren, werden alle Fenster ausgeblendet, und der Blick auf den Desktop wird frei. Allerdings nur so lange, wie Sie mit dem Mauszeiger in der Ecke verweilen. Das funktioniert wie eine Art Vorschau. Wenn Sie hingegen in diese Ecke klicken, wird der Desktop auch dann noch angezeigt, wenn Sie die Ecke wieder mit der Maus verlassen. Die zuvor geöffneten Fenster werden dabei nicht geschlossen, sondern lediglich minimiert.

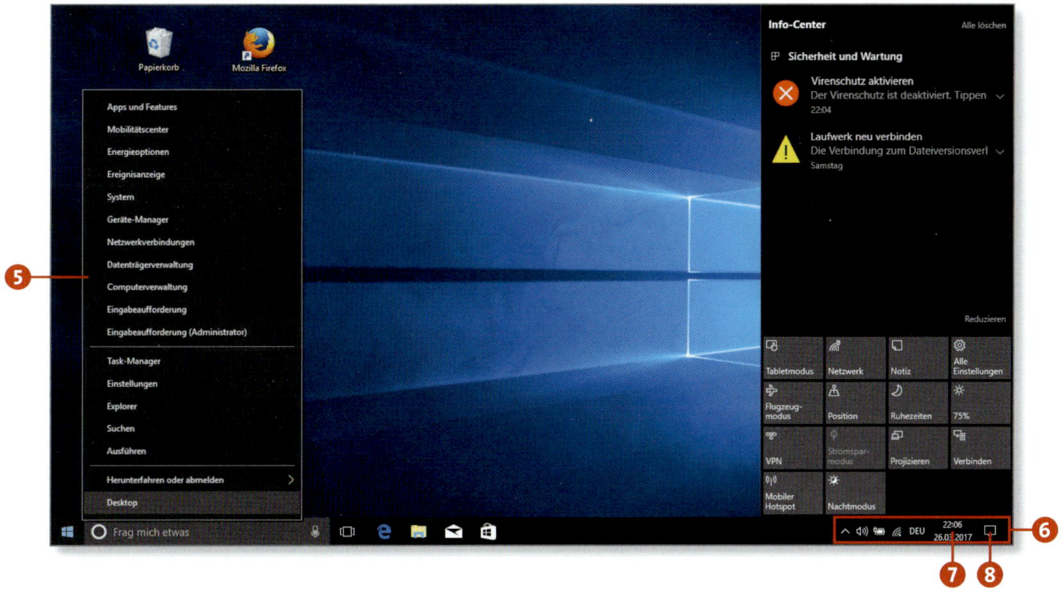

5 Das Schnellstartmenü mit den wichtigsten Systembefehlen

6 Infobereich (*Systray*) mit Programm- und Systeminformationen

7 Zeit- und Datumseinstellungen

8 Das neue Info-Center lässt sich über diese Schaltfläche öffnen.

Zwischen Desktop und Startmenü wechseln

Der Desktop und das Startmenü sind die beiden Schaltzentralen unter Windows 10. Bei der täglichen Arbeit wechselt man sehr häufig zwischen diesen beiden Arbeitsflächen hin und her – sei es, um nur mal eben einen Blick auf die aktuellen Wetterdaten zu werfen, um die *Sport*-App zu starten oder um auf dem Desktop eine neue E-Mail zu verfassen. Um das Startmenü zu öffnen oder den Desktop in den Mittelpunkt des Geschehens zu bringen, gibt es mehrere Möglichkeiten.

1. Der klassische Weg: Führen Sie einen einfachen Mausklick links unten auf die **Start**-Schaltfläche ❶ in der Taskleiste aus, um das Startmenü zu öffnen.
2. Der einfachste und schnellste Weg, das Startmenü zu öffnen, ist aber ein kurzes Drücken der [Windows]-Taste. Klicken Sie auf einen freien Bereich auf dem Desktop, oder drücken Sie die Taste erneut, um das Startmenü wieder zu schließen.
3. Haben Sie viele Programme oder Apps geöffnet und möchten zurück auf den Desktop, um von dort z. B. über eine Verknüpfung ein Programm zu starten oder eine Datei zu öffnen, geht es am schnellsten mit der Tastenkombination [Windows] + [D]. Dabei werden alle Fenster minimiert, die Programme aber nicht geschlossen.
4. Eine weitere Möglichkeit ist eine versteckte Schaltfläche in der Taskleiste ❷. Klicken Sie ganz rechts auf den freien Bereich neben dem Symbol für das Info-Center, werden ebenfalls alle Programmfenster minimiert und der Blick auf den Desktop freigegeben.

Weitere Tastenkombinationen

Weitere nützliche Tastenkürzel zur Steuerung von Windows 10 finden Sie im Anhang am Ende dieses Buches.

Eine Desktop-Verknüpfung erstellen

Aus Platzgründen ist es nicht möglich, jedes benötigte Programm an die Taskleiste zu heften, und immer erst das Startmenü zu öffnen, um dort die passende Programmkachel zu suchen und anzuklicken, ist auf Dauer einfach zu umständlich. Aus diesen Gründen bietet es sich an, für wichtige Programme eine Desktop-Verknüpfung anzulegen.

1. Öffnen Sie das Startmenü mithilfe der [Windows]-Taste oder durch einen Klick auf die **Start**-Schaltfläche in der Taskleiste ❶.
2. Klicken Sie die Kachel der Anwendung, zu der Sie eine Verknüpfung erstellen möchten ❷, mit der linken Maustaste an, und verschieben Sie die Kachel mit weiterhin gedrückter Maustaste auf eine freie Stelle des Desktops. Sobald die Kachel das Startmenü verlassen hat ❸, wird der Zusatz **Link** eingeblendet, welcher signalisiert, dass nun eine Verknüpfung erstellt wird.
3. Lassen Sie die Maustaste schließlich wieder los, wird die Verknüpfung sogleich auf dem Desktop abgelegt ❹. Solche Verknüpfungen erkennen Sie an dem kleinen Pfeil in der linken Ecke des Programmsymbols.

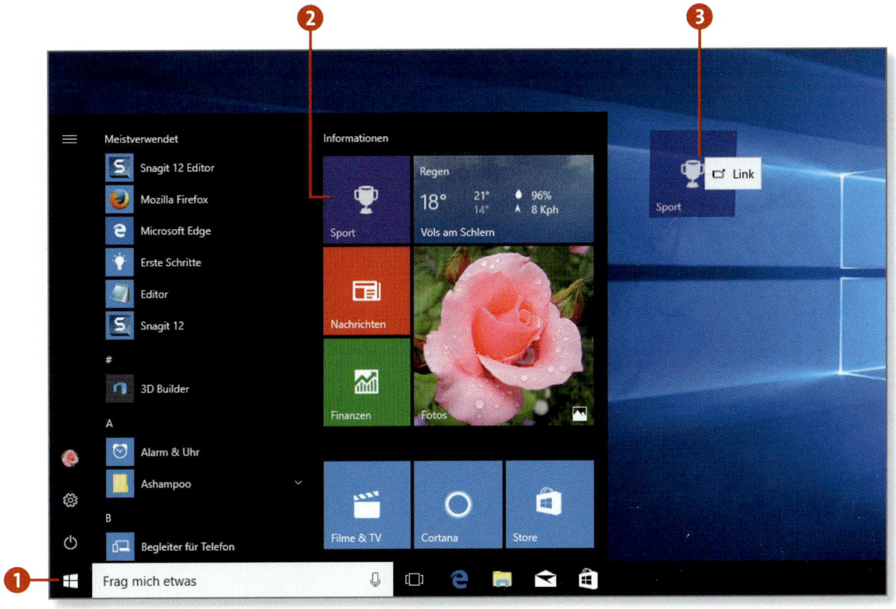

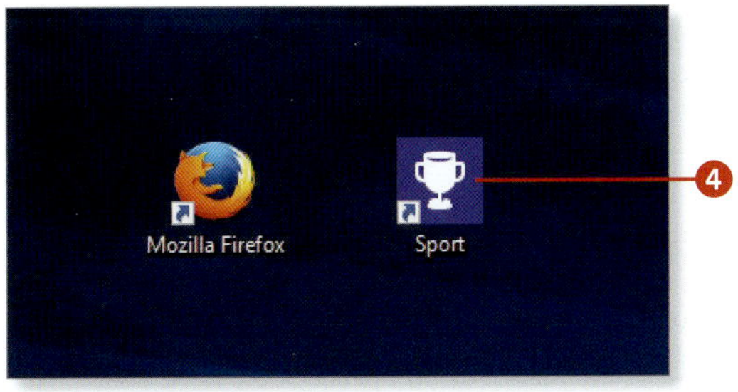

Verknüpfung wieder löschen

Möchten Sie die Verknüpfung zu einem späteren Zeitpunkt wieder löschen, klicken Sie sie mit der rechten Maustaste an und wählen den Befehl **Löschen** aus dem Kontextmenü. Dabei wird nur die Verknüpfung zum Programm gelöscht, das Programm selbst bleibt auf der Festplatte.

Die Programmübersicht aufrufen

Zu Anfang fällt der Überblick noch leicht, doch im Laufe der Zeit sammeln sich auf jedem System immer mehr Programme an, und irgendwann geht der Überblick unweigerlich verloren.

1. Um herauszufinden, welche Windows-Apps und Desktop-Programme auf Ihrem PC installiert sind, öffnen Sie zunächst das Startmenü, z. B. durch Drücken der [Windows]-Taste oder durch einen Klick auf die **Start**-Schaltfläche. Alle Anwendungen werden in der linken Hälfte ❶ in alphabetischer Reihenfolge aufgelistet, und Sie können sich mithilfe der Bildlaufleiste ❷ durch die Liste bewegen.
2. Eine weitere Auflistung erreichen Sie, indem Sie im Startmenü auf **Einstellungen** (das Zahnradsymbol) klicken und dann die Kategorie **Apps** auswählen.
3. Im Bereich **Apps & Features** ❸ sehen Sie eine lange Liste, standardmäßig ist sie nach der Größe der Anwendungen sortiert. Klicken Sie auf das Feld **Sortieren nach:** ❹, um die Apps z. B. nach ihren Namen, ihrer Größe oder nach dem Installationsdatum zu sortieren.
4. Über den Menüpunkt **Filtern nach:** ❺ haben Sie zusätzlich die Möglichkeit, genau das Laufwerk auszuwählen, dessen installierte Anwendungen aufgelistet werden sollen.

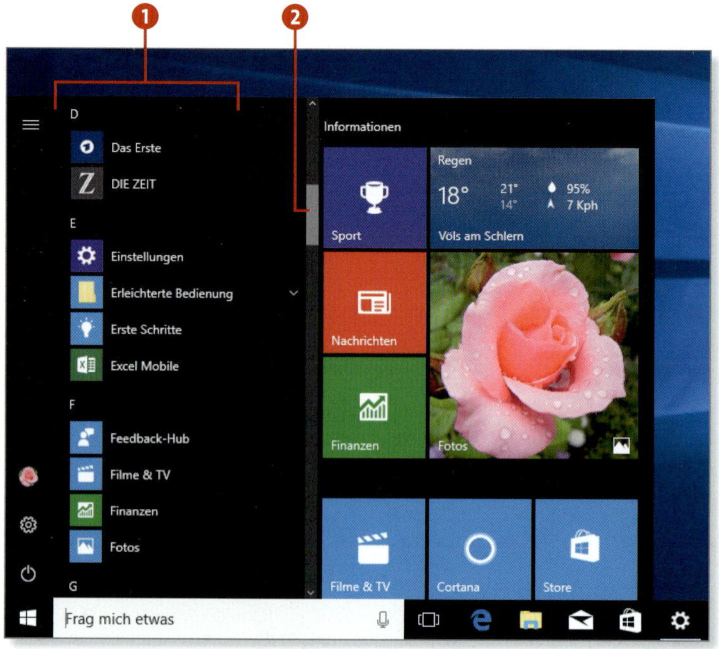

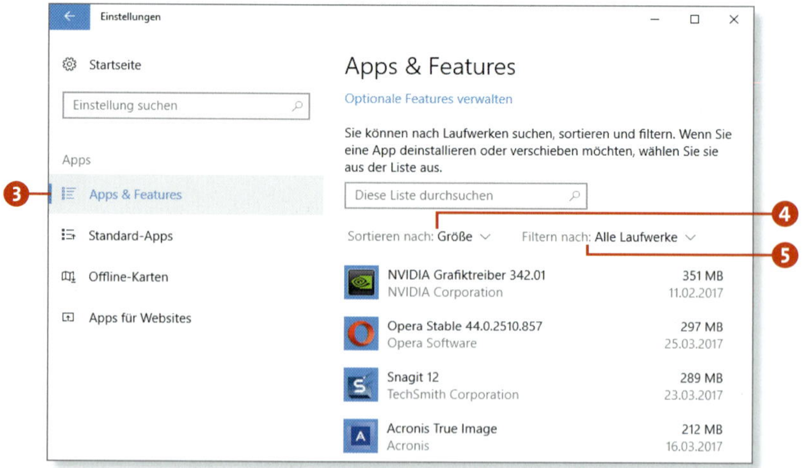

Speicherort ermitteln

Wenn Sie wissen möchten, in welchem Verzeichnis ein im Startmenü aufgeführtes Desktop-Programm zu finden ist, klicken Sie es in der Übersicht mit der rechten Maustaste an und wählen den Menüeintrag **Mehr > Speicherort öffnen** aus. Die Auflistung unter **Apps & Features** bietet diese Möglichkeit nicht.

Der Task-Manager im Überblick – 1

Mithilfe des Task-Managers haben Sie alle laufenden Systemprozesse im Blick. Sie können sehen, welche Anwendungen laufen und wie viele Systemressourcen sie benötigen, und Sie können z. B. Programme beenden, falls diese Probleme machen oder »abgestürzt« sind, also nicht mehr reagieren. Bereits mit Windows 8 wurde der Task-Manager, im Vergleich zu früheren Windows-Versionen, in vielen Bereichen verbessert und mit zusätzlichen Funktionen ausgestattet.

Es gibt mehrere Möglichkeiten, den Task-Manager zu starten. Die klassische Variante ist die Tastenkombination [Strg] + [⇧] + [Esc]. Sie können das Programm aber auch starten, indem Sie einen Rechtsklick auf die Taskleiste ausführen und den passenden Befehl **Task-Manager** ❶ aus dem Kontextmenü auswählen. Zunächst wirkt der Task-Manager sehr aufgeräumt und gibt nicht viele Informationen preis. Lediglich die aktuell im Hintergrund laufenden Programme und Apps werden aufgeführt. Klicken Sie auf **Mehr Details**, um sich weitere Informationen anzeigen zu lassen.

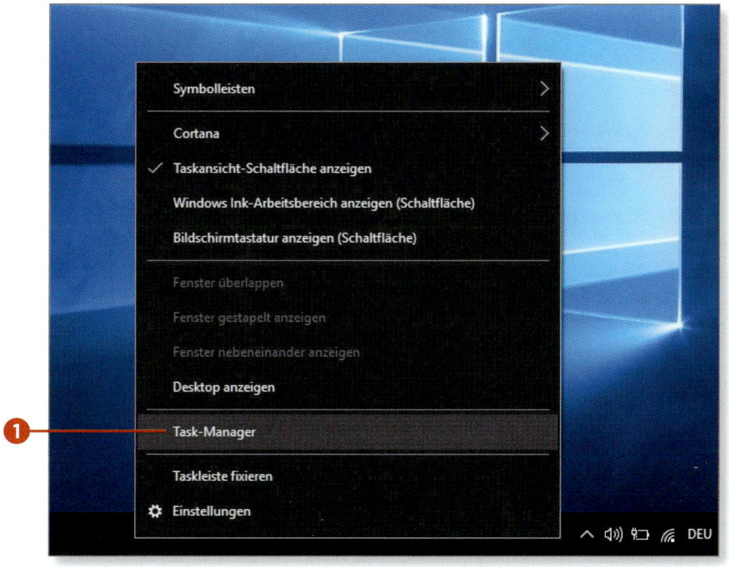

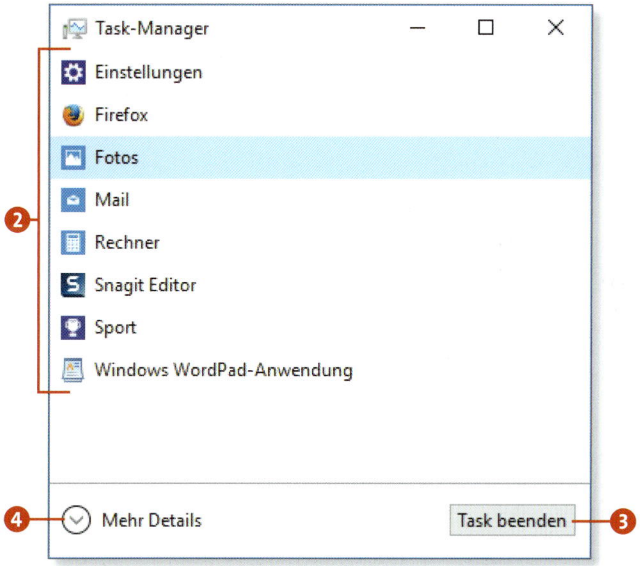

❷ Liste der zurzeit ausgeführten Programme und Apps

❸ Über diese Schaltfläche können Sie die markierte Anwendung beenden.

❹ Über diese Schaltfläche können Sie sich zusätzliche Informationen anzeigen lassen.

Der Task-Manager im Überblick – 2

In der erweiterten Ansicht werden deutlich mehr Daten angezeigt. Sie sehen, welche Anwendungen und Prozesse gestartet sind, und können z. B. ablesen, wie hoch die CPU-Auslastung ❶ durch ein Programm ist oder wie viel Arbeitsspeicher ❷ von ihm eingenommen wird.

Wenn ein Programm nicht reagiert, lässt es sich meist nicht mehr auf herkömmlichem Wege schließen. Markieren Sie in solch einem Fall das entsprechende Programm im Task-Manager, und klicken Sie anschließend auf die Schaltfläche **Task beenden** ❸. Das Programm wird daraufhin geschlossen, und Sie können Ihre Arbeit fortsetzen. Über das Register **Leistung** ❹ können Sie einige sehr technische Informationen einsehen. Verschiedene Grafiken zeigen die Auslastung des Prozessors, des Arbeitsspeichers, eingebauter Festplatten sowie den Durchsatz vorhandener Ethernet-Verbindungen.

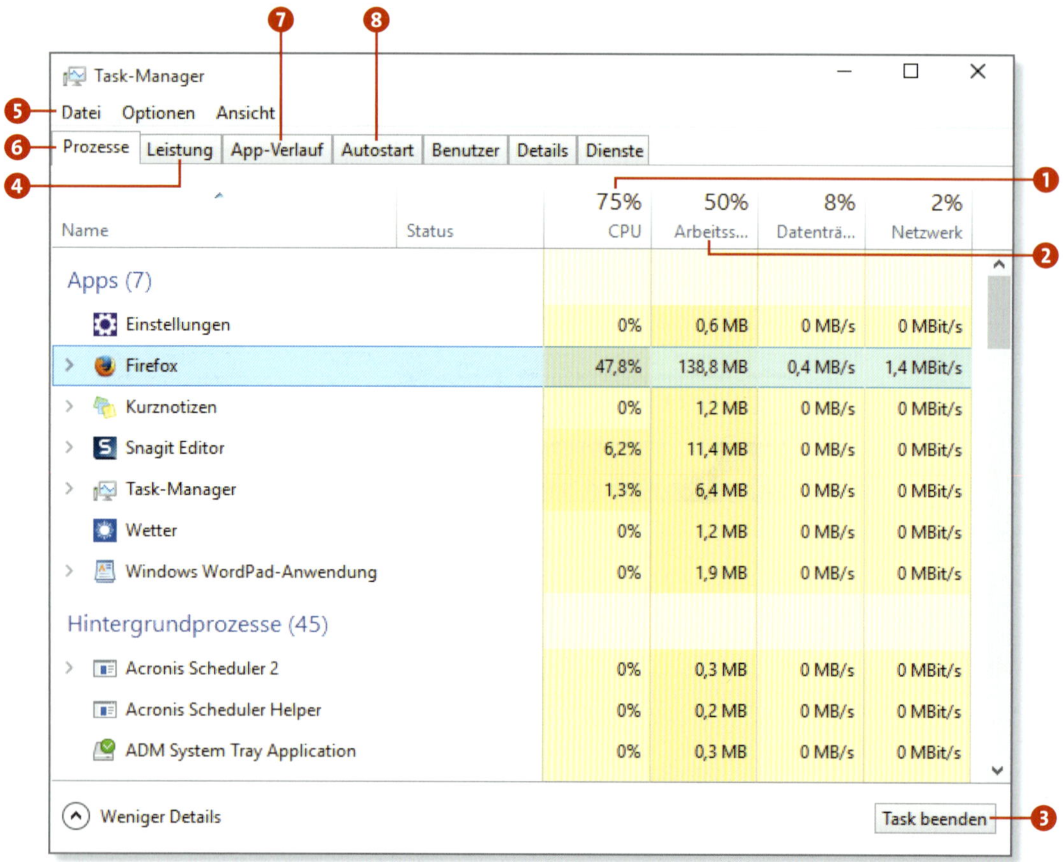

❺ Über die Menüleiste erreichen Sie weitere Einstellungsmöglichkeiten.

❻ Auf dieser Registerkarte finden Sie alle Apps und Prozesse im Überblick.

❼ Der App-Verlauf zeigt u. a. den Datentransfer einzelner Apps an. Ausführliche Informationen dazu finden Sie im Abschnitt »Mit dem App-Verlauf den Überblick behalten« ab Seite 66.

❽ Über dieses Register können Sie unnötige Autostart-Programme deaktivieren. Mehr darüber erfahren Sie im Abschnitt »Wenn der Rechner langsamer wird: Autostart-Programme« auf Seite 311.

Den Computer starten

Den Computer einschalten

Nach dem Einschalten des Rechners wird das System hochgefahren, und Windows präsentiert nach wenigen Augenblicken den Sperrbildschirm. Neben der aktuellen Uhrzeit und dem Datum werden dort, je nach Konfiguration, weitere Informationen angezeigt.

1. Schalten Sie den Computer durch Drücken des Netzschalters ein.
2. Um den Sperrbildschirm ❶ auszublenden, drücken Sie eine beliebige Taste auf Ihrer Tastatur oder klicken mit der Maus auf den Bildschirm. Wenn Sie ein Gerät mit Touchscreen verwenden, führen Sie eine Wischbewegung vom unteren Bildschirmrand nach oben aus.
3. Geben Sie nun Ihre PIN oder Ihr Kennwort ❷ ein, und bestätigen Sie die Eingabe mit [↵]. Falls Sie verschiedene **Anmeldeoptionen** eingerichtet haben, können Sie nach einem Klick auf den gleichnamigen Menüpunkt ❸ zwischen den vorhandenen Methoden wählen (siehe dazu auch den Abschnitt »Mit einem PIN-Code bei Windows anmelden« auf Seite 203).
4. Für die Anmeldung wird immer das Benutzerkonto des zuletzt am System angemeldeten Benutzers angezeigt. Um sich mit einem anderen Konto anzumelden, klicken Sie in der linken Bildschirmhälfte auf das Benutzerkonto, mit dem Sie sich anmelden möchten ❹, und geben anschließend das dazugehörige Kennwort ein.

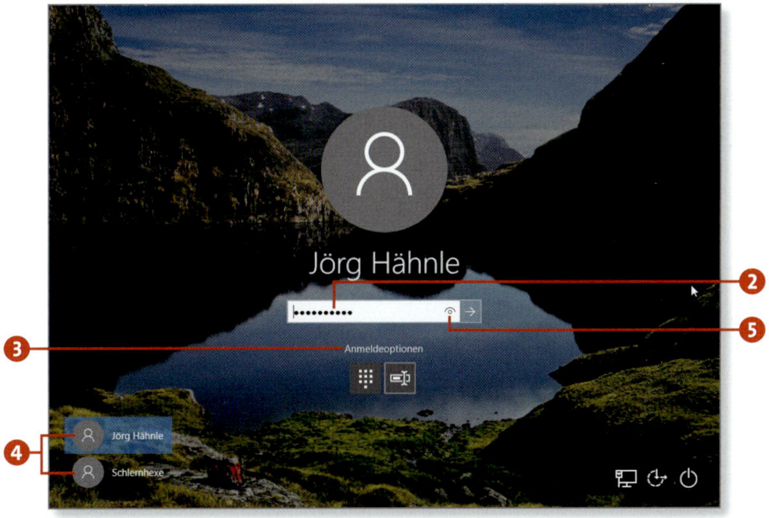

Kennwort im Klartext anzeigen

Klicken Sie bei der Eingabe auf das kleine Augensymbol ❺, um das Kennwort im Klartext anzuzeigen. Eine häufige Fehlerquelle bei der Eingabe ist nämlich die versehentlich aktivierte Feststelltaste [⇩] und die damit verbundene Großschreibung.

Den Computer »aufwecken«

Sie haben Ihren Computer oder Ihren Laptop in den Stand-by-Modus oder in den Ruhezustand versetzt, um Energie zu sparen. Nach der Mittagspause soll es mit der Arbeit weitergehen, d. h., Sie müssen den Computer wieder »aufwecken«.

1. Wenn Sie Ihren Computer in den Ruhezustand versetzt haben, wurde er vollständig heruntergefahren, und Sie starten ihn wie gewohnt, indem Sie den Netzschalter des PCs drücken.
2. Wurde der Rechner in den Stand-by-Modus versetzt, reicht in den meisten Fällen bereits eine Bewegung mit der Maus, um den Rechner »aufzuwecken«. Falls der Rechner nicht auf die Mausbewegung reagiert, drücken Sie eine beliebige Taste auf Ihrer Tastatur.
3. Auch ein Rechner im Stand-by-Modus kann, je nach Konfiguration, durch Drücken des Netzschalters wieder einsatzbereit gemacht werden. Nutzen Sie diese Option, falls der PC nicht auf die Mausbewegung oder den Tastendruck reagiert.

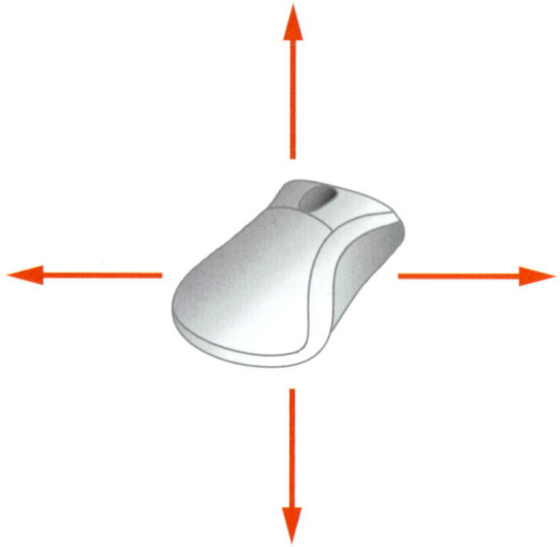

Sichern Sie vor dem Herunterfahren alle Daten!

Windows beendet beim Herunterfahren alle noch geöffneten Anwendungen. Wenn in einer dieser Anwendungen, z. B. in Word, ein noch ungespeichertes Dokument geöffnet ist, wird der Anwender auf diesen Umstand hingewiesen und kann seine Arbeit noch abspeichern. So sollte es zumindest sein. Um möglichen Problemen und Datenverlusten aus dem Weg zu gehen, sollten Sie trotzdem vor dem Herunterfahren alle noch geöffneten Dokumente speichern und alle Programme ordnungsgemäß schließen. Diese Vorgehensweise beschleunigt zudem den Vorgang.

Probleme mit dem Stand-by-Modus

Lässt sich Ihr Computer nicht in den Energiesparmodus versetzen oder nicht mehr reaktivieren? Die Ursachen dafür können vielfältig sein; oft hilft es, die Treiber Ihrer Hardwarekomponenten zu kontrollieren und sie, wenn möglich, zu aktualisieren. Schauen Sie auch auf der Webseite des PC-Herstellers vorbei, denn wenn das Problem bekannt ist, finden Sie in den Bereichen **Service** oder **Support** meist entsprechende Lösungsvorschläge.

Den Computer ausschalten

Den Computer herunterfahren

Schalten Sie den Computer nach getaner Arbeit nicht einfach aus, sondern fahren Sie Windows stets ordnungsgemäß herunter, um Datenverluste oder schwere Systemfehler zu vermeiden. Windows 10 lässt sich mit nur drei Mausklicks beenden.

1. Klicken Sie auf **Start** ①, um das Startmenü zu öffnen, und anschließend auf die Schaltfläche **Ein/Aus** ②.
2. Wählen Sie die Option **Herunterfahren** ③ aus dem zugehörigen Menü. Alle noch geöffneten Anwendungen werden geschlossen, das System wird heruntergefahren und der Computer ausgeschaltet. Mit **Neu starten** fahren Sie den PC herunter und sofort wieder hoch.
3. Auch wenn Sie sich auf dem Anmeldebildschirm befinden, z. B. weil der Rechner zuvor gesperrt wurde oder weil Sie sich bereits als Benutzer vom System abgemeldet haben, können Sie Windows beenden. Klicken Sie hierfür unten rechts auf dem Bildschirm auf die **Beenden**-Schaltfläche ④.
4. Auch hier öffnet sich ein Menü mit den beiden Optionen **Herunterfahren** und **Neu starten** ⑤.

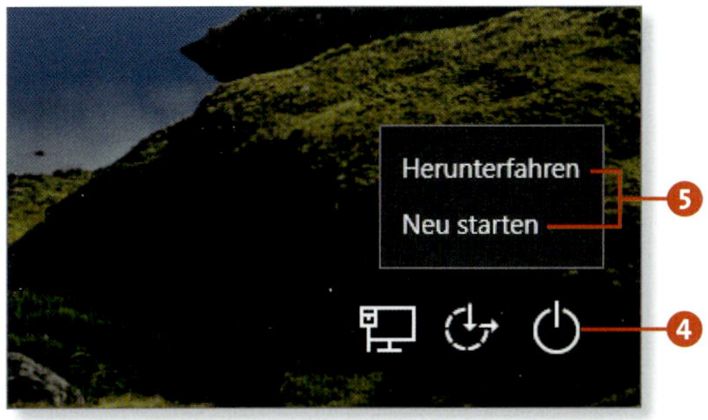

Noch schneller per Tastenkürzel

Auf dem Desktop schließt das Tastenkürzel [Alt] + [F4] das jeweils aktive Programmfenster. Ist kein Programm mehr geöffnet, wird ein Dialogfenster eingeblendet, über das Sie Windows herunterfahren können.

Den Computer in den Energiesparmodus versetzen

Wenn Sie die Arbeit am Computer für einen absehbaren Zeitraum unterbrechen möchten, bietet es sich an, ihn nicht vollständig herunterzufahren, sondern den Rechner in den Stand-by-Modus zu versetzen. In diesem Modus verbraucht der PC nur sehr wenig Strom und kann schnell wieder »aufgeweckt« werden.

1. Öffnen Sie das Startmenü durch einen Klick auf die **Start**-Schaltfläche ❶ in der Taskleiste oder durch Drücken der [Windows]-Taste.
2. Klicken Sie auf **Ein/Aus** ❷, und wählen Sie dann den Menüpunkt **Energie sparen** ❸ aus, um den Computer in den Energiesparmodus zu versetzen.
3. Statt den Weg über das Startmenü zu gehen, können Sie auf dem Desktop auch die Tastenkombination [Alt] + [F4] drücken und im sich öffnenden Dialogfenster den Befehl **Energie sparen** ❹ aus dem Dropdown-Menü auswählen und mit **OK** bestätigen.

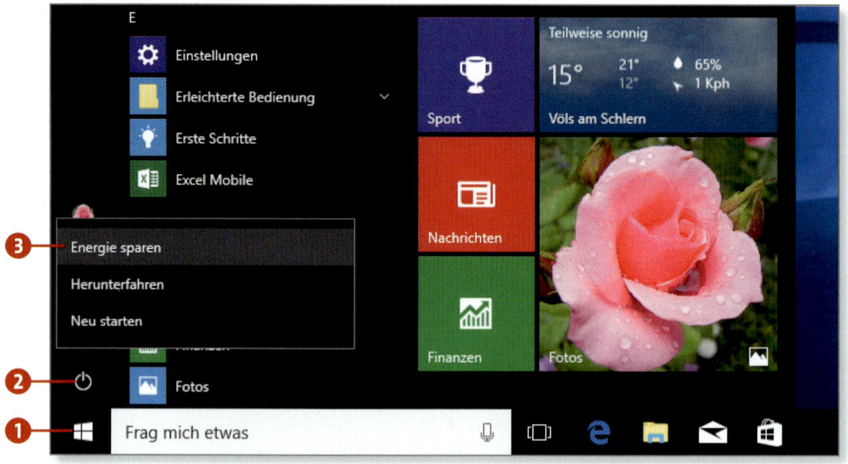

Energie sparen und Ruhezustand

Die Option **Energie sparen** bewirkt, dass alle geöffneten Programme und Daten im Arbeitsspeicher zwischengespeichert werden. Der Computer wird daraufhin nicht komplett heruntergefahren, sondern nur in einen Stand-by-Modus versetzt. In diesem Zustand wird etwas Energie verbraucht. Das »Aufwecken« geht dafür aber schneller als beim Ruhezustand. Im Ruhezustand werden beim Beenden alle Programme und Dokumente auf die Festplatte gespeichert, und der PC wird vollständig heruntergefahren und ausgeschaltet. Bei einem Neustart werden die gespeicherten Programme und Dokumente wieder geöffnet.

So gehen Sie mit der Maus um

Mausklick, Rechtsklick, Doppelklick

Wenn Sie nicht über einen PC mit Touchscreen-Steuerung verfügen, ist die Maus ein unverzichtbares Hilfsmittel, um vernünftig mit Windows 10 arbeiten zu können. Der Umgang mit der Maus erfordert zunächst ein wenig Übung.

1. Führen Sie den Mauszeiger auf ein Objekt, z. B. ein Symbol auf dem Desktop, ohne einen Mausklick auszuführen, nennt man diesen Vorgang *Zeigen*. Wenn Sie die Maus nicht mehr bewegen, erscheint nach kurzer Zeit ein kleines Informationsfenster, die sogenannte *Infobox* ❶ (oder auch *QuickInfo*).
2. Um in einem Menü einen Eintrag auszuwählen oder eine App im Startmenü zu starten, klicken Sie einmal mit der *linken* Maustaste auf das entsprechende Element. Auf die gleiche Weise lassen sich auch Dateien im Explorer *markieren*.
3. Auch ein *Doppelklick* wird mit der linken Maustaste durchgeführt. Klicken Sie zweimal kurz hintereinander z. B. auf ein Programmsymbol, um das zugehörige Programm zu starten.
4. Mithilfe eines *Rechtsklicks* öffnen Sie sogenannte *Kontextmenüs* ❷. Wenn Sie z. B. eine Datei im Explorer mit der rechten Maustaste anklicken, öffnet sich ein Menü, aus dem Sie Bearbeitungsoptionen auswählen können, die zu dem angeklickten Objekt passen, z. B. **Kopieren** oder **Löschen**. Innerhalb einer Windows-App öffnen Sie mit einem Rechtsklick die App-Leiste, so die App darüber verfügt.

Mausrad

Die meisten Computermäuse verfügen über ein kleines Rad ❸ zwischen den beiden Tasten. Damit können Sie den Inhalt eines Fensters vertikal bewegen (*scrollen*).

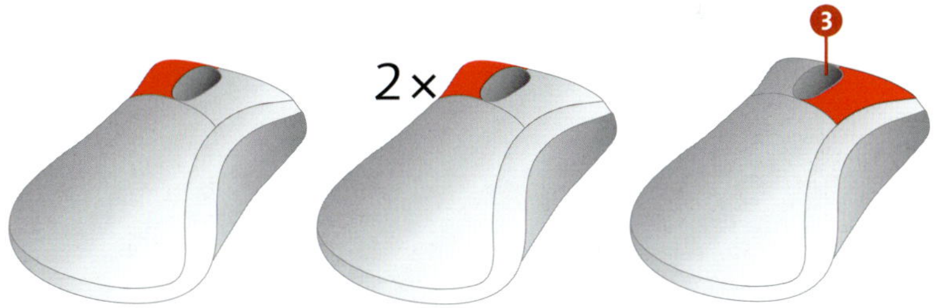

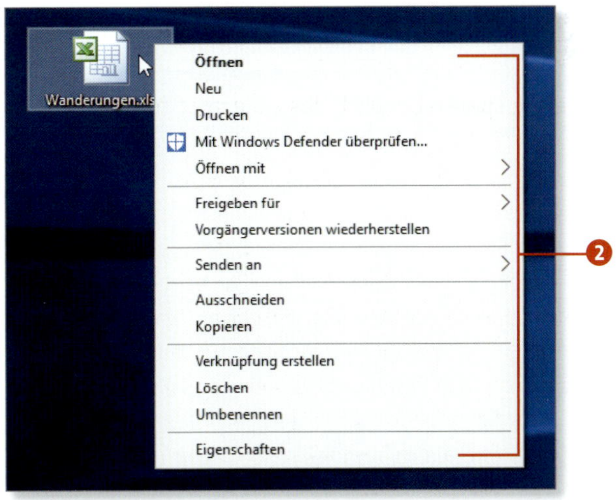

Drag & Drop

Drag & Drop steht für »Ziehen und Ablegen«. Mit dieser Technik verschieben Sie Objekte auf dem Bildschirm. Sie können damit z. B. die Programmsymbole auf dem Desktop neu anordnen, eine Kachel im Startmenü verschieben oder auch Dateien in einem neuen Ordner ablegen.

1. Um eine Datei von Ihrem Desktop in einen neuen Ordner zu verschieben, klicken Sie sie zunächst mit der linken Maustaste an, halten die Maustaste gedrückt und ziehen das Objekt mit der Maus an die gewünschte Stelle ❶. (Um es zu kopieren, halten Sie gleichzeitig auch die Strg-Taste gedrückt.) Haben Sie das Ziel erreicht, lassen Sie die Maustaste wieder los und legen damit das Objekt ab.
2. Die Technik funktioniert auch bei Textzeilen oder einzelnen Wörtern. Markieren Sie zunächst den gewünschten Text mit der Maus, indem Sie den Cursor vor den Text setzen, die linke Maustaste gedrückt halten und die Maus über den Text ziehen. Die blaue Hinterlegung zeigt, was bereits markiert wurde ❷.
3. Klicken Sie auf den markierten Text, und ziehen Sie ihn bei weiterhin gedrückter Maustaste an eine andere Position. Sobald Sie die Maustaste loslassen, wird der Text dort eingefügt, wo der Cursor ❸ steht.

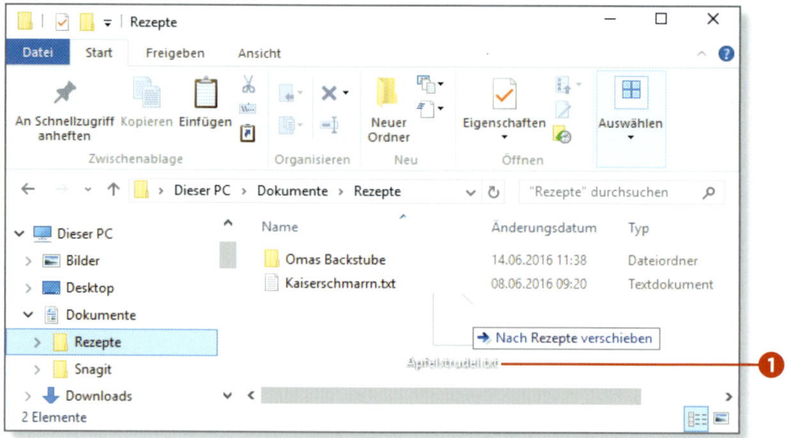

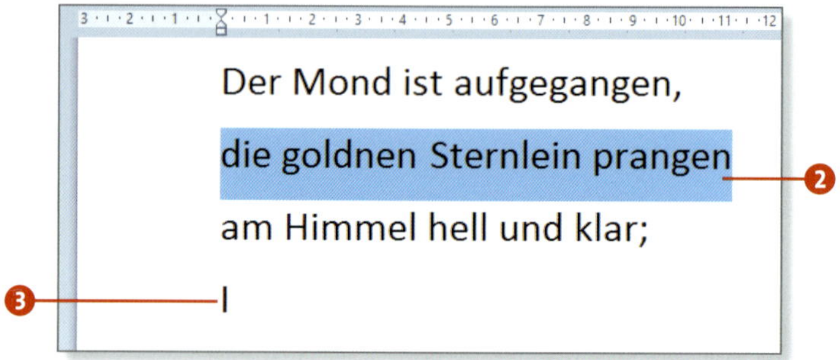

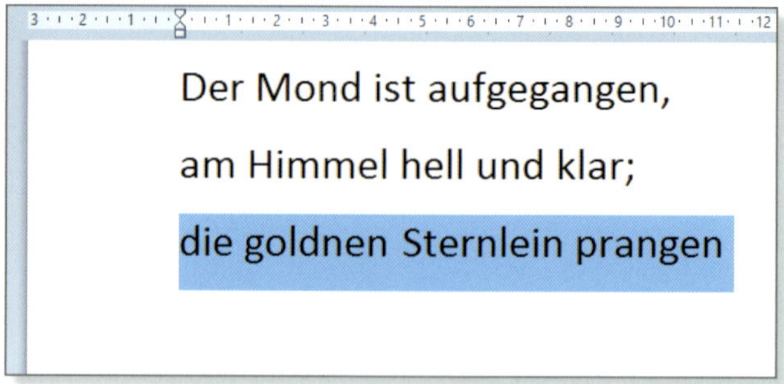

Ziehen und Ablegen mit dem Finger

Die Drag-&-Drop-Technik können Sie auch auf einem Tablet-PC mit Fingersteuerung verwenden. In diesem Fall tippen Sie zunächst das gewünschte Objekt an, lassen den Finger darauf und verschieben es. Sobald Sie den Finger vom Bildschirm heben, wird das Objekt an Ort und Stelle abgelegt.

Die Mauseinstellungen ändern

Wie schnell sich der Mauszeiger auf Ihrem Bildschirm bewegt, können Sie individuell einstellen. Aber nicht nur das, sogar die Geschwindigkeit des Doppelklicks oder die Reaktion des Mausrades lässt sich nach Ihren Vorlieben verändern.

1. Öffnen Sie die Windows-Einstellungen, z. B. indem Sie die Tasten [Windows] + [I] drücken. Wählen Sie hieraus die Kategorie **Geräte**, und klicken Sie im Untermenü **Maus** auf den Eintrag **Weitere Mausoptionen**.
2. Mit dem Schieberegler ❶ im Abschnitt **Doppelklickgeschwindigkeit** des Dialogfensters **Eigenschaften von Maus** legen Sie die Zeitspanne fest, in der zwei aufeinanderfolgende Klicks als Doppelklick erkannt werden sollten. Testen Sie Ihre Einstellung durch einen Klick auf das danebenliegende Ordnersymbol ❷, und optimieren Sie sie gegebenenfalls.
3. Wechseln Sie nun zum Register **Zeigeroptionen** ❸. Wie schnell sich die Maus über Ihren Bildschirm bewegen soll, können Sie im Bereich **Bewegung** einstellen. Schieben Sie den Regler ❹ nach rechts, um den Mauszeiger zu beschleunigen, oder nach links, um ihn zu verlangsamen.
4. Schließlich lohnt noch ein Blick auf das Register **Rad** ❺. Hier können Sie definieren, um wie viele Zeilen sich der Fensterinhalt, z. B. einer Webseite, bei Verwendung des Mausrades bewegen soll. Durch einen Klick auf die Schaltfläche **OK** unten rechts werden alle Einstellungen übernommen.

Achten Sie auf die richtige Unterlage!

Wenn der Mauszeiger immer mal wieder »hängt« oder springt, kontrollieren Sie die Unterlage, auf der die Maus geführt wird. Glänzende oder transparente Unterlagen sind gerade für optische Mäuse nicht so gut geeignet.

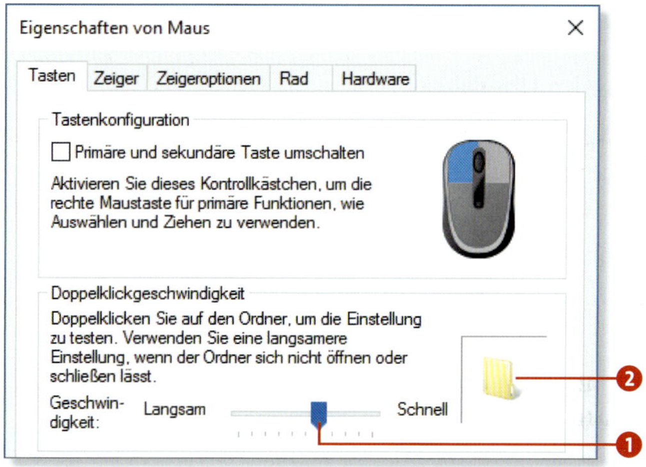

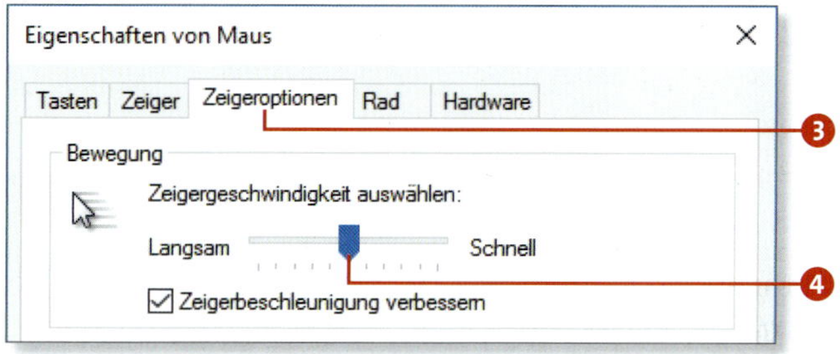

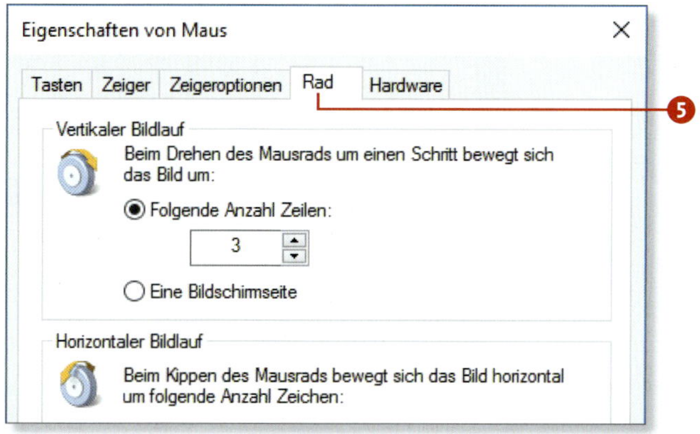

So bedienen Sie die Tastatur

Die Tastatur im Überblick

Neben der Maus ist die Tastatur das wichtigste Eingabegerät. Die grundlegende Bedienung bedarf sicher keiner Erklärung. Ein paar Kniffe und interessante Tasten gibt es dann aber doch.

Links in der untersten Reihe befindet sich, eingebettet zwischen den Tasten [Strg] und [Alt], die *Windows-Taste* ❶. Mit dieser Taste öffnen Sie z. B. bequem das Startmenü. Die Taste lässt sich aber auch in Kombination mit anderen Tasten verwenden, z. B. führt das gleichzeitige Drücken von [⊞] + [H] innerhalb von geöffneten Apps zur Einblendung des Menüs **Teilen**. [⊞] + [L] sperrt den Computer, und [⊞] + [X] blendet das Schnellstartmenü ein.

Eine vielfach unbeachtete Taste finden Sie ebenfalls in der untersten Reihe zwischen [Alt Gr] und [Strg]: die *Kontextmenü-Taste* ❷. Diese Taste öffnet, abhängig von der aktuellen Position der Schreibmarke (des *Cursors*), das jeweilige Kontextmenü. Die Tasten [Strg], [Alt] und [Alt Gr] ❸ werden stets in Kombination mit anderen Tasten verwendet. Zum Beispiel schließen Sie das aktuell geöffnete Programm mit der Tastenkombination [Alt] + [F4].

Die Tastatureinstellungen ändern

Damit Ihnen die Arbeit leicht von der Hand geht, sollten Sie sich gleich zu Beginn ein wenig Zeit nehmen, um z. B. die Anschlagsverzögerung der Tasten oder die Wiederholrate nach Ihren individuellen Bedürfnissen einzustellen.

1. Öffnen Sie die Windows-Einstellungen mit [⊞] + [I], und geben Sie den Begriff *Tastatur* in das Suchfeld ein. Schließen Sie die Eingabe mit der [↵]-Taste ab, um alle Übereinstimmungen angezeigt zu bekommen. Wählen Sie aus der Liste den Eintrag **Tastatur** aus.
2. Stellen Sie im Abschnitt **Zeichenwiederholung** über den Schieberegler ❶ die gewünschte Verzögerung der Tastaturanschläge ein. Diese Einstellung gibt die Zeitspanne an, die zwischen dem ersten und dem zweiten Zeichen vergeht, wenn Sie eine Taste gedrückt halten.
3. Die **Wiederholrate** ❷ gibt an, wie häufig ein Zeichen ausgegeben wird, wenn Sie eine einzelne Taste länger gedrückt halten. Testen Sie Ihre Einstellung, indem Sie in das Textfeld ❸ klicken und eine beliebige Taste gedrückt halten.
4. Im Abschnitt **Cursorblinkrate** können Sie schließlich die Blinkgeschwindigkeit der Schreibmarke (des Cursors) einstellen. Wenn der Regler ❹ links steht, blinkt die Schreibmarke sehr langsam, rechts sehr schnell. Haben Sie alle Einstellungen vorgenommen, klicken Sie auf **OK**.

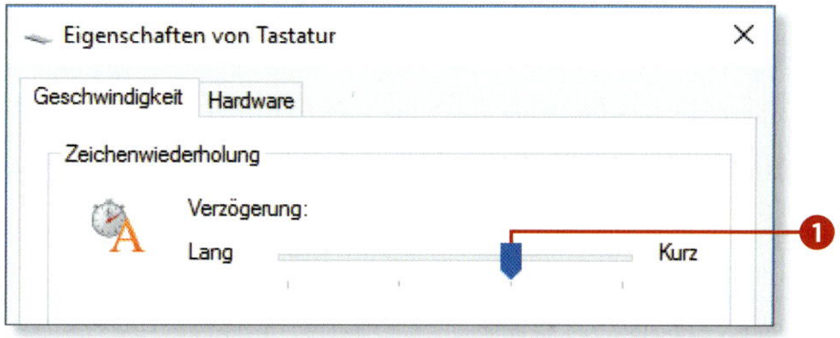

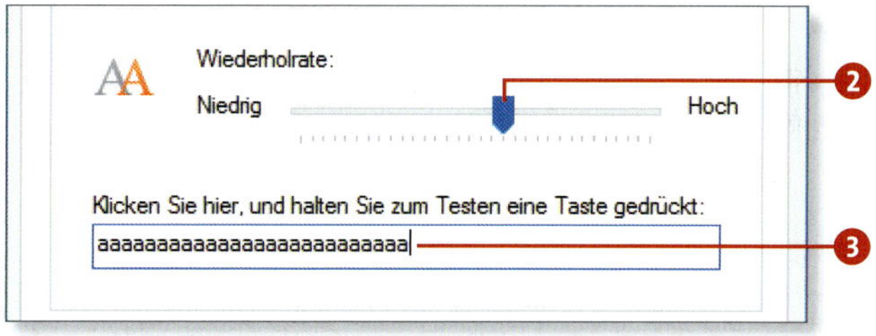

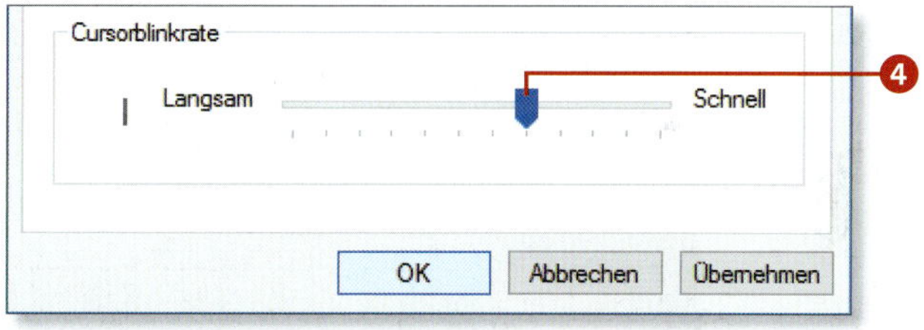

Weitere Einstellungsmöglichkeiten

Verwenden Sie eine Tastatur mit frei belegbaren Funktionstasten? Dann sollten Sie die Software installieren, die mit der Tastatur ausgeliefert wurde. Nur dann lassen sich die zusätzlichen Tasten in vollem Umfang nutzen. Diese Software können Sie auch von der Internetseite des Herstellers herunterladen, falls Sie keine passende Programm-CD/-DVD zur Hand haben.

Probleme mit Funktastaturen vermeiden

Bei der Verwendung von kabellosen Tastaturen kann es immer mal wieder zu Störungen kommen, z. B. reagiert die Tastatur nicht, oder es werden falsche Zeichen ausgegeben. Der Grund dafür können elektrische Geräte sein, z. B. DECT-Telefone, die in unmittelbarer Nähe zum Funkempfänger stehen. Achten Sie daher auf einen Abstand von mindestens 20 cm zwischen dem Empfänger und anderen Geräten.

Windows 10 auf einem Touchscreen bedienen

Wischbewegungen

Auf Tablet-PCs lässt sich Windows 10 sehr einfach und intuitiv per Fingersteuerung bedienen. Wenn Sie bereits Erfahrung mit Tablet-PCs haben, werden Sie die meisten Touchgesten bereits kennen, selbst wenn Sie Windows 10 oder auch 8.1 vorher nicht genutzt haben, und mit den neuen Gesten sehr schnell zurechtkommen.

Mit einer Wischbewegung vom *rechten* Bildschirmrand nach innen ❶ blenden Sie auf dem Startbildschirm das neue Benachrichtigungscenter ein, über das Sie Zugriff auf verschiedene Systemeinstellungen haben und neue Benachrichtigungen aufrufen können.

Mit einer Wischbewegung vom *linken* Bildschirmrand aus ❷ öffnen Sie eine Übersicht über alle geöffneten Anwendungen und können so schnell zu einem anderen Programm wechseln.

In einigen Apps können Sie die *App*-Leiste mit einer Wischbewegung vom oberen oder vom unteren Bildschirmrand aus einblenden ❸. Mit genau der gleichen Geste lässt sich die Leiste auch wieder ausblenden. Ob die Geste vom oberen Rand aus klappt, hängt davon ab, ob die betreffende App über eine obere App-Leiste verfügt.

Mit einer vertikalen Wischbewegung auf dem Bildschirm können Sie den Inhalt z. B. einer im Browser angezeigten Webseite nach oben oder unten verschieben. Auf dem Startbildschirm gelangen Sie mit dieser Wischbewegung ❹ zu den Apps, die im unteren Teil der Seite untergebracht sind. Wie Sie Apps mithilfe von Maus und Tastatur bedienen, erfahren Sie im Abschnitt »Apps – die modernen Windows-Anwendungen« ab Seite 63.

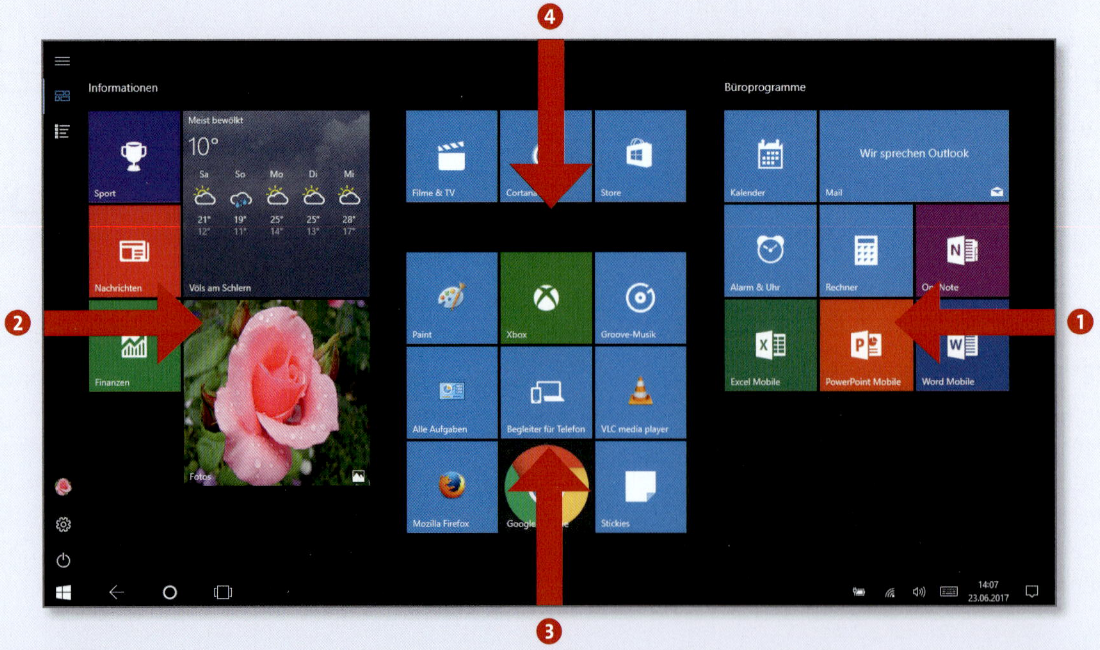

Für die Bedienung des Systems und seiner Elemente gibt es einige weitere Gesten:

- Das einfache Antippen eines Objekts entspricht einem normalen Mausklick (Linksklick). Auf dem Startbildschirm können Sie Apps durch einfaches Antippen der Kacheln starten.
- Das doppelte Antippen eines Objekts entspricht dem Doppelklick mit der Maus. Mit dieser Methode lassen sich z. B. Programme auf dem Desktop aufrufen.
- Einige Objekte, z. B. Fotos, lassen sich vergrößern oder verkleinern, indem Sie zwei Finger auf den Bildschirm setzen und sie auseinanderschieben oder zusammenführen (*Zoomen*).
- Um ein Element zu verschieben, tippen Sie es an, halten den Finger darauf und ziehen es an die gewünschte Position. Sobald Sie das Objekt loslassen, wird es an der entsprechenden Stelle abgelegt.
- Um einen Rechtsklick auszuführen, tippen Sie auf das Element und halten den Finger einen Moment darauf, bis ein kleiner Rahmen erscheint. Wenn Sie den Finger vom Bildschirm nehmen, wird das Kontextmenü eingeblendet.
- Ein Objekt können Sie drehen, indem Sie einen Finger aufsetzen und mit einem weiteren Finger einen Halbkreis auf dem Bildschirm ziehen.

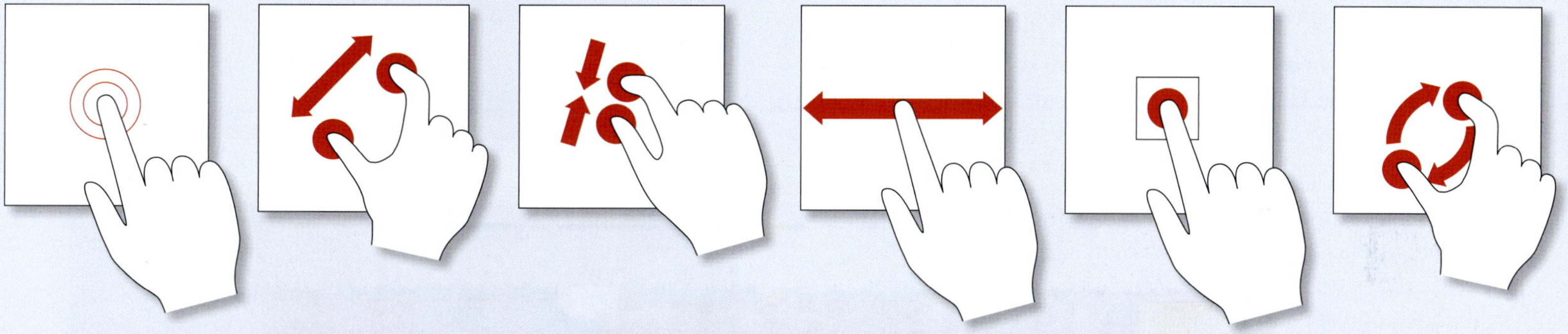

Die Bildschirmtastatur benutzen

Auf einem Tablet-PC können Sie Text über die *Bildschirmtastatur* eingeben. Sie wird automatisch eingeblendet, sobald Sie ein Textfeld anklicken. Auf dem Desktop müssen Sie sie manuell einblenden.

1. Tippen Sie auf das Tastatursymbol auf der Taskleiste ❶, um die Bildschirmtastatur einzublenden. (Sollte das Symbol fehlen, tippen Sie etwas länger auf die Taskleiste, um das Kontextmenü zu öffnen, tippen Sie danach auf **Bildschirmtastatur anzeigen** ❷. Danach wird das Tastatursymbol auf der Taskleiste angezeigt.)
2. Sie können nun Text eingeben. Um einen Buchstaben großzuschreiben, tippen Sie auf den nach oben zeigenden Pfeil ❸ und danach auf den Buchstaben. Nach wenigen Buchstaben schlägt Windows bereits Wörter vor, die zu Ihrer Eingabe passen ❹. Tippen Sie einen Vorschlag an, wenn Sie ihn übernehmen möchten.
3. Um Zahlen und Sonderzeichen eingeben zu können, tippen Sie auf [&123] ❺. Die Tastatur verändert sich, und Sie können Zahlen und Sonderzeichen eintippen ❻. Tippen Sie die Taste [&123] erneut an, um wieder zur normalen Ansicht zu gelangen.
4. Ist Ihnen die Taste mit dem Smiley ❼ schon aufgefallen? Dahinter verbergen sich *Emoticons*, also kleine Bildchen, mit denen Sie z. B. E-Mails und Nachrichten verzieren und Gefühle oder Reaktionen bildlich darstellen können.

Die Bildschirmtastatur mit der Maus nutzen

Sie haben gar keinen Tablet-PC? Kein Problem, Sie können die Bildschirmtastatur auch auf einem Desktop-PC verwenden und die Tasten mit der Maus anklicken. Das ist natürlich nicht sehr komfortabel, kann aber ganz nützlich sein, falls die normale Tastatur ausfällt und Sie trotzdem schnell eine Arbeit beenden möchten.

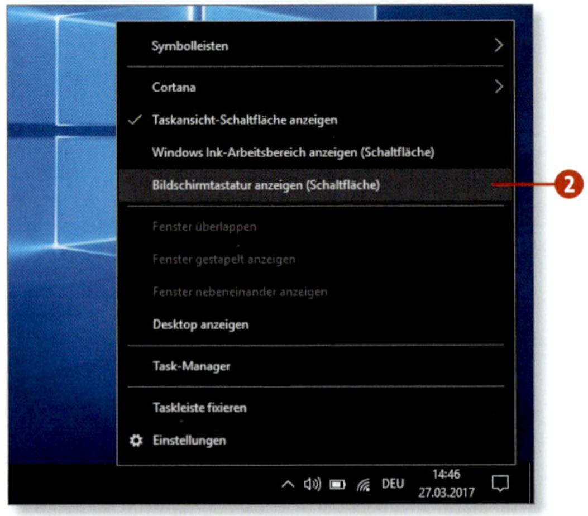

5. Wenn Sie Ihren Tablet-PC in beiden Händen halten, ist die Bedienung der Tastatur recht kompliziert. Aus diesem Grund hat Microsoft eine besondere Variante der Tastatur bereitgestellt. Tippen Sie auf der Bildschirmtastatur rechts unten auf das Tastatursymbol 8, um zu den Einstellungen zu gelangen.

6. Tippen Sie auf das zweite Symbol von links 9, um das Layout zu ändern. Die Tasten sind nun so angeordnet, dass Sie sie mit beiden Daumen gut bedienen können 10. Es braucht natürlich ein wenig Übung, klappt aber gut.

7. Das dritte Symbol von links 11 öffnet den Modus zur Stifteingabe. Sie können mit einem speziellen Stift Wörter auf das Display des Tablets schreiben, die dann von Windows erkannt werden 12.

8. Möchten Sie wieder zum normalen Layout zurückkehren, tippen Sie nochmals das Symbol für die Stifteingabe an und wählen anschließend das erste Symbol der Reihe, ganz links, aus 13.

9. Zusätzlich können Sie zwischen länderspezifischen Tastatur-Layouts umschalten. Tippen Sie dazu erneut auf das Tastatursymbol, und wählen Sie dann die passende Spracheinstellung aus 14.

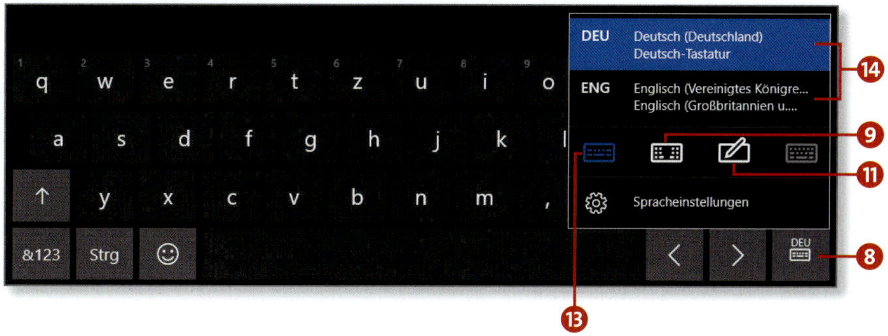

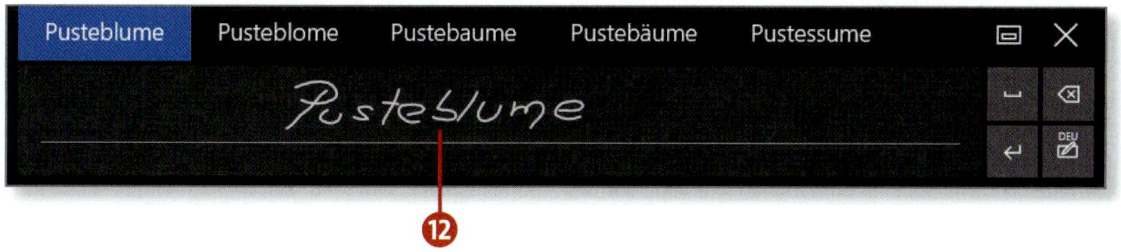

Weitere länderspezifische Layouts zur Auswahl

Über den Menüpunkt **Sprache** in der Systemsteuerung können Sie weitere länderspezifische Tastatur-Layouts hinzufügen. Von A wie Afrikaans bis Z wie Zentralkurdisch stehen Ihnen hier zahlreiche verschiedene Sprachen zur Verfügung.

Hilfe erhalten

Wenn Sie auf der Suche nach einer bestimmten Einstellung oder nach der Lösung für ein Computerproblem sind, finden Sie in der Windows-eigenen Hilfe viele praktische Tipps.

1. Microsoft liefert mit Windows 10 eine App aus, die Ihnen helfen soll, das System kennenzulernen. Zum Start der Anwendung geben Sie in das Suchfeld der Taskleiste »Tipps« ein und klicken in der Ergebnisliste auf den Programmnamen ❶.
2. Klicken Sie innerhalb der App auf das Symbol der Glühbirne ❷, um den Bereich **Themen durchsuchen** zu öffnen. Unterteilt in verschiedene Kategorien wie z. B. **Einrichtung**, **Start**, **Cortana** oder **Microsoft Edge** ❸, finden Sie hier nun einige Hilfestellungen und über das Kamerasymbol ❹ auch kurze erklärende Videos. Häufig sind die Informationen nicht sehr ausführlich gehalten, bieten aber zumindest die Möglichkeit eines ersten Überblicks.
3. Unter der Adresse *http://windows.microsoft.com/de-de/windows/support* erreichen Sie die Hilfe-Seiten von Microsoft mit zahlreichen Tipps und Hilfestellungen.
4. Oder Sie stellen die Frage zu Ihrem PC-Problem einfach in mein Hilfe-Forum, das Sie unter *www.paules-pc-forum.de* erreichen. Im direkten Austausch mit anderen Anwendern findet sich hier für fast jedes Problem eine schnelle Lösung.

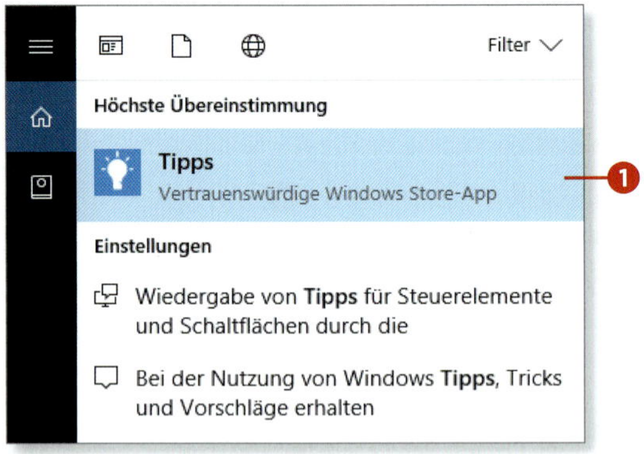

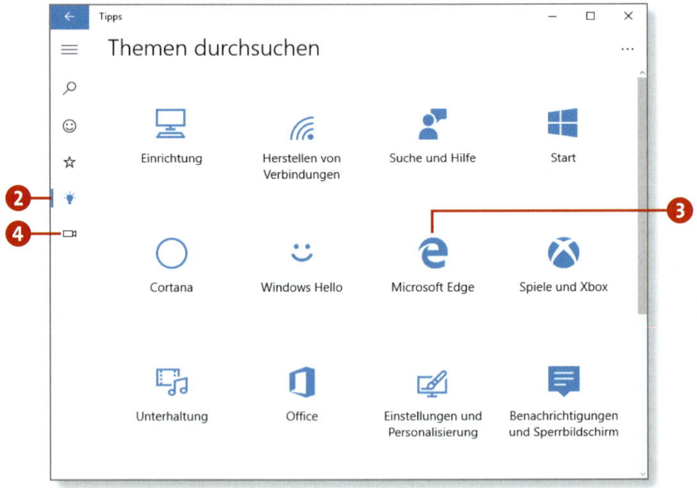

Fernwartung

Im Abschnitt »Fernsteuerung und Fernwartung« ab Seite 282 lesen Sie, wie Sie Ihren Rechner für den Fernzugriff über das Programm *TeamViewer* vorbereiten können, um PC-Hilfe für einen Bekannten zu leisten oder selbst Hilfe in Anspruch zu nehmen.

Microsoft-Support

Über die neue App **Hilfe anfordern** können Sie telefonisch oder per Chat mit dem Microsoft-Support in Kontakt treten.

Die Windows-Einstellungen

Die Datensicherung konfigurieren, eine neue Hardware hinzufügen oder eine Heimnetzgruppe einrichten – bis einschließlich Windows 8.1 nahmen diese Aktionen ihren Anfang in der Systemsteuerung. In Windows 10 wurden die meisten Konfigurationsmöglichkeiten in die neuen **Windows-Einstellungen** ausgelagert. Ganz ausgedient hat die herkömmliche Systemsteuerung aber noch nicht, und so ist sie weiterhin, wenn auch über Umwege, aufrufbar.

1. Um die klassische Systemsteuerung aufzurufen, tippen Sie den Begriff *Systemsteuerung* in das Suchfeld der Taskleiste und klicken dann auf den gleichnamigen Menüpunkt ❶.
2. Die neuen **Einstellungen** öffnen Sie entweder mit der Tastenkombination ⊞ + I, oder indem Sie im Startmenü auf das Zahnradsymbol ❷ oder in der Auflistung aller Apps unter **E** auf den Menüpunkt **Einstellungen** klicken ❸.
3. Ein weiterer Weg führt über das neue Info-Center. Auf einem Tablet-PC öffnen Sie dieses mit einer Wischbewegung vom rechten Bildrand aus, auf einem herkömmlichen Computer klicken Sie auf das zugehörige Symbol ❹ in der Taskleiste und tippen oder klicken anschließend auf den Eintrag **Alle Einstellungen** ❺.
4. Ist Ihnen die Bezeichnung der gesuchten Einstellung bekannt, können Sie diese auch direkt in das Suchfeld der Taskleiste eingeben und die Option aus der Liste der Übereinstimmungen auswählen.

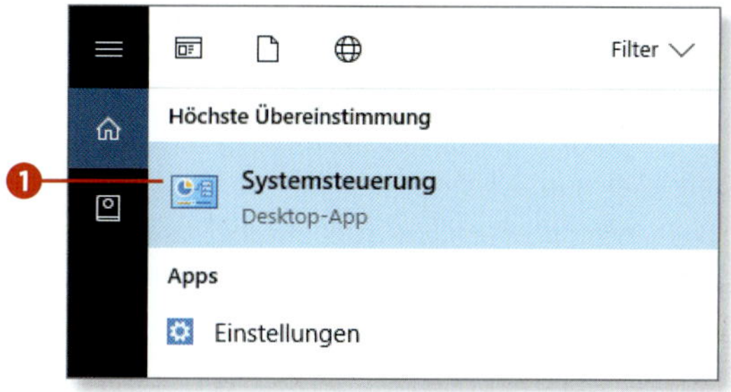

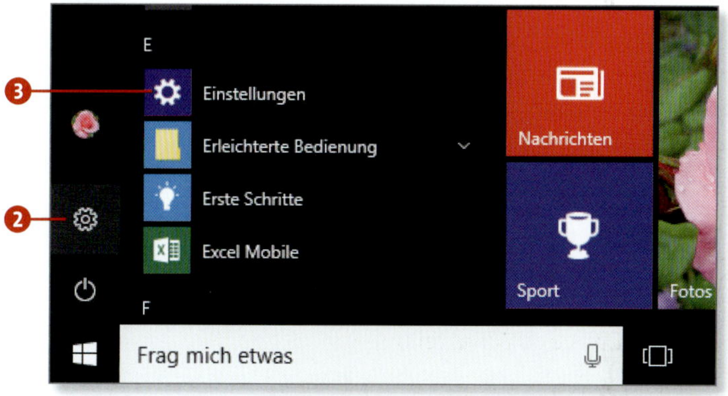

Die Einstellungen an die Taskleiste heften

Um die Einstellungen bequem aus der Taskleiste zu starten, führen Sie im Startmenü einen Rechtsklick auf **Einstellungen** aus und wählen aus dem Kontextmenü die Option **An Taskleiste anheften**. Siehe dazu auch den Abschnitt »Programme an die Taskleiste heften« auf Seite 80.

Ihre persönliche Sprachassistentin

Hey Cortana!

Eine der auffälligsten Neuerungen unter Windows 10 ist auf den ersten Blick gar nicht zu sehen. Links unten in der Taskleiste ist standardmäßig ein Suchfeld eingeblendet, über das Sie z. B. nach Dateien suchen oder Programme starten können. Hierbei handelt es sich aber nicht nur um ein profanes Eingabefeld, sondern es dient auch zur Kommunikation mit Ihrer persönlichen Sprachassistentin Cortana. Aber was genau ist eigentlich Cortana, und wofür kann diese Funktion genutzt werden?

- Cortana kann Sie an aktuelle Termine aus Ihrem Kalender erinnern. Sie können z. B. auch angeben, dass Cortana Sie an eine Aufgabe erinnern soll, sobald Sie wieder im Büro sind. Wenn Sie im Büro eintreffen und Cortana den Standort ermittelt hat, werden Sie erinnert.
- Wie wird das Wetter eigentlich morgen? Oder wie sind die Wetteraussichten für den Urlaubsort? Fragen Sie einfach Cortana!
- Sie können Cortana aber auch dazu nutzen, Programme und Apps zu starten.
- Diktieren Sie Cortana Ihre E-Mails. Die Sprachassistentin schreibt jedes Wort mit.
- Je nach Einstellung zeigt Cortana auch auf Sie zugeschnittene Informationen, z. B. aus den Bereichen Sport, Nachrichten und Finanzen, an oder gibt Tipps zur effektiven Nutzung des neuen Betriebssystems.
- Bitten Sie Cortana, die aktuellen Nachrichten anzuzeigen, oder erfragen Sie die Endergebnisse aus der Fußballbundesliga.
- Die aktuelle Uhrzeit können Sie bequem der Uhr in der Taskleiste entnehmen, aber wie spät ist es gerade eigentlich bei Ihrem Geschäftspartner auf Hawaii?

Damit Cortana optimal funktioniert, erfasst und nutzt Microsoft Informationen wie die aktuelle Position, den Positionsverlauf, Kontakte, Spracheingaben, den Suchverlauf, Inhalte und den Kommunikationsverlauf aus Nachrichten und anderen Apps sowie Kalenderdetails. Bedingung für die Nutzung dieser Funktion ist allerdings ein Mikrofon, welches Sie zunächst einrichten müssen.

1. Klicken Sie auf **Start > Einstellungen > Zeit und Sprache** und schließlich auf den Menüpunkt **Spracherkennung**.
2. Über die Schaltfläche **Erste Schritte** im Abschnitt **Mikrofon** können Sie Ihr Mikrofon für die Spracherkennung einrichten.
3. Lesen Sie den angezeigten Beispielsatz laut und deutlich vor, und damit ist die Einrichtung auch schon abgeschlossen.

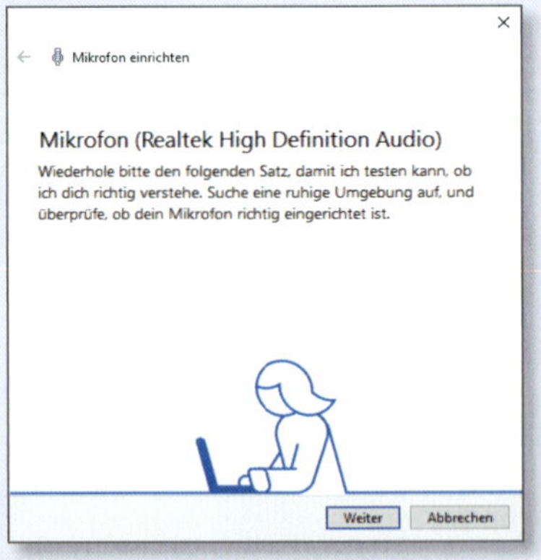

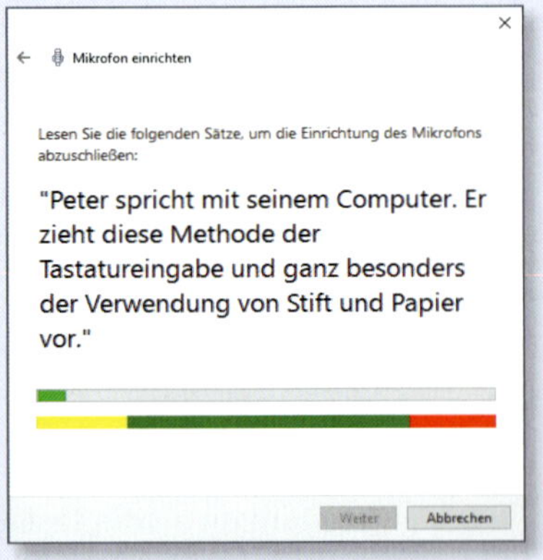

Sie müssen nun keine Bedenken haben, dass Cortana ständig dazwischenquatscht, wenn Sie mal laut nachdenken, gerade telefonieren oder sich angeregt mit einer Kollegin im Raum unterhalten. Um das Gespräch mit Cortana zu beginnen, klicken Sie entweder auf das Mikrofonsymbol im Suchfeld der Taskleiste, oder Sie aktivieren die Funktion mit den Worten »Hey Cortana«. Tragen Sie nun einfach Ihr Anliegen vor. Sie werden überrascht sein, wie gut die Spracherkennung funktioniert. Bei sehr vielen Anfragen erhalten Sie von Cortana eine direkte Antwort. Wenn Sie also z. B. nach den aktuellen Temperaturen fragen, erfolgt die Antwort in akustischer Form. Sollte Cortana einmal sprachlos sein, öffnet sie Ihren Standardbrowser und gibt Ihre Frage an die Suchmaschine Bing weiter.

Die Qualität der Antworten hängt entscheidend davon ab, was Cortana im Laufe der Zeit über Sie lernt. Wie im wahren Leben ist also auch hier eine bestimmte Zeit vonnöten, um sich näher kennenzulernen. Über den Menüpunkt **Notizbuch** ❶ können Sie über verschiedene Unterpunkte, wie z. B. **Essen & Trinken**, **Fortbewegung**, **Nachrichten** oder **Wetter**, Bereiche festlegen, die Sie besonders interessieren. So können Sie bei den Nachrichten beispielsweise favorisierte Themengebiete hinzufügen oder in der Kategorie **Fortbewegung** angeben, ob Sie öffentliche Verkehrsmittel oder das eigene Auto bevorzugen. Cortana lernt also täglich hinzu, und die Ergebnisse werden von Tag zu Tag besser. Ach ja, fragen Sie Cortana doch mal, ob sie Ihnen einen Witz erzählen oder Ihnen ein Lied vorsingen kann!

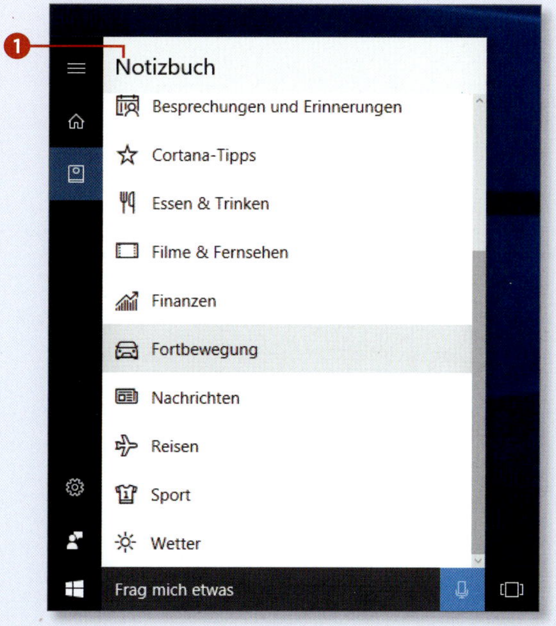

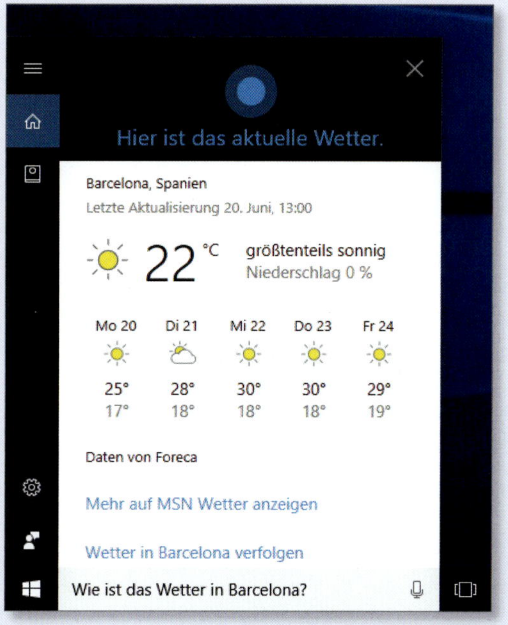

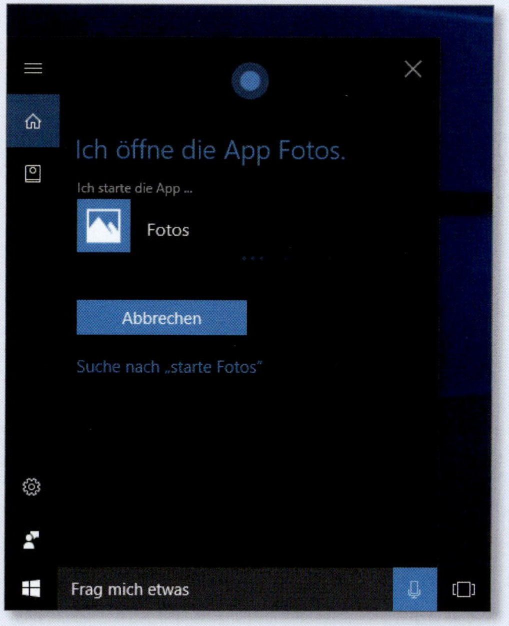

3 Programme und Apps

Microsoft hat mit Windows 8 sogenannte *Windows-Apps* eingeführt, die es auch wieder für das neue Windows 10 gibt. Das sind kleine Programme, die für den Einsatz auf mobilen Rechnern und damit für die Bedienung mittels Fingersteuerung optimiert sind. Neu ist diese Erfindung nicht, iPhone-Besitzer (Betriebssystem iOS) oder Besitzer eines Smartphones mit dem Betriebssystem Android kennen diese Art Programme schon länger. Genau wie bei Apples iOS und Googles Android werden Apps unter Windows über einen Store bezogen (engl. für *Geschäft* oder *Laden*). Unter Windows ist dies der *Windows Store*.

Herkömmliche Programme haben aber keineswegs ausgedient, sondern können weiterhin verwendet werden. Apps und Desktop-Anwendungen starten Sie über das Startmenü, oder Sie legen, wie im Abschnitt »Eine Desktop-Verknüpfung erstellen« auf Seite 39 beschrieben, Verknüpfungen auf dem Desktop oder auch in der Taskleiste ab.

In diesem Kapitel erfahren Sie, wie Sie Programme und Apps installieren, ausführen und sauber wieder deinstallieren können, ohne unnötigen Datenmüll zu hinterlassen. Sie lernen, Apps aus dem Windows Store zu beziehen, Desktop-Anwendungen an die Taskleiste zu heften und Apps jederzeit auf dem neuesten Stand zu halten.

In diesem Kapitel

- Hier finden und starten Sie Programme und Apps
- Apps – die modernen Windows-Anwendungen
- Der Windows Store – Marktplatz für neue Apps
- Programme in der Desktop-Ansicht
- Programme beenden
- Programme entfernen
- Ein Programm von DVD installieren
- Nach Systemeinstellungen suchen
- Die Taskansicht – mehrere Desktops

Hier finden und starten Sie Programme und Apps

Sowohl die neuen Windows-Apps als auch die herkömmlichen Desktop-Programme können Sie über das Startmenü aufrufen. Bereits an der Darstellung der Kacheln können Sie erkennen, ob sich dahinter eine App oder ein Desktop-Programm verbirgt. Bei Apps sehen Sie auf der Kachel meist ein einfaches Piktogramm, z. B. einen Briefumschlag für die *Mail*-App, und links unten die App-Bezeichnung. Auf den Kacheln der Desktop-Anwendungen ist anstelle eines Piktogramms das meist mehrfarbige Programmsymbol der jeweiligen Anwendung zu erkennen. Um eine App oder ein Programm zu starten, klicken Sie einfach auf die zugehörige Kachel.

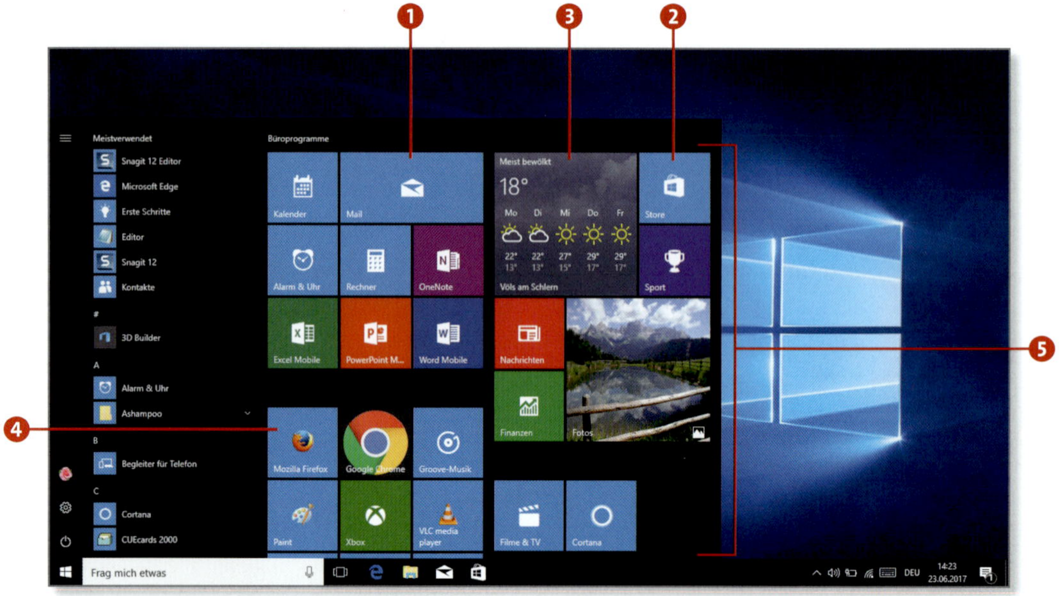

1. Wie Sie die Mail-App einrichten und Ihre Mails optimal verwalten können, erfahren Sie in Kapitel 6, »E-Mails, Adressen und Termine im Griff«.
2. Über den Windows Store können Sie neue Apps beziehen (siehe dazu den Abschnitt »Der Windows Store – Marktplatz für neue Apps« ab Seite 72).
3. Einige Kacheln, z. B. die der *Wetter*-App, können zusätzliche Informationen anzeigen. Es handelt sich dabei um sogenannte *Live-Kacheln* (siehe den Abschnitt »Kacheln zu Live-Kacheln machen« auf Seite 210).
4. Desktop-Programme wie den Browser Firefox von Mozilla können Sie über die Kachel, aber auch auf dem Desktop selbst starten (siehe dazu den Abschnitt »Eine Anwendung suchen und starten« auf Seite 78).
5. Die Anordnung der Kacheln können Sie individuell vornehmen. Wie das geht, erfahren Sie im Abschnitt »Die Position der Kacheln anpassen« auf Seite 208.

Apps – die modernen Windows-Anwendungen

Eine App starten

Eine Windows-App wird stets in Form einer Kachel auf dem Startbildschirm dargestellt und auch von dort aufgerufen, es sei denn, Sie haben sie zuvor an die Taskleiste des Desktops angeheftet.

1. Zum Öffnen einer Windows-App rufen Sie zunächst mithilfe der [Windows]-Taste das Startmenü auf.
2. Direkt nach der Installation von Windows 10 zeigt das Startmenü zunächst nur die vorinstallierten Apps an. Wenn Sie eine App starten möchten, die Sie nachträglich hinzugefügt haben, finden Sie die dazugehörige Kachel unten an das Startmenü angehängt. Verwenden Sie gegebenenfalls die Bildlaufleiste ❶ am Rand, um den Bildschirminhalt nach oben zu verschieben.
3. Haben Sie die gewünschte App gefunden, z. B. den *Kalender*, starten Sie diese mit einem einfachen Klick auf die entsprechende Kachel ❷. Die App wird daraufhin auf einem Tablet-PC im Vollbildmodus und auf einem Desktop-PC im Fenstermodus ausgeführt.

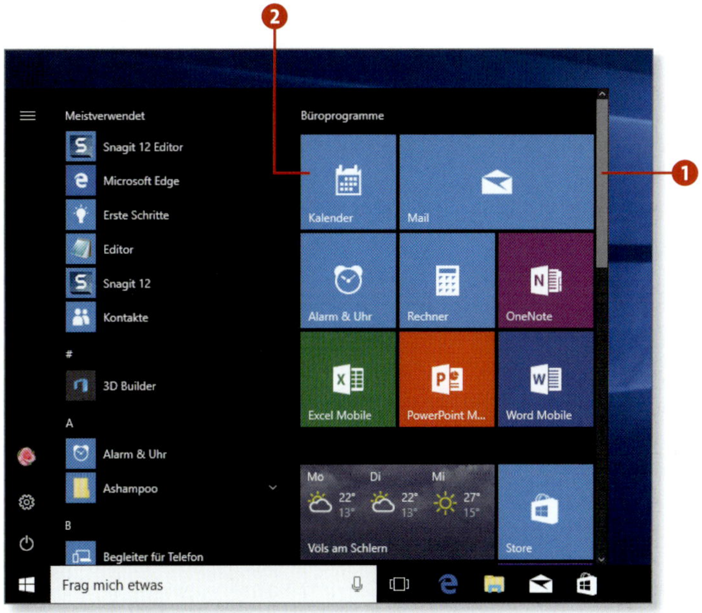

Programm oder App – wo liegt der Unterschied?

Die Bezeichnung *App* ist die Kurzform des englischen Begriffs *Application Software*, zu Deutsch *Anwendungsprogramm*. Streng genommen, ist jedes Programm eine App, man unterscheidet unter Windows 10 aber sogenannte *Windows-Apps* von den klassischen Desktop-Anwendungen. Apps werden über den integrierten Windows Store bezogen und als Kacheln im Startmenü angezeigt. Sie sind für den Einsatz auf mobilen Computern optimiert und verbrauchen weit weniger Systemressourcen als vergleichbare Desktop-Anwendungen.

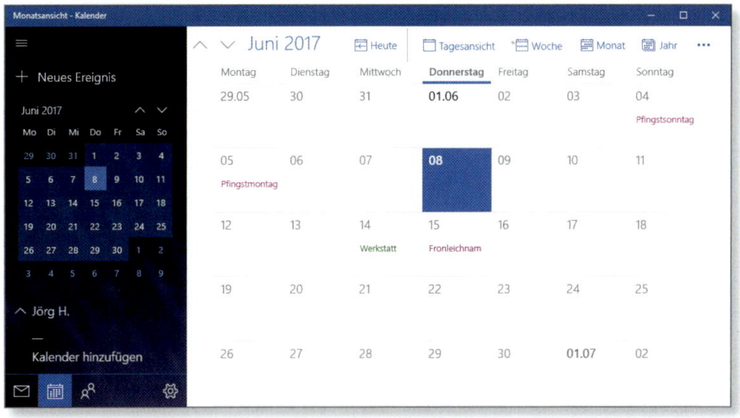

Apps suchen

Im Laufe der Zeit werden Sie viele Programme und Apps installieren und ab und zu auch wieder deinstallieren. Apps, die nicht so häufig verwendet werden, geraten zunehmend in Vergessenheit. Wie findet man eine App wieder, wenn man den Überblick verloren hat?

1. Wenn Sie die App im Startmenü nicht finden können, kann es sein, dass sie zwar installiert ist, ihre Kachel aber entweder noch nicht an das Startmenü angeheftet oder wieder davon gelöst wurde.
2. Um die App zu finden, ist ein Blick in die App-Liste erforderlich. In der linken Hälfte des Startmenüs werden, in alphabetischer Reihenfolge, alle Anwendungen angezeigt, die auf dem System installiert sind. Nutzen Sie gegebenenfalls die Bildlaufleiste ❶, um zur gewünschten App zu gelangen, die Sie mit einem Klick auf den dazugehörigen Eintrag ❷ starten können. Die Bildlaufleiste wird allerdings erst eingeblendet, wenn Sie mit der Maus auf die Liste zeigen.
3. Noch einfacher geht es, wenn Sie den Namen der App kennen. Geben Sie ihn einfach in das Suchfeld des Startmenüs ein ❸, dann wird eine Liste mit passenden Ergebnissen angezeigt, aus der heraus Sie die App mit einem Klick öffnen können. Meist reicht es schon, wenn Sie einen Teil des Namens eintippen.

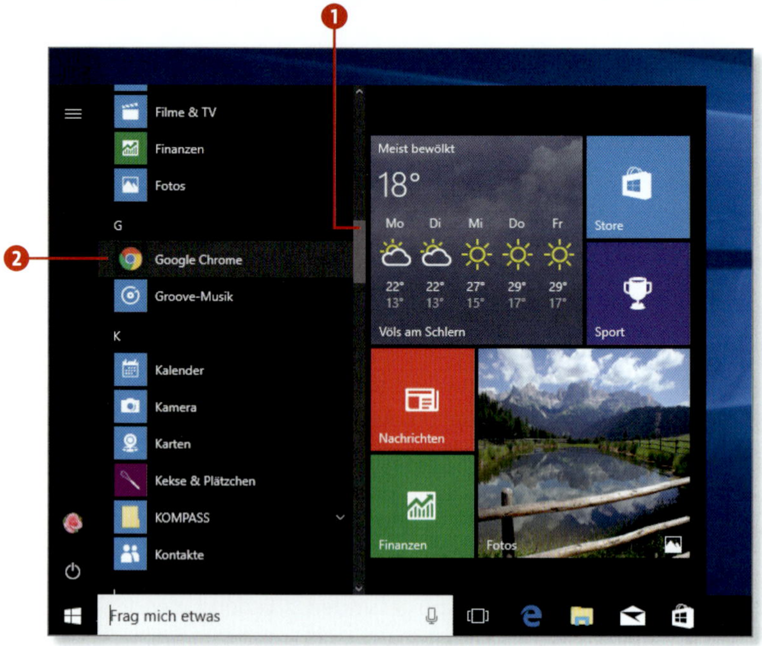

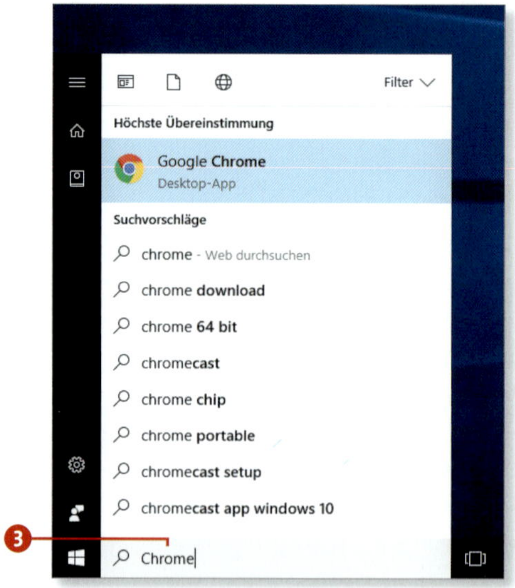

Schnelle Suche

Wenn Sie die Suchfunktion zum Auffinden einer App nutzen, müssen Sie nicht einmal die genaue Bezeichnung der Anwendung kennen. Geben Sie nur einen Teil der Bezeichnung ein, werden alle Apps aufgelistet, die diesen Buchstaben oder dieses Wort im Namen tragen. Bei der Eingabe der beiden Buchstaben »Ka« finden Sie die Apps *Karten*, *Kamera* und *Kalender*.

4. Sie haben die gesuchte App noch immer nicht gefunden? Als letzte Option bleibt Ihnen die Suche in der Liste der nicht installierten Apps, denn Apps, die Sie irgendwann einmal erworben, aber zwischenzeitlich wieder deinstalliert haben, werden in den vorher genannten Listen nicht aufgeführt. Öffnen Sie den Windows Store mit einem Klick auf die Kachel **Store** im Startmenü oder in der Taskleiste.

5. Im Store angekommen, klicken Sie oben links neben dem Suchfeld auf Ihr Profilbild ❹ und wählen aus dem sich nun öffnenden Menü den Eintrag **Meine Bibliothek** aus ❺.

6. Der Store listet, unterteilt in verschiedene Kategorien wie **Apps** oder **Spiele**, eine Auswahl der Anwendungen auf, die Sie bisher über den Store installiert haben. Sortiert nach ihrem Installationsdatum, sind darunter auch jene zu finden, die Sie zu einem früheren Zeitraum auf Ihrem System installiert hatten, die inzwischen aber deinstalliert wurden. Klicken Sie gegebenenfalls auf **Alle anzeigen** ❻, um die Liste zu erweitern.

7. Damit Sie die App wieder nutzen können, muss sie neu installiert werden. Klicken Sie rechts auf den kleinen Pfeil des entsprechenden Eintrags ❼, um die App aus dem Store neu zu laden und automatisch zu installieren. Im Anschluss ist die Anwendung im Startmenü unter **Zuletzt hinzugefügt** ❽ und zusätzlich in der Auflistung aller Apps ❾ aufgeführt.

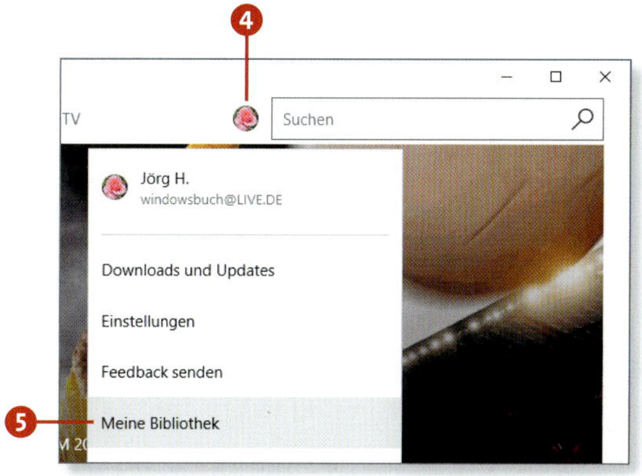

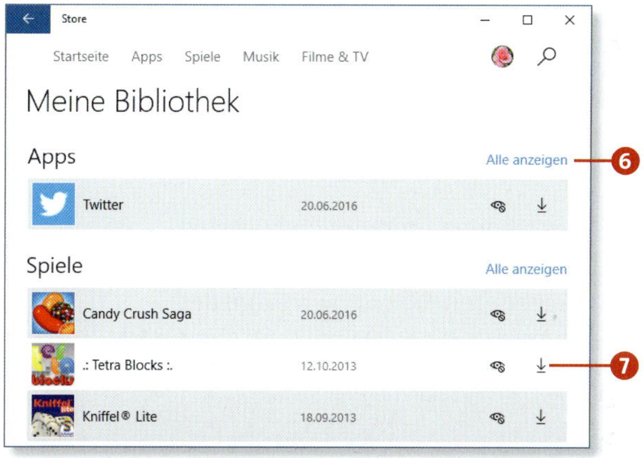

Alle Ihre Apps

Wenn Sie sich über den Windows Store alle Apps anzeigen lassen, finden Sie in der Auflistung auch solche Apps, die Sie auf einen anderen als den gerade verwendeten Computer geladen haben. Hier werden alle Apps angezeigt, die über das Microsoft-Konto erworben wurden, mit dem Sie gerade an Ihrem Rechner angemeldet sind.

Mit dem App-Verlauf den Überblick behalten

Welche Apps sind auf Ihrem Rechner installiert, wie häufig werden sie verwendet, und wie hoch ist der Datentransfer einer einzelnen App? Mit dem *App-Verlauf* behalten Sie jederzeit den Überblick und können datenhungrige Apps bei Bedarf deaktivieren.

1. Um den App-Verlauf aufzurufen, öffnen Sie zunächst mithilfe der Tastenkombination Strg + ⇧ + Esc den Task-Manager.
2. Klicken Sie links unten auf den Befehl **Mehr Details** ❶, um weitere Einstellungsmöglichkeiten zu erhalten.
3. Der Task-Manager zeigt nun alle laufenden Programme und Hintergrundprozesse an. Klicken Sie auf das Register **App-Verlauf** ❷, um es zu öffnen.
4. Hier werden alle auf Ihrem Computer installierten Apps aufgelistet. In der Spalte **CPU-Zeit** ❸ können Sie ablesen, wie viel Rechenzeit jede App im Laufe des letzten Monats in Anspruch genommen hat. Mit einem Klick auf den Spaltenkopf können Sie eine Sortierung vornehmen: Nach einem Klick stehen die am häufigsten verwendeten Apps oben.

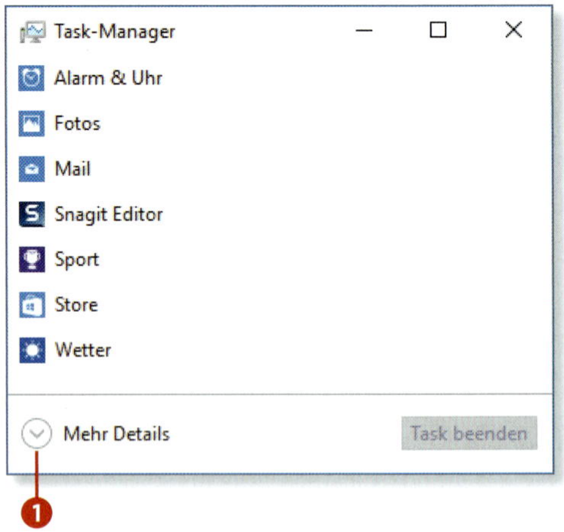

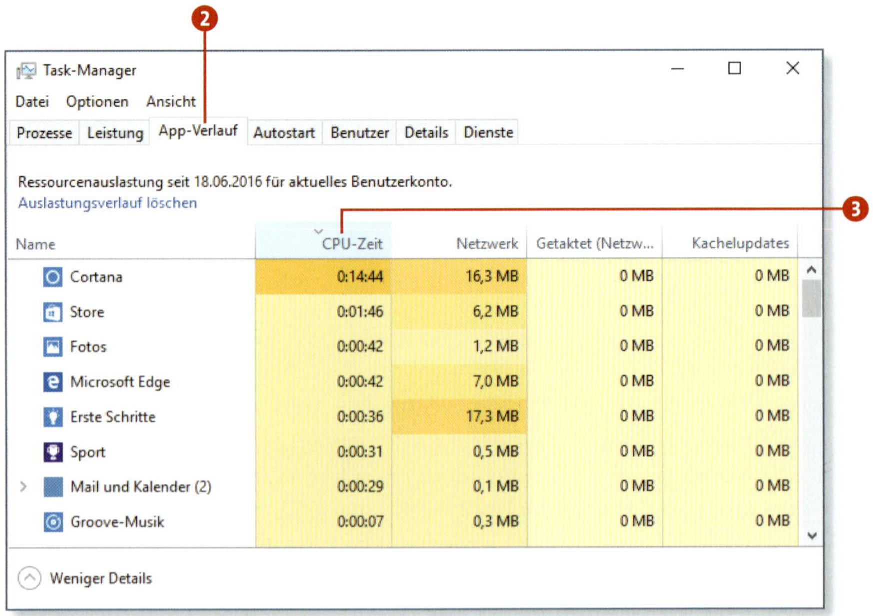

Nicht benötigte Apps deinstallieren

Schaffen Sie wieder Platz auf Ihrer Festplatte, indem Sie immer mal wieder nicht benötigte Apps deinstallieren. Wie Sie eine App ordnungsgemäß entfernen können, erfahren Sie im Abschnitt »Eine App wieder deinstallieren« auf Seite 77.

5. Der Task-Manager zeigt in der Spalte **Getaktet (Netzwerk)** ❹ an, wie viele Daten über eine getaktete Verbindung Ihres Internetanbieters übertragen wurden. Abhängig von Ihrem Internettarif können diese Daten zusätzliche Gebühren verursachen. Auch hier haben Sie die Möglichkeit, sich die Daten sortiert anzeigen zu lassen. Klicken Sie dafür auf den Spaltenkopf. Ganz oben werden daraufhin die Apps angezeigt, die bisher am meisten Datenverkehr verursacht haben.

6. Darüber hinaus können Sie sich die Upload- und Downloadwerte zu jeder App anzeigen lassen. Um herauszufinden, wie viele Daten jede App heruntergeladen hat, klicken Sie mit der rechten Maustaste auf einen beliebigen Spaltenkopf, z. B. auf **CPU-Zeit**, und wählen aus dem Kontextmenü die Option **Downloads** ❺ aus.

7. Wiederholen Sie den Vorgang, und wählen Sie beim zweiten Mal die Option **Uploads** ❻, um auch diese Werte zu hochgeladenen Daten einsehen zu können.

8. Um alle Werte zu löschen und wieder neu mit der Zählung zu beginnen, klicken Sie auf den etwas unscheinbaren Link **Auslastungsverlauf löschen** ❼. Ohne weitere Rückfragen werden nun alle Werte wieder auf null gesetzt.

Verlauf für alle Prozesse anzeigen

Standardmäßig werden im App-Verlauf nur Apps angezeigt. Wenn Sie auch wissen möchten, wie viel Rechenzeit und Datenverkehr Ihre Desktop-Anwendungen verbraucht haben, klicken Sie im Menü **Optionen** ❽ auf den Eintrag **Verlauf für alle Prozesse anzeigen**. Mit dabei sind dann allerdings auch Hintergrund- und Windows-Prozesse.

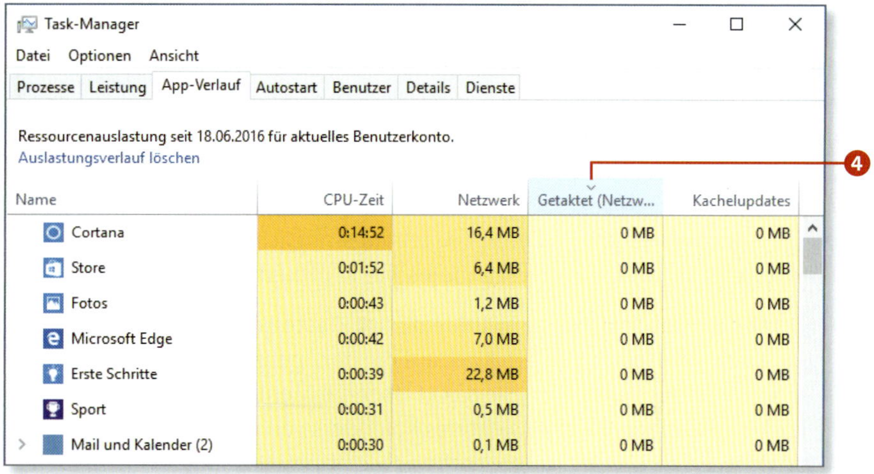

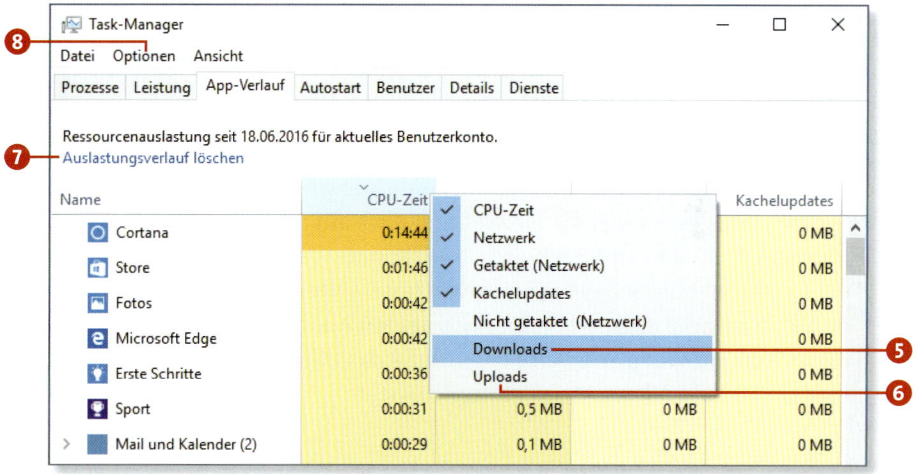

Die Menüeinstellungen einer App öffnen

Möchten Sie in einer Windows-App eine Einstellung vornehmen, rufen Sie entweder mit einem Rechtsklick die App-Leiste auf und wählen die gewünschte Option aus, oder Sie klicken links oben auf die drei horizontalen Linien, falls die App über keine separate App-Leiste verfügen sollte. Es gibt aber auch Ausnahmen, denn bei einigen Apps erreichen Sie deren Einstellungsmöglichkeiten auf direktem Wege, ohne zuvor ein anderes Menü öffnen zu müssen.

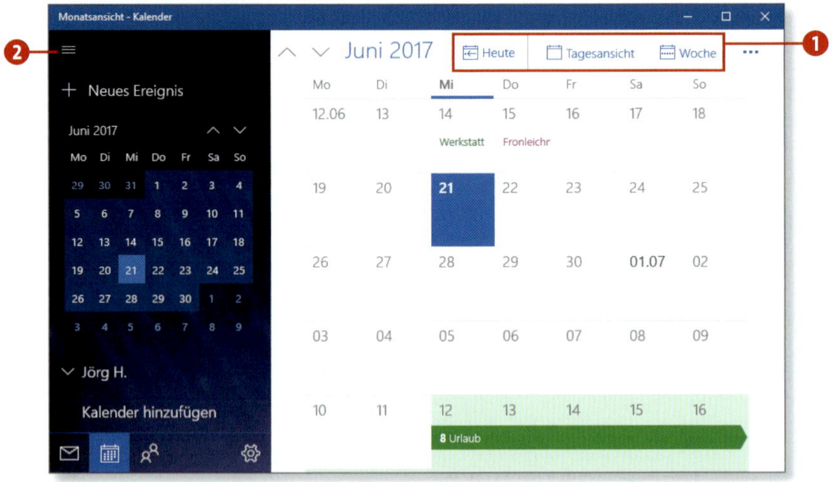

1. Öffnen Sie das Startmenü mithilfe der ⊞-Taste, und starten Sie die *Kalender*-App mit einem Klick auf die dazugehörige Kachel. Einige Optionen erreichen Sie direkt über die Menüleiste, so können Sie hier z. B. die Ansicht des Kalenders von einer Monatsansicht auf eine Tages- oder Wochenansicht umstellen **1**.
2. Links oben im Programmfenster sehen Sie das sogenannte *Hamburger-Menü* **2**. Ein Klick auf diese Schaltfläche öffnet nun aber nicht, wie in anderen Apps üblich, ein Untermenü mit weiteren Auswahlmöglichkeiten, sondern blendet lediglich die linke Spalte und damit die Monatsübersicht aus.
3. Innerhalb des übrig gebliebenen schmalen Streifens sehen Sie verschiedene Schaltflächen, u. a. einen Briefumschlag und das Symbol eines Zahnrades **3**. Ein weiterer Klick auf die Schaltfläche mit den drei Streifen blendet die Monatsansicht wieder ein und ordnet die Schaltflächen in der unteren Fensterhälfte neu an (siehe die obere Abbildung). In beiden Ansichten sind diese Menüpunkte also zu erreichen, ohne dass Sie eine App-Leiste oder ein anderes Menü öffnen müssten.

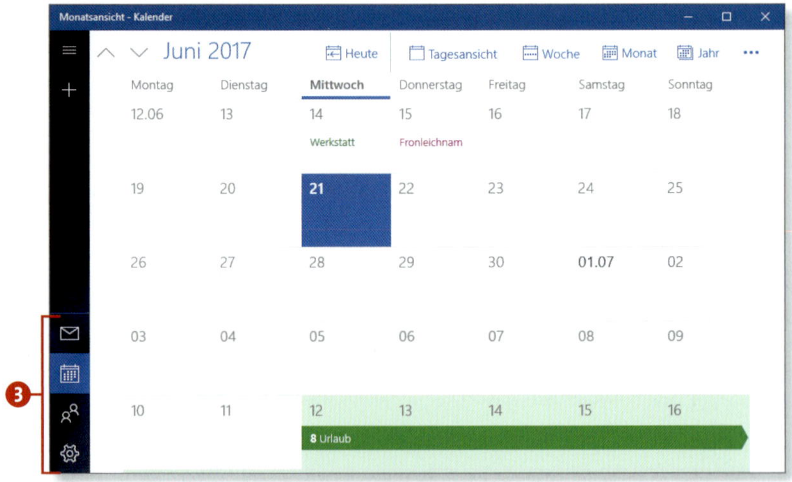

Das Zahnradsymbol weist den Weg

Auch wenn die Bedienung der Windows-Apps nicht immer einheitlich ist, so steht das Zahnrad in allen Apps immer als Symbol für weitere Einstellungsmöglichkeiten zur Verfügung.

4. Die Einstellungen für den Kalender verbergen sich hinter dem Zahnradsymbol. Wenn Sie dieses Symbol anwählen, öffnet sich rechts ein Menü, über das Sie weitere Optionen erreichen können. So können Sie beispielsweise über den Menüpunkt **Kalendereinstellungen** festlegen, zu welcher Uhrzeit der Arbeitstag beginnen und enden soll ❹, oder die Wochennummern in der Ansicht ein- oder ausblenden ❺.
5. Mit einem Klick auf den nach links zeigenden Pfeil gelangen Sie zurück zur Startseite des Einstellungsmenüs ❻. Möchten Sie die Menüleiste komplett schließen, klicken Sie einfach auf eine freie Stelle innerhalb der App.
6. Klicken Sie auf den **Briefumschlag** ❼, wird die *Mail*-App geöffnet. Innerhalb der Mail-App sehen Sie nun ein identisches Bedienprinzip. Auch hier kann die Seitenleiste auf der linken Seite über das Hamburger-Menü reduziert werden, und auch hier werden die vorhandenen Schaltflächen daraufhin neu angeordnet.
7. Über das Zahnradsymbol ❽ lassen sich also auch in dieser Anwendung erweiterte Einstellungen vornehmen, die in diesem Fall speziell auf die Mail-App abgestimmt sind. So können Sie auf diesem Wege neue Mail-Konten hinzufügen, eine E-Mail-Signatur einrichten oder sogar ein Hintergrundbild für die App definieren.

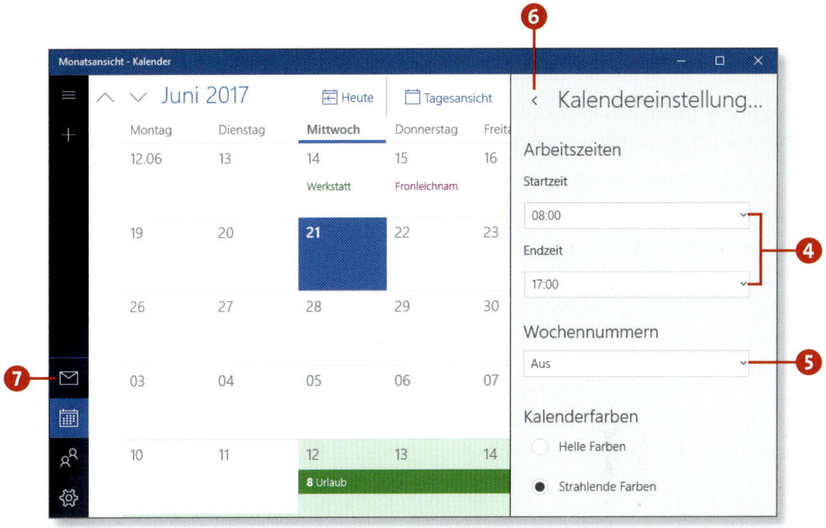

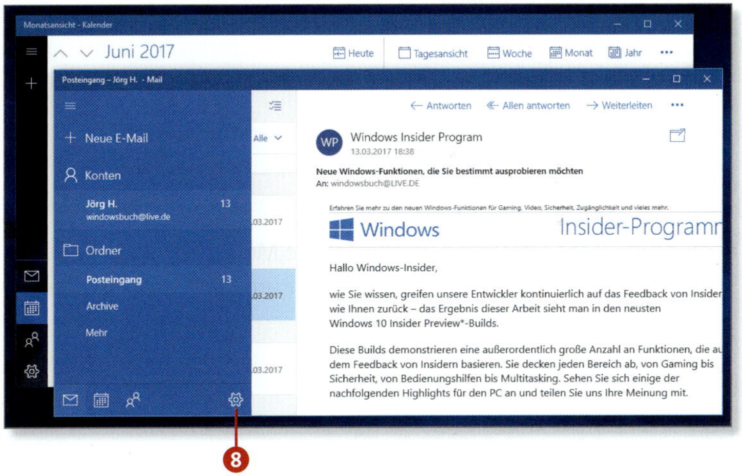

Mit der Kalender-App arbeiten

Wie Sie mit der Kalender-App arbeiten und so Ihren Terminkalender aktuell halten und immer parat haben, erfahren Sie ausführlich im Abschnitt »Alle Termine im Griff« ab Seite 188. Die Bedienung und Einrichtung der Mail-App entnehmen Sie bitte den Anleitungen ab Seite 174.

Mehrere Apps gleichzeitig auf dem Bildschirm anzeigen

Apps werden standardmäßig im Fenstermodus gestartet und können frei auf dem Desktop platziert werden. Wenn Sie Windows 10 auf einem Tablet benutzen, werden alle Apps im Vollbildmodus ausgeführt. Dennoch bietet Windows die Möglichkeit, mehrere Apps gleichzeitig auf dem Bildschirm anzuzeigen.

1. Öffnen Sie zunächst die beiden Apps, die Sie nebeneinander platzieren möchten, also z. B. *Wetter* und *Kalender*.
2. Tippen Sie eine App am oberen Bildrand an, und verschieben Sie diese z. B. in die linke Bildschirmhälfte. Eine großflächige transparente Markierung wird eingeblendet ❶ und dient als Platzhalter für das Anwendungsfenster.
3. Sobald Sie das Fenster loslassen, wird es an der linken Bildschirmseite angeheftet. Auf der rechten Seite sehen Sie alle aktuell geöffneten Apps und Programme. Tippen Sie nun auf die Vorschau der Anwendung, die Sie in der rechten Fensterhälfte platzieren möchten, hier die **Kalender**-App ❷.
4. Nun wird der Bildschirm aufgeteilt, und auf beiden Seiten ist jeweils ein Programmfenster zu sehen. Falls Sie einer App etwas mehr Raum zur Verfügung stellen möchten, klicken Sie auf den Trennbalken ❸ und verschieben ihn mit gedrückter Maustaste.
5. Um die Apps wieder voneinander zu lösen, ziehen Sie den Trennbalken nach links oder rechts zum Bildschirmrand, oder schließen Sie eine App, indem Sie sie an den unteren Bildrand ziehen.

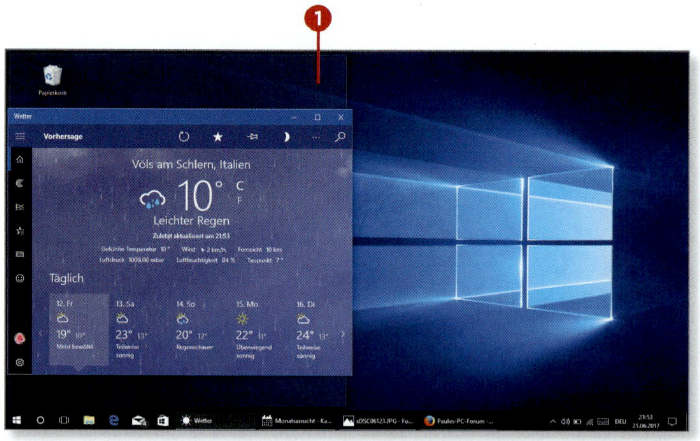

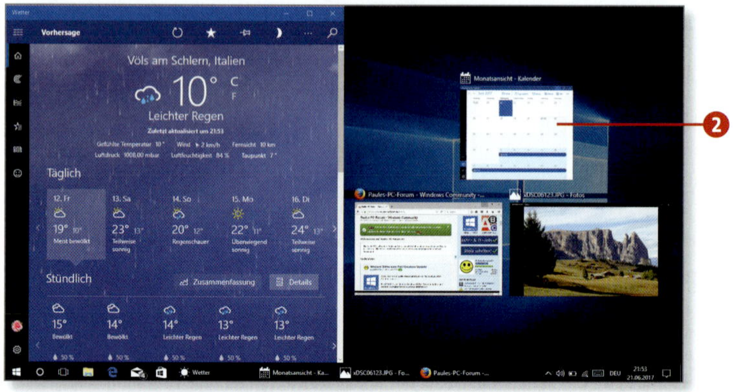

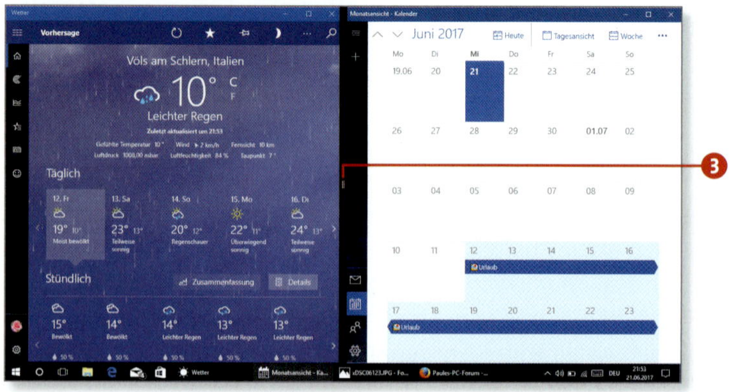

Voraussetzungen und Einschränkungen

Eine Bildschirmauflösung von mindestens 1.024 × 768 Pixel wird vorausgesetzt, um zumindest zwei Apps nebeneinander darstellen zu können. Bei einer höheren Auflösung können bis zu vier Apps angezeigt werden. Ist die Auflösung zu gering, lassen sich keine Apps andocken.

Apps vollständig schließen

Apps, die im Hintergrund laufen und gerade nicht benötigt werden, werden von Windows in eine Art Ruhezustand versetzt, in dem sie so gut wie keine Systemressourcen verbrauchen. Aus diesem Grund ist ein Schließen der Apps nicht unbedingt erforderlich. Wenn Sie Ihre Apps dennoch schließen möchten, gehen Sie wie folgt vor:

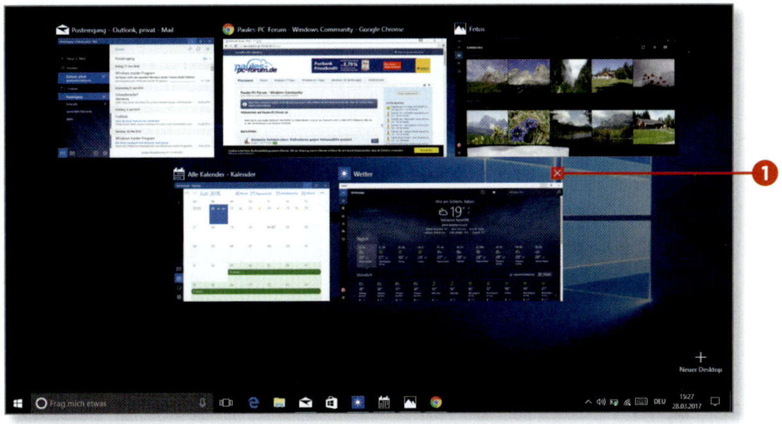

1. Blenden Sie mit der Tastenkombination [Windows] + [Tab] alle geöffneten Apps auf dem Bildschirm ein. Zeigen Sie mit dem Mauszeiger auf die zu schließende App, bis rechts oberhalb des Vorschaufensters das **Schließen**-Kreuz 1 eingeblendet wird. Klicken Sie darauf, wird die App aus der Auflistung entfernt und geschlossen.
2. Haben Sie die App, die Sie beenden möchten, bereits geöffnet, können Sie sie direkt über das **Schließen**-Kreuz 2 in der Titelleiste der Anwendung beenden. Wird die App im Vollbildmodus ausgeführt, führen Sie die Maus ganz oben an den Bildrand, bis die Titelleiste mit dem Namen der App sowie den Schaltflächen zum Minimieren und Schließen eingeblendet wird, und klicken Sie dann auf das **Schließen**-Kreuz. Wenn Sie auf die Schaltfläche **Minimieren** 3 klicken, wird die App verkleinert und in der Taskleiste abgelegt.
3. Wenn Sie [Alt] + [F4] drücken, wird die App ebenfalls vollständig geschlossen.

Desktop-Anwendungen sollten Sie weiterhin schließen

Im Gegensatz zu Apps sollten Sie herkömmliche Desktop-Anwendungen, die Sie nicht benötigen, eigenhändig schließen (siehe dazu den Abschnitt »Programme vollständig beenden« auf Seite 86). Denn wenn Sie zu viele Programme gleichzeitig geöffnet haben, kann dies das System deutlich verlangsamen.

Der Windows Store – Marktplatz für neue Apps

Eine App aus dem Windows Store herunterladen und installieren

Der Windows Store ist ein Marktplatz für neue Apps und bietet eine große Anzahl kostenloser und kostenpflichtiger Apps.

1. Öffnen Sie den Windows Store mit einem Klick auf die Kachel **Store** ❶ auf dem Startbildschirm.
2. Im Store gibt es nicht nur Programme – Sie können hier auch Spiele, Filme und Musik kaufen. Wählen Sie zunächst aus der Menüleiste die gewünschte Kategorie, also z. B. Apps, und nutzen Sie dann die Bildlaufleiste, um alle Inhalte zu sehen. Die Apps werden in Kategorien unterteilt, z. B. **Für Sie ausgewählte Apps** oder auch **Neue und angesagte Apps**. Am Ende der Seite werden weitere Kategorien aufgelistet, wie z. B. Bücher & Lexika, Sport, Unterhaltung etc. Um eine Kategorie auszuwählen, klicken Sie darauf.
3. Der Store listet standardmäßig die kostenlosen Apps zu einer Kategorie auf. Klicken Sie unterhalb der Menüleiste auf den Namen der ausgewählten Kategorie, um die Auswahl über die Filter, z. B. **Beste Kritiken** oder **Neu & angesagt**, zu verfeinern. Wir entscheiden uns für die Fußball-App *kicker* ❷ und klicken sie an.

Microsoft-Konto benötigt

Voraussetzung für die Verwendung des Windows Stores ist ein Microsoft-Konto, mit dem Sie sich anmelden müssen. Alle Apps, die Sie installieren, egal, ob kostenlos oder kostenpflichtig, werden diesem Microsoft-Konto zugeordnet. Wenn Sie einen neuen Computer kaufen oder Windows neu installieren, haben Sie über den Store Zugriff auf Ihre Apps und können diese neu installieren. Wie Sie ein solches Konto anlegen können, erfahren Sie im Abschnitt »Bei Windows anmelden« ab Seite 30.

❶

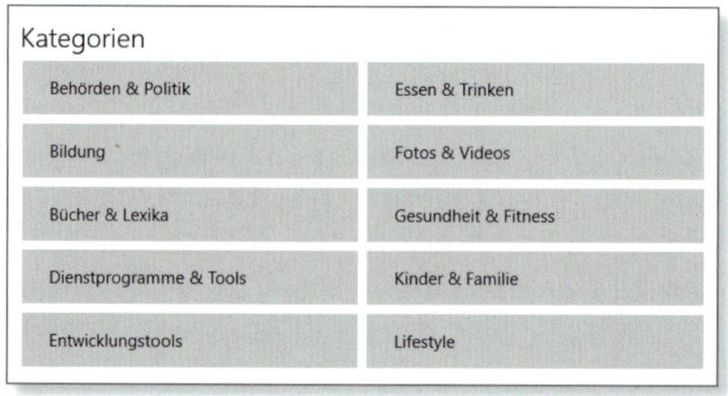

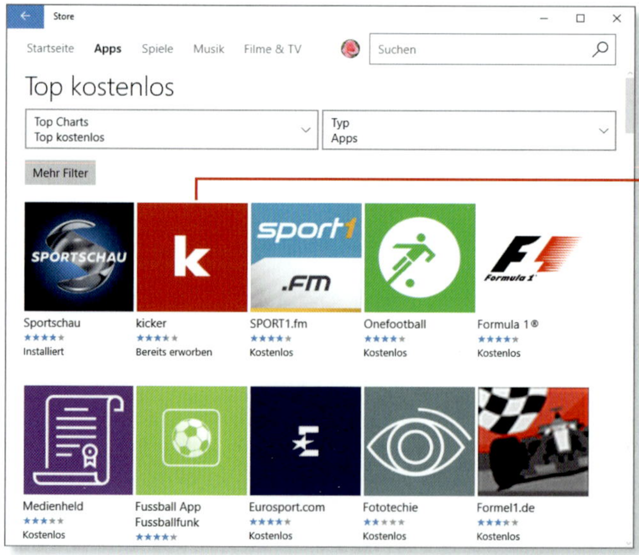

❷

4. Auf der nächsten Seite sehen Sie eine Beschreibung der ausgewählten App. Unterhalb des App-Namens wird der Preis angegeben; die App *kicker* kostet nichts, daher steht hier der Vermerk **Kostenlos**. Informationen zur Downloadgröße, einer eventuell vorhandenen Altersfreigabe und Bewertungen finden Sie, wenn Sie den Seiteninhalt mithilfe der Bildlaufleiste weiter nach oben verschieben.

5. Klicken Sie auf die Schaltfläche **Herunterladen** ❸, um die App herunterzuladen und anschließend automatisch installieren zu lassen. Sollte die App kostenpflichtig sein, sehen Sie an gleicher Stelle eine Schaltfläche mit dem Kaufpreis der Anwendung. Lesen Sie hierzu bitte die Anleitung »Eine App über den Store kaufen« ab Seite 74.

6. Wenn Sie eine App suchen, aber ihre Kategorie nicht kennen, können Sie auch den Store durchsuchen. Öffnen Sie ihn, und tippen Sie rechts oben den Suchbegriff ein ❹. Wählen Sie aus den darunter angezeigten Ergebnissen einen Eintrag aus.

7. Über die Filter **Apps**, **Spiele**, **Filme** etc. können Sie die Suche bei Bedarf auf die entsprechenden Kategorien eingrenzen ❺.

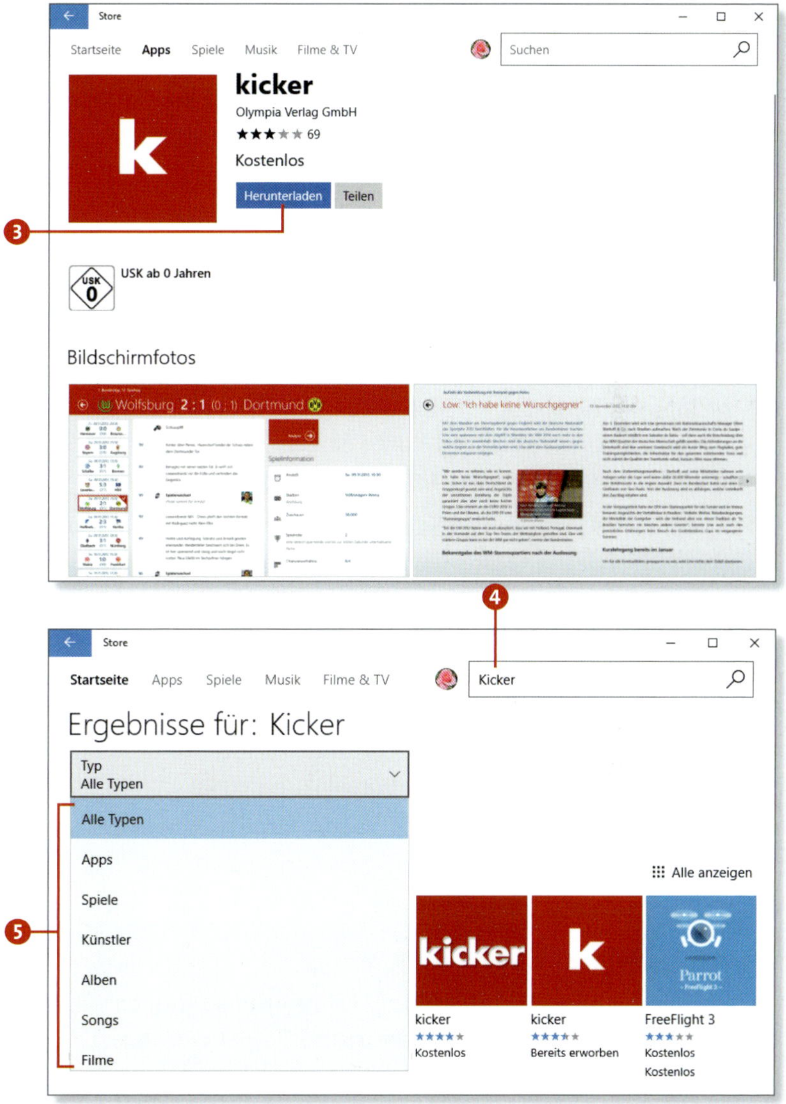

Wo ist die neue App?

Nach der Installation finden Sie Ihre neue App links im Startmenü in der alphabetisch sortierten Auflistung aller Apps. Nutzen Sie gegebenenfalls die Bildlaufleiste, um zum entsprechenden Eintrag zu gelangen. Klicken Sie den neuen Eintrag mit der rechten Maustaste an, und wählen Sie den Befehl **An „Start" anheften**, wenn Sie die App rechts im Startmenü platzieren möchten.

Eine App über den Store kaufen

Zwar werden im Windows Store sehr viele Apps kostenlos angeboten, einige sind aber auch kostenpflichtig. Der Bezug einer solchen App ist sehr einfach, Sie benötigen für die Nutzung des Stores jedoch zwingend ein Microsoft-Konto.

1. Bevor Sie eine App erwerben können, müssen Sie in Ihrem Microsoft-Konto eine Zahlungsmethode hinterlegen. Öffnen Sie den Store, und klicken Sie hier auf Ihr Profilbild ❶ und anschließend auf den Menüpunkt **Zahlungsoptionen** ❷.
2. Nun öffnet sich Ihr Standardbrowser. Da Sie jetzt auf vertrauliche Informationen zugreifen, müssen Sie zur Sicherheit das Kennwort zu Ihrem Microsoft-Konto eingeben. Bestätigen Sie die Eingabe mit einem Klick auf die Schaltfläche **Anmelden** ❸.
3. Nachdem Sie das Konto bestätigt haben, erhalten Sie bei Ihrem ersten Aufruf der Seite eine weitere Sicherheitsabfrage. Bestätigen Sie nun Ihre Telefonnummer oder E-Mail-Adresse, an die das System einen Sicherheitscode schickt. Erst wenn Sie diesen Code empfangen und im nächsten Schritt bestätigt haben, wird der Weg zu den Zahlungsoptionen freigegeben.
4. In der Verwaltung Ihrer Zahlungsoptionen klicken Sie schließlich auf den Menüpunkt **Zahlungsoption hinzufügen** ❹.

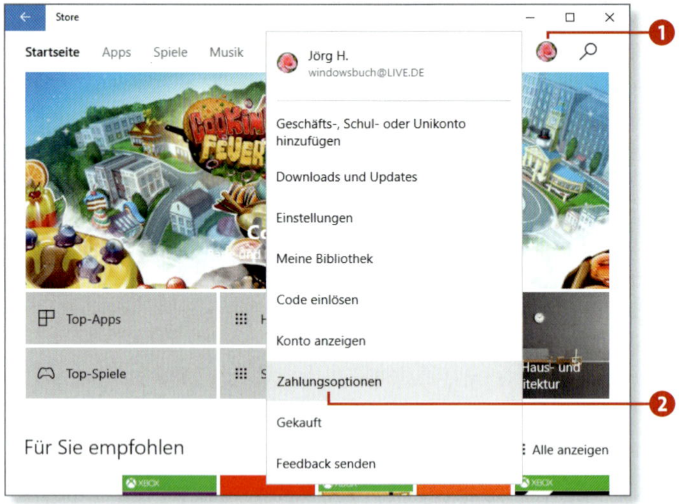

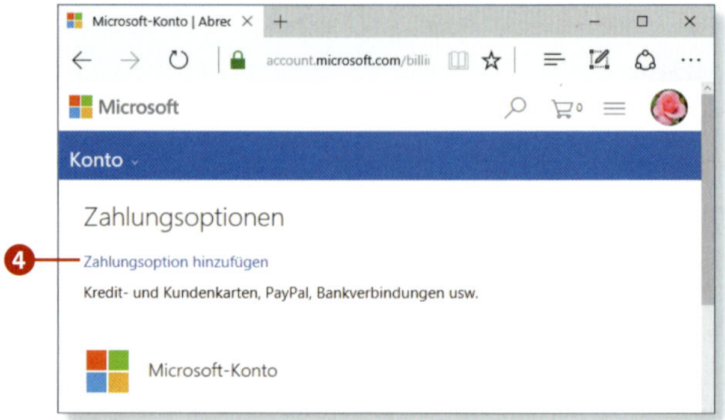

Zahlungsmethode PayPal

Wenn Sie PayPal als Zahlungsmethode auswählen, werden Sie im Anschluss an die Dateneingabe auf die PayPal-Webseite weitergeleitet, auf der Sie sich dann mit Ihren PayPal-Zugangsdaten anmelden müssen. Damit geben Sie Microsoft die Erlaubnis, künftig anfallende Rechnungsbeträge aus dem Store von Ihrem PayPal-Konto einzuziehen.

5. Wählen Sie Ihre favorisierte Zahlungsmethode aus ❺ Sie haben die Wahl zwischen **PayPal**, **Lastschrift** und den Kreditkarten Visa, Mastercard oder American Express. Nachdem Sie auf **Weiter** geklickt haben, können Sie die erforderlichen Daten eingeben. Haben Sie alle Angaben gemacht und am Ende der Seite erneut auf **Weiter** geklickt, werden Sie auf die Übersichtsseite Ihres Kontos zurückgeleitet.

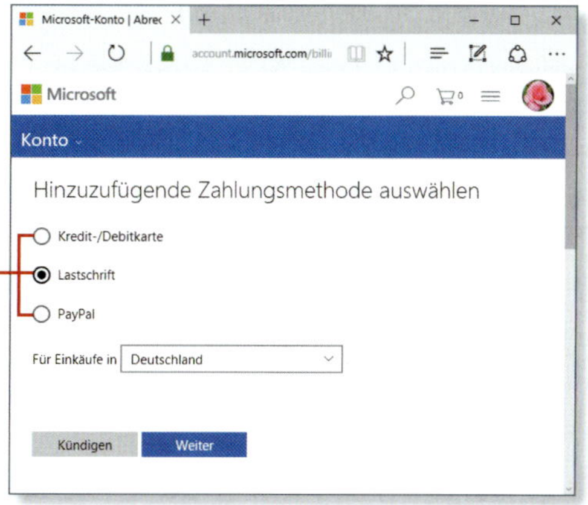

5

6. Wechseln Sie nun wieder in den Store, und wählen Sie aus den zur Verfügung stehenden Kategorien die App aus, die Sie gerne erwerben möchten. Daraufhin öffnet sich die Übersichtsseite der App. Unterhalb des Programmnamens wird der Preis für die App angezeigt. In diesem Beispiel kostet das Spiel *Moorhuhn* **0,99 €**. Um das Spiel zu erwerben, klicken Sie auf die Schaltfläche **Kaufen** ❻.

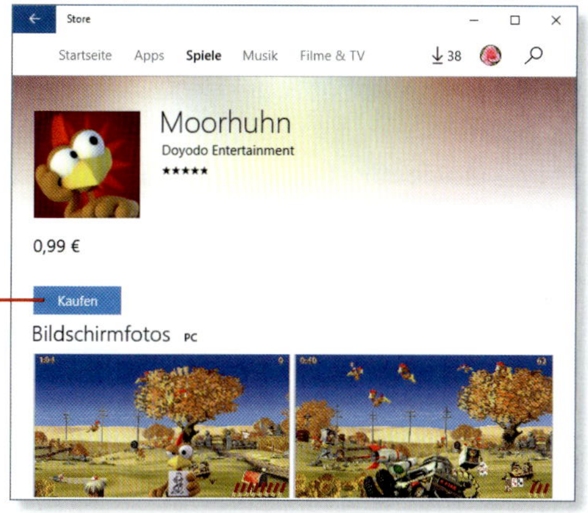

6

7. Es folgt eine Sicherheitsabfrage. Authentifizieren Sie sich, und geben Sie das Kennwort zu Ihrem Microsoft-Konto ein ❼. Die Eingabe wird mit einem Klick auf **Anmelden** übernommen.

8. Im letzten Schritt werden Sie darüber informiert, dass der fällige Kaufbetrag sofort Ihrem Konto belastet wird, sobald Sie auf **Kaufen** klicken. Sollten Sie sich umentscheiden, brechen Sie den Vorgang über **Abbrechen** ab. Klicken Sie hingegen auf **Kaufen**, ist der Handel perfekt. Ein Rücktritt vom Kauf ist danach ausgeschlossen.

Damit ist die App gekauft und wird sogleich heruntergeladen und installiert. Sie finden sie im Startmenü in der Auflistung aller Apps.

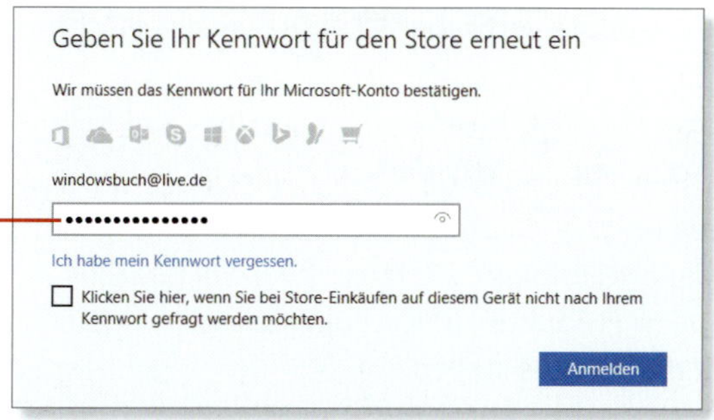

7

Einmal bezahlen, mehrfach nutzen

Apps, die Sie über den Windows Store bezogen haben (egal, ob kostenlos oder kostenpflichtig), dürfen Sie auf bis zu zehn Computern installieren und verwenden.

Apps jederzeit auf dem neuesten Stand halten

Einer der Vorteile der Windows-Apps ist ohne Zweifel ihre Aktualität. Sie müssen sich um nichts kümmern, Windows lädt Updates automatisch herunter und installiert sie. Der Nachteil: Sie bekommen von der Aktualisierung Ihrer Apps nichts mit, und nicht jeder Anwender möchte Windows diese Aufgabe überlassen. Sie können diese Einstellung aber ändern:

1. Öffnen Sie das Startmenü durch einen Klick auf die **Start**-Schaltfläche oder mithilfe der ⊞-Taste, und klicken Sie dann auf die Kachel des Windows Stores, um diesen zu starten.
2. Rufen Sie die Einstellungen des Stores auf, indem Sie zunächst auf Ihr Profilbild ❶ klicken und anschließend aus dem sich öffnenden Menü den Eintrag **Einstellungen** ❷ auswählen.
3. Kontrollieren Sie im Abschnitt **App-Updates** die Einstellung der Option **Apps automatisch aktualisieren**. Standardmäßig ist sie eingeschaltet. Um sie zu deaktivieren, stellen Sie den Schalter auf **Aus** ❸. Fortan werden Sie von Windows benachrichtigt, sobald neue Updates für Ihre Apps vorliegen, und Sie können selbst entscheiden, für welche Apps Sie ein Update installieren möchten.
4. Liegen Updates für Ihre Apps vor, können Sie das an der Zahl erkennen, die im Store neben Ihrem Profilbild zusammen mit einem nach unten zeigenden Pfeil angezeigt wird ❹. Die Zahl gibt an, wie viele Updates bereitstehen, in diesem Beispiel **38**. Klicken Sie auf den Pfeil, können Sie im Anschluss auswählen, welche App Sie mit einem Klick auf **Update verfügbar** ❺ aktualisieren möchten.

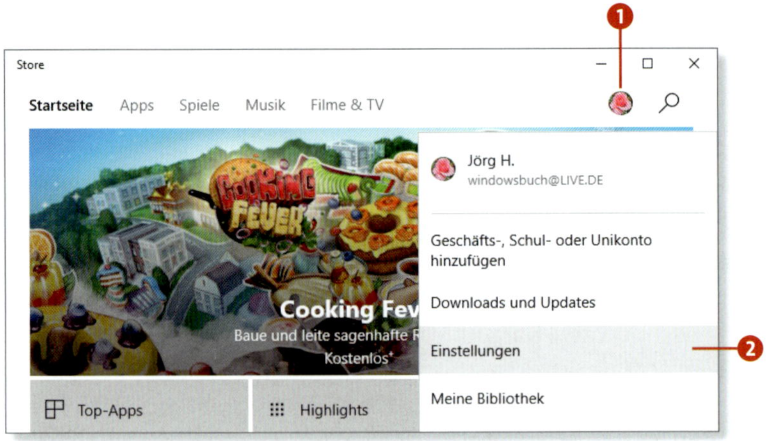

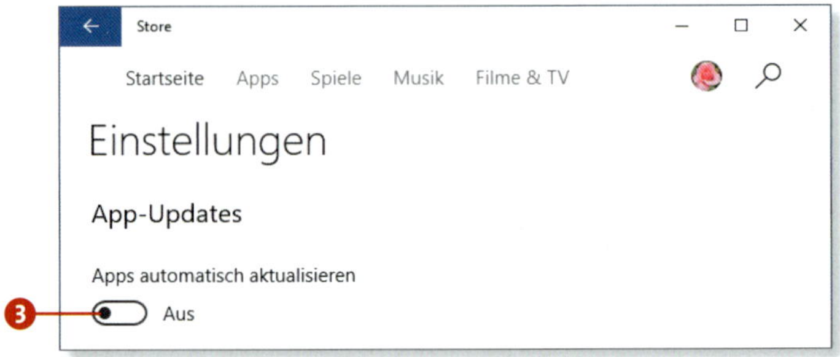

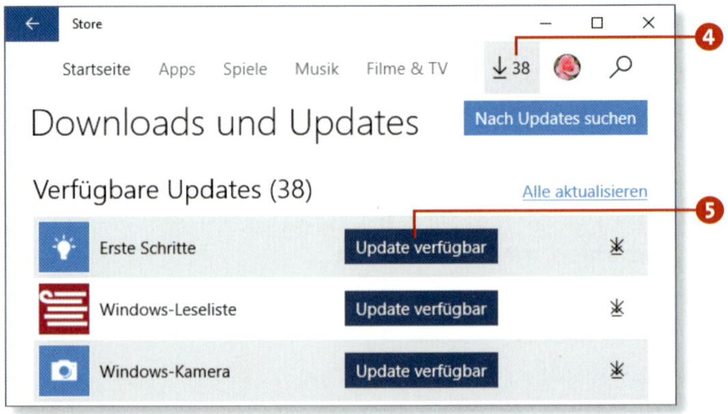

i

Werbung auf Live-Kacheln deaktivieren

Um das Nachladen und Anzeigen von Produktempfehlungen auf Live-Kacheln zu unterbinden, deaktivieren Sie in den Einstellungen die Option **Produkte auf Kacheln anzeigen**, indem Sie den Schieberegler auf **Aus** stellen.

Eine App wieder deinstallieren

Apps, die Sie nicht verwenden oder die Ihnen nicht gefallen, können Sie natürlich auch wieder deinstallieren. Auch wenn der Speicherplatz bei den großen Festplatten heutzutage kaum noch ein echtes Problem darstellt, geht irgendwann bei zu vielen Apps auch einfach der Überblick verloren.

1. Um eine App zu deinstallieren, klicken Sie die dazugehörige Kachel im Startmenü mit der rechten Maustaste an und öffnen damit das Kontextmenü.
2. Hier wählen Sie mit einem Mausklick den Menüpunkt **Deinstallieren** ❶ aus.
3. Ein kleines Hinweisfenster öffnet sich mit der Meldung, dass die App mit allen Informationen vom Computer entfernt wird. Bestätigen Sie den Vorgang mit einem Klick auf die Schaltfläche **Deinstallieren** ❷. Die App wird nun ohne weitere Rückfrage entfernt. Zu deinstallierende Apps müssen zuvor nicht erst an das Startmenü angeheftet werden, auch in der Auflistung aller Apps kann das Kontextmenü geöffnet und die Deinstallation auf gleichem Wege durchgeführt werden.

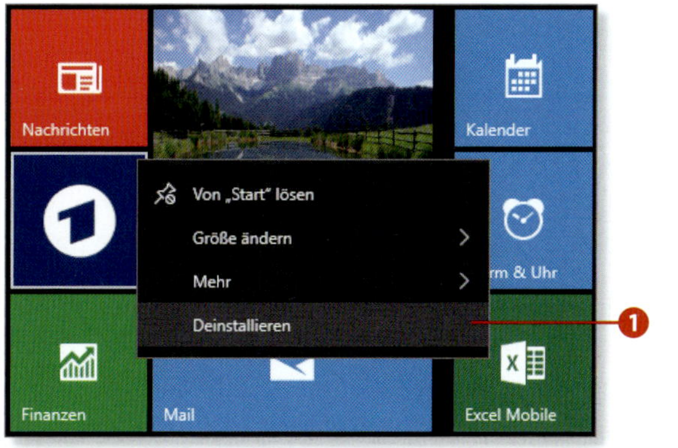

Apps nachträglich wieder installieren

Da Sie Windows-Apps über den Store herunterladen und installieren, stehen Ihnen keine Downloaddateien zur Verfügung, mit denen Sie die betreffende App zu einem späteren Zeitpunkt wieder neu installieren könnten. Der Store selbst protokolliert aber genau, welche App Sie wann erworben haben und ob diese App noch auf dem Rechner installiert ist. Dank dieser Auflistung können Sie alle Apps jederzeit wieder neu installieren. Wie Sie diese Apps finden, lesen Sie im Abschnitt »Apps suchen« ab Seite 64.

Wo werden die Apps gespeichert?

Windows speichert alle Apps im Ordner *Programme\WindowsApps* auf Ihrem Systemlaufwerk. Eine Änderung des Speicherpfades ist möglich. Wie Sie hierbei vorgehen, entnehmen Sie bitte der Anleitung »Standardspeicherorte festlegen« auf Seite 218.

Programme in der Desktop-Ansicht

Eine Anwendung suchen und starten

Im ersten Moment scheint es nicht ganz einfach zu sein, ein Programm zu starten, zu dem es keine Verknüpfung auf dem Desktop gibt und das auch nicht in der Taskleiste abgelegt wurde. Die Lösung ist aber einfach: Starten Sie Ihre Programme aus dem neuen Startmenü heraus.

1. Eine Desktop-Anwendung können Sie starten, indem Sie die entsprechende Kachel ❶ im Startmenü anklicken. Ist das Programm nicht auf der Startseite des Menüs vorhanden, finden Sie es im linken Teil des Startmenüs in der Auflistung aller Apps ❷.
2. In der Übersicht werden alle auf dem Rechner vorhandenen Apps und Programme aufgelistet. Auch hier öffnen Sie ein Programm durch Anklicken oder Antippen der jeweiligen Kachel. Nutzen Sie gegebenenfalls die Bildlaufleiste, um alle Einträge der Liste zu erreichen.
3. Haben Sie viele Programme installiert, kann es auf dem Bildschirm etwas unübersichtlich werden. Bevor Sie lange suchen, tippen Sie einfach den Namen der Anwendung in das Suchfeld ❸, z. B. »Rechner«. Bereits nach wenigen eingetippten Buchstaben (und unabhängig von Groß- und Kleinschreibung) zeigt Windows Ihnen die ersten Suchergebnisse an. Sie starten das Programm durch einen Mausklick auf das passende Suchergebnis ❹.

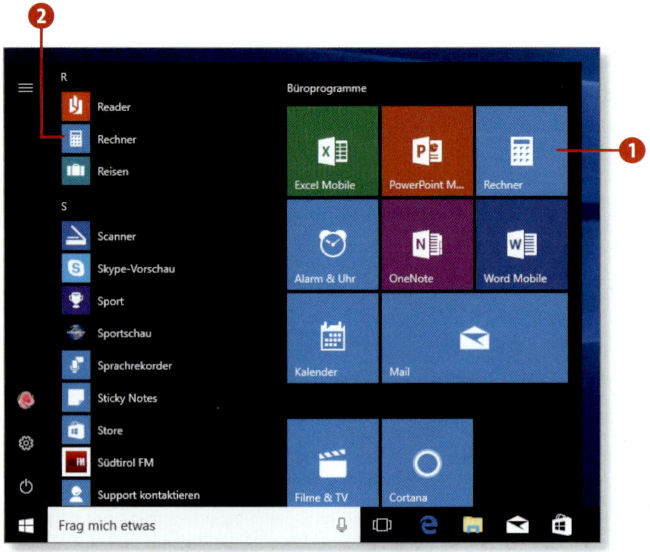

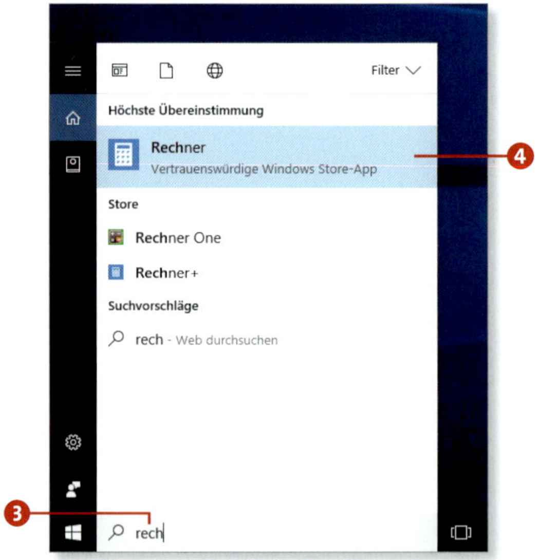

An Taskleiste anheften und Verknüpfungen erstellen

Programme und Apps, die Sie häufig verwenden, können Sie an die Taskleiste heften, um sie schneller aufrufen zu können. Wie das geht, lesen Sie im Abschnitt »Programme an die Taskleiste heften« auf Seite 80.

Zwischen mehreren Fenstern und Tabs wechseln

Schnell hat man zwei, drei oder mehr Programme auf dem Desktop gestartet. Doch mit jedem neuen Programmfenster geht die Übersichtlichkeit verloren. Das Gleiche gilt für den Internetbrowser, wenn mehrere Webseiten geöffnet sind.

1. Textverarbeitungsprogramm, E-Mail-Client, Taschenrechner und Internetbrowser – ehe man sich's versieht, hat man zahlreiche Programmfenster geöffnet. Um zwischen den Fenstern zu wechseln, drücken Sie die [Alt]-Taste, halten sie gedrückt und drücken dann zusätzlich die Taste [⇆]. Die Fenster, ob nun Desktop-Anwendung oder Windows-App, erscheinen als Miniaturen in einer kleinen Leiste. Mit jedem erneuten Betätigen der Taste [⇆] wandert die Markierung ❶ eine Position weiter. Ist das gewünschte Programmfenster erreicht, lassen Sie die [Alt]-Taste los. Das ausgewählte Programm wird groß angezeigt.
2. Um im Browser zwischen verschiedenen Seiten hin und her zu springen, halten Sie zunächst die Taste [Strg] gedrückt. Mit jedem Druck auf [⇆] wechseln Sie zwischen den einzelnen Tabs ❷ Ihres Browsers. Das Ganze funktioniert sowohl im neuen Browser Microsoft Edge als auch in anderen Browsern wie z. B. Mozilla Firefox.

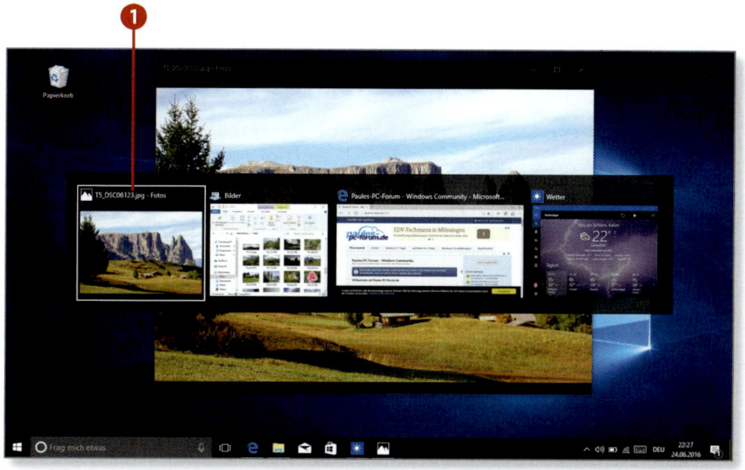

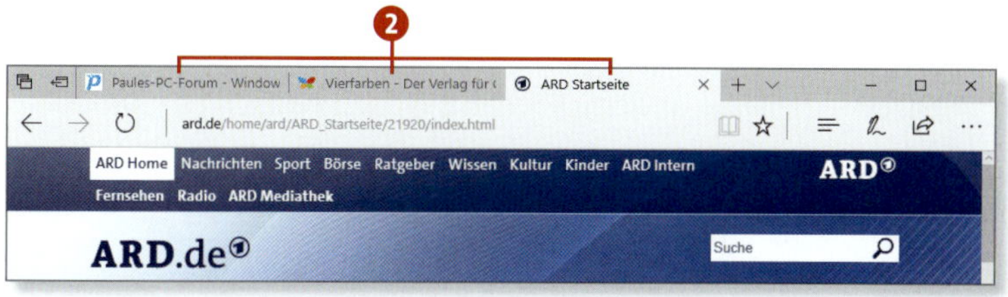

Mehr Übersicht mit zusätzlichen Desktops

Wenn irgendwann kein Platz mehr auf dem Arbeitsplatz vorhanden ist, weil einfach zu viele Programmfenster geöffnet sind, haben Sie unter Windows 10 die Möglichkeit, mit wenigen Mausklicks einen weiteren Desktop zu erstellen und einen Teil der Programme auf diesen auszulagern. Beachten Sie hierzu die Anleitung im Abschnitt »Einen weiteren Desktop erstellen« auf Seite 93.

Programme an die Taskleiste heften

Häufig verwendete Programme und Apps können Sie mit wenigen Mausklicks an die Taskleiste anheften. Von dort lassen sie sich schnell und unkompliziert starten, ohne dass Sie zuvor das Startmenü aufrufen und dort die Programmkachel suchen müssten.

1. Öffnen Sie das Startmenü, und klicken Sie mit rechts auf die Kachel der Anwendung, die Sie gerne anheften möchten ①, z. B. OneNote. Aus dem Menü wählen Sie dann **Mehr > An Taskleiste anheften** ②.
2. Die Taskleiste zeigt nun das Programmsymbol der ausgewählten Anwendung ③, die Sie fortan mit nur einem Mausklick starten können.
3. Das Gleiche geht auch über den Desktop: Wird das Programm oder die App ausgeführt, wird das Programmsymbol so lange in der Taskleiste angezeigt, bis Sie die Anwendung wieder schließen. Soll das Programm dauerhaft an die Taskleiste angeheftet werden, führen Sie einen Rechtsklick auf das Programmsymbol der geöffneten Anwendung in der Taskleiste aus und wählen den Menüpunkt **An Taskleiste anheften** aus dem Kontextmenü.
4. Möchten Sie das Programm zu einem späteren Zeitpunkt wieder von der Taskleiste lösen, klicken Sie mit der rechten Maustaste auf das Programmsymbol und wählen aus dem Kontextmenü den Befehl **Von Taskleiste lösen** ④.

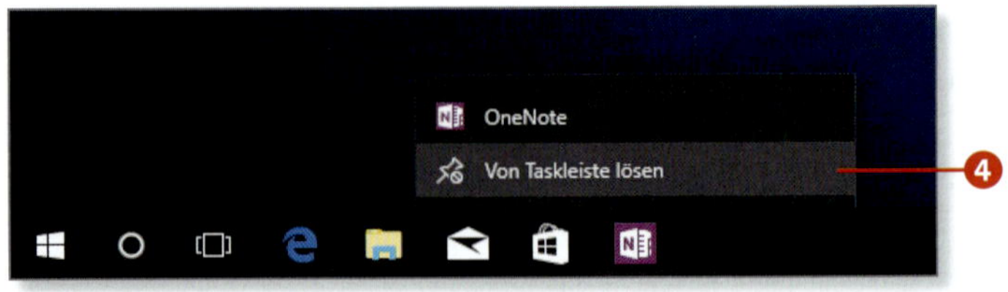

Programme in der Taskleiste sortieren

Sie können die Reihenfolge der Programmsymbole in der Taskleiste beliebig ändern. Klicken Sie dazu einfach ein Symbol an, und verschieben Sie es mit gedrückter Maustaste an die gewünschte Position. Sobald Sie die Taste wieder loslassen, wird das Symbol neu einsortiert.

Programme an das Startmenü heften und sie davon lösen

Für jedes Programm, das Sie auf Ihrem Computer installieren, legt Windows im Startmenü automatisch einen entsprechenden Eintrag in der Programmliste an. Von dort aus können Sie Programme an das Startmenü anheften und bei Bedarf natürlich auch wieder davon lösen.

1. Öffnen Sie das Startmenü, z. B. mithilfe der [Windows]-Taste, und klicken Sie die Kachel des zu lösenden Programms ❶ mit der rechten Maustaste an.
2. Das Kontextmenü mit weiteren Optionen öffnet sich. Klicken Sie darin auf den Menüeintrag **Von „Start“ lösen** ❷. Daraufhin verschwindet das Programm sofort, ohne Rückfragen, aus der rechten Hälfte des Startmenüs (bleibt aber in der Auflistung aller Apps in der linken Hälfte erhalten).
3. Möchten Sie ein Programm zu einem späteren Zeitpunkt wieder an das Startmenü anheften, »blättern« Sie zunächst mithilfe der Bildlaufleiste ❸ durch die Auflistung aller Apps.
4. Führen Sie einen Rechtsklick auf den gewünschten Eintrag in der Programmliste aus, und wählen Sie aus dem sich nun öffnenden Kontextmenü den Eintrag **An „Start“ anheften** ❹. Die Programmkachel wird daraufhin am unteren Ende des Startmenüs eingefügt, von wo aus Sie sie wunschgemäß neu anordnen können. Siehe dazu auch den Abschnitt »Die Position der Kacheln anpassen« auf Seite 208.

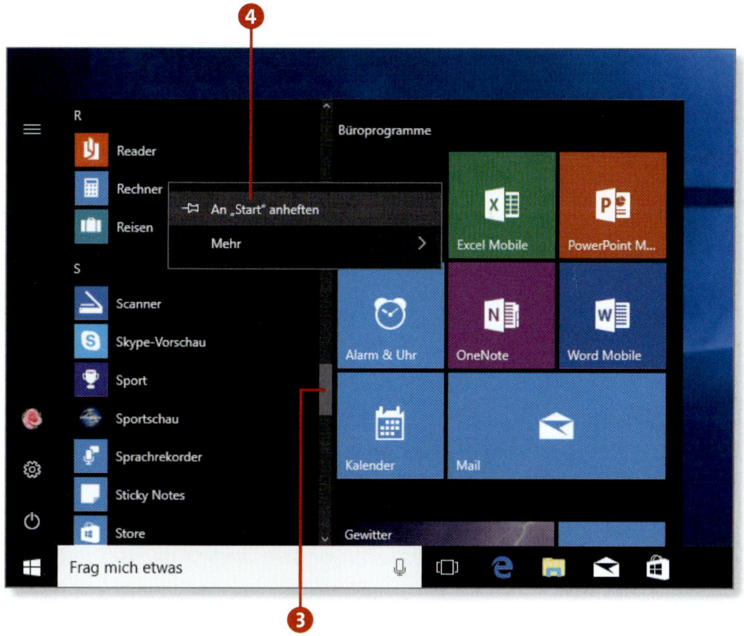

Ordner an das Startmenü anheften

Auch Dateiordner können Sie auf die beschriebene Weise über ihr Kontextmenü an das Startmenü anheften. Ein Klick auf die Kachel im Startmenü öffnet den Ordner. Bei einzelnen Dateien funktioniert das aber leider nicht.

Fenster vergrößern und verkleinern

Für gewöhnlich lassen sich Programmfenster in der Größe beliebig verändern, etwa um mehrere Fenster zur gleichen Zeit auf dem Bildschirm darzustellen. Es gibt aber auch Anwendungen, die mit fest definierten Fenstergrößen ausgeführt werden und deren Ausmaße daher nicht veränderlich sind.

1. Um ein Fenster in der Größe zu verändern, fahren Sie mit der Maus an den Rand, bis sich der Mauszeiger zu einem Doppelpfeil verändert ❶.
2. Klicken Sie auf den Rand, halten Sie die linke Maustaste gedrückt, und ziehen Sie das Fenster schmaler oder breiter. Auf die gleiche Weise können Sie das Fenster in der Höhe verändern.
3. Wenn Sie das Seitenverhältnis eines Fensters beibehalten möchten, führen Sie den Mauszeiger genau in eine der vier Fensterecken, bis er sich in einen Doppelpfeil verwandelt ❷. Nun können Sie das Fenster unter Beibehaltung der Seitenverhältnisse in der Größe verändern.

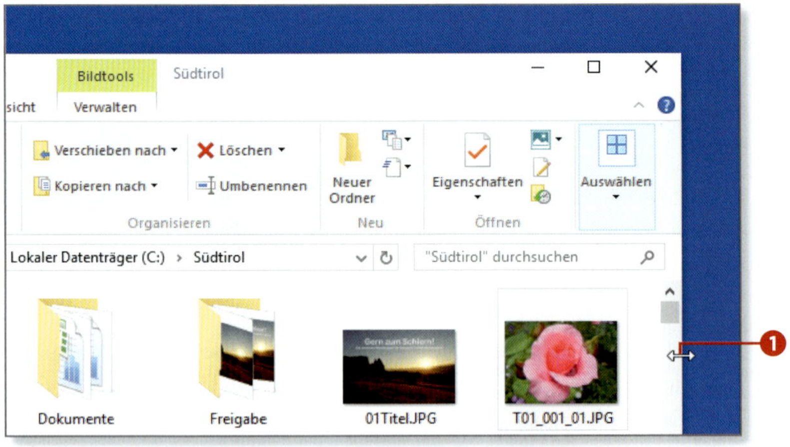

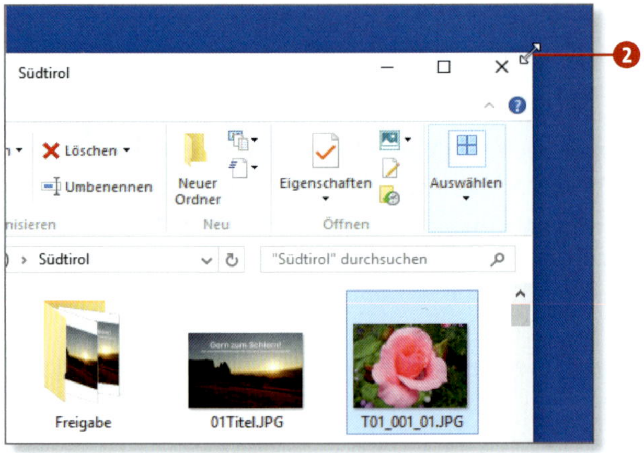

Fenster im Vollbildmodus

Erstreckt sich das Fenster über die gesamte Bildschirmgröße, wird es maximiert dargestellt. In diesem Fall lässt sich die Größe zunächst nicht wie beschrieben verändern, weil sich die Ränder nicht mit der Maus greifen lassen. Verkleinern Sie das Fenster durch einen Klick auf das mittlere Symbol ❐ rechts oben in der Kopfleiste. Jetzt können Sie die Größe des Fensters beliebig ändern.

Fenster im Tabletmodus

Im Tabletmodus werden alle Fenster stets im Vollbild angezeigt. Sie können diese Fenster minimieren und schließen, die Größe kann in diesem Modus aber nicht verändert werden.

Fenster auf Vollbildansicht stellen

Die meisten Programmfenster können Sie nach Belieben in ihrer Größe anpassen. Um ein Fenster formatfüllend auf dem ganzen Bildschirm anzuzeigen, gibt es gleich mehrere Wege.

1. Klicken Sie rechts oben in der Kopfleiste des Fensters auf das mittlere der drei kleinen Symbole **1**. Mit diesem Befehl wird das Fenster maximiert dargestellt.
2. Stattdessen können Sie auch in die Kopfleiste des Fensters klicken und es mit gedrückter Maustaste ganz nach oben an den Bildschirmrand ziehen **2**. Oben angekommen, lassen Sie die Maustaste wieder los. Das Fenster wird nun in voller Größe angezeigt.
3. Und noch eine Variante: Wenn Sie einen Doppelklick auf die Kopfleiste des Fensters ausführen, wird es sogleich maximiert. Ein weiterer Doppelklick macht den Vorgang rückgängig.
4. Um ein maximiertes Fenster wieder in seine Ursprungsgröße zurückzubringen, klicken Sie entweder erneut auf das mittlere Symbol in der Kopfleiste, oder Sie klicken auf eine freie Stelle im Kopf des Fensters und ziehen es mit gedrückter Maustaste nach unten. Ein kurzes Stück reicht aus, damit es die ursprüngliche Größe wieder annimmt.

Fenster per Tastenkürzel verändern

Auch mit der Tastatur lassen sich unter Windows 10 Fenster maximieren oder minimieren. Drücken Sie die Tasten ⊞ + ↑, wird das aktive Fenster maximiert. Mit dem Tastenkürzel ⊞ + ↓ wird ein maximiertes Fenster wieder in die ursprüngliche Größe gebracht, und beim erneuten Drücken von ⊞ + ↓ wird es schließlich minimiert (in der Taskleiste abgelegt und im Hintergrund ausgeführt).

Fenster nebeneinander anordnen

Sie möchten die laufende eBay-Auktion im Auge behalten, aber nebenher noch ein Dokument bearbeiten? Stellen Sie mehrere Fenster einfach nebeneinander oder auch übereinander dar.

1. Minimieren Sie zunächst alle Fenster, außer den beiden, die Sie nebeneinander anordnen möchten (zum Minimieren von Fenstern siehe Seite 85).
2. Führen Sie nun einen Rechtsklick auf eine freie Stelle in der Taskleiste aus, und wählen Sie den Befehl **Fenster nebeneinander anzeigen** ❶ aus dem Kontextmenü. Die beiden Programmfenster werden nun nebeneinander dargestellt, und Sie können in beiden Fenstern arbeiten.
3. Oder klicken Sie in die Titelleiste, und verschieben Sie das Fenster, mit weiterhin gedrückter Maustaste, bis an den Bildrand, lassen Sie dort die Maustaste los, sodass das Fenster an der gewählten Bildseite angeheftet wird.
4. Auf der gegenüberliegenden Seite zeigt Windows alle geöffneten Anwendungen in einer Vorschau ❷. Klicken Sie auf jene Anwendung, die Sie in der freien Fensterhälfte anordnen möchten.
5. Um die Fenster wieder voneinander zu lösen, klicken Sie entweder im Kontextmenü der Taskleiste auf **Alle Fenster nebeneinander an rückgängig machen** ❸, oder klicken Sie erneut in die Titelleiste der Anwendung und ziehen diese vom Rand weg.

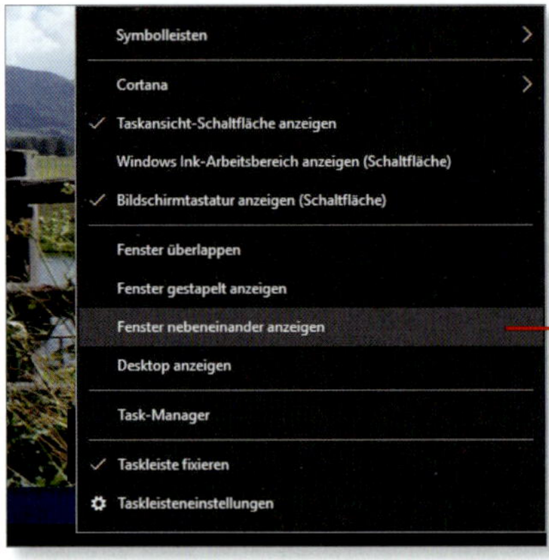

❶

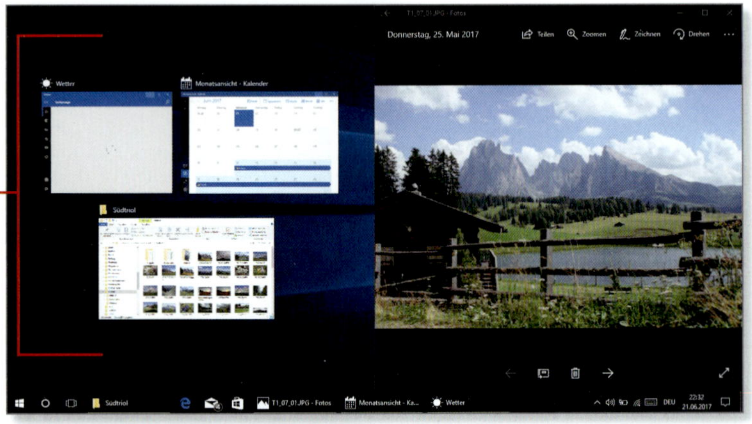

❷

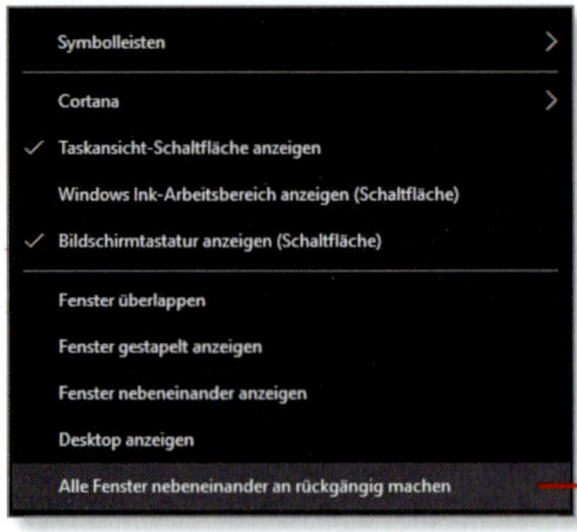

❸

Mehrere Fenster auf dem Bildschirm anordnen

Wenn Sie vier Fenster geöffnet haben, wird der Bildschirm entsprechend in vier Teile aufgeteilt. Natürlich können Sie auch noch mehr Fenster anordnen, allerdings werden sie dann irgendwann so klein, dass ein effektives Arbeiten kaum noch möglich ist.

Programme beenden

Programme ausblenden (minimieren)

Wenn Sie ein Programm für den Moment nicht mehr benötigen, zu einem späteren Zeitpunkt aber wieder damit weiterarbeiten möchten, können Sie das Programm ausblenden, anstatt es ganz zu beenden. Es läuft dann im Hintergrund weiter und kann per Mausklick wieder aus der Taskleiste heraus geöffnet werden.

1. Der schnellste Weg, alle laufenden Programme in der Taskleiste abzulegen, ohne sie zu schließen, ist die Tastenkombination [⊞] + [M]. Alle Programme werden minimiert, und der Desktop wird angezeigt.
2. Falls Sie nicht alle, sondern nur ein bestimmtes Programm ausblenden wollen, klicken Sie im Programmfenster rechts oben auf die Schaltfläche **Minimieren** ❶ oder nutzen Sie die Tastenkombination [⊞] + [↓].
3. Möchten Sie alle Programme bis auf eines minimieren, können Sie die nicht benötigten Fenster auch vom Desktop »schütteln«. Klicken Sie hierfür in die Titelleiste des Programms, das geöffnet bleiben soll, halten Sie die Maustaste gedrückt, und bewegen Sie die Maus bei weiterhin gedrückter Taste mehrfach horizontal hin und her ❷. Nach wenigen Bewegungen werden alle geöffneten Fenster minimiert bis auf jenes, das Sie mit der Maus festgehalten haben.
4. Möchten Sie eines der ausgeblendeten Programme wieder nutzen, zeigen Sie mit der Maus auf einen Tab ❸ in der Taskleiste, und klicken Sie anschließend auf das Miniaturfenster ❹ der Anwendung, um es zu öffnen.

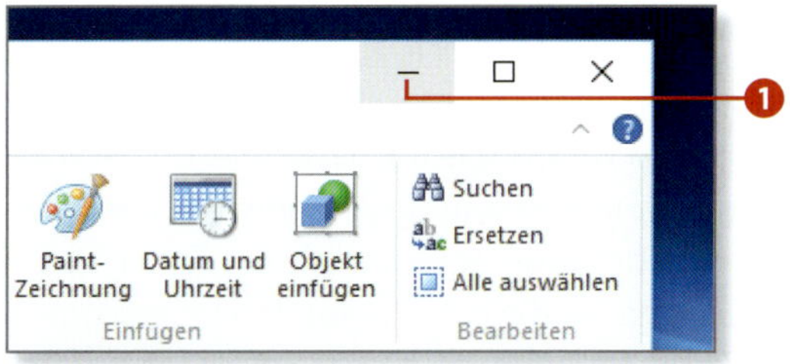

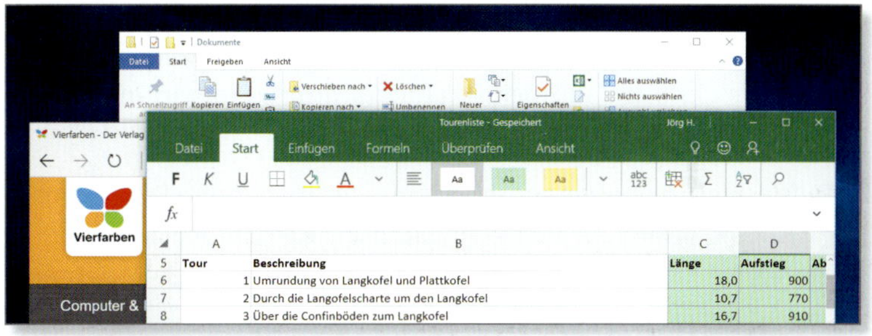

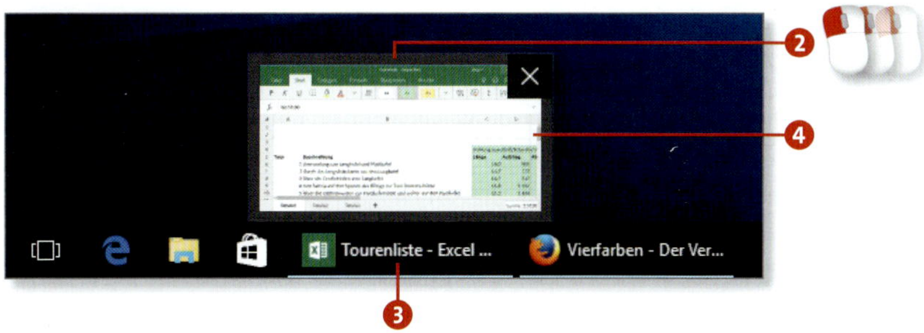

Behalten Sie Ihre Systemressourcen im Auge

Während eine App im minimierten Zustand kaum Systemressourcen belegt, beansprucht eine Desktop-Anwendung Arbeitsspeicher und Prozessorleistung. Haben Sie zu viele Desktop-Programme geöffnet, kann dies die Leistung des Computers stark beeinträchtigen. Anwendungen, die Sie länger nicht benötigen, sollten Sie daher vollständig schließen.

Programme vollständig beenden

Möchten Sie die Arbeit mit einem Programm beenden, sollten Sie zunächst Ihre Arbeit abspeichern, z. B. das noch geöffnete Word-Dokument, und die Anwendung dann ordnungsgemäß schließen. Das Gleiche gilt, wenn Sie Ihren Computer herunterfahren: Sichern Sie zuvor Ihre Daten, und beenden Sie die noch laufenden Programme.

1. Sie können die meisten Programme schließen, indem Sie im Programmfenster den Eintrag **Datei** aus der Menüleiste auswählen und im Menü auf **Beenden** ❶ oder **Schließen** klicken. Die Bezeichnung kann sich von Programm zu Programm unterscheiden.
2. Falls es den zuvor genannten Menüeintrag in Ihrem Programm nicht gibt, schließen Sie die Anwendung am einfachsten über das kleine Kreuz rechts oben im Kopf des Fensters ❷. Verfahren Sie auf gleiche Weise mit einer geöffneten App.
3. In seltenen Fällen kann es vorkommen, dass ein Programm oder eine App weder über das Menü **Datei** noch über die **Schließen**-Schaltfläche rechts oben im Fensterkopf verfügt. In diesem Fall zeigen Sie einfach mit der Maus auf den Tab der Anwendung in der Taskleiste ❸ und klicken in dem sich nun öffnenden Vorschaufenster auf das **Schließen**-Kreuz ❹.

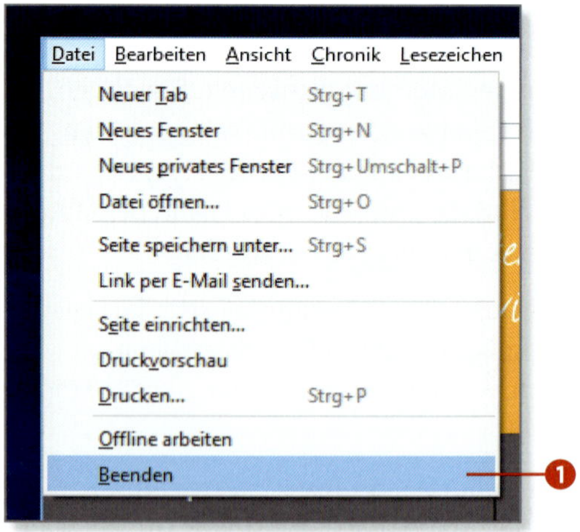

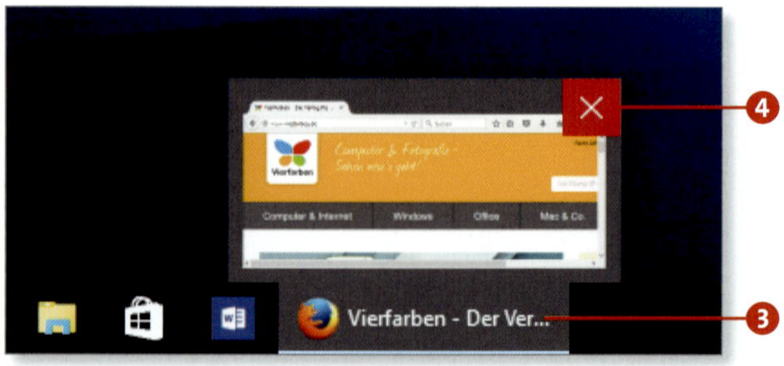

Programme über die Tastatur schließen

Mit der Tastenkombination [Alt] + [F4] können Sie ein Programm oder eine App ebenfalls schließen. Beachten Sie dabei, dass dieser Befehl das jeweils aktive Fenster schließt. Sie müssen also zuvor das richtige Programmfenster aufrufen, um nicht versehentlich das falsche Programm zu beenden. Auch bei dieser Variante sollten Sie alle Dokumente, an denen Sie gerade arbeiten, zuvor speichern.

Programme entfernen

Verknüpfungen vom Desktop entfernen

Viele Anwender legen Verknüpfungen zu den wichtigsten Programmen auf dem Desktop ab, damit sie zum Aufrufen nicht extra das Startmenü öffnen und die entsprechende Kachel suchen müssen. Möchten Sie eine Verknüpfung wieder entfernen, ohne dabei das Programm zu deinstallieren, gehen Sie wie folgt vor:

1. Wechseln Sie zum Desktop, und klicken Sie dort mit der rechten Maustaste die Verknüpfung an, die Sie entfernen möchten. Im Beispiel ist es die Verknüpfung zum Programm **Mozilla Firefox**. Wählen Sie aus dem Kontextmenü nun den Eintrag **Löschen** ❶ aus.
2. Es folgt eine Sicherheitsabfrage: **Möchten Sie diese Verknüpfung wirklich in den Papierkorb verschieben?** Bestätigen Sie die Abfrage mit **Ja** ❷. Die Verknüpfung wird daraufhin entfernt.
3. Ein Blick in den Explorer zeigt, dass wirklich nur die Verknüpfung zum Programm entfernt, das Programm selbst ❸ aber nicht deinstalliert wurde, sondern weiterhin auf dem Computer vorhanden ist.

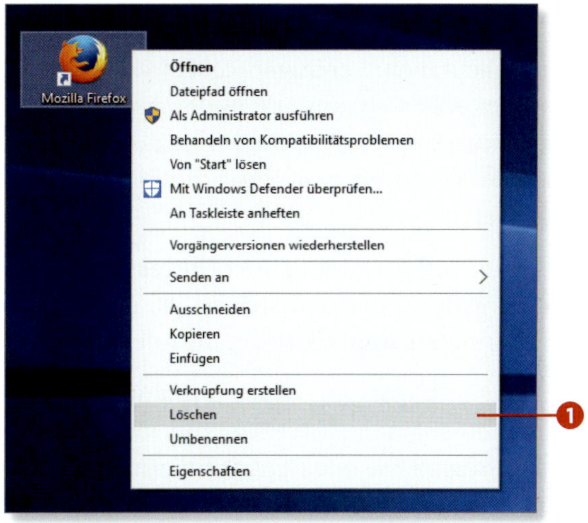

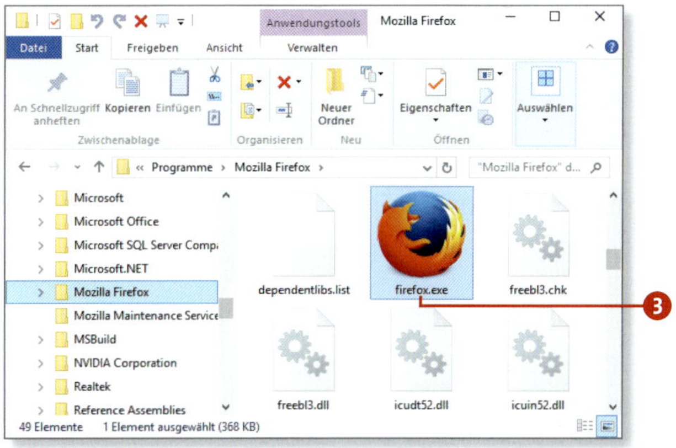

Verknüpfung wiederherstellen oder neu anlegen

Die Verknüpfung wurde nicht vollständig gelöscht, sondern lediglich in den Papierkorb verschoben. Möchten Sie die Verknüpfung wiederherstellen, öffnen Sie den Papierkorb, wählen die gewünschte Verknüpfung aus und klicken im Anschluss auf **Ausgewählte Elemente wiederherstellen**. Sollten Sie den Papierkorb in der Zwischenzeit geleert haben, erstellen Sie die Verknüpfung einfach neu, wie im Abschnitt »Eine Desktop-Verknüpfung erstellen« auf Seite 39 beschrieben.

Programme vollständig deinstallieren

Wenn Sie ein Programm nicht mehr benötigen, sollten Sie es deinstallieren. Dabei reicht es aber nicht aus, nur die Programmdatei oder das Programmverzeichnis zu löschen. Um Fehler zu vermeiden, deinstallieren Sie Ihre Programme stets ordnungsgemäß über die neuen PC-Einstellungen.

1. Klicken Sie im Startmenü auf den Menüpunkt **Einstellungen**, oder öffnen Sie diese mit der Tastenkombination ⊞ + I, und wählen Sie dann die Kategorie **Apps** ❶, um diese aufzurufen.
2. Wechseln Sie nun in die Unterkategorie **Apps & Features** ❷. Es dauert einen kurzen Moment, dann listet Windows in der rechten Fensterhälfte alle Programme und Apps auf, die auf Ihrem System installiert sind. Standardmäßig werden die Anwendungen nach ihrer Größe sortiert aufgeführt.
3. Liegt die Installation erst wenige Tage zurück, klicken Sie auf den Menüpunkt **Sortieren nach:** ❸. Hier haben Sie nun die Möglichkeit, die Liste nach dem Installationsdatum zu sortieren, und können so kürzlich hinzugefügte Anwendungen schneller finden.
4. Achten Sie darauf, dass die Option **Filtern nach: Alle Laufwerke** ❹ ausgewählt ist, andernfalls wird die Auflistung auf einzelne Laufwerke begrenzt, und Ihnen werden nicht alle auf dem System installierten Programme angezeigt.

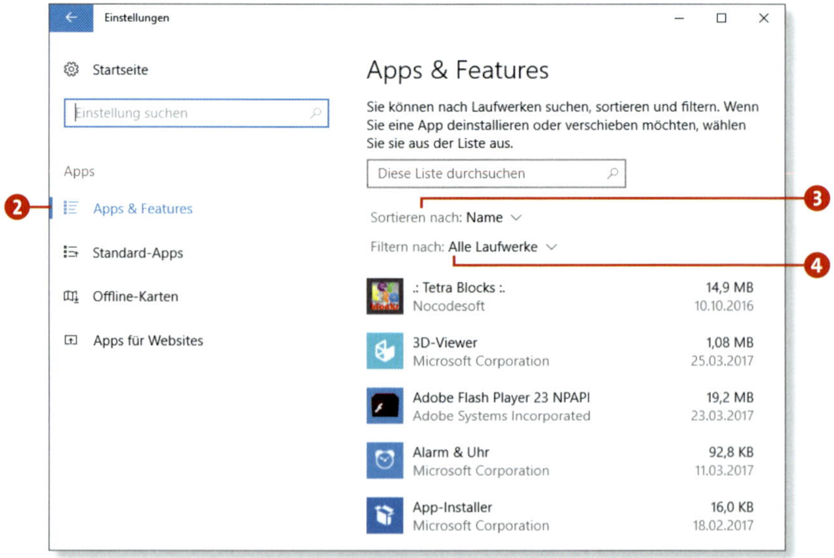

Externe Deinstallationsprogramme

Auf dem Softwaremarkt gibt es eine große Anzahl sogenannter *Deinstallationstools*, die eine saubere und mühelose Deinstallation versprechen. Windows 10 beherrscht diese Aufgabe aber absolut ausreichend, daher können Sie auf externe Programme verzichten.

5. Wählen Sie das Programm, das Sie deinstallieren möchten, mit einem Mausklick aus, und klicken Sie anschließend auf die Schaltfläche **Deinstallieren** (5). Bestätigen Sie die Sicherheitsabfrage, indem Sie auch hier auf **Deinstallieren** (6) klicken.
6. Falls die Benutzerkontensteuerung Sie auffordert, den Vorgang zu bestätigen, kommen Sie dieser Abfrage mit einem Klick auf **Ja** nach. Ob ein solcher Dialog erscheint, hängt von der Art der Deinstallationsroutine ab.
7. Bestätigen Sie auch die darauf folgende Abfrage, ob Sie das Programm wirklich deinstallieren möchten (7). Bei dieser Rückfrage handelt es sich nicht um einen standardisierten Windows-Dialog, daher unterscheiden sich die Fenster in Größe, Optik und enthaltenem Text von Anwendung zu Anwendung. Bei englischsprachigen Programmen ist dieses Dialogfenster z. B. auch entsprechend in Englisch gehalten.
8. Nun beginnt die eigentliche Deinstallation. Am Ende wird meist ein Hinweis auf den erfolgreichen Abschluss des Vorgangs ausgegeben. Bei manchen Programmen werden Sie abschließend zu einer Webseite weitergeleitet, auf der Sie Angaben zum Grund für die Deinstallation machen können.

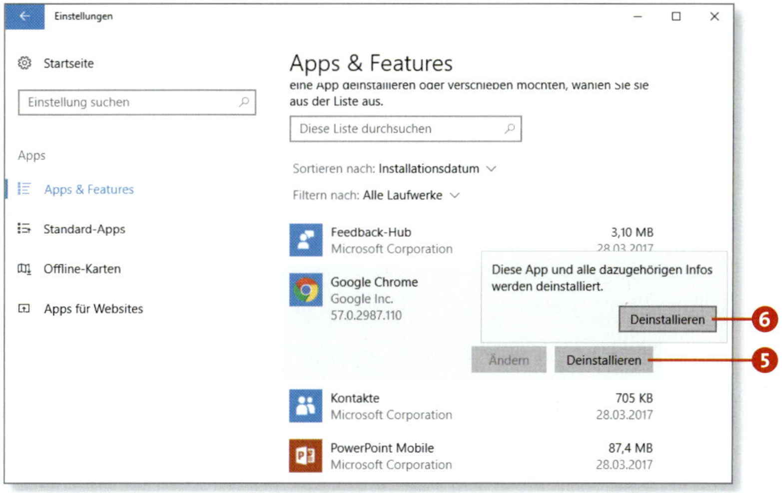

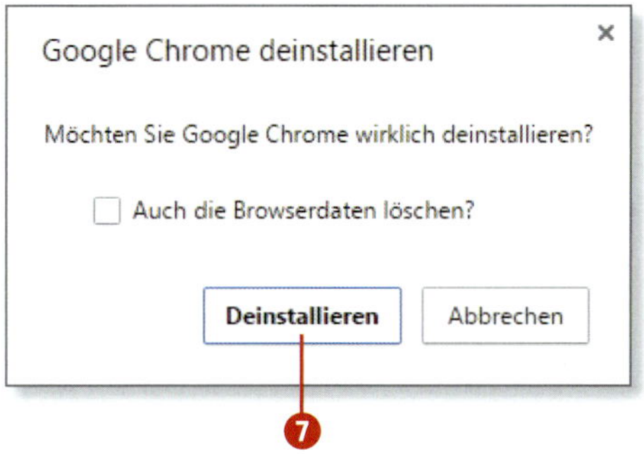

Programme deinstallieren

Die zum deinstallierten Programm gehörenden Verknüpfungen auf dem Desktop oder in der Taskleiste sowie die dazugehörigen Kacheln auf dem Startbildschirm werden bei der Deinstallation ebenfalls entfernt. Sollte es beim Deinstallieren zu Problemen kommen, hilft es oft, das Programm nochmals neu in das ursprüngliche Verzeichnis zu installieren und die Deinstallation anschließend erneut durchzuführen.

Ein Programm von DVD installieren

Wenn Sie im Handel ein Programm kaufen, z. B. ein Computerspiel, wird dieses auf CD oder DVD ausgeliefert. Bevor Sie das Programm nutzen können, müssen Sie es auf Ihrem Rechner installieren. Auf welche Festplatte, in welchen Ordner und in welchem Umfang Sie das Programm installieren, können Sie oft selbst festlegen.

1. Legen Sie die Programm-CD oder -DVD in das passende Laufwerk Ihres Computers ein, und schließen Sie die Laufwerkslade.
2. Der Datenträger wird eingelesen, und nach einem kurzen Moment öffnet sich rechts oben auf dem Bildschirm ein kleines Hinweisfenster ❶. Tippen oder klicken Sie auf dieses Fenster, um weitere Optionen zu erhalten.
3. Windows bietet Ihnen nun drei Optionen: Sie können das Programm z. B. von der eingelegten CD/DVD installieren ❷ oder sich den Inhalt der CD/DVD im Explorer anzeigen lassen ❸. Mit der dritten Option, **Keine Aktion durchführen** ❹, brechen Sie den Vorgang ab. Um das Programm zu installieren, klicken Sie also auf die Schaltfläche direkt unter der Überschrift **Programm von Medium installieren oder ausführen**.

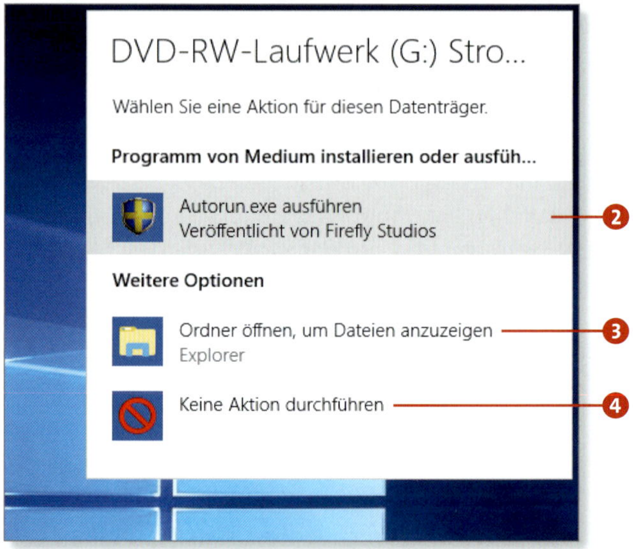

Hinweisfenster zu schnell geschlossen?

Das in Schritt 2 genannte Hinweisfenster bleibt nur für wenige Sekunden geöffnet. Sollte sich das Fenster bereits wieder geschlossen haben, bevor Sie darauf klicken konnten, öffnen Sie einfach den Explorer, führen einen Rechtsklick auf Ihr CD-/DVD-Laufwerk aus und wählen aus dem Kontextmenü den Befehl **Automatische Wiedergabe öffnen** aus. Der Datenträger wird daraufhin neu eingelesen, und das Hinweisfenster öffnet sich nach wenigen Sekunden zum zweiten Mal.

4. Wenn der Installationsdatenträger von Windows nicht erkannt wird oder sich das Autostart-Menü aus anderen Gründen nicht öffnet, können Sie die Installation auch manuell starten. Öffnen Sie dazu den Explorer, z.B. über die Tastenkombination ⊞ + E, und klicken Sie in der linken Spalte auf Ihr CD-/DVD-Laufwerk ❺.

5. In der Dateiliste auf der rechten Seite halten Sie nun Ausschau nach der Datei *setup.exe* oder *Autorun.exe* ❻ und starten diese mit einem Doppelklick. Bei älteren Programmen kann die Installationsdatei auch *install.exe* heißen. Bei CD-Beilagen verschiedener Computerzeitschriften öffnen Sie das DVD-Menü häufig per Doppelklick auf die Datei *start.exe*.

6. Die Installation beginnt mit einer Sicherheitsabfrage der Benutzerkontensteuerung. Bestätigen Sie die Frage, ob Sie Änderungen an Ihrem System zulassen möchten, mit **Ja** ❼, um den Vorgang fortzusetzen.

7. Der genaue Ablauf der nachfolgenden Installation ist bei jeder Anwendung unterschiedlich. Für gewöhnlich müssen Sie gleich zu Beginn den Lizenzbedingungen zustimmen ❽ und im weiteren Verlauf einen Lizenzschlüssel eingeben. Ist die Installation abgeschlossen, können Sie das Programm über eine Verknüpfung auf dem Desktop oder über eine neue Kachel auf dem Startbildschirm starten.

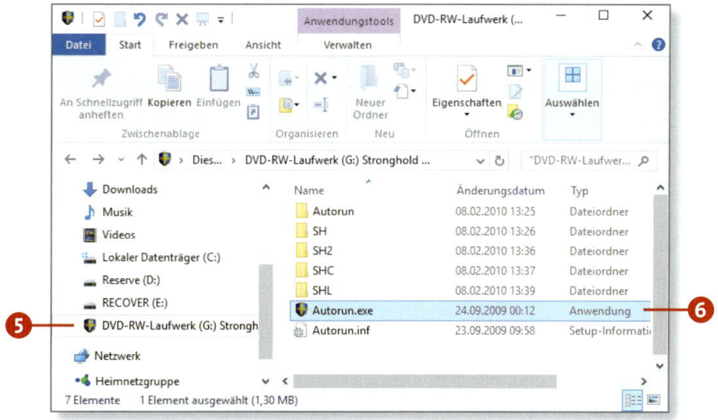

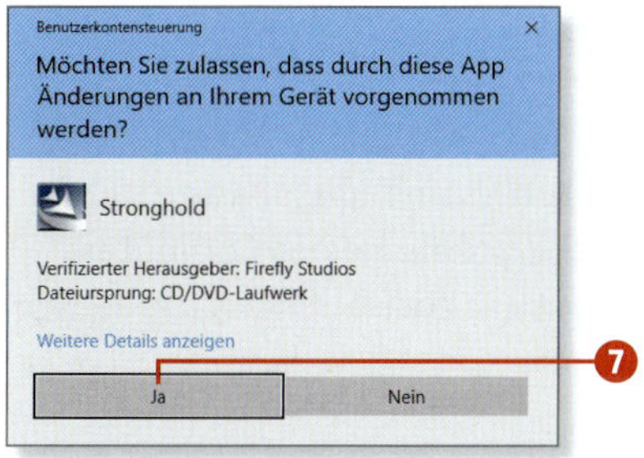

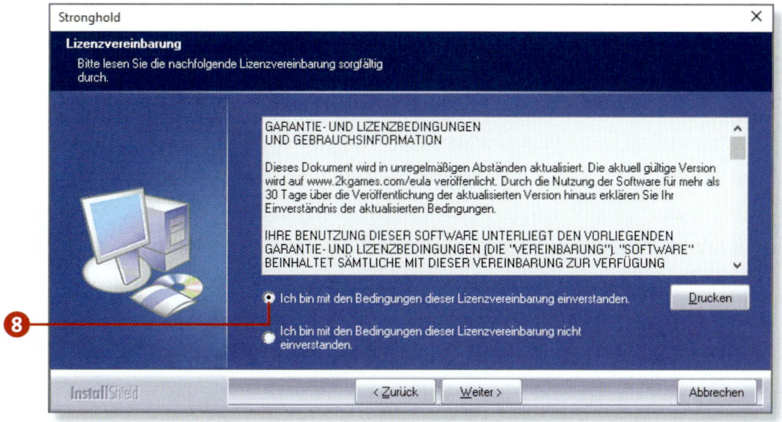

Lizenzschlüssel sicher aufbewahren

Bewahren Sie die Lizenzschlüssel, auch häufig als *Product Keys* oder *Seriennummern* bezeichnet, für Ihre Programme immer gut auf, denn diese legitimieren Sie als Anwender der Software. Ohne diesen Schlüssel wird die Installation vielfach abgebrochen, oder es stehen Ihnen nicht alle Funktionen der Anwendung zur Verfügung.

Nach Systemeinstellungen suchen

Sie suchen eine bestimmte Systemeinstellung? Etwa die Möglichkeit, den Arbeitsspeicher nach Fehlern zu untersuchen? Bevor Sie bei der Suche in die Tiefen des Systems abtauchen, finden Sie hier einen einfachen Lösungsvorschlag.

1. Klicken Sie im Startmenü auf den Menüpunkt **Einstellungen**, oder öffnen Sie diese mithilfe der Tastenkombination [Windows] + [I].
2. Statt sich nun durch die vielen Kategorien und Einstellungsmöglichkeiten zu wühlen, tippen Sie oben in das Suchfeld (1) einfach die gewünschte Funktion ein. Groß- und Kleinschreibung muss hierbei nicht beachtet werden. Bereits nach wenigen eingegebenen Buchstaben zeigt das System die ersten dazu passenden Ergebnisse an (2).
3. Die Zahl der Treffer verringert sich, je mehr Buchstaben des Wortes »Arbeitsspeicher« Sie eingeben, und irgendwann taucht die gesuchte Option **Arbeitsspeicherprobleme des Computers diagnostizieren** (3) auf. Nun genügt ein Klick auf den Eintrag, um zu den Einstellungen zu gelangen.

Suchfunktion in der Taskleiste nutzen

Sie können nach Systemeinstellungen auch über das Suchfeld in der Taskleiste suchen. Allerdings erhalten Sie auf diesem Wege auch Dateien, Ordner und übereinstimmende Treffer aus dem Internet angezeigt. Damit das Ergebnis nicht zu unübersichtlich wird, müssten Sie die Anzeige wieder nach passenden Einträgen für die Systemeinstellungen filtern. Folgen Sie zur Suche nach Einstellungen daher besser der oben beschriebenen Vorgehensweise, und nutzen Sie zur Suche nach Dateien und Ordnern direkt den leistungsstärkeren Explorer. Beachten Sie hierfür den Abschnitt »Dateien und Ordner im Explorer suchen« auf Seite 131.

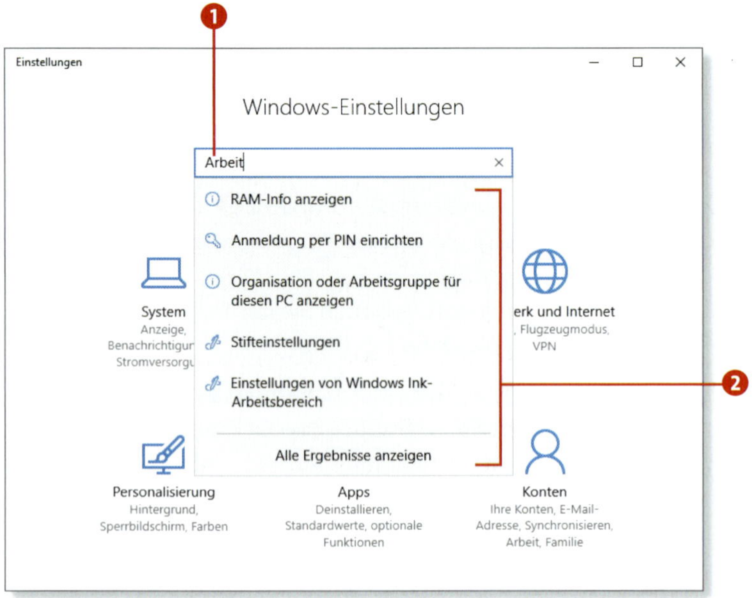

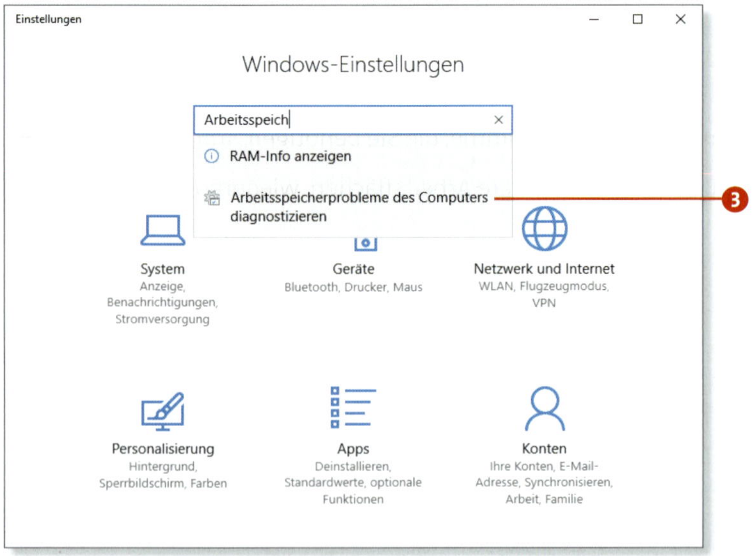

Die Taskansicht – mehrere Desktops

Einen weiteren Desktop erstellen

Eine der neuen Funktionen unter Windows 10 ist die *Taskansicht*. Hinter dieser etwas sperrigen Bezeichnung verbirgt sich die Möglichkeit, einen oder mehrere neue, temporär verfügbare Arbeitsflächen zu erstellen, auf die man Programme verschieben kann. Dies ist besonders nützlich, wenn man sehr viele Programmfenster geöffnet hat und der Platz auf dem Desktop zur Neige geht. Bevor es dann zu unübersichtlich wird, erstellt man einen weiteren Desktop und kann auf diesem einen Teil der geöffneten Programme auslagern.

1. Zum Erstellen eines zusätzlichen Desktops klicken Sie entweder in der Taskleiste auf das mit Windows 10 neu hinzugekommene Symbol der Taskansicht ❶ und dann ganz rechts auf **Neuer Desktop** ❷, oder Sie nutzen die Tastenkombination ⊞ + Strg + D.
2. Auf dem neu erstellten Desktop ist nun wieder genügend Platz, da hier zunächst kein Programmfenster geöffnet ist. Sie können nun wie gewohnt arbeiten und weitere Programme, die Sie benötigen, starten.
3. Benötigen Sie weitere Arbeitsflächen, wiederholen Sie einfach Schritt 1.
4. Zurück zum ersten Desktop mit den dort geöffneten Programmen gelangen Sie, indem Sie erneut auf das Symbol der Taskansicht klicken und aus der Übersicht **Desktop 1** ❸ auswählen. Oder Sie nutzen die Tastenkombinationen ⊞ + Strg + ← bzw. ⊞ + Strg + →, um zwischen den virtuellen Arbeitsflächen umzuschalten.

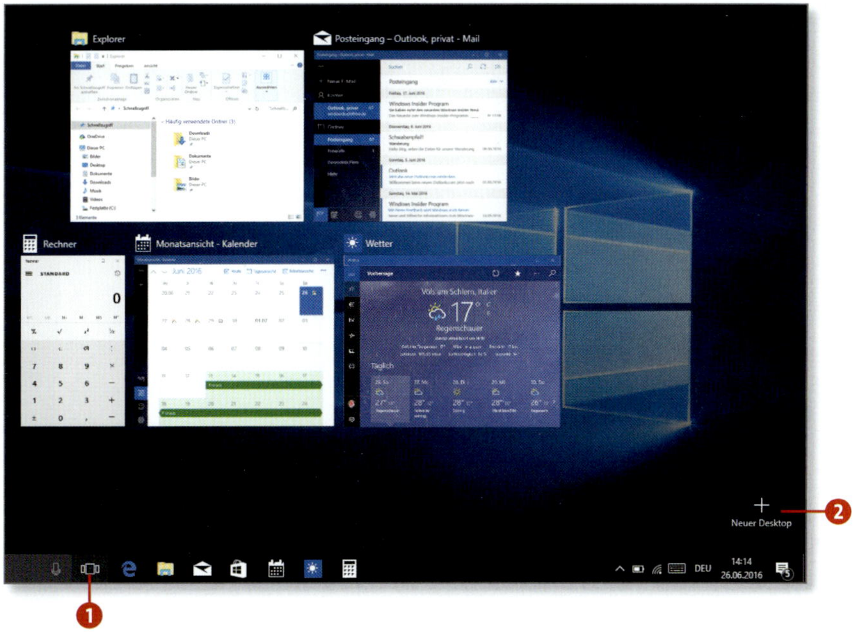

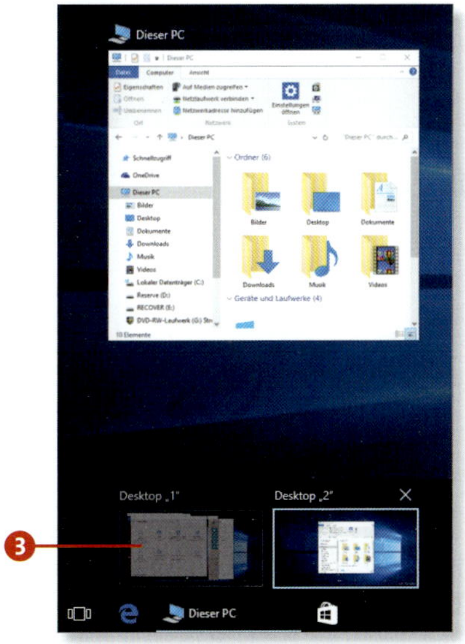

Arbeitsflächen sind nicht von Dauer

Die Inhalte der zusätzlich hinzugefügten virtuellen Arbeitsflächen werden nicht gespeichert. Nach einem Neustart des Rechners müssen Sie die Programme bei Bedarf wieder neu öffnen und auf die Arbeitsflächen verteilen. Leider ist es auch noch nicht möglich, die Arbeitsflächen zur besseren Unterscheidung mit verschiedenen Hintergrundbildern zu versehen.

Fenster zwischen den Arbeitsflächen verschieben

Auf **Desktop 1** sind aktuell verschiedene Fenster geöffnet, die für die tägliche Arbeit benötigt werden. Auf **Desktop 2** befinden sich die Programmfenster eines wichtigen Projekts, und auf der dritten Arbeitsfläche (**Desktop 3**) sind ein paar Fenster zur privaten Nutzung geöffnet, wie z. B. ein kleines Spiel für die kurze Pause zwischendurch. Wie bringt man nun aber möglichst unkompliziert Programme von der einen auf die andere Arbeitsfläche?

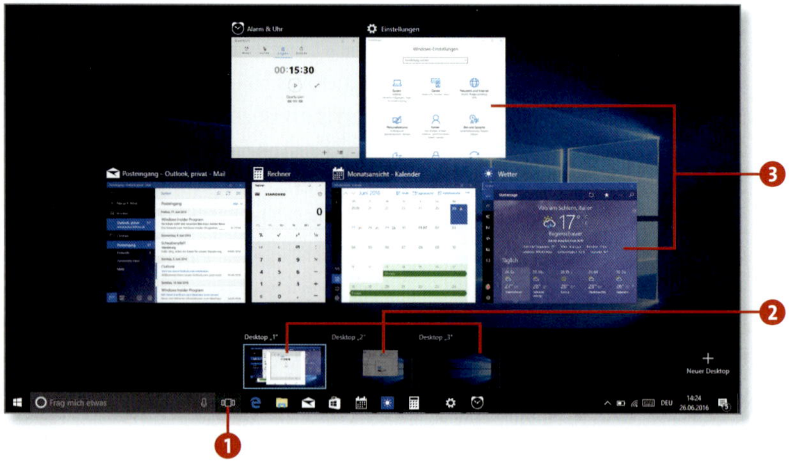

1. Klicken Sie zunächst in der Taskleiste auf das Symbol der **Taskansicht** ❶, um alle verfügbaren Desktops am unteren Bildrand einzublenden ❷.
2. Zeigen (nicht klicken) Sie nun mit dem Mauszeiger auf den Desktop, der das zu verschiebende Programmfenster enthält (im Beispiel Desktop 1). Alle geöffneten Programme werden als kleine Vorschau auf dem Bildschirm angezeigt ❸.
3. Klicken Sie nun mit der linken Maustaste auf das ausgewählte Programmfenster ❹, und verschieben Sie es mit weiterhin gedrückter Taste auf den gewünschten Desktop ❺. Haben Sie das Ziel erreicht, lassen Sie die Maustaste los, und das Fenster wird auf dieser Arbeitsfläche abgelegt.
4. Wenn Sie nun auf diesen Desktop wechseln, indem Sie ihn aus der Übersicht heraus anklicken oder mit den Tasten ⊞ + Strg + → bzw. ⊞ + Strg + ← auswählen, können Sie dort das Programm nutzen.

Symbol der Taskansicht von der Taskleiste entfernen

Klicken Sie mit der rechten Maustaste auf eine freie Stelle der Taskleiste, können Sie aus dem Kontextmenü den Befehl **Taskansicht-Schaltfläche anzeigen** auswählen und damit das Symbol auf der Taskleiste ein- und ausblenden.

4 Dateien und Ordner

Sind gelöschte Dateien wirklich unwiderruflich verloren, oder gibt es vielleicht doch noch eine Möglichkeit, sie zu rekonstruieren? Wie nutzt man den Explorer, um schnell Dateien und Ordner wiederzufinden, und was ist eigentlich der Unterschied zwischen Kopieren und Verschieben?

Disketten benutzt heute kaum noch jemand als Speichermedium; an ihre Stelle sind USB-Sticks und externe Festplatten getreten. Aber worauf sollten Sie achten, um einen möglichen Datenverlust bei der Verwendung dieser Wechselmedien zu vermeiden? Benötigt man zum Brennen von CDs oder DVDs tatsächlich keine zusätzliche Software mehr?

In diesem Kapitel erfahren Sie, wie Sie Ihre Daten effektiv verwalten können und wie Sie trotz Tausender Dateien genau die eine schnell wiederfinden, die Sie gerade dringend benötigen. Ich zeige Ihnen, wie Sie große Dateien platzsparend komprimieren, um sie per E-Mail zu verschicken, und erkläre, wofür man eigene Bibliotheken benötigt und wie man diese erstellen kann.

Nutzen Sie die neuen Möglichkeiten des Explorers voll aus, und passen Sie ihn an Ihre Bedürfnisse an. Gestalten Sie Ihre persönliche Schnellzugriffsleiste, und legen Sie für jeden Ordner fest, in welchem Layout er angezeigt werden soll. Große Symbole, kleine Symbole, Detailansichten – die Möglichkeiten sind zahlreich.

In diesem Kapitel

- Dateien, Ordner, Bibliotheken
- Alles im Überblick mit dem Explorer
- Dateien anzeigen und sortieren
- Dateien und Ordner verschieben, kopieren oder löschen
- Mit komprimierten Dateien arbeiten
- Mit Datenträgern und Wechselmedien arbeiten
- Dateien und Ordner suchen
- Die Suche auf bestimmte Bereiche beschränken
- Ein Dokument ausdrucken
- PDFs mit Windows 10
- Bibliotheken

Dateien, Ordner, Bibliotheken

Dateien und Ordner

Bei Ihrer täglichen Arbeit mit Windows 10 stoßen Sie immer wieder auf Dateien und Ordner. Sie schreiben z. B. in Microsoft Word einen Brief, und sobald Sie dieses Dokument abspeichern, erstellen Sie eine neue Datei. In Word trägt die Datei für gewöhnlich die Endung *.doc* oder auch *.docx* (welche es ist, hängt von der von Ihnen verwendeten Word-Version ab; die Endung *.docx* gibt es seit Word 2007). Excel-Dateien hingegen werden im Format *.xls* oder *.xlsx* abgespeichert. Beide Programme bieten außerdem die Möglichkeit, ein Dokument in weiteren Dateiformaten abzuspeichern ❶.

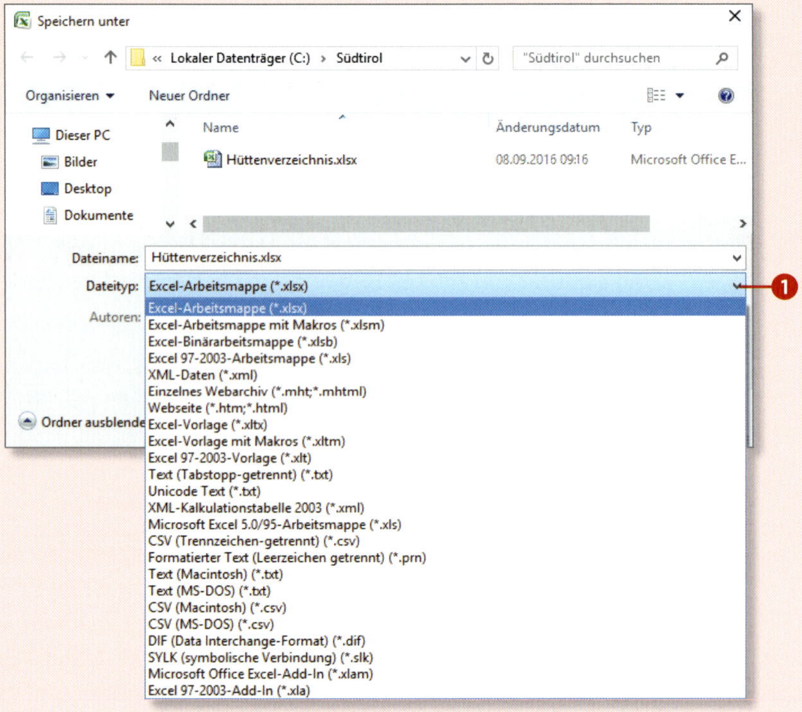

Die Dateinamenerweiterung dient Windows zur Erkennung des Dateityps und hilft dabei, das Programm zuzuordnen, mit dem die Datei geöffnet werden kann. Standardmäßig sind die Dateiendungen unter Windows ausgeblendet und werden im Explorer daher nicht angezeigt. Wie Sie die Dateiendungen einblenden und so die Sicherheit Ihres Systems erhöhen können, lesen Sie im Abschnitt »Dateiendungen einblenden« auf Seite 117.

Zu Zeiten von MS-DOS, aber auch in Windows-Versionen vor Windows 95 war der Dateiname auf maximal acht Zeichen begrenzt. Leer- und Sonderzeichen waren nicht erlaubt. Auf den Namen folgte, getrennt durch einen Punkt, die Dateiendung, die üblicherweise aus drei Zeichen besteht. Aus diesem Grund wurden die Namen in diesem Dateischema auch *8.3-Dateinamen* genannt.

Windows-10-Anwender brauchen sich über die Länge eines Dateinamens praktisch keine Gedanken zu machen, denn theoretisch sind dafür 260 Zeichen möglich. Punkte, Leerzeichen und deutsche Umlaute können problemlos verwendet werden. Einige Beschränkungen gibt es aber dennoch; die folgenden Zeichen dürfen in einem Dateinamen nicht verwendet werden: **\ / : * ? " < > |**.

Wohin eine Datei gespeichert wird, hängt vom verwendeten Programm ab. In Microsoft Word, aber auch in vielen anderen Anwendungen können Sie den Standardspeicherort ❷ selbst festlegen. Programme, die diese Möglichkeit nicht bieten, speichern Dateien entweder in den Standardbibliotheken, z. B. **Dokumente** oder **Bilder**, oder legen die Daten im eigenen Programmverzeichnis (Benutzerverzeichnis) ab. Haben Sie bei der Einrichtung von Windows den Online-Speicherdienst *OneDrive* als Speicherort für Ihre Dokumente ausgewählt, schlägt Windows stets OneDrive zur Speicherung vor, Sie können diesem Vorschlag folgen, aber weiterhin auch selbst festlegen, wo die Datei gespeichert werden soll.

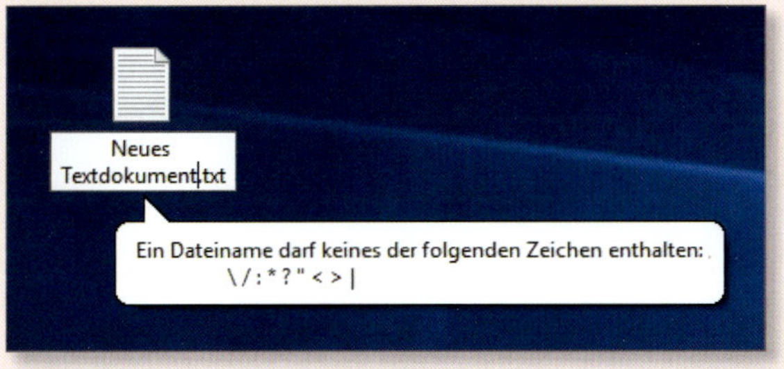

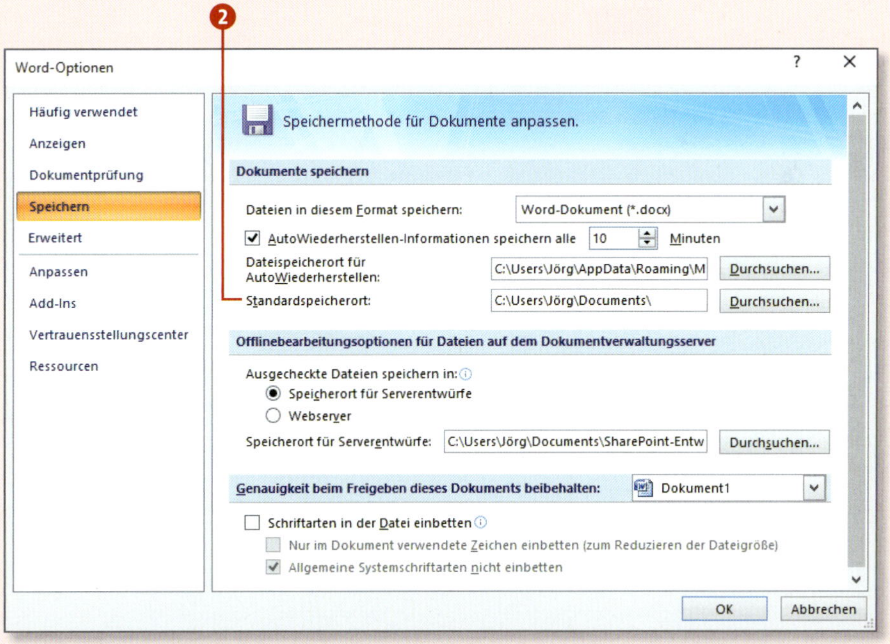

Bibliotheken

Zur besseren Organisation und Verwaltung Ihrer Daten können Sie beliebig viele Ordner erstellen, die wiederum weitere Unterordner enthalten können. Legen Sie z. B. einen Ordner mit dem Namen »Urlaub« an und darin Unterordner für verschiedene Reiseziele, z. B. »Südtirol« oder »Dänemark«. Ordner und Unterordner werden häufig auch *Verzeichnisse* und *Unterverzeichnisse* genannt.

Mithilfe von Bibliotheken ❶ wird die Verwaltung Ihrer Daten noch komfortabler. In Bibliotheken können Sie Dateien und Ordner aufnehmen, die auf unterschiedlichen Laufwerken gespeichert sind. Dabei werden die hinzugefügten Daten nicht in die Bibliothek kopiert oder verschoben, sondern bleiben an ihrem ursprünglichen Speicherort liegen. Es werden lediglich Verknüpfungen angelegt. So haben Sie mit dem Aufruf einer Bibliothek alle ihr zugeordneten Daten auf verschiedenen Laufwerken auf einmal im Blick.

Die Inhalte einer Bibliothek, also die Dateien und Ordner, lassen sich jederzeit in andere Bibliotheken verschieben. Bibliotheken können umbenannt und natürlich auch wieder gelöscht werden. Alle genannten Dateioperationen erledigen Sie mit dem Explorer (der früher noch *Windows-Explorer* hieß): Hier benennen Sie Dateien um oder verschieben sie, hier erstellen Sie Ordner oder löschen sie, und hier legen Sie auch eine neue Bibliothek an.

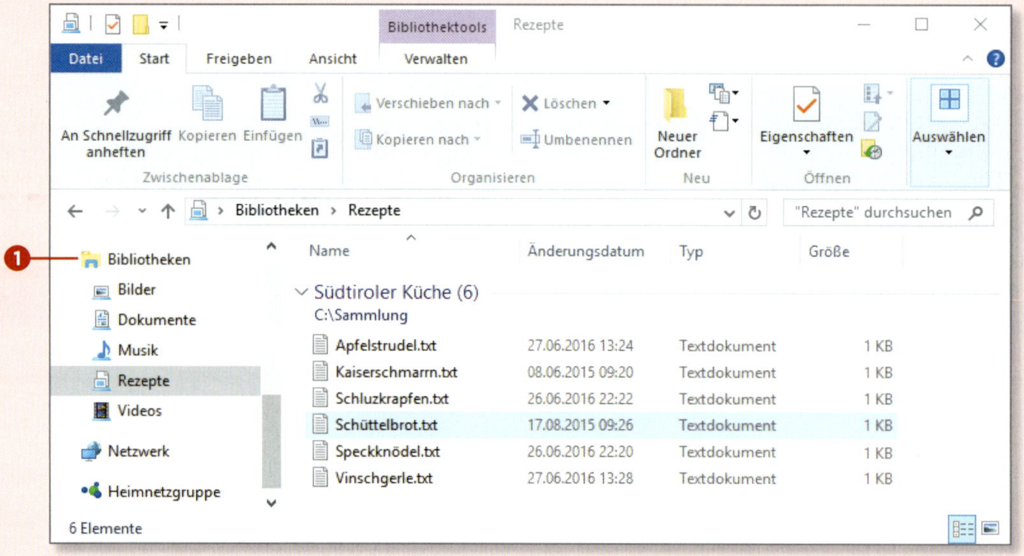

Alles im Überblick mit dem Explorer

Den Explorer öffnen

Egal, ob Sie Dateien und Ordner auf Ihrem Computer organisieren, Daten auf externen USB-Festplatten oder USB-Sticks speichern oder einfach einen neuen Ordner anlegen möchten, für alle Aufgaben ist der Explorer bestens gerüstet. Zum Starten dieses Programms stehen Ihnen mehrere Möglichkeiten zur Verfügung.

1. Klicken Sie zum Start des Programms auf das Ordnersymbol **1** in der Taskleiste.
2. Einen entsprechenden Eintrag **2** für den Explorer finden Sie aber auch im Schnellstartmenü, welches Sie durch einen Rechtsklick auf die **Start**-Schaltfläche oder mit der Tastenkombination [Win] + [X] öffnen können.
3. Am einfachsten und schnellsten öffnen Sie den Explorer mithilfe der Tastenkombination [Win] + [E].
4. Aus dem Startmenü heraus starten Sie den Explorer über den gleichnamigen Eintrag auf der linken Seite des Menüs **3**. Sollte dieser Eintrag fehlen, öffnen Sie die *Windows-Einstellungen*, und klicken Sie unter **Personalisierung** > **Start** auf den Link **Ordner auswählen, die im Startmenü angezeigt werden**. Hier können Sie nun den Datei-Explorer hinzufügen.

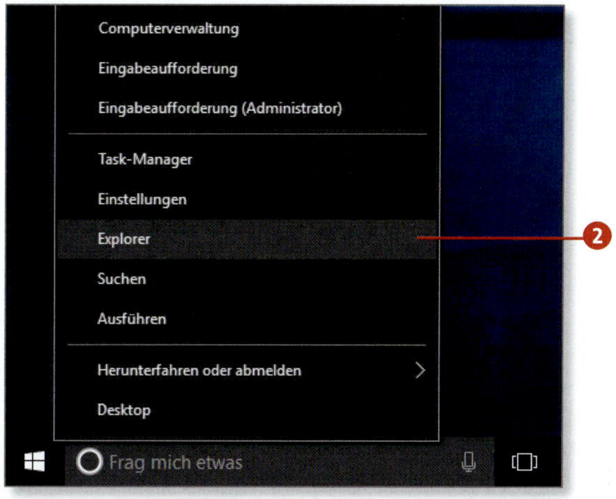

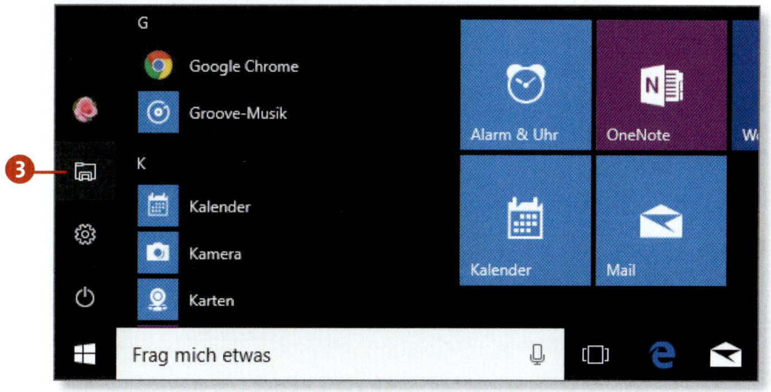

Das Symbol für den Explorer fehlt in der Taskleiste

Befindet sich das Ordnersymbol nicht in der Taskleiste, wurde es offenbar von dort gelöst. Um es wieder in die Taskleiste zu integrieren, öffnen Sie zunächst das Startmenü. Klicken Sie nun mit der rechten Maustaste auf den Eintrag **Explorer**, und wählen Sie aus dem Kontextmenü den Befehl **An Taskleiste anheften**. Das Symbol wird nun in die Taskleiste abgelegt, und Sie können den Explorer darüber wieder starten.

So ist der Explorer aufgebaut

Der Explorer wurde für Windows 8 überarbeitet und mit neuen Funktionen ausgerüstet, die auch unter Windows 10 zur Verfügung stehen. In den vorangegangenen Versionen wurde er noch als *Windows-Explorer* bezeichnet, heute nennt Microsoft das Programm offiziell *Datei-Explorer* oder einfach *Explorer*. Nicht nur der Name, auch die Optik hat sich verändert. Das breite Menüband fällt sicherlich als Erstes ins Auge. Für viele Anwender wirkt der Explorer auf den ersten Blick nun etwas unübersichtlich, tatsächlich aber ist die Bedienung recht einfach gehalten und verlangt nur wenig Einarbeitungszeit.

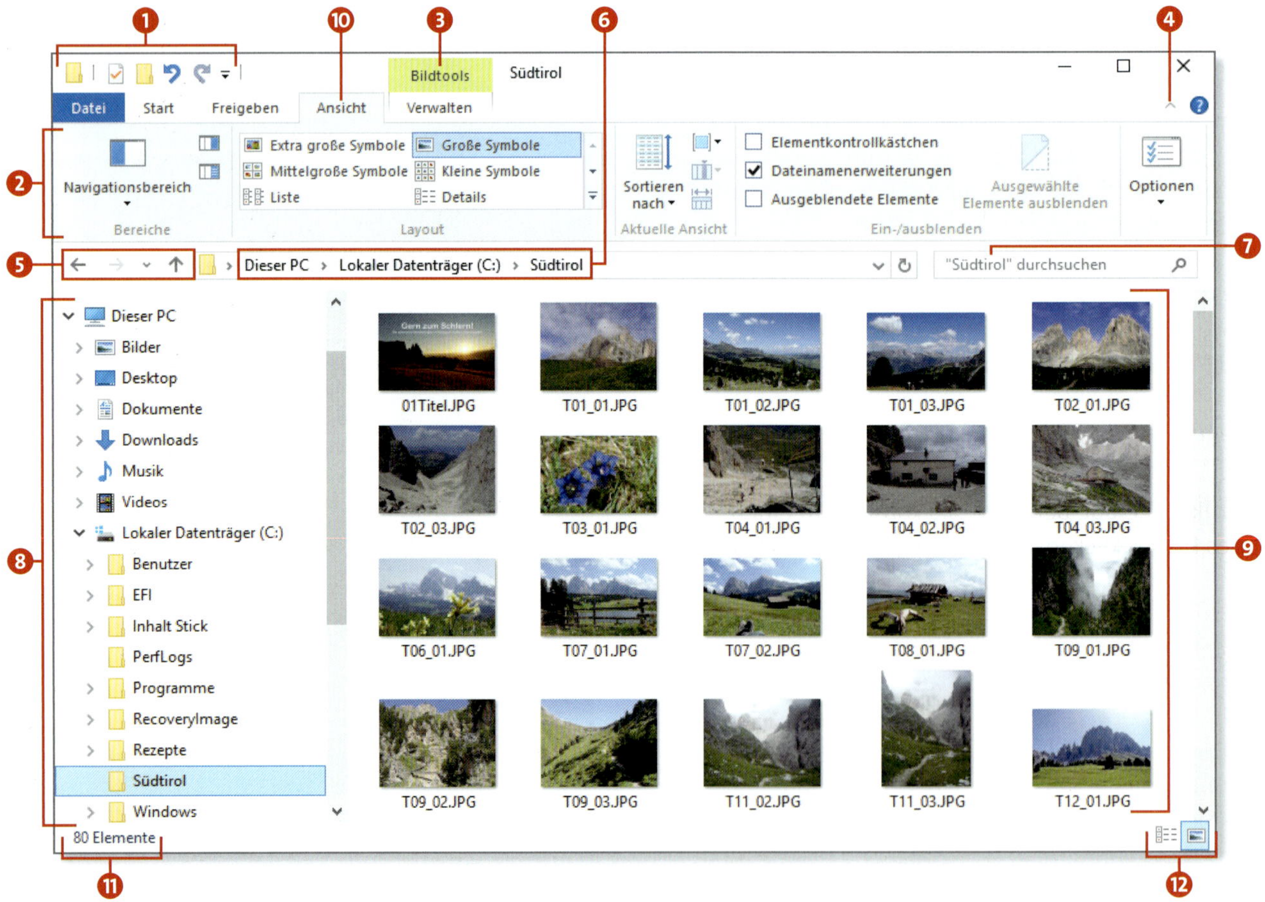

1. Ganz oben im Kopf des Fensters befindet sich die *Symbolleiste für den Schnellzugriff*. In diese Leiste können Sie häufig benötigte Befehle wie z. B. **Wiederholen**, **Löschen** oder **Umbenennen** integrieren und sie dann per Mausklick ausführen (siehe den Abschnitt »Die Symbolleiste individuell anpassen« auf Seite 103).
2. Über das *Menüband* haben Sie Zugriff auf alle verfügbaren Optionen. Sie können Dateien verschieben, neue Ordner erstellen, Dateien komprimieren und vieles mehr. Dabei zeigt das Menüband stets Befehle im Kontext zur gerade ausgewählten Datei. Wenn Sie eine Audiodatei ausgewählt haben, blendet der Explorer dazu passende Werkzeuge ein, z. B. zum Abspielen der Datei. Haben Sie hingegen ein Foto ausgewählt, bietet Ihnen die Registerkarte **Bildtools** (3) Optionen wie das Abspielen einer Diashow an. Über den kleinen unscheinbaren Pfeil rechts oben (4) können Sie das Menüband ein- und ausblenden.
5. Klein, aber sehr praktisch sind die *Navigationsschaltflächen* direkt unterhalb des Menübandes. Über diese Schaltflächen können Sie zum zuletzt geöffneten Speicherort wechseln, den übergeordneten Ordner aufrufen oder zum nächsten Unterordner springen.
6. Die *Adressleiste* zeigt Ihnen schließlich an, wo Sie sich in der Ordnerstruktur gerade befinden. Sie können auf einen Teilbereich des Pfades klicken, um zur entsprechenden Ebene zu springen. Wenn Sie auf eine freie Stelle in der Adressleiste klicken, wird Ihnen der aktuelle Speicherpfad in seiner ursprünglichen Form angezeigt.
7. Rechts neben der Adressleiste befindet sich das *Suchfeld*, über das Sie nach Dateien und Ordnern auf Ihrem Computer suchen können. Die Suche beginnt stets im aktuell ausgewählten Verzeichnis. Unterordner werden bei der Suche ebenfalls berücksichtigt.
8. Der *Navigationsbereich* erstreckt sich über die gesamte linke Seite des Fensters. Sie haben hier Zugriff auf alle Festplatten und CD-/DVD-Laufwerke und, soweit vorhanden, auf Netzwerke und Heimnetzgruppen. Wenn Sie einen USB-Stick anschließen, wird dieser nach kurzer Zeit ebenfalls in der Liste angezeigt, sodass Sie auf die darauf gespeicherten Daten zugreifen können.
9. Im rechten Teil des Fensters sehen Sie die *Dateiliste*. Hier werden alle Inhalte der im Navigationsbereich angeklickten Laufwerke oder Ordner angezeigt. Die Darstellung lässt sich über das Menü **Ansicht** (10) verändern.
11. Ganz unten ist schließlich die *Statusleiste* zu finden. Sie zeigt die Anzahl der ausgewählten Elemente an. Haben Sie mehrere Elemente markiert, zeigt die Leiste die Anzahl der ausgewählten Dateien und die gesamte Dateigröße der Auswahl an.
12. Über die beiden Schaltflächen am rechten Rand der Statusleiste können Sie die Ansicht der Dateiliste verändern.

Die Symbolleiste des Explorers

Im Explorer gibt es einen zunächst recht unscheinbaren Bereich, der jedoch wichtige Optionen für Ihre Arbeit mit Dateien und Ordnern bereithalten und Ihnen so die Arbeit erleichtern und sie beschleunigen kann. Es handelt sich um die *Symbolleiste für den Schnellzugriff* in der Titelleiste des Programmfensters. Vielfach wird sie auch einfach als *Schnellzugriffsleiste* bezeichnet.

Standardmäßig sind in dieser Leiste zunächst nur drei Symbole zu sehen: Ganz links sehen Sie das Symbol für das Fenstermenü ❶, das Befehle für den Explorer enthält (**Verschieben**, **Größe ändern**, **Schließen** u. Ä.). Daneben finden Sie eine Schaltfläche für den Aufruf der Datei- oder Ordnereigenschaften ❷ (ein solches Element muss markiert sein, damit die Schaltfläche angeklickt werden kann) und schließlich ganz rechts ein Symbol zum Anlegen eines neuen Ordners ❸ (auch dafür muss ein Ordner angeklickt sein). Wenn Sie also z. B. einen neuen Ordner erstellen möchten, müssen Sie nicht erst zum Register **Start** im Menüband wechseln und dort die passende Schaltfläche suchen, sondern können einfach auf das Ordnersymbol in der Schnellzugriffsleiste klicken.

Würden nur diese drei Funktionen zur Auswahl stehen, wäre die Symbolleiste sicherlich nicht erwähnenswert. Klicken Sie daher einmal auf den kleinen Pfeil neben dem Ordnersymbol ❹. Es öffnet sich ein kleines Menü mit weiteren Optionen, die Sie der Symbolleiste hinzufügen können: **Rückgängig**, **Wiederholen**, **Löschen** und **Umbenennen**. Wenn Sie also z. B. auf **Löschen** klicken, wird die Leiste um dieses Symbol erweitert ❺.

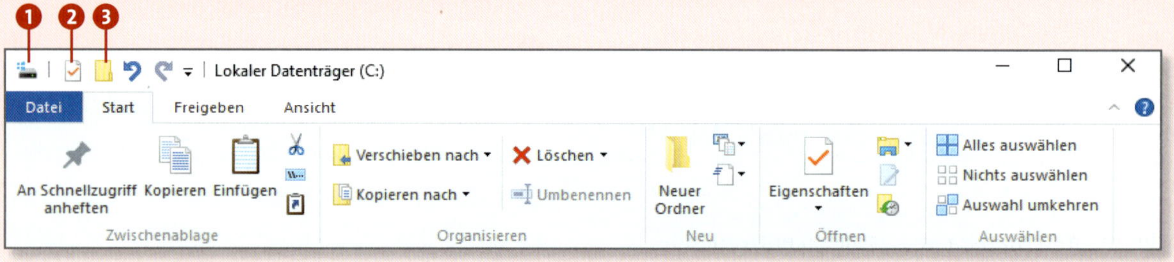

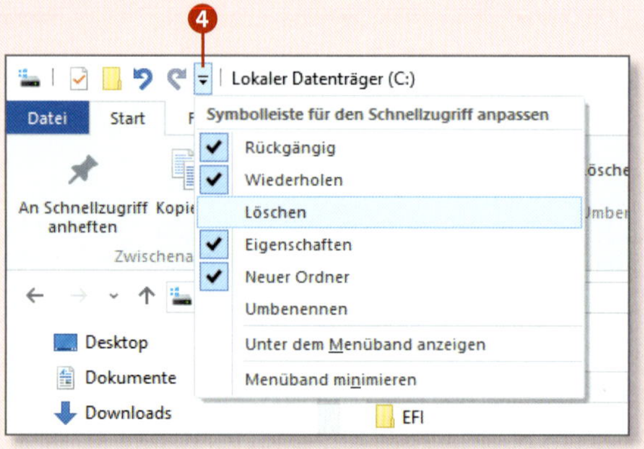

Die Symbolleiste individuell anpassen

Sie können der Symbolleiste praktisch jede Funktion hinzufügen, die sich auf einem Register des Menübandes befindet. Gehen Sie dazu wie folgt vor:

1. Öffnen Sie zunächst das Register des Menübandes, auf dem sich die Funktion befindet, die Sie hinzufügen möchten. Im Beispiel wählen wir **Bildtools** ❶.
2. Führen Sie einen Rechtsklick auf die Schaltfläche aus, die Sie hinzufügen möchten (hier **Diashow**), und wählen Sie aus dem Menü den Eintrag **Zur Symbolleiste für den Schnellzugriff hinzufügen** ❷.
3. In der Symbolleiste für den Schnellzugriff sehen Sie nun ganz rechts den neuen Befehl ❸.

Auf die gleiche Weise können Sie weitere Funktionen hinzufügen und die Symbolleiste beliebig erweitern.

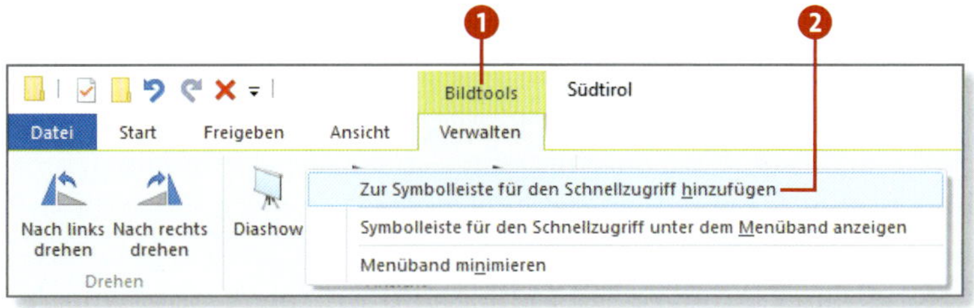

Symbole aus der Symbolleiste entfernen

Im Laufe der Zeit möchten Sie sicher auch mal wieder Symbole aus der Symbolleiste entfernen. So geht's:

1. Klicken Sie mit der rechten Maustaste auf die zu entfernende Funktion in der Symbolleiste.
2. Wählen Sie aus dem Kontextmenü den Eintrag **Aus Symbolleiste für den Schnellzugriff entfernen** ❹ aus.

Das ausgewählte Symbol wird daraufhin aus der Liste entfernt. Bei Bedarf können Sie das Symbol jederzeit erneut hinzufügen.

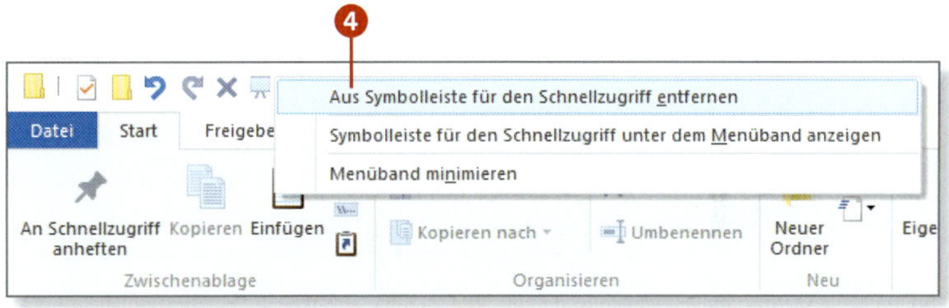

Hinweis zur Größe und Reihenfolge der Symbole

Leider lassen sich weder Größe noch Reihenfolge der Symbole in der Symbolleiste ändern. Neu hinzugefügte Symbole werden stets am rechten Rand eingefügt.

Die Ansichten des Explorers – 1

Der Explorer hat viele Gesichter. Insgesamt acht verschiedene Ansichten können vom Anwender ausgewählt werden. Für Dokumente, z. B. Word- und Excel-Dateien, empfiehlt sich die Ansicht **Details**, denn damit sehen Sie auf einen Blick, wann das Dokument zuletzt bearbeitet wurde und welche Größe es hat. Für Bilddateien eignen sich besonders gut die Ansichten **Mittelgroße Symbole**, **Große Symbole** und **Extra große Symbole**. All diese Einstellungen bieten ein kleines Vorschaubild des Fotos, damit Sie die Bilder betrachten können, ohne erst ein Bildprogramm öffnen zu müssen.

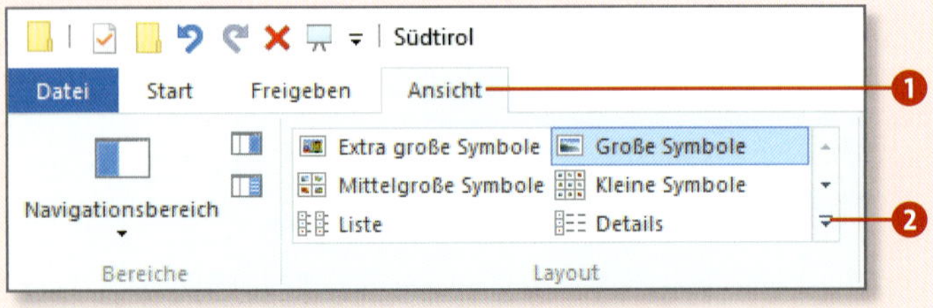

Um die Darstellung im Explorer zu wechseln, klicken Sie auf der Registerkarte **Ansicht** ❶ in der Gruppe **Layout** auf die Schaltfläche der gewünschten Ansicht:

- **Kleine**, **Mittelgroße**, **Große** oder **Extra große Symbole**
- **Liste**
- **Details**
- **Kacheln**
- **Inhalt**

Wenn Sie nicht alle Schaltflächen sehen können, erweitern Sie den Auswahlbereich durch einen Klick auf den nach unten zeigenden Pfeil ❷.

Die vier Symbolansichten eignen sich besonders gut für die Anzeige von Bildern. Bei der Einstellung **Kleine Symbole** ist der Inhalt der Bilddatei noch nicht zu sehen. Mit **Mittelgroße Symbole** und **Große Symbole** variieren Sie die Größe der Vorschaubilder und damit auch die Anzahl der angezeigten Dateien.

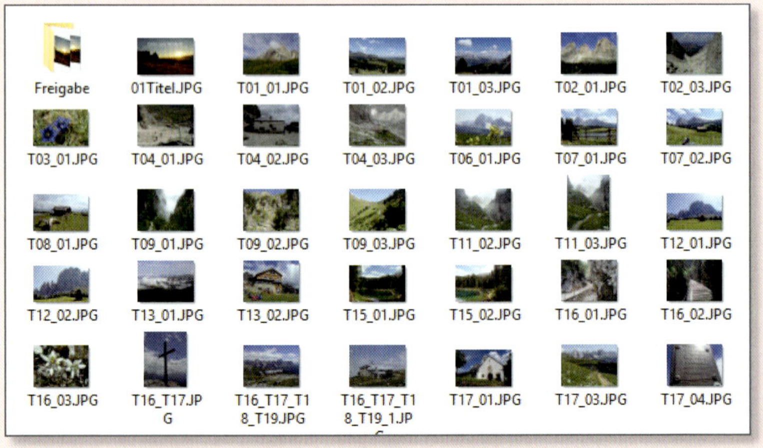

Viel Platz benötigt die Auswahl **Extra große Symbole**. Da die Darstellung der Symbole auf diese Art auch einiges an Rechenleistung benötigt, sollten Sie **Extra große Symbole** nur für Ordner verwenden, die wenige Bilder enthalten.

Wählen Sie die Ansicht **Liste**, werden alle Ordner und Dateien als Symbole in einer einfachen mehrspaltigen Liste dargestellt. Außer dem Dateinamen enthält die Liste keine Informationen.

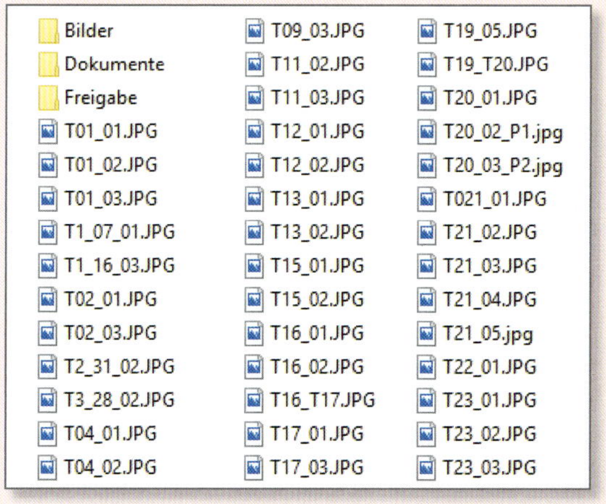

Die Ansicht **Details** zeigt, wie der Name wahrscheinlich schon erahnen lässt, mehr Informationen zu den aufgelisteten Dateien und Ordnern an. So sehen Sie neben dem Dateinamen auch das Datum der letzten Änderung, den Dateityp und die Dateigröße und, wenn welche vorhanden sind, Markierungen.

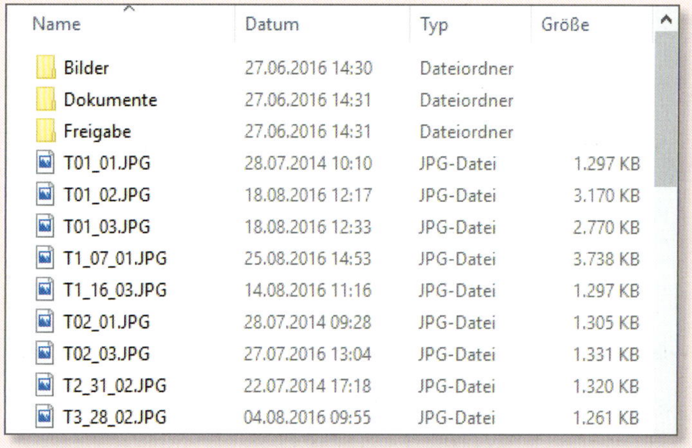

Name	Datum	Typ	Größe
Bilder	27.06.2016 14:30	Dateiordner	
Dokumente	27.06.2016 14:31	Dateiordner	
Freigabe	27.06.2016 14:31	Dateiordner	
T01_01.JPG	28.07.2014 10:10	JPG-Datei	1.297 KB
T01_02.JPG	18.08.2016 12:17	JPG-Datei	3.170 KB
T01_03.JPG	18.08.2016 12:33	JPG-Datei	2.770 KB
T1_07_01.JPG	25.08.2016 14:53	JPG-Datei	3.738 KB
T1_16_03.JPG	14.08.2016 11:16	JPG-Datei	1.297 KB
T02_01.JPG	28.07.2014 09:28	JPG-Datei	1.305 KB
T02_03.JPG	27.07.2016 13:04	JPG-Datei	1.331 KB
T2_31_02.JPG	22.07.2014 17:18	JPG-Datei	1.320 KB
T3_28_02.JPG	04.08.2016 09:55	JPG-Datei	1.261 KB

Welche Details angezeigt werden, können Sie übrigens selbst festlegen. Klicken Sie einfach mit der rechten Maustaste auf einen beliebigen Spaltenkopf, und wählen Sie dann aus dem Kontextmenü die Details aus, die für Sie von Interesse sind. Den Vorgang müssen Sie für jedes gewünschte Detail wiederholen.

Die Ansichten des Explorers – 2

Die Ansicht **Kacheln** zeigt ein kleines Symbol für die Datei, ihren Namen, den Dateityp sowie die Dateigröße an. Die Dateien werden in mehreren Spalten aufgelistet. Bei Bild- und Grafikdateien wird als Symbol eine Miniaturansicht der Datei angezeigt.

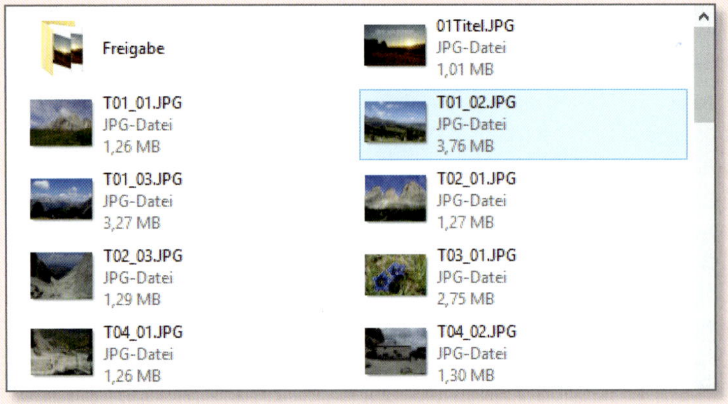

Bei der Ansicht **Inhalt** listet der Explorer alle Elemente in einer fortlaufenden Liste auf. Dargestellt werden wieder ein Dateisymbol, der Name der Datei, ihr Typ, ihre Größe und außerdem das Datum der letzten Änderung. Bei Bild- und Grafikdateien wird, wie zuvor bei der Kachelansicht, eine Miniaturvorschau angezeigt.

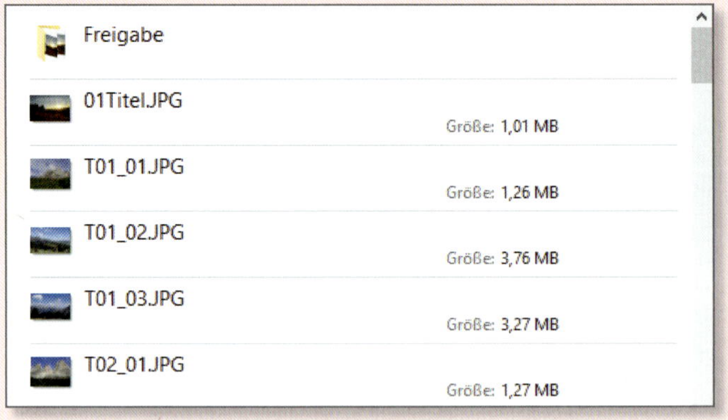

Der Explorer bietet, etwas versteckt in der Statusleiste am unteren Bildschirmrand, zwei Optionen **1** zur schnellen Änderung der Darstellung. Klicken Sie auf die linke Schaltfläche, um sich die Ansicht **Details** anzeigen zu lassen, und auf die rechte Schaltfläche für die Ansicht **Große Symbole**. Nur diese beiden Ansichten stehen im Schnellzugriff zur Verfügung. Sie können aber alle Ansichten auch mithilfe der Tastatur aktivieren: Drücken Sie Strg + ⇧ und dazu eine Ziffer von 1 bis 8. Jeder Ziffer ist eine andere Ansicht zugeordnet.

Dateien anzeigen und sortieren

Dateien im Explorer anzeigen

Nachdem Sie den Explorer gestartet haben, sehen Sie auf der linken Seite u. a. eine Auflistung verschiedener Bibliotheken und Favoriten-Ordner (Schnellzugriff). Unter der Bezeichnung **Dieser PC** werden alle angeschlossenen Laufwerke aufgeführt, also Festplatten und CD-/DVD-Laufwerke; diese sind allerdings erst sichtbar, wenn Sie auf den kleinen Pfeil vor dem Eintrag **Dieser PC** klicken und damit die Liste aufklappen. Dieser Pfeil wiederum wird erst sichtbar, wenn Sie mit der Maus auf ein Element zeigen. Führen Sie den Mauszeiger aus dem Navigationsbereich heraus, werden die Pfeile wieder ausgeblendet. Alle Laufwerke und Ordner, vor denen Sie einen solchen Pfeil sehen, können Sie aufklappen und sich so ihre Unterverzeichnisse anzeigen lassen. Sobald Sie einen Ordner durch Anklicken markieren, zeigt der Datei-Explorer dessen Inhalt in der rechten Fensterhälfte an.

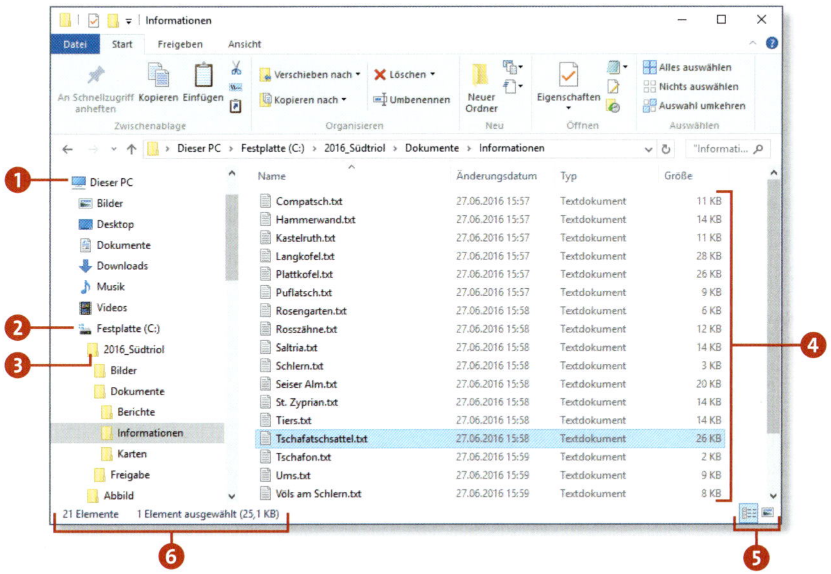

1. In der Kategorie **Dieser PC** sind alle angeschlossenen Laufwerke aufgelistet.
2. Das Systemlaufwerk *C:* ist das Laufwerk, auf dem Windows installiert ist.
3. Das Verzeichnis **2016_Südtirol** mit dem Unterverzeichnis **Informationen**
4. Der Inhalt des links ausgewählten Ordners in der Detailansicht
5. Schaltflächen zum schnellen Umschalten zwischen den Ansichten **Details** und **Große Symbole**
6. Die Statusleiste mit Angaben zur Anzahl der Elemente im ausgewählten Ordner und zu dessen Dateigröße

Das Kontextmenü einer Datei aufrufen

Über das Kontextmenü erreichen Sie viele Einstellungs- und Bearbeitungsmöglichkeiten für Dateien und Ordner. Dabei passt sich das Kontextmenü stets dem ausgewählten Element an und listet jeweils dazu passende Funktionen auf.

Um das Kontextmenü einer Datei zu öffnen, klicken Sie diese im Explorer mit der rechten Maustaste an. Das Menü enthält Funktionen zur Bearbeitung oder Weiterverwendung der ausgewählten Datei. Welche Funktionen das im Einzelnen sind, hängt vom Dateityp ab. Das Kontextmenü einer Bilddatei enthält z. B. Befehle, um das Bild nach links oder rechts zu drehen oder es als Desktop-Hintergrund festzulegen. Haben Sie hingegen über das Kontextmenü eine Audiodatei geöffnet, stellt Windows Optionen wie die Wiedergabe mit dem Windows Media Player zur Verfügung.

Funktionen wie **Ausschneiden**, **Kopieren**, **Verknüpfung erstellen**, **Löschen**, **Umbenennen** und **Eigenschaften** finden Sie in den Kontextmenüs aller Dateitypen. Der Befehl **Einfügen** ist erst verfügbar, wenn sich ein kopiertes oder ausgeschnittenes Element in der Zwischenablage befindet.

Auch den Menüpunkt **Senden an** finden Sie im Kontextmenü aller Dateitypen. Darüber können Sie die ausgewählte Datei z. B. in die Bibliothek **Dokumente** verschieben, sie als Anhang per E-Mail versenden oder in ein ZIP-Archiv packen.

Bei der Installation mancher Programme wird das Kontextmenü um programmspezifische Funktionen erweitert. Sie können aber für gewöhnlich bei der Installation angeben, ob Sie diesen Erweiterungen zustimmen möchten.

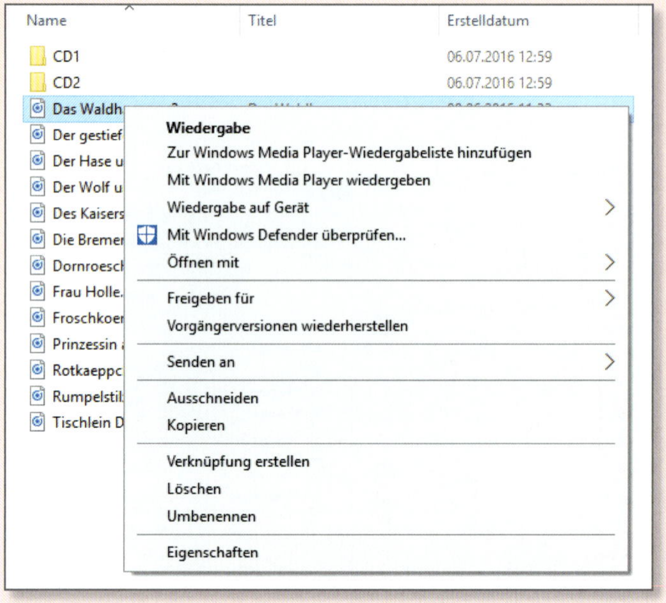

Auch für Ordner können Sie ein Kontextmenü öffnen, und auch hier unterscheiden sich die zur Auswahl stehenden Funktionen je nach Inhalt des ausgewählten Ordners. Enthält ein Ordner Fotos oder Audiodateien, können Sie diese über den Menüpunkt **Mit Windows Media Player wiedergeben** abspielen. Fotos werden dann als Diashow wiedergegeben. Das Menü **Senden an** unterscheidet sich nicht von dem für einzelne Dateien, und auch die Standardeinträge **Kopieren**, **Umbenennen**, **Löschen** etc. sind vorhanden.

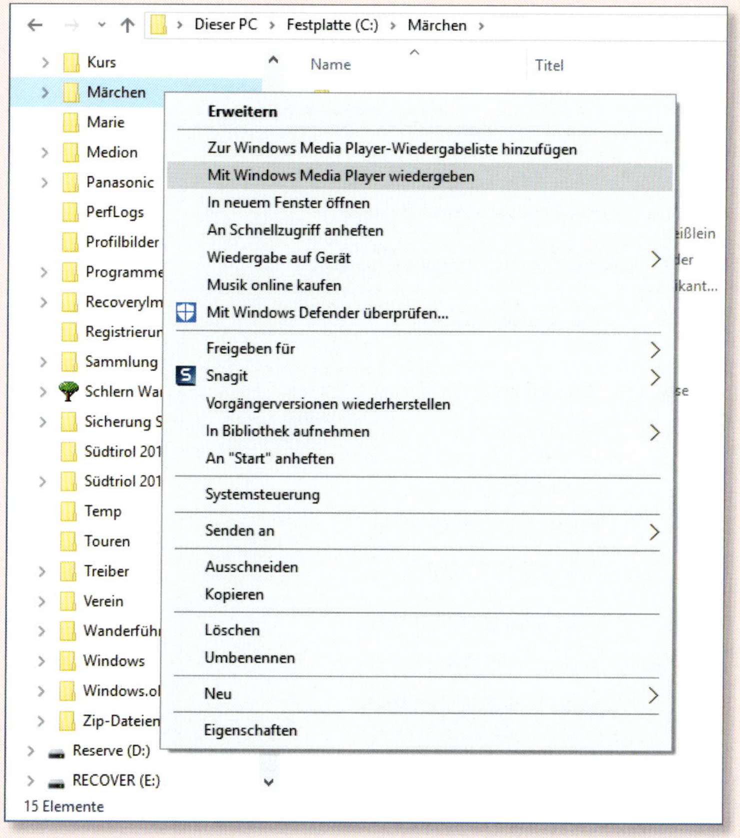

Anstelle des normalen Kontextmenüs können Sie auch ein erweitertes Menü mit zusätzlichen Funktionen einblenden. Halten Sie einfach die [⇧]-Taste gedrückt, während Sie mit der rechten Maustaste das Kontextmenü einer Datei oder eines Ordners aufrufen. Mit der neuen Option **Als Pfad kopieren** kopieren Sie den kompletten Dateipfad in die Zwischenablage und können ihn mit dem Befehl **Einfügen** aus dem Kontextmenü oder mit [Strg] + [V] in eine andere Anwendung, z. B. ein Word-Dokument oder eine E-Mail, übernehmen. So sparen Sie sich lästige Tipparbeit. Das Menü **Senden an** wurde dabei ebenfalls deutlich erweitert: Hier finden Sie nun weitere Ziele zum Speichern Ihrer Daten.

Kennen Sie eigentlich die Kontextmenü-Taste [≣]? Sie befindet sich in der untersten Reihe zwischen [Alt Gr] und [Strg] und öffnet das Kontextmenü eines markierten Elements.

Die Eigenschaften von Dateien ändern

Zu jeder Datei können Sie den Dialog **Eigenschaften** aufrufen. Er enthält Details zur Datei, z. B. den Typ und die Größe, sowie weiterführende Informationen wie Autor und Änderungsdatum. Sie können einer Datei weitere Informationen hinzufügen, z. B. Kommentare oder Suchbegriffe. Fotos lassen sich zusätzlich sogar bewerten.

1. Um die Eigenschaften einer Datei aufzurufen, öffnen Sie zunächst den Explorer und klicken die gewünschte Datei mit der linken Maustaste an. Wechseln Sie zum Register **Start** ❶, und klicken Sie dort auf den oberen Teil der Schaltfläche **Eigenschaften** ❷.

2. Im Fenster **Eigenschaften**, das sich nun öffnet, sehen Sie im Register **Allgemein** ❸ neben dem Dateinamen u. a. den Dateityp und unmittelbar darunter eine Angabe dazu, mit welchem Programm die Datei geöffnet wird ❹. In diesem Beispiel wird die ausgewählte MP3-Datei mit der App *Groove-Musik* abgespielt. Über die Schaltfläche **Ändern** ❺ können Sie gegebenenfalls ein anderes Programm zum Abspielen der Audiodatei auswählen.

3. Dem nächsten Abschnitt können Sie den Speicherort sowie die Dateigröße entnehmen ❻, und Sie sehen, wann die Datei erstellt wurde, wann sie zuletzt geändert wurde und wann der letzte Zugriff erfolgt ist ❼.

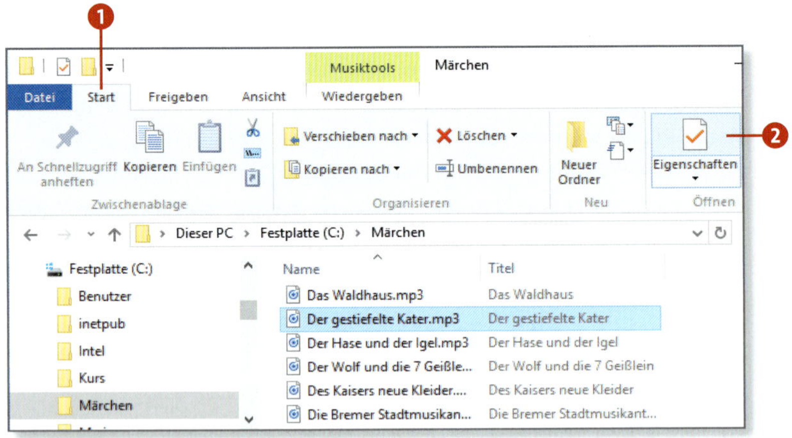

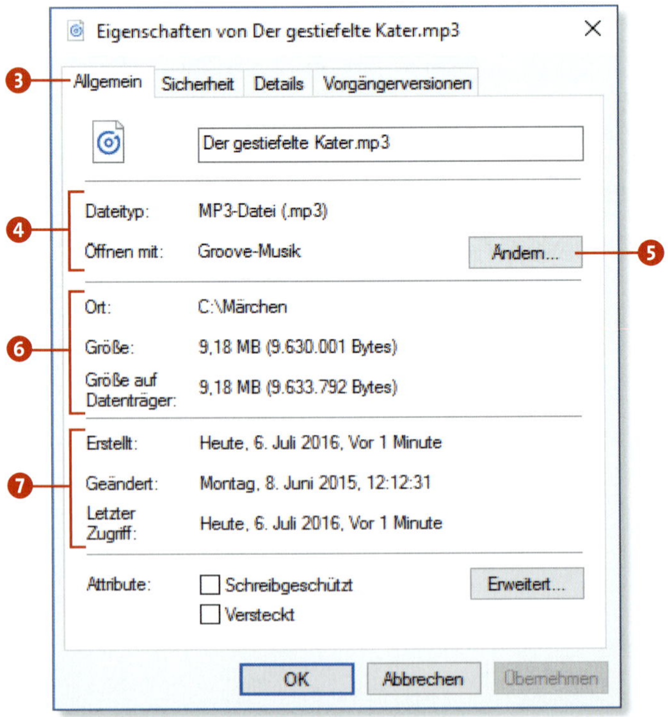

Jeder Dateityp verfügt über andere Eigenschaften

Welche Eigenschaften für eine Datei angezeigt werden, hängt von ihrem Typ ab. Bei Fotos finden Sie z. B. Angaben zur Belichtungszeit oder zur verwendeten Blende, während Sie bei Office-Dokumenten die Anzahl der Seiten, Wörter und Zeichen sehen.

4. Wechseln Sie zum Register **Details** (8), um weitere Informationen aufzurufen. In diesem Bereich können Sie einiges abändern und leere Bereiche der Spalte **Wert** mit Daten füllen, z. B. einen Titel vergeben oder einen Kommentar ergänzen. Führen Sie den Mauszeiger dorthin, wird ein Textfeld eingeblendet, und Sie können den vorhandenen Text beliebig ändern. Klicken Sie unten auf die Schaltfläche **OK**, um alle Änderungen zu speichern.

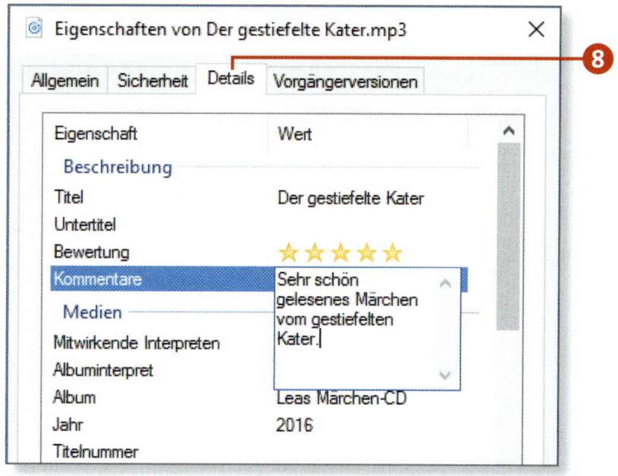

5. Bevor Sie eine Datei weitergeben, z. B. per E-Mail verschicken, sollten Sie einen Blick auf deren Dateieigenschaften werfen und gerade bei Office-Dokumenten und Mediadateien persönliche Angaben entfernen. Markieren Sie die Datei im Explorer, und klicken Sie dieses Mal auf den unteren Teil der Schaltfläche **Eigenschaften**. Es öffnet sich ein kleines Menü, aus dem Sie den Eintrag **Eigenschaften entfernen** (9) auswählen.

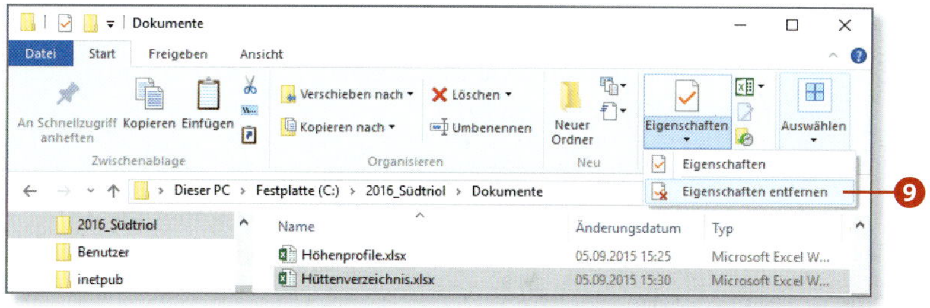

6. Sie haben nun die Wahl. Um eine Kopie Ihrer Datei erstellen und daraus alle Eigenschaften entfernen zu lassen, wählen Sie die Option **Kopie erstellen, in der alle möglichen Eigenschaften entfernt sind** (10).

7. Möchten Sie hingegen selbst festlegen, welche Informationen gelöscht werden sollen, markieren Sie die Option **Folgende Eigenschaften aus dieser Datei entfernen** (11). Sie können darunter dann die Informationen markieren, die Sie löschen möchten, indem Sie in das jeweilige Kästchen klicken.

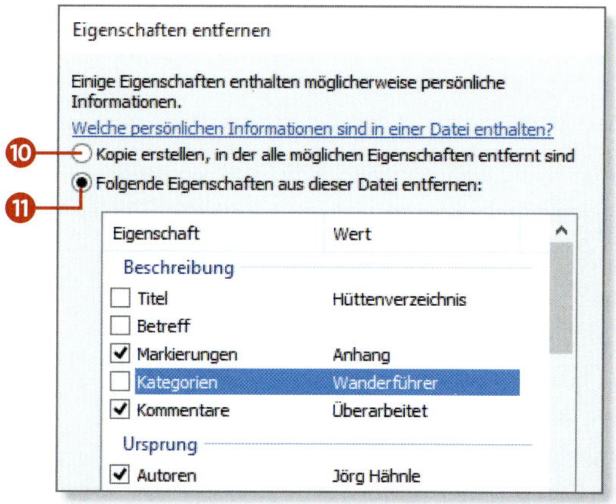

Keine Kopie!

Wenn Sie selbst auswählen, welche Eigenschaften gelöscht werden sollen, werden diese Informationen direkt aus der Originaldatei entfernt, in diesem Fall wird also keine Kopie der Datei erstellt. Einmal gelöschte Eigenschaften können dann nicht wieder rekonstruiert werden.

Dateien nach Datum sortieren

Die Möglichkeit, Dateien im Explorer nach festgelegten Kriterien zu sortieren, erleichtert deren Verwaltung ungemein. Eine Variante ist die Sortierung der Dateien nach ihrem Erstellungsdatum.

1. Starten Sie den Explorer, und öffnen Sie den Ordner, der die zu sortierenden Daten enthält. Wechseln Sie dann zum Register **Ansicht**.
2. Klicken Sie dort auf die Schaltfläche **Sortieren nach** 1.
3. In dem kleinen Menü, das sich daraufhin öffnet, ist die Sortierung **Name** 2 in aufsteigender Folge 3 (alphabetisch von A bis Z) voreingestellt. Wählen Sie den Eintrag **Änderungsdatum** 4, um eine neue Sortierung vorzunehmen. Das Auswahlfenster schließt sich wieder, und die Daten werden fortan nach dem Datum in absteigender Reihenfolge sortiert. Die neuesten Daten stehen ganz oben in der Liste.
4. Möchten Sie die Daten lieber in umgekehrter Reihenfolge sortiert haben, klicken Sie noch einmal auf **Sortieren nach** und wählen anschließend die Option **Absteigend** 5 aus.

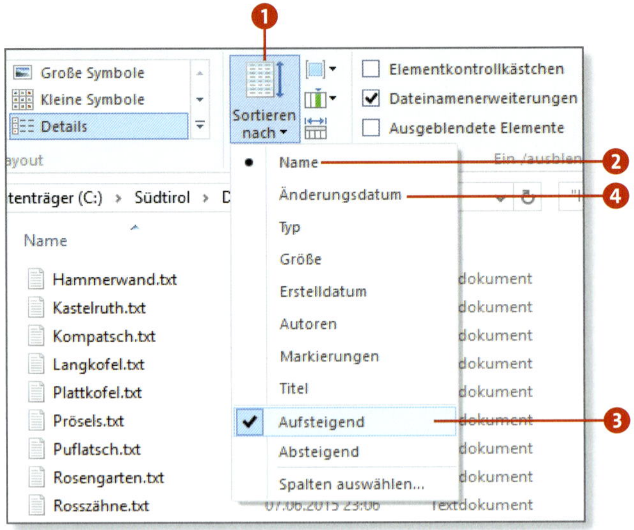

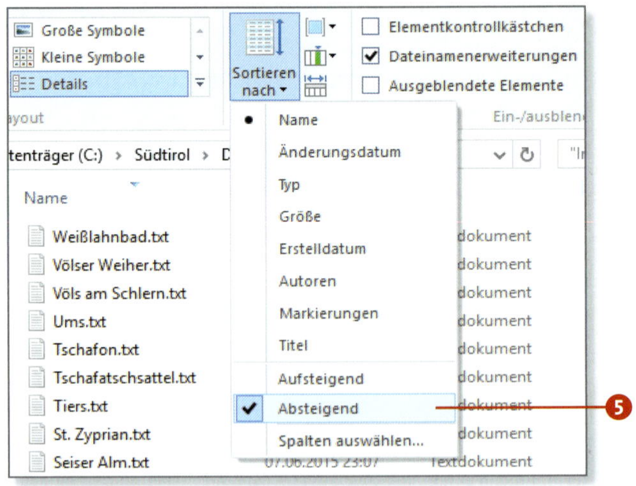

Breite der Spalten ausrichten

Je nachdem, welche Informationen in einer Spalte angegeben werden, sind diese mal länger, mal weniger lang. Um die Breite einer einzelnen Spalte zu ändern, klicken Sie im Spaltenkopf auf den Unterteilungsstrich und ziehen die Spalte mit gedrückter Maustaste auf die gewünschte Breite. Die Breite aller Spalten passen Sie mit einem Klick auf **Größe aller Spalten anpassen** in der Gruppe **Aktuelle Ansicht** auf der Registerkarte **Ansicht** des Explorers an.

Dateien nach Größe und anderen Kriterien sortieren

Sie möchten Ihre Daten nicht nach Name oder Datum, sondern z. B. nach der Dateigröße sortieren? Kein Problem, Sie können viele Informationen als Sortierkriterien verwenden.

1. Öffnen Sie einen Ordner im Explorer.
2. Sie können die Sortieroptionen mit einem Klick auf **Sortieren nach** ❶ einblenden, oder Sie öffnen mit einem Rechtsklick auf eine freie Stelle innerhalb des Ordners dessen Kontextmenü. Wählen Sie aus dem Menü die Option **Größe** ❷ aus. Da sich das Menü nach erfolgter Auswahl schließt, müssen Sie es erneut öffnen, falls Sie die Reihenfolge ❸ ändern möchten.
3. Um Spalten mit Informationen zu entfernen oder neue hinzuzufügen, öffnen Sie den Ordner und klicken dann auf der Registerkarte **Ansicht** auf **Spalten hinzufügen** ❹. Aus dem zugehörigen Menü wählen Sie die gewünschten Informationen aus.
4. Wenn Sie auf **Spalten auswählen** ❺ klicken, können Sie aus einer langen Liste eine Auswahl treffen, indem Sie dort jeweils das Kontrollkästchen markieren ❻. Nach einem Klick auf **OK** werden die ausgewählten Spalten hinzugefügt.

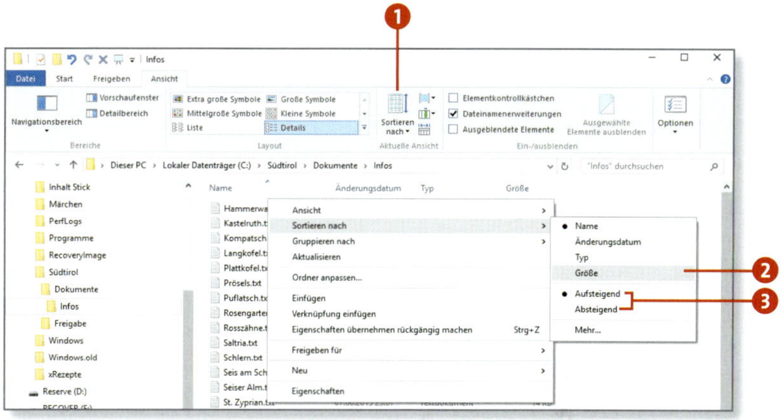

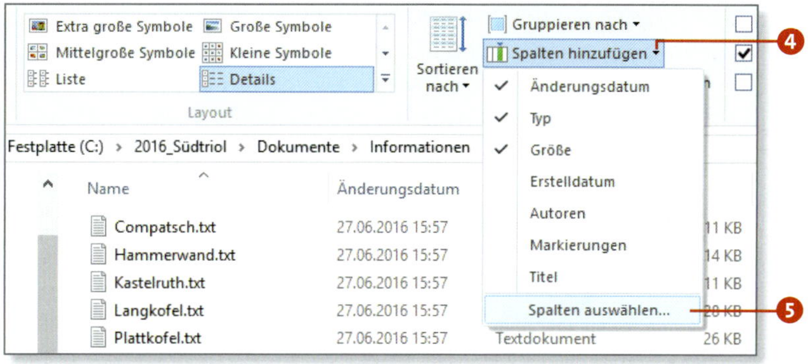

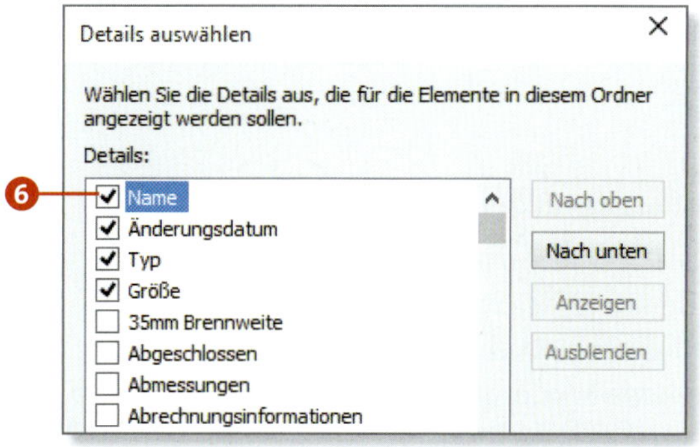

Spalten ohne Inhalt

Je nach Dateityp enthalten nicht alle Spalten tatsächlich Informationen. So bleibt z. B. die Spalte **Brennweite** bei einer Textdatei leer.

Dateien gruppieren und filtern

Die Sortierung von Dateien ist praktisch, allerdings lassen sich diese immer nur nach *einem* Kriterium sortieren, also z. B. nach Name *oder* nach Dateigröße. Mithilfe der Gruppierung können Sie Ihre Dateien in Gruppen einteilen und sie innerhalb einer solchen Gruppe nach einem weiteren Kriterium sortieren.

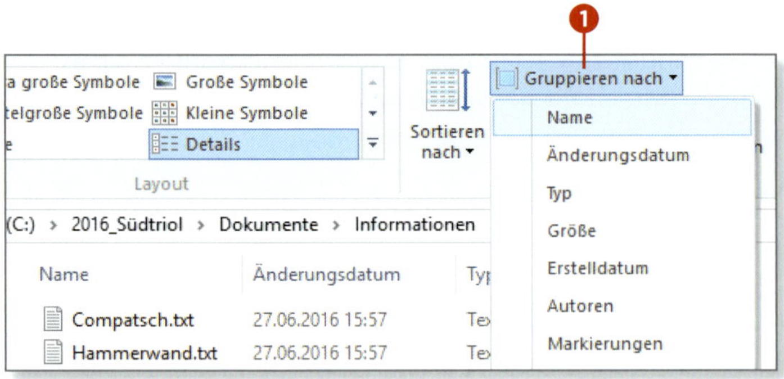

1. Öffnen Sie den Explorer, z. B. mithilfe der Tastenkombination ⊞ + E, und wählen Sie den Ordner aus.
2. Wechseln Sie zum Register **Ansicht**, und klicken Sie im Menüband auf die Schaltfläche **Gruppieren nach** ❶. Ein kleines Menü wird unterhalb der Schaltfläche ausgeklappt. Wählen Sie aus der Liste nun die gewünschte Option aus, z. B. **Name**.
3. Alle Dateien werden jetzt in alphabetischer Reihenfolge in mehrere Gruppen aufgeteilt. Um die Sortierung innerhalb der Gruppen zu ändern, klicken Sie im Menüband auf **Sortieren nach** ❷ und wählen im Menü einen Eintrag aus, z. B. **Größe**. Sie sehen, die Gruppierung bleibt erhalten, innerhalb der Gruppierung werden die Daten nun aber zusätzlich noch nach ihrer Größe sortiert.
4. Um eine Gruppe auszublenden, klicken Sie auf den kleinen Pfeil unmittelbar vor der Gruppenbezeichnung ❸. Die Gruppe wird »zugeklappt«. Mit einem erneuten Klick auf den Pfeil blenden Sie die Gruppe wieder ein.

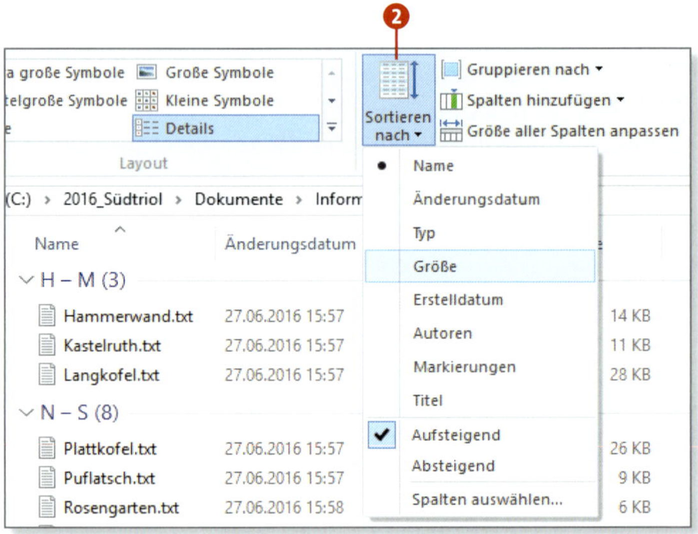

Spaltenköpfe zur Sortierung nutzen

Die auf- oder absteigende Sortierung können Sie auch erreichen, indem Sie auf den Kopf der Spalte klicken, die Sie neu sortieren möchten. Mit jedem Klick wechseln Sie zwischen der auf- und der absteigenden Sortierung.

Dateien markieren

Wenn Sie mehrere Dateien aus einem Ordner in einen anderen kopieren möchten, wäre das Kopieren und Einfügen jeder einzelnen Datei recht umständlich. Einfacher geht es, wenn Sie mehrere Dateien markieren und anschließend die gewünschte Aktion ausführen.

1. Öffnen Sie zunächst den Ordner, in dem sich die Dateien befinden, mit denen Sie arbeiten möchten. Klicken Sie die erste Datei an, die Sie markieren möchten ❶, und drücken Sie dann die ⇧-Taste.

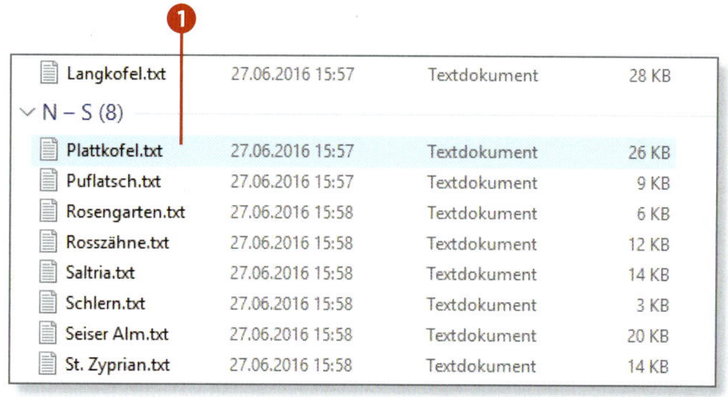

2. Halten Sie die ⇧-Taste gedrückt, und klicken Sie auf die letzte Datei in der Liste, die Sie markieren möchten. Alle Dateien dazwischen sind nun ebenfalls markiert ❷.

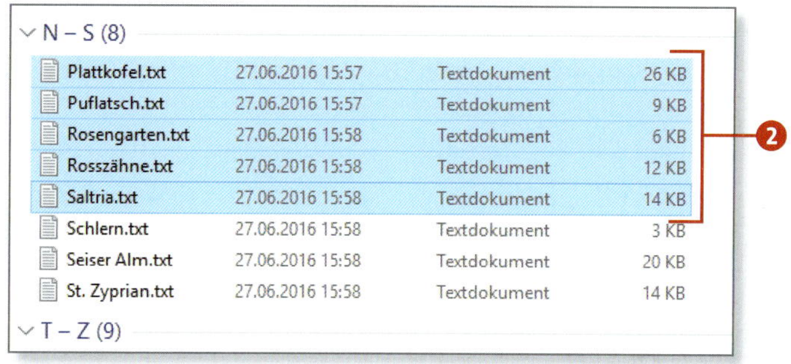

3. Liegen die benötigten Dateien nicht alle hintereinander, klicken Sie die erste Datei an, aber halten Sie dieses Mal die Strg-Taste gedrückt, während Sie nacheinander einzelne Dateien anklicken und auf diese Weise alle markieren.

4. Eine weitere Möglichkeit: Wechseln Sie zum Register **Ansicht** ❸, und setzen Sie dort mit einem Klick ein Häkchen vor dem Eintrag **Elementkontrollkästchen** ❹. Wenn Sie nun mit der Maus auf einen Dateinamen zeigen, wird davor ein kleines Kästchen eingeblendet ❺. Klicken Sie in das Kästchen, um die jeweilige Datei zu markieren.

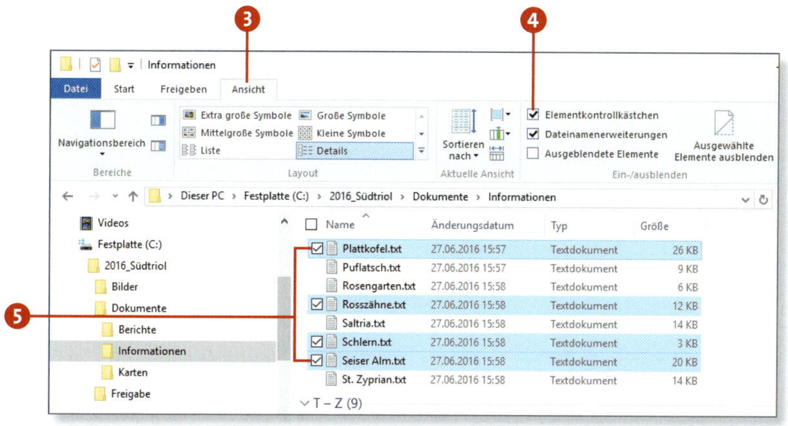

Einzelne Dateien wieder aus der Auswahl entfernen

Haben Sie mithilfe der ⇧- oder der Strg-Taste Dateien markiert und möchten nun einzelne Dateien wieder aus der Auswahl entfernen, halten Sie erneut die Strg-Taste gedrückt, und klicken Sie die zu entfernenden Dateien an.

Den Dateipfad anzeigen

Der *Dateipfad* – oder kurz *Pfad* – beschreibt den Weg zu einem Ordner oder zu einer Datei. Ausgangspunkt dieser Wegbeschreibung ist dabei immer das Laufwerk, auf dem das Objekt gespeichert ist. Wenn Sie wissen möchten, wie der Pfad zu einer Datei lautet, hilft Ihnen der Explorer weiter.

1. Starten Sie den Explorer, und öffnen Sie den Ordner, in dem sich die Datei befindet. Oben in der Adressleiste **1** zeigt der Explorer den Speicherort einer Datei in vereinfachter Form an.
2. Klicken Sie mit der Maus in dieses Adressfeld, wird der vollständige Dateipfad angezeigt **2**. Zuerst wird das Laufwerk angegeben, in diesem Beispiel *C:*. Es folgen das Hauptverzeichnis (hier der Ordner *Kurs*) und eventuell vorhandene Unterverzeichnisse (hier der Unterordner *Entenhausen*), jeweils getrennt durch einen Backslash. Der vollständige Pfad lautet also *C:\Kurs\Entenhausen\Donald.txt*.
3. Den Dateipfad können Sie kopieren, indem Sie auf der Registerkarte **Start** auf die Schaltfläche **Pfad kopieren** **3** klicken.

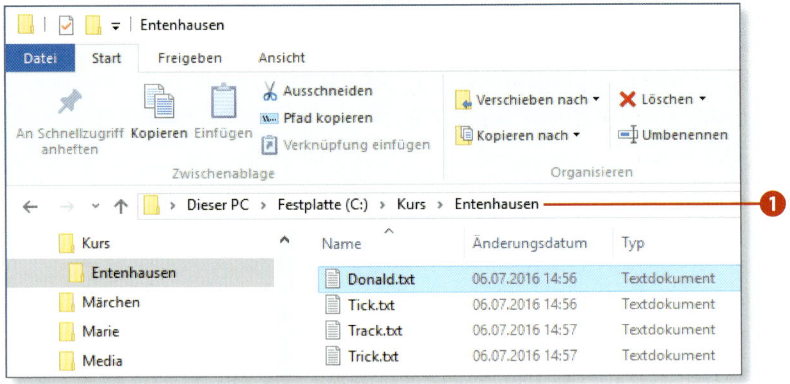

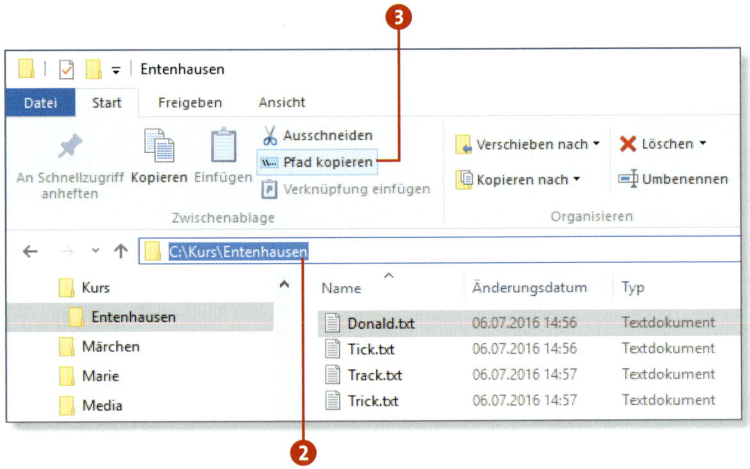

Dateipfad dauerhaft einblenden

Wenn Sie den Dateipfad häufiger benötigen, können Sie ihn sich über die Option **Spalten hinzufügen** auf der Registerkarte **Ansicht** einblenden lassen. Wählen Sie aus den zur Verfügung stehenden Optionen den Eintrag **Pfad** aus, und bestätigen Sie die Auswahl mit **OK**. Wiederholen Sie diese Einstellung bei Bedarf für andere Ordner.

Dateiendungen einblenden

Jede Datei auf Ihrem Computer verfügt über eine Endung, die durch einen Punkt getrennt an den Dateinamen angehängt wird und für gewöhnlich aus drei Zeichen besteht (siehe dazu auch den Abschnitt »Dateien, Ordner, Bibliotheken« ab Seite 96). Diese Endung kennzeichnet das Format einer Datei. Standardmäßig werden unter Windows alle Dateiendungen ausgeblendet.

1. Starten Sie den Datei-Explorer durch einen Klick auf das Ordnersymbol in der Taskleiste oder mithilfe der Tasten ⊞ + E, und wählen Sie darin das Register **Ansicht** ①.
2. Setzen Sie im Abschnitt **Ein-/ausblenden** ein Häkchen vor dem Eintrag **Dateinamenerweiterungen** ②. Der Explorer zeigt ab sofort alle Dateien mit deren Dateiendungen an ③. Diese Einstellung gilt systemweit für alle Laufwerke und Ordner. Anhand der Dateiendung können Sie das Format einer Datei leicht erkennen.
3. Wenn Sie die Explorer-Ansicht **Details** ④ verwenden, können Sie den Dateityp außerdem der Spalte **Typ** ⑤ entnehmen.
4. Um die Dateiendungen wieder auszublenden, deaktivieren Sie die Option **Dateinamenerweiterungen** einfach wieder.

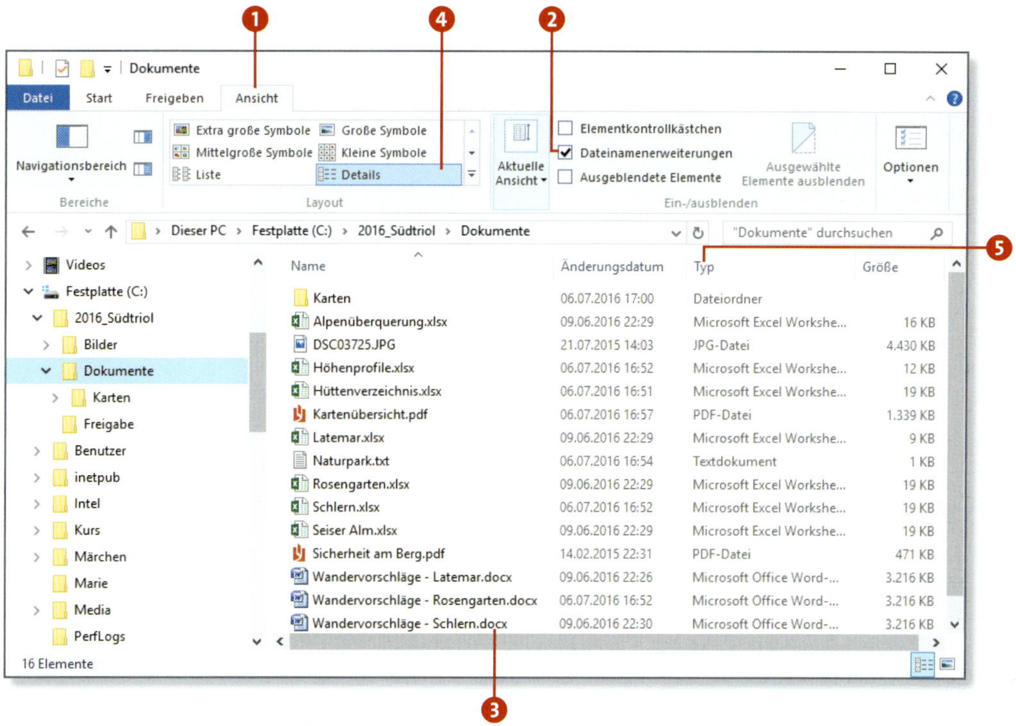

Dateiendungen einblenden?

Schadprogramme verbergen sich häufig in ausführbaren Dateien, die Sie z. B. an den Endungen *.exe*, *.bat* oder *.reg* erkennen. Solche Dateien dienen vielfach der Installation von Programmen, werden aber ab und zu auch dazu benutzt, Viren auf fremden Rechnern einzuschleusen. Da in Dateinamen auch Punkte erlaubt sind, kann eine Datei mit dem Namen *virus.exe* schnell in *virus.txt.exe* umbenannt werden. Wenn nun die Dateierweiterungen ausgeblendet sind, ist die Datei im Explorer als *virus.txt* aufgeführt. Bei einem flüchtigen Blick denkt der Anwender, es handle sich um eine harmlose Textdatei, tatsächlich aber versteckt sich dahinter eine ausführbare Datei, die das Virus auf Ihrem Rechner installieren würde, wenn Sie sie öffnen.

Die Dateivorschau im Explorer aktivieren

Wäre es nicht ungemein praktisch, wenn man den Inhalt eines Dokuments betrachten könnte, ohne das Dokument zu öffnen? Das Vorschaufenster des Explorers bietet diese Möglichkeit. Darüber können Sie einen Blick in viele Dateien, z. B. Office-Dokumente oder Textdateien, werfen.

1. Damit Dokumente in der Vorschau angezeigt werden können, muss der *Vorschauhandler* aktiviert sein. Kontrollieren Sie diese Einstellung in den Ordneroptionen. Öffnen Sie dazu im Explorer das Register **Ansicht**, und klicken Sie dort auf den oberen Teil der Schaltfläche **Optionen** ❶.
2. Im Fenster **Ordneroptionen** öffnen Sie ebenfalls das Register **Ansicht** ❷ und scrollen im Abschnitt **Erweiterte Einstellungen** bis ans Ende der Liste.
3. Die Option **Vorschauhandler im Vorschaufenster anzeigen** ❸ sollte aktiviert sein. Falls das nicht der Fall ist, setzen Sie das Häkchen vor dem Eintrag und speichern die neue Einstellung mit einem Klick auf **OK** ❹.
4. Wenn Sie jetzt im Menüband des Explorers die Option **Vorschaufenster** ❺ wählen, wird auf der rechten Seite ein Vorschaubereich eingeblendet ❻. Markieren Sie z. B. ein Office-Dokument, wird dessen Inhalt sogleich dort angezeigt. Bearbeiten können Sie das Dokument aber trotzdem nur, wenn Sie es öffnen.

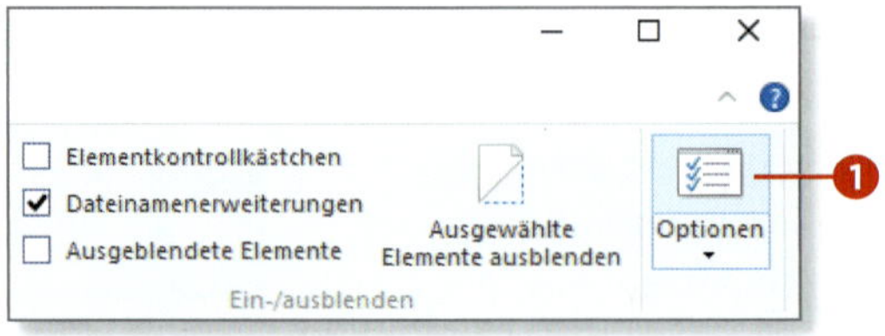

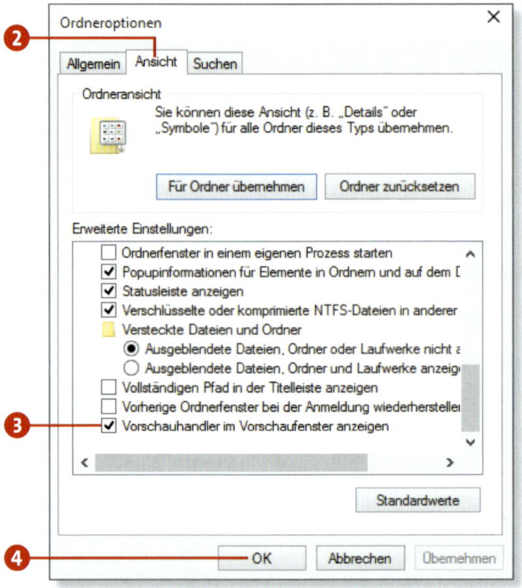

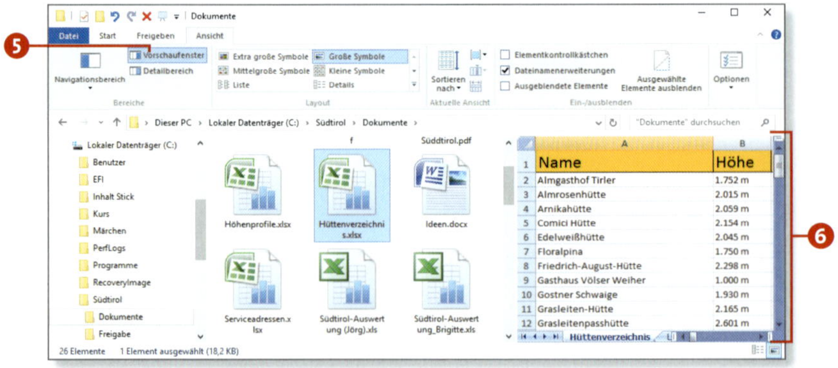

> **Vorschau nicht für alle Dateiformate**
>
> Sehr gut geeignet ist die Vorschau für Textdateien, WordPad-Dokumente sowie Bild- und Grafikdateien. Office-Dokumente können hier nur angezeigt werden, wenn Microsoft Office auf dem PC installiert ist.

Dateien und Ordner verschieben, kopieren oder löschen

Dateien und Ordner verschieben

Eine oder mehrere Dateien sollen in ein anderes Verzeichnis verschoben werden. Für diese Aufgabe bietet der Explorer von Windows 10 eine schnelle und bequeme Lösung.

1. Markieren Sie zunächst im Explorer die Dateien, die Sie an einen anderen Ort verschieben möchten.
2. Ist die Auswahl getroffen, wechseln Sie zum Register **Start** ❶.
3. Klicken Sie nun im Menüband auf die Schaltfläche **Verschieben nach** ❷, und wählen Sie den gewünschten Zielordner aus dem Menü aus. Angezeigt werden hier die Standardbibliotheken sowie die zehn zuletzt verwendeten Ordner.
4. Ist das benötigte Ziel nicht in der Liste aufgeführt, klicken Sie auf den Eintrag **Speicherort auswählen** ❸. Wählen Sie dann das Ziel aus ❹, und klicken Sie schließlich auf **Verschieben** ❺, um den Vorgang einzuleiten.
5. Existiert das Ziel noch nicht, können Sie über den Befehl **Neuen Ordner erstellen** ❻ einen neuen Ordner anlegen und die Daten im Anschluss dorthin verschieben.

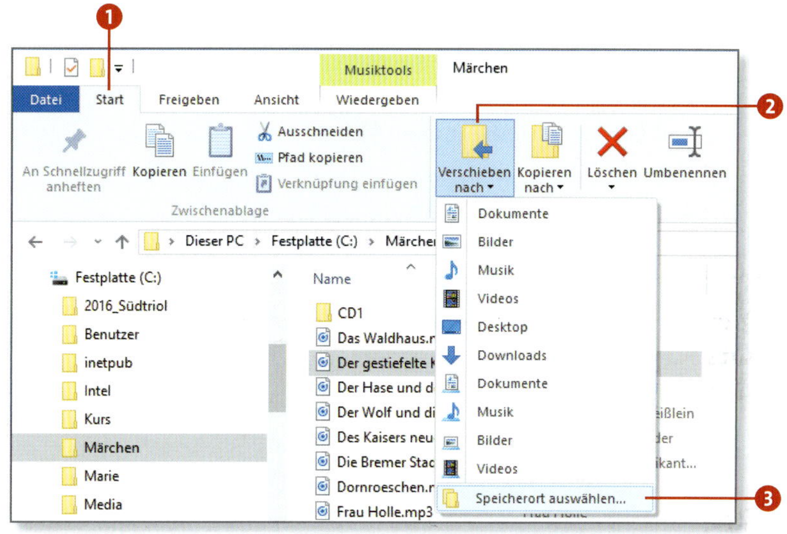

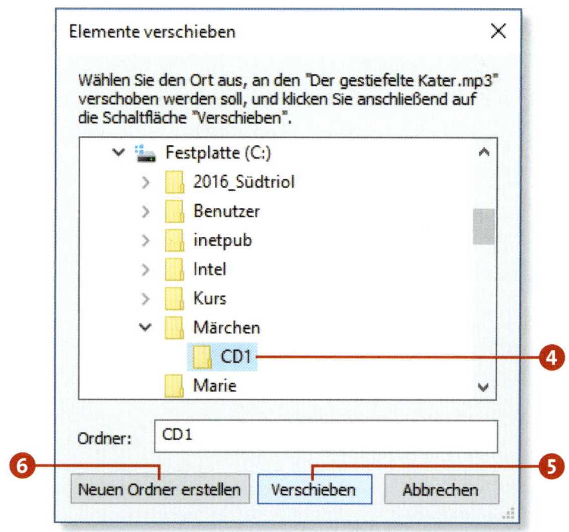

Aktion rückgängig machen

Verschieben Sie eine Datei, wird sie aus dem Quellordner entnommen und in den Zielordner verschoben. Es verbleibt also keine Kopie im Ursprungsordner. Mit den Tasten Strg + Z können Sie die letzte Aktion wieder rückgängig machen.

Dateien und Ordner umbenennen

Sie haben einen Tippfehler im Dateinamen entdeckt oder wollen den Namen aus anderen Gründen aktualisieren? Auch dafür hält das neue Menüband eine einfache Lösung parat.

1. Markieren Sie die Datei im Explorer mit einem einfachen Mausklick. Wechseln Sie zum Register **Start**, und klicken Sie dort auf die Schaltfläche **Umbenennen** ❶.
2. Der Dateiname wird markiert (blau hinterlegt) ❷, und Sie können mit der Änderung beginnen. Sobald Sie jetzt eine Taste drücken, wird der alte Dateiname gelöscht. Sie können aber auch mit der Maus an die Stelle klicken, die Sie korrigieren oder an der Sie etwas ergänzen möchten, und dann erst tippen.
3. Um die durchgeführte Änderung zu übernehmen, drücken Sie die ↵-Taste oder klicken auf eine freie Stelle im Ordnerfenster.
4. Falls Ihnen der Weg über die neue Schaltfläche nicht zusagt, können Sie auch das Kontextmenü der markierten Datei aufrufen (per Rechtsklick). Wählen Sie darin die Option **Umbenennen** ❸ aus. Auch in diesem Fall genügt ein Druck auf die ↵-Taste, um den neuen Namen zu übernehmen.

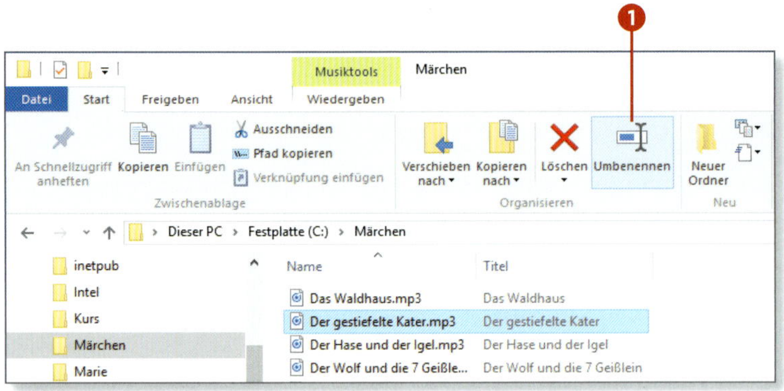

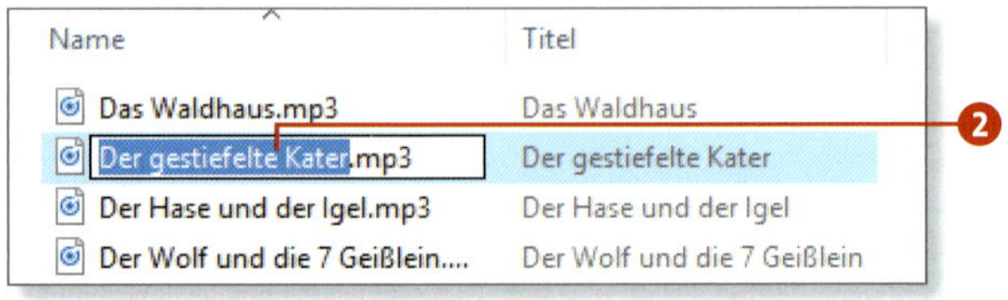

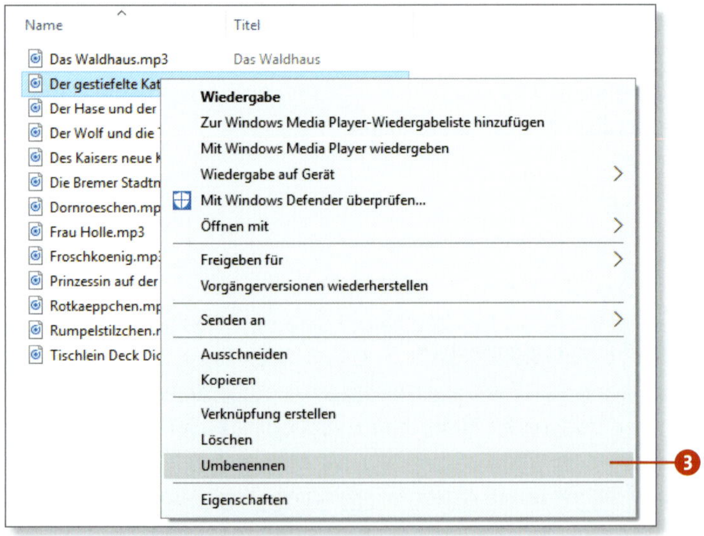

Mehrere Dateien gleichzeitig umbenennen

Sie möchten drei Dateinamen gleichzeitig ändern? Markieren Sie alle drei Dateien, und klicken Sie dann auf **Umbenennen**. Vergeben Sie einen Namen, und drücken Sie ↵. Alle ausgewählten Dateien erhalten nun den gleichen Namen, zur Unterscheidung jeweils mit dem Zusatz einer Ziffer, z. B. *Datei (1)*, *Datei (2)* etc.

Dateien und Ordner löschen

Wird der Speicherplatz auf der Festplatte langsam knapp, oder möchten Sie mal wieder etwas Ordnung schaffen und nicht mehr benötigte Daten löschen?

1. Öffnen Sie das Register **Start** des Explorers. Navigieren Sie zu dem Ordner, der die Datei(en) enthält, die Sie entfernen möchten ❶. Markieren Sie diese ❷.
2. Nun setzen Sie einen Klick auf den oberen Teil der Schaltfläche **Löschen** ❸ im Menüband.
3. Es folgt eine Sicherheitsabfrage. Klicken Sie auf **Ja**, wenn die Datei entfernt werden soll, oder auf **Nein**, falls Sie es sich anders überlegt haben. Die Datei wird aus dem Ordner entfernt. Sie wird aber nicht endgültig gelöscht, sondern lediglich in den Papierkorb verschoben. Eine solche Datei können Sie wieder aus dem Papierkorb fischen (siehe den Abschnitt »Gelöschte Dateien und Ordner wiederherstellen« auf Seite 122).
4. Um eine Datei vollständig zu löschen, klicken Sie auf den unteren Teil der **Löschen**-Schaltfläche und wählen die Option **Endgültig löschen** ❹. Auch hier erfolgt eine Sicherheitsabfrage. Stimmen Sie zu, wird die Datei unwiderruflich von der Festplatte gelöscht. Eine Rekonstruktion der Datei ist mit Windows-eigenen Mitteln dann nicht mehr möglich!

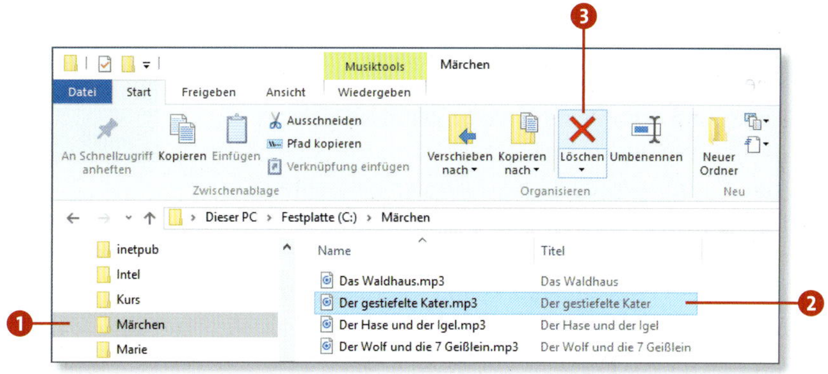

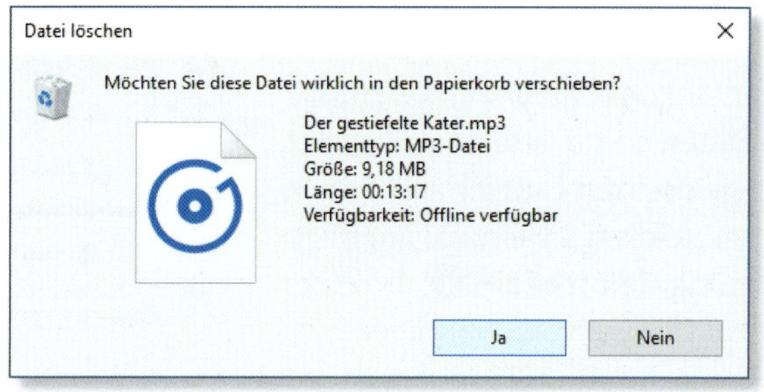

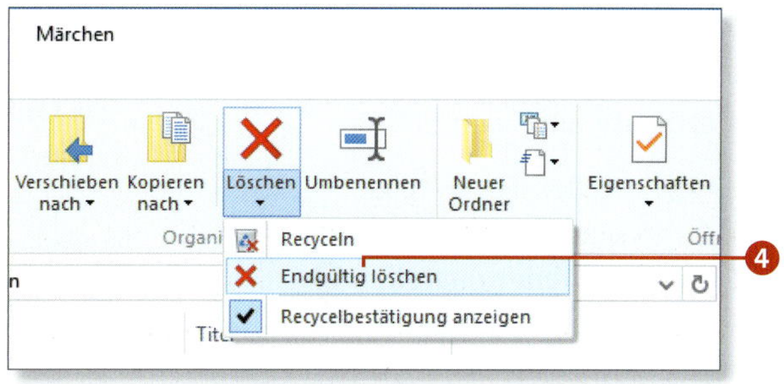

Eigenschaften des Papierkorbs festlegen

Sobald die Speicherkapazität des Papierkorbs erreicht ist, löscht Windows die ältesten darin liegenden Daten endgültig. Eine Wiederherstellung dieser Dateien ist dann nicht mehr möglich. Über den Menüpunkt **Eigenschaften des Papierkorbs**, den Sie im Menüband finden, wenn Sie den Papierkorb geöffnet haben, können Sie dessen Größe selbst festlegen.

Gelöschte Dateien und Ordner wiederherstellen

Einen Moment ist man nicht konzentriert bei der Sache, und schon hat man eine Datei gelöscht, die man eigentlich noch gebraucht hätte. Was nun? Die gute Nachricht: Sie können gelöschte Dateien wiederherstellen. Der Haken: Dies geht nur, solange genügend Platz im Papierkorb vorhanden ist. Wird der Platz knapp, löscht Windows die ältesten Dateien von sich aus.

1. Um eine Datei wiederherzustellen, führen Sie einen Doppelklick auf das Papierkorbsymbol ❶ auf Ihrem Desktop aus.
2. Im Programmfenster des Papierkorbs werden die gelöschten Dateien und Ordner aufgelistet. Falls die zuletzt gelöschten Dateien nicht oben in der Liste stehen, klicken Sie einmal auf die Spaltenbezeichnung **Gelöscht am** ❷, um eine entsprechende Sortierung vorzunehmen.
3. Weit oben sollten Sie nun die Datei finden, die Sie vor Kurzem gelöscht haben. Sie können sie mit einem Mausklick markieren oder auch mehrere Dateien markieren, falls Sie nicht nur eine Datei wiederherstellen möchten.
4. Sind alle wiederherzustellenden Dateien ausgewählt, klicken Sie auf die Schaltfläche **Ausgewählte Elemente wiederherstellen** ❸. Die Dateien werden daraufhin an ihrem letzten Speicherort wiederhergestellt.

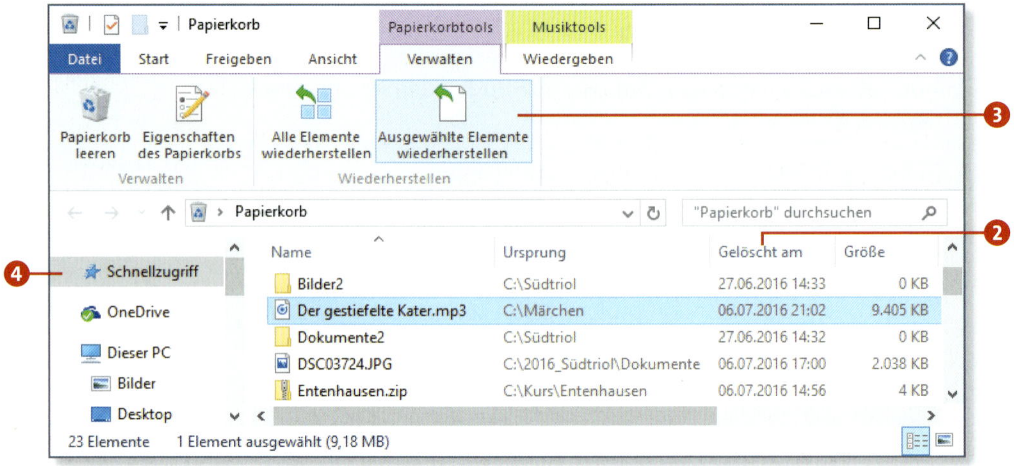

Ordner zum Schnellzugriff hinzufügen

Um sich nicht durch verzweigte Ordnerstrukturen klicken zu müssen, können Sie Ordner als Favoriten markieren. Öffnen Sie den Explorer. Auf der linken Seite sehen Sie die Verzeichnisse des Schnellzugriffs (vormals Favoriten) ❹ (standardmäßig sind dies zunächst nur die Ordner **Desktop**, **Downloads**, die Bibliotheken **Dokumente**, **Bilder**, **Musik** und **Videos** sowie die **Zuletzt verwendeten Dateien**). Wählen Sie den Ordner aus, den Sie dem Schnellzugriff hinzufügen möchten, und verschieben Sie ihn mit gedrückter Maustaste an die gewünschte Position innerhalb der Auflistung. Wenn Sie die Maustaste loslassen, wird der Ordner dort als Verknüpfung abgelegt. Um ihn wieder von dort zu entfernen, klicken Sie ihn mit rechts an und wählen **Entfernen**. Dabei gehen keine Daten verloren, weil nur die Verknüpfung gelöscht wird.

Mit komprimierten Dateien arbeiten

Dateien komprimieren

Moderne Rechner verfügen heute meist über große Festplatten, deren Speicherkapazität nicht selten in den Terabyte-Bereich reicht. Über die Größe einer Datei muss man sich daher meist keine Gedanken machen. Anders sieht es aus, wenn Sie Daten per E-Mail versenden möchten. Reduzieren Sie das Dateivolumen, das spart eine Menge Zeit beim Versenden und Empfangen der Daten.

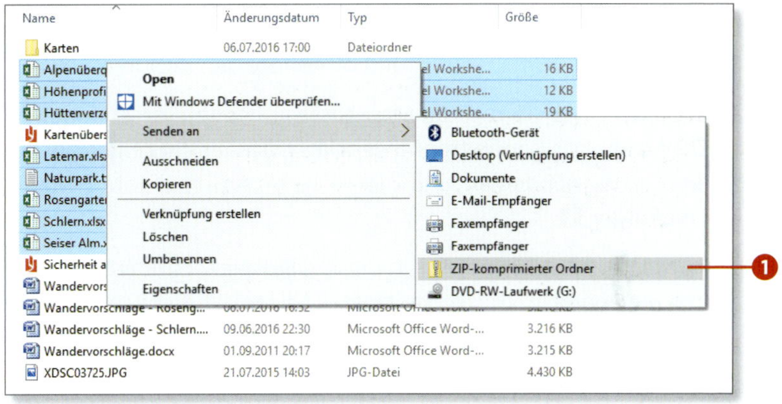

1. Wählen Sie im Explorer eine oder mehrere Dateien aus, und klicken Sie die Auswahl anschließend mit der rechten Maustaste an, um das Kontextmenü zu öffnen.
2. Zeigen Sie mit dem Mauszeiger auf den Menüeintrag **Senden an**, und klicken Sie anschließend auf die Option **ZIP-komprimierter Ordner** ❶. Das Archiv wird nun erstellt. Wenn Sie sehr viele Dateien ausgewählt haben, kann dieser Prozess einen Moment dauern.
3. Vergeben Sie einen möglichst aussagekräftigen Namen für Ihr ZIP-Archiv ❷, und schließen Sie die Tastatureingabe mit der [↵]-Taste ab.
4. Anstelle einzelner Dateien können Sie bei Bedarf auf die gleiche Weise auch einen kompletten Ordner komprimieren.

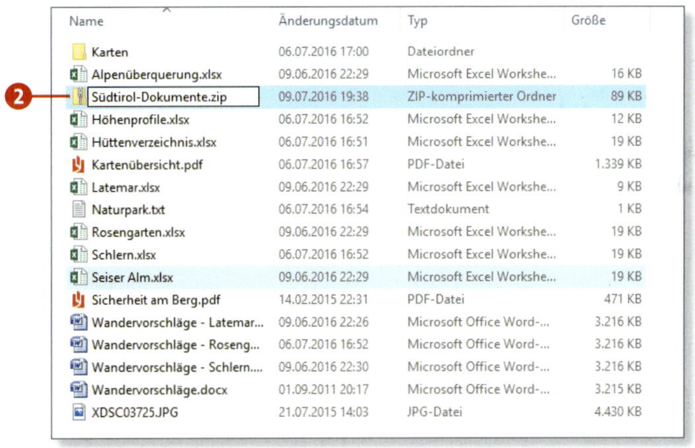

Nützliche Helferlein

Das Komprimieren und Dekomprimieren von Daten wird oft als *Verpacken* bzw. *Packen* und *Entpacken* bezeichnet. Auf dem Softwaremarkt gibt es einige Alternativen zur Windows-internen ZIP-Funktion, die leistungsstärker sind, zahlreiche Zusatzfunktionen bieten und darüber hinaus auch mehrere Archivformate unterstützen, z. B. die Programme WinRAR, WinZip oder 7Zip.

Ein Archiv per E-Mail versenden

Das ZIP-Archiv ist erstellt, und nun wartet der Empfänger ungeduldig auf die Daten, die Sie ihm per E-Mail zusenden möchten. Wie lässt sich diese Aufgabe am einfachsten lösen?

1. Wechseln Sie zum Desktop, und öffnen Sie den Explorer.
2. Klicken Sie mit der rechten Maustaste auf das zu versendende ZIP-Archiv. Das Kontextmenü der Datei öffnet sich. Zeigen Sie auf den Eintrag **Senden an**, und klicken Sie im Anschluss auf **E-Mail-Empfänger** ❶.
3. In Ihrem E-Mail-Programm, in diesem Beispiel Thunderbird, wird nun eine neue Nachricht geöffnet, und das ZIP-Archiv wird ihr automatisch als Dateianhang ❷ hinzugefügt.
4. Tragen Sie die Mail-Adresse des Empfängers ein ❸, und ändern Sie bei Bedarf den Text der Betreffzeile sowie die Nachricht selbst. Mit einem Klick auf **Senden** ❹ wird die Mail schließlich abgeschickt.

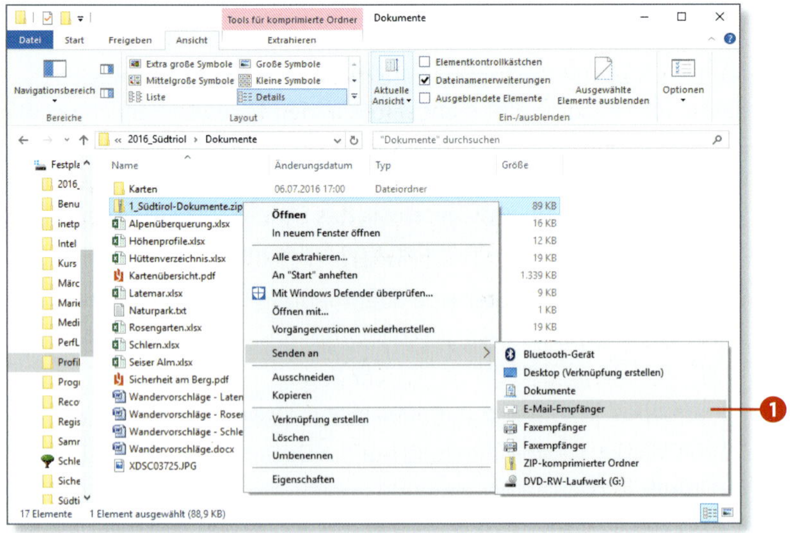

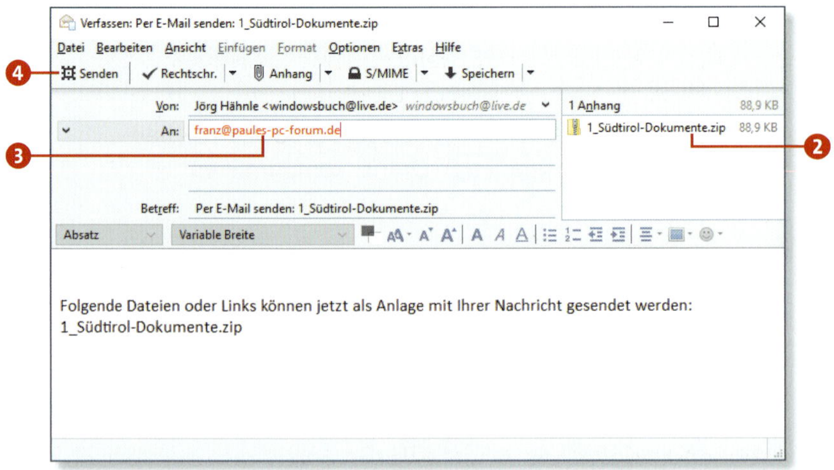

Kein E-Mail-Programm?

Wenn Sie kein E-Mail-Programm installiert haben, können Sie auf die vorinstallierte *Mail*-App ausweichen (sofern Sie hier ein Konto eingerichtet haben). Klicken Sie auf die Kachel **Mail** und danach links oben auf das Plussymbol, um eine neue Nachricht zu erstellen. Nachdem Sie die Adresse des Empfängers, einen Betreff und einen Nachrichtentext eingegeben haben, wählen Sie den Menüpunkt **Einfügen** und klicken im Anschluss auf **Datei einfügen**. Navigieren Sie dann zu Ihrer ZIP-Datei. Haben Sie diese angefügt, können Sie die Mail mit Dateianhang auf die Reise schicken.

Dateien entpacken

Eine E-Mail landet in Ihrem Postfach und mit ihr eine ZIP-Datei im Anhang. Oder vielleicht befindet sich die Datei auch auf einem USB-Stick. Egal, auf welchem Weg die Datei zu Ihnen gefunden hat, nun stellt sich die Frage, wie sie sich entpacken lässt.

1. Speichern Sie die Datei in einen beliebigen Ordner, rufen Sie ihn auf, und markieren Sie die ZIP-Datei mit einem Klick ❶. Der Explorer erkennt das Format der Datei und blendet im Menüband das Register **Tools für komprimierte Ordner** ❷ ein. Wechseln Sie zu diesem Register.
2. Das Menü präsentiert sich sehr aufgeräumt. Links sehen Sie die zuletzt verwendeten Ordner, allerdings sind sie ausgegraut und nicht wählbar. Daneben gibt es eine einzige Schaltfläche: **Alle extrahieren** ❸. Klicken Sie darauf.
3. Ein Dialogfenster öffnet sich, in dem Sie aufgefordert werden, einen Speicherort für die zu extrahierenden Dateien anzugeben. Über **Durchsuchen** ❹ können Sie einen Zielordner auswählen.
4. Ist die Auswahl getroffen, starten Sie den Vorgang mit einem Klick auf die Schaltfläche **Extrahieren** ❺. Das Archiv wird entpackt, und der Explorer zeigt die Dateien in einem neuen Fenster an. Das ZIP-Archiv selbst bleibt am Ursprungsort erhalten.

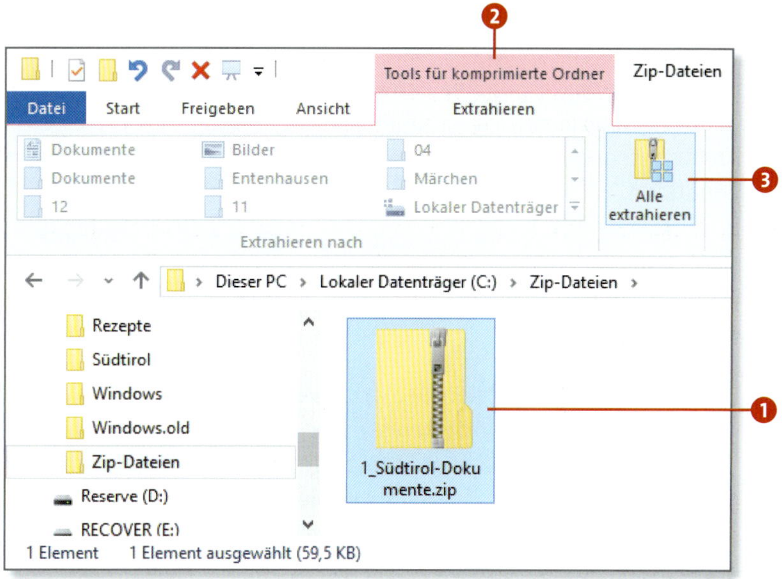

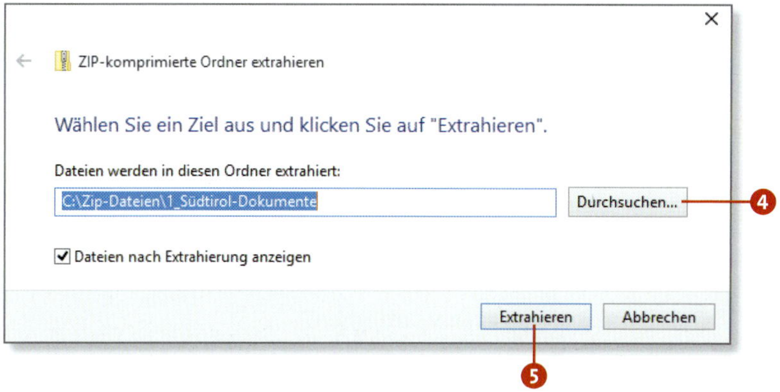

Kennwortgeschützte ZIP-Archive

Mit externen Programmen lassen sich ZIP-Archive auch mit einem Kennwort vor unberechtigtem Zugriff schützen. Sollten Sie eine geschützte ZIP-Datei erhalten, können Sie das Archiv und die darin enthaltenen Dateien nicht öffnen, ohne das Kennwort zu kennen.

Eine einzelne Datei aus einem Archiv extrahieren

Wenn Sie ein ZIP-Archiv markieren, stellen Sie schnell fest, dass der Explorer nur die Option **Alle extrahieren** anbietet. Zum Glück gibt es aber einen kleinen Trick, damit Sie nicht immer das komplette Archiv entpacken müssen, wenn Sie nur einzelne Dateien daraus benötigen.

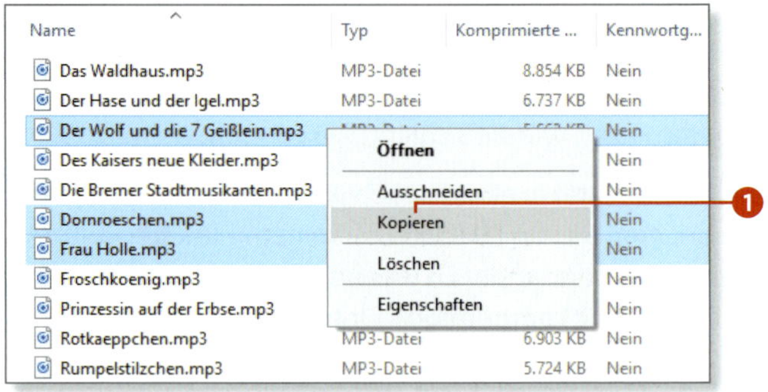

1. Öffnen Sie im Explorer den Ordner, der die gesuchte ZIP-Datei enthält. Führen Sie nun einen Doppelklick auf das ZIP-Archiv aus, um es zu öffnen. Der Explorer zeigt Ihnen daraufhin alle Dateien an, die sich im Archiv befinden.
2. Anstatt nun alle Dateien zu extrahieren, markieren Sie nur die Dateien, die für Sie von Interesse sind. Nach erfolgter Auswahl klicken Sie mit der rechten Maustaste auf eine der markierten Dateien und wählen den Befehl **Kopieren** ❶ aus dem Kontextmenü.
3. Die Dateien befinden sich nun in der Zwischenablage. Öffnen Sie den Ordner, in den Sie die Dateien kopieren möchten.
4. Klicken Sie in diesem Ordner mit der rechten Maustaste auf eine freie Stelle und im Kontextmenü auf den Befehl **Einfügen** ❷. Die ausgewählten Dateien werden nun automatisch entpackt und als Kopie in den Ordner gelegt. Im ZIP-Archiv bleiben diese Dateien weiterhin erhalten.

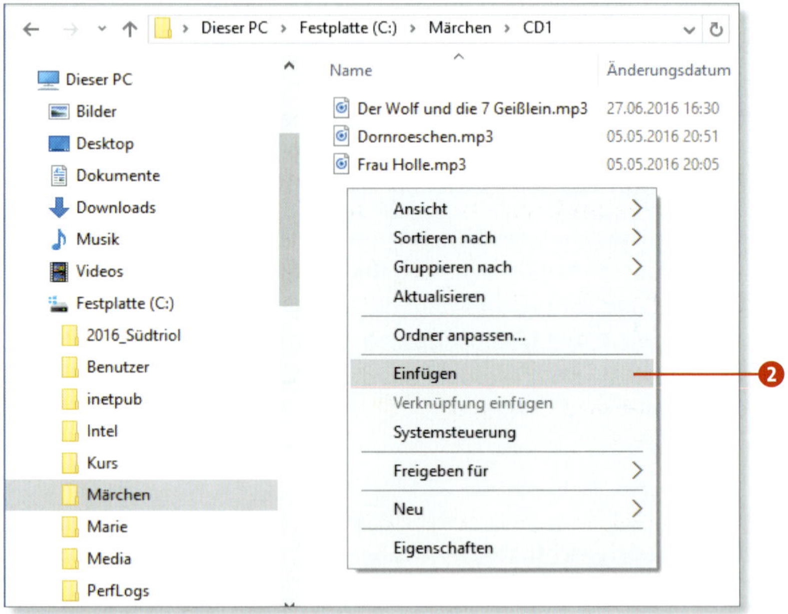

Dateien aus einem Archiv entfernen

Möchten Sie Dateien eines ZIP-Archivs entpacken und gleichzeitig aus dem Archiv entfernen, wählen Sie nicht die Option **Kopieren**, sondern klicken auf dem Register **Start** im Explorer auf den Befehl **Verschieben nach** und geben anschließend das Speicherziel für die entpackten Dateien an.

Mit Datenträgern und Wechselmedien arbeiten

Daten auf USB-Festplatte oder -Stick kopieren

USB-Festplatten und -Sticks eignen sich hervorragend zum Auslagern größerer Datenmengen oder als Sicherungslaufwerk für Ihre wertvollen Daten.

1. Schließen Sie Ihre USB-Festplatte oder den Stick an den Computer an. (Damit die Festplatte von Windows erkannt wird, müssen Sie sie gegebenenfalls einschalten.) Nach einem kurzen Moment erkennt Windows den neuen Datenträger. Öffnen Sie nun den Explorer. Auf der linken Seite wird das Gerät unter **Dieser PC** aufgelistet ❶ – im Beispiel trägt der USB-Stick den Laufwerksbuchstaben *H:* und die Bezeichnung *USB-STICK*. (Die Bezeichnung können Sie frei wählen). Navigieren Sie zu den Dateien, die Sie kopieren möchten, und markieren Sie sie ❷.
2. Klicken Sie auf dem Register **Start** des Menübandes auf die Schaltfläche **Kopieren nach** ❸, und wählen Sie den Eintrag **Speicherort auswählen** aus dem Menü.
3. Es öffnet sich ein Speicherdialog. Wenn Sie auf die Bezeichnung des externen Datenträgers ❹ klicken, werden die darauf befindlichen Verzeichnisse aufgelistet.
4. Wählen Sie den Zielordner auf dem Stick oder der Festplatte aus, und klicken Sie auf **Kopieren** ❺, um den Vorgang zu starten.

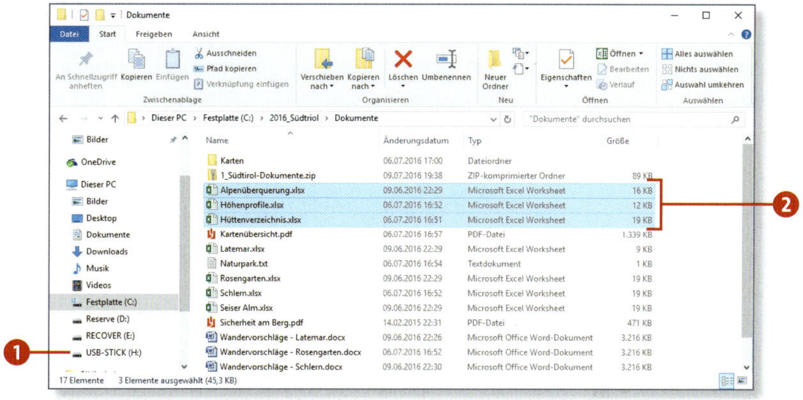

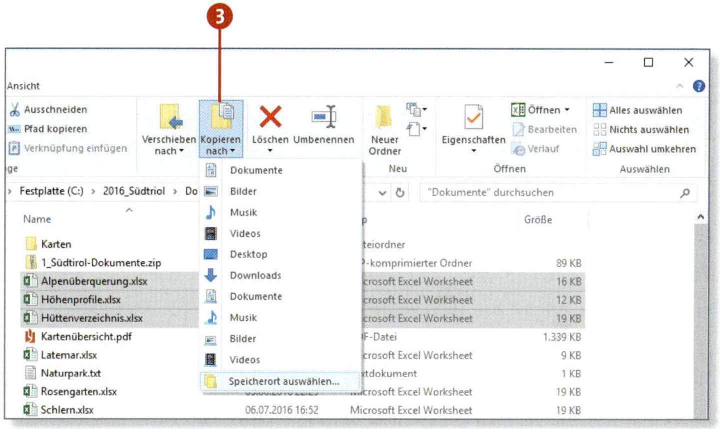

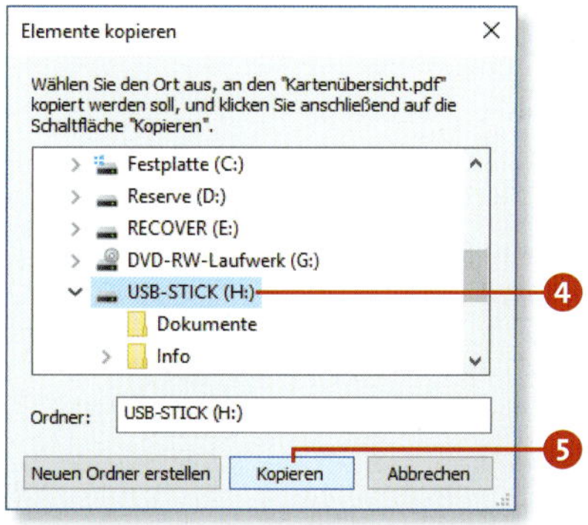

> **Hardware sicher entfernen, sonst droht Datenverlust!**
>
> Nach Gebrauch sollten Sie externe Datenträger nicht einfach ausschalten oder den USB-Stecker ziehen. Klicken Sie rechts unten in der Taskleiste auf den kleinen nach oben zeigenden Pfeil, danach auf das USB-Steckersymbol und schließlich auf den Namen des Datenträgers, um diesen auszuwerfen und damit ordnungsgemäß abzumelden.

Eine DVD brennen

Möchten Sie Eltern, Freunden oder Bekannten die Bilder aus dem letzten Urlaub zeigen, bietet sich das Erstellen einer DVD an. Wird sie in den DVD-Player eingelegt, kann die Diashow sofort beginnen. Zum Brennen benötigen Sie lediglich einen DVD-Rohling und natürlich ein Brenner-Laufwerk an Ihrem Rechner.

1. Legen Sie einen leeren DVD-Rohling in Ihren DVD-Brenner ein, und schließen Sie die Lade. Nach einigen Sekunden öffnet sich rechts unten ein Hinweisfenster 1. Tippen oder klicken Sie darauf, um eine Aktion für leere DVDs auszuwählen.
2. Ein weiteres Fenster öffnet sich, in dem Sie auf den Eintrag **Dateien auf Datenträger brennen** 2 klicken.

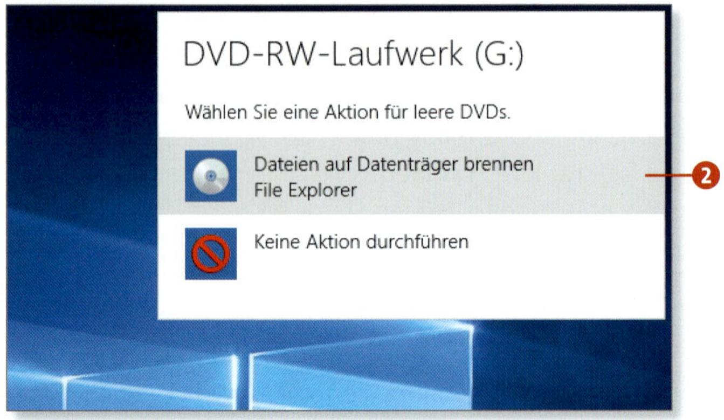

3. Und wieder öffnet sich ein neues Fenster. Dieses Mal werden Sie gefragt, wie Sie den Datenträger verwenden möchten. Damit die DVD auf einem DVD-Player abgespielt werden kann, wählen Sie die Option **Mit einem CD/DVD-Player** 3.
4. Wenn Sie möchten, können Sie an dieser Stelle auch den Titel des Datenträgers ändern. Klicken Sie dazu einfach in das Textfeld 4, und geben Sie den neuen Titel ein. Als Titel voreingestellt ist immer das aktuelle Datum. Klicken Sie anschließend auf **Weiter** 5.

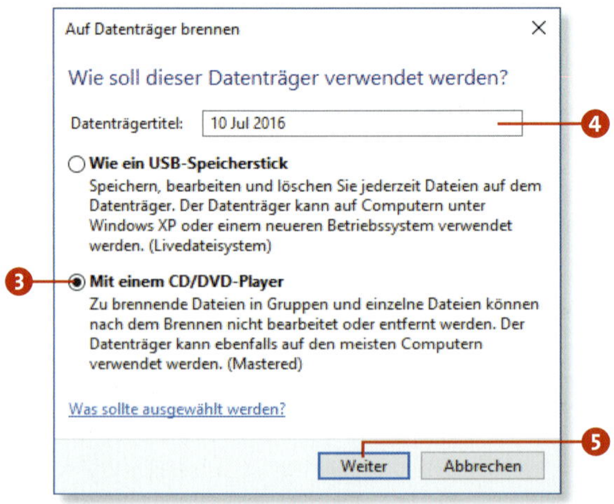

Speicherkapazitäten von DVDs und CDs

Normale CDs verfügen über ca. 700 MB Speicherplatz, DVDs gar über 4,7 GB. Sollten Sie bei der Zusammenstellung einer CD oder DVD zu viele Daten ausgewählt haben, weist Sie Windows auf die nicht ausreichende Kapazität hin.

5. Es öffnet sich der Explorer, in dem das DVD-Laufwerk ausgewählt ist. Übertragen Sie nun einfach die gewünschten Dateien in das geöffnete Fenster. Am einfachsten geht das, wenn Sie mithilfe der Tasten [Windows] + [E] zunächst ein zweites Explorer-Fenster öffnen.

6. Wählen Sie im neu geöffneten Explorer-Fenster die Dateien oder Ordner aus, die Sie auf die DVD brennen möchten, indem Sie sie markieren. Führen Sie einen Rechtsklick auf die Markierung aus, zeigen Sie im Kontextmenü auf den Befehl **Senden an**, und wählen Sie dann als Ziel den Eintrag Ihres DVD-Laufwerks 6. Wiederholen Sie den Vorgang gegebenenfalls für weitere Daten.

7. Haben Sie alle Daten übertragen, wechseln Sie wieder zu dem Explorer-Fenster, das den Inhalt der zu brennenden DVD anzeigt. Falls Sie noch etwas ändern möchten, haben Sie hier noch Gelegenheit, z. B. Dateien wieder zu löschen, falls sie doch nicht mit auf die DVD sollen.

8. Öffnen Sie dann das Register **Laufwerktools/Verwalten** 7, und klicken Sie dort auf **Brennvorgang abschließen** 8.

9. Lassen Sie am besten die Voreinstellung der Brenngeschwindigkeit 9 so, wie sie ist, und klicken Sie auf **Weiter** 10, um den Brennvorgang zu starten.

10. Windows meldet den erfolgreichen Abschluss. Klicken Sie zum Beenden auf die Schaltfläche **Fertig stellen**.

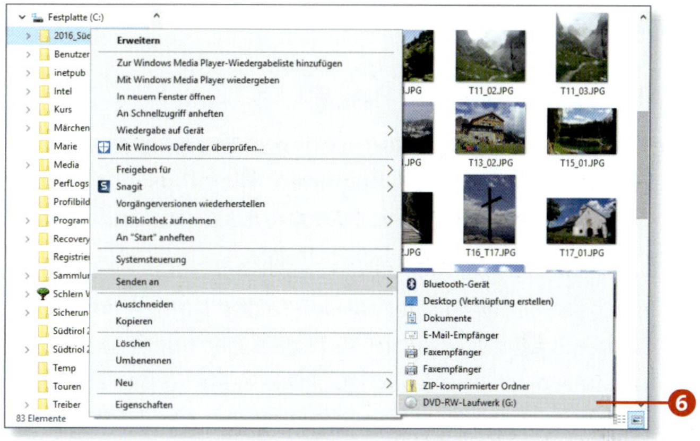

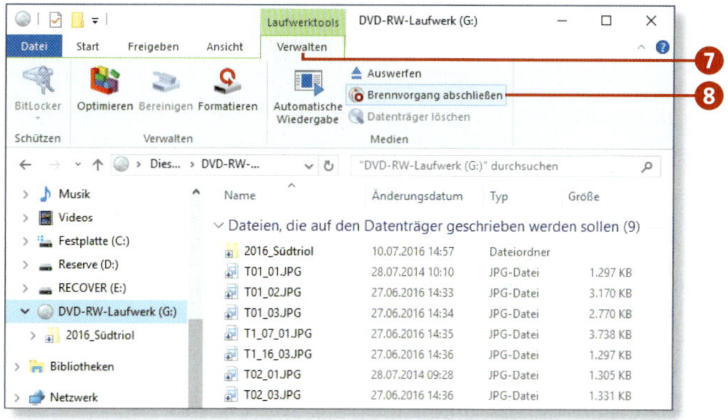

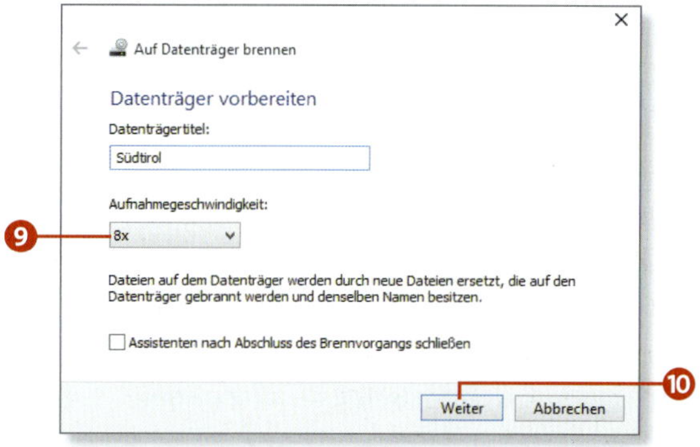

Alternative Brennprogramme

Brennprogramme von Drittanbietern, wie z. B. Nero, WinOnCD oder Ashampoo Burning Studio, bieten einen deutlich höheren Funktionsumfang als die in Windows integrierte Brennfunktion. So können Sie mit diesen Programmen z. B. auch CDs/DVDs mit Autostart-Funktion, Musik-CDs oder 1:1-Kopien erstellen.

Dateien und Ordner suchen

Dateien über das Startmenü suchen

Wenn Sie auf die Schnelle eine Datei suchen, können Sie die Suche über das Suchfeld in der Taskleiste beginnen. Allerdings gibt es eine Einschränkung: Durchsucht werden standardmäßig nur indizierte Orte wie die eigenen Dateien und Bibliotheken.

1. Geben Sie in das Suchfeld in der Taskleiste den Namen der gesuchten Datei ein ❶, z. B. »Südtirol«. Bereits nach der Eingabe des ersten Buchstabens zeigt die Suchfunktion erste Treffer an. Ihre Eingabe wird mit Suchvorschlägen ergänzt. Je mehr Buchstaben Sie eingeben, desto genauer wird das Suchergebnis.
2. Nach Eingabe des Suchbegriffs zeigt Windows alle Übereinstimmungen an ❷: Mit dabei sind Ordner und Dateien, aber auch Apps, in deren Name der Suchbegriff vorkommt, sowie Ergebnisse aus dem Internet. Klicken Sie auf einen Eintrag, um die Datei zu öffnen.
3. Sie können die Ausgabe nach verschiedenen Kriterien sortieren und finden so schneller die gesuchte Datei, wenn Sie oben im Programmfenster auf das Piktogramm der gewünschten Kategorie klicken, also z. B. auf **Dokumente** ❸. Weitere Kategorien erreichen Sie über den Link **Filter** ❹.
4. Nun werden die Dokumente aufgelistet, die zu Ihrer Suche passen ❺. Nutzen Sie gegebenenfalls die Bildlaufleiste ❻, um alle Einträge zu erreichen.

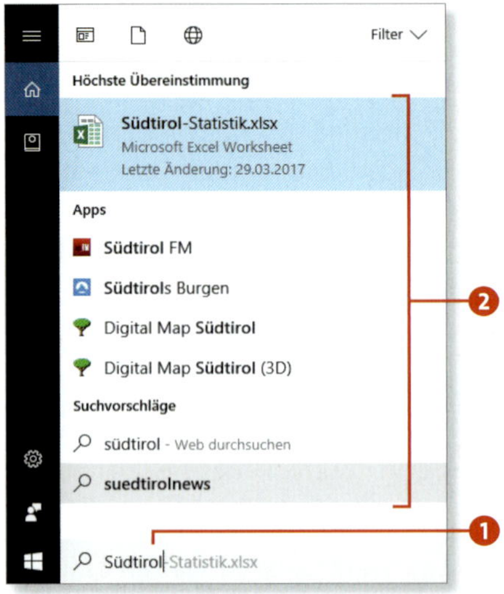

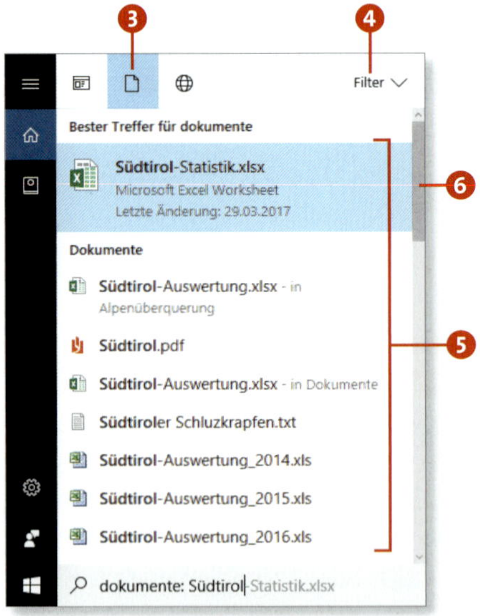

Erweiterte Sucheinstellungen

Haben Sie die gesuchte Datei nicht gefunden? Nutzen Sie in diesem Fall die Suchfunktion im Explorer: Sie bietet Ihnen speziellere Suchoptionen und Filtermöglichkeiten. So können Sie die Suche z. B. durch Kriterien wie Änderungsdatum oder Dateigröße verfeinern und auf weitere Bereiche ausdehnen.

Dateien und Ordner im Explorer suchen

Die Suche nach Dateien und Ordnern ist unter Windows 10 einfacher geworden. Wählen Sie das zu durchsuchende Laufwerk aus, geben Sie den Suchbegriff ein, und los geht's. Die ersten Treffer lassen nicht lange auf sich warten.

1. Öffnen Sie den Explorer über einen Klick auf das Ordnersymbol in der Taskleiste oder mit der Tastenkombination [Windows] + [E]. Im Navigationsbereich wählen Sie das Verzeichnis oder Laufwerk aus, das Sie durchsuchen möchten ❶.
2. Geben Sie rechts oben neben der Adressleiste den Suchbegriff ein ❷. Dies kann der Name einer Datei oder eines Ordners sein, aber auch ein Begriff, der innerhalb eines Dokuments vorkommt. Die Suche beginnt mit der Eingabe des ersten Zeichens und gibt nach und nach alle gefundenen Dateien und Ordner aus.
3. Haben Sie die Datei gefunden, können Sie diese mit einem Doppelklick öffnen.
4. Wenn Sie den Ordner öffnen möchten, der die Datei enthält, klicken Sie die Datei mit der rechten Maustaste an, und wählen Sie den Eintrag **Dateipfad öffnen** ❸ aus dem Kontextmenü.

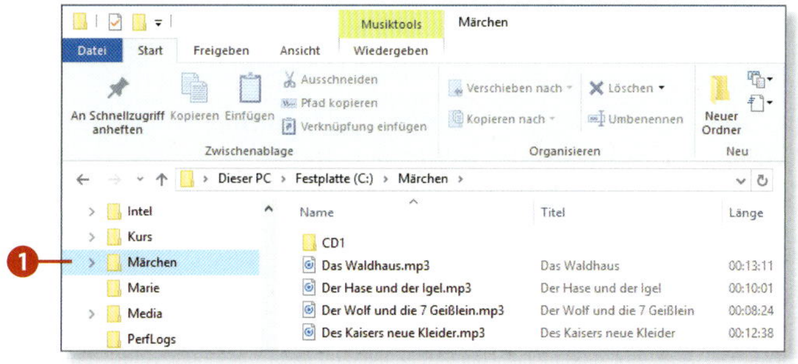

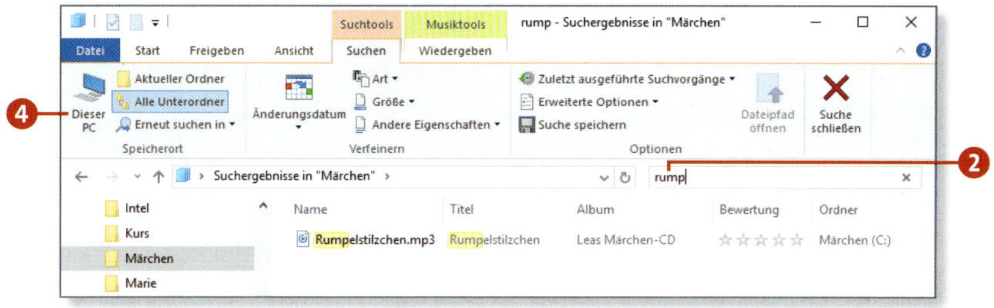

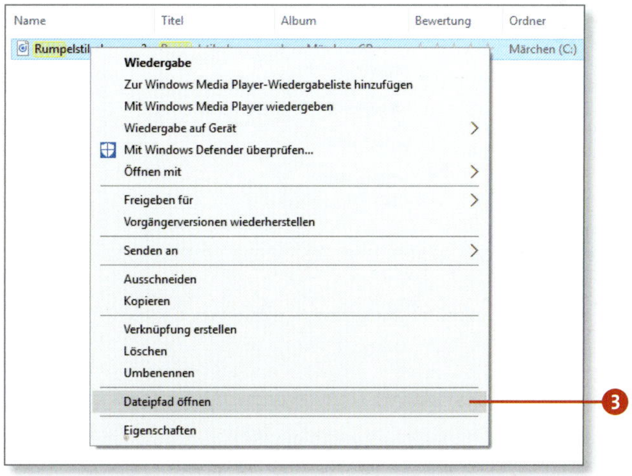

Den Suchbereich ausweiten

Sie können die Suche auch auf das komplette System ausweiten. Geben Sie den Suchbegriff ein, und klicken Sie dann im Menüband ganz links auf die Schaltfläche **Dieser PC** ❹. Sie müssen dann allerdings Geduld mitbringen, denn die Suche über alle Laufwerke hinweg dauert um einiges länger. Siehe dazu auch den Abschnitt »Die Suche auf bestimmte Bereiche beschränken« auf Seite 134.

Die Suche verfeinern

Die Gruppe **Verfeinern** auf der Registerkarte **Suchtools** bietet Einstellungen, um die Suche mithilfe verschiedener Kriterien weiter einzugrenzen. Über die Schaltfläche **Änderungsdatum** ❶ können Sie angeben, in welchem Zeitraum die gesuchte Datei zuletzt geändert wurde. Klicken Sie eine Option an, z. B. **Diese Woche**, überträgt der Explorer den entsprechenden Suchparameter in das Suchfeld.

Sie können das Datum aber sogar noch genauer bestimmen, indem Sie im Suchfeld auf die Zeitangabe des Suchparameters klicken, in unserem Beispiel also auf **Diese Woche** ❷. Daraufhin öffnet sich ein kleiner Kalender, in dem Sie durch Anklicken einen bestimmten Tag festlegen können ❸.

Auch ein Datumsbereich lässt sich definieren. Klicken Sie den ersten Tag an, halten Sie die [⇧]-Taste gedrückt, und klicken Sie dann auf den zweiten Tag. Für einen kurzen Moment wird der gewählte Zeitraum angezeigt und dann wie gehabt als Parameter in das Suchfeld eingetragen.

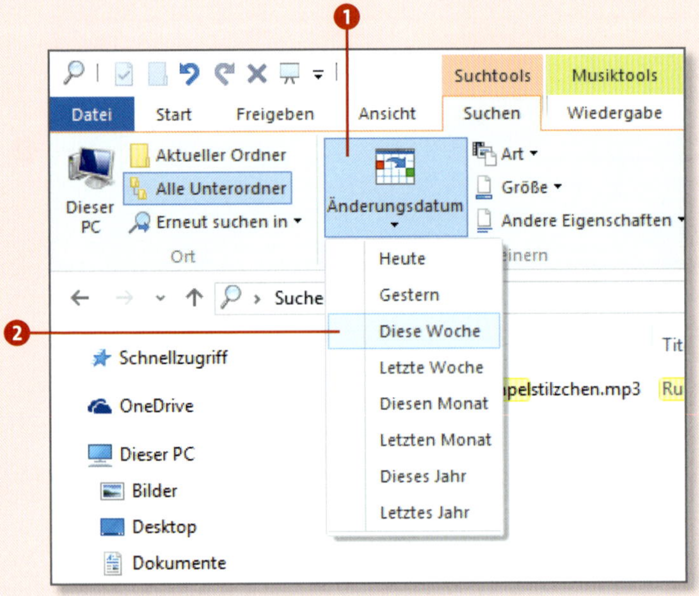

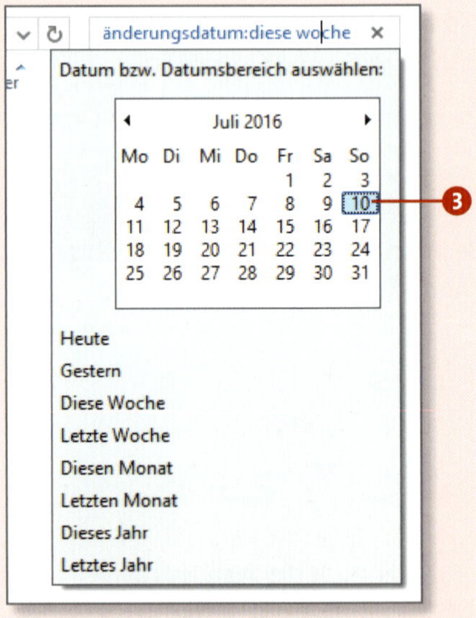

Über den Menüpunkt **Art** ❹ in der Gruppe **Verfeinern** legen Sie fest, ob es sich z. B. um ein Dokument, eine E-Mail, einen Kontakt oder ein Bild handelt. Darunter finden Sie den Menüpunkt **Größe** ❺. Wie die Bezeichnung schon vermuten lässt, können Sie hier die Dateigröße als Suchkriterium angeben. Dabei brauchen Sie nicht die exakte Größe der gesuchten Datei zu kennen; es reicht, wenn Sie einen der vorgegebenen Bereiche auswählen (von **Leer** bis **Riesig**).

Weitere Suchparameter finden Sie über die Schaltfläche **Andere Eigenschaften**. Wenn Sie hier den Eintrag **Bewertung** auswählen, können Sie nach Dateien mit einer entsprechenden Wertung suchen. Wählen Sie hier **Typ** aus, müssen Sie im Anschluss noch den Dateityp angeben, also die Endung der Datei, um entsprechende Ergebnisse zu erhalten. Falls Sie also z. B. nach einer Textdatei suchen, tragen Sie in das Suchfeld hinter dem Parameter *typ:* ohne Leerzeichen den Zusatz »txt« ein; im Ganzen lautet der Parameter also *typ:txt*. Auch bei den anderen Optionen der Schaltfläche **Andere Eigenschaften** müssen Sie nach der Auswahl jeweils noch den genauen Parameter von Hand ergänzen.

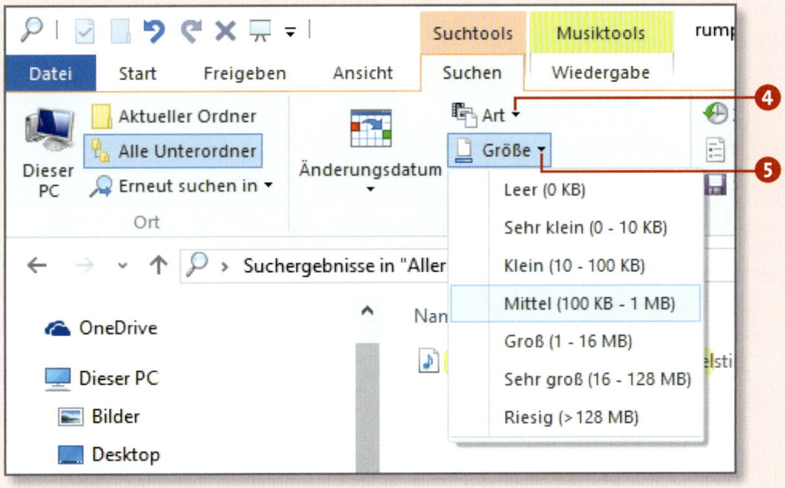

Die Suche auf bestimmte Bereiche beschränken

Für gewöhnlich tippt man auf der Suche nach Dateien, Ordnern oder nach dem Inhalt von Dokumenten einen Suchbegriff im Explorer ein und lehnt sich dann erst mal zurück. Wenn Sie den Suchbereich eingrenzen, geht das Ganze schneller.

1. Sobald Sie in das Suchfeld des Explorers klicken, wird die Registerkarte **Suchtools** ❶ eingeblendet.
2. Ganz links auf dieser Registerkarte können Sie festlegen, wo die Suche beginnen soll. Um sie zu beschleunigen, sollten Sie sie immer in dem Ordner durchführen, in dem Sie die gesuchte Datei vermuten. Die Option **Alle Unterordner** ❷ ist standardmäßig aktiviert, d. h., die Suche schließt vorhandene Unterordner mit ein.
3. Wenn Sie jedoch nicht wissen, wo sich die Datei befinden könnte, weiten Sie den Suchvorgang auf den ganzen Computer aus ❸. Alle Laufwerke werden daraufhin in die Suche eingeschlossen, was den Vorgang allerdings deutlich verlängert.
4. Ist die Suche abgeschlossen, wird die Option **Erneut suchen in** ❹ aktiv. Wenn Sie darauf klicken, öffnet sich ein kleines Menü mit der Möglichkeit, die Suche z. B. auf das Heimnetzwerk, auf Bibliotheken oder auch auf das Internet auszuweiten.

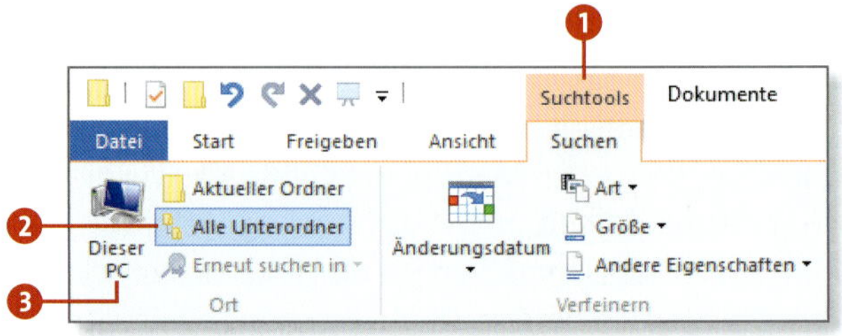

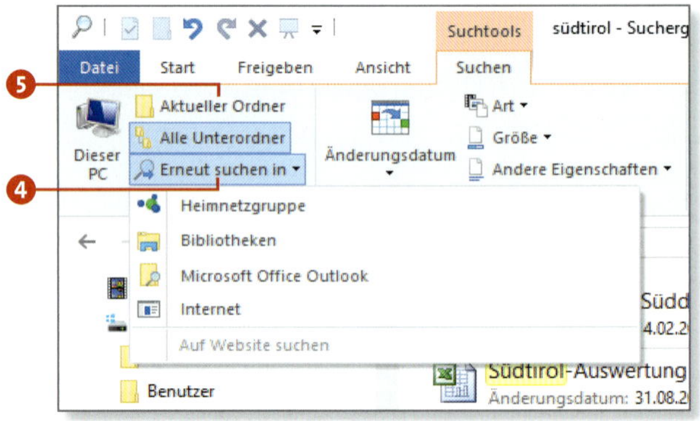

Suche auf einen Ordner begrenzen

Um die Suche auf einen ausgewählten Ordner zu begrenzen, klicken Sie auf die Schaltfläche **Aktueller Ordner** ❺. Unterordner werden dann bei der Suche nicht berücksichtigt.

Anwendungen von Drittanbietern

Sagt Ihnen die Windows-eigene Suchfunktion nicht zu? Im Internet finden Sie anhand der Suchbegriffe »Desktop-Suche« oder »Desktop Search« zahlreiche Alternativen von Drittanbietern, z. B. die Programme *Everything* oder *Copernic Desktop Search*. Solche Anwendungen sind meist kostenlos, bei Copernic Desktop Search müssen Sie dafür aber mit Werbeeinblendungen im Programmfenster leben. Achten Sie beim Download der Programme unbedingt darauf, dass es sich um eine seriöse Quelle handelt! Am besten nutzen Sie immer die Downloadseiten bekannter Anbieter wie *pcwelt.de*, *netzwelt.de*, *heise.de* oder *zdnet.de*.

Weitere Suchoptionen

Auch in der Gruppe **Optionen** der Registerkarte **Suchtools** stehen weitere Einstellungsmöglichkeiten für die Suche im Explorer zur Verfügung:

- **Zuletzt ausgeführte Suchvorgänge** ❶: Über diese Option können Sie sich die zuletzt durchgeführten Suchvorgänge anzeigen lassen und bei Bedarf erneut aufrufen. Bei häufig wiederkehrenden Suchvorgängen sparen Sie sich damit die erneute Eingabe aller Suchparameter. Löschen können Sie die Auflistung über den Befehl **Suchverlauf löschen** im Menü.
- **Erweiterte Optionen** ❷: Mithilfe dieser Schaltfläche haben Sie Zugriff auf zusätzliche Parameter. Wählen Sie den Menüeintrag **Teilweise Übereinstimmungen**, wenn Sie auf der Suche nach »Rumpelstilzchen« auch bei der Eingabe des Teilbegriffs »Rumpel« erfolgreich sein möchten. Diese Option ist standardmäßig aktiviert.

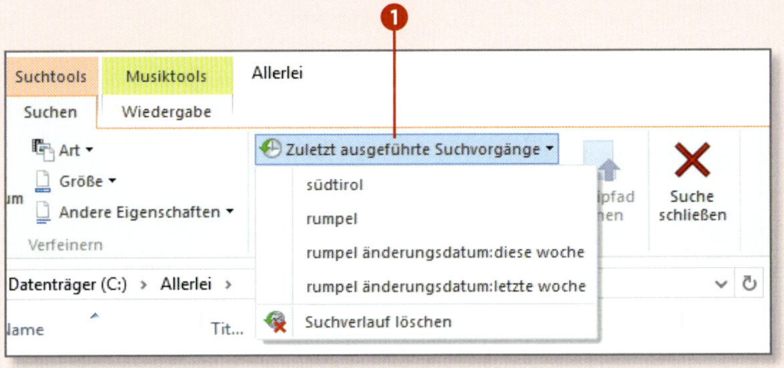

Über den Menüpunkt **Indizierte Orte ändern** ❸ der Schaltfläche **Erweiterte Optionen** legen Sie die Orte fest, die von Windows für die regelmäßige Erstellung eines Dateiindex berücksichtigt werden sollen. Elemente, die sich innerhalb dieser indizierten Orte befinden, können schneller aufgefunden werden.

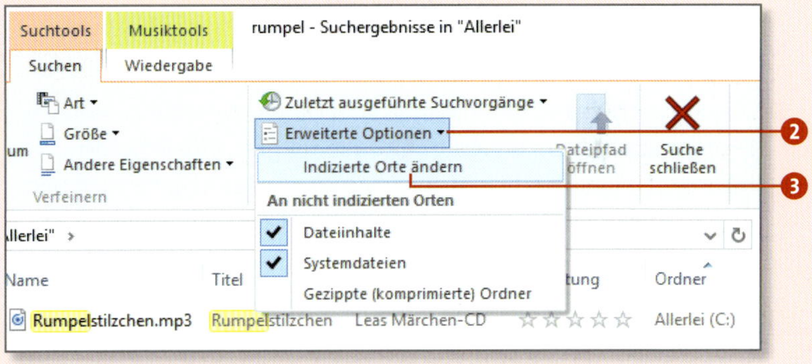

Ein Dokument ausdrucken

Sie können aus den meisten Desktop-Anwendungen und aus vielen Windows-Apps heraus Dokumente ausdrucken. Der Druckdialog ist bei allen Desktop-Programmen identisch. Ich erkläre ihn am Beispiel des Programms WordPad.

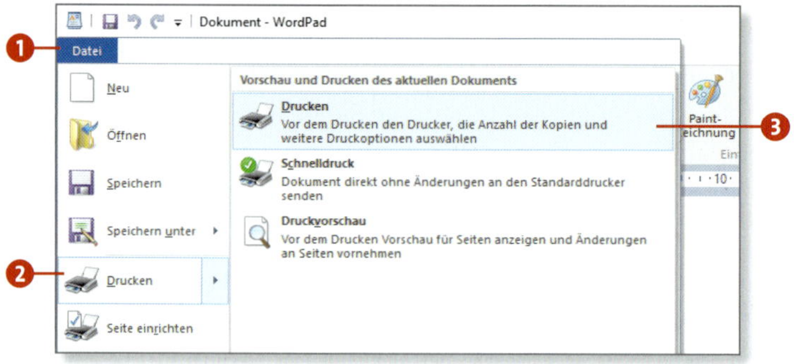

1. Das Dokument ist in WordPad geöffnet. Um es auszudrucken, klicken Sie zunächst auf **Datei** ❶. Zeigen Sie mit der Maus auf den Menüpunkt **Drucken** ❷, und wählen Sie im Anschluss den Befehl **Drucken** ❸ aus.

2. Alle am System angeschlossenen Drucker werden nun im Bereich **Drucker auswählen** angezeigt ❹. Falls der gesuchte Drucker nicht bereits markiert ist, wählen Sie ihn nun aus (siehe auch den Abschnitt »Einen Drucker als Standarddrucker definieren« auf Seite 234).

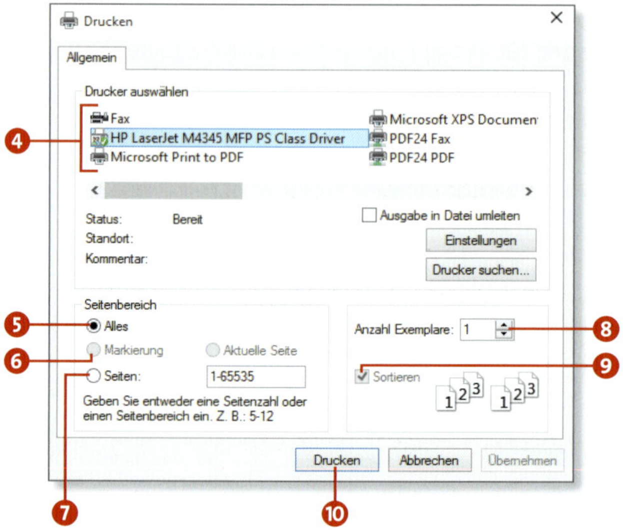

3. Legen Sie im Abschnitt **Seitenbereich** fest, was ausgedruckt werden soll. Die Auswahl **Alles** ❺ druckt das vollständige Dokument. Markierte Textabschnitte drucken Sie mit der Einstellung **Markierung** ❻, und wenn Sie nur bestimmte Seiten ausdrucken möchten, markieren Sie die Option **Seiten** ❼ und legen im Textfeld daneben den gewünschten Seitenbereich fest.

4. Geben Sie schließlich noch bei **Anzahl Exemplare** ❽ an, wie viele Ausdrucke Sie benötigen, und markieren Sie die Funktion **Sortieren** ❾, wenn ein Ausdruck der Seiten eines Dokuments in sortierter Reihenfolge erfolgen soll (immer die Seiten 1;2;3, 1;2;3 und nicht 1;1;1, 2;2;2, 3;3;3).

5. Haben Sie alle Einstellungen vorgenommen, schicken Sie das Dokument über die Schaltfläche **Drucken** ❿ an den eingeschalteten Drucker.

Tinte sparen

Viele Drucker unterstützen den Modus **Konzept-Druck** oder auch **Entwurf**. Dabei wird das Dokument unter Einsparung von Tinte oder Toner ausgedruckt. Der Ausdruck erscheint dann blasser, für den Eigenbedarf ist dies aber oft ausreichend. Sie finden diese Option in den Einstellungen Ihres Druckers.

PDFs mit Windows 10

Eine PDF-Datei anstelle eines Papierausdrucks erstellen

Man kann Dokumente auch als PDF-Dateien speichern und diese in elektronischer Form per E-Mail versenden. Das spart Zeit und Kosten. Bisher gab es diese Möglichkeit aber nur, wenn Sie Anwender von Microsoft Office waren oder ein separates Programm dafür installiert hatten. Unter Windows 10 stellt Microsoft nun erstmals einen sogenannten *PDF-Drucker* zur Verfügung.

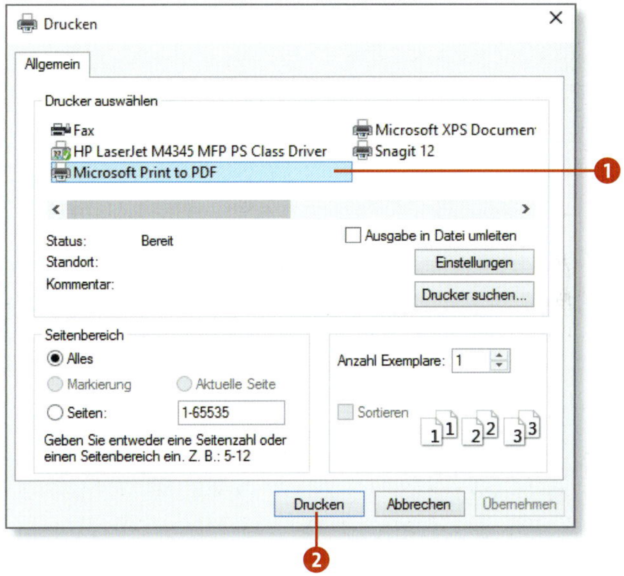

1. Wenn Sie ein Dokument als PDF-Datei speichern möchten, z. B. in WordPad, rufen Sie über **Datei > Drucken** den Druckdialog auf. Wählen Sie für die Ausgabe nicht Ihren Standarddrucker, sondern den virtuellen Drucker **Microsoft Print to PDF** 1 aus, und klicken Sie anschließend auf **Drucken** 2.
2. Das Vorgehen mag im ersten Moment verwirren, denn die Datei soll ja nicht ausgedruckt, sondern in eine PDF-Datei konvertiert werden. Nach Auswahl des PDF-Druckers öffnet sich das Dialogfenster **Druckausgabe speichern unter**. Wählen Sie aus, in wel ches Verzeichnis das Dokument gespeichert werden soll, in diesem Beispiel ist das der Ordner **Dokumente** 3.
3. Tragen Sie einen Namen für das zu speichernde Dokument ein 4, und klicken Sie danach auf **Speichern** 5.

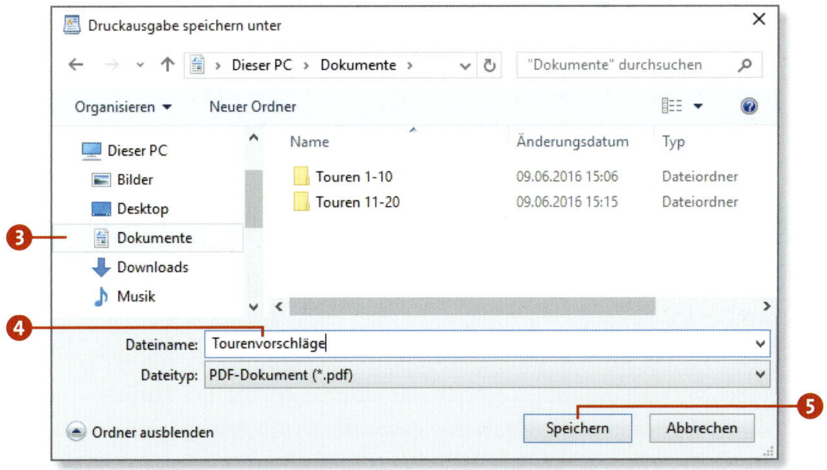

Was ist eine PDF-Datei?

PDF (*Portable Document Format*) ist ein Dateiformat, das für den plattformübergreifenden Austausch von Dokumenten entwickelt wurde. PDF-Dateien lassen sich mit einem Reader öffnen und können so z. B. auch dann angezeigt werden, wenn der andere Nutzer das Programm nicht installiert hat, mit dem die Ursprungsdatei erstellt wurde (z. B. Word). Außerdem können PDFs nicht aus Versehen verändert werden.

Eine PDF-Datei öffnen und drucken

Unter Windows 10 werden PDF-Dateien standardmäßig mit der *Reader*-App geöffnet. Zum Lesen einer PDF-Datei ist diese App vollkommen ausreichend, und sie erspart Ihnen die separate Installation eines PDF-Readers.

Wenn Sie eine PDF-Datei mit einem Doppelklick öffnen, startet automatisch die Reader-App und zeigt das Dokument im Fenstermodus an. Klicken Sie rechts oben auf den diagonalen Doppelpfeil, um in die Vollbildansicht zu wechseln.

1. Rufen Sie mit einem Rechtsklick die App-Leiste auf. Über die Menüpunkte **Zwei Seiten**, **Eine Seite** und **Fortlaufend** (1) können Sie die Darstellung des Dokuments festlegen.
2. Gelegentlich möchte man ein PDF-Dokument natürlich auch mal ausdrucken. Öffnen Sie auch dafür die App-Leiste, und klicken Sie darin auf die Schaltfläche **Drucken** (2). Wenn Sie lieber mit der Tastatur arbeiten, drücken Sie die Tasten [Strg] + [P], um den Druckdialog aufzurufen.
3. Klicken Sie nun auf den Eintrag Ihres Druckers (3), und legen Sie dann die Druckoptionen fest, z. B. die Anzahl der Ausdrucke (4) oder welche Seiten gedruckt werden sollen (5). Mit **Drucken** (6) wird das Dokument schließlich zur Ausgabe an den Drucker übermittelt.

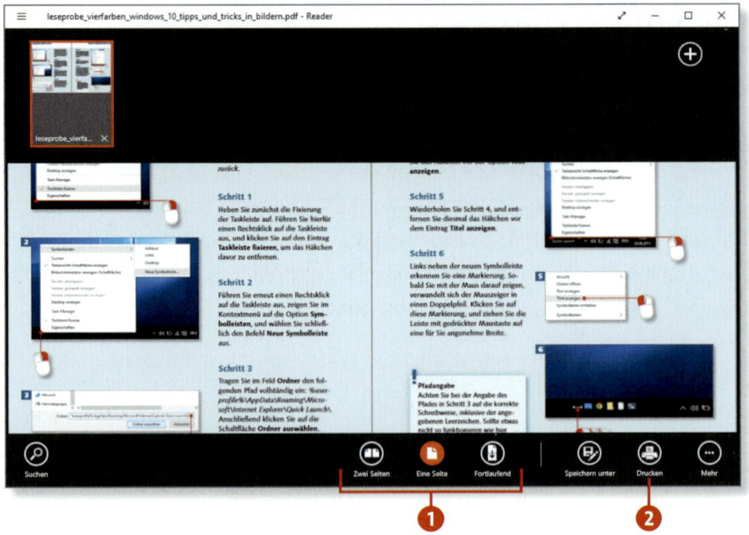

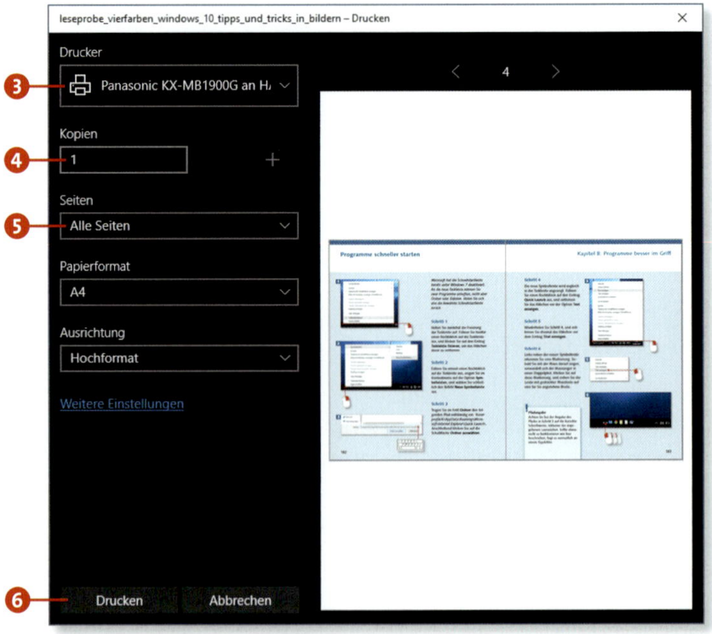

Innerhalb einer PDF-Datei suchen

Möchten Sie nach einer bestimmten Textpassage oder einem Begriff im Dokument suchen, wählen Sie aus der App-Leiste den Punkt **Suchen** und geben anschließend einen Suchbegriff ein. Mit den daraufhin eingeblendeten Schaltflächen **Zurück** und **Weiter** können Sie zu den einzelnen Fundstellen springen.

Bibliotheken

Die Bibliotheken in der Übersicht

Bibliotheken helfen bei der Organisation Ihrer Daten. Sie können in einer Bibliothek Dateien zusammenfassen, die auf verschiedenen Laufwerken und in verschiedenen Verzeichnissen gespeichert sind. Bibliotheken dienen also als eine Art Inhaltsverzeichnis, das selbst keine Daten, sondern nur Verknüpfungen zu den Daten enthält. So können Sie über die Bibliothek **Dokumente** auf Dateien zugreifen, die tatsächlich in den Verzeichnissen **Eigene Dokumente**, **Öffentliche Dokumente** und in anderen Ordnern gespeichert sind. Das funktioniert sogar laufwerksübergreifend: Ein Teil der Dokumente kann sich z. B. auf *C:* und ein anderer Teil auf den Festplatten *E:* oder *F:* befinden. Über eine Bibliothek haben Sie also stets an zentraler Stelle schnellen Zugriff auf Dateien, die über das ganze System verteilt sein können. Auf die Art müssen Sie Ihre Grundordnung nicht ändern. Die sechs Standardbibliotheken **Bilder**, **Dokumente**, **Eigene Aufnahmen**, **Gespeicherte Bilder**, **Musik** und **Videos** werden im Explorer erst angezeigt, nachdem Sie die entsprechende Option aktiviert haben. Klicken Sie dazu mit der rechten Maustaste auf eine freie Stelle in der linken Spalte, z. B. ganz unten, und wählen Sie aus dem Kontextmenü die Option **Bibliotheken anzeigen** (1) aus.

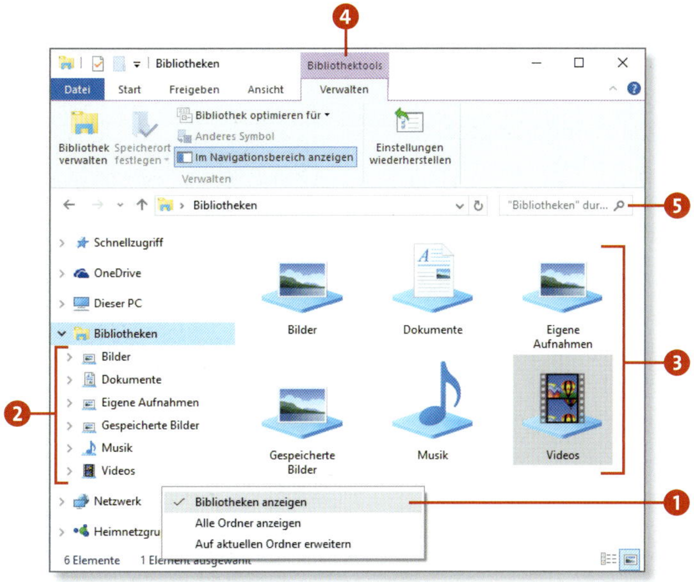

(2) Die Standardbibliotheken **Bilder**, **Dokumente**, **Eigene Aufnahmen**, **Gespeicherte Bilder**, **Musik** und **Videos**

(3) Darstellung der Bibliotheken als Symbole im Dateibereich

(4) Die Registerkarte **Bibliothektools/Verwalten**

(5) Ausgewählte Bibliotheken durchsuchen

Eine neue Bibliothek erstellen und Ordner hinzufügen

Die Standardbibliotheken reichen für eine bequeme und effektive Verwaltung Ihrer Daten meist nicht aus. Zum Erstellen zusätzlicher Bibliotheken benötigen Sie nur wenige Mausklicks.

1. Öffnen Sie den Datei-Explorer, und klicken Sie in der linken Fensterhälfte auf den Eintrag **Bibliotheken** ❶. Darunter werden alle vorhandenen Bibliotheken aufgelistet. Falls nicht, klicken Sie auf den kleinen Pfeil vor dem Eintrag **Bibliotheken**.
2. Um nun eine neue Bibliothek hinzuzufügen, klicken Sie auf dem Register **Start** ❷ auf die Schaltfläche **Neues Element** ❸ und wählen den einzigen zur Verfügung stehenden Menüpunkt **Bibliothek** aus.
3. Ein neuer Eintrag wird erstellt. Vergeben Sie einen Namen für die neue Bibliothek, und schließen Sie Ihre Eingabe mit der [↵]-Taste ab.
4. Die neue Bibliothek wird mit einem Standardsymbol angezeigt. Um dieses Symbol zu ändern, klicken Sie zunächst in der linken Spalte auf die neue Bibliothek ❹ und öffnen dann das Register **Bibliothekstools/Verwalten** ❺. Dort klicken Sie auf die Schaltfläche **Anderes Symbol** ❻.
5. Im Dialog **Anderes Symbol** wählen Sie ein passendes Symbol aus ❼ und klicken auf **OK**. Ihre Bibliothek wird nun mit dem neuen Symbol dargestellt.

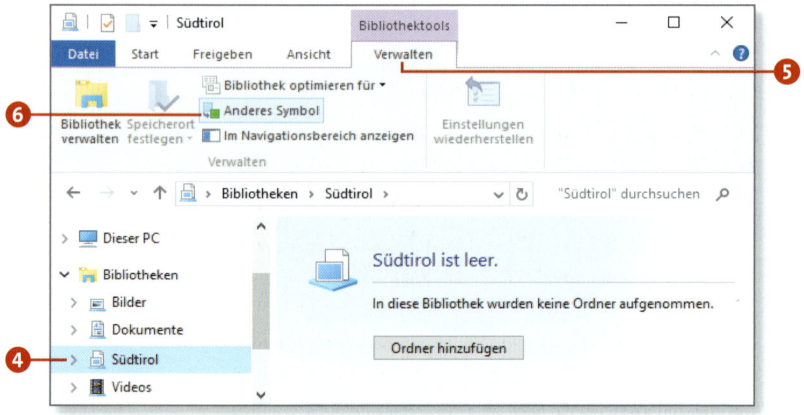

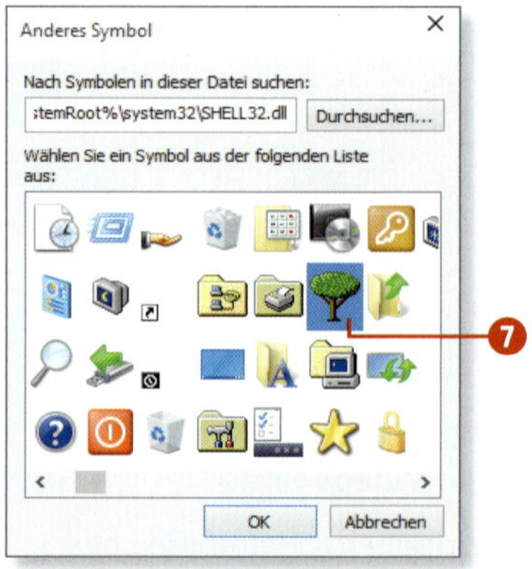

Bibliotheken an den Startbildschirm heften

Da Bibliotheken ähnlich behandelt werden wie Ordner, können Sie sie ebenfalls an den Startbildschirm heften. Klicken Sie mit der rechten Maustaste auf die Bibliothek, und wählen Sie dann den Befehl **An „Start" anheften** aus dem Kontextmenü.

6. Klicken Sie im Navigationsbereich des Explorers auf Ihre neu erstellte Bibliothek. Diese ist zu Anfang natürlich noch leer. Um dies zu ändern, klicken Sie im rechten Bereich auf die Schaltfläche **Ordner hinzufügen** ❽.
7. Ein neues Explorer-Fenster öffnet sich. Wählen Sie hier einen passenden Ordner aus, und fügen Sie ihn der Bibliothek über die Schaltfläche **Ordner aufnehmen** ❾ hinzu.
8. Möchten Sie weitere Ordner hinzufügen, klicken Sie diese im Explorer mit der rechten Maustaste an, zeigen auf den Befehl **In Bibliothek aufnehmen** und wählen eine Bibliothek aus ❿.

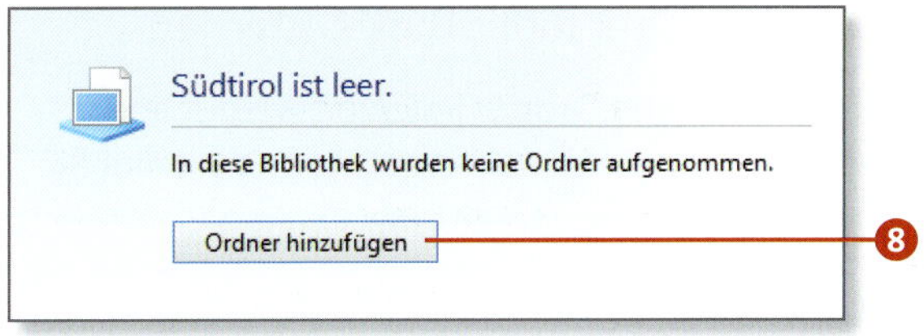

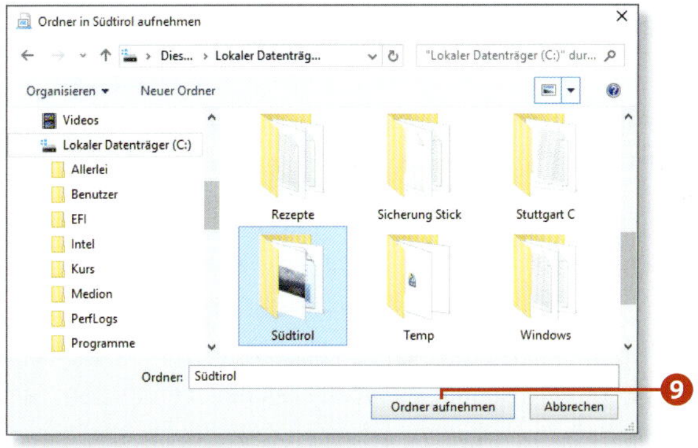

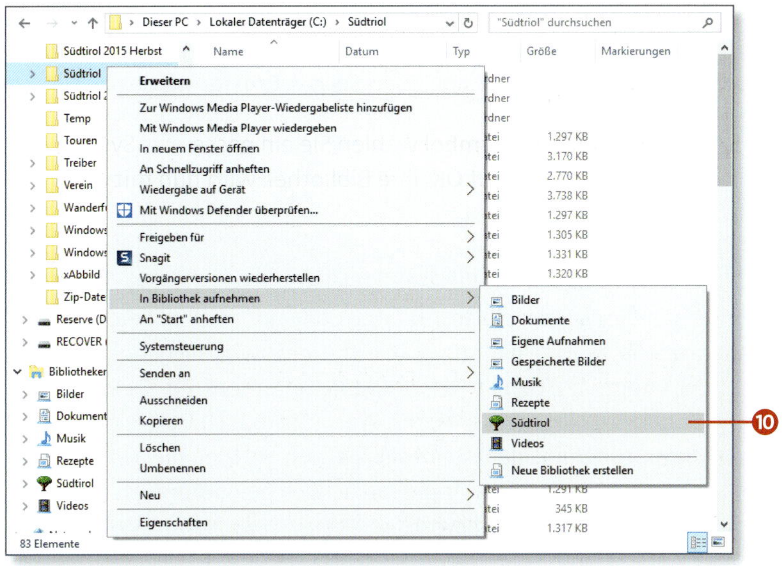

Standardspeicherort auswählen

Sie können auch direkt in der Bibliothek neue Dateien und Ordner erstellen. Da die Bibliothek nur ein virtueller Ordner ist, muss Windows wissen, an welchem »reellen« Speicherort die neue Datei oder der Ordner tatsächlich erstellt werden soll. Zu diesem Zweck können Sie über die Schaltfläche **Speicherort festlegen** im Register **Bibliothektools/Verwalten** einen Standardspeicherort für die ausgewählte Bibliothek angeben. Standardmäßig wird dafür der erste Ordner genommen, den Sie hinzugefügt haben.

Einzelne Standardbibliotheken ausblenden

Falls Sie eine Standardbibliothek gerade nicht benötigen, können Sie sie aus dem Navigationsbereich ausblenden. Markieren Sie die Bibliothek, und klicken Sie dann im Register **Bibliothektools/Verwalten** auf **Im Navigationsbereich anzeigen**, um diese Funktion zu deaktivieren. Die Bibliothek wird dann nicht mehr im Navigationsbereich gelistet. In der rechten Fensterhälfte ist sie aber weiterhin als Symbol zu sehen.

Dateien und Ordner aus einer Bibliothek entfernen

Natürlich lassen sich Dateien und Ordner jederzeit wieder aus einer Bibliothek entfernen. Wie Sie dabei vorgehen und worauf Sie achten sollten, erfahren Sie in dieser Anleitung.

1. Öffnen Sie die Bibliothek, markieren Sie in der rechten Fensterhälfte den Ordner oder die Datei(en), und klicken Sie auf der Registerkarte **Start** auf **Löschen** ❶. Alternativ drücken Sie `Entf`.
2. Wenn Sie die anschließende Sicherheitsabfrage mit **Ja** bestätigen, werden die markierten Elemente in den Papierkorb verschoben (also auch am eigentlichen Speicherort gelöscht).
3. Eine Besonderheit stellt das Entfernen eines Hauptordners aus einer Ihrer Bibliotheken dar. Klicken Sie hierfür links im Navigationsbereich zunächst auf den Namen der Bibliothek ❷ und schließlich im Register **Verwalten** ❸ auf den Menüpunkt **Bibliothek verwalten** ❹. Es öffnet sich ein weiteres Fenster, in dem Sie nun den zu entfernenden Ordner markieren und durch Betätigen der Schaltfläche **Entfernen** ❺ herausnehmen können. In diesem Fall erfolgt keine Sicherheitsabfrage, weil der Ordner nicht gelöscht, sondern lediglich als Verknüpfung aus der Bibliothek entfernt wird. Mit **OK** schließen Sie das Fenster wieder.

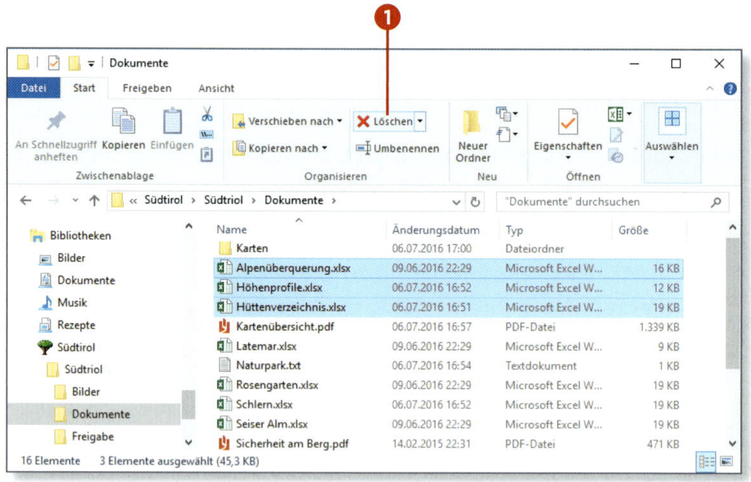

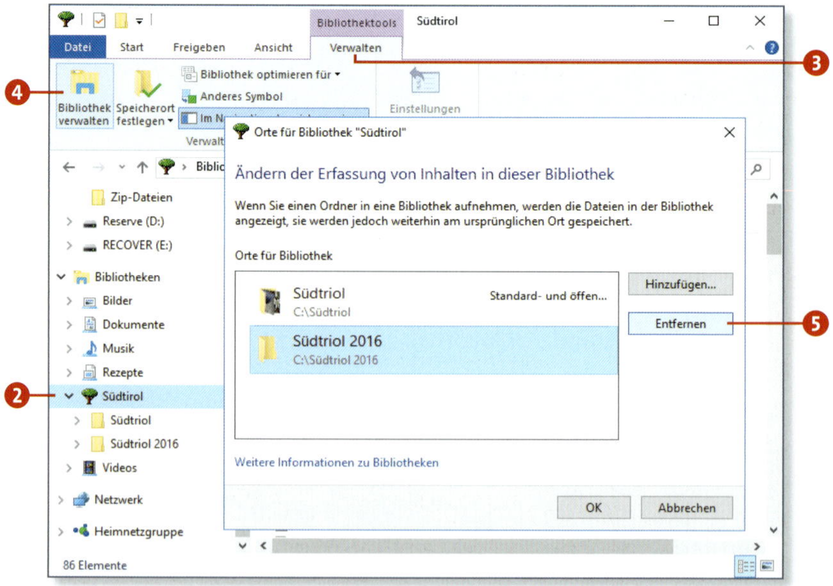

Wann wird gelöscht und wann nicht?

Wenn Sie die komplette Bibliothek oder einen der Speicherorte aus der Navigationsleiste entfernen, wird nichts gelöscht. Die Ordner bleiben am Ursprungsort erhalten, nur die Verknüpfungen werden entfernt. Wenn Sie jedoch Dateien oder Unterordner aus der Bibliothek löschen, werden diese nach erfolgter Sicherheitsabfrage tatsächlich gelöscht (auch am ursprünglichen Speicherort).

5 Internet

Die nächste Wanderung in den Alpen planen, Reiseinformationen einholen oder gleich einen Flug buchen. E-Mails abrufen, eine Überweisung tätigen und am Abend schnell schauen, was die Freunde auf Facebook so machen. Kurzum: Um online zu sein und stets auf dem neuesten Stand zu bleiben, braucht man einen Computer mit Internetanschluss.

Noch unter Windows 8 hat Microsoft seinen Browser, den Internet Explorer, gleich doppelt ausgeliefert, als Windows-App und als Desktop-Anwendung. Mit Windows 10 steht nun eine komplette Neuentwicklung zur Verfügung, ein nagelneuer Browser: *Microsoft Edge*. Anfangs noch mit einer eher rudimentären Ausstattung, wurde das Programm im Laufe der Zeit immer wieder mit neuen Möglichkeiten über das automatische *Windows Update* ausgestattet, und auch im Zuge des Creators Updates kamen neue Funktionen hinzu. Laut Microsoft ist Edge deutlich schneller und leistungsfähiger als der alte Internet Explorer. Wie Sie mit diesem Programm sicher umgehen, wie Sie Favoriten anlegen und verwalten, Seiten auf dem Desktop, in der Taskleiste oder in das Startmenü ablegen können, erfahren Sie in diesem Kapitel.

Und natürlich darf das Thema Sicherheit nicht fehlen! Onlinebetrüger, Viren oder Trojaner lauern buchstäblich an jeder Ecke. Damit will ich Ihnen keine Angst machen, aber es ist gut, die Gefahren zu kennen, um sie gezielt abwehren zu können. Erneut hat Microsoft seinem Betriebssystem einen vollwertigen Virenschutz spendiert, der Ihnen zusammen mit der Windows-Firewall einen soliden Basisschutz für Ihr System bietet.

In diesem Kapitel

- Ins Internet mit Windows 10
- Eine DSL-Verbindung einrichten
- Surfen mit Microsoft Edge
- Favoriten anlegen und verwalten
- Webseitennotizen erstellen
- Sicherheit im Internet
- Mit dem Windows Defender Schadsoftware entfernen
- Die Funktion »Windows Update«
- Die Windows-Firewall einrichten
- Phishing-Attacken erkennen und abwehren
- Der private Modus Ihres Browsers
- Hotspots und öffentliche Netzwerke

Ins Internet mit Windows 10

Eine DSL-Verbindung einrichten

Bevor es ins Internet geht, müssen Sie Ihren Router (bzw. Ihr Modem) mit dem Computer verbinden. Halten Sie die Zugangsdaten bereit, die Sie von Ihrem Internetanbieter erhalten haben.

1. Rufen Sie die Windows-Einstellungen auf, indem Sie im Startmenü auf das Zahnradsymbol klicken, und öffnen Sie dann die Kategorie **Netzwerk und Internet**.
2. Wählen Sie aus der Menüleiste den Eintrag **DFÜ** ❶, und klicken Sie dann in der rechten Fensterhälfte auf **Neue Verbindung einrichten**.
3. Im zugehörigen Dialogfenster wählen Sie den Menüpunkt **Neue Verbindung einrichten** ❷.
4. Ein weiteres Dialogfenster öffnet sich mit der Frage nach der gewünschten Verbindungsoption. Klicken Sie darin auf **Verbindung mit dem Internet herstellen** und anschließend auf **Weiter**. Dann wählen Sie die Option **Breitband (PPPoE)** zum Erstellen einer Modemverbindung.
5. Tragen Sie nun den von Ihrem Internetanbieter zugeteilten Benutzernamen und das dazugehörige Kennwort ein ❸. Im Feld **Verbindungsname** ❹ können Sie die Bezeichnung frei wählen. Mit einem Klick auf **Verbinden** ❺ wird die neu eingerichtete DSL-Verbindung hergestellt.

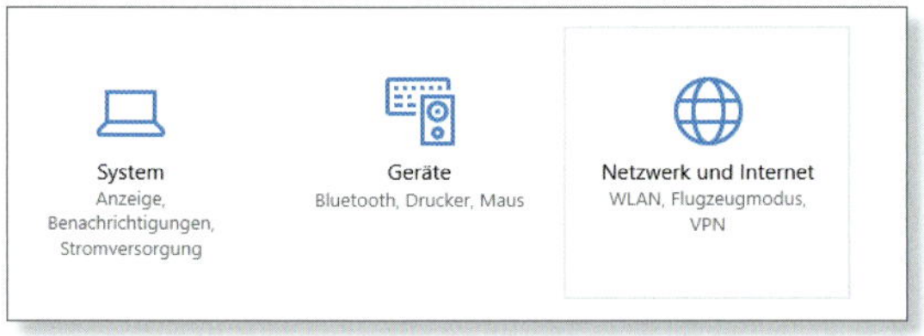

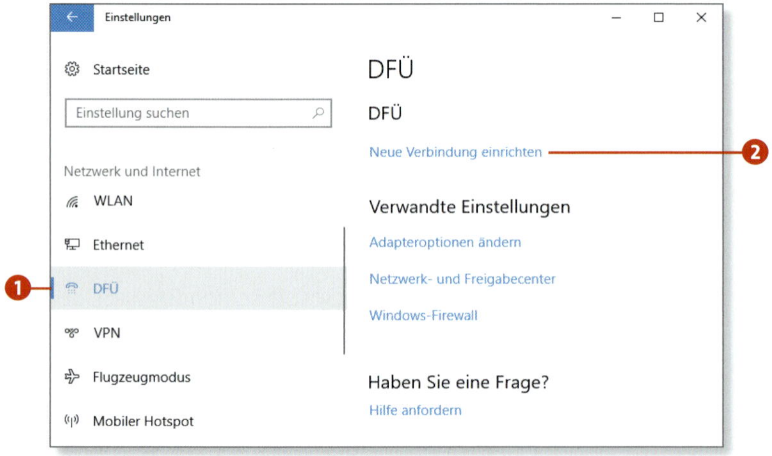

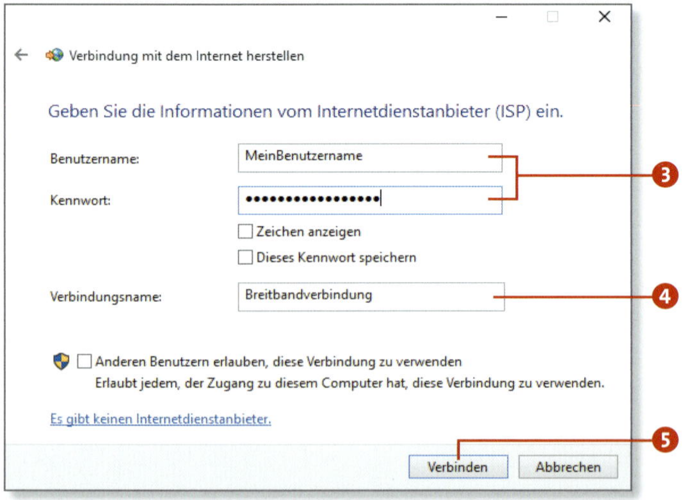

Antivirensoftware installieren?

Windows 10 enthält mit dem *Windows Defender* bereits ein vollwertiges Schutzprogramm vor Viren und Trojanern. Wenn Sie den Defender durch ein Antivirenprogramm eines Drittherstellers ersetzen, achten Sie darauf, es durch Updates immer auf dem neuesten Stand zu halten.

Egal, ob Sie auf dem Balkon, im Hotel oder am Flughafen sitzen, mithilfe einer WLAN-Verbindung können Sie fast überall ins Internet, einen WLAN-Hotspot vorausgesetzt (siehe dazu auch den Abschnitt »Hotspots und öffentliche Netzwerke« auf Seite 169). Die Verbindung mit einem WLAN ist recht einfach.

1. Klicken Sie in der Taskleiste auf das Netzwerksymbol ❶.
2. Ein Menü öffnet sich und zeigt Ihnen alle verfügbaren Drahtlosnetzwerke an, die sich in Ihrer Nähe befinden. Wählen Sie die bevorzugte Verbindung mit einem Mausklick aus. Wenn Sie sich nicht bei jedem Windows-Start neu am Netzwerk anmelden möchten, aktivieren Sie die Option **Automatisch verbinden** ❷.
3. Klicken Sie auf **Verbinden** ❸, um eine Verbindung aufzubauen.
4. Geben Sie zur Authentifizierung den Netzwerkschlüssel ❹ ein, der bei der Einrichtung der WLAN-Verbindung im Router eingetragen wurde. Moderne Router bieten gar die Möglichkeit, die Zugangsdaten über eine Taste am Gerät automatisch an den Rechner zu übermitteln.
5. Auf die abschließende Frage, ob zu PCs und Geräten in diesem Netzwerk eine Verbindung hergestellt werden soll, klicken Sie bei einem Heim- oder Arbeitsnetzwerk auf **Ja**, und bei einem öffentlichen Netzwerk, z. B. in einem Hotel, wählen Sie aus Sicherheitsgründen **Nein**. Die Verbindung wird daraufhin aufgebaut.

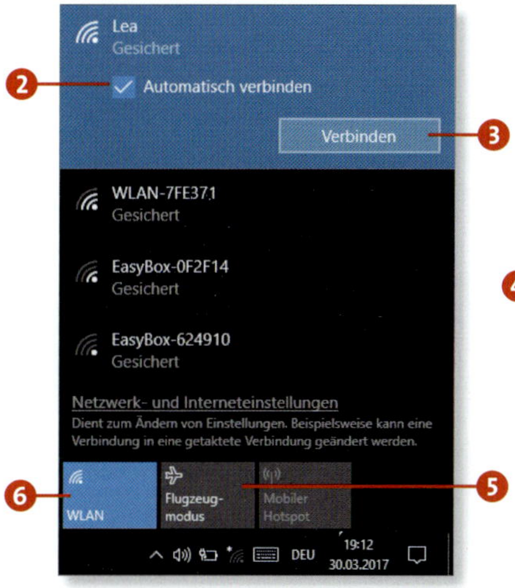

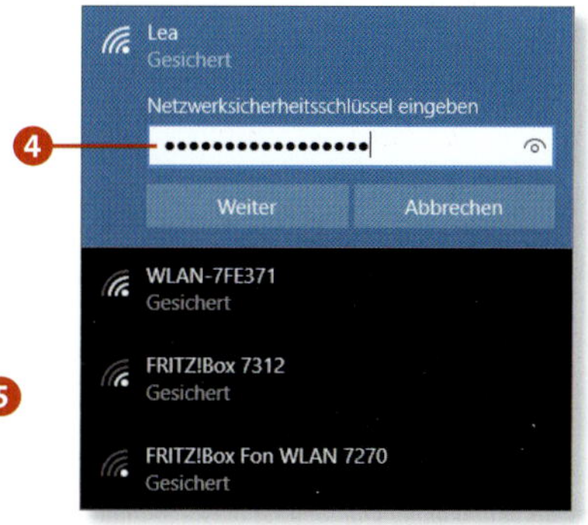

Der Flugzeugmodus

Über die gleichnamige Schaltfläche ❺ in der Anzeige der verfügbaren Netzwerkverbindungen und im Info-Center können Sie den *Flugzeugmodus* aktivieren und damit die Funkkommunikation vollständig einstellen. Eine WLAN-Verbindung wird dann nicht aufgebaut.

Keine Drahtlosnetzwerke verfügbar?

Sollten keine WLAN-Verbindungen angezeigt werden, aktivieren Sie zunächst die WLAN-Funktion, indem Sie auf das WLAN-Symbol ❻ klicken, falls dieses grau unterlegt und die Funktion damit deaktiviert sein sollte. Ist die Option nicht aktivierbar, muss die WLAN-Funktion an Ihrem Laptop erst über eine spezielle Taste oder eine Tastenkombination eingeschaltet werden. Konsultieren Sie in diesem Fall das Bedienungshandbuch Ihres Geräts.

Surfen mit Microsoft Edge

Der Browser in der Übersicht

Welches Programm Sie zum Surfen im Internet benutzen, ist letztlich eine Frage des persönlichen Geschmacks. Die bekanntesten Browser sind, neben dem in die Jahre gekommenen *Internet Explorer*, *Opera*, *Google Chrome* oder auch *Mozilla Firefox*. Microsoft hat für Windows 10 nun einen ganz neuen Browser entwickelt, der den Namen *Microsoft Edge* trägt. Der neue Browser wurde gegenüber dem Internet Explorer erheblich abgespeckt, Altlasten, die den Internet Explorer träge und instabil machten, wurden entfernt. Das Ergebnis kann sich sehen lassen, Edge ist ein moderner, schneller und sicherer Webbrowser geworden. Wie Sie neue Seiten aufrufen, mit Registerkarten effektiv arbeiten, Lesezeichen abspeichern und verwalten oder Seiten im Lesemodus betrachten können, beschreibe ich am Beispiel dieses neuen Standardbrowsers. Die Funktionen und Vorgehensweisen der einzelnen Programme unterscheiden sich nur wenig, und so werden Sie die nachfolgenden Anleitungen sehr leicht auf Ihren Lieblingsbrowser übertragen können.

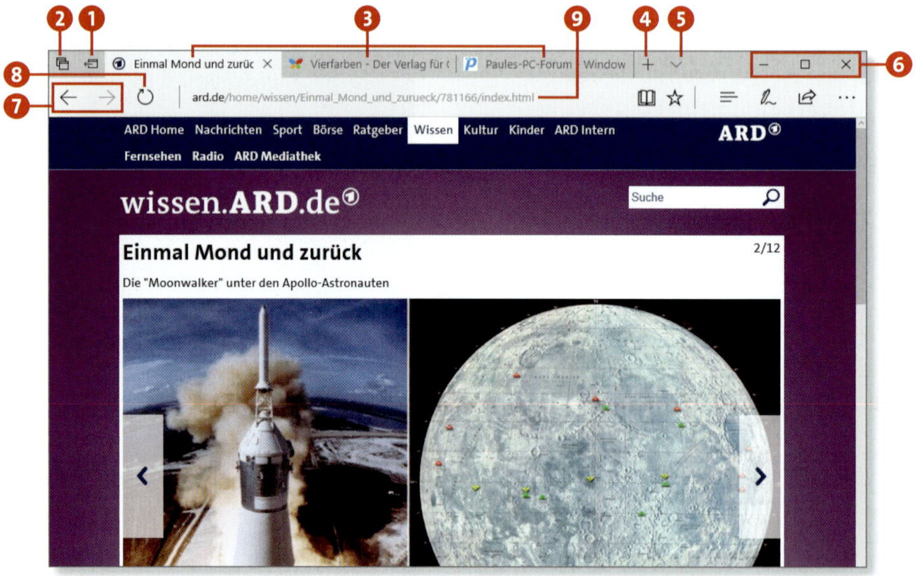

1. Speichert alle geöffneten Registerkarten
2. Alle gespeicherten Registerkarten aufrufen
3. Registerkarten mit geöffneten Seiten
4. Eine neue Registerkarte öffnen
5. Eine Vorschau aller Tabs einblenden
6. Fenster minimieren, maximieren oder schließen
7. Vor- und Zurück-Schaltflächen
8. Über den kreisförmigen Pfeil aktualisieren Sie den Seiteninhalt
9. Adressfeld zur Eingabe einer Internetadresse

Mit der Option *Leseansicht* können Sie die Ansicht einer Webseite umschalten und damit den Inhalt der Seite auf das Wesentliche reduzieren. Navigationslinks oder Werbeflächen werden weitestgehend entfernt, und der Fokus wird auf Text und Bilder des Artikels gelegt. Der Lesekomfort wird dadurch deutlich erhöht. Das nachfolgende Bild zeigt eine Seite in der Leseansicht. Sie haben in dieser Ansicht die Möglichkeit, die verwendete Schriftart, die Schriftgröße und den Hintergrund nach Ihren Vorlieben zu ändern.

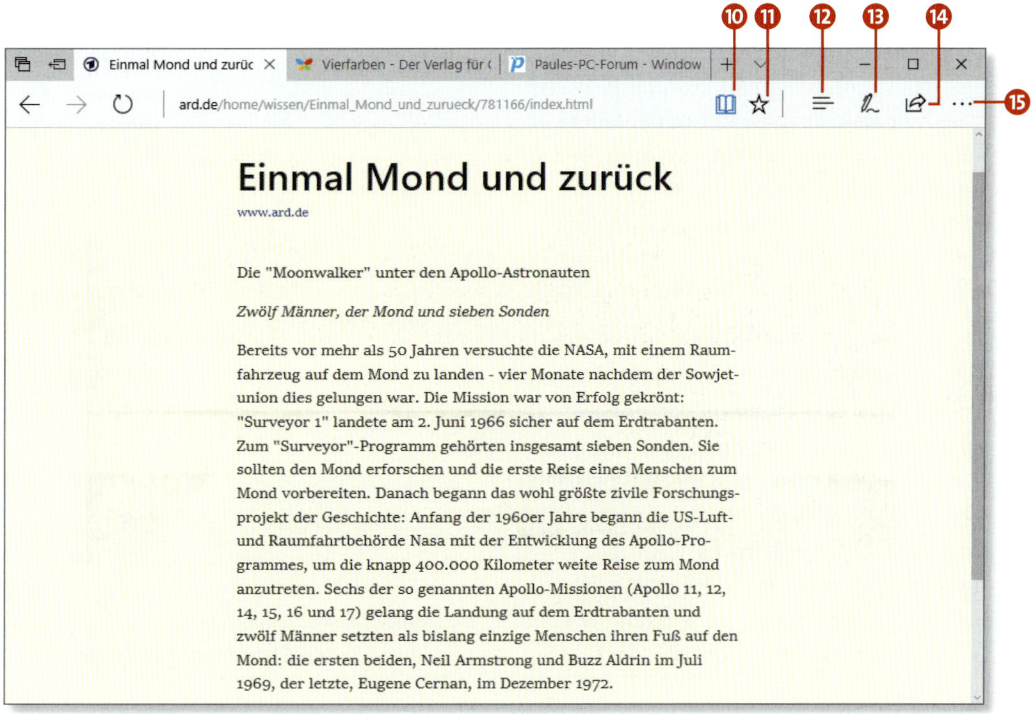

- **10** Zwischen Leseansicht und Normalansicht wechseln
- **11** Seite zu den Favoriten hinzufügen
- **12** Ansicht und Verwaltung der Favoriten, des Verlaufs und der Downloads
- **13** Webseitennotizen erstellen
- **14** Inhalte mit anderen Apps teilen
- **15** Weitere Funktionen und Einstellungsmöglichkeiten

Einen Standardbrowser festlegen

Anstelle des vorinstallierten Browsers Edge können Sie jederzeit auch einen anderen Browser auf Ihrem System installieren, z. B. Firefox, Opera oder Google Chrome. Sie können diesen »fremden« Browser auch parallel zu Microsoft Edge nutzen. Wenn Sie z. B. innerhalb einer E-Mail auf einen Link klicken, wird die Seite mit Ihrem Standardbrowser aufgerufen. Haben Sie neben Edge noch einen weiteren Webbrowser installiert, müssen Sie eines dieser Programme als Standardbrowser festlegen.

Beim ersten Start eines neu installierten Browsers erfolgt standardmäßig eine Abfrage, ob dieses Programm fortan als Standardbrowser festgelegt werden soll. Falls Sie hier **Nein** ausgewählt haben oder nachträglich einen anderen Browser zum Standardbrowser befördern möchten, öffnen Sie mit der Tastenkombination [Windows] + [I] die neuen Einstellungen und wählen darin die Kategorie **Apps**. Klicken Sie dann in der linken Fensterhälfte auf den Menüpunkt **Standard-Apps** ❶.

Klicken Sie im Abschnitt **Webbrowser** auf den Eintrag des dort angezeigten Programmnamens. Im Auslieferungszustand von Windows 10 ist dies **Microsoft Edge**. Windows listet nun alle verfügbaren Programme auf. In diesem Beispiel sind das die Anwendungen *Microsoft Edge*, *Firefox*, *Google Chrome*, *Internet Explorer* und die Möglichkeit, über den Store einen weiteren Browser zu finden. Wählen Sie Ihren bevorzugten Browser aus der Liste aus, z. B. **Firefox** ❷. Es erfolgt keine Rückfrage, dem ausgewählten Programm werden daraufhin alle Standards zugewiesen. Diese Einstellung können Sie jederzeit wieder ändern, falls Sie ein anderes Programm nutzen möchten.

Wenn Sie nun einen anderen als den soeben zum Standard ernannten Browser öffnen, wird Sie dieses Programm voraussichtlich mit einem Hinweis darüber informieren, dass es nicht der Standardbrowser ist, und fragen, ob Sie es zu diesem befördern möchten. Wählen Sie in diesem Fall **Nein**, damit die zuvor getroffene Einstellung nicht wieder überschrieben wird.

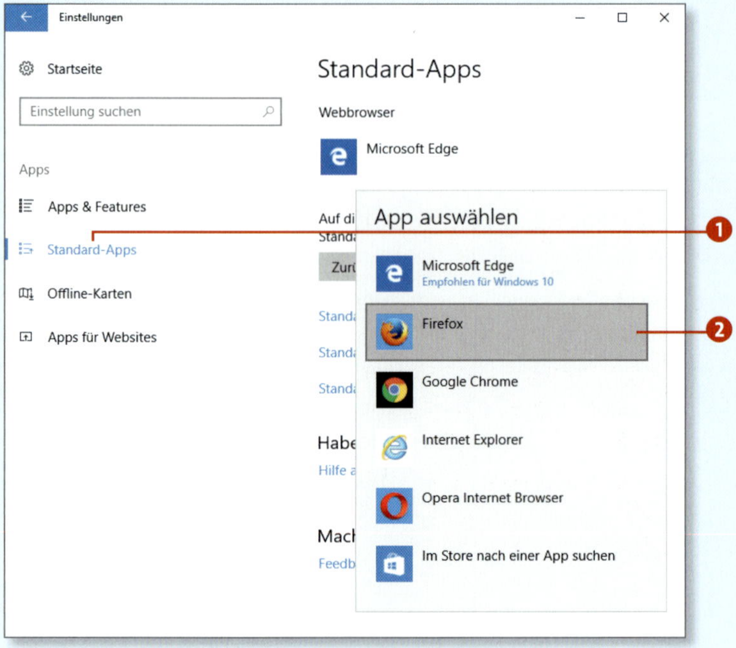

So legen Sie den Standardbrowser fest.

Eine Webseite über einen Link aufrufen

Viele Internetadressen werden Sie über Verweise aufrufen, sogenannte *Links*, entweder aus einer E-Mail heraus oder über Verweise auf einer anderen Webseite.

1. Links werden auf Internetseiten auf unterschiedliche Art angezeigt. Der klassische Textlink besteht aus einem Wort und wird in aller Regel in blauer Schrift und unterstrichen dargestellt. Ausnahmen bestätigen allerdings die Regel, sodass man inzwischen auch Links in einer anderen Farbgebung findet. Egal, wie der Link aussieht: Ein einfacher Mausklick genügt, um die verknüpfte Webseite aufzurufen.

2. Sie erkennen einen Link besonders zuverlässig, wenn Sie mit der Maus darauf zeigen, ohne sofort zu klicken. Handelt es sich um einen Link, ändert sich die Form des Mauszeigers von einem Pfeil zu einer kleinen Hand ❶.

3. Klicken Sie auf einen Link, wird die damit verlinkte Seite meist auf der gleichen Registerkarte geöffnet. Möchten Sie die Seite lieber auf einer neuen Registerkarte öffnen, drücken Sie die Taste [Strg], halten diese gedrückt und klicken erst dann auf den Link. Möchten Sie die Seite in einem neuen Fenster öffnen, halten Sie die [⇧]-Taste gedrückt und klicken auf den Link.

Verlinkte Bilder und Grafiken

Auch Bilder und Grafiken können mit einem Link versehen sein. Hier gilt das gleiche Prinzip: Wenn Sie mit der Maus auf die Grafik zeigen und sich der Mauszeiger in eine Hand verwandelt, handelt es sich um einen Link ❷. Bilder werden auf Webseiten vielfach in einer verkleinerten Ansicht dargestellt, klickt man auf das Bild, wird dieses vergrößert angezeigt.

Eine Webseite über die Adressleiste aufrufen

Wenn Sie eine Webseite öffnen möchten, deren Adresse Sie bereits kennen, können Sie diese direkt in die Adresszeile des Browsers eingeben und die Seite aufrufen.

1. Die Adresszeile beim Browser *Microsoft Edge* ist unmittelbar unter der sogenannten *Tableiste* platziert. Es handelt sich hierbei um ein kombiniertes Adress- und Suchfeld, d. h., Sie können dort sowohl eine Internetadresse als auch einen Suchbegriff eingeben, nach dem Sie über die Standardsuchmaschine suchen möchten.

2. Klicken oder tippen Sie in das Adressfeld, um dieses zu aktivieren. Die Schreibmarke blinkt und wartet auf Ihre Eingabe. Geben Sie nun die Adresse, auch kurz *URL* genannt, in das Adressfeld ein ❶. Den Zusatz *http://www.* müssen Sie bei modernen Browsern nicht mehr eingeben, dieser Teil wird automatisch vom Programm ergänzt. Es reicht also, wenn Sie z. B. statt *http://www.vierfarben.de* nur den Namen und das Länderkürzel, also in diesem Fall *vierfarben.de* eingeben.

3. Sobald Sie den ersten Buchstaben eingeben, schlägt das Programm Ihnen Seiten vor, die diesen Buchstaben enthalten und die Sie zu einem früheren Zeitpunkt bereits einmal aufgerufen haben ❷. Ist eine dieser Seiten Ihr Ziel, klicken Sie auf den entsprechenden Eintrag. So sparen Sie sich einige Tipparbeit.

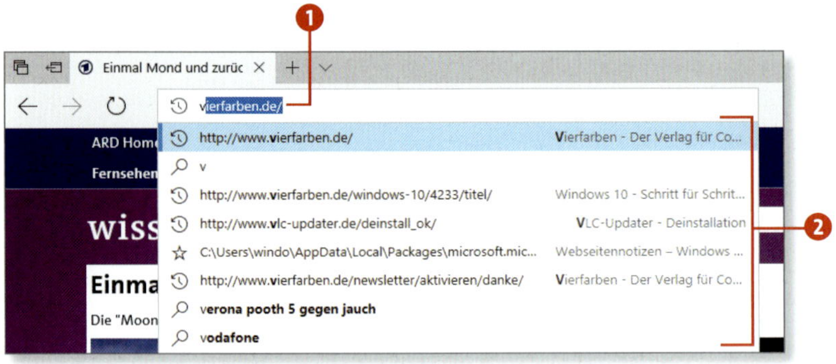

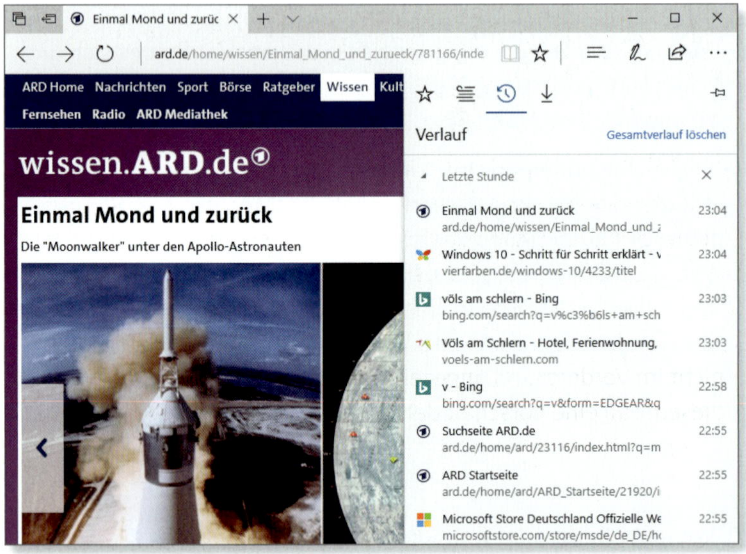

Auf Webseiten suchen

Drücken Sie im Programm die Tastenkombination [Strg] + [F], wird am oberen Fensterrand eine zusätzliche Leiste eingeblendet, die ein Suchfeld mit blinkender Schreibmarke anzeigt. Tippen Sie den Suchbegriff ein. Alle Übereinstimmungen werden auf der Seite farblich hervorgehoben. Die Tastenkombination funktioniert auch in vielen anderen Webbrowsern.

4. Mithilfe der Tastenkombination [Strg] + [H] öffnen Sie den aktuellen Verlauf. Hier werden nun die von Ihnen zuletzt besuchten Seiten angezeigt. Wählen Sie daraus gegebenenfalls das gewünschte Ziel mit einem Mausklick aus. Ist die Seite nicht dabei, klicken Sie in die Adresszeile, um die Liste wieder zu schließen.

5. Falls die gewünschte Seite nicht dabei ist, müssen Sie die Adresse vollständig in das Textfeld eingeben. Schließen Sie Ihre Eingabe mit der [↵]-Taste ab. Achten Sie hierbei auf die genaue Schreibweise der Adresse, denn ein einziger Tippfehler führt entweder zu einer Meldung, dass die Seite nicht gefunden wurde, oder Sie werden auf eine falsche Seite weitergeleitet.

6. Wenn Sie schon eine Weile durchs Internet gesurft sind, können Sie mit den Pfeilschaltflächen links neben der Adressleiste 3 vor und zurück durch die bisher aufgerufenen Seiten springen.

7. Um eine Seite zu aktualisieren, z. B. einen Liveticker, klicken Sie auf den kreisförmigen Pfeil am Anfang der Adresszeile 4.

8. Möchten Sie die Seite wieder schließen, aber weiterhin im Internet unterwegs sein, müssen Sie nicht unbedingt das ganze Programm beenden, sondern es reicht aus, wenn Sie die betreffende Registerkarte mit einem Klick auf das kleine Kreuz schließen. Dabei können Sie auch Register von Seiten schließen, die gerade nicht im Vordergrund angezeigt werden. Der Browser zeigt in diesem Fall eine Vorschau der zu schließenden Seite an, wie in diesem Beispiel die Seite der ARD im ersten Tab 5. Bitte beachten Sie hierzu auch den Abschnitt »Der Browser in der Übersicht« ab Seite 146.

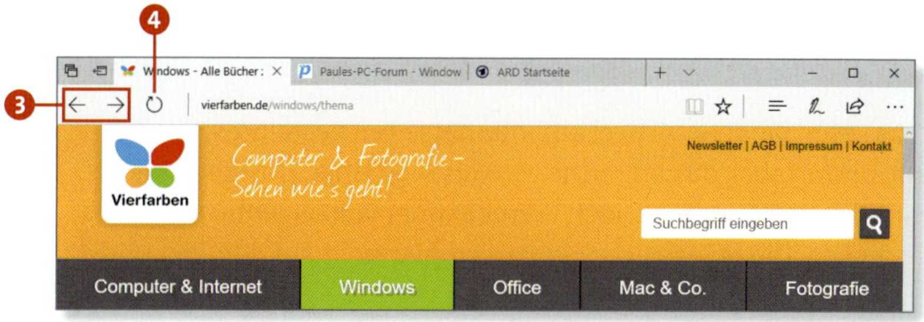

Eine Startseite festlegen

Sie können festlegen, welche Seite Edge anzeigen soll, wenn Sie das Programm starten. Soll Edge die Fenster und Tabs der letzten Sitzung starten, eine leere Seite anzeigen oder vielleicht Ihre Lieblingsseite? Klicken Sie hierfür auf die Menü-Schaltfläche, die lediglich aus drei horizontalen Punkten besteht, und wählen Sie daraus die Option **Einstellungen**. Im Abschnitt **Öffnen mit** können Sie dann entweder die Adresse der gewünschten Startseite eintragen oder z. B. über den Menüpunkt **Vorherige Seiten** festlegen, dass Edge immer mit den geöffneten Seiten der letzten Sitzung starten soll.

Die Leseansicht in Edge

Das Lesen längerer Artikel auf Internetseiten gestaltet sich oft unkomfortabel, da zahlreiche verweisende Links, Designelemente, Grafiken der Seite und auch Werbebanner vom eigentlichen Text ablenken. Die Leseansicht reduziert die Ansicht auf den Text und dazugehörige Bilder und erleichtert damit das Lesen der Seite maßgeblich.

1. Der Lesemodus kann leider nicht auf jeder Seite angewandt werden. Ob der Modus aktiviert werden kann, erkennen Sie am Symbol für die Leseansicht, einem aufgeschlagenen Buch, am Ende der Adressleiste ❶. Wird das Symbol in einem satten Schwarz angezeigt, ist die Ansicht verfügbar, wird es hingegen nur in einem schwachen Grau dargestellt, steht die Leseansicht für diese Seite nicht zur Auswahl.
2. Klicken Sie auf das Symbol, um die Leseansicht zu aktivieren. Die im Browser geladene Seite wird daraufhin neu auf einem lesefreundlichen Hintergrund angezeigt. Störende Werbeflächen und Navigationsleisten werden entfernt.
3. Gefällt Ihnen die Ansicht nicht, klicken Sie zunächst auf eine freie Stelle der Seite, um ein schwarzes Menüband unterhalb der Adresszeile einzublenden, und anschließend auf **Optionen** ❷. Sie haben nun die Möglichkeit, die Schriftgröße zu verändern, indem Sie auf eine der beiden Schaltflächen klicken ❸. Mit jedem Klick wird die Schrift um eine weitere Stufe vergrößert oder wieder verkleinert. Im Abschnitt **Seitendesign** können Sie zusätzlich die Hintergrundfarbe wählen ❹. Die Leseansicht verlassen Sie schließlich durch einen erneuten Klick auf das Buchsymbol ❺ in der Menüleiste des Browsers.

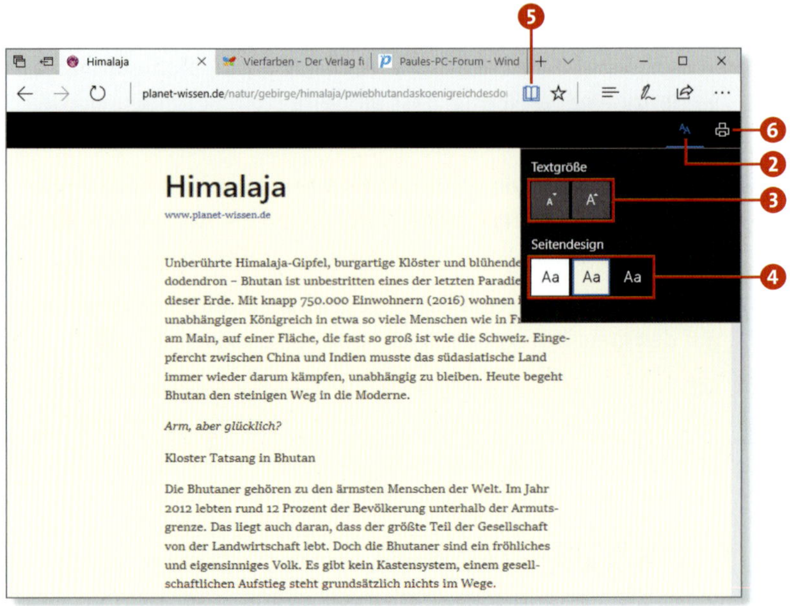

Seiten in der Leseansicht drucken

Da im Lesemodus der Inhalt der Seite auf das Wesentliche reduziert wird, eignet sich diese Ansicht auch sehr gut für einen Ausdruck. Über die Drucker-Schaltfläche ❻ erreichen Sie die Druckeinstellungen.

Registerkarten in Microsoft Edge

Dank der Registerkarten (*Tabs*) können Sie bequem mehrere Webseiten zur gleichen Zeit geöffnet haben und zwischen ihnen wechseln.

1. Klicken Sie auf einen Tab ❶, um die zugehörige Seite in den Vordergrund zu holen.
2. Möchten Sie die Position einer Registerkarte verändern, klicken Sie sie an, und verschieben Sie sie mit gedrückter Maustaste an die gewünschte Stelle.
3. Soll die Registerkarte geschlossen werden, zeigen Sie mit der Maus darauf und klicken dann auf das kleine Kreuz ❷ auf der rechten Seite der Registerkarte.
4. Bei Bedarf können Sie auch alle Registerkarten außer der aktuell geöffneten schließen. Klicken Sie mit rechts auf den Tab, den Sie geöffnet lassen möchten, und wählen Sie aus dem Kontextmenü **Andere Tabs schließen** ❸. Oder nutzen Sie die Option **Tabs rechts schließen** ❹, um alle Tabs rechts vom ausgewählten zu schließen. Über **Duplizieren** ❺ öffnen Sie die gleiche Seite nochmals in einem neuen Tab, und über **Geschlossenen Tab wieder öffnen** ❻ können Sie sogar jene Seiten wieder öffnen, die Sie im Laufe der Sitzung bereits geschlossen hatten.

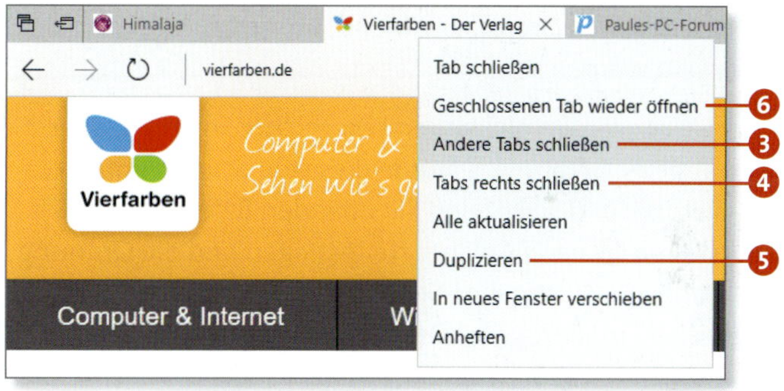

Neue Tabs öffnen mit ...

Über das **Einstellungen**-Menü ❼ haben Sie die Möglichkeit, das Verhalten des Browsers festzulegen, sobald Sie einen neuen Tab öffnen. Sie können auswählen, ob eine leere Seite angezeigt werden oder ob Edge Ihnen eine Auswahl an empfohlenen Webseiten vorschlagen soll. Über den Menüpunkt **Design auswählen** können Sie zudem angeben, ob der Browser in einem hellen oder lieber in einem dunklen Layout dargestellt werden soll.

Inhalte aktualisieren

Auf manchen Webseiten, z. B. bei Livetickern, ändern sich die Inhalte im Minutentakt. Mit der Taste F5 können Sie den Inhalt der gerade geöffneten Seite aktualisieren. Sollen die Inhalte aller Registerkarten aktualisiert werden, führen Sie einen Rechtsklick auf eine Registerkarte aus und wählen dann den Befehl **Alle aktualisieren**.

Favoriten anlegen und verwalten

Fügen Sie die interessantesten Internetseiten Ihrer Favoritenliste hinzu, damit Sie sie immer schnell aufrufen können. Über das Favoritencenter können Sie sie bequem verwalten und organisieren. Die wichtigsten Seiten lassen Sie sich zusätzlich in der Favoritenleiste anzeigen.

1. Rufen Sie die Seite auf, die Sie den Favoriten hinzufügen möchten.
2. Klicken Sie rechts neben der Adressleiste und der Suchleiste auf den kleinen Stern ❶, um für diese Seite ein Lesezeichen zu setzen.
3. Es öffnet sich ein kleines Menü, in dem Sie einen beliebigen Namen für die neu hinzugefügte Seite eingeben oder den angezeigten Vorschlag übernehmen können ❷. Klicken Sie auf das darunterliegende Dropdown-Menü, um festzulegen, wo der Eintrag erstellt werden soll.
4. Standardmäßig werden alle neuen Lesezeichen in den Ordner **Favoriten** abgelegt. Natürlich würde dies sehr schnell unübersichtlich werden, und so können Sie über den Befehl **Neuen Ordner erstellen** ❸ neue Ablageorte festlegen und die Ordnung wahren. Wenn Sie künftig eine Seite über das Sternsymbol zu den Lesezeichen hinzufügen, können Sie über das Dropdown-Menü Ihre eigens erstellten Verzeichnisse als Speicherziel auswählen.

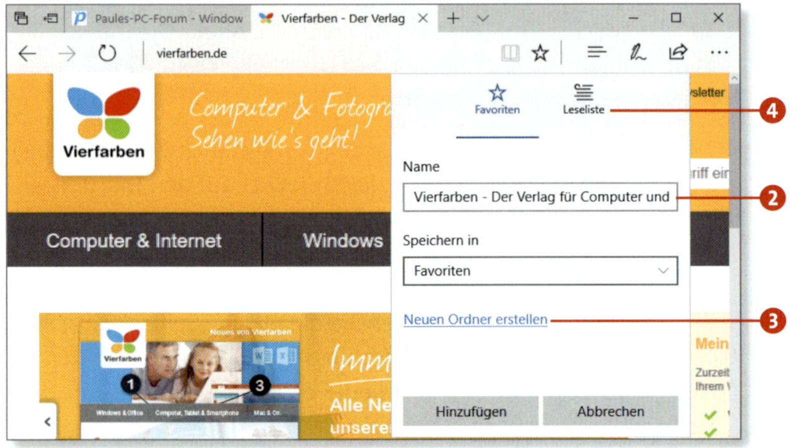

Was ist die Leseliste?

Die Leseliste kommt der Funktion der Favoriten sehr nahe. Auch hier klicken Sie zum Anlegen zunächst auf das Sternsymbol, wählen dann aber die Option **Leseliste** ❹ aus dem kleinen Dialogfenster aus. In dieser Liste können Sie nun Seiten oder Artikel sammeln, die Sie zu einem späteren Zeitpunkt lesen möchten. Eine Sortiermöglichkeit gibt es nicht.

5. Neue Ordner anlegen, umbenennen oder auch wieder entfernen können Sie über die Favoritenverwaltung. Öffnen Sie diese mit einem Klick auf die Schaltfläche in der Menüleiste 5. Hier sehen Sie nun alle Ordner, die Sie bisher angelegt haben. Führen Sie einen Rechtsklick auf einen Ordner aus, um ein weiteres Menü zu öffnen. Hier können Sie nun die Ordner nach Namen sortieren, einen neuen Ordner erstellen, einen ausgewählten umbenennen oder löschen 6.

6. Möchten Sie ein Lesezeichen löschen, öffnen Sie das entsprechende Verzeichnis, klicken den Eintrag mit der rechten Maustaste an und wählen dann die Option **Löschen** 7 aus dem Menü. Der Eintrag wird ohne Rückfrage entfernt.

7. Die Favoriten öffnen Sie am schnellsten mit den Tasten Strg + I. Noch schneller erreichen Sie Ihre Lesezeichen, indem Sie in Schritt 3 die Favoritenleiste als Speicherziel auswählen. Hier wird unterhalb der Adressleiste eine neue Leiste eingefügt, die Ihre Lesezeichen enthält. Ihre Lieblingsseiten haben Sie so im direkten Schnellzugriff 8. Die Favoritenleiste können Sie mithilfe der Tastenkombination Strg + ⇧ + B ein- und ausblenden.

8. Soll ein Eintrag aus der Favoritenleiste entfernt werden, klicken Sie diesen mit der rechten Maustaste an und wählen die Option **Löschen** aus dem Kontextmenü aus.

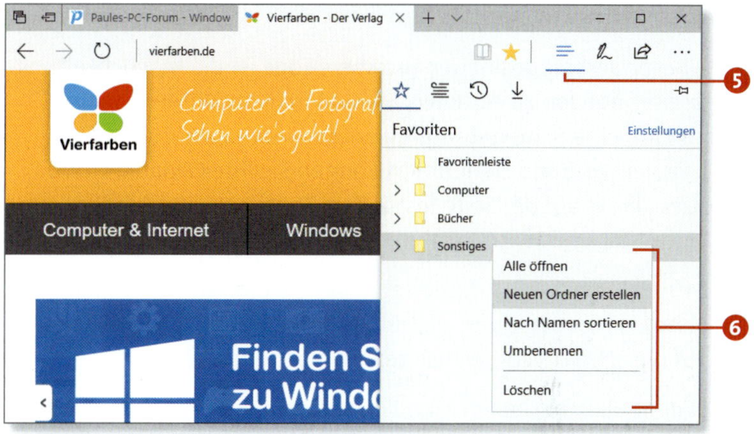

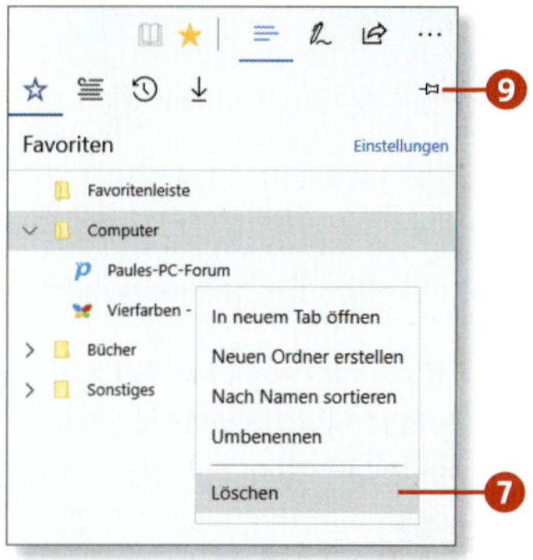

Verlauf löschen

Die Tastenkombination Strg + H öffnet den Verlauf. Hier sind alle Seiten aufgelistet, die Sie bisher besucht haben. Sie können die Einträge aus der Liste einzeln löschen, aber auch alle Besuche einer bestimmten Seite. Klicken Sie dazu einen Eintrag mit der rechten Maustaste an, und wählen Sie die Option **Alle Besuche auf [Seitenname] löschen**. Komplett alle Einträge entfernen Sie über den Menüpunkt **Gesamtverlauf löschen**.

Favoriten dauerhaft anheften

Für einen schnellen Zugriff auf Ihre Favoriten können Sie diese dauerhaft am rechten Rand des Browserfensters anheften. Klicken Sie hierfür in der Favoritenverwaltung auf das Pinnnadelsymbol 9.

Webseitennotizen erstellen

Eine Besonderheit des neuen Browsers Edge ist die Möglichkeit, Webseitennotizen zu erstellen. Sie sind im Netz unterwegs und treffen auf eine Seite mit interessanten Inhalten. Statt nun Stift und Papier zur Hand zu nehmen, können Sie Ihre Gedanken und Notizen direkt auf der Seite festhalten. Es stehen verschiedenfarbige Stifte und Textmarker bereit.

1. Öffnen Sie zunächst die Seite, zu der Sie Ihre Anmerkungen vornehmen möchten, und klicken Sie dann rechts in der Menüleiste auf die Schaltfläche **Webseitennotiz erstellen** ❶.
2. In der nun lilafarbenen Menüleiste stehen Ihnen verschiedene Werkzeuge zur Verfügung. Klicken Sie auf die erste Schaltfläche, das Stiftsymbol. Im Menü können Sie nun die Farbe für den Stift und über den Schieberegler seine Strichbreite auswählen ❷.
3. Der Mauszeiger oder Ihr Finger auf einem Tablet-PC dienen nun als Stift. Kennzeichnen Sie auf der Seite wichtige Inhalte, indem Sie z. B. Texte unterstreichen oder andere Bereiche hervorheben.
4. Über die zweite Schaltfläche ❸ steht Ihnen ein Textmarker zur Verfügung. Auch hier können Sie eine andere Farbe wählen und die Strichbreite anpassen und damit beliebige Bereiche der Seite markieren, z. B. wichtige Textabschnitte ❹.
5. Nutzen Sie den Radierer ❺, um falsch platzierte Kennzeichnungen wieder zu entfernen. Wenn Sie ein zweites Mal auf die Schaltfläche klicken, erscheint der Menüpunkt **Freihand vollständig löschen** ❻, über den Sie alle Markierungen entfernen.

Inhalte ausschneiden

Nutzen Sie die Option **Beschneiden** ❼, um Inhalte der Seite zu erfassen und als Bild in die Windows-Zwischenablage zu speichern. Sie können dann den ausgeschnittenen Teil der Seite in andere Anwendungen, z. B. in ein Word-Dokument, einfügen.

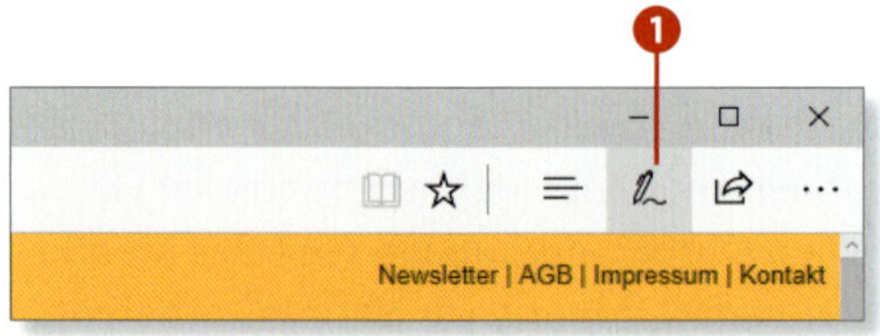

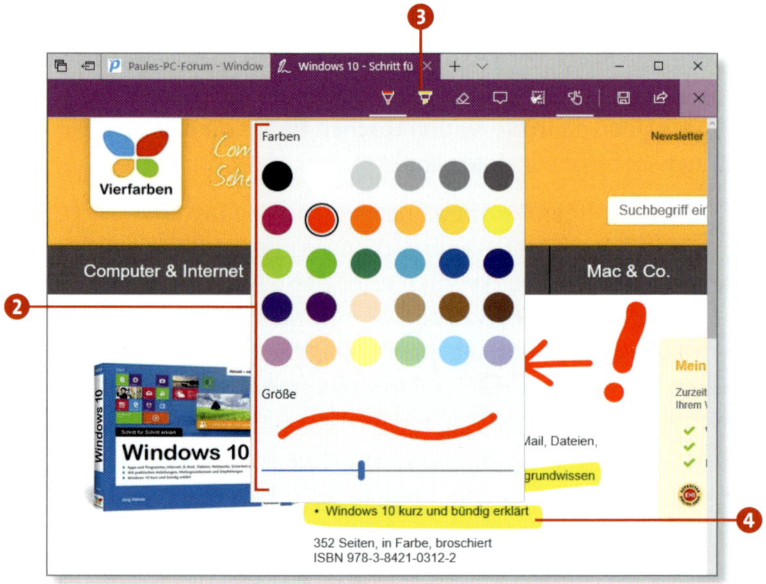

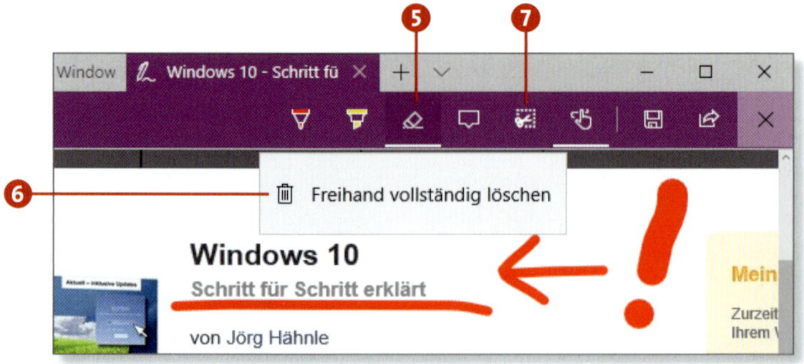

6. Zwar könnte man auch mit dem virtuellen Stift Anmerkungen auf der Seite notieren, einfacher geht das aber über ein Kommentarfeld. Sobald Sie diese Kommentar-Schaltfläche 8 ausgewählt haben, verwandelt sich der Mauszeiger in ein großes Kreuz. Klicken Sie nun auf die Stelle der Seite, an der das Kommentarfeld eingefügt werden soll.

7. Tippen Sie Ihre Notiz in das Textfeld. Möchten Sie die Position des Feldes nachträglich verändern, fassen Sie es mit der Maus an der dazugehörigen Ziffer 9 an, und verschieben Sie es dann mit gedrückter Maustaste an die neue Position. Löschen können Sie eine Notiz über das Papierkorbsymbol im Textfeld 10.

8. Damit Ihre Anmerkungen und Kennzeichnungen erhalten bleiben, speichern Sie diese ab 11. Hierbei haben Sie die Wahl, die Seite als Notiz in der Notizbuch-App *OneNote* abzulegen, als herkömmlichen Favoriteneintrag oder in der Leseliste. Gespeichert wird jeweils eine Kopie der Seite. Wie beim Ablegen Ihrer Favoriten können Sie zur besseren Übersicht eigene Ordner dafür erstellen (siehe den Abschnitt »Favoriten anlegen und verwalten« ab Seite 154). Ist die Option **Schreiben durch Berühren** 12 aktiv, können Sie auf einem Tablet-PC auch Elemente einzeichnen, wenn Sie den Bildschirm mit dem Finger oder einem speziellen Eingabestift berühren.

9. Wenn Sie nun später die gespeicherte Webseite über die Favoriten oder die Leseliste aufrufen, sollte Ihnen bewusst sein, dass Sie nur eine Kopie öffnen und sich die Inhalte der Seite inzwischen verändert haben können. Um die aktuelle Version der Seite zu erhalten, klicken Sie in der lilafarbenen Menüleiste auf den Befehl **Zur ursprünglichen Seite wechseln** 13. Die Seite wird daraufhin neu geladen und zeigt die neuesten Inhalte an.

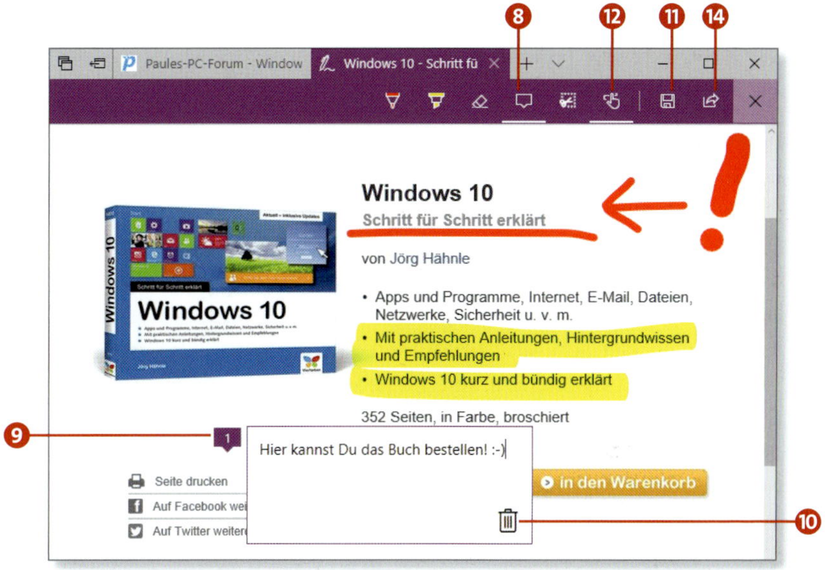

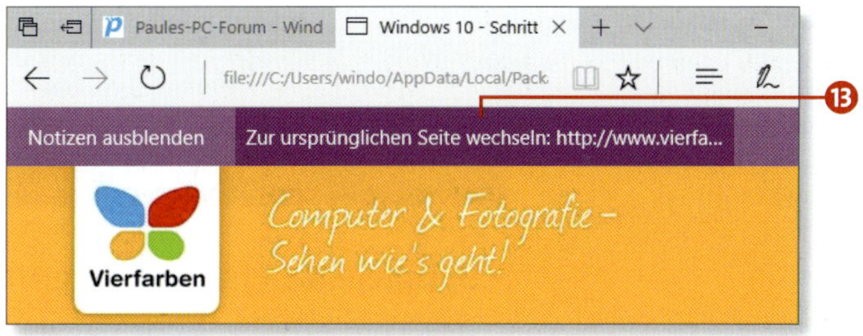

Inhalte teilen

Über den Menüpunkt **Teilen** 14 können Sie Ihre Notiz über zusätzliche Apps, wie z. B. Mail, OneNote oder auch Cortana, als Erinnerung teilen. Wählen Sie die gewünschte Anwendung aus dem sich öffnenden Dialog aus.

Sicherheit im Internet

Phishing – lassen Sie sich nicht ködern!

Phishing ist ein Kunstwort, bestehend aus den englischen Begriffen *Password* (Kennwort) und *Fishing* (Angeln, Fischen). Meist erhält der Anwender per E-Mail eine fingierte Nachricht, z. B. vermeintlich von seiner Hausbank, die ihn dazu auffordert, eine bestimmte Seite aufzurufen und dort unter einem Vorwand persönliche Daten wie Kennwörter oder Kontoinformationen einzugeben. Die Seite sieht der Seite der Bank täuschend ähnlich, es handelt sich aber in Wirklichkeit um eine gefälschte und entsprechend manipulierte Webseite, die nur dem Zweck der illegalen Datenbeschaffung dient. Auf der Internetseite *www.bsi-fuer-buerger.de* des Bundesamtes für Sicherheit in der Informationstechnik finden Sie zahlreiche Tipps und Informationen zum Thema Phishing, z. B. dazu, an welchen Merkmalen Sie eine Phishing-Mail erkennen können.

Viren, Würmer und trojanische Pferde

Der Begriff *Malware* ist die Abkürzung für *Malicious Software*, zu Deutsch *böswillige Software*, und steht als Sammelbegriff für Viren, Würmer, Trojaner, Spyware und andere Programme, die schädliche Aktionen auf Ihrem Rechner durchführen. Malware spioniert z. B. Ihr Surfverhalten, Zugangsdaten, Kennwörter, Kreditkartendaten oder auch PINs und TANs für das Onlinebanking aus und leitet diese Daten unbemerkt weiter. Dabei versteckt sich die Schadsoftware so geschickt und arbeitet unauffällig im Hintergrund, dass sie vom Anwender meist nicht bemerkt wird.

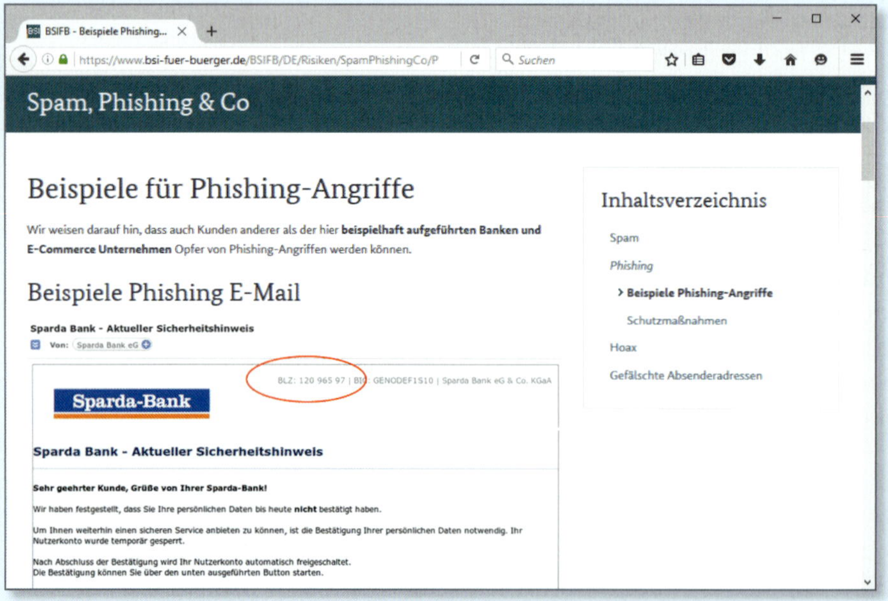

Wie schütze ich mich vor Malware und anderen Bedrohungen?

Malware gelangt auf verschiedenen Wegen auf Ihren Computer. Um das Risiko einer Malware-Infektion zu minimieren, sollten Sie generell und immer ein paar Sicherheitshinweise beachten:

- Halten Sie Windows 10 stets auf dem neuesten Stand, und aktivieren Sie die automatischen Updates.
- Aktualisieren Sie regelmäßig Ihr Antivirenprogramm. Nur mit den neuesten Virensignaturen kann das Programm Schadsoftware erkennen und abwehren.
- Laden Sie Programme nur aus vertrauenswürdigen Quellen herunter! Häufig sind auch scheinbar harmlose Programme wie z. B. Bildschirmschoner oder kleine Computerspiele mit Malware infiziert oder laden diese bei der Installation aus dem Internet unbemerkt nach.
- Es gibt wirklich ganz perfide Tricks: Wenn beim Surfen im Internet eine Meldung auf Ihrem PC erscheint, die besagt, dass Ihr Computer infiziert ist, und Sie deshalb auffordert, eine Software zu installieren, die den angeblichen Schädling entfernt, brechen Sie den Vorgang sofort ab und verlassen die Webseite.
- Öffnen Sie keine E-Mails von unbekannten Absendern, und laden Sie niemals unbekannte Dateianhänge herunter (auch nicht direkt öffnen)! Am besten löschen Sie solche Mails umgehend.
- Seien Sie auch bei E-Mails, die Sie von Freunden erhalten, immer vorsichtig, und klicken Sie Links in diesen E-Mails nur nach Rückfrage an. Es kann sein, dass das Mail-Konto des Freundes *gehackt* wurde (jemand also unbefugt eingedrungen ist und im Namen Ihres Freundes E-Mails verschickt). Mein Tipp: Mails, die Ihnen aufgrund ihres Inhalts oder ihrer Gestaltung (u. a. Rechtschreibung) merkwürdig vorkommen, sollten Sie direkt löschen.
- Verwenden Sie nur sichere Kennwörter: mit mindestens acht Zeichen, Groß- und Kleinbuchstaben, Ziffern und Sonderzeichen. Verwenden Sie keine Namen von Haustieren oder Namen in Kombination mit Geburtstagsdaten. Verwenden Sie nichts, was allzu leicht erraten werden kann.

Das Thema PC-Sicherheit ist umfassend, und es gibt letztlich viele Gefahren, die im Internet auf jeden Anwender lauern. Bleiben Sie stets wachsam!

Das neue »Windows Defender Security Center« im Überblick

Microsoft stellt Windows mit dem Creators Update (Version 1703) ein neues Sicherheitscenter zur Verfügung. Über das *Windows Defender Security Center* können Sie wichtige Informationen zur Sicherheit und zur Geräteleistung Ihres Computers abrufen. Stellt Windows ein Software- oder Hardwareproblem fest, wird es in diesem Bereich aufgelistet und über das Info-Center an den Anwender gemeldet. Im vorliegenden Beispiel wurde der Virenschutz deaktiviert. Das Info-Center gibt daraufhin eine optische und akustische Meldung aus. Sie können die Meldung einsehen, indem Sie auf das Symbol des Info-Centers in der Taskleiste klicken ❶ und den Virenschutz mit einem weiteren Klick auf die Meldung ❷ wieder einschalten. Der fehlende Virenschutz wird gleichzeitig im Windows Defender Security Center gemeldet. Auch hier können Sie ihn wieder aktivieren ❸. Sie erreichen das Security Center über das Startmenü. In der Auflistung aller Apps ist es unter dem Buchstaben *W* für Windows Defender Security Center zu finden und kann mit einem Klick auf die dazugehörige Programmkachel gestartet werden.

Auch wenn das Security Center anzeigt, dass Ihr Gerät geschützt sei, sollten Sie den tatsächlichen Status genau prüfen. In diesem Beispiel ist der Virenschutz deaktiviert und trotz entsprechender Warnung im Abschnitt **Viren- & Bedrohungsschutz** gibt das Center den Gesamtstatus **Ihr Gerät ist geschützt** aus. Hierbei handelt es sich offensichtlich um einen Anzeigefehler, der hoffentlich bald von Microsoft mit einem Update korrigiert wird.

Das Windows Defender Security Center ist unterteilt in fünf Bereiche. Um einen Gesamtüberblick zu erhalten, müssen Sie das Programmfenster recht groß aufziehen. Klicken Sie links oben in der App auf die Menüschaltfläche 4, um zu den Symbolen in der linken Fensterhälfte die jeweiligen Bezeichnungen einzublenden. Um zu den Einstellungsmöglichkeiten der jeweiligen Bereiche zu gelangen, können Sie nun entweder auf einen Menüpunkt links in der Navigationsleiste klicken oder auf das entsprechende Symbol in der rechten Fensterhälfte. Ein Klick links unten auf das Zahnradsymbol 5 führt Sie zu Benachrichtigungseinstellungen des Windows Defenders und der Firewall.

6 In der Kategorie **Viren- & Bedrohungsschutz** können Sie Ihren PC auf Computerviren untersuchen und wichtige Einstellungen für den Windows-Defender vornehmen.

7 Im Bereich **Geräteleistung & -integrität** finden Sie u. a. Informationen zur Speicherkapazität, Gerätetreibern und zum aktuellen Stand der Windows-Updates.

8 Alle Einstellungsmöglichkeiten zur Firewall können Sie im Abschnitt **Firewall & Netzwerkschutz** vornehmen.

9 Zur Kategorie **App- & Browsersteuerung** gehört die Funktion *SmartScreen* zum Schutz Ihrer Apps und Dateien.

10 In den **Familienoptionen** sind zahlreiche Kinder- und Jugendschutzeinstellungen untergebracht.

Mit dem Windows Defender Schadsoftware entfernen

Mit Windows 10 liefert Microsoft sein Betriebssystem mit einem Antivirenprogramm aus, es heißt *Windows Defender*. Zwar gab es den Defender auch schon unter Windows Vista und Windows 7, dort diente er jedoch nur zum Schutz vor *Spyware*. Für Windows 8 wurde er stark überarbeitet und sein Funktions- und Leistungsumfang erweitert.

1. Öffnen Sie über das Startmenü das neue Sicherheitscenter, indem Sie dort in der Auflistung aller Apps auf den Eintrag **Windows Defender Security Center** klicken.
2. Die Einstellungen für den Windows Defender finden Sie in der Kategorie **Viren- & Bedrohungsschutz**. Klicken Sie zum Öffnen auf das kleine Schildsymbol links in der Menüleiste ❶, oder auf das große Symbol in der Übersicht ❷.
3. Der Windows Defender überprüft in regelmäßigen Abständen Ihr System. Sie können Ihren Rechner aber auch manuell auf Schadsoftware überprüfen, falls der Verdacht einer Infektion besteht. Über den Menüpunkt **Schnellprüfung** ❸ wird eine Überprüfung Ihres Systems durchgeführt, die sich allerdings auf die wichtigsten Bereiche Ihres Systems beschränkt.
4. Klicken Sie auf den Link **Erweiterte Überprüfung** ❹, um einen intensiveren Scan nach Schadsoftware vorzunehmen. Wählen Sie zwischen den Optionen **Vollständige Überprüfung**, **Benutzerdefinierte Überprüfung** und **Überprüfung durch Windows Defender Offline**, und klicken Sie dann auf **Jetzt überprüfen**.

Prüfoptionen

Bei der Schnellprüfung werden die Bereiche untersucht, die am häufigsten von Schadsoftware infiziert werden. Die Option **Vollständig** prüft alle laufenden Programme und alle Dateien auf der Festplatte. Bei der **Offline**-Überprüfung wird das System direkt beim Startvorgang geprüft.

5. Haben Sie **Benutzerdefiniert** gewählt, öffnet sich nun das Fenster *Ordner auswählen*. Sie können nun einen einzelnen Ordner oder auch ein komplettes Laufwerk für die Überprüfung auswählen. Treffen Sie Ihre Wahl, und klicken Sie dann auf die Schaltfläche **Ordner auswählen** 5, um die Prüfung zu starten.

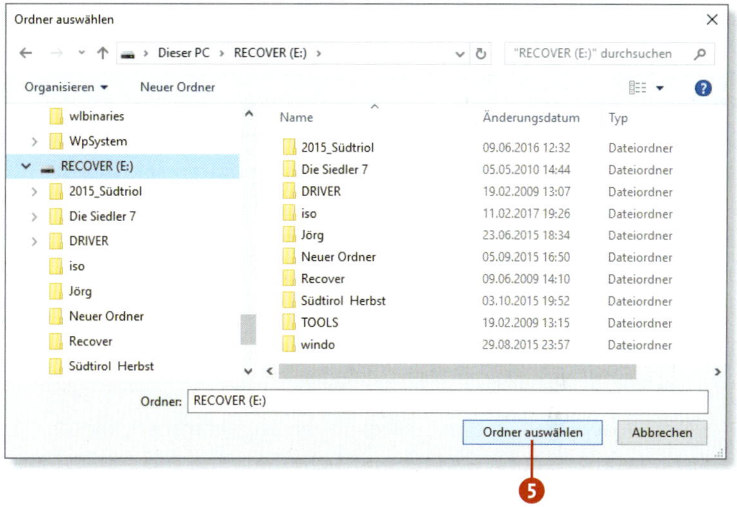

6. Der Windows Defender scannt nun die vorgegebenen Bereiche. Wurde eine Bedrohung gefunden, schlägt das Programm Alarm und verschiebt den Schädling automatisch in einen gesicherten Bereich, die sogenannte *Quarantäne*.

7. Wie lange die Überprüfung dauert, hängt von der Anzahl der zu scannenden Dateien ab. In aller Regel dauert die Schnellprüfung nur wenige Minuten, während eine vollständige Prüfung durchaus eine Stunde oder länger in Anspruch nehmen kann. Am Ende zeigt das Programm an, wie viele Elemente untersucht und ob Bedrohungen gefunden wurden.

8. Klicken Sie nochmals auf das Schildsymbol 6, um wieder zur Eingangsseite der Einstellungen zu gelangen. Über **Einstellungen für Viren- & Bedrohungsschutz** 7 erreichen Sie weitere Konfigurationsmöglichkeiten, so können Sie z. B. die Benachrichtigungen des Defenders deaktivieren oder die Übermittlung von Beispielen an Microsoft unterbinden. Der Menüpunkt **Schutzupdates** 8 zeigt Ihnen schließlich an, ob die Bedrohungsdefinitionen des Defenders auf dem neuesten Stand sind. Falls nicht, können Sie hier eine Update-Suche starten.

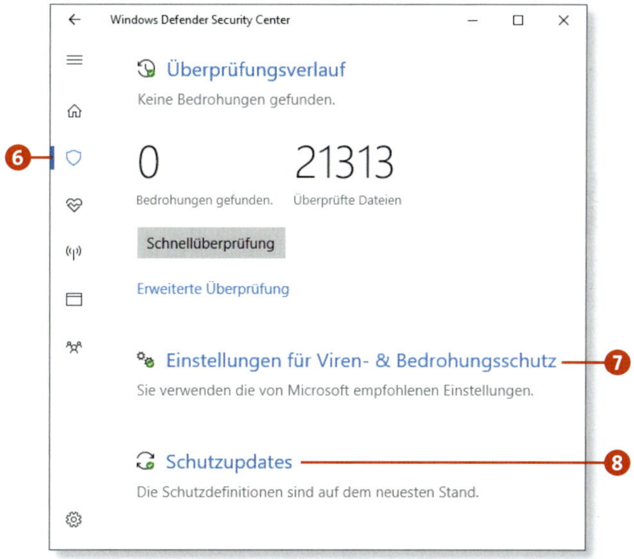

Anderes Schutzprogramm installieren

Sie müssen nicht zwingend den Windows Defender von Microsoft verwenden, sondern können jederzeit auch ein Schutzprogramm eines anderen Herstellers installieren. Dann sollten Sie den Windows Defender aber deaktivieren, da sich die unterschiedlichen Schutzprogramme gegenseitig stören könnten.

Die Funktion »Windows Update«

Microsoft stellt in unregelmäßigen Abständen Programmverbesserungen bereit, von denen viele sicherheitsrelevant sind und Sicherheitslücken stopfen. Damit nun kein Anwender diese Updates »vergisst«, hat sich Microsoft zu einem unpopulären Schritt entschlossen. Unter Windows 10 haben Sie nicht mehr die Möglichkeit, auszuwählen, ob Sie Updates herunterladen und installieren möchten oder nicht, sondern nur noch, wie die Installation durchgeführt werden soll und welche Methode zum Download angewandt wird.

1. Öffnen Sie die **Einstellungen**, indem Sie z. B. die Tasten [Win] + [I] drücken oder den gleichnamigen Menüpunkt aus dem Startmenü auswählen. In den Einstellungen angekommen, klicken Sie auf die Kategorie **Update und Sicherheit** und schließlich in der linken Spalte auf **Windows Update** (1).
2. Wenn gerade neue Updates zur Verfügung stehen, werden sie im rechten Bereich des Hauptfensters angezeigt. Entweder hat Windows die Updates dann bereits im Hintergrund heruntergeladen oder beginnt sogleich damit. Über **Nach Updates suchen** (2) können Sie die Suche manuell starten.
3. Über den Menüpunkt **Updateverlauf** (3) können Sie einsehen, welche Updates im Laufe der Zeit installiert wurden, und gegebenenfalls Updates deinstallieren, falls diese zu einem Problem auf Ihrem System geführt haben oder Microsoft selbst die Deinstallation empfiehlt. Für weitere Einstellungen klicken Sie auf **Erweiterte Optionen** (4).
4. Haben Sie noch andere Microsoft-Software oder -Hardware in Benutzung, sollten Sie die Option **Updates für andere Microsoft-Produkte bereitstellen, wenn ein Windows-Update ausgeführt wird** (5) aktivieren.

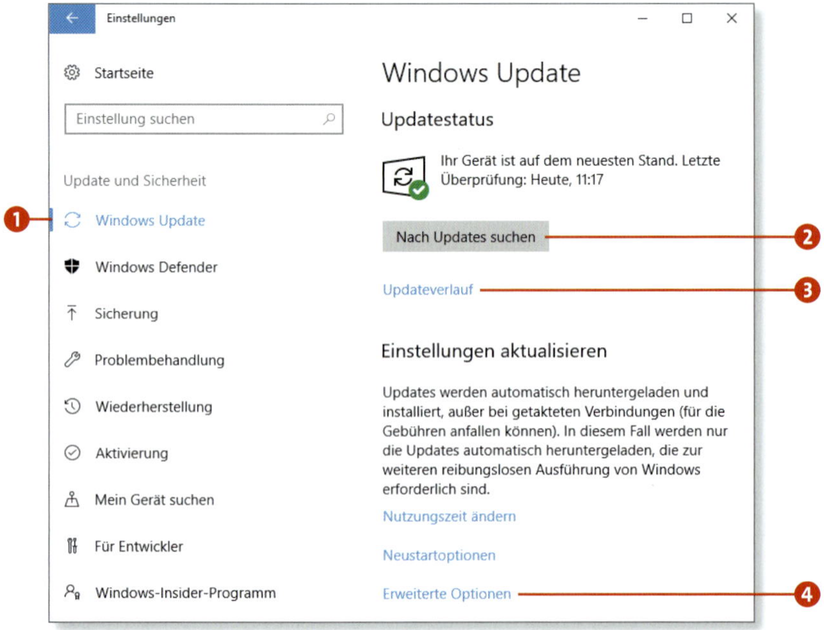

Browser auf dem neuesten Stand halten

Egal, welchen Browser Sie verwenden, ob Microsoft Edge, Firefox, Chrome, Opera oder einen anderen: Halten Sie auch dieses Programm aktuell, und installieren Sie Updates oder neue Programmversionen möglichst zeitnah.

5. Um die Installation abzuschließen, müssen Sie sich bei manchen Updates nach einem Neustart des Rechners erneut am System anmelden. Aktivieren Sie hingegen die Option **Die Einrichtung meines Geräts soll nach einem Update mit meinen Anmeldeinformationen automatisch abgeschlossen werden** 6, führt Windows für Sie diese Anmeldung durch und schließt die Einrichtung des Updates selbstständig ab.

6. Über den Menüpunkt **Updates aussetzen** können Sie den Download und die Installation von Updates für einige Tage aussetzen. Stellen Sie bei Bedarf den Schieberegler auf die Position **Ein** 7. Darunter wird angezeigt, bis zu welchem Datum die Rückstellung erfolgt. Nach Ablauf dieser Frist ist ein weiteres Zurückstellen erst wieder möglich, wenn alle bis dahin aufgelaufenen Updates nachinstalliert wurden.

7. Schließlich können Sie über den Link **Übermittlung von Updates auswählen** 8 festlegen, wie die Updates bezogen werden sollen. Hierfür wendet Microsoft ein neues System an und stellt Updates und Apps über ein Netzwerk mehrerer Server und PCs bereit. Wenn Sie diese Funktion abwählen, dauert es länger, bis Updates bereitgestellt werden.

8. Blieb der Download über mehrere Quellen aktiv, können Sie in der letzten Einstellung noch festlegen, dass Updates auch von Rechnern aus Ihrem Netzwerk bezogen werden können 9 oder ob zusätzlich auch weitere Rechner aus dem Internet als Quelle dienen dürfen 10.

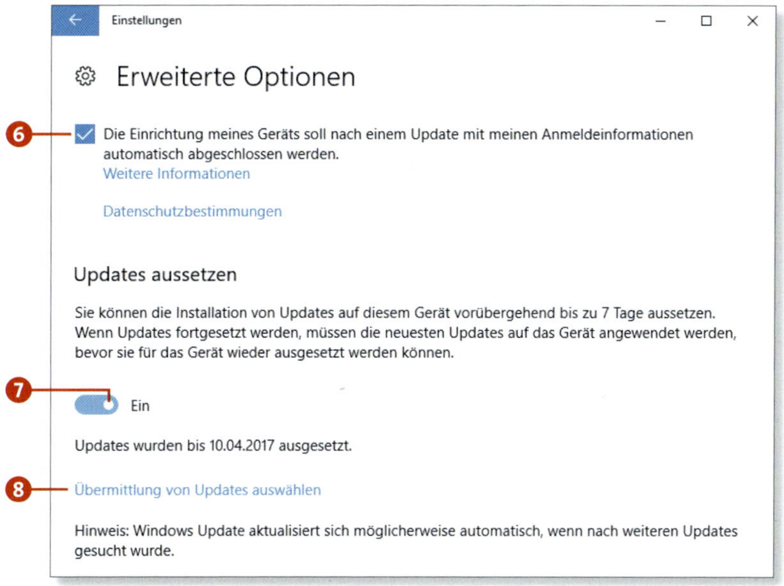

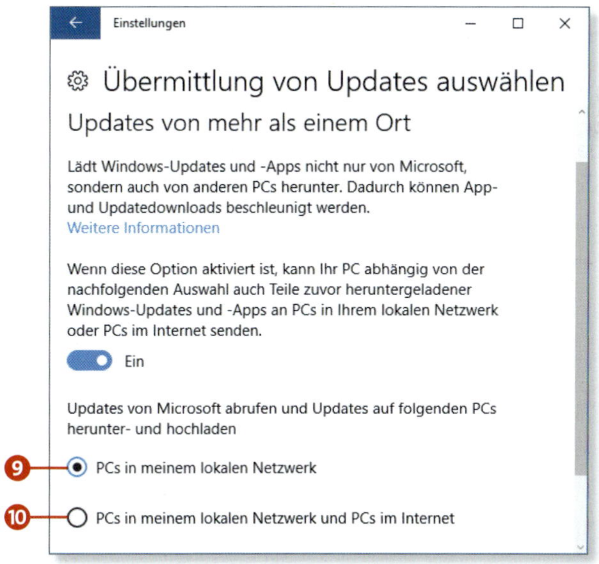

Probleme mit Updates aufspüren und lösen

Lässt sich ein Update nicht installieren, öffnen Sie über die Windows-Einstellungen die Kategorie **Update und Sicherheit > Problembehandlung** und rufen dort die Option **Windows Update** auf. Folgen Sie den Anweisungen auf dem Bildschirm zur Problemlösung.

Die Windows-Firewall einrichten

Neben einem vollwertigen Antivirenprogramm liefert Microsoft in Windows 10 auch eine Firewall mit. Diese »Brandschutzmauer« soll Ihren Computer vor Angriffen aus dem Internet schützen.

1. Starten Sie das Windows Defender Security Center über das Startmenü mit einem Klick auf den gleichnamigen Eintrag in der Auflistung aller Apps. Klicken Sie dann auf den Menüpunkt **Firewall- & Netzwerkschutz**.

2. Die Firewall unterscheidet zwei Arten von Netzwerken: private Netzwerke für zu Hause oder das Büro ❶ und öffentliche Netzwerke ❷, z. B. in Hotels oder im Zug. Kontrollieren Sie zunächst den Status der Firewall. Der Hinweis **Firewall ist aktiviert** ❸ sollte bei beiden Netzwerken zu sehen sein. Zum Ändern der Einstellungen klicken Sie auf das betreffende Netzwerk.

3. Befinden Sie sich mit Ihrem Tablet-PC oder Laptop an einem öffentlichen Platz, verhindern Sie unter **Eingehende Verbindungen** den Zugriff auf Ihren Rechner mit der Option **Blockiert alle eingehenden Verbindungen ...**.

4. In den **Einstellungen für Firewallbenachrichtigungen** ❹ sollten Sie für beide Netzwerke die Option **Benachrichtigen, wenn eine neue App von der Windows-Firewall blockiert wird** ❺ eingeschaltet lassen, damit Sie die App gegebenenfalls freischalten können. Eine Speicherung der Einstellungen ist nicht nötig, Ihre Änderungen werden automatisch vom System übernommen.

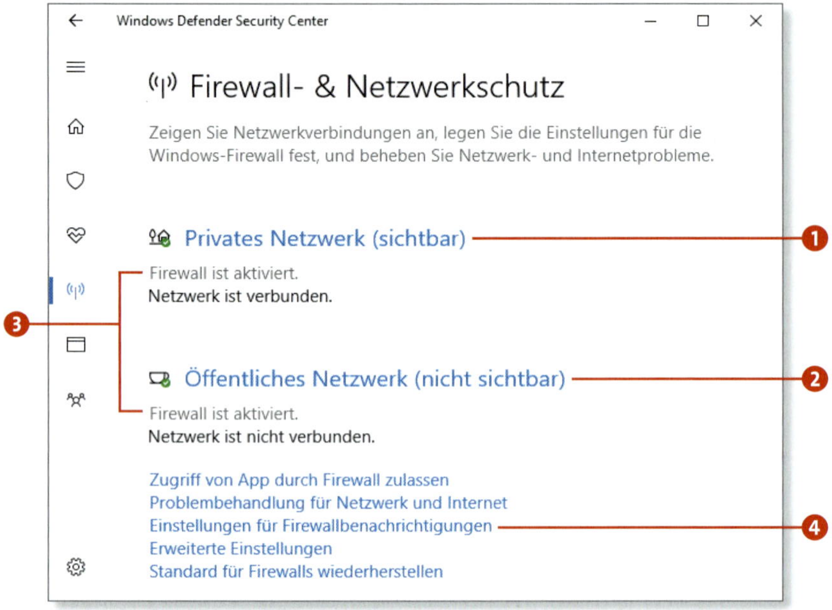

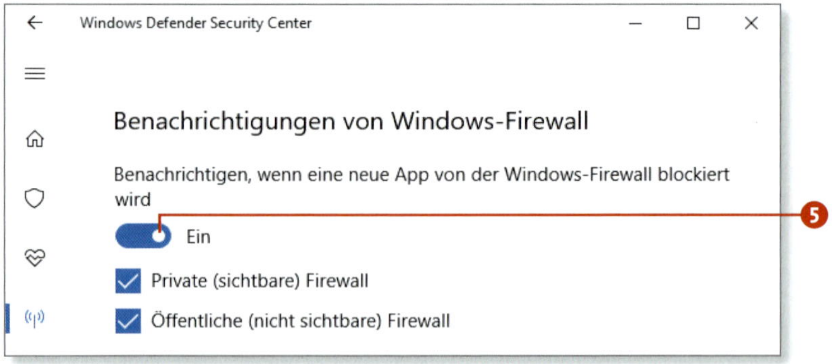

Andere Firewalls

Keine Firewall kann einen hundertprozentigen Schutz garantieren. Schalten Sie die Windows-Firewall nur ab, wenn Sie sich für eine Firewall eines anderen Herstellers entschieden haben. Ohne Firewall sollten Sie nicht arbeiten, und zwei Firewalls könnten sich gegenseitig stören.

Phishing-Attacken erkennen und abwehren

Immer häufiger erhält man fingierte E-Mails, die einem weismachen möchten, es würde sich um offizielle Nachrichten z. B. eines Kreditkartenanbieters handeln. Der *SmartScreen-Filter* in Microsoft Edge soll Sie vor Betrügereien schützen. Generell gilt: Geben Sie in solchen Fällen keine Kennwörter oder PINs preis!

1. Der SmartScreen-Filter ist standardmäßig aktiviert. Wenn Sie eine Webseite aufrufen, wird deren Adresse an Microsoft übermittelt und mit internen Listen abgeglichen. Liegt eine Bedrohung vor, wird der Aufruf der Seite blockiert ❶.
2. Falls Sie Bedenken haben, die Adressen der von Ihnen aufgerufenen Webseiten an Microsoft zu übermitteln, können Sie den Filter deaktivieren. Öffnen Sie hierfür die Einstellungen des Browsers, und rufen Sie dort die erweiterten Einstellungen auf. Am Ende des Menüs finden Sie die Option **Mein Gerät mit Windows Defender SmartScreen vor schädlichen Websites und Downloads schützen**. Stellen Sie den Schalter auf **Aus**, um den Filter zu deaktivieren. (Ausdrücklich nicht empfohlen!)
3. Die Prüfung auf schädliche Webseiten gibt es auch für Apps. Sie finden diese im neuen Windows Security Center im Abschnitt **App- & Browsersteuerung**. Kontrollieren Sie die Einstellungen, auch hier sollte der Schutz aktiviert sein ❷.

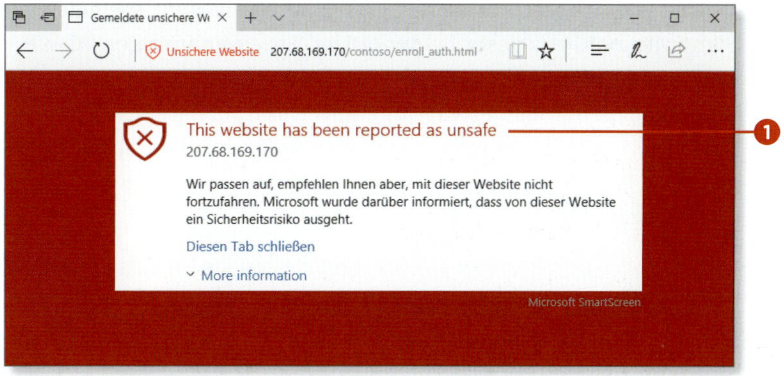

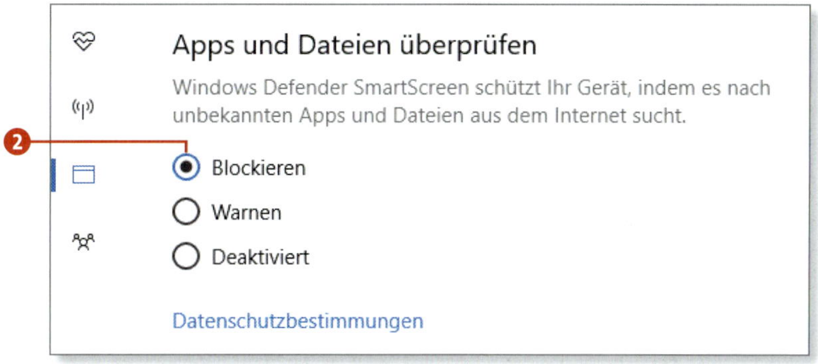

Phishing-Schutz in anderen Webbrowsern

Phishing-Schutzoptionen finden Sie in fast allen gängigen Browsern. Das Funktionsprinzip ist dabei ähnlich: Aufgerufene Webseiten werden mit den Einträgen einer Datenbank verglichen und entsprechend freigegeben oder blockiert. Eine hundertprozentige Sicherheit kann es aber leider auch hier nicht geben.

Der private Modus Ihres Browsers

Möchten Sie im Internet surfen, ohne Spuren auf dem eigenen Computer zu hinterlassen? Oder nutzen Sie einen fremden PC, z. B. in einem Internetcafé, und wollen auch hier keine Daten hinterlassen, die niemanden etwas angehen? Dann verwenden Sie den *privaten Modus*, der praktisch von allen Browsern unterstützt wird. Das Beispiel zeigt die Funktion unter Mozilla Firefox und dem neuen Microsoft Edge.

1. Öffnen Sie den Browser Firefox, und klicken Sie im Einstellungsmenü ❶ auf **Privates Fenster** ❷. Sie können zum Aufruf der Funktion aber auch die Tastenkombination [Strg] + [⇧] + [P] drücken. Nutzen Sie Google Chrome oder Opera, verwenden Sie die Kombination [Strg] + [⇧] + [N].

2. Verwenden Sie Microsoft Edge, klicken Sie ebenfalls ganz rechts auf die Menü-Schaltfläche ❸ und wählen dann die Option **Neues InPrivate**-Fenster ❹.

3. Ein neues Browserfenster öffnet sich mit der Information, dass der private Modus nun aktiviert ist. Sie erkennen den aktivierten Schutzmodus in Firefox immer an der blauen Maske im Register ❺ und in Edge an dem blauen Feld ❻. Solange diese Hinweise sichtbar sind, ist der Modus aktiviert.

4. Sie können nun beliebige Webseiten aufrufen und sich wie gewohnt im Internet bewegen. Während dieser Sitzung speichert der Webbrowser keinerlei Daten, also keine Kennwörter, Benutzernamen, Formulardaten, Cookies, temporäre Internetdateien, Verlaufsdaten etc.

5. Sobald Sie das aktuelle Fenster oder den ganzen Browser schließen, wird der private Modus deaktiviert. Da keine Daten gespeichert wurden, kann niemand nachvollziehen, auf welchen Webseiten Sie gewesen sind.

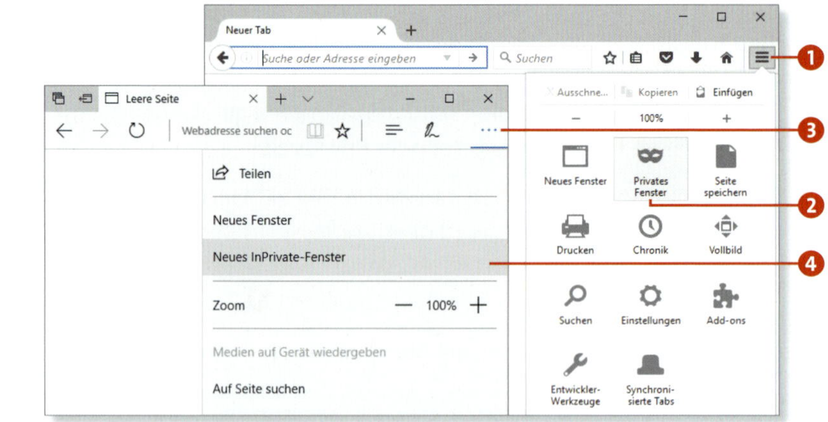

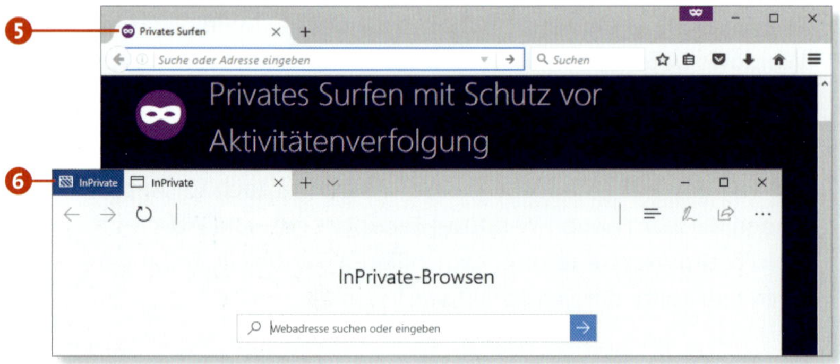

Soziale Netzwerke

Datenschutz und die Wahrung Ihrer Privatsphäre fangen bei Ihnen an! Geben Sie z. B. nicht zu viele persönliche Informationen auf Facebook und anderen sozialen Netzwerken preis, und nutzen bzw. kontrollieren Sie die Privatsphäre-Einstellungen der verwendeten Dienste.

Hotspots und öffentliche Netzwerke

Häufig nutzt man auch unterwegs das Internet. Es gibt Notebooks, Ultrabooks und Tablet-PCs. Dazu kommt die neue Generation der Smartphones, die immer leistungsstärker werden und mit besseren Akkus und gut lesbaren Displays ausgestattet sind. Flughäfen, Bahnhöfe, Hotels, Schnellrestaurants oder auch Museen bieten immer öfter einen kostenfreien oder zumindest günstigen WLAN-Zugang (*Hotspots*) an. Aber so praktisch und verlockend das auch sein mag: Gerade in öffentlichen Netzwerken ist besondere Vorsicht geboten. Die Gefahr ist diese: Ihr Sitznachbar, der im gleichen öffentlichen Netzwerk unterwegs ist wie Sie, könnte mit dem entsprechenden Wissen und geeigneten Programmen versuchen, Ihre Daten abzufangen. Gelingt dies, sieht er, an welchem Dokument Sie gerade arbeiten, wem Sie gerade eine Mail schreiben, oder er protokolliert Ihre Benutzernamen und Kennwörter für verschiedene Dienste. Dabei kann es sich um harmlose Zugangsdaten für ein Forum, aber eben auch um sensible Daten wie Ihren Onlinebanking-Account handeln.

Sie sollten daher einige Sicherheitsvorkehrungen treffen und Sicherheitsregeln einhalten. Prinzipiell gilt: Führen Sie keine Bankgeschäfte aus, während Sie sich in einem öffentlichen Netzwerk befinden, dann kann Sie dabei auch niemand ausspionieren und mit den gestohlenen Daten Schaden anrichten. Windows 10 kann Ihnen zusätzlich helfen, Ihre Daten zu schützen. Nachdem Sie eine Verbindung zu einem öffentlichen Netzwerk hergestellt haben, wählen Sie bei der Frage **Möchten Sie zulassen, dass Ihr PC von anderen PCs und Geräten in diesem Netzwerk gefunden werden kann?** unbedingt die Antwort **Nein** (1) aus. Mit nur einem Klick machen Sie damit Ihren Computer im Netzwerk unsichtbar und erhöhen so Ihre Sicherheit.

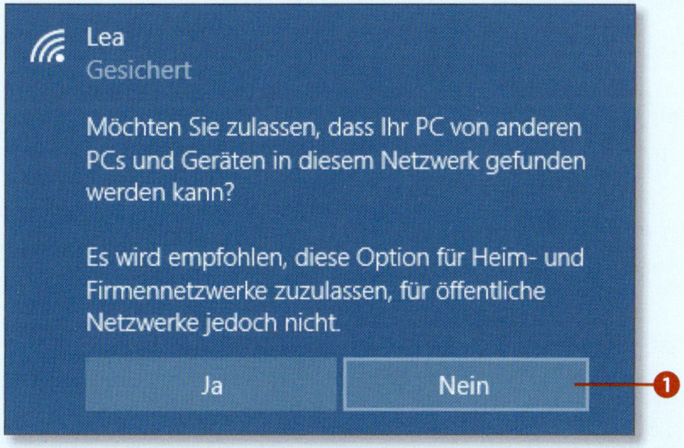

Weitere Tipps: Firewall, Virenschutz und sichere Verbindungen

Zusätzlichen Schutz vor Angriffen von außen bietet eine Firewall. Kontrollieren Sie daher unbedingt die Einstellungen der Windows-Firewall, und aktivieren Sie für öffentliche Netzwerke die Option **Blockiert alle eingehenden Verbindungen, einschließlich der in der Liste zugelassener Apps** 1 (siehe dazu auch den Abschnitt »Die Windows-Firewall einrichten« auf Seite 166). Natürlich darf auch ein Virenschutzprogramm nicht fehlen. Windows liefert mit dem Windows Defender bereits einen guten Basisschutz mit. Da jeden Tag neue Bedrohungen auftauchen, muss das Schutzprogramm aber unbedingt auf dem neuesten Stand gehalten werden, nur dann hat es eine Chance, die neuesten Schädlinge zu erkennen und zu blockieren (lesen Sie dazu bitte auch den Abschnitt »Mit dem Windows Defender Schadsoftware entfernen« ab Seite 162).

Darüber hinaus können Sie Risiken vermeiden, indem Sie persönliche Daten nur auf Webseiten eingeben, die das sichere Übertragungsprotokoll HTTPS (*Hypertext Transfer Protocol Secure*) verwenden. Erkennbar ist das an dem Zusatz *https://* anstelle des üblichen *http://* am Anfang der Webadresse. Wenn Sie z. B. eine Bestellung in einem Onlineshop vornehmen, werden bei der sicheren Übertragung Ihre Daten verschlüsselt übermittelt, sodass ein Hacker keine Chance hat, die sensiblen Daten abzufangen. Auch Facebook und andere soziale Netzwerke sollten Sie nur über eine sichere Verbindung nutzen.

Für Ihr E-Mail-Programm können Sie ebenfalls eine verschlüsselte Verbindung, TLS (*Transport Layer Security*) oder SSL (*Secure Sockets Layer*), verwenden. Diese Funktion finden Sie meist in den Kontoeinstellungen, leider ist sie selten standardmäßig aktiviert.

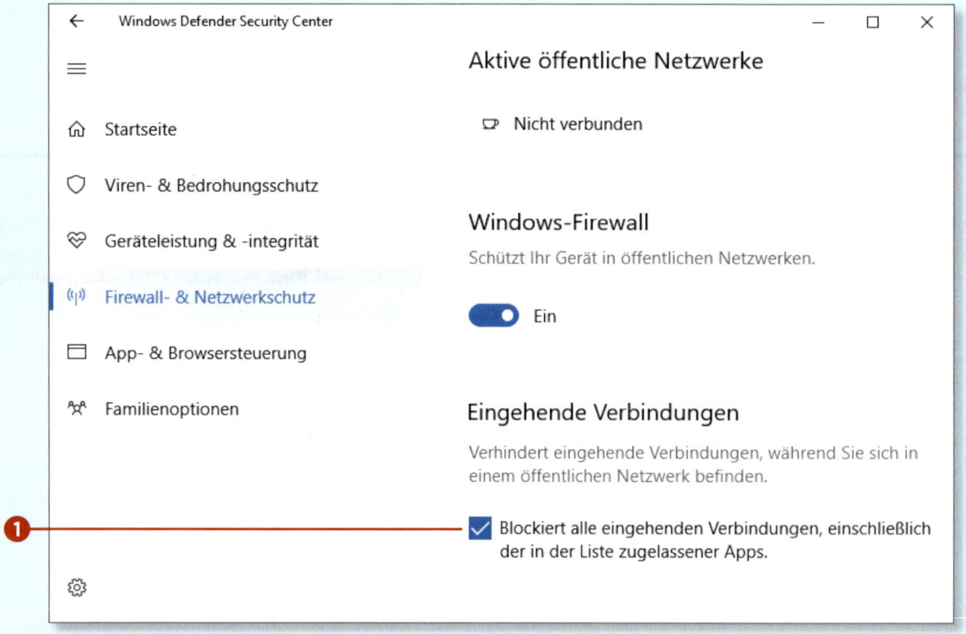

Nützliche Links zum Thema Sicherheit

Nachfolgend habe ich ein paar nützliche Internetseiten aufgelistet, die umfangreiche Informationen, Tipps und Hilfestellungen zum Thema enthalten. Nehmen Sie sich etwas Zeit, und stöbern Sie ein wenig auf den Seiten. Alle Artikel sind verständlich verfasst und auch für Einsteiger gut geeignet.

- Deutschland sicher im Netz:
  www.dsin.de
- Bundesamt für Sicherheit in der Informationstechnik:
  www.bsi.bund.de
- Bundesamt für Sicherheit in der Informationstechnik:
  www.bsi-fuer-buerger.de
- Microsoft-Sicherheitsportal:
  www.microsoft.com/de-de/safety

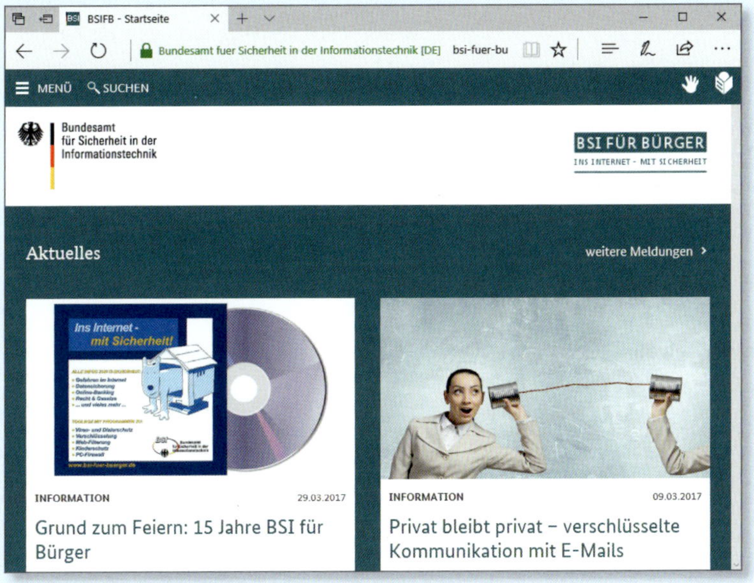

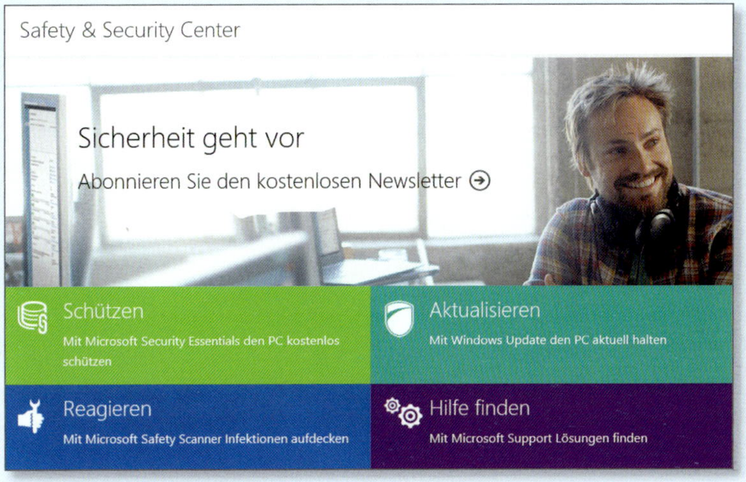

6 E-Mails, Adressen und Termine im Griff

In diesem Kapitel

- Die Mail-App nutzen
- Kontakte speichern und verwalten
- Alle Termine im Griff
- Mit OneDrive Daten in der »Wolke« sichern

Bei der täglichen Arbeit am Computer nimmt die Kommunikation viel Raum ein. Die häufigste Kommunikationsvariante ist ohne Zweifel die E-Mail. Firmen und inzwischen auch Behörden sind per Mail zu erreichen, und privat scheint es kaum noch Personen ohne E-Mail-Adresse zu geben. Mit der Zahl der Kontakte steigt auch die Notwendigkeit, deren Adressen und Kontaktdaten übersichtlich zu verwalten. Windows bietet hier gleich mehrere Möglichkeiten an: ein E-Mail-Programm zum Senden und Empfangen von elektronischer Post, ein komfortables Adressbuch und einen umfangreichen Kalender zur Planung all Ihrer Termine.

In diesem Kapitel erfahren Sie, wie Sie die *Mail*-App einrichten und effektiv nutzen. Sie lernen, wie Sie Dateien als Anlage versenden oder bei Bedarf eine Signatur unter jede Nachricht setzen können.

Die App *Kontakte* ist das Adressbuch unter Windows 10. Hier können Sie alle Kontakte sammeln, egal, ob geschäftlich oder privat, und sie um Informationen wie E-Mail-Adresse, Telefonnummer oder Postanschrift ergänzen.

Der Schornsteinfeger hat sich angekündigt, das Auto muss in die Werkstatt, und wann war noch mal gleich das Abendessen mit den Kollegen? Mit der *Kalender*-App haben Sie Ihren persönlichen Terminkalender immer zur Hand, und versäumte Termine gehören damit der Vergangenheit an.

Die Mail-App nutzen

Die Mail-App in der Übersicht

Die *Mail*-App ist unter Windows 10 bereits vorinstalliert. Sie müssen nur ein Mail-Konto einrichten, und schon kann es losgehen. Die App präsentiert sich recht spartanisch, ist dadurch aber sehr übersichtlich und bietet alle Grundfunktionen, die zum Empfangen und Versenden von E-Mails benötigt werden. Wie jede App ist auch die Mail-App dank großer Schaltflächen und weiter Abstände zwischen den Menüpunkten für die Bedienung auf einem Touchscreen geeignet. Während noch unter Windows 8.1 keine POP3-Mail-Konten verwendet werden konnten, hat Microsoft auf die Kritik der Anwender reagiert und die Unterstützung des weitverbreiteten POP3-Protokolls wieder integriert.

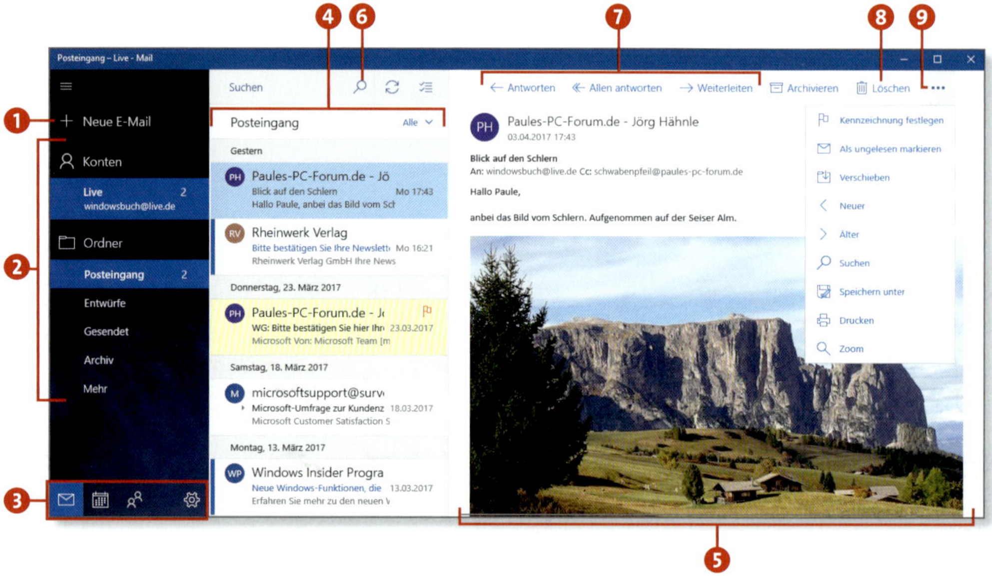

1. Eine neue E-Mail schreiben
2. Ordnerleiste mit den Ordnern **Posteingang**, **Entwürfe** und **Gesendete Elemente** etc.
3. Schaltflächen u. a. zum Aufruf des Kalenders und der Einstellungen
4. In der mittleren Spalte werden die E-Mails des gerade ausgewählten Ordners angezeigt. Neue Mails stehen immer oben in der Liste.
5. Im Lesebereich wird der Inhalt der ausgewählten Nachricht angezeigt.
6. Alle Nachrichten durchsuchen
7. Die ausgewählte Nachricht beantworten oder weiterleiten
8. Die ausgewählte E-Mail löschen
9. Hinter dieser Menü-Schaltfläche finden Sie weitere Funktionen wie **Verschieben** oder **Drucken**.

Möchten Sie eine neue Nachricht verfassen, klicken Sie auf die Schaltfläche **Neue E-Mail**. Das Nachrichtenfenster wird daraufhin in der rechten Fensterhälfte geöffnet. Im Kopf der Nachricht erreichen Sie über die Register **Format** und **Einfügen** zahlreiche Möglichkeiten zur Textformatierung und zum Hinzufügen von Bildern oder Dateianhängen. Neben Schriftart und -größe können Sie die Textfarbe festlegen sowie Absätze und Zeilenabstände definieren. Wurden Bilder eingefügt, können Sie diese drehen oder auch zuschneiden und deren Größe ändern. Haben Sie den Nachrichtentext eingegeben, ist es mit der Rechtschreibprüfung ein Leichtes, Fehler schnell und einfach zu korrigieren.

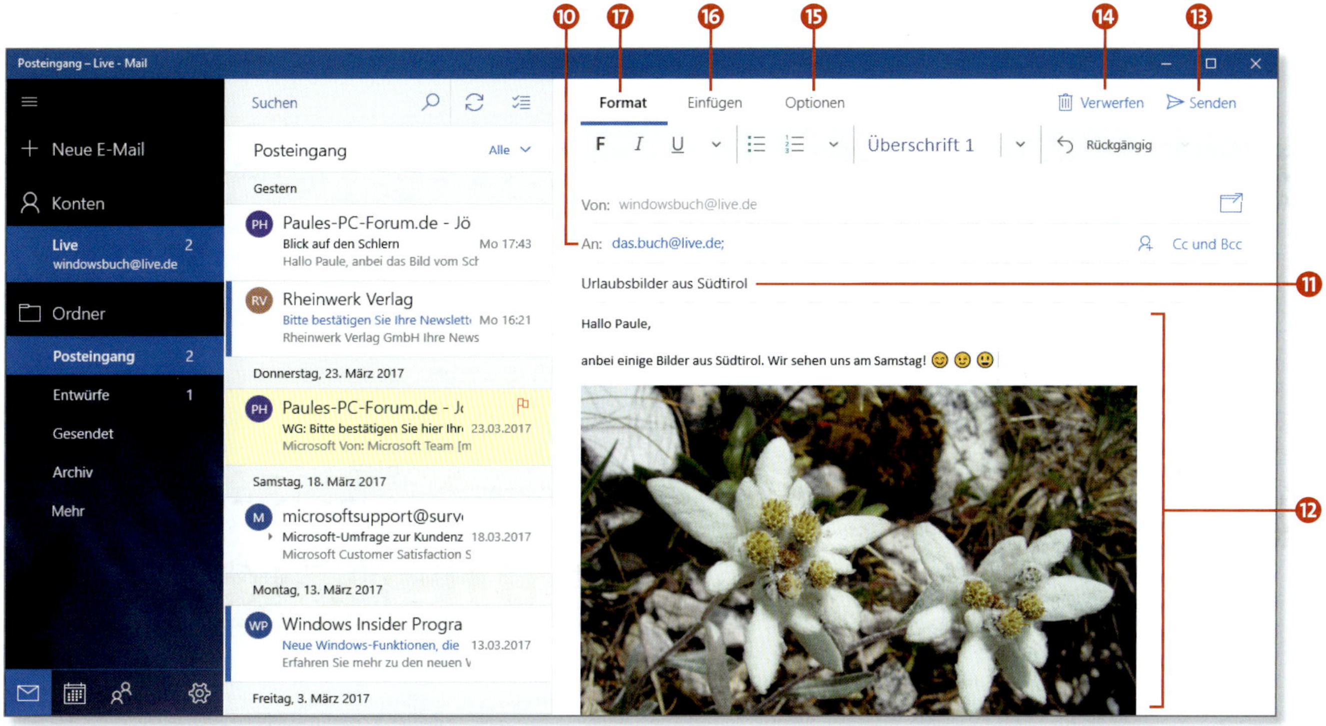

- ⑩ Geben Sie hier den Empfänger der Nachricht an (von Hand eintragen oder den angezeigten Adressvorschlag übernehmen).
- ⑪ Tragen Sie an dieser Stelle den Betreff der E-Mail ein.
- ⑫ Hier ist reichlich Platz für Ihren Nachrichtentext, den Sie mit den Befehlen aus der Menüleiste formatieren können.
- ⑬ Die Nachricht versenden
- ⑭ Die Nachricht verwerfen
- ⑮ Hier können Sie u. a. die Rechtschreibprüfung starten.
- ⑯ Die E-Mail mit einem Dateianhang versehen oder ein Bild einfügen
- ⑰ Befehle für die Textformatierung

Die Mail-App einrichten

Bevor es richtig losgehen kann, müssen Sie der App ein Mail-Konto hinzufügen. Es muss sich dabei nicht um ein *Outlook.com*-Konto, also einen von Microsoft angebotenen Dienst, handeln; prinzipiell können Sie jedes Mail-Konto einbinden, das die Übertragungsprotokolle POP3 oder IMAP unterstützt.

1. Starten Sie die App mit einem Klick auf die Kachel **Mail**.
2. Öffnen Sie die App-Einstellungen über das Zahnradsymbol unten links, und klicken Sie dann im Menü auf den Eintrag **Konten verwalten** 1 und schließlich auf **Konto hinzufügen**.
3. Einige Kontotypen stehen bereits zur Auswahl: die Microsoft-Dienste *Exchange* und *Office 365*, aber auch *Google* und *iCloud*. Klicken Sie auf den Anbieter Ihrer Wahl oder auf **Anderes Konto** 2, falls Ihr Anbieter nicht dabei ist.
4. Tragen Sie nun Ihre E-Mail-Adresse, den gewünschten Absendernamen und das zugehörige Kennwort ein 3. Windows kennt die Serverdaten vieler Anbieter, Sie können also einfach auf **Anmelden** 4 klicken. Konnte die App keine Daten zum Konto finden, erhalten Sie einen entsprechenden Hinweis, den Vorgang zu wiederholen. Erst beim dritten Versuch werden Sie aufgefordert, die Kontoinformationen über die Schaltfläche **Erweitert** manuell einzutragen.
5. Tragen Sie in diesem Fall die benötigten Informationen ein, z. B. den Posteingangs- und Postausgangsserver, und schließen Sie Ihre Eingabe mit einem Klick auf **Anmelden** ab.
6. Öffnen Sie erneut die Kontoeinstellungen, indem Sie auf das Zahnradsymbol klicken und aus dem sich öffnenden Menü den Eintrag **Konten verwalten** auswählen. In der Liste finden Sie nun das neu hinzugefügte Mail-Konto. Klicken Sie auf den Eintrag, um dessen Einstellungen zu erreichen.

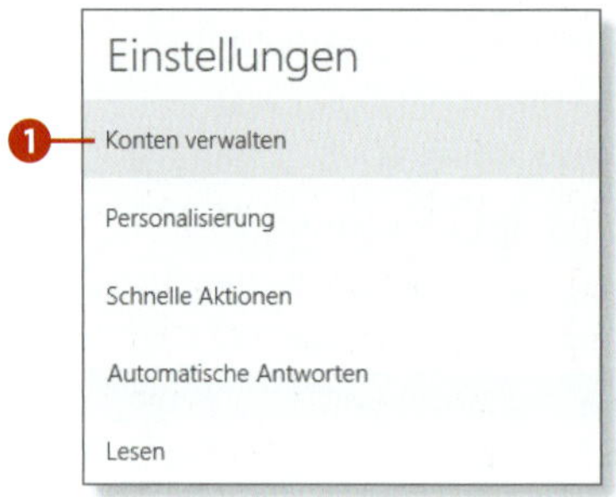

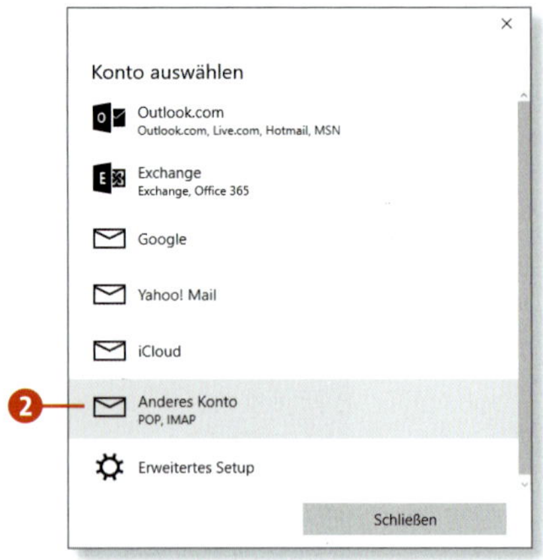

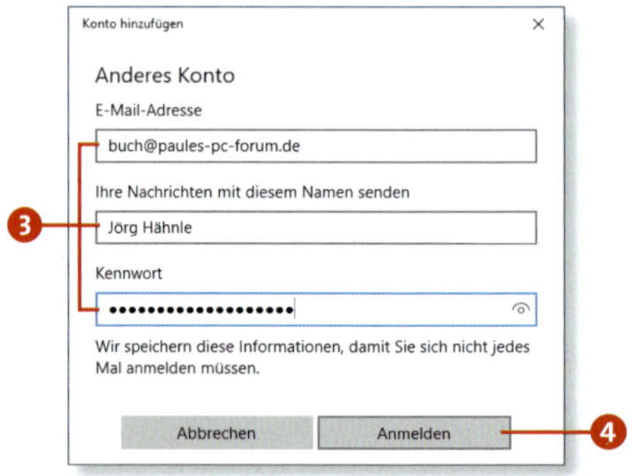

POP3-Protokoll wird unterstützt!

In den kostenlosen Tarifen der bekanntesten Mail-Anbieter wie *GMX* oder *Web.de* wird das stark verbreitete POP3-Protokoll angeboten, sodass Sie diese Konten problemlos mit der neuen Mail-App nutzen können. Sollten Sie einen anderen Anbieter nutzen, dessen Zugangsdaten die App nicht kennt, erfragen Sie dort bei Bedarf die Daten für den Posteingangs- und Postausgangsserver.

7. Wenn Sie der App mehrere Konten hinzugefügt haben, empfiehlt es sich, die Angabe im Feld **Kontoname** 5 zu ändern, um Verwechslungen zu vermeiden.
8. Unter dem Menüpunkt **Synchronisierungseinstellungen für Postfach ändern** 6 gibt es weitere Einstellungsmöglichkeiten.
9. Im Feld **Neue E-Mail herunterladen** 7 geben Sie an, in welchem Intervall die Mail-App den Posteingang prüfen und neue Nachrichten herunterladen soll. Klicken Sie auf das Dropdown-Menü, um die Einstellung z. B. auf **Je nach Nutzung**, **Alle 15 Minuten** oder **Täglich** zu stellen.
10. Im Abschnitt **E-Mail herunterladen von** 8 geben Sie schließlich an, aus welchem Zeitraum Nachrichten heruntergeladen werden sollen. Standardmäßig lädt die App beim Öffnen die neuen Mails der letzten zwei Wochen herunter. Um auch ältere Nachrichten herunterzuladen, klicken Sie auf den Menüpunkt und wählen einen anderen Zeitraum aus.
11. Damit das Mail-Konto und das Mail-Programm immer auf dem gleichen Stand sind, belassen Sie die Synchronisierungsoption **E-Mail** eingeschaltet 9.
12. Haben Sie ein Mail-Konto hinzugefügt, dessen Serverdaten Windows nicht bekannt waren, finden Sie ganz unten nochmals die Möglichkeit, über **Erweiterte Postfacheinstellungen** 10 alle Kontodaten einzusehen und bei Bedarf zu ändern.

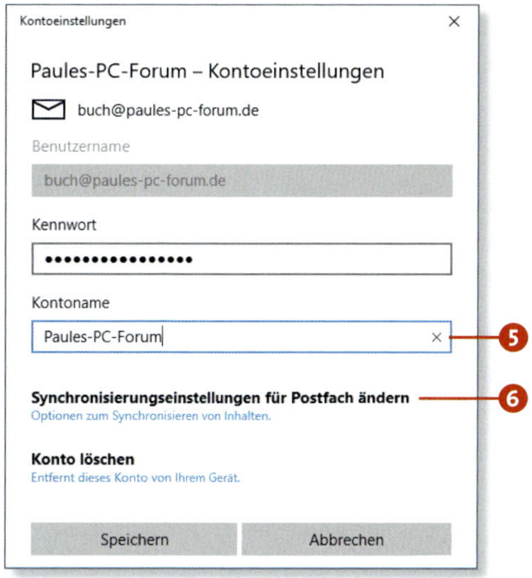

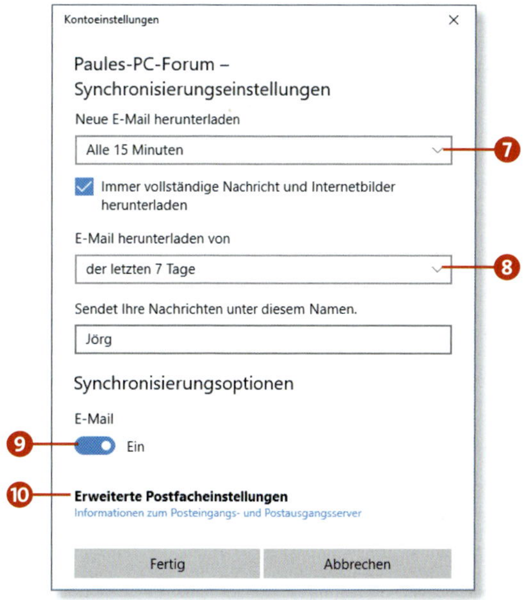

E-Mail: Live-Kachel aktivieren

Aktivieren Sie die Live-Funktion der Mail-Kachel, indem Sie einen Rechtsklick darauf ausführen und aus dem Kontextmenü die Option **Live-Kachel aktivieren** anklicken. Neu eintreffende Nachrichten werden Ihnen dann in einer Vorschau direkt auf der Kachel angezeigt.

Eine neue E-Mail schreiben

Nachdem das E-Mail-Konto hinzugefügt und eingerichtet wurde, können Sie gleich loslegen und eine E-Mail schreiben.

1. Um eine neue Nachricht zu erstellen, klicken Sie auf die Schaltfläche **Neue E-Mail** ❶ oben links auf dem Bildschirm.
2. Tippen Sie in das Feld **An** ❷ die E-Mail-Adresse des Empfängers ein. Wenn Sie die Adresse einer Person eingeben, die bereits in Ihrer Kontaktliste steht (siehe dazu den Abschnitt »Kontakte speichern und verwalten« ab Seite 184), zeigt das Mail-Programm dies in einem kleinen Fenster an, und Sie können die Adresse bequem übernehmen.
3. Möchten Sie eine Kopie der Nachricht an eine andere Person schicken, klicken Sie auf den Link **Cc Bcc** rechts neben der Mail-Adresse. Der Link wird daraufhin ausgeblendet, und stattdessen werden die beiden Eingabefelder **Cc** und **Bcc** angezeigt. Tippen Sie die E-Mail-Adressen der zusätzlichen Empfänger in das Feld **Cc** ❸ ein.
4. Eine sogenannte *Blindkopie* schicken Sie an einen Empfänger, dessen Adresse Sie in das Eingabefeld **Bcc** ❹ eintragen.
5. Klicken Sie auf **Betreff** ❺, um eine »Überschrift« für Ihre Mail festzulegen. Den Nachrichtentext geben Sie darunter ein.
6. Über den Menüpunkt **Optionen** ❻ können Sie die Priorität Ihrer Nachricht festlegen. Standardmäßig wird die E-Mail mit der Priorität **Normal** verschickt, Sie können die Nachricht aber auch mit der Wichtigkeit **Hoch** ❼ oder **Niedrig** ❽ kennzeichnen.

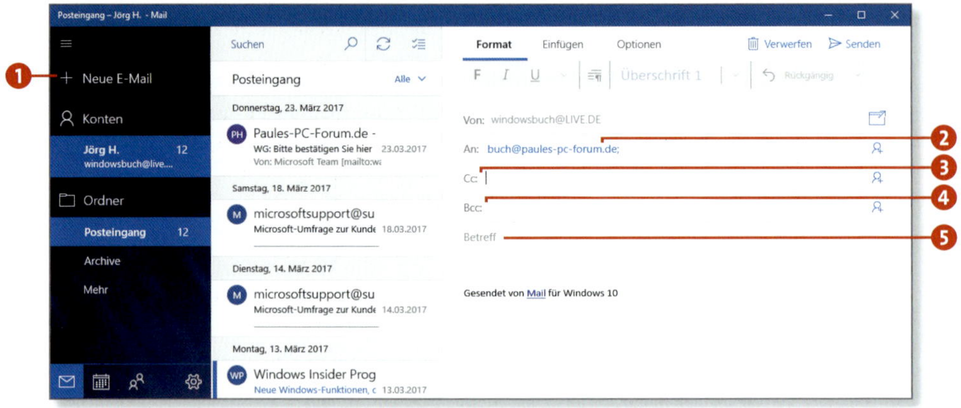

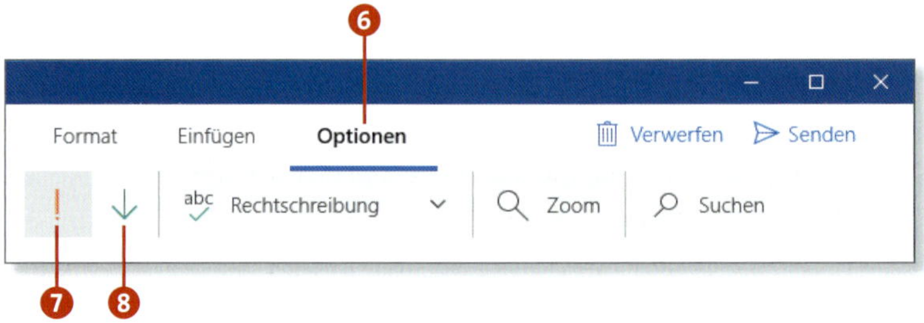

Cc und Bcc

Versenden Sie Kopien Ihrer Mails über das Feld **Cc** an mehrere Empfänger, können diese im Kopf der Mail erkennen, an wen jeweils eine Kopie geschickt wurde. Verwenden Sie das Feld **Bcc**, wenn Sie nicht möchten, dass die Empfänger sehen können, wer alles eine Kopie der Nachricht erhalten hat.

7. Die Mail-App verfügt über eine Rechtschreibkorrektur und zeigt fehlerhafte Wörter rot unterstrichen an. Klicken Sie ein so markiertes Wort mit der rechten Maustaste an, und wählen Sie aus dem sich öffnenden Menü einen Korrekturvorschlag ❾ aus.

8. Klicken Sie auf den Menüpunkt **Format** im Kopf der Nachricht, werden Ihnen verschiedene Optionen zur Textgestaltung angeboten ❿. Sie können Schriftart und Textfarbe wählen und den Text fett, kursiv oder unterstrichen darstellen, hervorheben oder sogar durchstreichen.

9. Hinter der Schaltfläche **Absatz** finden Sie zudem verschiedene Optionen zur Absatzformatierung ⓫ und rechts daneben einige Formatvorlagen ⓬, wie z. B. diverse Überschriften, Zitate, Titel, Untertitel und Verweise.

10. Mit den Tasten `Alt` + `S` oder einem Klick auf die Schaltfläche **Senden** ⓭ wird die E-Mail schließlich verschickt. Die Option **Verwerfen** ⓮ löscht die Mail.

11. Sie können Ihre E-Mail auch später zu Ende schreiben. Dazu müssen Sie diese nicht separat abspeichern. Sie bleibt mit dem Zusatz **Entwurf** im Ordner **Entwürfe** liegen und kann jederzeit weiter bearbeitet werden, bis Sie sie abschicken.

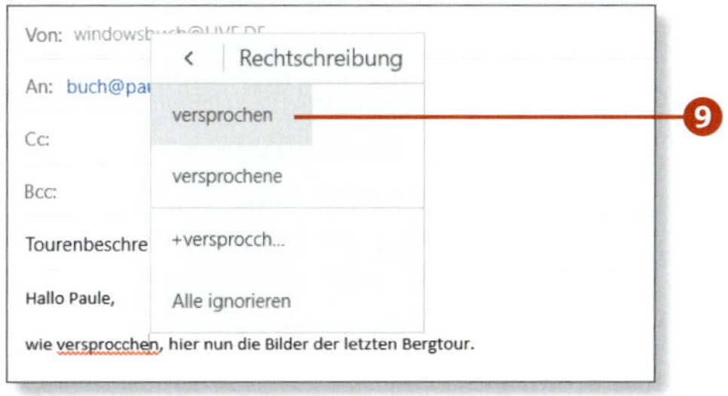

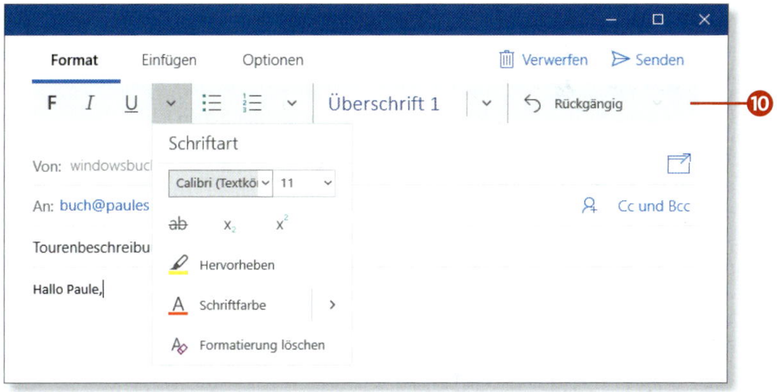

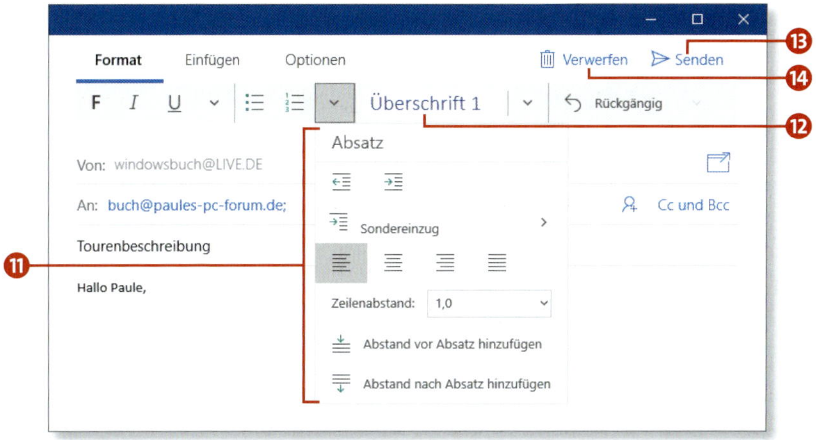

Wo sind die gesendeten Mails?

Haben Sie eine E-Mail abgeschickt, wird sie im Ordner **Gesendete Elemente** abgelegt. Sollte der Ordner bei Ihnen nicht angezeigt werden, erreichen Sie ihn über den Link **Mehr** in der Ordnerleiste. Jeder Ordner kann der Ordnerleiste hinzugefügt oder aus ihr entfernt werden. Klicken Sie dazu den ausgewählten Ordner mit der rechten Maustaste an, und wählen Sie aus dem Kontextmenü den Befehl **Zu Favoriten hinzufügen** oder **Aus Favoriten entfernen** aus.

Eine E-Mail lesen

Eine neue E-Mail ist eingetroffen. Je nach Einstellung wird Ihnen die Ankunft der E-Mail direkt in der Live-Kachel **Mail** im Startmenü, in der Taskleiste sowie im Info-Center angezeigt (siehe dazu den Abschnitt »Die Mail-App einrichten« ab Seite 176).

1. Zum Öffnen der App klicken Sie entweder in der Taskleiste auf das Mail-Symbol ❶ oder im Startmenü auf die Kachel **Mail** ❷. Sie zeigt den Inhalt der aktuellsten Mail, wenn Sie den Live-Modus angeschaltet haben.
2. Haben Sie mehrere Mail-Konten eingefügt, können Sie mit einem Klick auf die Schaltfläche **Konten** ❸ zwischen diesen wechseln. Die Ziffer hinter der Bezeichnung **Posteingang** ❹ zeigt die Anzahl der ungelesenen E-Mails an.
3. Markieren Sie in der Nachrichtenliste die E-Mail, die Sie lesen möchten ❺. Bei noch ungelesenen Mails wird deren Betreff in blauer Schrift angezeigt, und der Eintrag wird zusätzlich mit einem blauen Streifen auf der linken Seite markiert. (In diesem Beispiel sind die zwei ersten Nachrichten in der Liste noch ungelesen, die dritte ist aktuell ausgewählt, und die darunter ist bereits gelesen.) Die ausgewählte E-Mail wird im Lesebereich rechts angezeigt. Nutzen Sie gegebenenfalls die Bildlaufleiste am rechten Rand, um nach unten zu scrollen und den Text längerer Mails lesen zu können. Die Leiste wird allerdings erst angezeigt, wenn Sie mit der Maus in den Lesebereich zeigen.
4. Um die E-Mail zu löschen, klicken Sie rechts oben auf die Papierkorb-Schaltfläche ❻. Die Mail wird daraufhin in den Ordner **Gelöscht** verschoben. Diesen Ordner erreichen Sie, indem Sie links auf den Menüpunkt **Mehr** ❼ und anschließend auf **Papierkorb** klicken.

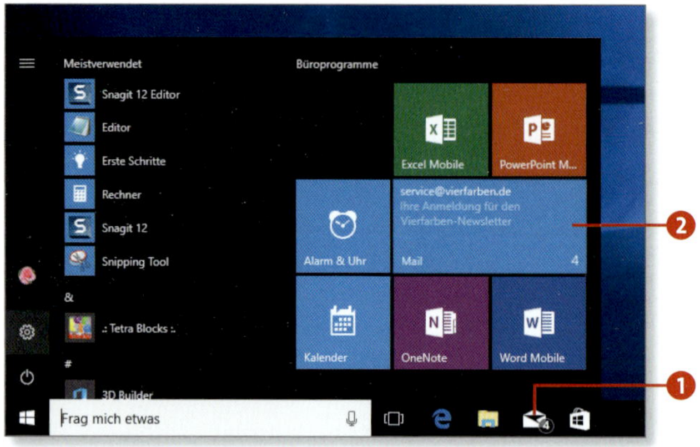

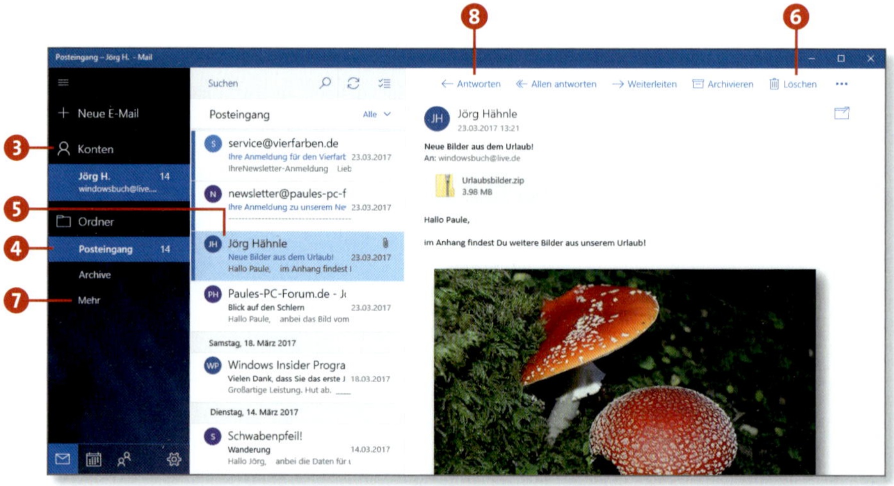

Eine E-Mail schnell beantworten

Um auf eine E-Mail zu antworten, markieren Sie die Nachricht und klicken dann in der Menüleiste auf die Schaltfläche **Antworten** ❽. Die Absender-Adresse wird dann automatisch als Empfänger-Adresse für die neue E-Mail übernommen, und Sie brauchen diese nicht extra einzugeben.

5. Wichtige Nachrichten können Sie kennzeichnen, um sie später schneller wiederzufinden. Klicken Sie hierfür in der geöffneten Mail auf die Schaltfläche mit den drei Punkten oben rechts in der Menüleiste ⑨, und wählen Sie daraus die Option **Kennzeichnung festlegen** ⑩.
6. Gekennzeichnete Nachrichten werden farblich hervorgehoben und zusätzlich mit einem kleinen Fähnchen markiert ⑪. Möchten Sie diese Mails einsehen, müssen Sie nun aber nicht den kompletten Posteingang nach gekennzeichneten Nachrichten absuchen. Über den Menüpunkt **Alle** und die Auswahl der Option **Gekennzeichnet** ⑫ können Sie sich alle von Ihnen markierten E-Mails auflisten lassen.
7. Eine bereits gelesene Mail können Sie über den Befehl **Als ungelesen markieren** ⑬ oder mithilfe der Tastenkombination [Strg] + [U] wieder als ungelesen darstellen.
8. Sollte die Schrift einer E-Mail zu klein oder auch zu groß dargestellt werden, können Sie über den Menüpunkt **Zoom** die Darstellung verändern. Sie verkleinern den Text, indem Sie die zur Auswahl angebotenen Faktoren **50 %** oder **75 %** wählen, oder Sie können ihn mit **150 %, 200 %** oder **400 %** deutlich vergrößern. Die Standardgröße erreichen Sie wieder bei **100 %**.

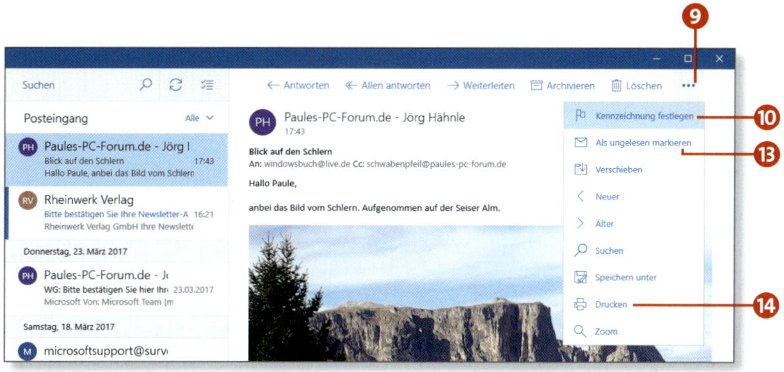

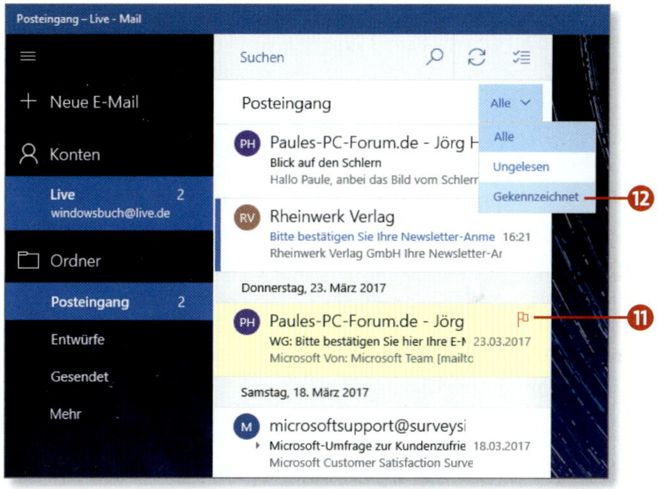

Eine E-Mail ausdrucken

Um eine E-Mail auszudrucken, klicken Sie entweder zunächst wieder auf die Schaltfläche mit den drei Punkten und anschließend auf **Drucken** ⑭, oder Sie verwenden die Tastenkombination [Strg] + [P]. In beiden Fällen öffnet sich daraufhin der Druckdialog, über den Sie z. B. festlegen können, wie viele Kopien Sie erstellen möchten oder ob die komplette Nachricht oder nur einzelne Seiten ausgedruckt werden sollen.

Fotos und andere Dateien per E-Mail senden

Auch mit der Mail-App können Sie Dateien als Anlage versenden, z. B. ein Office-Dokument oder eine PDF-Datei. Versenden Sie keine ausführbaren Dateien (mit den Endungen *.exe*, *.bat* oder *.com*). Diese Dateien werden aus Sicherheitsgründen von den meisten E-Mail-Anwendungen blockiert und erreichen damit nicht den Empfänger.

1. Öffnen Sie die **Mail**-App, und erstellen Sie eine neue E-Mail. Dann wählen Sie in der neuen Nachricht oben in der Menüleiste die Option **Einfügen** ❶.
2. Da eine Datei verschickt werden soll, klicken Sie auf den Menüpunkt **Dateien** ❷, der mit einer Büroklammer gekennzeichnet ist.
3. Navigieren Sie in dem sich nun öffnenden Explorer-Fenster in das Verzeichnis, das die gewünschte(n) Datei(en) enthält. Möchten Sie mehrere Dateien versenden, halten Sie bei der Auswahl die Strg-Taste gedrückt. Sind alle Dateien ausgewählt, schließen Sie den Vorgang über die Schaltfläche **Öffnen** ❸ ab.
4. Die Dateien werden der E-Mail als Anhang hinzugefügt und im Kopf der Nachricht aufgelistet ❹. Klicken Sie auf **Senden** ❺, um die fertige E-Mail abzuschicken.

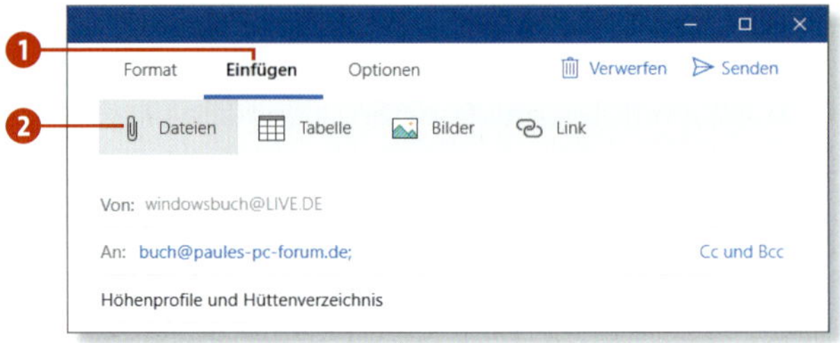

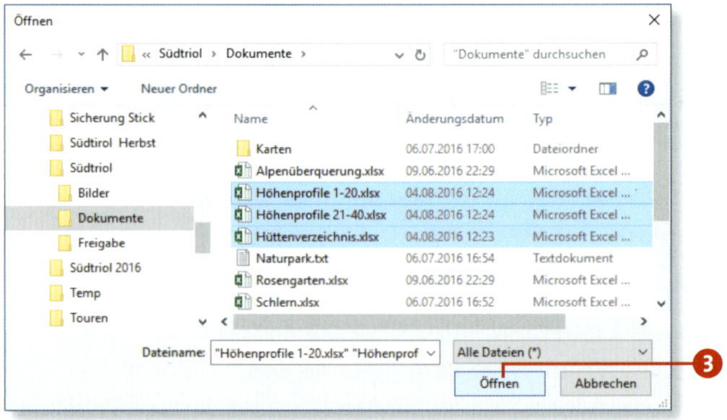

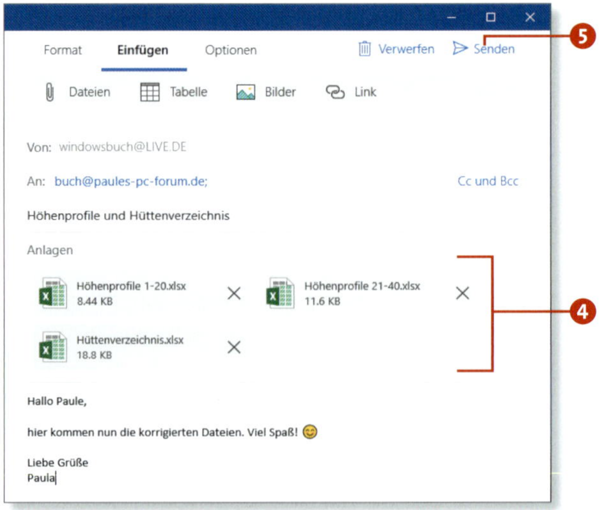

Eine E-Mail-Signatur erstellen

Sie können Ihre Mails mit einer Signatur versehen, die automatisch am Ende des Nachrichtentextes eingefügt wird. Klicken Sie hierfür in der geöffneten Mail-App auf das Zahnradsymbol und anschließend auf den Menüpunkt **Unterschrift**. Stellen Sie den Schalter bei **E-Mail-Signatur verwenden** auf **Ein**, und geben Sie im darunterliegenden Textfeld Ihre Signatur ein (Grußformel, Name, Adresse o. Ä.). Die Einbindung von Grafiken ist leider nicht möglich.

Den Ordner »Posteingang« an den Startbildschirm heften

Wenn Sie mehrere E-Mail-Konten eingerichtet haben, können Sie den Ordner **Posteingang** jedes Mail-Kontos einzeln an das Startmenü heften. So sehen Sie sofort, zu welchem Konto eine neue E-Mail gehört, und können mit nur einem Klick zum passenden Posteingang wechseln.

1. Starten Sie die **Mail**-App, und öffnen Sie zunächst das Konto, dessen Posteingang Sie an den Startbildschirm heften möchten.
2. Klicken Sie links im ausgewählten Konto mit der rechten Maustaste auf den Ordner **Posteingang**, und wählen Sie aus dem sich nun öffnenden Kontextmenü die Option **Auf Startseite anheften** (1) aus. Es folgt eine Rückfrage, ob Sie die Kachel anheften möchten. Bestätigen Sie dies mit **Ja**.
3. Wechseln Sie zum Startmenü, z. B. mithilfe der [Windows]-Taste, und scrollen Sie nach unten. Dort finden Sie nun die neu hinzugefügte Kachel Ihres Posteingangs (2). Ihre Position können Sie beliebig verändern. Wenn Sie die Kachel mit der rechten Maustaste anklicken, können Sie sie außerdem über den Befehl **Größe ändern** (3) verkleinern oder vergrößern und über den Menüpunkt **Mehr** (4) ihren Live-Modus deaktivieren. Dann werden neue Nachrichten nicht mehr direkt in der Kachel angezeigt.
4. Ebenfalls über das Kontextmenü der Kachel können Sie den Posteingang auch wieder aus dem Startmenü entfernen. Wählen Sie hierfür einfach den Eintrag **Von „Start“ lösen** (5).

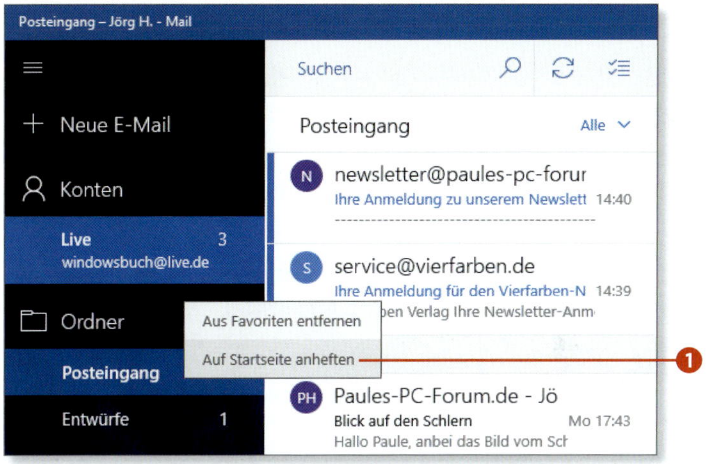

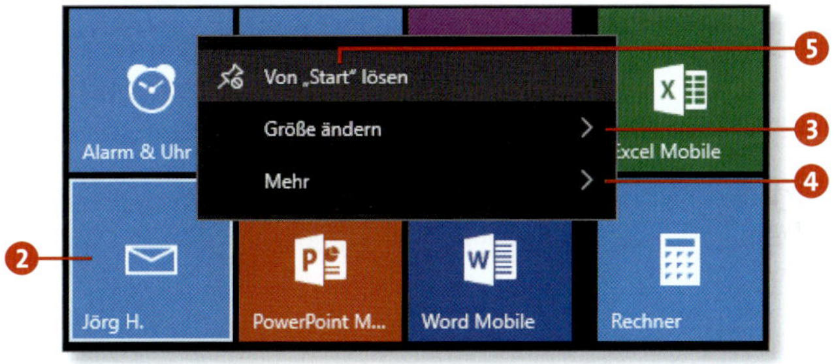

Weitere Ordner anheften

Sie können auf die beschriebene Weise nicht nur den Posteingang, sondern auch jeden anderen Ordner Ihres Mail-Kontos an den Startbildschirm heften. Die Ordner lassen sich auch jederzeit wieder davon lösen.

Anlagen öffnen

Erhalten Sie eine E-Mail mit Anlage, wird dies ebenfalls im Kopf der Nachricht angezeigt. Klicken Sie mit der rechten Maustaste auf das Dateisymbol, um die entsprechende Anlage zu öffnen oder zu speichern. Öffnen Sie jedoch niemals Anlagen von unbekannten Absendern, da diese Dateien Schadprogramme enthalten können!

Kontakte speichern und verwalten

Einen neuen Kontakt hinzufügen

Um Adressen in die *Kontakte*-App einzutragen, müssen Sie sich mit einem Microsoft-Konto anmelden.

1. Öffnen Sie die App **Kontakte**. Um einen neuen Kontakt hinzuzufügen, klicken Sie im linken Teil der App auf die große **Plus**-Schaltfläche **1**.
2. Möchten Sie Ihrem Kontakt ein Foto zuordnen, klicken Sie in den Kreis **2**, woraufhin sich die *Fotos*-App öffnet.
3. Wenn Sie mehrere Microsoft-Konten haben, können Sie im Abschnitt **Speichern unter** auswählen, welchem Konto der neue Kontakt zugeordnet werden soll **3**.
4. Tragen Sie nun den Namen der Person ein. Klicken Sie hierfür zunächst auf das Bleistiftsymbol am Ende des Namenfeldes **4**. Es öffnet sich daraufhin ein zusätzliches Dialogfenster **5** mit zahlreichen Eingabemöglichkeiten, die Sie über die Schaltfläche **Fertig** abschließen.
5. Unter **Handy** tragen Sie die Mobilfunknummer des Kontaktes ein. Klicken Sie auf die Bezeichnung **Handy** **6**, öffnet sich ein weiteres Menü mit der Möglichkeit, die Bezeichnung in **Telefon (Privat)**, **Telefon (Arbeit)**, **Fax (Arbeit)** etc. zu ändern. Über den nachfolgenden Menüpunkt **Telefon** **7** können Sie dem Formular ein weiteres Datenfeld hinzufügen.

Kontakte suchen

Die Suchfunktion reagiert bereits bei der Eingabe des ersten Buchstabens. Es reicht mitunter also aus, wenn Sie lediglich den Anfangsbuchstaben des gesuchten Kontaktes eintippen, um sich dann alle hierzu passenden Einträge auflisten zu lassen.

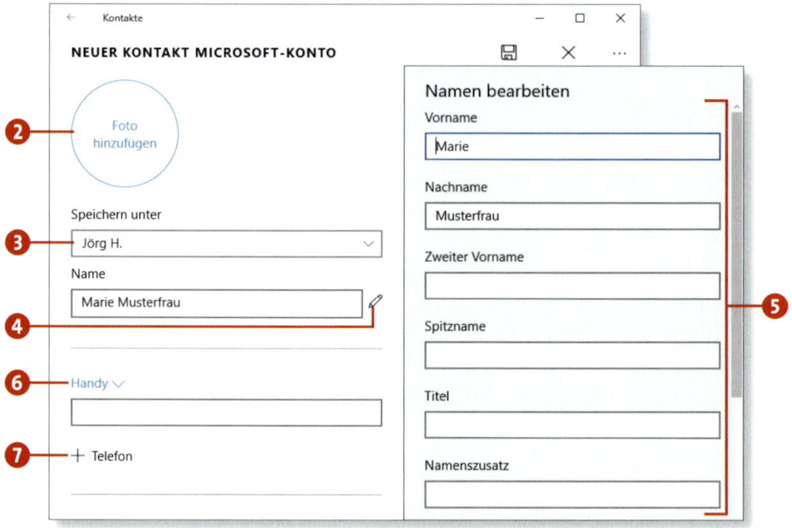

6. Im Abschnitt **E-Mail** geben Sie die E-Mail-Adresse der Person ein. Sobald Sie auf die Bezeichnung **E-Mail (privat)** ❽ klicken, öffnet sich auch hier wieder ein Menü, und Sie können stattdessen festlegen, dass es sich um eine geschäftliche oder eine andere Mail-Adresse (**Sonstige**) handelt und nicht um eine private.

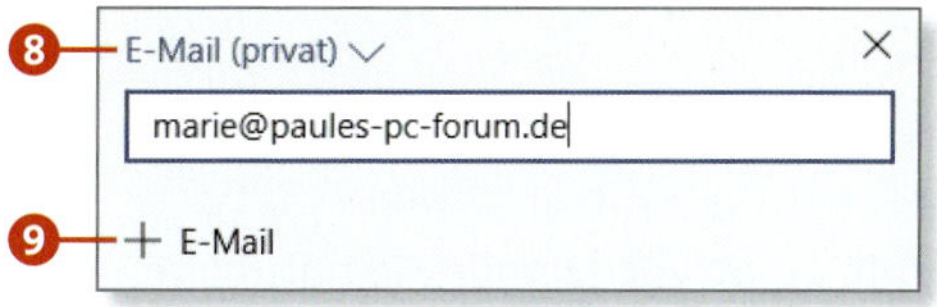

7. Um eine zweite Mail-Adresse für diesen Kontakt zu hinterlegen, klicken Sie auf **E-Mail** ❾ und wählen die gewünschte Kategorie (**Geschäftlich** oder **Sonstige**) aus. Daraufhin erscheint ein neues leeres Feld, in das Sie die zweite Adresse eintragen können.

8. Die Eingabefelder für die Adresse sind standardmäßig erst nach einem Klick auf die Schaltfläche **Adresse** und der Auswahl einer Kategorie (**Privat**, **Geschäftlich**, **Weitere Adresse**) zu sehen. Auch hier können Sie nach der Eingabe der erforderlichen Informationen erneut auf **Adresse** ❿ klicken, um zusätzliche Adressdaten hinzuzufügen.

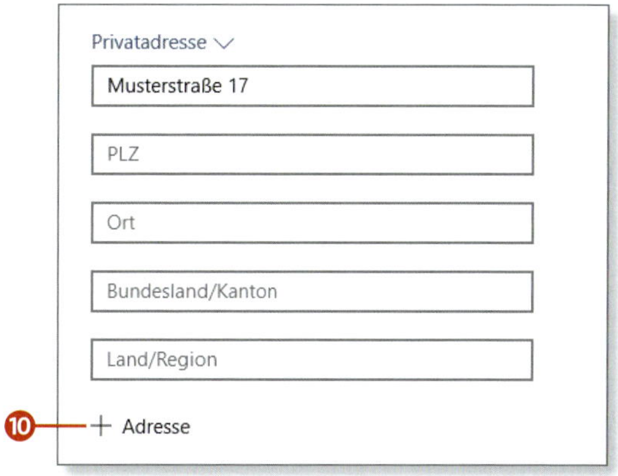

9. Am Ende steht der Abschnitt **Sonstiges**, in dem Sie noch Angaben zur Position, zu Partnern, zur Webseite oder allgemeine Anmerkungen vornehmen können. Sind alle Angaben gemacht, klicken Sie zur Übernahme der Daten auf das Diskettensymbol rechts oben im Programmfenster.

10. Der neue Kontakt wird nun angezeigt. Nachträgliche Änderungen sind natürlich jederzeit möglich. Wählen Sie hierfür den Kontakt aus, und klicken Sie dann rechts oben auf das Bleistiftsymbol ⓫.

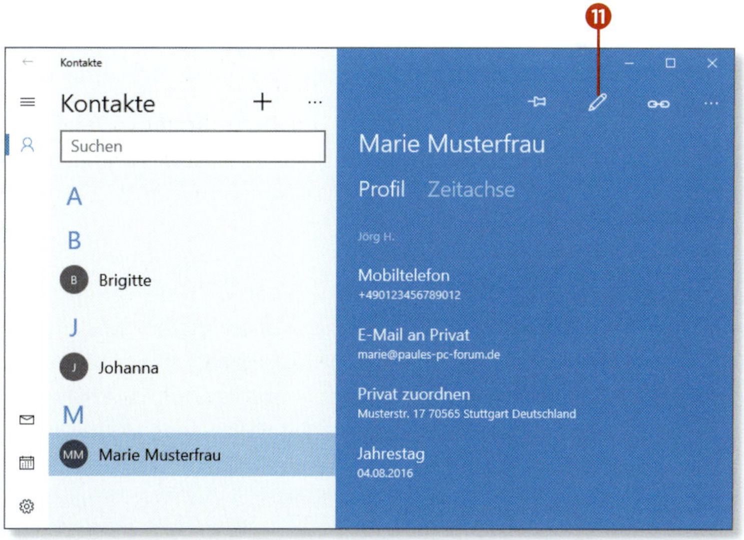

Kontakte online über Outlook.com nutzen

Wenn Sie sich mit Ihrem Microsoft-Konto bei *Outlook.com* anmelden, stehen Ihnen alle Kontakte online zur Verfügung. Sie können dort Kontakte erstellen, bearbeiten und löschen und die Änderungen mit der *Kontakte*-App synchronisieren.

Einen Kontakt löschen

Erfahrungsgemäß sammeln sich im Laufe der Zeit viele Kontakte an, darunter auch immer wieder Einträge, die nicht mehr gültig sind. Solche nicht mehr benötigten Einträge können Sie natürlich auch wieder löschen.

1. Öffnen Sie im ersten Schritt das Startmenü mit einem Klick auf die **Start**-Schaltfläche in der Taskleiste oder noch einfacher, indem Sie die [⊞]-Taste drücken, und starten Sie anschließend die **Kontakte**-App über die dazugehörige Programmkachel ❶.

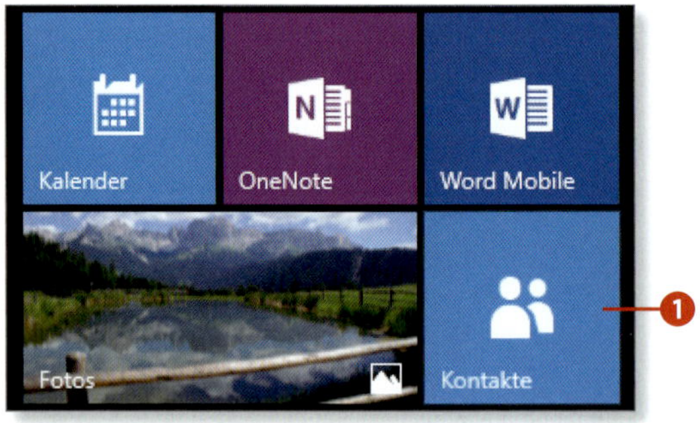

2. Nutzen Sie gegebenenfalls die Bildlaufleiste der Anwendung, um zu jenem Kontakt zu gelangen, den Sie löschen möchten. Die Bildlaufleiste wird erst dann eingeblendet, wenn Sie mit der Maus auf einen Eintrag zeigen.

3. Führen Sie einen Rechtsklick auf den zu löschenden Kontakt aus, und wählen Sie aus dem sich nun öffnenden Kontextmenü die Option **Löschen** ❷.

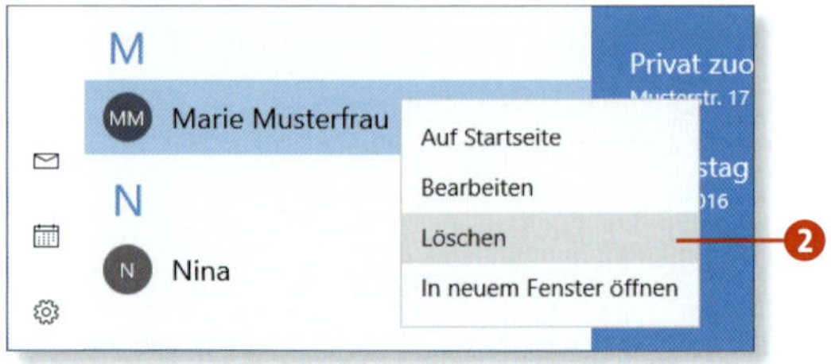

4. Ein Hinweisfenster erscheint. Wenn Sie den Kontakt wirklich löschen wollen, klicken Sie noch einmal auf **Löschen** ❸. Der Eintrag wird sofort entfernt. Haben Sie sich anders entschieden und möchten den Kontakt behalten, klicken Sie auf die Schaltfläche **Abbrechen** ❹.

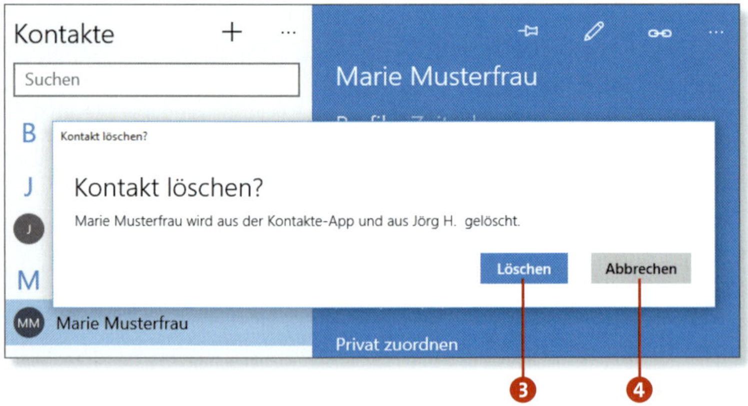

Kontakte filtern

Direkt unterhalb des Suchfeldes befindet sich die Option **Angezeigt: Alle**, die allerdings nur zu sehen ist, wenn Sie zum ersten Eintrag in der Namensliste nach oben scrollen. Klicken Sie auf diesen Menüpunkt, können Sie angeben, ob Kontakte ohne Telefonnummer ausgeblendet werden sollen. Es werden dann nur noch Kontakte angezeigt, denen Sie eine SMS senden oder die Sie anrufen können. Über die Suchfunktion sind alle anderen Einträge weiterhin zu finden.

Eine E-Mail an einen Kontakt senden

Wenn Sie eine E-Mail an einen Ihrer Kontakte senden möchten, können Sie dies direkt aus der *Kontakte*-App heraus tun.

1. Öffnen Sie die **Kontakte**-App über die Kachel im Startmenü. Wählen Sie den Kontakt aus der Liste aus, an den Sie eine Nachricht senden möchten.
2. Auf der rechten Seite der App werden die Daten des Kontaktes angezeigt. Klicken Sie hier auf die eingetragene Mail-Adresse ❶. Voraussetzung hierfür ist natürlich, dass zu diesem Kontakt eine E-Mail-Adresse hinterlegt wurde.
3. Ihr Standard-Mail-Programm wird gestartet, das kann die *Mail*-App sein oder ein anderes von Ihnen eingerichtetes Mail-Programm, wie z. B. Outlook. Die Adresse des ausgewählten Kontaktes wird automatisch in das Empfängerfeld der Nachricht eingefügt. Geben Sie nun einen Betreff und den Text Ihrer Nachricht ein, und schicken Sie die Mail mit der Schaltfläche **Senden** ab.
4. Die Alternative ist diese: Starten Sie die **Mail**-App, und klicken Sie links oben auf **Neue E-Mail**, um eine neue Nachricht zu verfassen. Anstatt die Empfänger-Adresse von Hand einzutragen, klicken Sie in das Feld **An** ❷ und tippen nur den ersten Buchstaben des Empfängernamens ein. Daraufhin werden Ihre dazu passenden Kontakte angezeigt, und Sie können den Empfänger per Mausklick auswählen ❸. Das Auswahlfenster schließt sich wieder, sobald Sie einen Eintrag ausgewählt haben.

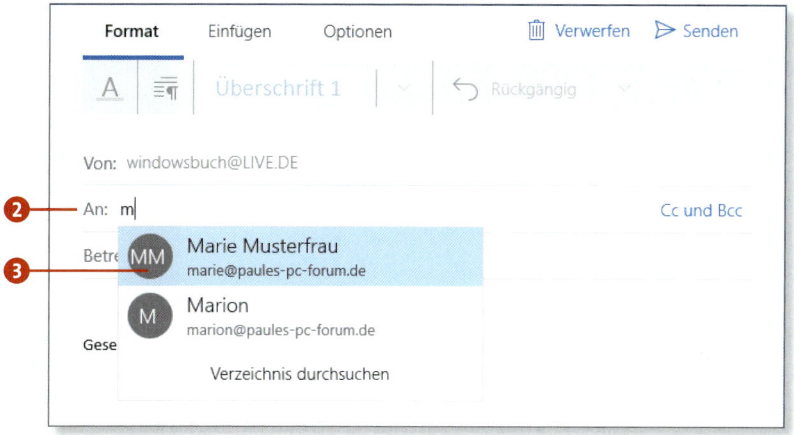

Kontaktinformationen teilen

Möchten Sie die Informationen eines Kontaktes per Mail an eine andere Person weiterleiten, öffnen Sie zunächst den gewünschten Kontakt und klicken dann oben rechts auf die Schaltfläche, die lediglich aus drei Punkten besteht ❹. Wählen Sie aus dem sich daraufhin öffnenden Menü die Option **Kontakt teilen**. Anschließend können Sie Ihr Mail-Programm auswählen und die Informationen versenden.

Alle Termine im Griff

Einen neuen Termineintrag erstellen

Ob Werkstatttermin oder Elternabend, mit der neuen *Kalender*-App werden Sie künftig keine Termine mehr vergessen. Tragen Sie berufliche und private Termine in den Kalender ein, und lassen Sie sich automatisch an anstehende Termine erinnern.

1. Klicken Sie auf die Kachel **Kalender** im Startmenü, um die App zu öffnen. Standardmäßig wird der Kalender in der Monatsansicht angezeigt. Links neben dem aktuellen Monatsnamen befinden sich zwei Pfeile. Navigieren Sie mithilfe dieser Pfeile ❶ zum gewünschten Monat, und klicken Sie auf den passenden Tag.
2. Ein kleines Eingabefenster wird eingeblendet. Tragen Sie hier die Bezeichnung für Ihren Termin ein ❷.
3. Im darunterliegenden Feld können Sie eine Startzeit und das Ende Ihres Termins eintragen. Entfernen Sie dazu zunächst das Häkchen vor dem Eintrag **Ganztägig** ❸, um die Eingabefelder zu aktivieren. Sobald Sie mit der Maus auf eine Uhrzeit zeigen, wird ein Dropdown-Menü sichtbar, über das Sie nun die gewünschten Zeiten einstellen können ❹.
4. Wenn Sie mögen, geben Sie zusätzlich den Ort ❺ an, an dem der Termin stattfindet. Sollten Sie mehrere Kalender verwalten, können Sie schließlich Ihren Termin über das darunter befindliche Dropdown-Menü einem Ihrer Kalender zuordnen ❻. Über **Weitere Details** ❼ erreichen Sie weitere Eingabemöglichkeiten, oder Sie klicken auf **Fertig** ❽, falls Sie keine weiteren Daten zu Ihrem Termin eintragen möchten.

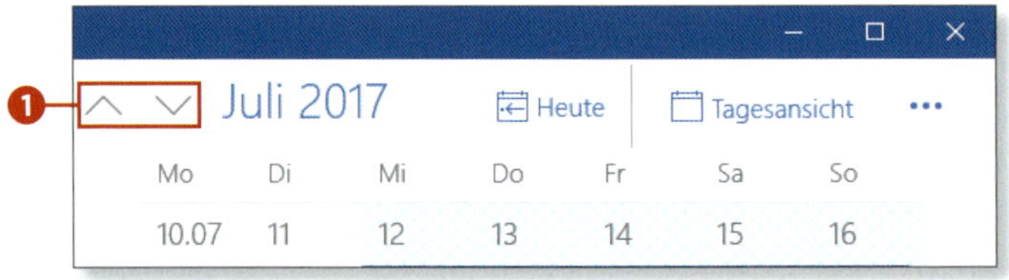

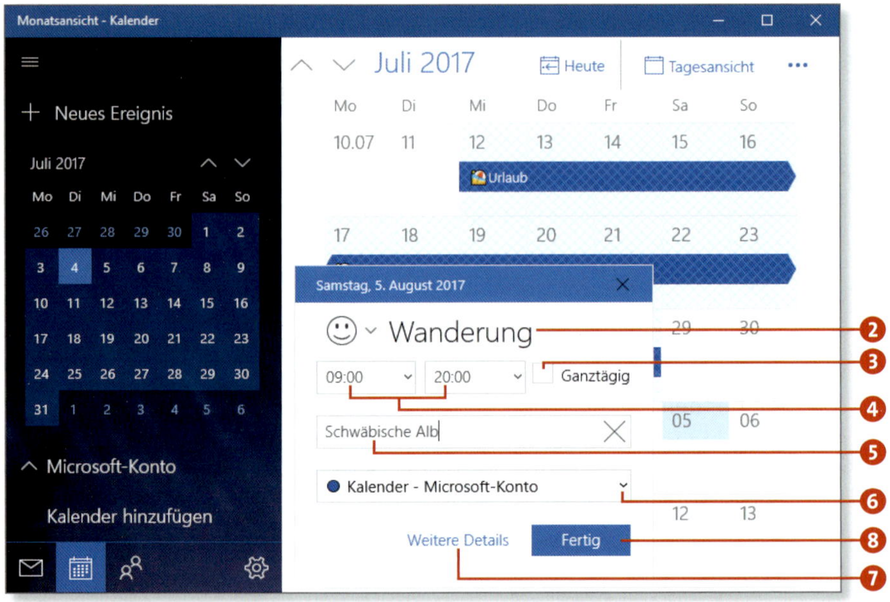

Termine online verwalten

Neue Termine können Sie jederzeit auch auf *Outlook.com* erstellen und verwalten. Melden Sie sich einfach unter *www.outlook.com* mit Ihrem Microsoft-Konto an, und greifen Sie von jedem internetfähigen PC auf Ihre Termine zu.

5. In den Detaileinstellungen können Sie Personen per E-Mail zu einem Termin einladen. Tragen Sie die E-Mail-Adressen der Personen einfach von Hand in das Feld **Personen** ❾ ein. Die mit den ersten Buchstaben übereinstimmenden Einträge aus der Kontakte-App werden zur Übernahme vorgeschlagen, was Sie mit einem einfachen Mausklick tun können. Die Schaltfläche **Speichern & schließen** links oben ändert daraufhin ihr Aussehen und wird zu einer **Senden**-Schaltfläche ❿. Betätigen Sie diese, werden die Teilnehmer informiert, und der Termin wird im Kalender gespeichert.

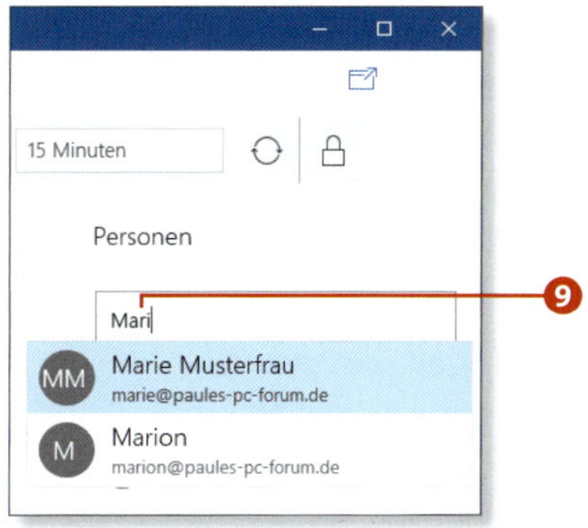

6. Legen Sie bei Bedarf über das Dropdown-Menü **Anzeigen als** ⓫ noch einen Status fest, z. B., ob Sie während des Termins beschäftigt oder vielleicht gar nicht im Haus sind.

7. Erinnerungen an anstehende Termine können Sie im Feld **Erinnerung** ⓬ definieren. Wählen Sie aus der Liste aus, wann die Erinnerung erfolgen soll. 15 Minuten vor Beginn oder vielleicht doch lieber schon am Vortag?

8. Über die Schaltfläche **Wiederholen** ⓭ geben Sie schließlich an, ob es sich um einen einmaligen oder einen wiederkehrenden Termin handelt. Bei sich wiederholenden Terminen bietet die App die Möglichkeit an, ein Intervall zu definieren und den Termin z. B. **Täglich**, **Wöchentlich** oder auch am x. Tag jeden Monats festzulegen.

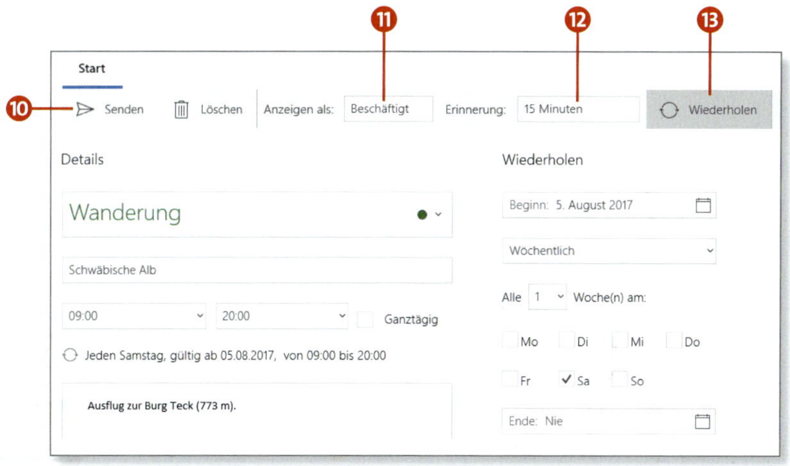

Neue Kalender anlegen

Das Hinzufügen zusätzlicher Kalender ist nicht direkt in der App möglich. Um einen weiteren Kalender zu nutzen, loggen Sie sich mit Ihrem Microsoft-Konto bei *Outlook.com* ein. Dort können Sie einen neuen Kalender erstellen. Diese Kalender können dann über die App aufgerufen werden.

Die Synchronisation Ihrer Termine

Manchmal ist ein wenig Geduld erforderlich. Wenn Sie über *Outlook.com* neue Termine oder einen neuen Kalender erstellt haben, dauert es meist ein paar Minuten, bis die Daten synchronisiert werden und Ihnen dann auch in der Kalender-App zur Verfügung stehen.

Einen Termin ändern oder löschen

Die Details eines Termins können sich natürlich jederzeit ändern, etwa weil sich die Uhrzeit geändert hat oder weil der Termin auf einen anderen Tag gelegt wurde. Das macht eine Aktualisierung des Kalenders erforderlich.

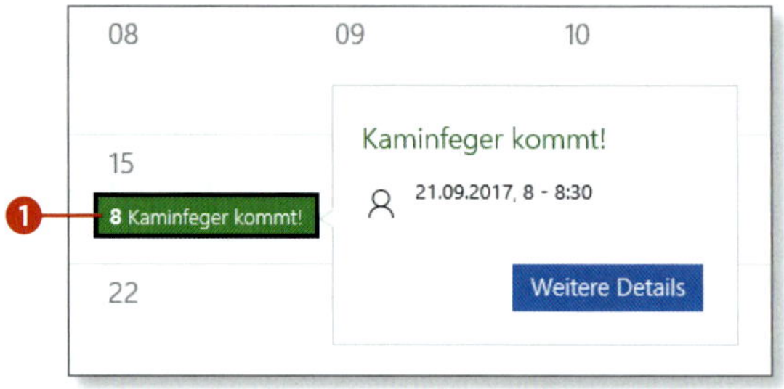

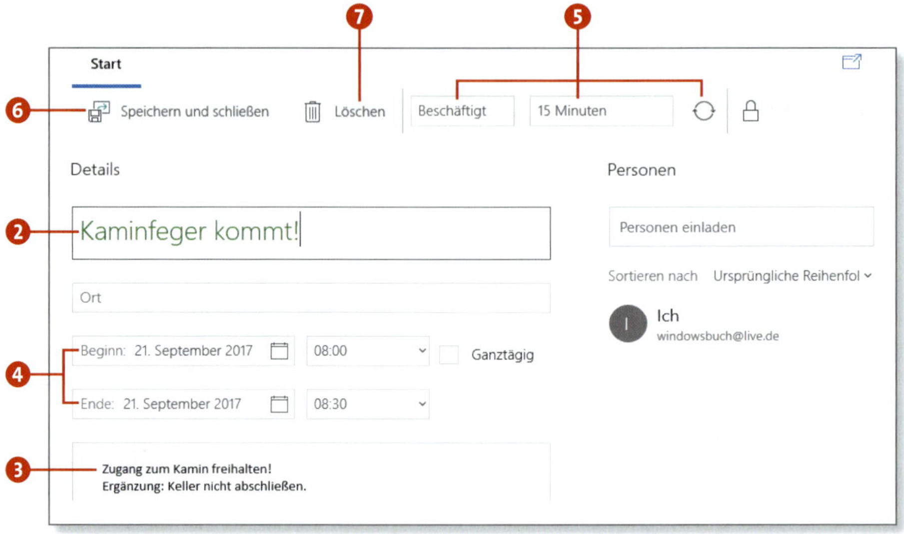

1. Öffnen Sie die App mit einem Klick auf die Kachel **Kalender**. Wählen Sie den zu ändernden Termin aus, indem Sie mit der Maus auf den Eintrag zeigen ❶ und schließlich im sich öffnenden Fenster auf **Weitere Details** klicken.
2. Alle Details des Termins werden nun angezeigt. Ändern Sie bei Bedarf den Betreff ❷ oder den beschreibenden Text ❸ des Termins. Vielleicht findet der Termin an einem anderen Datum statt, oder die Startzeit, das Terminende bzw. die Dauer haben sich geändert ❹?
3. Falls Sie den angezeigten **Status** (z. B. **Beschäftigt**), die **Erinnerung** an den Termin oder seine Häufigkeit ändern möchten, klicken Sie hierfür in der Menüleiste auf den dazugehörigen Menüpunkt ❺.
4. Haben Sie alle nötigen Anpassungen vorgenommen, klicken Sie auf **Speichern und schließen** ❻, um den geänderten Termin in Ihren Kalender zu übernehmen. Wenn Sie Personen zu dem Termin eingeladen haben, heißt die Schaltfläche nicht **Speichern und schließen**, sondern **Aktualisierung senden**. Der Termin wird auch in diesem Fall in Ihrem Kalender gesichert.
5. Soll der Termin hingegen gelöscht werden, betätigen Sie die Option **Löschen** ❼, und bestätigen Sie die anschließende Abfrage erneut mit **Löschen**. (Aus dem Menüpunkt **Löschen** wird **Besprechung absagen**, falls Personen per E-Mail zum Termin eingeladen wurden.)

Informationen zum geänderten Termin

Die App bietet keine Möglichkeit, selbst auszuwählen, ob eingeladene Personen bei einer Änderung per E-Mail darüber informiert werden sollen. Das heißt, dass bereits eine einfache Änderung wie die Korrektur eines Tippfehlers mit einer Nachricht an die betreffenden Personen einhergeht.

Die Ansicht des Kalenders ändern

Beim Start der *Kalender*-App wird der Kalender für gewöhnlich in der Monatsansicht dargestellt. Alle Tage eines Monats werden auf dem Bildschirm angezeigt. Es stehen aber weitere Ansichten zur Verfügung: die Tages-, die Wochen- und die Arbeitswochenansicht.

1. Klicken Sie im neuen Startmenü auf die Kachel **Kalender** ❶.
2. Im Kopf der Anwendung stehen die verschiedenen Optionen zur Auswahl. Wählen Sie zwischen den Ansichten **Heute**, **Tagesansicht**, **Woche**, **Monat** und **Jahr** ❷. Nach einem Klick auf eine der Schaltflächen ändert sich die Ansicht des Kalenders entsprechend. Klicken Sie auf den Menüpunkt **Tagesansicht**, können Sie zusätzlich zwischen einer Darstellung von 2 bis 6 Tagen wählen ❸.
3. Links neben der Bezeichnung des aktuellen Monats sind zur bequemen Navigation zwei Pfeile ❹ eingeblendet. Über diese Pfeile können Sie im Kalender tages-, wochen- oder monatsweise vor- und zurückblättern.
4. Ungeachtet der von Ihnen ausgewählten Kalenderansicht zeigt die App links in der Seitenleiste den aktuellen Monat nochmals in einer Übersicht an. Das aktuelle Datum ist dabei hervorgehoben. Wählen Sie in dieser Übersicht ein spezielles Datum aus, wird, je nach gewählter Ansicht, in der rechten Fensterhälfte der entsprechende Tag bzw. die dazugehörige Woche angezeigt.
5. Die Monatsansicht in der Seitenleiste können Sie bei Bedarf auch deaktivieren. Klicken Sie hierfür auf die drei horizontal dargestellten Linien oben links im Programmfenster ❺. Die Leiste wird daraufhin »zugeklappt«. Ein erneuter Klick auf die Schaltfläche öffnet sie wieder.

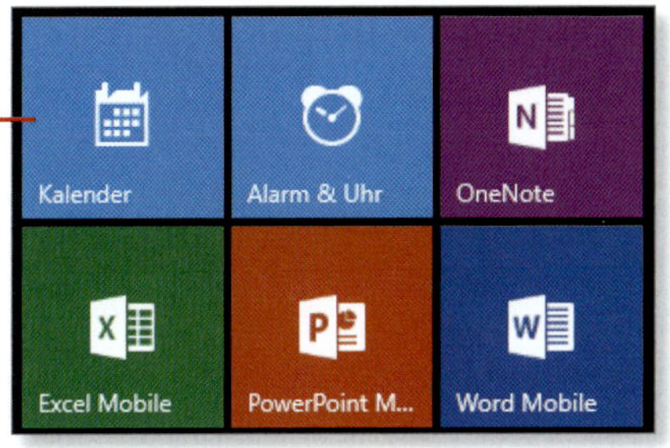

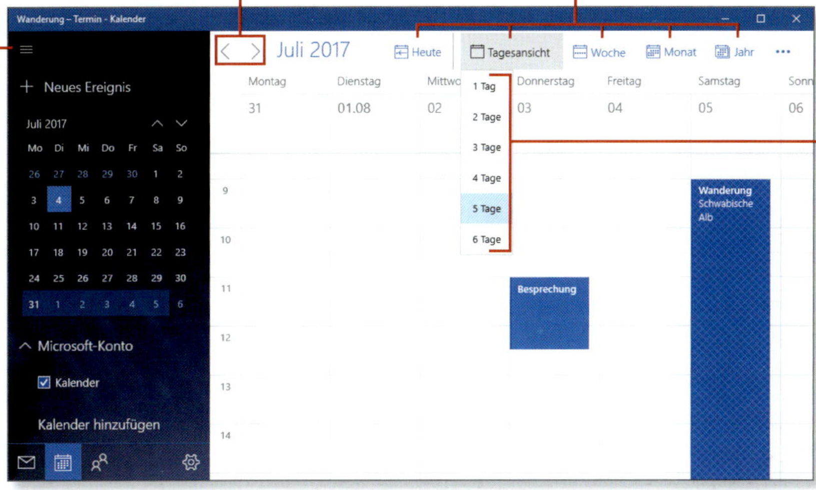

Benachrichtigungen deaktivieren

Steht ein neuer Termin an, blendet Windows für einige Sekunden ein kleines Benachrichtigungsfenster ein. Möchten Sie dies abschalten, öffnen Sie zunächst die Einstellungen mit der Tastenkombination ⊞ + I. Öffnen Sie die Kategorie **System > Benachrichtigungen und Aktionen**, und stellen Sie hier den Schalter für die Benachrichtigungen des Kalenders auf **Aus**.

Mit OneDrive Daten in der »Wolke« sichern

Die eigenen Windows-Einstellungen auf mehreren Rechnern nutzen

Wenn Sie sich unterwegs an einem anderen Windows-10-Rechner mit dem gleichen Microsoft-Konto anmelden, das Sie an Ihrem heimischen Rechner nutzen, können Sie Ihre Internetfavoriten, Kennwörter, das Design, die Hintergründe, Sprach- und weitere Windows-Einstellungen synchronisieren. Diese Einstellungen stehen Ihnen dann auch auf dem »Zweitrechner« zur Verfügung.

1. Ob und welche Einstellungen synchronisiert werden sollen, können Sie individuell festlegen. Klicken Sie im Startmenü auf **Einstellungen**, und wechseln Sie dann in die Kategorie **Konten** ❶.
2. Wählen Sie auf der linken Seite den Menüpunkt **Einstellungen synchronisieren** ❷. Gleich mit der ersten Option auf der rechten Seite können Sie die Synchronisation komplett (de-)aktivieren ❸. Wählen Sie **Aus**, wenn überhaupt keine Synchronisation durchgeführt werden soll.
3. Möchten Sie z. B. Farben, Hintergründe und das Design des Desktops auf mehreren Rechnern gleich gestalten, aktivieren Sie die Option **Design** ❹. Ihre Internetfavoriten werden durch Aktivierung der Option **Internet Explorer-Einstellungen** ❺ übernommen. Werfen Sie auch einen Blick auf die übrigen Themen, und schalten Sie die Synchronisation nach Bedarf ein oder aus.

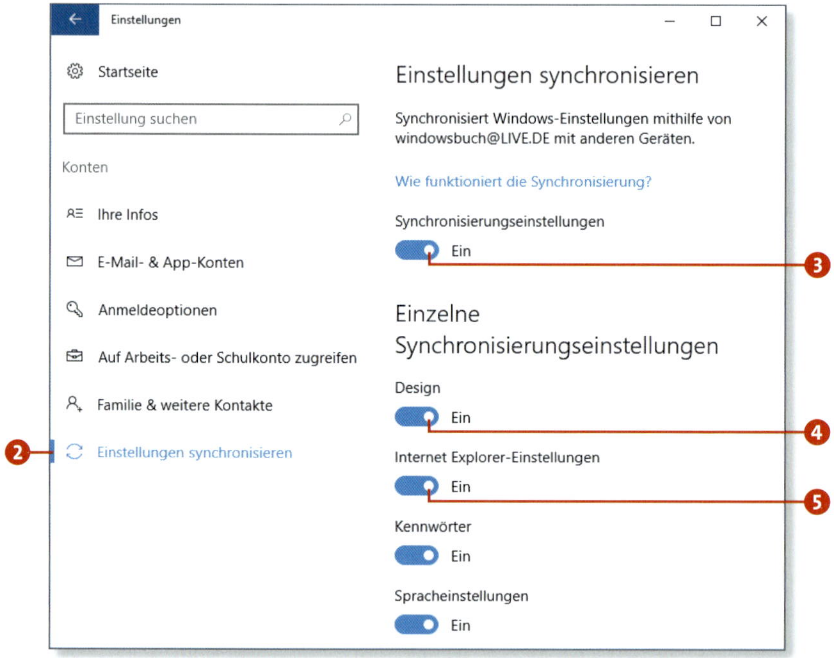

Voraussetzungen für die Synchronisierung

Damit die Synchronisierung auf anderen Windows-10-Geräten reibungslos klappt, müssen Sie sich auf diesen Geräten nicht nur mit dem gleichen Microsoft-Konto anmelden, sondern auch darauf achten, dass auf diesen Geräten die Synchronisation ebenfalls eingeschaltet ist.

Einen neuen Ordner auf OneDrive erstellen

Nutzen Sie OneDrive als zusätzlichen Speicherplatz für Ihre Daten und für den Austausch größerer Datenmengen. Mit wenigen Mausklicks legen Sie einen neuen Ordner auf OneDrive an.

1. Öffnen Sie Ihren Webbrowser, und geben Sie die Adresse *https://onedrive.live.com* in das Adressfeld ein.
2. Klicken Sie in der Menüleiste auf **Neu** ❶, und wählen Sie dann den Eintrag **Ordner** aus dem Menü.
3. Vergeben Sie einen Namen für den neuen Ordner, und schließen Sie den Vorgang mit der [↵]-Taste ab.
4. Wenn Sie sich vertippt haben oder die Bezeichnung nachträglich ändern möchten, klicken Sie den Ordner mit der rechten Maustaste an und wählen die Option **Umbenennen** aus. Sie können die Bezeichnung daraufhin beliebig ändern.
5. Um einen Ordner zu verschieben, klicken Sie ihn mit der rechten Maustaste an und wählen den Befehl **Verschieben nach**. Ein kleines Fenster öffnet sich auf der rechten Seite. Wählen Sie hier das Ziel aus ❷, und klicken Sie anschließend auf die Schaltfläche **Verschieben** ❸. Der Ordner wird in den Zielordner verschoben.

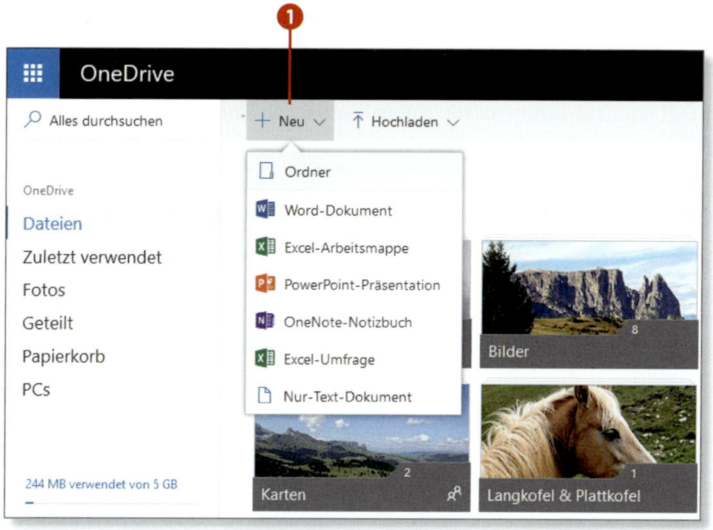

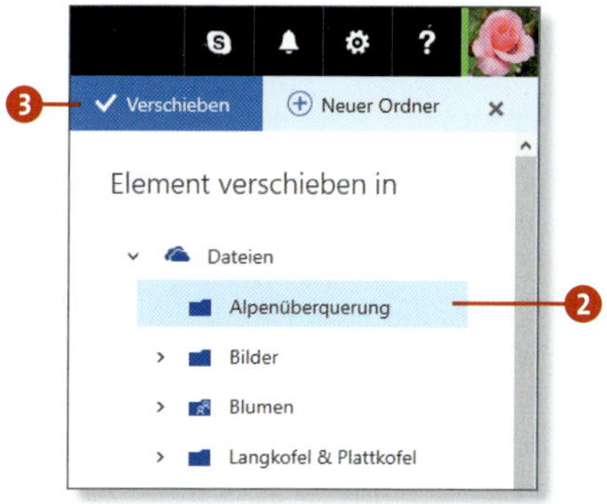

Cloud Computing

Beim Cloud Computing werden dem Nutzer Anwendungen, Speicherplatz und Rechnerleistungen über ein Rechenzentrum zur Verfügung gestellt. Ein Beispiel dafür ist OneDrive. Sowohl die Anwendung, die Sie über den Browser aufrufen, als auch von Ihnen hochgeladene Daten (Dokumente, Bilder etc.) werden zentral auf einem entfernten Rechner bzw. Server und nicht auf Ihrem lokalen PC gespeichert und ausgeführt, sodass Sie von mehreren Geräten aus darauf zugreifen und die Daten leicht auch für andere freigeben können.

Alternativen zu OneDrive

Inzwischen gibt es zahlreiche kostenlose Online-Speicherdienste, wie z. B. die *Telekom Cloud*, die Sie unter *http://cloud.telekom-dienste.de* erreichen. *Google Drive* finden Sie unter *https://drive.google.com* und das Angebot von *Dropbox* unter der Adresse *www.dropbox.com*. Alle Dienste bieten ähnliche Speicherkapazitäten.

Dateien auf OneDrive hochladen

Um Daten auszulagern oder sie mit anderen Personen zu teilen, müssen sie zunächst auf OneDrive hochgeladen werden.

1. Starten Sie die Webanwendung von OneDrive durch die Eingabe der Adresse *https://onedrive.live.com* in das Adressfeld Ihres Browsers.
2. Wählen Sie mit einem Mausklick den Ordner aus, in den Sie Dateien hochladen möchten.
3. Klicken Sie in der blauen Menüleiste auf **Hochladen** ❶.
4. Es öffnet sich ein Dialogfenster. Wählen Sie darin per Mausklick die Datei(en) aus, die Sie hochladen möchten, und bestätigen Sie Ihre Auswahl mit **Öffnen** ❷. Die Daten werden nun in den ausgewählten Ordner hochgeladen. Der Vorgang kann je nach der Datenmenge ein paar Minuten Zeit in Anspruch nehmen.
5. Über die Option **Sortieren** ❸ auf der rechten Seite können Sie die Sortierung der Dateien anpassen. Über die ersten beiden Schaltflächen daneben ❹ ändern Sie die Darstellung von der Symbol- zur Detailansicht bzw. können hier eine Seitenleiste mit weiteren Details zum ausgewählten Element ein- und ausblenden.

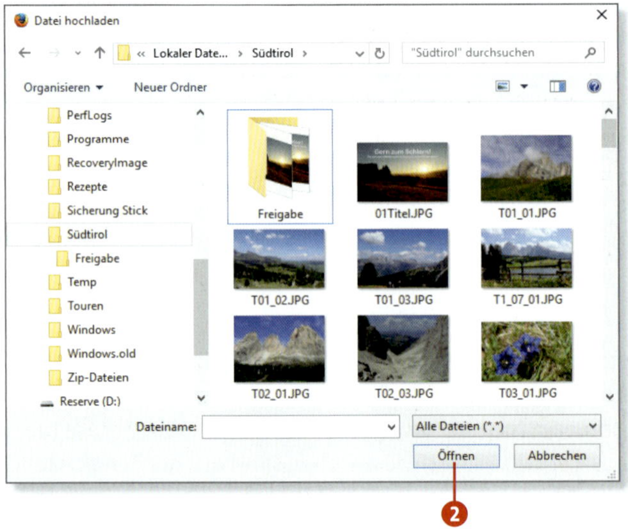

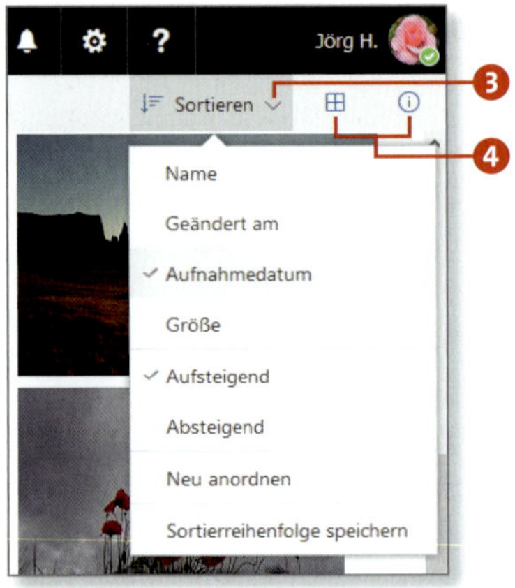

Zum Austausch großer Dateien geeignet

Bei den meisten E-Mail-Anbietern lassen sich Dateien nur bis zu einer Größe von etwa 5 MB als Anhang versenden. Nutzen Sie zum Austausch sehr großer Dateien einfach OneDrive. Die maximale Größe für einzelne Dateien beträgt 10 GB. Laden Sie Ihre Datei(en) dort hoch, und senden Sie dem Empfänger lediglich einen Freigabe-Link (siehe auch den Abschnitt »Ordner freigeben und mit anderen Personen teilen« auf Seite 195).

Ordner freigeben und mit anderen Personen teilen

Ob es die Fotos der winterlichen Lappland-Reise oder eher geschäftliche Dokumente sind, über OneDrive können Sie Ihre Dateien schnell und einfach mit anderen Personen teilen.

1. Klicken Sie mit rechts auf den OneDrive-Ordner, den Sie teilen möchten, und wählen Sie den Menüpunkt **Teilen** ❶.
2. Legen Sie nun fest, welche Rechte die Personen erhalten sollen, mit denen Sie den Ordner teilen. Voreingestellt ist: **Jeder mit diesem Link kann dieses Element bearbeiten** ❷. Entfernen Sie das Häkchen vor der Option **Bearbeiten zulassen** ❸, können Sie festlegen, dass die Personen nur zum Anzeigen der Dateien berechtigt sind, diese aber nicht bearbeiten dürfen.
3. Sie haben nun zwei Möglichkeiten zur Freigabe. Über den Menüpunkt **Link abrufen** ❹ generieren Sie einen Link zu Ihrem Ordner. Diesen können Sie kopieren und z. B. per E-Mail allen Personen zukommen lassen, die Zugriff auf Ihre Daten erhalten sollen. Haben Sie den Link kopiert, schließen Sie das kleine Hinweisfenster über das Kreuz ❺ rechts oben. (Der Link kann jederzeit erneut angezeigt werden.)
4. Sie können auch direkt aus OneDrive heraus eine Nachricht versenden. Klicken Sie hierfür zunächst auf **E-Mail** ❻, und tragen Sie die Adresse(n) der betreffende(n) Person(en) ein. In das Textfeld ❼ geben Sie optional eine begleitende Nachricht ein. Sind alle Empfänger eingetragen, schließen Sie den Vorgang mit einem Klick auf **Teilen** ❽ ab. Alle Empfänger erhalten nun eine E-Mail, die einen Link zu Ihrem freigegebenen Ordner enthält.

Wer hat Zugriff?

Wenn Sie einen Ordner mit rechts anklicken, sehen Sie unter **Details**, welche Personen Zugriff darauf haben. Die Zugriffsrechte können Sie jederzeit ändern.

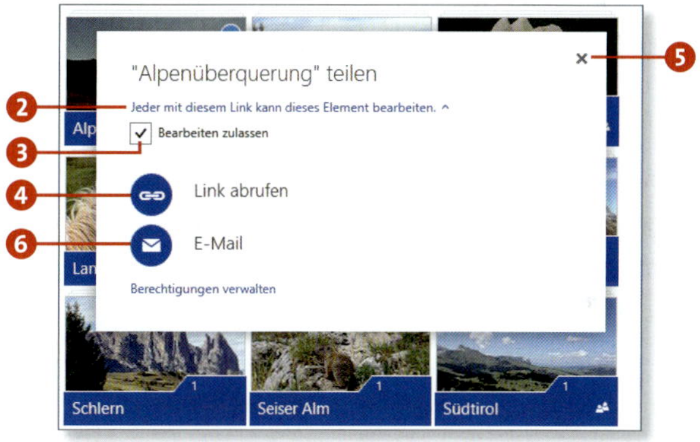

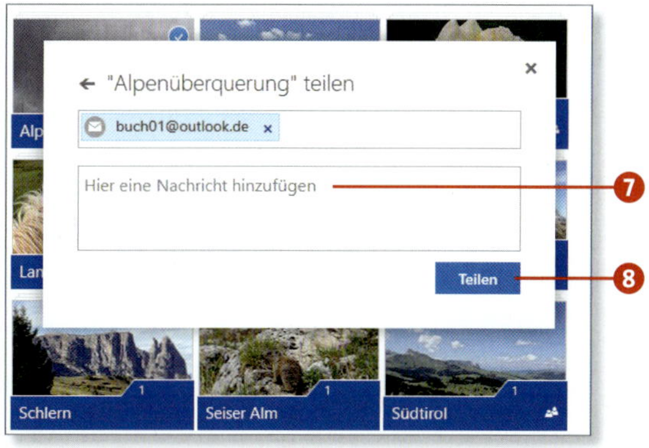

OneDrive direkt im Explorer nutzen

Wenn Sie sich unter Windows 10 mit einem Microsoft-Konto anmelden, wird OneDrive automatisch in den Explorer integriert. Sie können den Dienst dann wie eine externe Festplatte nutzen: Ordner anlegen und Dateien kopieren, verschieben und natürlich auch wieder löschen. Das macht die Nutzung des Dienstes sehr komfortabel.

1. Öffnen Sie den Explorer durch einen Klick auf das Ordnersymbol in der Taskleiste oder mithilfe der Tastenkombination ⊞ + E.
2. Im Navigationsbereich des Explorers wird OneDrive aufgeführt. Klicken Sie auf den kleinen Pfeil 1 vor der Bezeichnung, um die Anzeige zu erweitern und die enthaltenen Ordner aufzulisten. Klicken Sie auf einen Ordner 2, werden in der rechten Fensterhälfte die darin befindlichen Dateien angezeigt.
3. Um einen neuen Ordner zu erstellen, klicken Sie zunächst auf den Eintrag **OneDrive** 3 und wählen dann aus dem Menüband die Option **Neuer Ordner** 4. Geben Sie den Namen für den neuen Ordner ein 5, und schließen Sie die Eingabe mit ↵ ab.
4. Sie können den neu erstellten Ordner sofort nutzen und Dateien hineinkopieren oder weitere Unterverzeichnisse erstellen. Eine aktive Internetverbindung vorausgesetzt, kann es aber ein bis zwei Minuten dauern, bis der Ordner auch direkt auf *OneDrive.com* zur Verfügung steht. Um dies zu prüfen, klicken Sie im Explorer den neuen Ordner mit der rechten Maustaste an und wählen aus dem Kontextmenü den Befehl **Auf OneDrive.com anzeigen**.

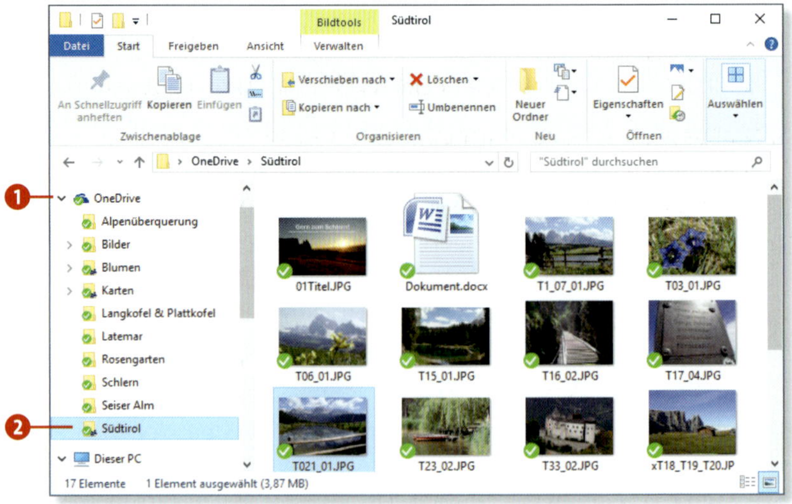

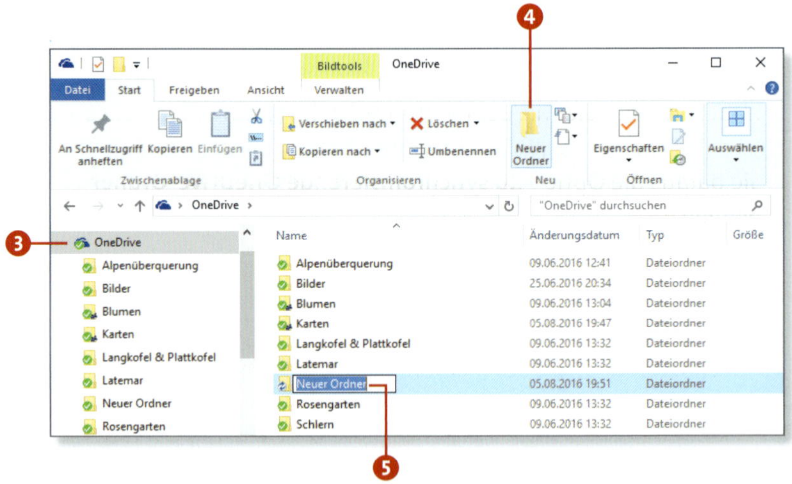

Vertrauliche Daten auf OneDrive?

Bevor Sie vertrauliche Daten auf OneDrive speichern, sollten Sie diese verschlüsseln oder z. B. mit der kostenlosen Software 7-Zip in ein kennwortgeschütztes ZIP-Archiv speichern.

5. Möchten Sie nun eine Datei oder einen Ordner für eine weitere Person freigeben, gibt es hierfür mehrere Möglichkeiten. Die einfachste Variante ist diese: Klicken Sie die freizugebende Datei mit der rechten Maustaste an, und wählen Sie aus dem sich öffnenden Kontextmenü den Befehl **Einen OneDrive-Link freigeben** 6.

6. Nun passiert scheinbar nichts, aber tatsächlich hat Windows einen direkten Link zur Datei in die Zwischenablage kopiert. Fügen Sie diesen Link mit der Tastenkombination [Strg] + [V] in eine E-Mail ein, und versenden Sie ihn an die betreffende Person. Die auf diese Weise berechtigte Person kann daraufhin, dem Link folgend, die Datei lesen, bearbeiten und auch herunterladen.

7. Falls Sie nicht möchten, dass die ausgewählte Person die Datei auch bearbeiten kann, wählen Sie aus dem Kontextmenü der Datei stattdessen die Option **Weitere OneDrive-Freigabeoptionen** 7. OneDrive wird nun über Ihren Webbrowser aufgerufen, und Sie können die Freigabe durchführen, so wie in der Anleitung »Ordner freigeben und mit anderen Personen teilen« auf Seite 195 ab Schritt 3 beschrieben.

8. Und noch ein interessanter Menüpunkt ist im Kontextmenü zu finden. Klicken Sie mit der rechten Maustaste auf einen beliebigen Ordner innerhalb des OneDrive-Verzeichnisses, und wählen Sie daraus die Option **Zu synchronisierende OneDrive-Ordner wählen** 8.

9. Sie haben nun die Möglichkeit, anzugeben, welche Ordner sowohl in der Datenwolke als auch auf Ihrem PC mit den gleichen Inhalten zur Verfügung stehen sollen. Entfernen Sie hierfür einfach die Häkchen vor den Ordnern, deren Inhalte Sie nicht synchronisieren möchten 9.

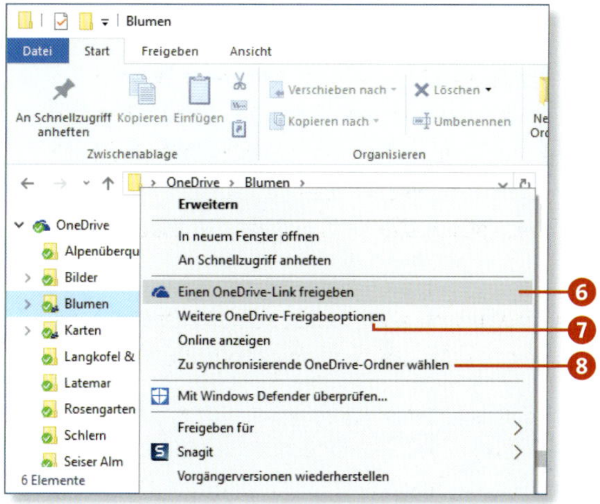

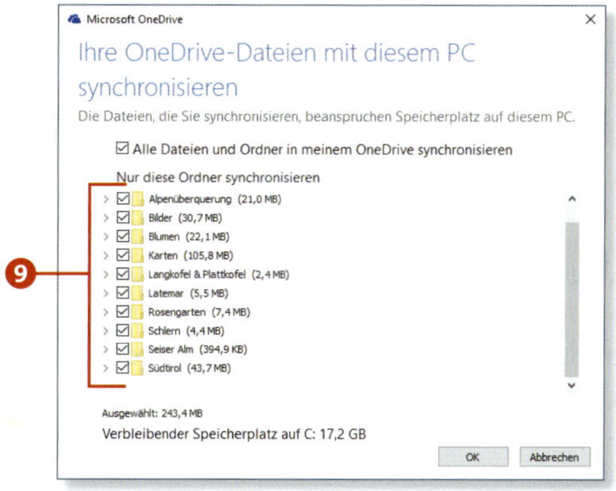

Wie viel Speicherplatz steht mir auf OneDrive zur Verfügung?

Aktuell stehen 5 GB kostenloser Speicherplatz auf OneDrive zur Verfügung. Der Wert wurde von Microsoft allerdings auch schon mal reduziert und wieder erhöht. Bestandskunden erhielten aber die Möglichkeit, die Kapazität beizubehalten, die ihnen bei der Erstanmeldung zugeteilt wurde.

7 Windows 10 individuell anpassen

Nicht jeder Windows-Arbeitsplatz muss gleich aussehen. Weil Sie für jedes Familienmitglied ein eigenes Benutzerkonto anlegen können, kann jeder Windows 10 zu »seinem« Windows machen. Passen Sie die Arbeitsoberfläche einfach an Ihre jeweiligen Bedürfnisse an.

Legen Sie z. B. fest, welche Farbe das neue Startmenü haben soll. Passen Sie die PC-Einstellungen an, und geben Sie auch dem Desktop durch ein eigenes Hintergrundbild und eigens definierte Fensterfarben einen persönlichen Anstrich. Verschönern Sie den Sperrbildschirm mit Ihrem eigenen Hintergrundbild, oder deaktivieren Sie ihn, falls Sie diese Funktion nicht benötigen. Positionieren Sie die Kacheln im Startmenü neu, fügen Sie zusätzliche Elemente hinzu, oder schaffen Sie Platz, und entfernen Sie nicht benötigte Kacheln für eine bessere Übersicht. Oder möchten Sie beim Start vielleicht das Startmenü gleich im Vollbildmodus genießen? Und sogar die Anmeldung bei Windows 10 kann nach Ihren Wünschen erfolgen: Möchten Sie sich statt mit einem langen, schwer zu merkenden Kennwort vielleicht lieber mit einer einfachen persönlichen PIN oder gar mit einem Bildcode anmelden? Oder vielleicht sogar zur Authentifizierung einen Fingerabdruckscanner verwenden? Die Einstellungs- und Anpassungsmöglichkeiten unter Windows 10 sind zahlreich.

In diesem Kapitel

- Startmenü und Sperrbildschirm einrichten
- Ein lokales Konto in ein Microsoft-Konto umwandeln
- Die Bildschirmeinstellungen ändern
- Die Kacheln anpassen
- Benachrichtigungen für Apps ein- und ausschalten
- PC-Einstellungen individuell anpassen
- Den Desktop einrichten
- Benutzerkonten erstellen, verwenden und verwalten

Startmenü und Sperrbildschirm einrichten

Das neue Startmenü personalisieren

Die Hintergrundfarbe für das neue Startmenü, die Taskleiste und das Info-Center können Sie nach Ihrem Geschmack festlegen. Allerdings betrifft die Einstellung immer alle drei Elemente zusammen. Sie können sogar bestimmen, ob die Elemente transparent oder einfarbig dargestellt werden sollen.

1. Öffnen Sie die Einstellungen, indem Sie entweder im Startmenü auf den gleichnamigen Menüpunkt klicken oder die Tastenkombination [Windows] + [I] drücken. Wechseln Sie daraufhin in die Kategorie **Personalisierung**, und wählen Sie dort den Menüpunkt **Farben** ❶ aus.
2. In der rechten Fensterhälfte sehen Sie nun eine Farbpalette und darüber die Option **Automatisch eine Akzentfarbe aus meinem Hintergrund auswählen** ❷. Entfernen Sie das Häkchen, wenn Sie sich selbst eine Akzentfarbe aussuchen möchten.
3. Über den Menüpunkt **Transparenzeffekte** ❸ können Sie eine transparente Darstellung für das Startmenü, die Taskleiste und für das Info-Center aktivieren.
4. Damit die ausgewählte Farbe auch für die Taskleiste und als Hintergrundfarbe für das Startmenü verwendet wird, setzen Sie im Abschnitt **Akzentfarbe auf den folgenden Flächen anzeigen** das Häkchen vor der Option **Start, Taskleiste und Info-Center** ❹.
5. Schließlich haben Sie noch die Möglichkeit, auch die Titelleisten der Programmfenster farblich abzuheben, indem Sie die Option **Titelleiste anzeigen** ❺ aktivieren.

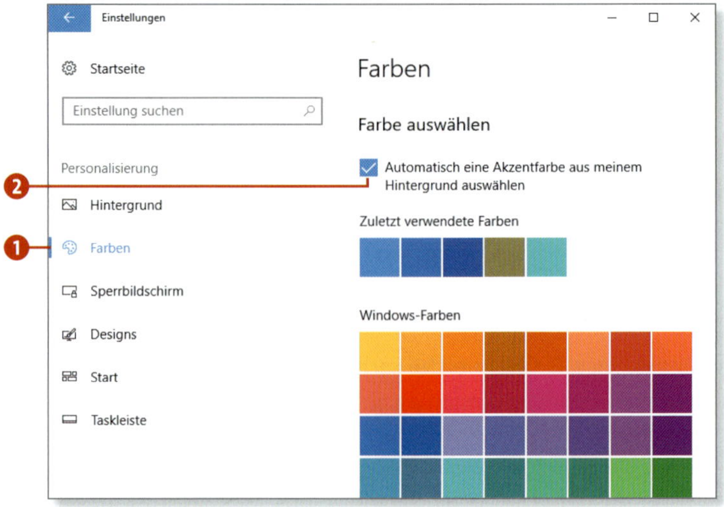

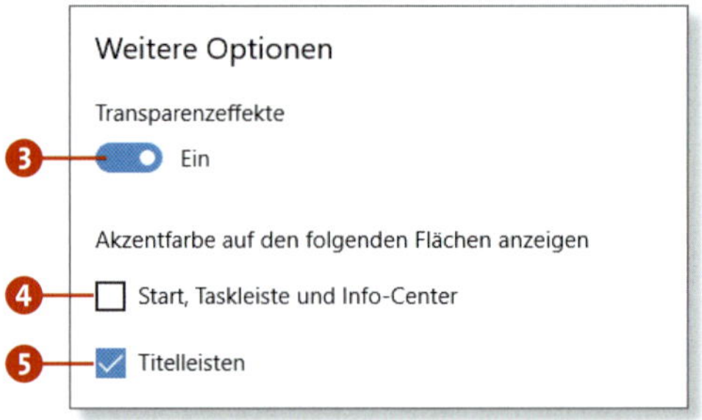

Den Desktop individuell einrichten

Auch den Desktop können Sie individuell anpassen, z. B. ein eigenes Hintergrundbild festlegen oder auch fertige Vorlagen von der Microsoft-Webseite herunterladen. Lesen Sie hierfür den Abschnitt »Den Desktop einrichten« auf Seite 219.

Den Sperrbildschirm einrichten

Nach dem Start des Rechners oder wenn Sie das System aus dem Energiesparmodus »aufwecken«, wird der Sperrbildschirm eingeblendet. Welche Informationen auf dem Sperrbildschirm angezeigt werden und welches Hintergrundbild verwendet wird, können Sie selbst festlegen.

1. Um die Einstellungen für den Sperrbildschirm zu erreichen, öffnen Sie die PC-Einstellungen z. B. mit den Tasten [Win] + [I] und klicken dort auf die Kategorie **Personalisierung**.
2. Wechseln Sie in die Kategorie **Sperrbildschirm** ①. In der rechten Fensterhälfte wird eine Vorschau des Sperrbildschirms angezeigt. Um ein eigenes Bild festzulegen, öffnen Sie das Dropdown-Menü und wählen daraus die Option **Bild** ② aus.
3. Wählen Sie nun eines der darunter angezeigten Hintergrundbilder aus ③, oder klicken Sie auf die Schaltfläche **Durchsuchen** ④, um ein eigenes Foto auszuwählen.
4. Weiter unten im Einstellungsfenster geben Sie an, welche Apps Informationen auf dem Sperrbildschirm anzeigen sollen, unterteilt in eine App, die ausführliche ⑤, und mehrere Apps, die kurze ⑥ Statusinfos ausgeben. Um die Anzeige einer dieser Apps zu deaktivieren, klicken Sie das jeweilige Symbol an und wählen die Option **Kein** aus dem Menü.
5. Um eine App hinzuzufügen, klicken Sie auf eines der Pluszeichen ⑦ und wählen die gewünschte App aus. Leider unterstützen nicht alle Apps diese Funktion. Die vorgenommenen Einstellungen müssen nicht separat gespeichert werden, sobald Sie das Fenster schließen, werden die Änderungen übernommen.

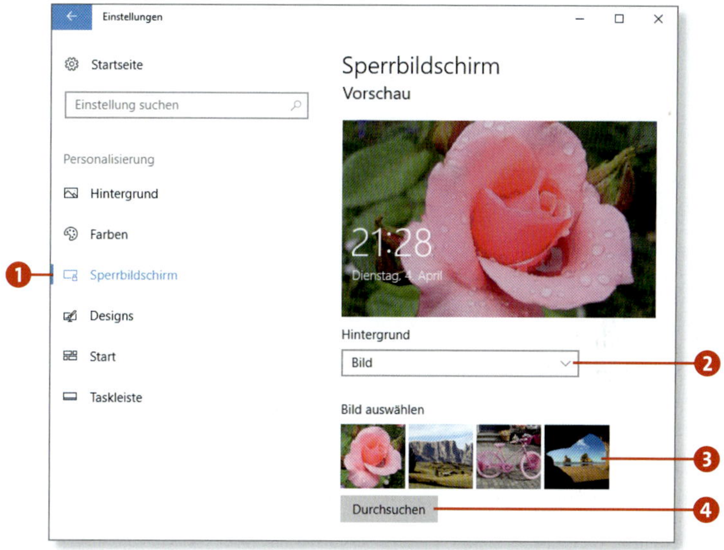

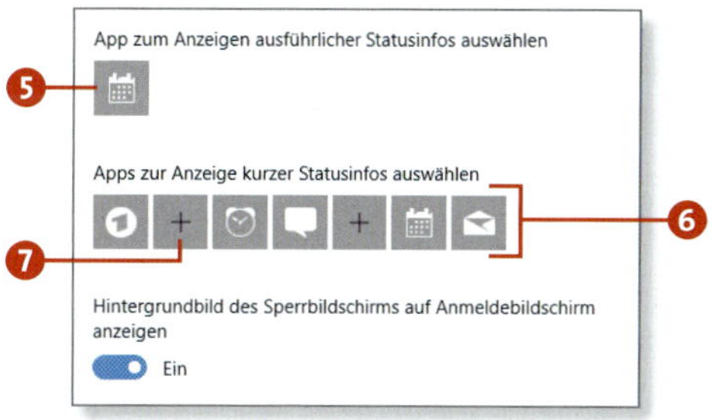

Computer manuell sperren

Wenn Sie Ihren Arbeitsplatz z. B. in der Mittagspause verlassen, können Sie den Computer mit der Tastenkombination [Win] + [L] sperren und so Ihre Daten vor neugierigen Blicken schützen. Persönliche Kalendereinträge oder Mails sollten Sie sich dann aber nicht auf dem Sperrbildschirm anzeigen lassen.

Das Profilbild ändern

Anstelle des doch recht schmucklosen grauen Platzhalters, der die Silhouette einer Person anzeigt, können Sie Ihrem Benutzerkonto jederzeit ein eigenes Profilbild zuordnen.

1. Klicken Sie links im geöffneten Startmenü auf das Profilbild Ihres Benutzerkontos, und wählen Sie die Option **Kontoeinstellungen ändern** ❶ aus dem Menü.

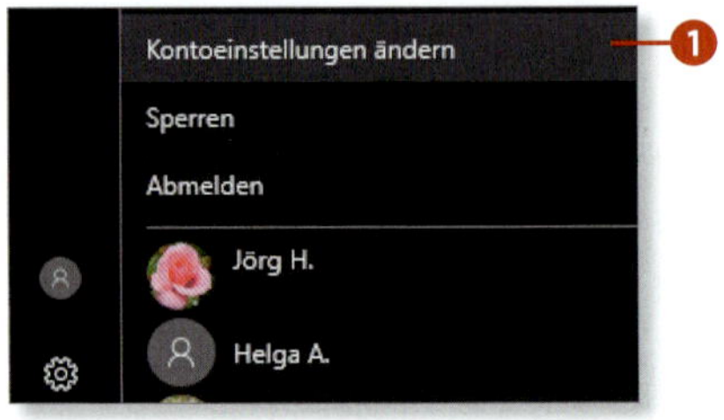

2. Um ein eigenes Bild auszuwählen, klicken Sie in der rechten Fensterhälfte auf **Suchen** ❷. Standardmäßig wird nun das Verzeichnis **Bilder** geöffnet. Klicken Sie auf den Ordner, der das Bild enthält. Um ein anderes Verzeichnis zu öffnen, klicken Sie links in der Navigationsleiste des Explorers z. B. auf **Dieser PC** und öffnen anschließend den gewünschten Ordner. Wählen Sie dann ein beliebiges Bild aus ❸, und schließen Sie den Vorgang mit **Bild auswählen** ❹ ab.

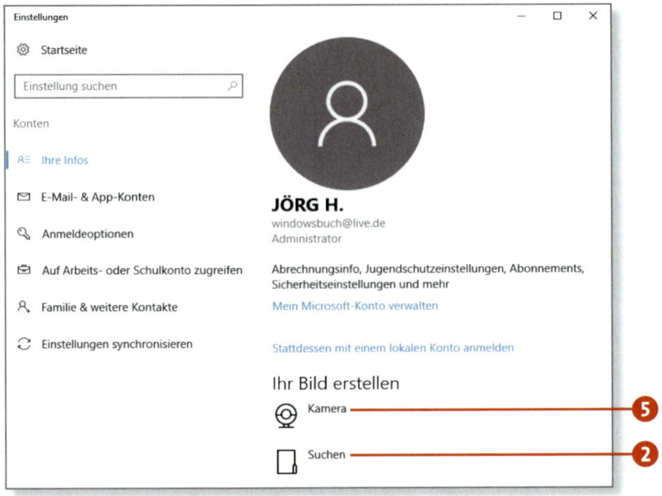

3. Wenn Sie einen Rechner mit integrierter Kamera verwenden, können Sie damit ein Profilbild aufzeichnen. Klicken Sie dazu auf die Schaltfläche **Kamera** ❺. Wenn die Kamera eingeschaltet ist, klicken Sie auf dem Bildschirm auf das Kamerasymbol, um ein Foto von sich aufzunehmen. Ein Kamerageräusch ertönt, dann können Sie den Ausschnitt festlegen. Klicken Sie auf **Anwenden**, wenn das Bild in Ordnung ist, oder auf **Abbrechen** für einen weiteren Versuch.

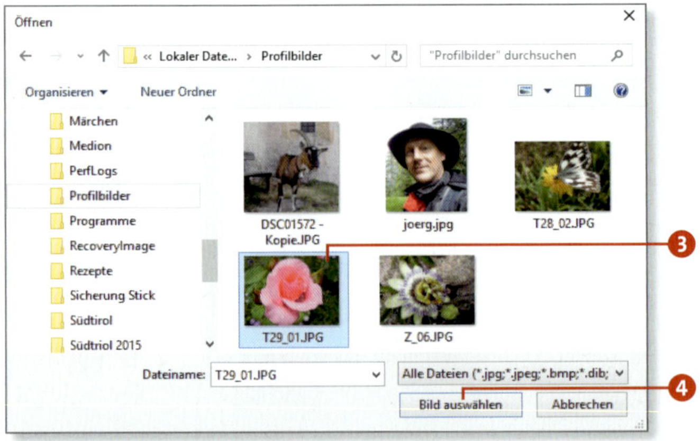

Video fürs Profil

Wenn Sie im Kameramodus die Videofunktion aktivieren, können Sie ein fünfsekündiges Video ohne Ton aufzeichnen und dieses als Profilbild verwenden. Allerdings wird das Video nur an wenigen Stellen tatsächlich in bewegten Bildern angezeigt. Bei der Benutzeranmeldung ist z. B. lediglich ein Standbild zu sehen.

Mit einem PIN-Code bei Windows anmelden

Die Eingabe eines langen Kennwortes bei der Anmeldung an das System kann mitunter etwas lästig werden. Es kostet nicht nur Zeit, sondern im Fall eines Fehlers bei der Eingabe auch Nerven. Einfacher und schneller geht die Anmeldung mit einer persönlichen PIN.

1. Öffnen Sie das Startmenü. Klicken Sie anschließend auf Ihr Profilbild, und wählen Sie aus dem Menü die Option **Kontoeinstellungen ändern**.
2. Wechseln Sie in den Einstellungen in die Kategorie **Anmeldeoptionen** ❶.
3. Klicken Sie in der rechten Fensterhälfte im Abschnitt **PIN** auf die Schaltfläche **Hinzufügen** ❷. Geben Sie zur Authentifizierung Ihr Benutzerkennwort ein ❸, und klicken Sie anschließend auf **Anmelden**.
4. Nun folgt die Eingabe eines PIN-Codes ❹, der mindestens aus vier Ziffern bestehen muss und maximal 127 Ziffern umfassen darf. Um Fehler bei der Eingabe auszuschließen, müssen Sie den Code zur Bestätigung ein weiteres Mal im Feld darunter eingeben. Mit einem Klick auf die Schaltfläche **OK** ❺ schließen Sie den Vorgang ab. Die Änderung ist sofort wirksam. Bereits bei der nächsten Anmeldung müssen Sie den neuen PIN-Code eingeben.

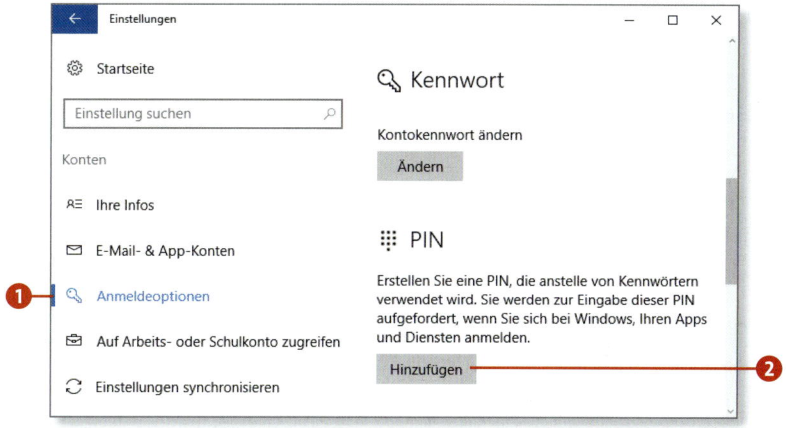

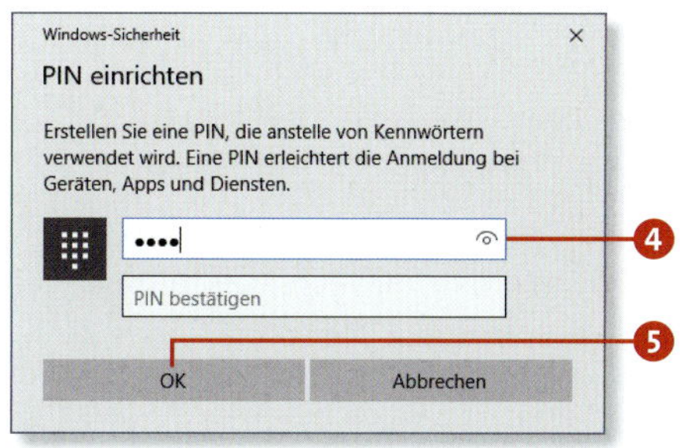

Regeln für den PIN-Code

Der PIN-Code muss mindestens vier Stellen lang sein. Es sind nur Ziffern erlaubt, keine Buchstaben, keine Sonderzeichen und auch keine Zahlenmuster wie z. B. 1234. Verwenden Sie für Ihre PIN möglichst keine Geburtsdaten, sie lassen sich zu schnell erraten.

Einen Bildcode für eine sichere Anmeldung erstellen

Anstelle von Kennwörtern oder PINs können Sie zur Anmeldung auch einen Bildcode nutzen. Legen Sie auf einem beliebigen Bild drei Gesten fest, z. B. das Antippen eines Punktes oder das Ziehen eines Kreises bzw. einer Linie. Die Gesten lassen sich auch mit der Maus erstellen, falls Sie nicht über ein Gerät mit Touchbedienung verfügen.

1. Drücken Sie die Tastenkombination [Windows] + [I], um die **Einstellungen** zu öffnen, und rufen Sie dort die Option **Konten** auf.
2. Klicken Sie links in der Menüleiste auf **Anmeldeoptionen** ❶.
3. Über die Schaltfläche **Hinzufügen** ❷ im Abschnitt **Bildcode** geht es weiter. Zur Sicherheit werden Sie aufgefordert, Ihr Benutzerkennwort einzugeben. Tun Sie dies, und bestätigen Sie nachfolgend mit **OK**.
4. Klicken Sie auf **Bild auswählen**, und suchen Sie sich im Anschluss daran ein geeignetes Bild aus. Mit einem Klick auf **Öffnen** wird das Bild übernommen. Klicken Sie schließlich auf **Dieses Bild verwenden** oder, falls Sie doch ein anderes Bild nutzen möchten, auf **Neues Bild auswählen**.
5. Führen Sie nun insgesamt drei Aktionen aus ❸. Halten Sie z. B. die Maustaste gedrückt, und zeichnen Sie eine Linie zwischen zwei markanten Punkten. Sie können aber auch einen Kreis zeichnen oder auf einen bestimmten Punkt klicken. Es müssen drei separate Aktionen sein, die Sie dann zur Bestätigung noch einmal wiederholen müssen. Klicken Sie am Ende auf die Schaltfläche **Fertig stellen**.

Bildcode vergessen?

Wenn Sie die festgelegten Aktionen einmal vergessen haben, klicken Sie bei der Benutzeranmeldung auf die Schaltfläche **Zu Kennwort wechseln**, und geben Sie Ihr Benutzerkennwort ein.

Ein lokales Konto in ein Microsoft-Konto umwandeln

Sie können ein lokales Benutzerkonto in ein Microsoft-Konto umwandeln, um z. B. Computereinstellungen zu synchronisieren oder von einem anderen PC auf die installierten Apps Ihres Hauptrechners zuzugreifen.

1. Der kürzeste Weg zu den Einstellungen führt über die Option **Kontoeinstellungen ändern**. Klicken Sie hierfür im Startmenü auf Ihr Profilbild, und wählen Sie diesen Menüpunkt aus (siehe auch den Abschnitt »Das Profilbild ändern« auf Seite 202).
2. Klicken Sie auf den Link **Stattdessen mit einem Microsoft-Konto anmelden** ❶, und geben Sie zunächst die E-Mail-Adresse und das Kennwort Ihres Microsoft-Kontos und im nachfolgenden Dialog Ihr aktuelles Benutzerkennwort ein. Schließen Sie die Eingabe mit einem Klick auf **Weiter** ab.

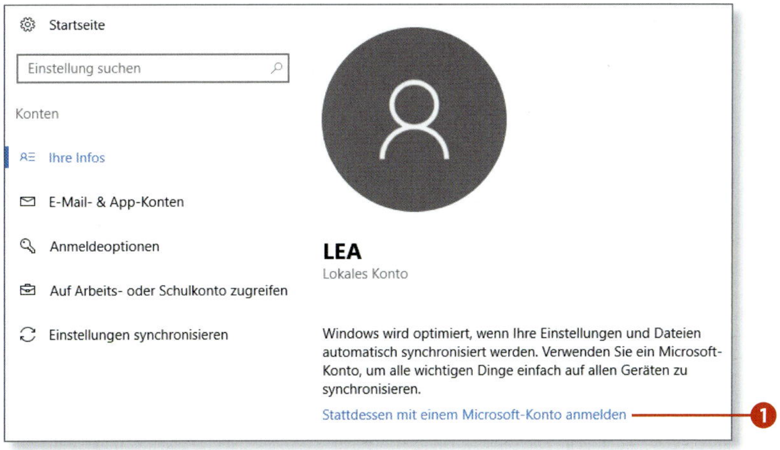

3. Das lokale Konto wird nun durch das Microsoft-Konto ersetzt. Zum Abschluss müssen Sie noch Ihre Identität bestätigen. Klicken Sie hierfür unter **Sie müssen Ihre Identität auf diesem PC bestätigen** auf den Link **Bestätigen** ❷.

4. Es folgt eine Überprüfung Ihres Kontos. Geben Sie an, auf welchem Wege Ihnen Microsoft einen Sicherheitscode zukommen lassen soll. Haben Sie bei der Erstellung des Kontos eine Telefonnummer angegeben, können Sie sich den Code auf Ihr Handy schicken lassen. Andernfalls erhalten Sie ihn an die bei der Registrierung des Kontos hinterlegte alternative E-Mail-Adresse. Geben Sie diese Ziffernfolge im nächsten Schritt zur Authentifizierung Ihres Kontos ein ❸, und klicken Sie auf **Weiter** ❹, um den Vorgang abzuschließen.

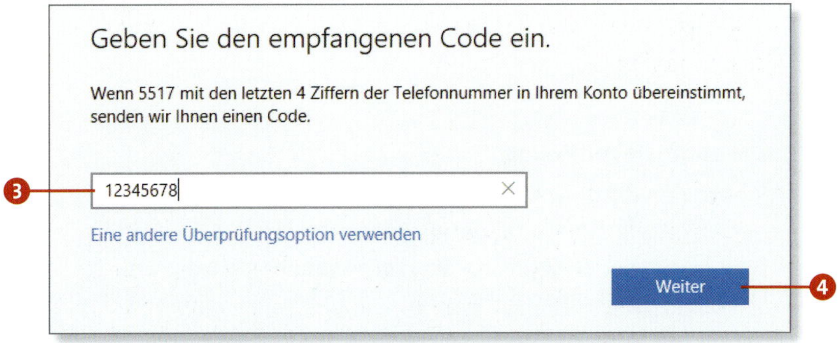

Sie haben noch kein Microsoft-Konto?

Wenn Sie noch gar kein Microsoft-Konto erstellt haben, lesen Sie die Anleitung »Bei Windows anmelden« ab Seite 30.

Die Bildschirmeinstellungen ändern

Die Bildschirmauflösung ändern

Das beste Bild und die klarste Darstellung der Schrift erreichen Sie durch die korrekte Einstellung der Bildschirmauflösung. Bei einer fehlerhaften Einstellung können bereits nach kurzer Zeit Kopfschmerzen auftreten. Nehmen Sie sich einen Moment Zeit und kontrollieren Sie die von Windows durchgeführte Voreinstellung.

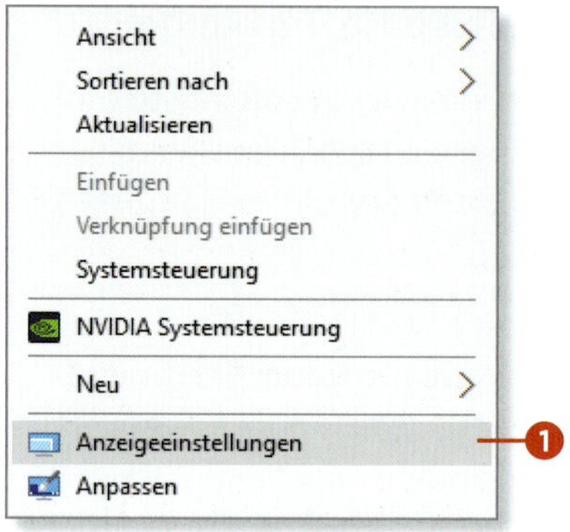

1. Klicken Sie mit der rechten Maustaste auf eine freie Stelle des Desktops, und wählen Sie aus dem Kontextmenü die Option **Anzeigeeinstellungen** ❶ aus.

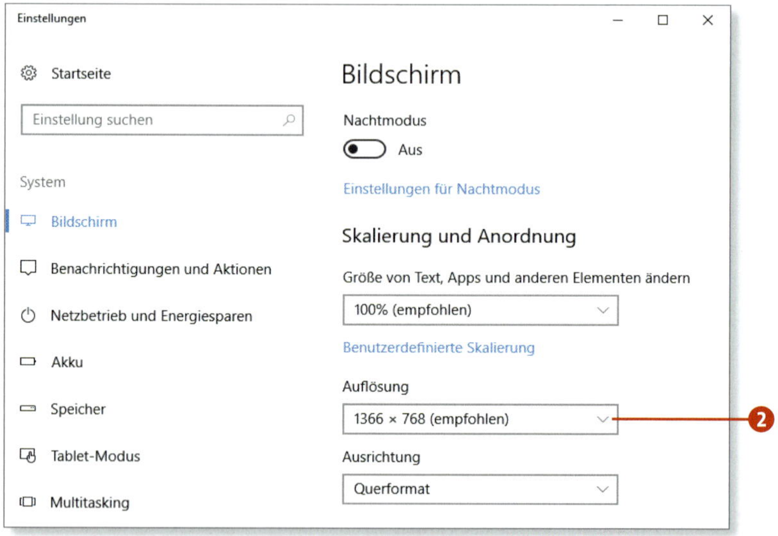

2. Die Windows-Einstellungen werden geöffnet. Klicken Sie in der rechten Fensterhälfte der App auf das Dropdown-Menü **Auflösung** ❷, und wählen Sie die optimale Auflösung für Ihren Bildschirm aus. Die optimale Auflösung wird in der Regel als empfohlen gekennzeichnet.

3. Die Anzeige wird auf den neuen Wert umgestellt, und es öffnet sich ein Dialogfenster. Sind Sie mit der neuen Darstellung zufrieden, klicken Sie innerhalb von 15 Sekunden auf die Schaltfläche **Beibehalten** ❸. Wenn nicht, klicken Sie auf **Zurücksetzen** ❹ oder lassen den Countdown einfach ohne Aktion ablaufen. Die Änderung wird daraufhin rückgängig gemacht, und Sie können eine andere Einstellung ausprobieren.

Die optimale Auflösung

Sie können die optimale Auflösung für Ihren Bildschirm auch der Anleitung zum Gerät entnehmen oder direkt beim Händler oder Hersteller erfragen. Im Zweifel verwenden Sie die von Windows empfohlene Auflösung.

Textgröße, Helligkeit und Nachtmodus einstellen

Im Nachtmodus wird der Blauanteil des Bildschirms reduziert und ein wärmeres Licht ausgegeben, welches den Schlaf fördern soll. Legen Sie fest, wann Ihr Computer in den Nachtmodus schalten soll und in welcher Größe Texte, Apps und Bildschirmelemente dargestellt werden sollen.

1. Blenden Sie mit ⊞ + I die Einstellungen ein, und klicken Sie nachfolgend auf die Kategorie **System** ❶.
2. Um die Helligkeit des Bildschirms zu verändern, klicken Sie auf der rechten Seite den Schieberegler ❷ an und verschieben Ihn mit weiterhin gedrückter Maustaste nach rechts oder links, bis die gewünschte Einstellung erreicht ist.
3. Möchten Sie den Nachtmodus aktivieren, stellen Sie den Regler auf **Ein** ❸. Über den darunterliegenden Menüpunkt **Einstellungen für Nachtmodus** ❹ können Sie zusätzlich die Farbtemperatur individuell regeln und über einen Zeitplan definieren, wann der Modus aktiv sein soll.
4. Zum Vergrößern der Schrift und anderer Elemente klicken Sie auf das Dropdown-Menü **Größe von Text, Apps und anderen Elementen ändern** ❺ und wählen einen neuen Wert, z. B. **125 %** aus.
5. Über den Menüpunkt **Benutzerdefinierte Skalierung** ❻ haben Sie die Möglichkeit, einen individuellen Wert zwischen 100 % und 500 % einzustellen.

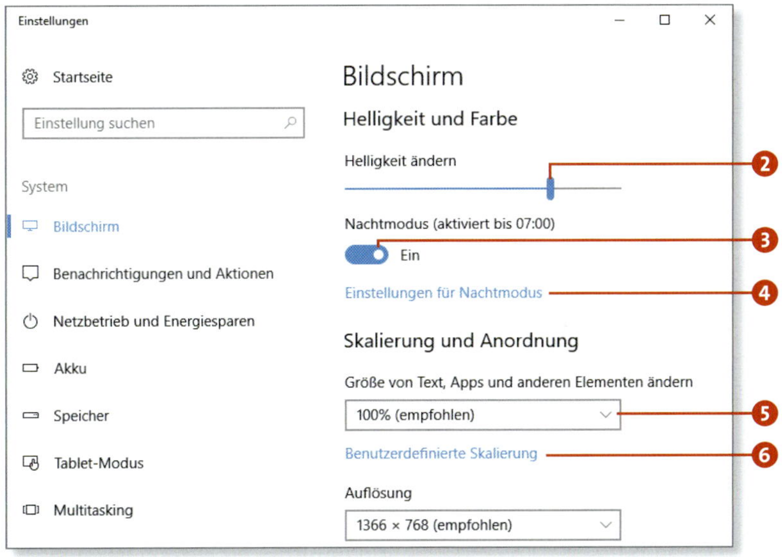

Schrift nicht zu groß wählen

Eine zu große Schrift kann zu »abgeschnittenen« Texten in Menüs oder Dialogfenstern führen. Für eine kurzfristige Vergrößerung der Darstellung nutzen Sie am besten die Bildschirmlupe, die auf Seite 228 beschrieben wird.

Die Kacheln anpassen

Die Position der Kacheln anpassen

Die vorinstallierten Apps werden im Startmenü auf der rechten Seite angezeigt und neu hinzugekommene Apps und Kacheln für neue Desktop-Programme automatisch an das Ende des Menüs angehängt. Sie können die Position der Kacheln aber beliebig verändern.

1. Öffnen Sie das Startmenü über die **Start**-Schaltfläche links in der Taskleiste, oder drücken Sie die ⊞-Taste.
2. Klicken Sie eine beliebige Kachel an, und verschieben Sie sie mit gedrückter Maustaste **1**. Dabei wird der Bildschirm abgedunkelt. An der gewünschten Stelle lassen Sie die Maustaste wieder los und fügen die Kachel so dort ein.
3. Auf die beschriebene Weise können Sie die Kacheln nicht nur innerhalb einer Gruppe umsetzen, sondern sie auch in eine andere Gruppe verschieben.
4. Befinden sich sehr viele Kacheln und Gruppen im Startmenü, kann schnell der Überblick verloren gehen, und Sie müssen weit nach unten scrollen, um alle Kacheln zu sehen. Mehr Überblick erhalten Sie, wenn Sie zumindest für die Zeit der Umgruppierung in den Tabletmodus wechseln, um das Startmenü im Vollbild als Startbildschirm anzuzeigen. Öffnen Sie hierfür das Benachrichtigungsfenster **2**, und aktivieren Sie hier den Tabletmodus **3**. Wenn Sie das Startmenü jetzt aufrufen, wird die volle Größe des Bildschirms zur Darstellung genutzt, und die Neuanordnung der Kacheln fällt nun dank der größeren Übersicht etwas leichter.

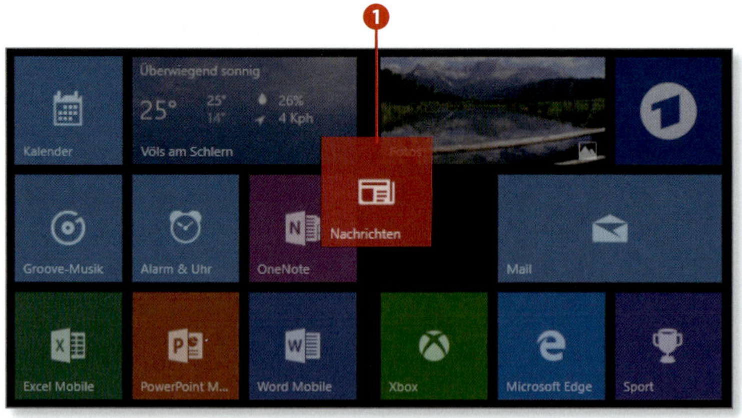

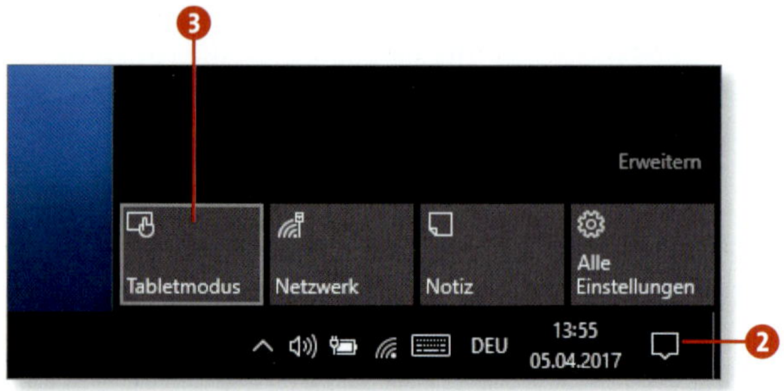

Die richtige Position finden

Positionieren Sie die am häufigsten verwendeten Apps und Programmkacheln im oberen Teil des Startmenüs, damit Sie sie schneller und ohne zeitaufwendiges Scrollen erreichen und starten können.

Die Größe der Kacheln verändern

Das Startmenü zeigt die Kacheln in vier verschiedenen Größen an. Alle Kacheln können in der Größe verändert werden, so können Sie beispielsweise die Kacheln der Apps *Fotos* und *Wetter* besonders groß darstellen, um angezeigte Fotos besser zur Geltung zu bringen oder die Wetterdaten besser ablesen zu können.

1. Öffnen Sie das Startmenü, indem Sie [Windows-Taste] drücken oder auf die **Start**-Schaltfläche in der Taskleiste klicken.
2. Markieren Sie anschließend die Kachel, die Sie verändern möchten, durch einen Klick mit der rechten Maustaste ❶.
3. Im Kontextmenü der Kachel zeigen Sie mit dem Mauszeiger auf den Menüpunkt **Größe ändern** ❷ und wählen die bevorzugte Größe aus dem Menü. Dabei stehen Ihnen meist die vier Größen **Klein**, **Mittel**, **Breit** und **Groß** zur Verfügung. Die ausgewählte Kachel wird entsprechend Ihrer Wahl geändert und gegebenenfalls zusammen mit den umliegenden Kacheln neu angeordnet. Im Beispiel wurde die Anzeige der Kachel der *Wetter*-App von **Breit** auf **Groß** verändert ❸.

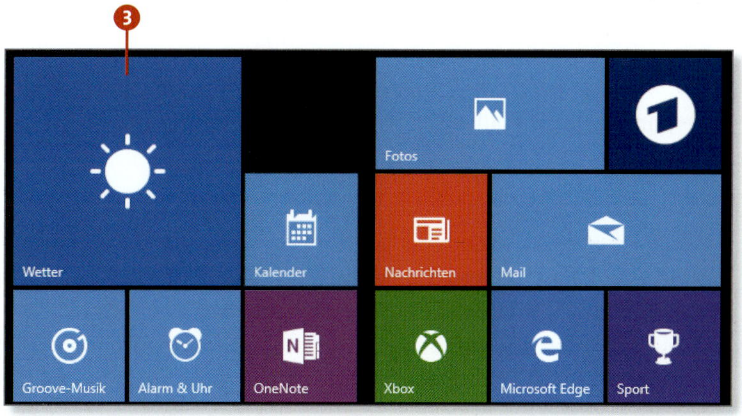

Frühjahrsputz im Startmenü

Irgendwann werden es zu viele Kacheln im Startmenü, und auch das Verkleinern oder Umsetzen erhöht die Übersicht nicht mehr. Von Zeit zu Zeit sollten Sie daher seltener benutzte Kacheln vom Startmenü lösen, indem Sie sie mit rechts anklicken und dann **Von „Start" lösen** ❹ wählen.

Es stehen nicht alle Größen zur Auswahl?

Leider stehen die vier angegebenen Größen nicht für alle Kacheln zur Verfügung. Hier hilft nur Ausprobieren. Kacheln von Desktop-Anwendungen lassen sich grundsätzlich nur in den Stufen **Mittel** und **Klein** darstellen.

Kacheln zu Live-Kacheln machen

Ein großer Vorteil der sogenannten *Live-Kacheln* ist, dass man ihnen Informationen entnehmen kann, ohne die jeweiligen Apps öffnen zu müssen. Auf der Kachel der *Mail*-App wird z. B. sofort angezeigt, wenn eine neue Nachricht eingetroffen ist. Der Live-Modus lässt sich jederzeit (de-)aktivieren.

1. Falls Sie sich nicht schon im Startmenü befinden, drücken Sie die ⊞-Taste, um dorthin zu wechseln. Markieren Sie eine Kachel, z. B. **Wetter**, mit einem Rechtsklick (1).
2. Um Informationen schon auf der Kachel anzuzeigen, klicken Sie im Kontextmenü auf **Mehr > Live-Kachel aktivieren** (2). Es dauert nur einen kleinen Moment, bis die Informationen auf der Kachel aktualisiert werden und Sie die aktuelle Temperatur für den in der Wetter-App eingestellten Ort sehen (3).

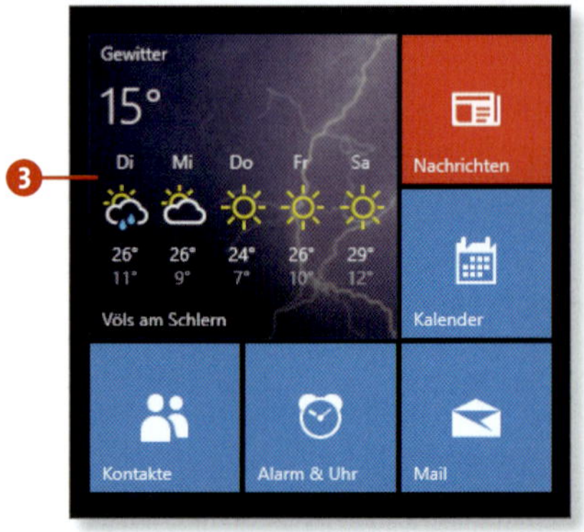

3. Um weitere Live-Kacheln zu aktivieren, wiederholen Sie den Vorgang z. B. mit **Mail**, **Sport**, **Finanzen**, **Nachrichten**, **Kontakte** und anderen.
4. Da einige Kacheln ihre Inhalte sehr häufig aktualisieren, kann es schnell hektisch auf dem Bildschirm zugehen. Zum Deaktivieren einer Live-Kachel klicken Sie sie mit der rechten Maustaste an und wählen dann die Option **Live-Kachel deaktivieren** (4) aus dem Untermenü **Mehr** aus.

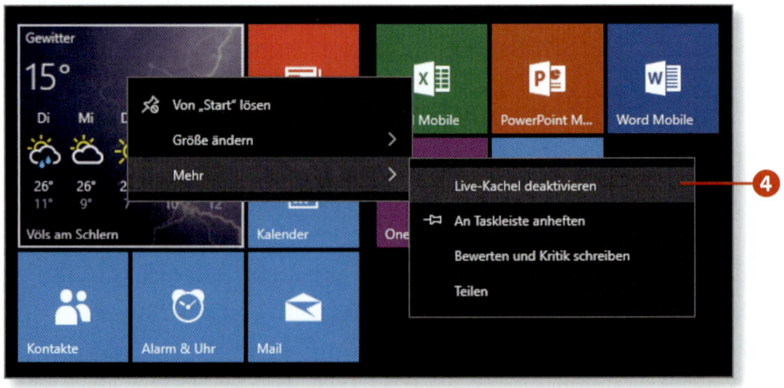

Nicht jede Kachel hat einen Live-Modus

Nicht zu allen Apps gibt es ständig neue Infos, daher können nicht alle Kacheln als Live-Kacheln aktiviert werden.

Kacheln neu gruppieren

Die Kacheln im Startmenü lassen sich beliebig verschieben, auch in bereits vorhandene Gruppen. Sie können aber auch gleich eine neue Gruppe erstellen und sie mit Apps und Programmen zu einem bestimmten Thema füllen.

1. Damit Sie eine neue Gruppe erstellen können, klicken Sie zunächst eine Kachel im Startmenü an, die in die neue Gruppe aufgenommen werden soll.
2. Halten Sie die Maustaste gedrückt, und verschieben Sie die Kachel an den oberen oder unteren Rand des Startmenüs – nun wird ein Trennbalken eingeblendet. Ziehen Sie die Kachel unterhalb des Trennbalkens, und lassen Sie die Maustaste wieder los ❶. An der Position des Trennbalkens wird nun die neue Gruppe erstellt, der die verschobene Kachel als erste Kachel angehört und der sie dann weitere hinzufügen.
3. Möchten Sie eine ganze Gruppe verschieben, klicken Sie zunächst mit dem Mauszeiger auf die Bezeichnung der Gruppe (siehe den Abschnitt »Gruppen mit Bezeichnungen versehen« auf Seite 212), deren Platzierung Sie verändern wollen. Verschieben Sie nun die Gruppe bei weiterhin gedrückter Maustaste an eine neue Position. Dabei werden die Kacheln der Gruppe ausgeblendet, und Sie halten lediglich die Gruppenbezeichnung fest ❷. Sobald Sie die Maustaste wieder loslassen, wird der Block an Ort und Stelle eingefügt.

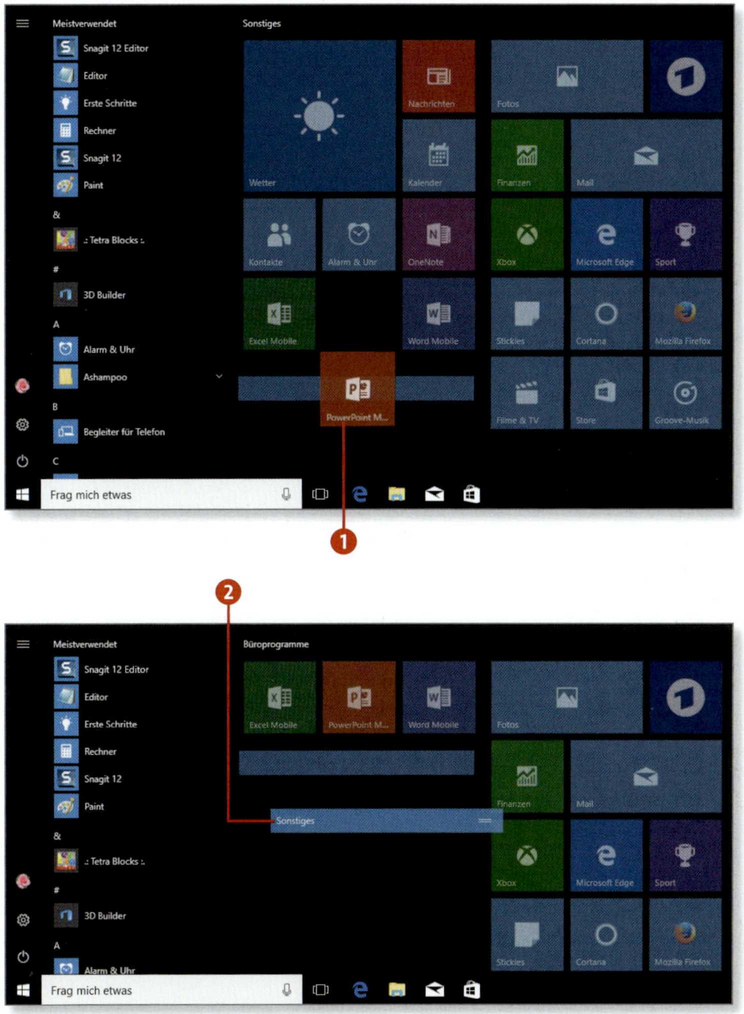

Komplette Gruppen im Vollbild verschieben

Gerade bei der Neuanordnung von ganzen Gruppen bietet es sich an, die Arbeitsfläche zuvor zu erweitern, um die Gruppen darauf leichter verschieben zu können. Klicken Sie hierfür im Info-Center auf die Schaltfläche **Tabletmodus**, mit der Sie das Startmenü in der Vollbildansicht anzeigen.

Gruppen mit Bezeichnungen versehen

Wenn Sie neue Gruppen erstellt und mit reichlich bunten Kacheln gefüllt haben, erhöhen Sie die Übersicht, indem Sie den Gruppen eindeutige Bezeichnungen zuweisen, die dann jeweils über den Kachelblöcken angezeigt werden.

1. Zeigen Sie im ersten Schritt mit dem Mauszeiger auf den Zwischenraum direkt über der zu benennenden Gruppe, bis der Schriftzug **Gruppe benennen** ❶ eingeblendet wird.
2. Klicken Sie auf das Feld, um eine Schreibmarke einzublenden, und geben Sie dann über die Tastatur die gewünschte Bezeichnung ein ❷.
3. Sobald Sie die ↵-Taste drücken oder auf eine freie Stelle innerhalb des Startmenüs klicken, wird Ihr Eintrag übernommen. Die Gruppe trägt nun die von Ihnen vergebene Bezeichnung ❸.
4. Wiederholen Sie gegebenenfalls die Schritte 1 bis 3 für alle weiteren Gruppen, die Sie benennen möchten.

Gruppe umbenennen oder Bezeichnung wieder entfernen

Sie können eine Gruppe natürlich jederzeit umbenennen. Klicken Sie hierzu zunächst auf die alte Gruppenbezeichnung. Die Schreibmarke wird daraufhin sichtbar, und Sie können die Bezeichnung löschen bzw. eine neue eingeben. Schließen Sie auch hier die Eingabe mit der ↵-Taste ab.

Das Startmenü erweitern

Um die Übersicht im Startmenü zu erhöhen, haben Sie die Möglichkeit, dieses in seiner Höhe und Breite zu verändern. Wie Sie hierbei vorgehen, lesen Sie im Abschnitt »Das Startmenü erweitern« auf Seite 213.

Das Startmenü erweitern

Im Laufe der Zeit sammeln sich so einige Kacheln im Startmenü an. Die Möglichkeiten, die Kacheln in ihrer Größe zu verändern und neu anzuordnen, haben Sie auf den vorherigen Seiten bereits kennengelernt. Eine weitere Methode, um für mehr Übersicht zu sorgen, ist die Erweiterung des Startmenüs.

1. Öffnen Sie das Startmenü, z. B. indem Sie die [Windows]-Taste drücken oder durch einen Klick auf die **Start**-Schaltfläche in der Taskleiste.
2. Um das Startmenü in der Höhe zu erweitern, fahren Sie mit dem Mauszeiger an den oberen Rand des Menüs, bis sich der Zeiger in einen Doppelpfeil verwandelt ❶. Nun können Sie mit gedrückter Maustaste das Fenster stufenlos in der Höhe variieren. Eine Mindest- und eine Maximalhöhe sind allerdings vorgegeben.
3. Auf die gleiche Weise können Sie die Breite verändern. Führen Sie den Mauszeiger also an den rechten Rand des Startmenüs, und ziehen Sie das Fenster, erneut mit gedrückter Maustaste, in die Breite ❷. Hier ist allerdings keine stufenlose Verbreiterung möglich, sondern es lässt sich nur von zwei auf drei oder vier Spalten erweitern.

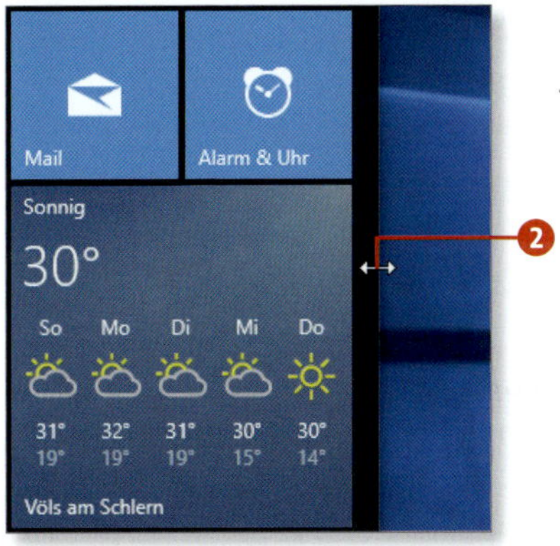

Tablet-PC und Tabletmodus

Nutzen Sie einen Tablet-PC, wird das Startmenü bereits im Vollbild ausgeführt, und eine Erweiterung oder Reduzierung ist nicht möglich. Das Gleiche gilt, wenn Sie auf einem Desktop-PC den Tabletmodus eingeschaltet haben, auch in diesem Fall wird das Startmenü automatisch im Vollbild über den kompletten Bildschirm angezeigt.

Startmenü im Vollbildmodus nutzen

Ist Ihnen das Startmenü trotz Erweiterung noch zu klein? Mit wenigen Klicks können Sie das Startmenü zur Startseite im Vollbildmodus umschalten. Lesen Sie hierzu bitte die Anleitung im Abschnitt »Das Startmenü im Vollbildmodus nutzen« auf Seite 220.

Benachrichtigungen für Apps ein- und ausschalten

Einige Apps können auf dem Bildschirm Benachrichtigungen ausgeben, sobald ein bestimmtes Ereignis eintritt, auch wenn sie gerade nicht geöffnet sind. Der *Kalender* informiert Sie z. B. über anstehende Termine und die *Mail*-App über neue Nachrichten.

1. Klicken Sie auf die **Start**-Schaltfläche, um das Startmenü zu öffnen, und klicken Sie dann auf die Option **Einstellungen**.
2. Öffnen Sie die Kategorie **System**, und wählen Sie anschließend den Menüpunkt **Benachrichtigungen und Aktionen** ❶.
3. Mit der Option **Benachrichtigungen von Apps und anderen Absendern abrufen** ❷ können Sie alle Benachrichtigungen pauschal deaktivieren, indem Sie den Schieberegler auf **Aus** stellen.
4. Weiter unten sind alle Apps Ihres Systems aufgelistet, die Benachrichtigungen ausgeben können. Für jede App können Sie separat festlegen, ob eine Benachrichtigung erfolgen soll. Standardmäßig sind alle Benachrichtigungen aktiviert. Schalten Sie nun einfach die Benachrichtigungen jener Apps aus, die Sie nicht erhalten möchten.
5. Klicken Sie auf den Namen einer App, können Sie zusätzlich für jede Anwendung festlegen, ob beim Eingang einer Benachrichtigung ein akustisches Signal wiedergegeben wird und/oder ein Nachrichtenbanner auf dem Bildschirm angezeigt werden soll.
6. Sollen nur die Benachrichtigungen auf dem Sperrbildschirm deaktiviert werden, stellen Sie die Option **Benachrichtigungen auf dem Sperrbildschirm anzeigen** ❸ auf **Aus**.

Informationen auf dem Sperrbildschirm

Wie Sie den Sperrbildschirm einrichten und festlegen, welche Apps dort Informationen ausgeben dürfen, lesen Sie im Abschnitt »Den Sperrbildschirm einrichten« auf Seite 201.

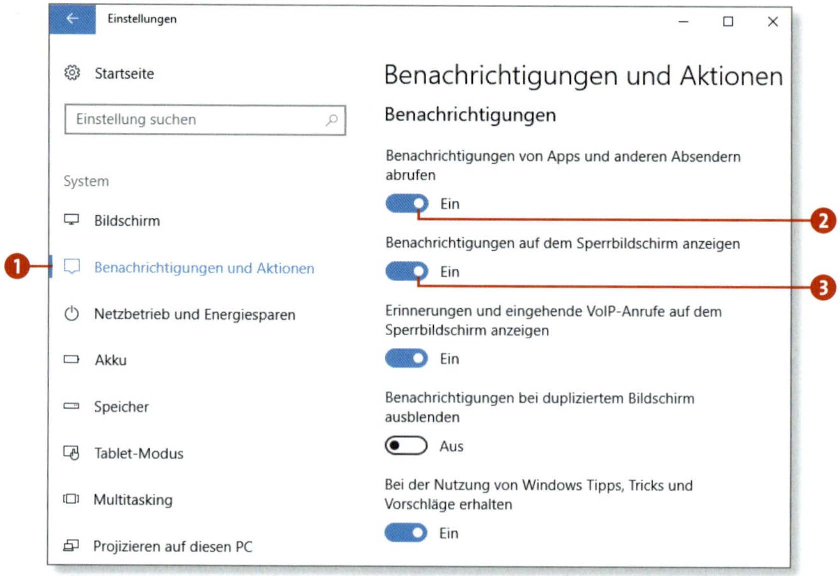

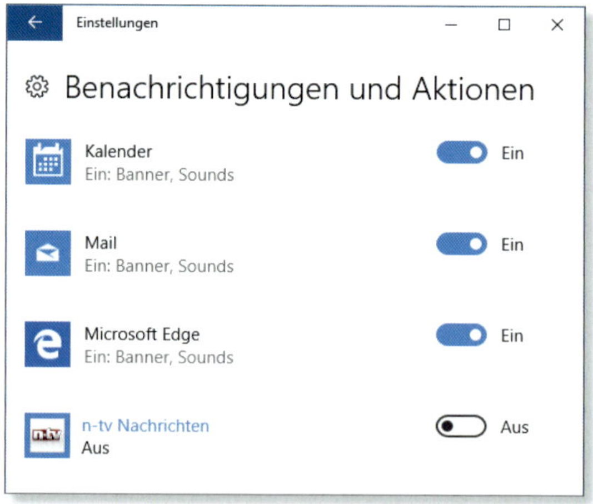

PC-Einstellungen individuell anpassen

Uhrzeit- und Zeitzoneneinstellung

Werden die Uhren im Frühjahr und Herbst umgestellt, kann es passieren, dass Ihr Windows-System die Zeitumstellung »verschläft« und noch immer die alte Zeit anzeigt. Oder befinden Sie sich mit Ihrem Tablet-PC in einer anderen Zeitzone? Beides lässt sich leicht einstellen.

1. Klicken Sie auf dem Desktop rechts unten mit der rechten Maustaste auf die Zeit- und Datumsanzeige (1) und anschließend im Kontextmenü auf den Befehl **Datum/Uhrzeit ändern** (2).
2. Um das aktuelle Datum oder die Uhrzeit zu ändern, müssen Sie zunächst die Option **Uhrzeit automatisch festlegen** (3) deaktivieren. Erst jetzt wird die Schaltfläche **Ändern** (4) unter **Datum und Uhrzeit ändern** aktiv und kann ausgewählt werden.
3. Stellen Sie nun die Uhrzeit und gegebenenfalls das Datum mithilfe der einzelnen Dropdown-Menüs ein. Klicken Sie auf **Ändern** (5), um die Einstellungen zu übernehmen.
4. Um die Zeitzone zu ändern oder die Sommer-/Winterzeit einzustellen, müssen Sie zunächst die Einstellung **Zeitzone automatisch festlegen** auf **Aus** (6) stellen. Klicken Sie dann im Abschnitt **Zeitzone** auf den aktuell eingestellten Wert, und wählen Sie die Zeitzone aus der Liste aus, die Ihrem aktuellen Aufenthaltsort entspricht (7). Für Deutschland, Österreich und die Schweiz ist die Zeitzone **UTC+01:00** die korrekte Einstellung.
5. Wenn Windows die Zeitumstellung verpasst hat, aktivieren Sie die Option **Automatisch an Sommerzeit anpassen** (8).

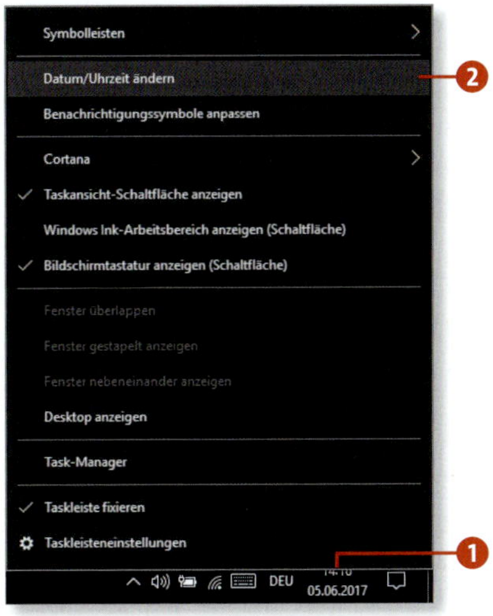

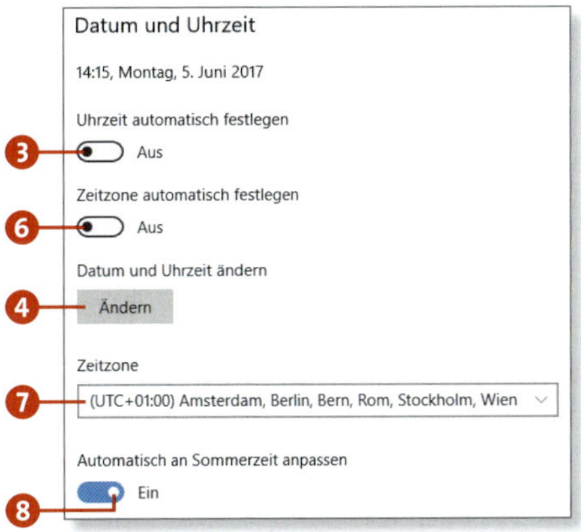

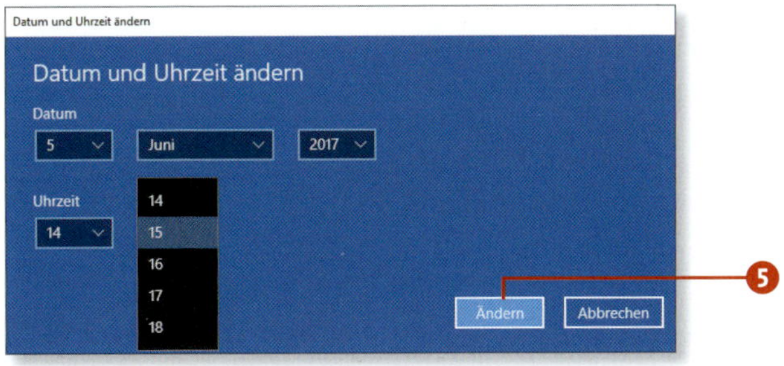

Die Uhrzeit verstellt sich immer wieder?

Falls sich die Uhrzeit bei jedem Systemstart erneut verstellt, ist die BIOS-Batterie Ihres Mainboards (der zentralen Platine Ihres Computers) schwach und sollte ausgetauscht werden.

Automatische Wiedergabe für Medien und Geräte anpassen

Wenn Sie eine CD/DVD einlegen, einen USB-Stick, eine externe Festplatte oder die Speicherkarte des Fotoapparates über einen Kartenleser mit dem PC verbinden, gibt Windows einen kurzen Hinweis dazu aus und führt nach wenigen Sekunden eine vorgegebene Aktion aus. Beispielsweise wird der *Media Player* gestartet und die Musik auf der eingelegten CD/DVD abgespielt. Welche Aktion durchgeführt werden soll, können Sie individuell festlegen.

1. Öffnen Sie die Einstellungen durch einen Klick auf den gleichnamigen Eintrag im Startmenü oder durch Drücken der Tastenkombination [Windows] + [I].
2. Wechseln Sie in die Kategorie **Geräte**, und klicken Sie hier auf den Menüeintrag **Automatische Wiedergabe** ❶.
3. Falls Sie die automatische Wiedergabe komplett deaktivieren möchten, stellen Sie den Schieberegler der Option **Automatische Wiedergabe für alle Medien und Geräte verwenden** auf **Aus** ❷.
4. Im Abschnitt **Standardwerte für automatische Wiedergabe auswählen** können Sie nun festlegen, welche Aktion Windows bei der Erkennung eines Wechseldatenträgers (USB-Stick, CD/DVD usw.) bzw. einer Speicherkarte ausführen soll. Klicken Sie hierfür auf das Dropdown-Menü der beiden Einträge, und wählen Sie daraus die gewünschte Option aus. Arbeiten Sie z. B. häufig mit USB-Sticks, bietet sich die Auswahl **Ordner öffnen, um Dateien anzuzeigen** an, damit Sie die enthaltenen Dateien gleich über den Explorer weiterverarbeiten können.

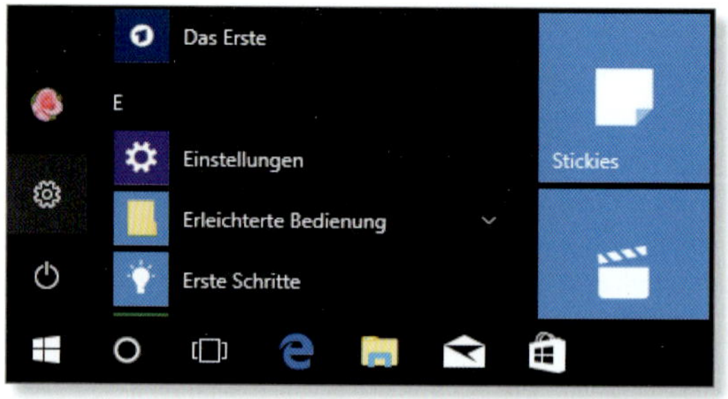

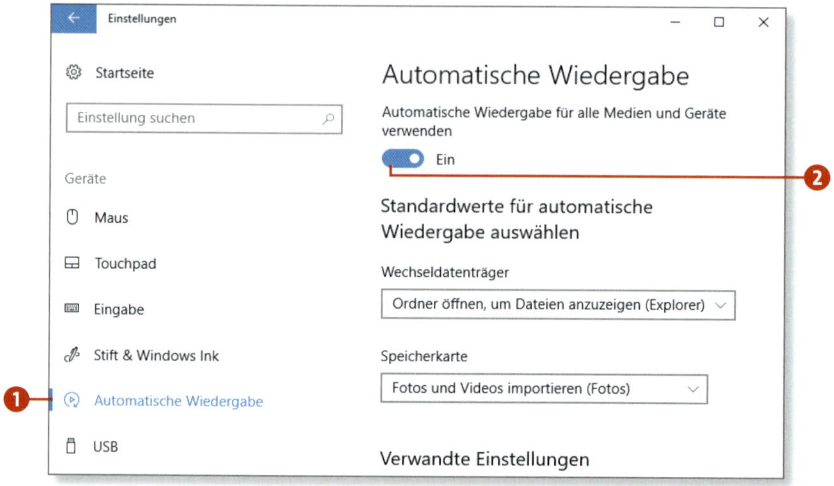

Auswahl der Aktionen

Die Auswahl der über die Dropdown-Menüs angebotenen Aktionen hängt auch von den auf Ihrem System installierten Anwendungen ab. Haben Sie z. B. einen zusätzlichen Mediaplayer wie den *VLC-Player* installiert, wird dieser zusätzlich in der Auswahlliste erscheinen.

Den benötigten Speicherplatz für Ihre Apps ermitteln

Apps werden standardmäßig auf der Systemfestplatte *C:* installiert. Vor allem wenn Sie eine schnelle, aber meist auch mit vergleichsweise geringer Speicherkapazität ausgestattete SSD-Festplatte nutzen, sollten Sie den Platzbedarf Ihrer Apps im Auge behalten. Aber welche Apps und welche Desktop-Programme belegen den meisten Platz?

1. Klicken Sie im Startmenü auf den Menüpunkt **Einstellungen**, und wechseln Sie dann in die Kategorie **Apps** ❶.
2. Wählen Sie in der linken Fensterhälfte die Einstellung **Apps & Features** ❷. Beim Aufruf der Option ermittelt Windows sogleich die aktuellen Programmgrößen. Dieser Vorgang kann einen Moment dauern.
3. Achten Sie darauf, dass die Sortierung der Liste nach Größe eingestellt ist, bzw. korrigieren Sie die Einstellung gegebenenfalls über das Dropdown-Menü ❸.
4. Wie viel Speicherplatz die einzelnen Programme belegen, entnehmen Sie der Auflistung. Ganz oben in der Liste werden die Anwendungen mit dem größten Speicherplatzbedarf gelistet ❹. Mithilfe der Bildlaufleiste scrollen Sie nach unten, um sich weitere Programme anzeigen zu lassen. Windows unterscheidet bei der Auflistung nicht zwischen Apps und herkömmlichen Desktop-Anwendungen.

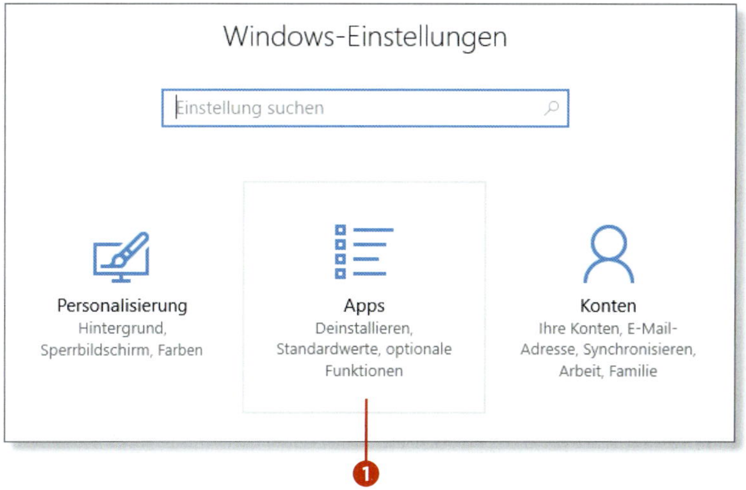

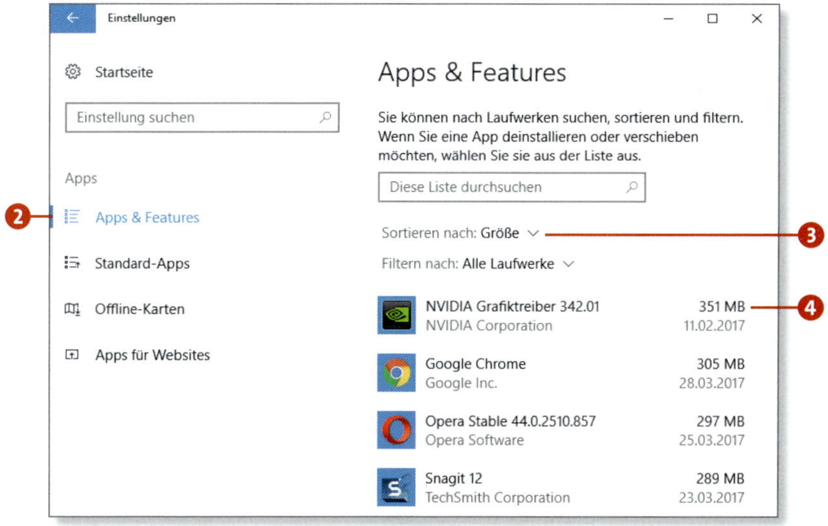

Apps verschieben

Unter Windows 10 können Sie Apps vom Standardspeicherort *C:* auf eine andere Festplatte verschieben. Klicken Sie dazu den Eintrag der App in der Liste an, und wählen Sie aus dem nun sichtbaren Menü den Befehl **Verschieben** aus. Über einen weiteren Dialog bestimmen Sie dann den neuen Speicherort.

Standardspeicherorte festlegen

Per Standardeinstellung speichert Windows neue Bilder, Musik, Dokumente und vor allem Apps auf der Systemfestplatte *C:*. Aber irgendwann ist auch die größte Festplatte mit Daten vollgeschrieben. Sie können selbst festlegen, wohin Windows standardmäßig die erwähnten Dateien ablegen soll.

1. Drücken Sie die [Win]-Taste, um das Startmenü zu öffnen.
2. Klicken Sie auf den Menüpunkt **Einstellungen**, und wechseln Sie in die Kategorie **System** zum Unterpunkt **Speicher** ❶.
3. Wählen Sie in der rechten Hälfte des Einstellungsfensters im Abschnitt **Weitere Speichereinstellungen** den Menüpunkt **Speicherort für neuen Inhalt ändern** ❷.
4. Windows listet nun die Speicherorte für Apps, Dokumente etc. auf. Um einen Speicherort zu ändern, klicken Sie auf das Drop-down-Menü ❸ und wählen einen neuen Speicherort aus. Dabei ist es nicht möglich, ein spezielles Verzeichnis auszuwählen, immerhin aber eine andere Festplatte bzw. Partition.
5. Verfahren Sie auf die gleiche Weise mit weiteren Elementen, z. B. dem Standardspeicherort für Musik, Bilder oder Videos ❹. Die neuen Einstellungen müssen nicht gespeichert werden. Natürlich können die Speicherorte jederzeit wieder geändert werden.

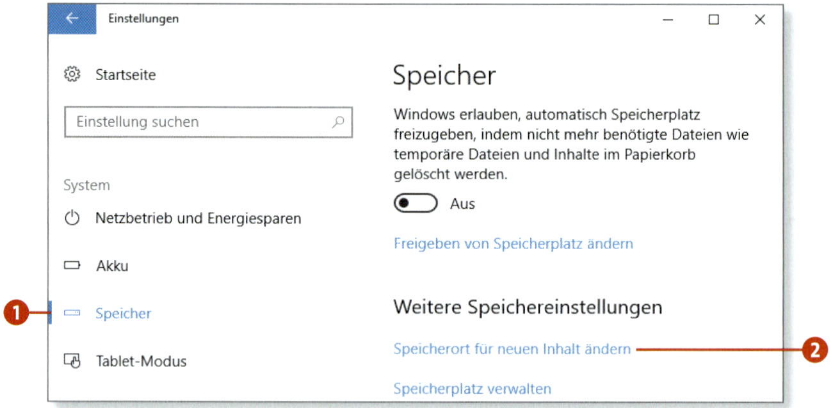

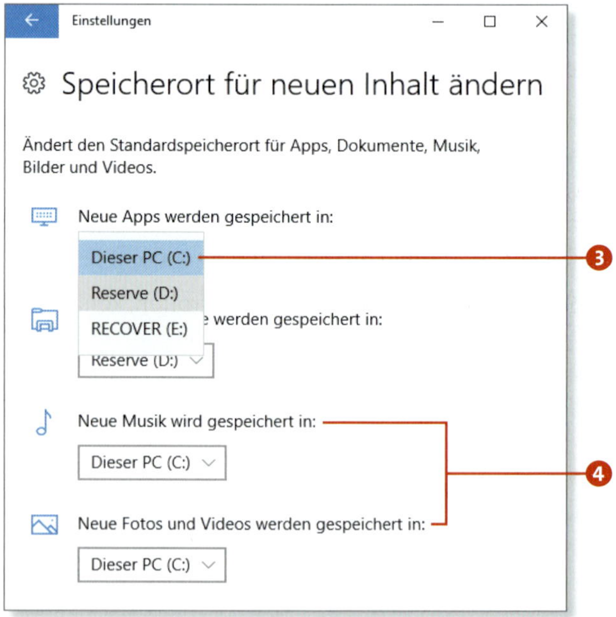

Kein neuer Speicherort zur Auswahl

Falls in der Auswahl kein zusätzlicher Speicherort aufgeführt ist, verfügt Ihr Rechner nur über eine einzelne Festplatte bzw. nur eine Partition. Eine weitere Partitionierung, also Aufteilung Ihrer Festplatte, können Sie mithilfe der Datenträgerverwaltung (erreichbar über das Schnellstartmenü [Win] + [X]) oder mit externen Hilfsprogrammen wie z. B. *Acronis Disk Director* oder *Paragon Partition Manager* durchführen.

Den Desktop einrichten

Den Desktop-Hintergrund ändern

Wird es mal wieder Zeit für einen kleinen Tapetenwechsel? Kein Problem, verwenden Sie einfach eines der von Windows zur Verfügung gestellten Bilder, oder wählen Sie ein eigenes Foto aus Ihrer Sammlung dafür aus.

1. Führen Sie einen Rechtsklick auf eine freie Stelle des Desktops aus, und wählen Sie anschließend den Befehl **Anpassen** ❶ aus dem Kontextmenü.
2. Es öffnet sich das Fenster **Hintergrund** in der Kategorie **Personalisierung**. In der rechten Fensterhälfte sehen Sie eine Vorschau des aktuellen Desktops. Über das Dropdown-Menü **Hintergrund** ❷ können Sie festlegen, ob Sie ein einzelnes Bild als Hintergrund verwenden möchten, eine Farbe oder eine Diashow.
3. Sofern Sie sich für die Option **Bild** entschieden haben, können Sie nun eines der bereitgestellten Bilder auswählen. Wenn Sie ein Bild anklicken ❸, wird es sofort als Hintergrund eingefügt.
4. Um ein eigenes Bild zu verwenden, klicken Sie auf **Durchsuchen** ❹ und wählen ein Bild von der Festplatte Ihres Rechners aus, welches Sie schließlich mit **Bild auswählen** übernehmen.
5. Haben Sie in Schritt 2 die Auswahl **Diashow** getroffen, können Sie über die Schaltfläche **Durchsuchen** ❺ einen Ordner auswählen, der die Bilder für die Diashow beinhaltet. Über das Menü der Option **Bildänderungsintervall** ❻ geben Sie schließlich an, in welchen Abständen ein neues Bild gezeigt werden soll.

Fertige Designs von Microsoft

Unter dem Menüpunkt Designs ❼ stellt Microsoft zahlreiche Designs kostenlos zum Herunterladen bereit.

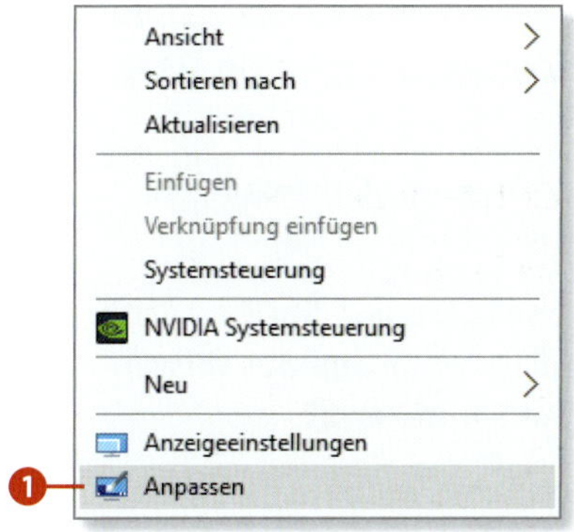

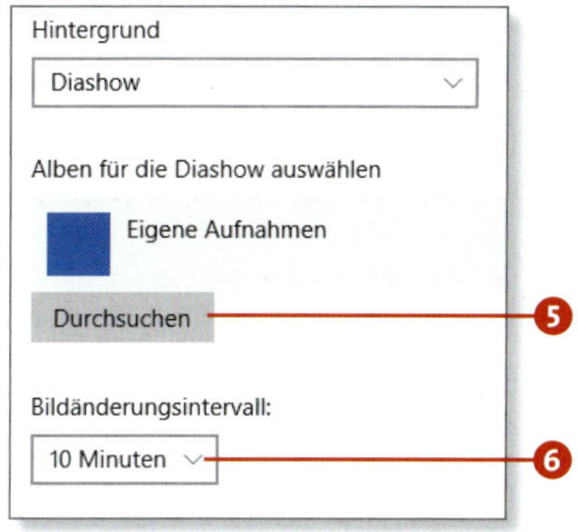

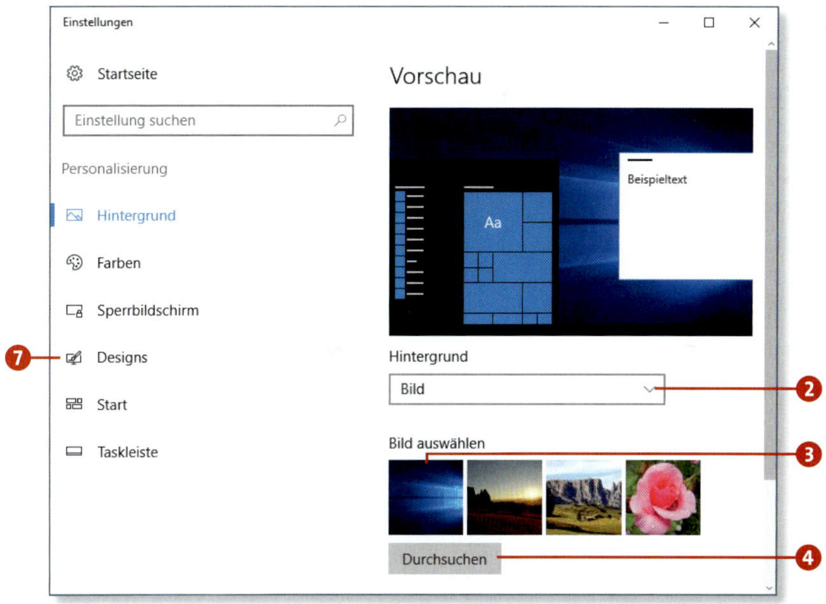

Das Startmenü im Vollbildmodus nutzen

Viele Windows-8- bzw. Windows-8.1-Anwender vermissen möglicherweise den alten Startbildschirm, der stets im Vollbildmodus ausgeführt wurde und dadurch mehr Übersicht und Platz für ihre Programmkacheln bot. Windows 10 bietet Ihnen die Möglichkeit, das neue Startmenü nun ebenfalls im Vollbild darzustellen.

1. Klicken Sie im Startmenü auf den Menüpunkt **Einstellungen**, oder öffnen Sie diese mit der Tastenkombination [Win] + [I].
2. Wechseln Sie in die Kategorie **Personalisierung** > **Start**, und aktivieren Sie die Einstellung **Startmenü im Vollbildmodus verwenden**, indem Sie den Schieberegler auf **Ein** stellen (1).
3. Die Einstellung wird sofort übernommen. Wenn Sie nun die [Win]-Taste drücken oder auf die **Start**-Schaltfläche in der Taskleiste klicken, wird das Startmenü im Vollbild angezeigt.
4. Aber nicht nur das Aussehen, auch die Bedienung des Startmenüs hat sich verändert. Klicken Sie links oben auf die Schaltfläche mit den drei Linien (2), um die Bezeichnungen der Menüs einzublenden. Möchten Sie die Liste aller Apps anzeigen, klicken Sie auf die dritte Schaltfläche (3), und zurück zur Standardansicht der Kacheln gelangen Sie über den zweiten Menüpunkt (4). Links unten sind schließlich die bekannten Menüpunkte **Kontoeinstellungen**, **Einstellungen** sowie **Ein/Aus** (5) zu finden.

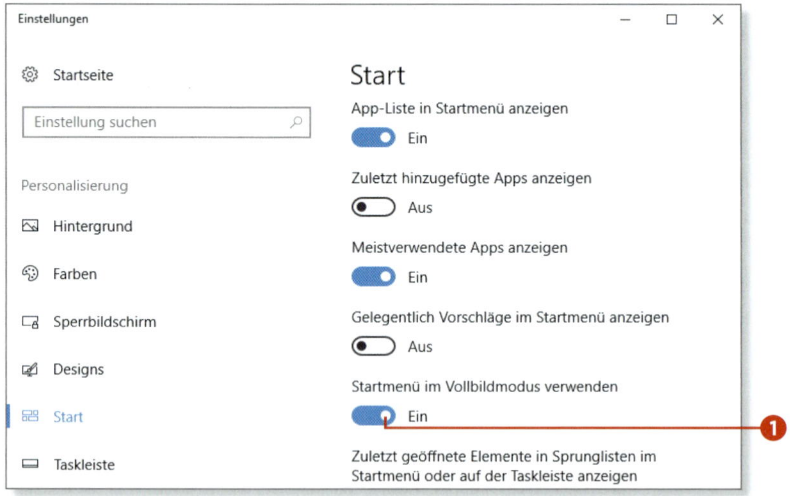

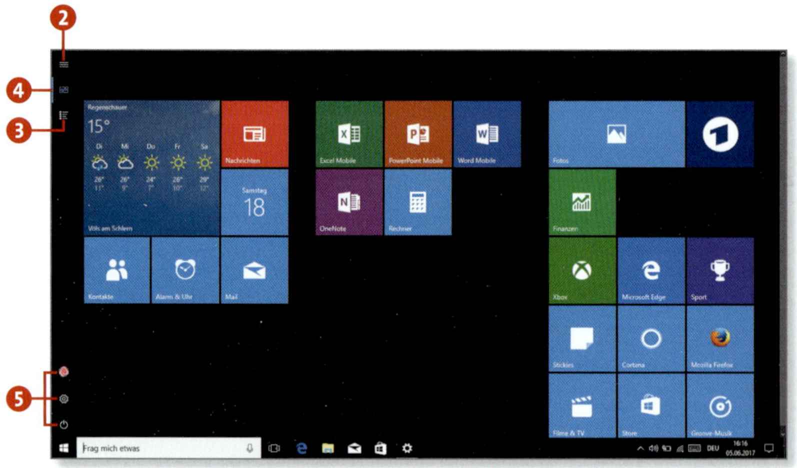

Transparente Ansicht ein- oder ausschalten

Stellen Sie unter **Einstellungen** > **Personalisierung** > **Farben** den Schalter **Transparenzeffekte** auf **Aus**, und aktivieren Sie die Akzentfarbe für **Start, Taskleiste und Info-Center**, wenn Sie möchten, dass das Startmenü statt des durchscheinenden Hintergrundbildes die Farbe der Taskleiste annimmt.

Benutzerkonten erstellen, verwenden und verwalten

Den Benutzerkontotyp ändern

Wenn Sie ein neues Benutzerkonto (siehe dazu auch den Abschnitt »Benötigen Sie überhaupt mehrere Benutzerkonten?« ab Seite 222) einrichten, wird dieses zunächst als Standardkonto erstellt. Mit einem Standardkonto kann der Benutzer die meisten Programme nutzen und Systemeinstellungen ändern, solange dies keinen Einfluss auf andere Benutzer oder die Systemsicherheit hat. Sie können aus einem Standard- jederzeit ein Administratorkonto machen, das alle Rechte hat, und umgekehrt.

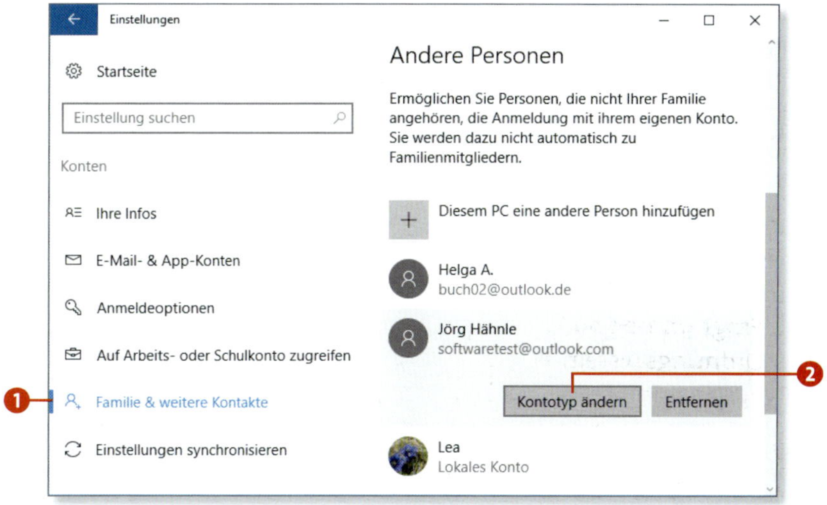

1. Rufen Sie mit der Tastenkombination ⊞ + I die Einstellungen Ihres Computers auf, und wählen Sie hieraus den Eintrag **Konten**, um die benötigten Kontoeinstellungen zu öffnen.
2. Klicken Sie in der Aufgabenleiste in der linken Fensterhälfte auf den Menüpunkt **Familie & weitere Kontakte** ❶.
3. Nun werden alle verfügbaren Benutzerkonten aufgelistet. Wählen Sie das Konto aus, dessen Typ Sie ändern möchten. Sobald Sie das Konto angeklickt haben, werden zwei Schaltflächen eingeblendet. Klicken Sie hier auf **Kontotyp ändern** ❷.
4. Wählen Sie aus dem Dropdown-Menü ❸ den gewünschten Kontotyp **Standardbenutzer** oder **Administrator** aus, und bestätigen Sie die Änderung über die Schaltfläche **OK** ❹.

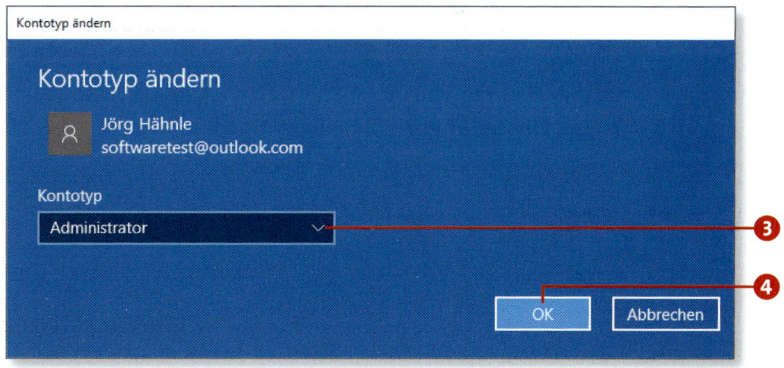

Standardkonten für mehr Sicherheit

Mindestens ein Benutzer mit einem Administratorkonto muss auf Ihrem System vorhanden sein. Aus Gründen der Sicherheit ist es empfehlenswert, alle weiteren Benutzer mit einem Standardkonto auszustatten.

Benötigen Sie überhaupt mehrere Benutzerkonten?

Wenn Sie ohnehin der einzige Benutzer an Ihrem Computer sind, müssen Sie natürlich keine weiteren Benutzerkonten anlegen. Sobald sich aber zwei oder mehr Personen einen Rechner teilen, z. B. innerhalb einer Familie, bringt das Erstellen weiterer Benutzerkonten einige Vorteile. Mit einem eigenen Konto hat jedes Familienmitglied seinen eigenen Bereich, kann den Desktop und das Startmenü nach seinen persönlichen Vorlieben gestalten, ein eigenes Hintergrundbild verwenden und bei Bedarf die Größe der dargestellten Texte und anderer Elemente verändern. Neben diesen optischen Feinheiten bringen eigene Benutzerkonten aber auch ganz praktische Vorteile mit sich. Jeder Nutzer kann selbst entscheiden, welche Desktop-Programme und Windows-Apps er installiert oder nach welchem Ordnungssystem er Verzeichnisse erstellt und Dateien speichert. Im Internetbrowser kann jeder Benutzer seine eigenen Lieblingsseiten als Favoriten anlegen, er kann beim Aufruf von Facebook und Co. sofort mit dem eigenen Profil loslegen, und er empfängt über die *Mail*-App oder ein anderes E-Mail-Programm nur die Nachrichten, die an ihn gerichtet sind. Und dank der Synchronisation können all diese persönlichen Einstellungen auch auf anderen Rechnern genutzt werden, auf denen der Benutzer sich mit seinem Microsoft-Konto anmeldet.

Apropos Microsoft-Konto: Natürlich sähe es Microsoft gerne, wenn Sie sich mit einem solchen Konto bei Windows anmelden. Das ist aber keinesfalls zwingend. Wenn Sie möchten, können Sie auch jederzeit ein lokales Benutzerkonto anlegen und sich damit am System anmelden. Für die Verwendung verschiedener Dienste und Apps, wie z. B. des Windows *Stores* und der App *Musik*, ist jedoch ein Microsoft-Konto erforderlich. Sie müssen Ihr lokales Benutzerkonto dann aber nicht gleich in ein Microsoft-Konto umwandeln, sondern können sich bei diesen Apps separat mit einer Windows-ID anmelden ❶. Siehe hierzu auch den Abschnitt »Bei Windows anmelden« ab Seite 30.

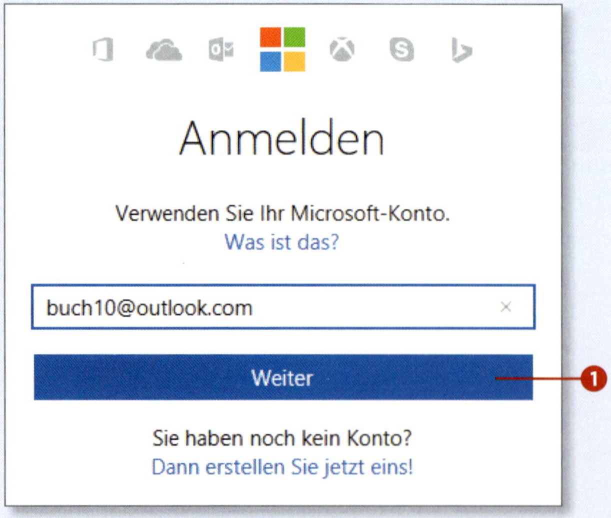

Benutzerkonten lassen sich mit einem Kennwort, einer PIN oder einem Bildcode schützen, und Sie können sogar eine Anmeldung über einen Fingerabdruck einrichten. Damit bleibt Ihre Privatsphäre auch bei mehreren Benutzern geschützt. Eltern können für die Konten ihrer Kinder darüber hinaus die Option *Family Safety* aktivieren, ein Kinder- und Jugendschutzprogramm, mit dessen Hilfe Sie z. B. die zeitliche Nutzung des Computers regeln oder fragwürdige Webseiten sperren können. Family Safety ist Bestandteil von Windows 10, Sie müssen also keine zusätzliche Software installieren, um diese Funktionen nutzen zu können. Wie Sie das Jugendschutzprogramm einsetzen, lesen Sie im Abschnitt »Ein neues Benutzerkonto einrichten« ab Seite 224.

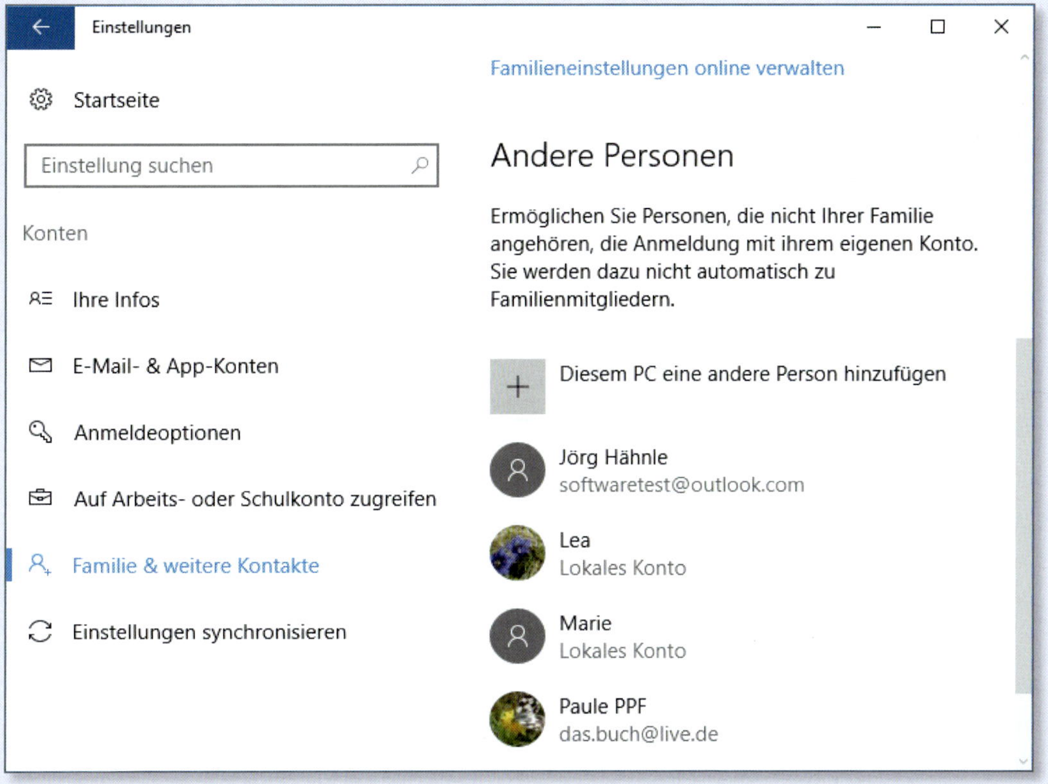

Mehrere Benutzerkonten auf einem System

Ein neues Benutzerkonto einrichten

Legen Sie für jeden Benutzer Ihres Computers ein eigenes Benutzerkonto an. Auf diese Weise können Sie jedem seine persönliche Arbeitsumgebung einrichten, aber z. B. auch den Zugriff beschränken.

1. Sie müssen als Administrator am System angemeldet sein (siehe auch den Abschnitt »Den Benutzerkontotyp ändern« auf Seite 221). Öffnen Sie die Einstellungen mithilfe der Tastenkombination [Windows] + [I] oder indem Sie zunächst das **Startmenü** öffnen und dort auf den Menüpunkt **Einstellungen** klicken.
2. Wählen Sie nun die Kategorie **Konten** und anschließend in der linken Fensterhälfte den Menüpunkt **Familie & weitere Kontakte** (1), um zu den Kontoeinstellungen zu gelangen. Um ein neues Konto zu erstellen, klicken Sie auf die Schaltfläche **Diesem PC eine andere Person hinzufügen** (2).
3. Verfügt der Benutzer bereits über ein Microsoft-Konto, tragen Sie jetzt seine E-Mail-Adresse ein (3) und bestätigen Ihre Eingabe mit **Weiter** (4). Um ein neues Microsoft-Konto zu erstellen oder stattdessen ein lokales Konto einzurichten, klicken Sie auf den Link **Ich kenne die Anmeldeinformationen für diese Person nicht** (5) und fahren mit Schritt 5 fort.
4. Das neue Benutzerkonto wurde erstellt, und Sie können nun den Vorgang über die Schaltfläche **Fertig stellen** abschließen.

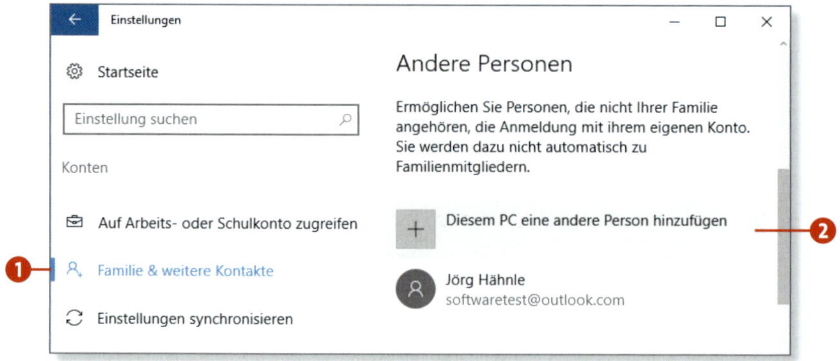

Wie komme ich an eine Windows-Identität?

Wie Sie sich eine Windows-Identität (ein Microsoft-Konto) zulegen können und alles Wissenswerte zu diesem neuen Kontotyp erfahren Sie im Abschnitt »Bei Windows anmelden« ab Seite 30.

5. Wenn Sie sich in Schritt 3 für ein Microsoft-Konto entschieden haben, können Sie dieses nun erstellen. Füllen Sie hierzu das angezeigte Formular aus, und tragen Sie u. a. Ihren Namen und das zu verwendende Kennwort ein ❻. Möchten Sie kein Microsoft-Konto, sondern stattdessen lieber ein lokales Benutzerkonto anlegen, klicken Sie auf den etwas unscheinbaren Menüpunkt **Benutzer ohne Microsoft-Konto hinzufügen** ❼.

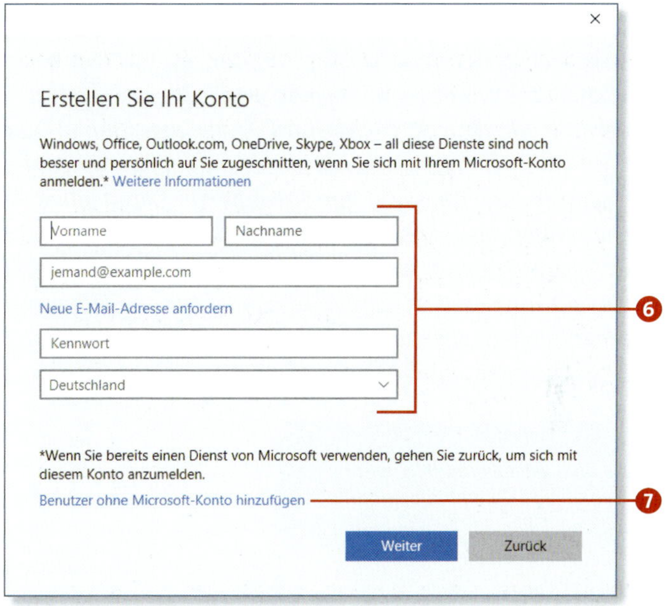

6. Nun müssen Sie noch den gewünschten Benutzernamen ❽, ein Kennwort ❾, das Sie zur Sicherheit im Feld darunter noch einmal wiederholen, und eine Erinnerungshilfe ❿ für das Kennwort festlegen. Geben Sie bei der Erinnerungshilfe aber nicht zu viele Informationen preis, damit eine unberechtigte Person daraus nicht zu einfach das Kennwort herleiten kann. Klicken Sie anschließend auf die Schaltfläche **Weiter** ⓫, um den Vorgang abzuschließen.

7. Das neue Konto ist hiermit auch schon angelegt und kann sogleich verwendet werden. Bei der ersten Anmeldung mit dem neuen Benutzerkonto schließt Windows die Einrichtung automatisch ab. Dieser Vorgang kann nochmals ein bis zwei Minuten dauern.

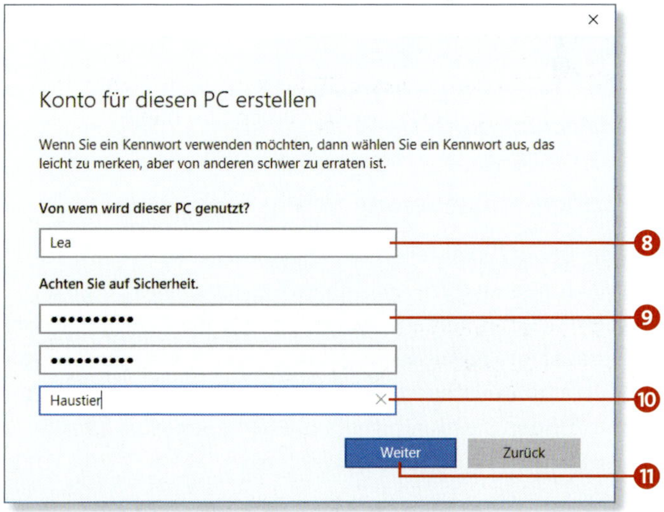

Konto für ein Familienmitglied hinzufügen

Möchten Sie ein Konto für ein Kind hinzufügen, wählen Sie in der Kategorie **Familie & weitere Kontakte** die Option **Familienmitglied hinzufügen**. Das Konto wird dann mit der Windows-Funktion *Microsoft Family* erstellt, mit deren Hilfe Sie die PC-Nutzung durch Ihre Kinder zeitlich begrenzen oder den Zugriff auf bestimmte Internetseiten und Programme beschränken können. Auch für die Erstellung dieses Kontotyps müssen Sie als Administrator am System angemeldet sein und sich beim Zugriff auf die Einstellung mit Ihrem Benutzerkennwort autorisieren.

Die Benutzerkontensteuerung

Die Benutzerkontensteuerung *(User Account Control*, UAC) ist eine Schutzfunktion unter Windows 10. Sie gibt immer dann einen Hinweis aus, wenn Anwender oder Programme Änderungen am System vornehmen möchten, und bittet um eine Bestätigung des Vorgangs. Das System wartet dann quasi auf Ihre Freigabe. Die Benutzerkontensteuerung schützt also Ihren Computer vor Schadsoftware und ungewollten Systemänderungen. So nützlich diese Funktion ist – viele Anwender sind von den teils recht häufig auftretenden Erlaubnisanfragen genervt, was zur Folge hat, dass sie die Anfragen bestätigen, ohne sich die zugehörigen Meldungen genau durchzulesen.

Meldung der Benutzerkontensteuerung

Die Benutzerkontensteuerung richtig konfigurieren

Sie können die Benutzerkontensteuerung anpassen und die Häufigkeit der Meldungen reduzieren. Tippen Sie in das Suchfeld des Startmenüs einfach das Kürzel »uac« ein, und wählen Sie danach den ersten Treffer aus der Ergebnisliste mit der Bezeichnung **Einstellungen der Benutzerkontensteuerung ändern** aus. Im gleichnamigen Dialogfenster können Sie nun mithilfe des Schiebereglers ❶ zwischen vier Benachrichtigungsstufen wählen:

1. Immer benachrichtigen
2. Nur benachrichtigen, wenn von Apps Änderungen am Computer vorgenommen werden
3. Nur benachrichtigen, wenn von Apps Änderungen am Computer vorgenommen werden (Desktop nicht abblenden)
4. Nie benachrichtigen

Die Benutzerkontensteuerung ist eine von mehreren Schutzfunktionen von Windows 10, sie ersetzt aber keinesfalls den Einsatz eines Antivirenprogramms oder einer Firewall! Halten Sie Ihre Schutzsoftware und Windows selbst immer auf dem neuesten Stand, und reduzieren Sie so die Wahrscheinlichkeit einer Malware-Infektion.

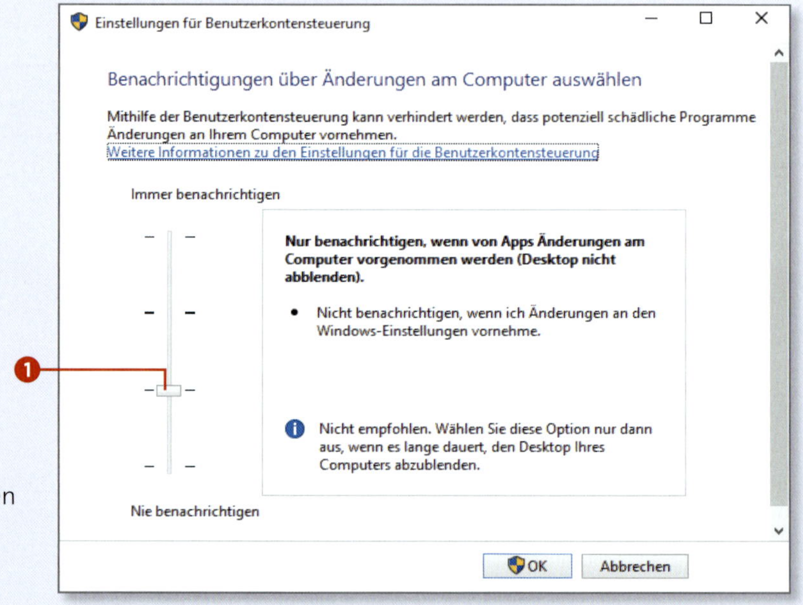

Die Benachrichtigungsstufen der Benutzerkontensteuerung

Benachrichtigungsstufen der Benutzerkontensteuerung

Einstellung	Beschreibung
Immer benachrichtigen	Dies ist die sicherste Einstellung, zugleich werden hier aber auch die meisten Hinweise ausgegeben. Sobald ein Programm installiert oder eine Änderung am System vorgenommen werden soll, müssen Sie den Vorgang bestätigen. Der Bildschirm wird abgedunkelt, und Sie können erst nach erfolgter Bestätigung weiterarbeiten. Die Sicherheitsabfrage erscheint in diesem Fall auch, wenn Sie als Benutzer eine Änderung am System, z. B. bei der Uhrzeit, vornehmen möchten. Die Abfrage erscheint grundsätzlich beim Klick auf alle Schaltflächen und Links, die mit einem Schutzschild gekennzeichnet sind.
Nur benachrichtigen, wenn von Apps Änderungen am Computer vorgenommen werden	Dabei handelt es sich um die Standardeinstellung, die gleichzeitig die empfohlene Sicherheitsstufe ist. Benachrichtigungen werden nur ausgegeben, wenn ein Programm installiert oder eine Änderung am System vorgenommen werden soll. Der Bildschirm wird auch hier abgedunkelt, und Sie können erst nach erfolgter Bestätigung weiterarbeiten. Wenn Sie eine Änderung am System vornehmen, erfolgt kein Hinweis. Falls Sie mit einem Standardkonto angemeldet sind, müssen Sie sich bei Systemänderungen allerdings erst durch die Eingabe des Administratorkennworts authentifizieren.
Nur benachrichtigen, wenn von Apps Änderungen am Computer vorgenommen werden (Desktop nicht abblenden)	Diese Einstellung ist nahezu identisch mit der vorangegangenen Sicherheitsstufe, allerdings wird hier der Bildschirm bei einer Benachrichtigung nicht abgedunkelt. Das bedeutet, dass Sie in diesem Fall weiter an Ihrem PC arbeiten können, aber der Vorgang, für den die Benachrichtigung gilt, erst fortgesetzt wird, nachdem Sie ihn bestätigt haben. Da keine Abdunkelung erfolgt, können Meldungen aber auch recht schnell übersehen oder versehentlich bestätigt werden. Diese Einstellung ist daher aus Sicherheitsgründen nicht zu empfehlen.
Nie benachrichtigen	Dies ist natürlich die unsicherste Option. Wenn Sie die Benutzerkontensteuerung auf **Nie benachrichtigen** stellen, wird die Funktion deaktiviert, und Sie erhalten keine Hinweise mehr. Diese Einstellung ist auf keinen Fall empfehlenswert! Mit der Deaktivierung verzichten Sie auf eine sehr wichtige Schutzfunktion und setzen Ihr System einem hohen Sicherheitsrisiko aus, denn Schadprogramme könnten Änderungen am System vornehmen, ohne dass Sie davon etwas bemerken.

Erleichterte Bedienung

Die Bildschirmlupe

Gerade auf Internetseiten sind die Texte vielfach sehr klein geschrieben und nicht immer einfach zu lesen. Aber auch unter Windows selbst kann eine Lupe in der einen oder anderen Situation nützlich sein. Und tatsächlich, Microsoft stellt dem Anwender eine einfache Bildschirmlupe zur Verfügung.

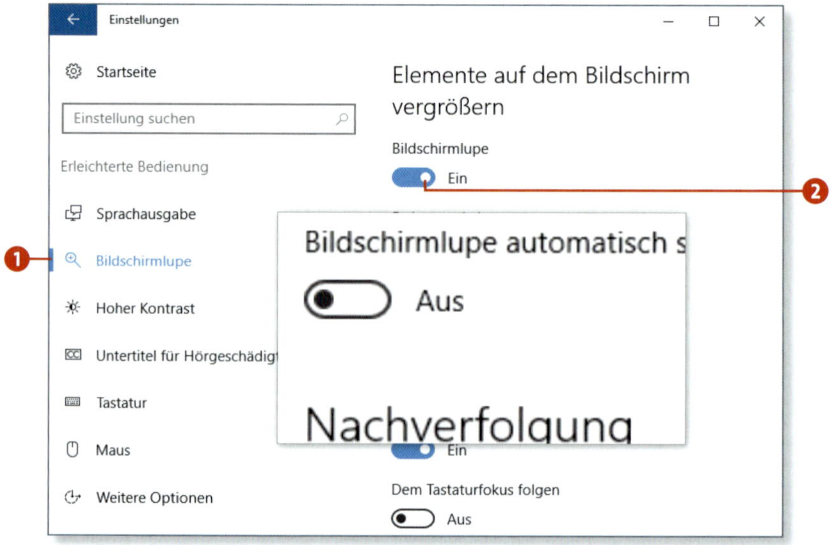

1. Öffnen Sie die Einstellungen, beispielsweise mithilfe der Tastenkombination [Win] + [I], und wählen Sie daraus den Menüpunkt **Erleichterte Bedienung**.
2. Klicken Sie links in der Menüleiste auf den Eintrag **Bildschirmlupe** (1) und aktivieren Sie dann in der rechten Fensterhälfte die Bildschirmlupe, indem Sie den Schieberegler des gleichnamigen Menüpunktes auf **Ein** (2) stellen.
3. Sogleich wird der ganze Bildschirm auf voreingestellte 200 % vergrößert dargestellt. Mit der Maus können Sie den Bildschirm frei bewegen und somit beliebige Bereiche unter die Lupe nehmen.
4. Mit den Tasten [Win] + [+] und [Win] + [-] erhöhen bzw. verringern Sie den Vergrößerungsfaktor der Lupe. Möchten Sie die Lupe wieder schließen, gelingt dies mit den Tasten [Win] + [Esc].

Weitere nützliche Tastenkürzel für die Bildschirmlupe

Mit den Tasten [Strg] + [Alt] + [F] schalten Sie die Lupe in den Vollbildmodus. Eine Vorschau können Sie im Vollbildmodus mit [Strg] + [Alt] + Leertaste einstellen. Mit den Tasten [Strg] + [Alt] + [L] wird eine Lupe auf dem Bildschirm angezeigt, die Sie frei bewegen können. Mit [Strg] + [Alt] + [D] verankern Sie die Lupe auf dem Bildschirm und können mit der Maus alle Bereiche abfahren.

Bildschirmhelligkeit einstellen

Bei Laptops können Sie die Helligkeit auch über das Info-Center ändern. Öffnen Sie das Benachrichtigungsfenster rechts unten in der Taskleiste. Klicken Sie dann im unteren Bereich auf **Anzeige**, um die Helligkeit in 25 %-Schritten zu verändern. Führen Sie einen Rechtsklick auf die Schaltfläche aus, und klicken Sie auf **Zu Einstellungen wechseln**. Mithilfe des Schiebereglers im Abschnitt **Helligkeitsstufe** können Sie die gewünschten Änderungen vornehmen. Bei nahezu jedem Laptop oder Netbook können Sie die Helligkeit des Bildschirms auch mit einer bestimmten Tastenkombination verändern. Diese entnehmen Sie bitte dem Gerätehandbuch.

Weitere Einstellungen wie Kontrast oder Schriftgröße

Windows 10 bietet in der Kategorie **Erleichterte Bedienung** zahlreiche nützliche Funktionen an, die Ihnen die Arbeit am Computer erleichtern können. Dazu zählen Einstellungsmöglichkeiten für einen erhöhten Kontrast, die Aktivierung von Untertiteln für Hörgeschädigte, die Einrichtung von Text oder visuellen Alternativen für die Wiedergabe von Sounds, aber auch Funktionen für eine verbesserte Bildschirmdarstellung oder für die vereinfachte Bedienung von Maus und Tastatur. Für Menschen mit einer Sehbehinderung ist die Sprachausgabe sehr nützlich, mit deren Hilfe sie sich Texte und Bezeichnungen für Menüs und Schaltflächen vorlesen lassen können.

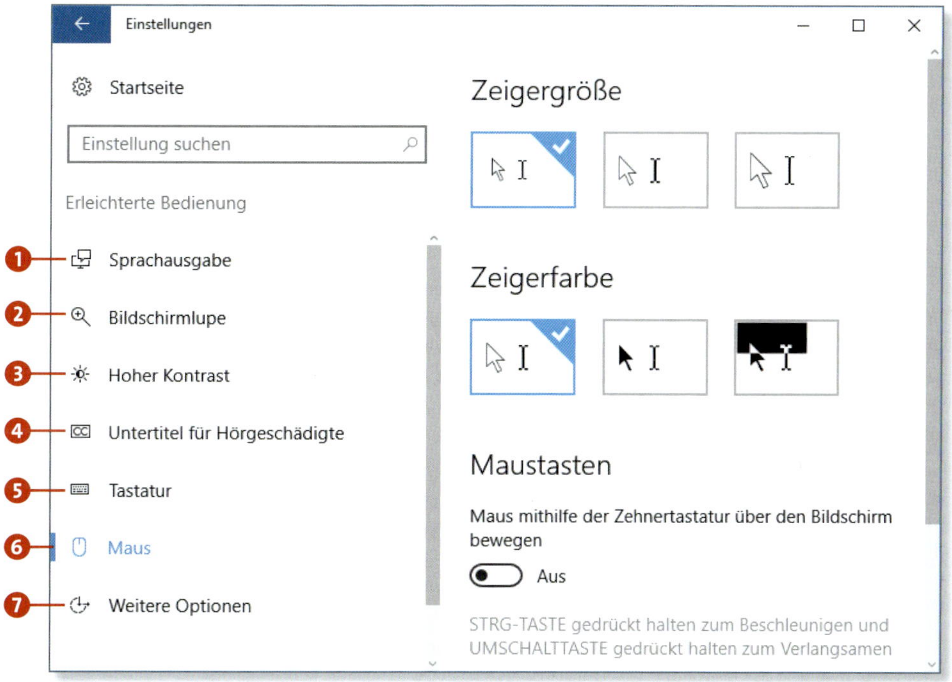

1. Aktivieren Sie die Sprachausgabe, wenn Sie die Bildschirmelemente schlecht erkennen können.
2. Nutzen Sie die Bildschirmlupe.
3. Hohe Kontraste erleichtern das Erkennen von Bildschirmelementen.
4. Untertitel für Hörgeschädigte lassen sich hier einrichten.
5. Blenden Sie die Bildschirmtastatur ein.
6. Verbessern Sie die Darstellung des Mauszeigers.
7. Ersetzen Sie Systemsounds (akustische Hinweise) durch visuelle Signale.

8 Geräte anschließen

In diesem Kapitel erfahren Sie, wie Sie Hardwarekomponenten wie Drucker oder Lautsprecher richtig an den Computer anschließen. Oder möchten Sie vielleicht Ihr Smartphone mit dem PC verbinden, um Daten zu synchronisieren oder ein paar Musikdateien vom Rechner auf das Handy zu überspielen? Dazu können Sie ein USB-Kabel oder auch die schnelle drahtlose Übertragung via Bluetooth nutzen.

Der *Geräte-Manager* bleibt die erste Anlaufstelle, wenn es darum geht, neue Geräte an den Computer anzuschließen und sie einzurichten, neue Treiber zu installieren, veraltete Treiber zu aktualisieren oder Geräte zu deaktivieren. Das wichtigste Gerät ist sicherlich der Drucker, darum erkläre ich Ihnen in diesem Kapitel nicht nur, wie Sie ihn anschließen und die passenden Einstellungen wählen, sondern auch, wie Sie Dokumente ausdrucken. Wenn es um den Austausch von Dokumenten geht, ist das PDF-Format häufig die erste Wahl. Unter Windows 10 ist nun zum ersten Mal keine Zusatzsoftware erforderlich, um PDF-Dateien zu erstellen. Mithilfe der *Reader*-App können Sie diese betrachten und ausdrucken und ersparen sich auch hier die zusätzliche Installation eines Anzeigeprogramms.

In diesem Kapitel

- Drucker
- Einen Fotoapparat anschließen und Bilder importieren
- Lautsprecher anschließen
- Eine USB-Festplatte oder einen USB-Stick anschließen
- Smartphones und andere mobile Geräte anschließen
- Gerätetreiber installieren und aktualisieren

Drucker

Einen Drucker anschließen

Sobald Sie einen modernen Drucker via USB an den Computer anschließen, erkennt Windows 10 ihn in den meisten Fällen und richtet ihn automatisch ein. Verfügen Sie über eine DVD mit Software für Ihren Drucker, installieren Sie diese, denn darin sind meist die benötigten Treiber enthalten. Wenn der Drucker nicht erkannt wird, müssen Sie ihn manuell installieren.

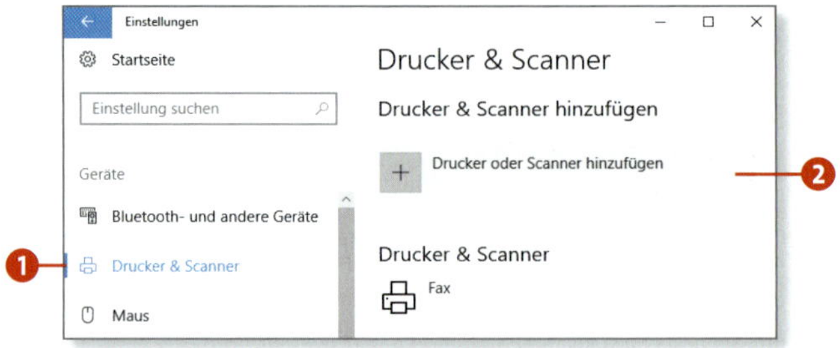

1. Verbinden Sie den Drucker mit dem Computer, und schalten Sie ihn ein. Öffnen Sie dann das Schnellstartmenü mit ⊞ + I, und wählen Sie darin die Kategorie **Geräte**.
2. Klicken Sie in der Menüleiste auf **Drucker und Scanner** ❶.
3. Um einen Drucker zu installieren, klicken Sie in der rechten Fensterhälfte auf die Schaltfläche **Drucker oder Scanner hinzufügen** ❷.

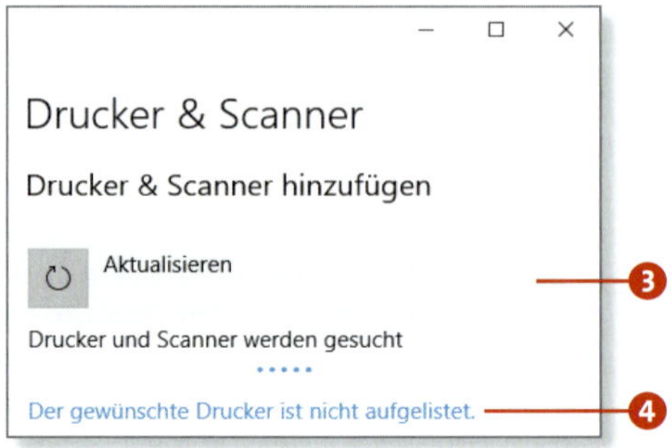

4. Wurde der Drucker erkannt, wird er im nächsten Dialog aufgeführt. Falls nicht, prüfen Sie, ob der Drucker eingeschaltet ist, und führen Sie über die inzwischen sichtbare Schaltfläche **Aktualisieren** ❸ eine erneute Suche durch. Wird er dennoch nicht erkannt, klicken Sie auf **Der gewünschte Drucker ist nicht aufgelistet** ❹.
5. Windows fragt nun verschiedene Einstellungen ab, z. B. ob ein lokaler oder ein Netzwerkdrucker hinzugefügt werden soll oder welcher Anschluss verwendet wird. Über die Schaltfläche **Weiter** ❺ gelangen Sie jeweils zum nächsten Schritt.

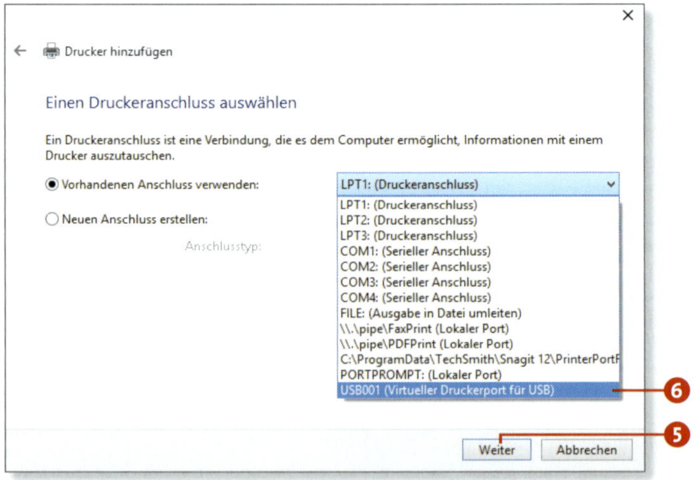

Anschluss über USB

Für gewöhnlich werden Drucker heute über USB angeschlossen. Wählen Sie in diesem Fall die Option **USB001 (Virtueller Druckerport für USB)** aus der Liste aus ❻. Im Zweifel ziehen Sie die Geräteanleitung Ihres Druckers zurate.

6. Schließlich werden einige Hersteller und Druckermodelle aufgelistet. Wählen Sie aus der Liste den passenden Drucker aus, oder klicken Sie auf **Windows Update** 7, um eine erweiterte Druckerliste abzurufen. Die Aktualisierung der Druckerliste kann ein paar Minuten dauern.

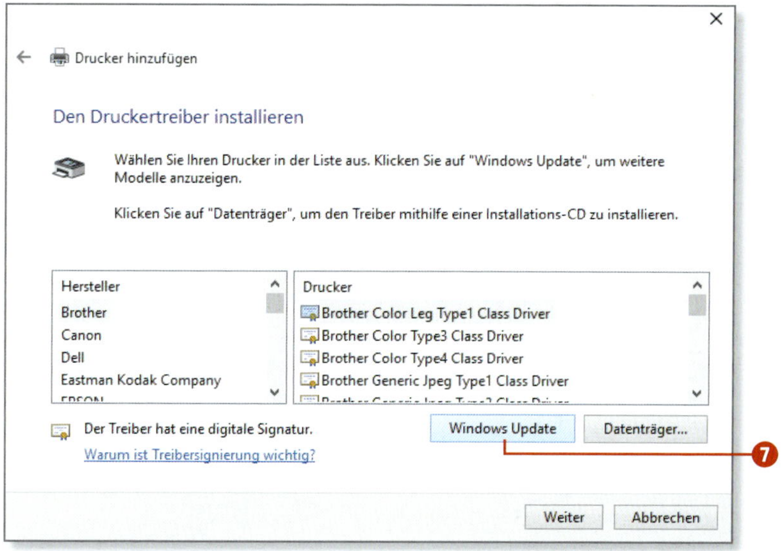

7. Nachdem Sie eine Bezeichnung für den Drucker eingegeben oder den vorgeschlagenen Namen übernommen haben, wird der Druckertreiber installiert. Legen Sie anschließend fest, ob der Drucker im Netzwerk freigegeben werden soll, und bestätigen Sie dies mit einem Klick auf **Weiter**.

8. Im letzten Schritt überprüfen Sie nun über die Schaltfläche **Testseite drucken** 8 die korrekte Installation des Druckers. Die Testseite enthält Daten zum Drucker sowie eine kleine Grafik.

9. Wenn alle Einstellungen vorgenommen sind und der Testausdruck in Ordnung ist, schließen Sie die Installation über **Fertig stellen** 9 ab. Der Drucker ist nun einsatzbereit.

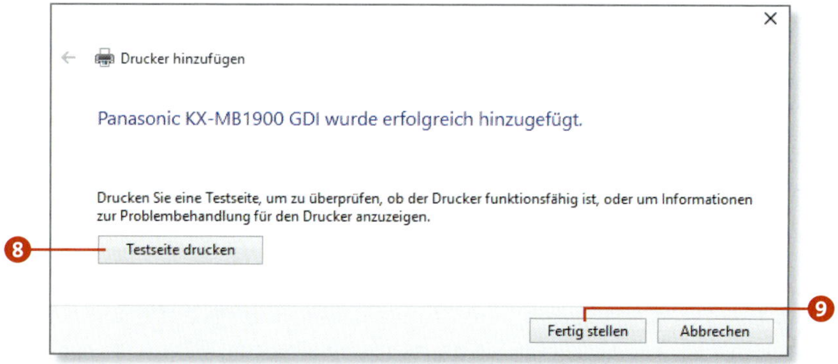

Drucker nachträglich im Netzwerk freigeben

Sie können den Drucker jederzeit nachträglich freigeben, falls Sie dies bei der Installation nicht getan haben. Klicken Sie in der Systemsteuerung unter **Geräte und Drucker** mit der rechten Maustaste auf Ihren Drucker, und wählen Sie **Druckereigenschaften** aus dem Kontextmenü. Auf dem Register **Freigabe** aktivieren Sie die Option **Drucker freigeben** und tragen darunter noch einen eindeutigen Freigabenamen ein. Sollte das Netzwerk von Anwendern mit unterschiedlichen Windows-Versionen genutzt werden, müssen Sie über **Zusätzliche Treiber** passende Treiber nachinstallieren. Klicken Sie auf **OK**, um die Einstellungen zu übernehmen.

Einen Drucker als Standarddrucker definieren

Haben Sie mehrere Drucker installiert, können Sie wählen, über welchen Drucker der Auftrag ausgeführt werden soll. Ein Drucker wird dabei als Standarddrucker festgelegt. Windows 10 hat allerdings die Angewohnheit, die Auswahl immer wieder zu ändern. Um dauerhaft einen Standarddrucker festzulegen, gehen Sie wie folgt vor:

1. Öffnen Sie die Windows-Einstellungen mittels der Tastenkombination [⊞] + [I] oder durch einen Klick auf den Menüpunkt **Einstellungen** im Startmenü, und wählen Sie die Kategorie **Geräte** aus.

2. Wechseln Sie in die Unterkategorie **Drucker & Scanner** ❶. Windows setzt jenen Drucker als Standarddrucker ein, der zuletzt verwendet wurde. Um dies zu verhindern, deaktivieren Sie die Funktion **Windows verwaltet Standarddrucker**, indem Sie das Häkchen aus dem Kontrollkästchen ❷ entfernen.

3. Wählen Sie nun aus der Liste der installierten Drucker das Gerät aus, das Sie als Standard definieren möchten, und klicken Sie auf die Schaltfläche **Verwalten** ❸, um zu den weiteren Einstellungen zu gelangen. Mit einem Klick auf den Menüpunkt **Als Standard** ❹ wird der Drucker zum Standarddrucker ernannt und ist fortan in allen Druckdialogen als Ausgabegerät vorausgewählt.

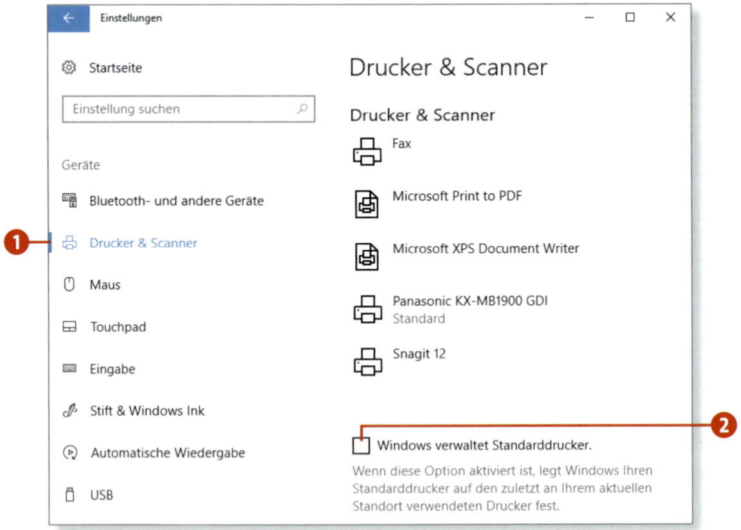

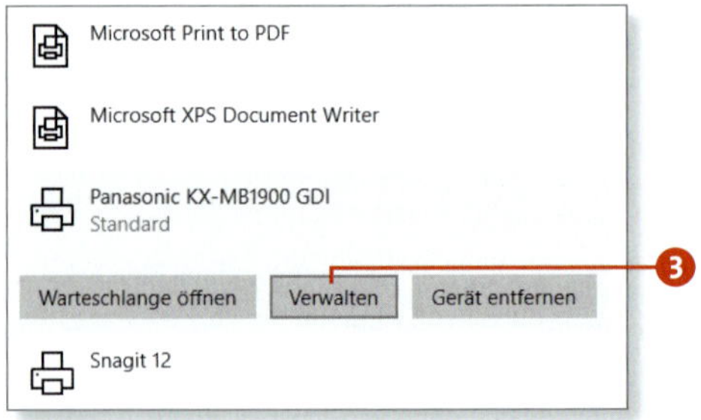

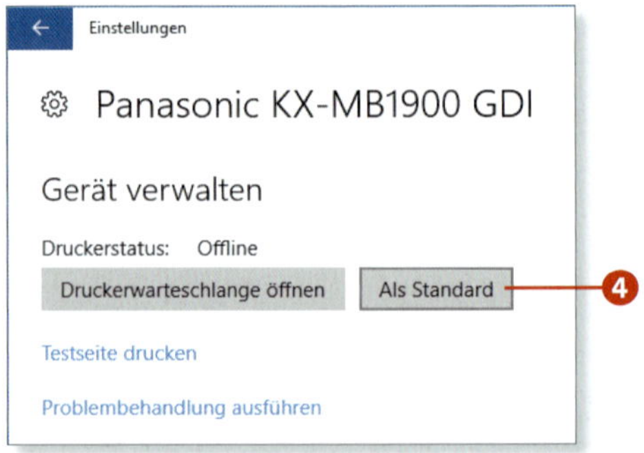

Papierstau

Wird das Papier schief eingezogen oder verklemmt es sich im Drucker, kann dies mehrere Gründe haben. Häufig liegt es aber am Papier selbst. Bevor Sie neues Papier einlegen, sollten Sie es mehrfach auffächern. Beim produktionsbedingten Schneiden entstehen häufig Kanten, an denen sich das Papier leicht verhaken kann, sodass mehr als ein Blatt auf einmal eingezogen wird. Achten Sie zudem auf die Qualität des Papiers. Wenn es zu dünn ist oder bei zu hoher Luftfeuchtigkeit gelagert wurde, kommt es schneller zu Papierstaus.

Einen Drucker entfernen

Der neue Drucker wurde erfolgreich installiert. Nun steht der alte Drucker aber weiterhin unnötig in der Auswahlliste und stört die Übersichtlichkeit. Sie können diesen Drucker über die PC-Einstellungen entfernen.

1. Öffnen Sie die **Einstellungen** durch einen Klick auf den gleichnamigen Menüpunkt im Startmenü ❶ oder mithilfe der Tastenkombination [⊞] + [I].
2. Wechseln Sie zur Kategorie **Geräte.** Hier werden nun im Untermenü **Drucker & Scanner** ❷ alle verfügbaren Drucker aufgelistet. Wählen Sie den Drucker, den Sie entfernen möchten, mit einem Mausklick aus. In der rechten unteren Ecke des Eintrags erscheint daraufhin die Schaltfläche **Gerät entfernen** ❸. Klicken Sie darauf, und bestätigen Sie die anschließende Abfrage mit einem Klick auf **Ja**.
3. Der Drucker wird nun aus dem System entfernt. Der Vorgang kann nicht rückgängig gemacht werden. Benötigen Sie den Drucker zu einem späteren Zeitpunkt wieder, müssen Sie ihn neu installieren (siehe den Abschnitt »Einen Drucker anschließen« ab Seite 232).

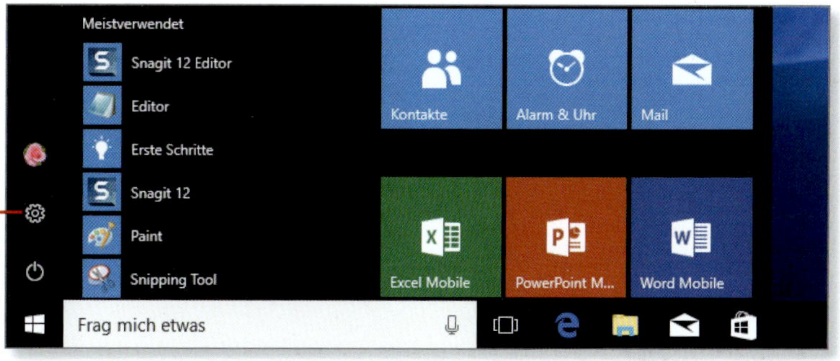

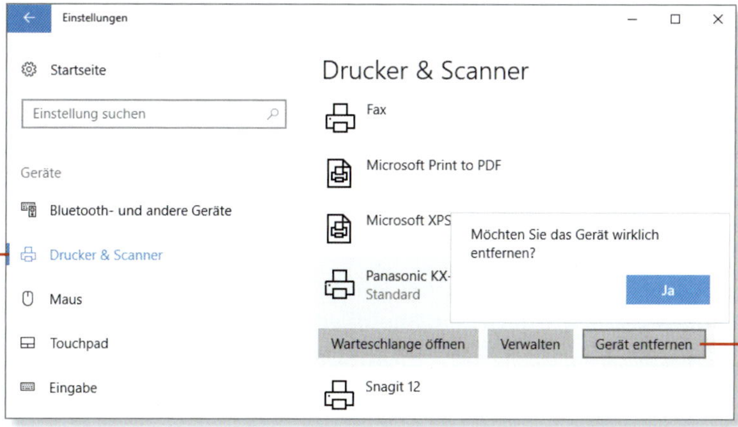

Probleme mit dem Drucker ausfindig machen

Wählen Sie Ihren Drucker in den Windows-Einstellungen aus, erreichen Sie über die Schaltfläche **Verwalten** den Menüpunkt **Problembehandlung ausführen**. Windows sucht nun nach möglichen Druckerproblemen und bietet Ihnen Lösungen an. Wird der Drucker nicht erkannt, genügt es häufig schon, den USB-Stecker zu ziehen und das Gerät nach ein paar Sekunden wieder neu anzuschließen bzw. den Drucker aus- und wieder einzuschalten.

Einen Fotoapparat anschließen und Bilder importieren

Sie haben in Ihrem letzten Urlaub viele schöne Erinnerungsfotos geschossen. Wie kommen die Fotos nun auf den Computer?

1. Schließen Sie Ihre Kamera mit dem mitgelieferten Kabel an den Computer an, und schalten Sie sie ein. Windows 10 erkennt nach wenigen Sekunden die Verbindung zu Ihrer Kamera und signalisiert dies durch einen kleinen Hinweis. Klicken Sie darauf, und wählen Sie die Option **Fotos und Videos importieren (Fotos)** ❶.
2. Die *Fotos*-App durchsucht die Speicherkarte der Kamera nach neuen Bildern und zeigt die gefundenen Bilder an. Alle Fotos sind ausgewählt. Nutzen Sie zur Navigation die Bildlaufleiste ❷, und entfernen Sie die Häkchen bei den Fotos, die Sie nicht importieren möchten ❸. Klicken Sie nun auf die Schaltfläche **Fortfahren** ❹.
3. Die Bilder werden standardmäßig in die Bibliothek **Bilder** importiert. Möchten Sie einen anderen Ordner auswählen, klicken Sie auf **Ordner für den Import ändern** ❺, und legen Sie einen neuen Zielordner fest. Über das Menü **In Ordner importieren nach** ❻ geben Sie an, ob die Fotos nach **Monat** oder **Tag** gruppiert werden sollen. Sollen die Fotos nach der Übertragung von der Speicherkarte Ihrer Kamera gelöscht werden, aktivieren Sie die Option **Importierte Elemente nach dem Import von <Gerätename> löschen** ❼.
4. Starten Sie den Vorgang schließlich über die Schaltfläche **Importieren** ❽. Die übertragenen Bilder zeigt die Fotos-App anschließend in der Ansicht **Sammlung**, nach Datum sortiert, an.

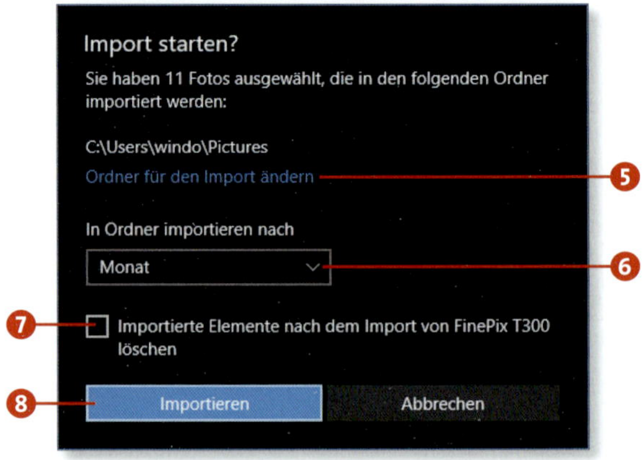

Aktion für Speicherkarte neu festlegen

Windows merkt sich Ihre Aktion. Wenn Sie beim nächsten Mal eine andere Aktion wählen möchten, drücken Sie beim Einschalten der Kamera die [⇧]-Taste. Das Auswahlfenster erscheint daraufhin wieder, und Sie können Ihre Auswahl neu treffen.

Lautsprecher anschließen

Lautsprecher anschließen und einstellen

Viele Anwender sehen über den Computer fern oder legen eine Audio-CD ein, um während der Arbeit ein wenig Musik zu hören. Dazu braucht es natürlich auch Lautsprecher, die für gewöhnlich an den grünen Anschluss (Ausgang der Soundkarte) angeschlossen werden.

1. Tippen Sie das Wort *Sound* links unten auf dem Desktop ein, und wählen Sie aus den angezeigten Übereinstimmungen den Eintrag **Sound** ❶ per Mausklick aus. Groß- und Kleinschreibung müssen Sie bei der Eingabe nicht beachten.
2. Im Register **Wiedergabe** ❷ sollte nun der verwendete Lautsprecher als Standardgerät angezeigt werden ❸. Führen Sie einen Doppelklick auf den Eintrag aus, um die Konfigurationsmöglichkeiten aufzurufen.
3. Wechseln Sie zum Register **Erweitert** ❹, und klicken Sie dort auf die Schaltfläche **Testen** ❺, um die Lautsprecher einem Funktionstest zu unterziehen. Es wird eine kurze Tonfolge wiedergegeben.
4. Wechseln Sie anschließend in das Register **Pegel** ❻, dort können Sie die Lautstärke mithilfe des Schiebereglers anpassen oder den Ton über das Lautsprechersymbol stumm schalten bzw. wieder einschalten (falls der Testsound nicht zu hören war).

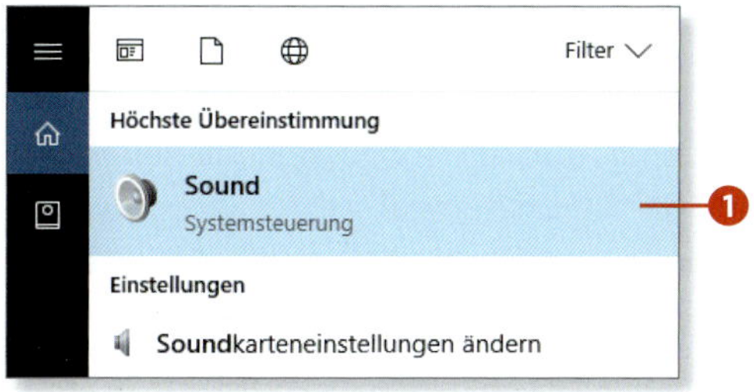

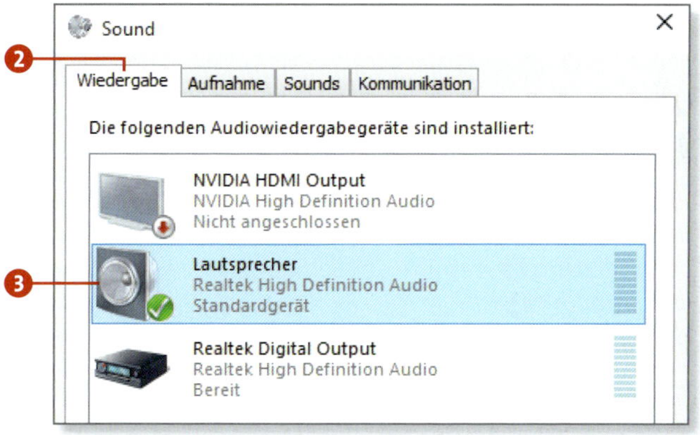

Kopfhörer anschließen

Bei tragbaren Computern wie Tablet-PCs ist der Anschluss von Lautsprechern zwar auch möglich, praktischer sind hier aber sicherlich Kopfhörer, die für gewöhnlich ebenfalls an den grünen Ausgang der Soundkarte angeschlossen werden.

Kein Ton oder Lautstärke zu laut oder zu leise?

Kontrollieren Sie direkt am Lautsprecher, ob er eingeschaltet ist. Die Lautstärke sowie Höhen und Tiefen können Sie meist auch direkt am Lautsprecher anpassen.

Audioaufnahme und -wiedergabe testen

Sie möchten Aufnahmen über ein Mikrofon erstellen? Auch das ist unter Windows 10 mit wenig Aufwand möglich. Schließen Sie zunächst Ihr Mikrofon an den Mikrofoneingang Ihres Computers (Eingang der Soundkarte) an. In aller Regel ist dies eine rosafarbene Buchse.

1. Geben Sie in das Suchfeld der Taskleiste den Begriff *Sounds* ein, und wählen Sie dann aus der Liste der Übereinstimmungen den gleichnamigen Menüpunkt aus, um die Sound-Einstellungen aufzurufen.
2. Wechseln Sie zum Register **Aufnahme** ❶, und führen Sie dort einen Doppelklick auf den Eintrag Ihres Mikrofons ❷ aus.
3. Sie können die Aufnahmelautstärke ❸ und – soweit verfügbar – die Mikrofonverstärkung ❹ mithilfe der Schieberegler einstellen, die Sie im Register **Pegel** ❺ finden. Lassen Sie das **Eigenschaften**-Fenster zunächst noch geöffnet.
4. Wechseln Sie mit der [Windows]-Taste ins Startmenü, und geben Sie dort den Suchbegriff »Sprachrekorder« ein. Wählen Sie aus der Ergebnisliste das gleichnamige Programm per Mausklick aus, um es zu starten.
5. Um eine Aufnahme zu starten, klicken Sie auf das blaue Mikrofonsymbol ❻ und sprechen ein paar Sätze in das Mikrofon. Beenden Sie den Test mit **Aufnahme beenden**.

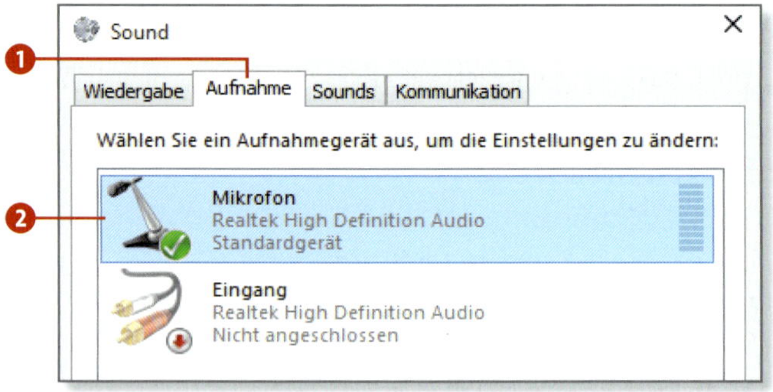

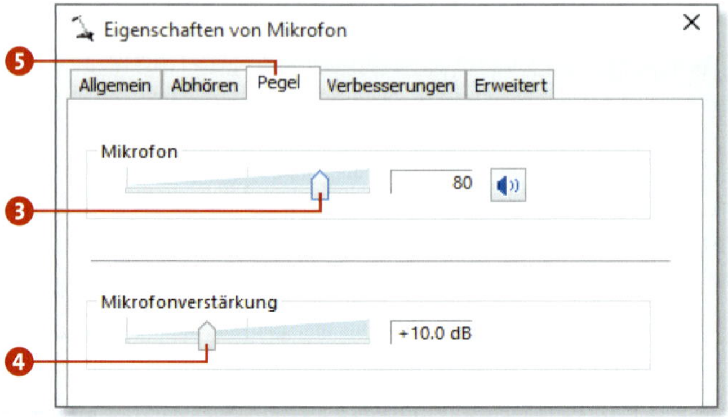

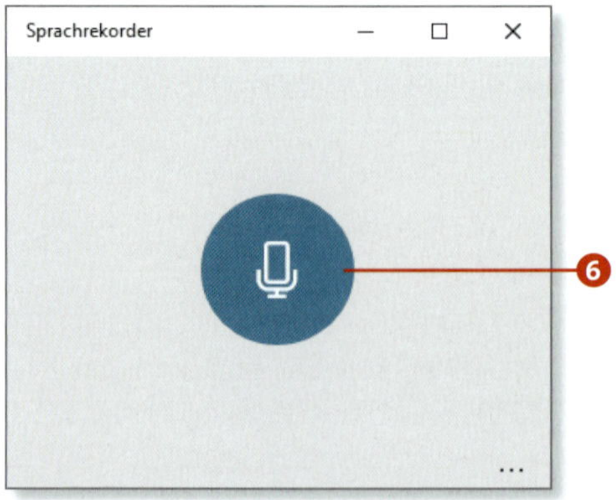

Programmempfehlung

Für die Erstellung und einfache Bearbeitung von Audiodateien eignet sich hervorragend das kostenlose Programm *Audacity*.

Eine USB-Festplatte oder einen USB-Stick anschließen

Die Lebensdauer und die Speicherkapazität von CDs und DVDs sind begrenzt, daher eignen sich gerade externe Festplatten hervorragend als Sicherungsmedium für Ihre Daten. Eine USB-Festplatte oder einen USB-Stick anzuschließen ist sehr einfach.

1. Verbinden Sie die externe Festplatte oder den Speicherstick mit dem USB-Anschluss an Ihren Computer. Bei einem USB-Stick ist keine weitere Handlung erforderlich, eine externe Festplatte müssen Sie anschließend noch einschalten. Achten Sie auf einen sicheren Stand der Festplatte. Das Laufwerk sollte während des Betriebs nicht schräg liegen und nicht bewegt werden.

2. Nach einem kurzen Moment wird die Festplatte bzw. der USB-Stick erkannt und als zusätzlicher Datenträger im Explorer angezeigt. Ein USB-Stick wird meist als **USB-Laufwerk** ❶ aufgeführt (manchmal aber auch mit der Herstellerbezeichnung). Eventuell benötigte Gerätetreiber werden automatisch installiert. Sie können den Datenträger nun wie eine gewöhnliche Festplatte verwenden und Daten kopieren, löschen, verschieben etc.

3. Wird die USB-Festplatte oder der USB-Stick nicht mehr benötigt, trennen Sie diese vom System, bevor Sie den USB-Stecker ziehen. Dazu klicken Sie in der Taskleiste auf den kleinen Pfeil **Ausgeblendete Symbole anzeigen** ❷, dann auf das Symbol **Hardware sicher entfernen und Medium auswerfen** ❸ und schließlich auf **<Gerätename> auswerfen** ❹. Sie vermeiden dadurch Datenverlust. Stecken Sie den Datenträger erst ab, nachdem Windows die Trennung bestätigt hat.

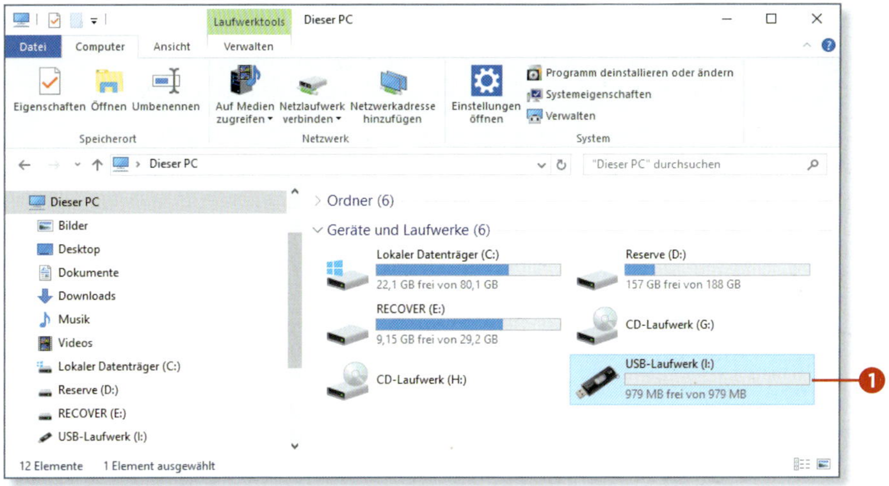

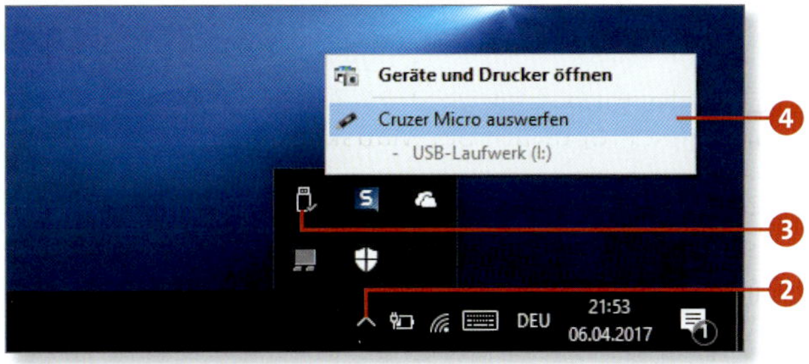

Die externe Festplatte wird nicht erkannt?

Verbinden Sie die Festplatte möglichst nicht über einen USB-Hub, an dem weitere Geräte angeschlossen sind, sondern direkt mit dem Computer. Wird sie dennoch nicht erkannt, fehlt vielleicht ein Treiber. Suchen Sie auf der Herstellerseite im Bereich Support/Service nach einem geeigneten Treiber, oder fragen Sie den Kundendienst.

Smartphones und andere mobile Geräte anschließen

Ein Smartphone mit dem Computer verbinden

Sie können Fotos oder Dokumente ganz leicht von Ihrem Mobiltelefon auf den Computer übertragen oder einen Klingelton bzw. MP3-Dateien vom PC auf das Smartphone ziehen. Für den Austausch der Daten können Sie die neue App *Begleiter für Telefon* oder den bekannten Datei-Explorer verwenden.

1. Verbinden Sie das eingeschaltete Smartphone per USB-Kabel mit dem Computer, und aktivieren Sie auf dem Smartphone gegebenenfalls die USB-Verbindung und den USB-Speicher. (Der Aktivierungsvorgang ist vom Betriebssystem des Smartphones abhängig.)
2. Windows erkennt das angeschlossene Smartphone und gibt einen entsprechenden Hinweis auf dem Desktop aus. Klicken Sie auf diesen Hinweis ❶, und wählen Sie aus dem nachfolgenden Dialog das Programm **Begleiter für Telefon** aus. Diese Auswahl müssen Sie nur bei der ersten Verbindung zwischen dem Smartphone und Ihrem Computer festlegen. Bei künftigen Verbindungen startet der »Begleiter für Telefon« dann automatisch.
3. Die App »Begleiter für Telefon« wird gestartet und zeigt Ihnen ein paar nützliche Informationen zu Ihrem Telefon an, wie z. B. den Ladestatus des Akkus ❷ sowie die Speicherbelegung des internen Handyspeichers und, soweit verfügbar, auch die Belegung auf der zusätzlichen SD-Speicherkarte ❸. So sehen Sie auf den ersten Blick, wie viel Speicher noch zur Verfügung steht und wie viel z. B. durch Musik oder Fotos belegt ist.
4. Möchten Sie Fotos und Videos auf Ihren PC übertragen, klicken Sie auf den Menüpunkt **Importieren von Fotos und Videos** ❹. Daraufhin startet die *Fotos*-App, und Ihre Bilder werden automatisch in die Bibliothek **Bilder** auf Ihren Computer übertragen.

Smartphone wird nicht erkannt

Wird das Telefon nicht erkannt oder verschwindet das Hinweisfenster, bevor Sie darauf klicken konnten, starten Sie den Begleiter für Telefon einfach direkt aus dem Startmenü. Achten Sie auch darauf, dass das Handy eingeschaltet ist und die USB-Verbindung im Gerät aktiviert wurde.

5. Sie können Ihre Daten, Bilder und Videos aber auch über den Explorer mit dem Smartphone austauschen. Klicken Sie hierfür auf den Menüpunkt **Übertragen anderer Dateien** (5 auf Seite 240), woraufhin der Explorer geöffnet wird.

6. Das Smartphone lässt sich im Explorer nun wie eine Festplatte ansprechen, d. h., Sie können es öffnen und auf gewohnte Weise Dateien kopieren, verschieben oder löschen. In den meisten Fällen gibt es zwei Einträge für das Telefon im Explorer, einen für den internen Speicher (im Beispiel **Phone** 6) und einen weiteren für die SD-Speicherkarte 7, falls solch eine Karte im Telefon eingesetzt ist (**SD card**). Wenn auf dem Smartphone Fotos vorhanden sind, finden Sie diese meist im Verzeichnis **Pictures > Camera Roll** 8.

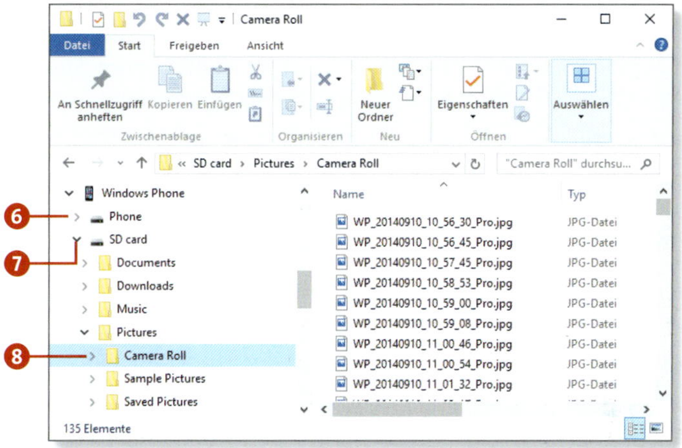

7. MP3-Audiodateien werden für gewöhnlich im Verzeichnis **Music** 9 abgelegt. Ziehen Sie nun die ausgewählten MP3-Dateien 10 einfach mit gedrückter Maustaste auf das Telefon oder gegebenenfalls umgekehrt vom Telefon auf die Festplatte Ihres Computers.

8. Dokumente finden Sie meist im Ordner **Documents** 11. Auch Dokumente können Sie vom Handy auf den Computer und umgekehrt übertragen. Schauen Sie im Handbuch Ihres Mobiltelefons nach, welche Dateiformate unterstützt werden.

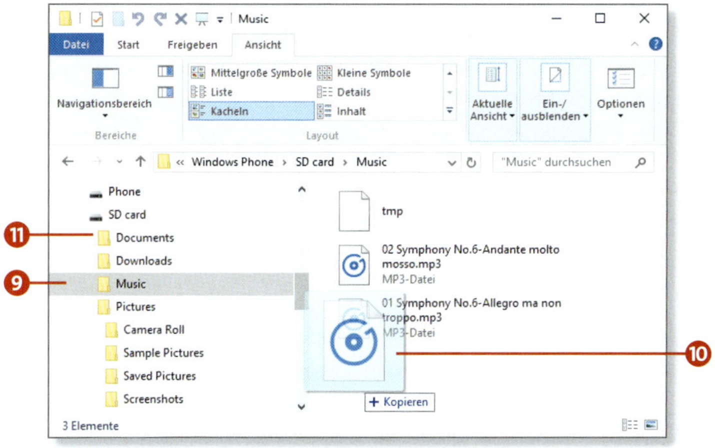

Spezielle Software nutzen

Die meisten Handyhersteller bieten für ihre Geräte spezielle Synchronisierungssoftware an, mit deren Hilfe Sie z. B. Ihre Kontakte mit Google, Yahoo! oder Outlook abgleichen und Daten zwischen dem Smartphone und einem angeschlossenen Computer austauschen können. Für Handys mit dem Betriebssystem Android ist z. B. *MyPhoneExplorer* eine kostenlose Alternative.

Drahtlose Verbindung zwischen Handy und Computer

Sie haben gerade kein passendes Datenkabel zum Anschluss des Smartphones zur Hand? Im nächsten Abschnitt erfahren Sie, wie Sie Handy und Computer drahtlos via Bluetooth verbinden können.

Bluetooth-Geräte mit Windows verbinden

Falls Ihnen gerade kein Datenkabel zur Verfügung steht, können Sie auch drahtlos Daten zwischen Ihrem Computer und einem Bluetooth-fähigen Gerät, wie z. B. Ihrem Handy, austauschen. Bluetooth-Adapter gibt es im Fachhandel schon für unter 15 €. Bei Tablets und Laptops ist dieser Adapter oft schon im Gerät verbaut, ebenso in nahezu jedem Smartphone.

1. Aktivieren Sie die Bluetooth-Funktion an Ihrem Tablet oder Laptop, oder stecken Sie den Bluetooth-Adapter in einen freien USB-Steckplatz. In der Taskleiste erscheint das Bluetooth-Symbol 1. Sollte das Symbol nicht zu sehen sein, klicken Sie auf den kleinen Pfeil in der Taskleiste 2, um sich alle Symbole anzeigen zu lassen.
2. Führen Sie einen Doppelklick auf das Bluetooth-Symbol in der Taskleiste aus, um die Einstellungen zu öffnen. Kontrollieren Sie nun, ob Bluetooth an Ihrem Rechner aktiv ist. Sollte dies nicht der Fall sein, aktivieren Sie die Funktion, indem Sie den Schieberegler auf **Ein** 3 stellen.
3. Aktivieren Sie nun die Bluetooth-Verbindung an Ihrem Handy, und schalten Sie den Modus auf **Sichtbar**, damit das Gerät erkannt werden kann.
4. Nun gilt es, die Geräte zu verbinden. Klicken Sie in den Windows-Einstellungen auf die Schaltfläche **Bluetooth- oder anderes Gerät hinzufügen** 4, und wählen aus dem sich nun öffnenden Dialog die Option **Bluetooth** 5 aus.

Bluetooth-Sicherheitstipps

Schalten Sie Bluetooth nur ein, wenn Sie es für die Datenübertragung benötigen, und deaktivieren Sie die Funktion danach umgehend wieder. Lehnen Sie zudem unbedingt jede unerwartete Aufforderung, eine Bluetooth-Verbindung oder den Empfang einer Datei zu akzeptieren, ab!

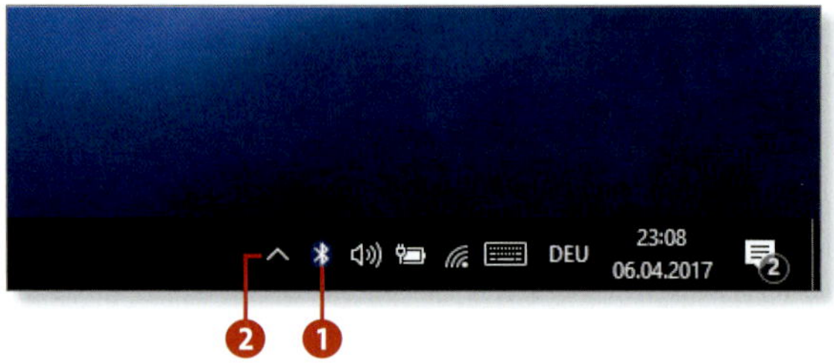

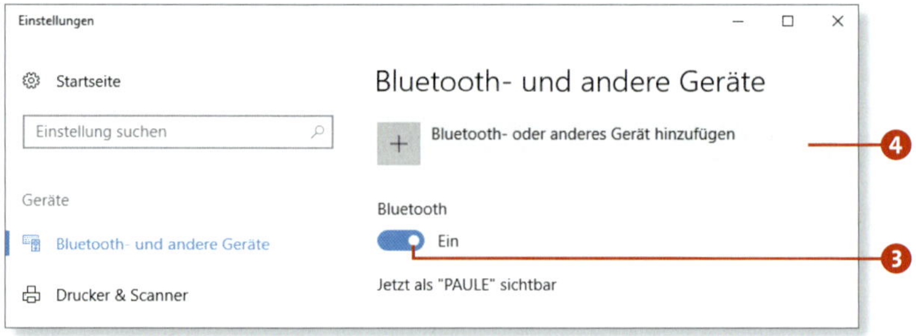

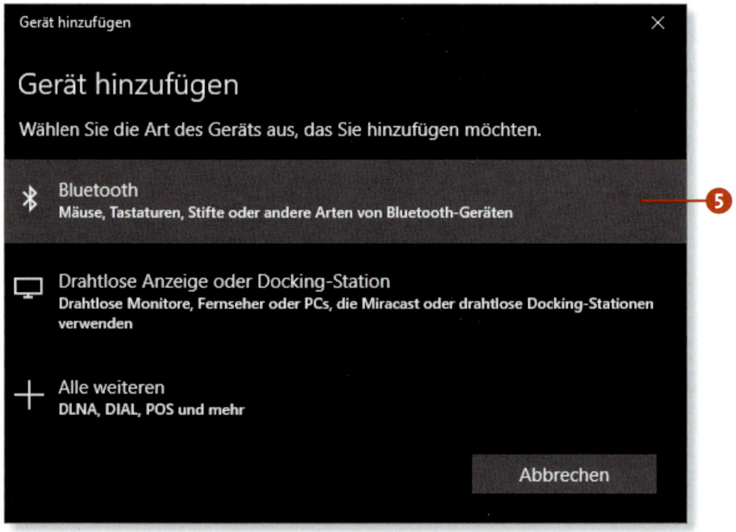

5. Nach wenigen Sekunden wird Ihr Handy gefunden und angezeigt. Klicken Sie auf den Geräteeintrag, um den Vorgang fortzusetzen.
6. Bevor eine Verbindung zwischen dem Computer und dem Telefon hergestellt wird, müssen Sie sich identifizieren. Windows blendet zu diesem Zweck einen Code ein, der gleichfalls auf dem Handy angezeigt wird. Kontrollieren Sie diesen Code, und bestätigen Sie ihn sowohl auf dem Handy als auch am Computer mit einem Klick auf **Verbinden** 6.
7. Nun ist die Verbindung hergestellt. Über die Schaltfläche **Fertig** schließen Sie den Dialog und können nun Daten zwischen dem Computer und dem Mobiltelefon austauschen. Klicken Sie dazu mit der rechten Maustaste auf das Bluetooth-Symbol in der Taskleiste, und wählen Sie aus dem Kontextmenü **Datei senden** 7.
8. Wählen Sie im nächsten Dialog Ihr Mobiltelefon aus, und klicken Sie auf **Weiter**.
9. Klicken Sie auf **Durchsuchen** 8, um eine Datei zur Übertragung auszusuchen, und bestätigen Sie auch diese Auswahl mit **Weiter** 9. Nun wird die Datei auf das Mobiltelefon übertragen. Die Übertragung ist erfolgreich abgeschlossen, wenn die Datei auf dem Empfänger-Gerät angenommen wurde.

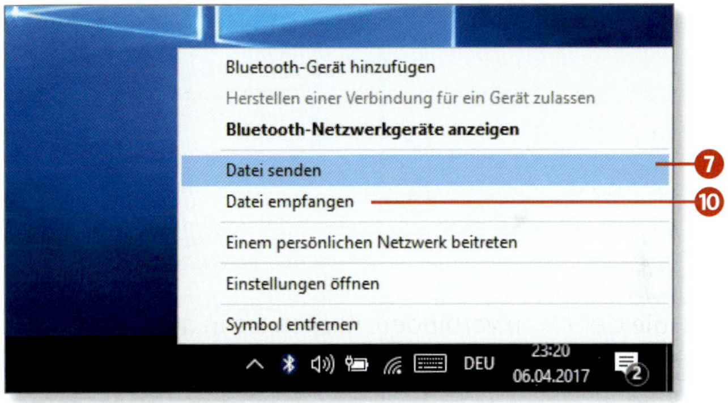

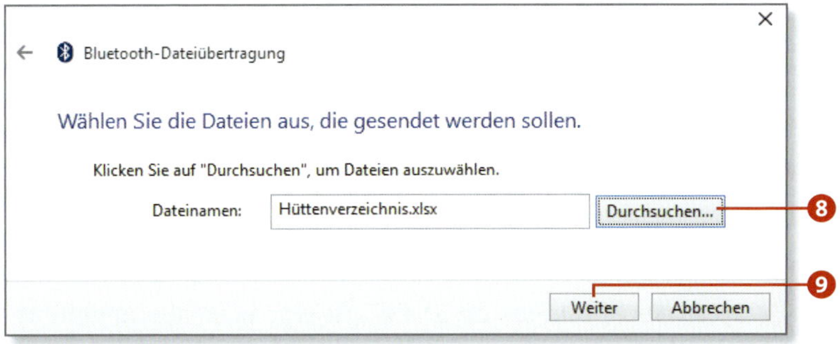

Dateien an den Computer senden

Natürlich funktioniert auch der umgekehrte Weg. Schicken Sie eine Datei via Bluetooth an den Computer, wird die eingehende Datei in einem Dialogfenster angezeigt und lässt sich in ein beliebiges Verzeichnis speichern. Über **Abbrechen** können Sie den Empfang der Datei auch ablehnen. Damit die Übertragung klappt, müssen Sie in der Taskleiste aus dem Bluetooth-Kontextmenü die Option **Datei empfangen** 10 auswählen.

Der Geräte-Manager im Überblick

Mit dem Geräte-Manager können Sie sich eine Liste aller auf dem Computer installierten Hardwarekomponenten, z. B. die Grafikkarte, Festplatten, CD-/DVD-Laufwerke, Prozessoren oder auch den angeschlossenen Monitor, anzeigen lassen und die jeweiligen Geräteeigenschaften festlegen. Sie können an dieser Stelle nach neuer Hardware suchen lassen, Treibersoftware deinstallieren oder aktualisieren, Geräte kurzfristig deaktivieren oder auch komplett deinstallieren. Der Geräte-Manager zeigt zudem fehlerhafte Komponenten an und ist eine der typischen Anlaufstellen auf der Suche nach Lösungen für verschiedene PC-Probleme. Sie starten den Geräte-Manager z. B. über ⊞ + X und die Auswahl des Eintrags **Geräte-Manager** im Schnellstartmenü.

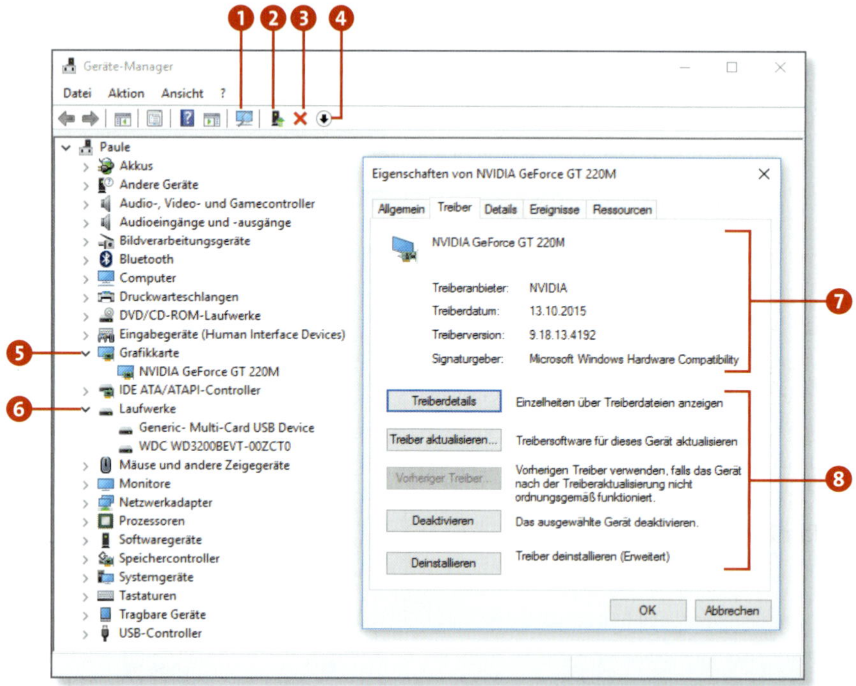

1. Nach geänderter oder neuer Hardware suchen
2. Die Treibersoftware des ausgewählten Geräts aktualisieren
3. Das ausgewählte Gerät deinstallieren
4. Ein Gerät deaktivieren
5. Die im Rechner verbaute Grafikkarte wird ebenfalls aufgeführt.
6. Unter **Laufwerke** werden die eingebauten und angeschlossenen Festplatten aufgelistet.
7. Wenn Sie es genauer wissen wollen, können Sie sich die Eigenschaften eines Geräts, z. B. der Grafikkarte, anzeigen lassen, indem Sie doppelt auf den Eintrag klicken.
8. Hier können Treiber aktualisiert oder auch deinstalliert werden.

Gerätetreiber installieren und aktualisieren – 1

Wenn Sie ein neues Gerät an den Computer anschließen, versucht Windows 10 automatisch, das Gerät zu erkennen und einen passenden Gerätetreiber zu installieren. Das klappt zum Glück in den meisten Fällen auch wirklich problemlos. Kann das Gerät nicht erkannt werden oder liegen keine Treiber vor, werden Sie darüber informiert, und Windows verlangt nach einer Treiber-DVD oder einer manuellen Installation des Treibers. Bei einem *Treiber* handelt es sich um eine Software, die die Kommunikation zwischen der Hardware und dem Computer bzw. Windows regelt. Fehlt der Treiber oder wurde er nicht ordnungsgemäß installiert, funktionieren die jeweiligen Geräte nicht oder nur mit Einschränkungen. Standardtreiber für grundlegende Funktionen, z. B. für Speichergeräte, Netzwerkfunktionen, die Eingabe und Anzeige, sind in Windows 10 bereits enthalten.

Gehört zum Lieferumfang Ihres neuen Geräts eine CD/DVD, legen Sie sie in Ihr CD-/DVD-Laufwerk ein, und installieren Sie die darauf befindliche Software. Beachten Sie die Anleitung des Geräteherstellers. Wenn Sie z. B. eine Tastatur mit zusätzlichen Funktionstasten verwenden möchten, können Sie sie zwar auch mit den Windows-Standardtreibern nutzen; viele Zusatzfunktionen wie die Belegung und Nutzung der Funktionstasten sind aber nur mit der mitgelieferten Gerätesoftware möglich. Die Software installiert die für Windows benötigten Treiber gleich mit, und damit ist das Gerät nach der Softwareinstallation einsatzbereit.

Damit Windows 10 Treiber für ein erkanntes Gerät herunterladen und installieren kann, muss eine Internetverbindung bestehen. Bestand zum Zeitpunkt der Installation keine Internetverbindung oder möchten Sie den Treiber für eine Hardwarekomponente aktualisieren, führen Sie diesen Vorgang direkt über den *Geräte-Manager* durch. Doppelklicken Sie im Geräte-Manager auf das Gerät, dessen Treiber Sie erneuern möchten. Wechseln Sie danach zum Register **Treiber**, und klicken Sie dort auf die Schaltfläche **Treiber aktualisieren**. Sie haben daraufhin die Möglichkeit, auf Ihrem Computer bzw. auf einer CD/DVD oder über das Internet nach einem neuen Treiber zu suchen. Die darauf folgende Installation ist selbsterklärend. Nach der Installation kann ein Neustart des Systems erforderlich sein.

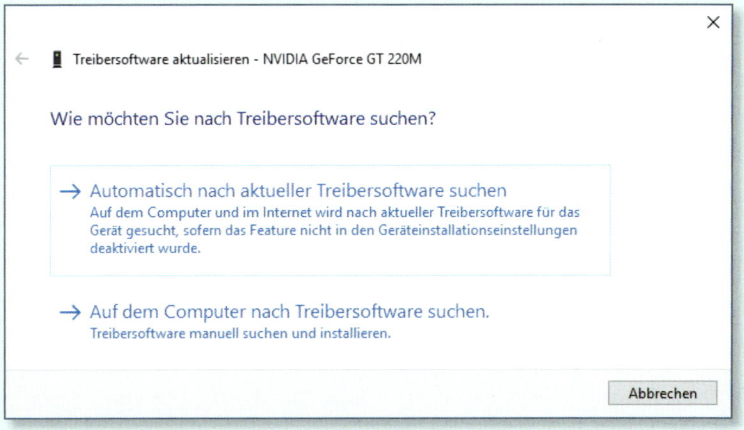

Lassen Sie Windows automatisch nach aktueller Treibersoftware suchen.

Gerätetreiber installieren und aktualisieren – 2

Sollte die Hardwarekomponente nach der Aktualisierung des Treibers nicht mehr richtig funktionieren, bietet Windows 10 die einfache Möglichkeit an, wieder zum vorherigen Treiber zurückzukehren. Diese Funktion finden Sie ebenfalls nach einem Doppelklick auf den Hardwareeintrag im Register **Treiber** des Geräte-Managers. Klicken Sie dort auf die Schaltfläche **Vorheriger Treiber**, und folgen Sie den Anweisungen auf dem Bildschirm.

Anstatt manuell nach neuer Gerätesoftware und Treibern für Ihre Hardware zu suchen, können Sie Windows 10 auch anweisen, sie automatisch herunterzuladen. Öffnen Sie zunächst mit den Tasten [Win] + [Pause] die Systeminformationen, und klicken Sie dort in der Menüleiste auf der linken Seite auf den Eintrag **Erweiterte Systemeinstellungen**. Wechseln Sie dann im Fenster Systemeigenschaften in das Register **Hardware**, und klicken Sie dort auf die Schaltfläche **Geräteinstallationseinstellungen**. Beantworten Sie im Anschluss die Frage **Möchten Sie für Ihre Geräte verfügbare Hersteller-Apps und benutzerdefinierte Symbole automatisch herunterladen?** mit **Ja, (empfohlen)**. Klicken Sie anschließend auf die Schaltfläche **Änderungen speichern**, um die Einstellung zu übernehmen. (Die Schaltfläche ist nur aktiv, wenn die aktuelle Einstellung geändert wird.)

Wenn im Lieferumfang der Hardware keine Treiber-CD enthalten war und auch Windows keinen Treiber finden konnte, wenden Sie sich direkt an den Gerätehersteller oder an Ihren Computerhändler. Sollte das Gerät bereits einige Betriebsjahre hinter sich haben, kann es aber leider auch sein, dass der Hersteller keine aktualisierten Treiber für Windows 10 zur Verfügung stellt. Sollten alle Stricke reißen, hilft nur noch der Austausch der alten Hardware.

Über die Geräteinstallationseinstellungen legen Sie fest, ob Windows Treiber für Ihre Hardware automatisch herunterladen soll.

9 Bilder, Musik und Videos

Der Urlaub ist vorüber, und nun möchten Sie die Urlaubsfotos auf den Computer übertragen, um sie nachzubearbeiten oder einfach auf der Festplatte zu sichern. Schließen Sie Ihren Fotoapparat an den Rechner an, und übertragen Sie Ihre Fotos direkt von der Kamera. In diesem Kapitel erfahren Sie auch, wie Sie Fotos von einem USB-Stick auf Ihren PC importieren. Betrachten können Sie Ihre Bilder dann ganz unkompliziert mit der *Fotos*-App, und mit der *Kamera*-App schießen Sie einfach ein Foto von sich, um es z. B. für Ihr Profil zu nutzen.

Mit der *Musik*-App verwalten Sie Ihre Musiksammlung oder können günstig einzelne Songs oder ganze Alben erwerben und auf einen MP3-Player oder ein Smartphone überspielen. Die Auswahl an Interpreten und Titeln ist schier unerschöpflich. Audio-CDs lassen sich wie gehabt mit dem *Windows Media Player* abspielen. Das *Windows Media Center* hingegen wird von Windows 10 nicht mehr unterstützt.

Auf ganz ähnliche Weise funktioniert auch die *Filme & Fernsehsendungen*-App von Windows 10. Mit ihr können Sie die neuesten Kinofilme oder Fernsehserien per Mausklick ausleihen oder kaufen und in hervorragender Qualität auf Ihrem Computer anschauen. Der Filme-Marktplatz bietet eine sehr große Auswahl an brandaktuellen Filmen, aber auch an Filmklassikern – für jeden Geschmack ist etwas dabei.

In diesem Kapitel

- Die Fotos-App
- Fotos als Diashow betrachten
- Bilder importieren
- Die Kamera-App
- Ein Video aufzeichnen
- Die Musik-App Groove-Musik
- Die Filme-und-Fernsehsendungen-App
- Der Windows Media Player
- Die Windows-Spracherkennung einrichten

Die Fotos-App

Die App im Überblick

Die Fotos-App dient der Betrachtung von Fotos und Videos auf Ihrem Computer. Sie zeigt dabei alle Fotos an, die lokal auf Ihrem Rechner gespeichert sind (in der Bibliothek **Bilder**), aber auch Fotos, die Sie online auf *OneDrive* abgelegt haben. Das Hinzufügen eigener Quellordner ist ebenfalls möglich. Die Fotos-App war unter Windows 8 kaum mehr als ein einfaches Bildbetrachtungsprogramm, doch nun unter Windows 10 zeigt sie sich in überarbeiteter Form mit Funktionen zur Verwaltung und Bearbeitung Ihrer Bilder. So können Sie beispielsweise den Kontrast, die Helligkeit oder die Farbsättigung Ihrer Bilder optimieren oder verschiedene Filter und Effekte zur Anwendung bringen, oder Ihre Bilder in Fotoalben organisieren.

1. Die Fotos-App startet standardmäßig in der Ansicht **Sammlung**.
2. Wechsel zur Ansicht **Alben**
3. Zu den Quellordnern für Fotos und Videos wechseln
4. Ansicht aktualisieren
5. Erleichtert die Markierung mehrerer Bilder durch die Einblendung von Auswahlkästchen.
6. Zeigt alle Bilder als Diashow.
7. Startet den Dialog zum Import neuer Bilder.
8. Mit diesem Konto sind Sie in der Fotos-App angemeldet.
9. Weitere Einstellungen
10. Die Bilder werden sortiert nach Aufnahmedatum angezeigt.
11. Klicken Sie ein Bild an, um es in einer vergrößerten Ansicht zu betrachten.

Fotos ansehen mit der Fotos-App

Die Fotos-App eignet sich sehr gut dazu, Fotos zu betrachten. Sie zeigt alle Fotos und Videos der Bibliothek **Bilder** sowie diejenigen, die Sie auf OneDrive abgelegt haben, an.

1. Nach dem Start zeigt die Fotos-App automatisch alle in der Bibliothek **Bilder** vorhandenen Fotos in der Ansicht **Sammlung**, jeweils nach ihrem Aufnahmedatum (monatlich) aufgelistet ❶.

2. Mithilfe von Wischbewegungen können Sie nun bequem durch die Fotos blättern. Wenn Sie mit der Maus arbeiten, drehen Sie am Mausrad, um durch die Fotos zu scrollen, oder nutzen Sie die Bildlaufleiste am rechten Rand der Anwendung ❷.

3. Klicken Sie auf ein Foto, um es in einer vergrößerten Ansicht zu betrachten. Mit den Pfeiltasten [→] und [←] können Sie vor- und zurückblättern, oder Sie bewegen den Mauszeiger auf das Bild und klicken zum Navigieren auf die unten eingeblendeten Pfeile ❸.

4. Liegt ein Bild auf der Seite oder steht auf dem Kopf, klicken Sie auf das Bild, um die Menüelemente einzublenden, und korrigieren die Ansicht über die Schaltfläche **Drehen** ❹. Drücken Sie [Esc], oder klicken Sie links oben auf den nach links zeigenden Pfeil ❺, um den Betrachtungsmodus zu verlassen.

5. Um ein Bild im Vollbild zu betrachten, klicken Sie rechts unten auf den diagonalen Doppelpfeil ❻. Möchten Sie ein Bild löschen, nutzen Sie hierfür die Papierkorb-Schaltfläche ❼ und bestätigen die anschließende Abfrage, ob die Datei wirklich gelöscht werden soll.

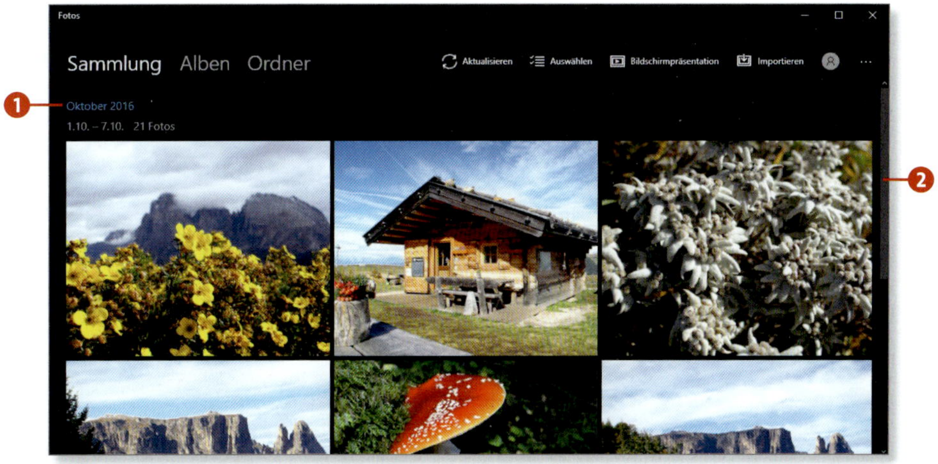

Fotos mit der App optimieren und bearbeiten

Die neue Fotos-App bietet verschiedene Möglichkeiten, um Ihre Bilder zu bearbeiten. Sie können z. B. die Helligkeit und den Kontrast einstellen, rote Augen entfernen, Filter und Bildeffekte anwenden und die Bilder zuschneiden. Darüber hinaus bietet das Programm an, alle Bilder automatisch zu verbessern.

1. Starten Sie die **Fotos**-App, und wählen Sie das zu bearbeitende Bild aus Ihrer Fotosammlung aus. Klicken Sie auf das Foto, damit es in der vergrößerten Darstellung angezeigt wird.
2. Klicken Sie erneut auf das Bild, um die Menüleiste einzublenden, und wählen Sie daraus die Option **Bearbeiten** ❶.
3. Rechts neben dem Bild erreichen Sie über die Option **Verbessern** ❷ einige interessante Effekt-Filter, die Sie auf Ihr Foto anwenden können. Ein Klick auf die Schaltfläche **Anpassen** ❸ führt Sie zu weiteren Bearbeitungsmöglichkeiten. Bewegen Sie z. B. den Regler **Licht** ❹ mit gedrückter Maustaste, bis die gewünschte Helligkeit eingestellt ist.
4. Haben Sie alle Optimierungen nach Wunsch abgeschlossen, können Sie das Bild als **Kopie speichern** ❺ oder die Änderung gleich am Original vornehmen (**Speichern** ❻). Empfehlenswert ist die Speicherung als Kopie, damit das Original stets erhalten bleibt.

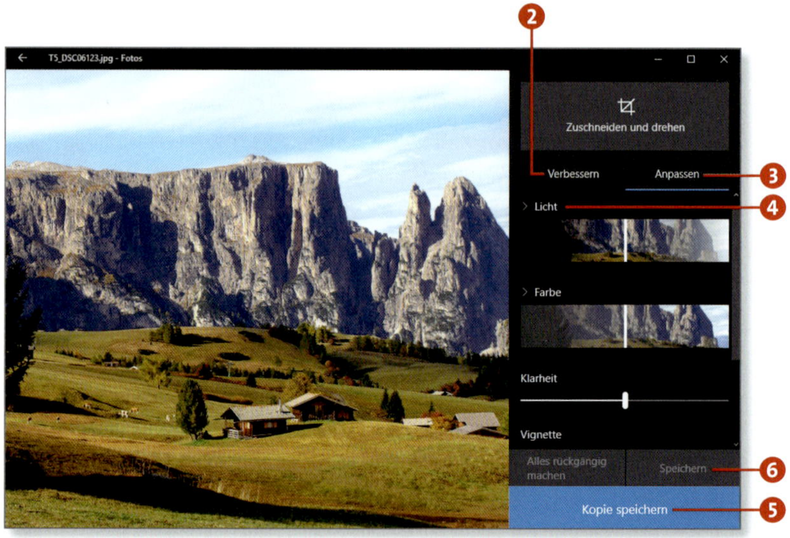

Bilder automatisch verbessern

Wählen Sie in der Vollansicht des Fotos die Option **Verbessern** ❼, wenn die Fotos-App das Bild automatisch verbessern soll. Diese automatische Bildoptimierung können Sie in den Einstellungen der App für alle neu importierten Bilder ein- oder ausschalten.

Ein Foto als App-Kachel nutzen

Die Kachel der Fotos-App gefällt Ihnen nicht? Kein Problem, legen Sie einfach ein eigenes Foto als Hintergrund für die Kachel fest. Nur wenige Schritte sind dazu nötig:

1. Öffnen Sie das Startmenü über die **Start**-Schaltfläche in der Taskleiste oder mithilfe der [Windows]-Taste, und starten Sie dann die Fotos-App durch einen Klick auf die entsprechende Kachel.
2. Navigieren Sie nun durch Ihre Fotoalben, und suchen Sie sich ein Bild aus, welches künftig die Programmkachel zieren soll. Führen Sie dann einen Doppelklick auf das Foto aus, um es in der vergrößerten Ansicht anzuzeigen.
3. Klicken Sie nun mit der rechten Maustaste in das Bild, um sein Kontextmenü zu öffnen, zeigen Sie dann auf den Menüpunkt **Festlegen als** ①, und klicken Sie schließlich auf den Eintrag **Fotokachel** ②. Der Bildschirm wird abgedunkelt, und es erscheint für einen Moment der Hinweis, dass das Bild der Fotokachel zugeordnet wird.
4. Drücken Sie erneut die [Windows]-Taste, um das Startmenü zu öffnen. Die Kachel der Fotos-App zeigt nun das selbst ausgewählte Hintergrundbild ③. War zuvor ein anderes Foto als Hintergrund ausgewählt, kann es einen Moment dauern, bis die Ansicht aktualisiert und das neue Bild angezeigt wird.

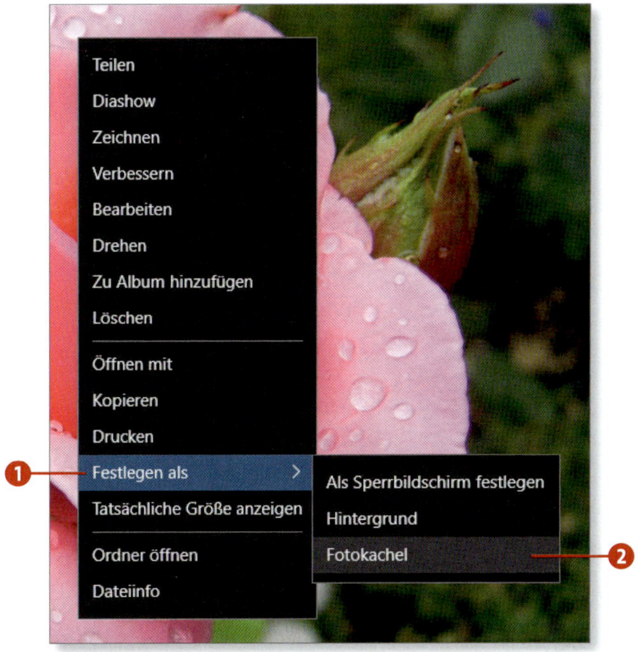

Das Kachelbild wird nicht angezeigt?

Damit der selbst gewählte Hintergrund auf der Kachel der Fotos-App angezeigt werden kann, muss ihr Live-Modus aktiviert sein. Klicken Sie zu diesem Zweck mit der rechten Maustaste auf die Kachel und anschließend im Kontextmenü auf den Menüpunkt **Live-Kachel aktivieren**.

Ein Foto als Hintergrund für den Sperrbildschirm festlegen

Der Sperrbildschirm wird nach jedem Start des Rechners oder bei einer manuellen Sperrung des Computers angezeigt. Auch für ihn können Sie über die Fotos-App ein eigenes Bild als Hintergrund festlegen.

1. Klicken Sie im Startmenü auf die Kachel **Fotos**, um die App zu starten.
2. Suchen Sie sich in Ihrer Sammlung oder in den Alben ein Bild aus, das Sie für den Sperrbildschirm verwenden möchten, und klicken Sie darauf, um es in der vergrößerten Ansicht anzuzeigen.
3. Klicken Sie mit der rechten Maustaste in das Bild, zeigen Sie in dem sich nun öffnenden Kontextmenü auf den Befehl **Festlegen als** ❶, und wählen Sie schließlich den Menüpunkt **Als Sperrbildschirm festlegen** ❷.
4. Die Meldung, dass der Sperrbildschirm festgelegt wird, erscheint, und währenddessen wird der Bildschirm abgedunkelt. Beim nächsten Aufruf des Sperrbildschirms, z. B. mit der Tastenkombination [Win] + [L], wird Ihnen das neue Foto als Sperrbild angezeigt ❸.

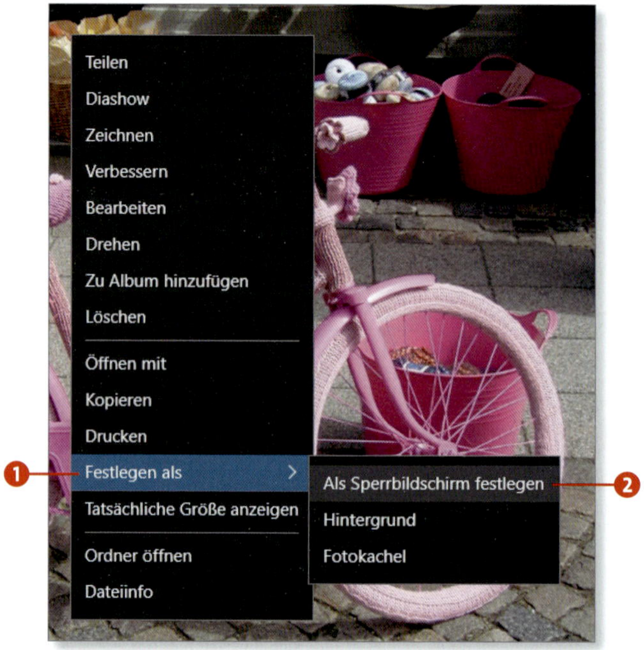

Wissenswertes zum Sperrbildschirm

Die Änderung am Sperrbildschirm wirkt sich nur auf das aktuell genutzte Benutzerkonto aus. So kann jeder Benutzer sein eigenes Bild als Hintergrund festlegen. Welche Informationen auf dem Sperrbildschirm angezeigt werden sollen, können Sie ebenfalls festlegen (siehe dazu den Abschnitt »Den Sperrbildschirm einrichten« auf Seite 201).

Fotos zuschneiden und drehen

Ein Foto kann eine ganz andere Wirkung erreichen, wenn man sich nur auf einen bestimmten Bildausschnitt konzentriert. Nutzen Sie die Zuschneide-Optionen, und bringen Sie Ihre Bilder in die richtige Form.

1. Wählen Sie zunächst aus Ihrer Sammlung oder einem Ihrer Fotoalben ein Bild aus, welches Sie bearbeiten möchten, und klicken Sie dann oben in der Menüleiste auf **Bearbeiten**.
2. Ihr Foto wird nun angezeigt und rechts daneben finden Sie einige Bearbeitungsoptionen. Klicken Sie hier auf die große Schaltfläche **Zuschneiden und drehen**.
3. Klicken Sie auf den weißen Punkt neben dem Bild ❶, können Sie ihn mit weiterhin gedrückter Maustaste verschieben und so das Bild individuell drehen. Der angezeigte Wert ❷ gibt an, um wie viel Grad das Bild gedreht wurde.
4. Über die vier Eckpunkte können Sie den Bildausschnitt verändern. Klicken Sie einen Punkt an ❸ und verschieben Sie ihn mit gedrückter Maustaste. Ebenso können Sie in das Bild klicken ❹ und mit gedrückter Maustaste den Ausschnitt verschieben. Sind Sie mit der Darstellung zufrieden, klicken Sie auf **Fertig** ❺.
5. Sie gelangen nun wieder zurück zu den Bearbeitungsoptionen. Speichern Sie schließlich die Änderungen als neues Foto, um das Original nicht versehentlich zu überschreiben, indem Sie die Option **Kopie speichern** wählen.

Hilfslinien erleichtern die Aufnahme

Moderne Fotoapparate bieten häufig die Möglichkeit, ein Gitternetz in das Display einzublenden, anhand dessen Sie Ihre Bilder ausrichten können. So können Sie z. B. schiefe Kirchtürme vermeiden.

Ein neues Fotoalbum erstellen

Behalten Sie den Überblick über Ihre Fotosammlung, und erstellen Sie schnell und einfach virtuelle Fotoalben. Für jedes Ereignis empfiehlt sich ein eigenes Album.

1. Öffnen Sie die Fotos-Apps und klicken Sie dort auf den Menüpunkt **Alben** ❶ und anschließend oben in der Menüleiste auf **Neues Album** ❷.
2. Wählen Sie nun jene Bilder aus Ihrer Sammlung aus, die Sie dem Album hinzufügen möchten. Klicken Sie hierfür die gewünschten Bilder an. Ausgewählte Fotos sind mit einem blauen Rahmen umgeben und mit einem Haken rechts oben gekennzeichnet ❸. Ein Klick auf ein bereits markiertes Foto entfernt die Markierung wieder. Sind alle Bilder ausgewählt, klicken Sie auf die Schaltfläche **Fertig** ❹.
3. Die Fotos-App schlägt als Bezeichnung für das neue Album das heutige Datum vor. Klicken Sie auf diese Bezeichnung, um einen eigenen Titel zu vergeben ❺, und schließen Sie Ihre Eingabe mittels der [↵]-Taste oder über **Speichern** ❻ ab.
4. Damit ist die Erstellung des Albums bereits abgeschlossen. Nutzen Sie die Bildlaufleiste am rechten Fensterrand, oder drehen Sie das Rädchen Ihrer Maus, um durch die Bilder zu blättern. Künftig finden Sie das neue Album im Menü **Alben**. Selbstverständlich können Sie jederzeit weitere Alben erstellen.

Ein Fotoalbum löschen

Möchten Sie ein Fotoalbum wieder löschen, klicken Sie es in der Übersicht Ihrer Alben mit der rechten Maustaste an und wählen aus dem sich öffnenden Kontextmenü den Eintrag **Album entfernen**. Dabei wird das Album aufgelöst, die enthaltenen Bilder aber nicht gelöscht. Die Bilder stehen weiterhin in Ihrer Sammlung zur Verfügung.

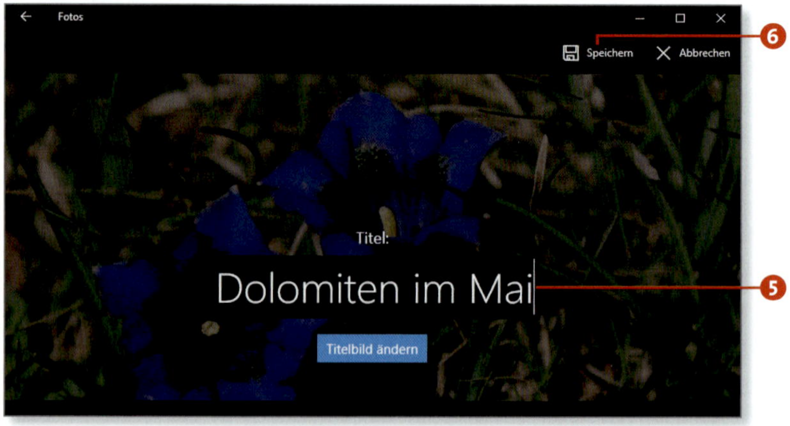

Fotos einem Album hinzufügen

Das Fotoalbum ist erstellt und die ersten Bilder sind darin aufgenommen. Möchten Sie weitere Bilder hinzufügen oder vorhandene entfernen, ist das mit wenigen Mausklicks erledigt.

1. Um ein einzelnes Bild einem Ihrer Alben hinzuzufügen, klicken Sie das entsprechende Bild in Ihrer Sammlung mit der rechten Maustaste an, und wählen Sie aus dem Kontextmenü den Eintrag **Zu Album hinzufügen** 1.
2. Möchten Sie mehrere Bilder hinzufügen, klicken Sie diese der Reihe nach in Ihrer Sammlung an, um sie zu markieren, und wählen Sie dann oben aus der Menüleiste die Schaltfläche **Zu Album hinzufügen** 2.
3. Wählen Sie nun aus der Liste der vorhandenen Alben jenes aus, in das die Bilder aufgenommen werden sollen 3. Sollte kein Album so recht passen, können Sie an dieser Stelle auch die Option **Neues Album erstellen** 4 auswählen.
4. Natürlich können Sie Bilder auch wieder aus einem Album entfernen. Öffnen Sie zu diesem Zweck das betreffende Album, und markieren Sie die Bilder, die entfernt werden sollen. Wählen Sie dann aus der Menüleiste die Option **Aus Album entfernen**. Dabei werden Ihre Bilder nicht gelöscht, sondern lediglich aus dem Album genommen. Die Bilder sind weiterhin in Ihrer Sammlung zu finden.

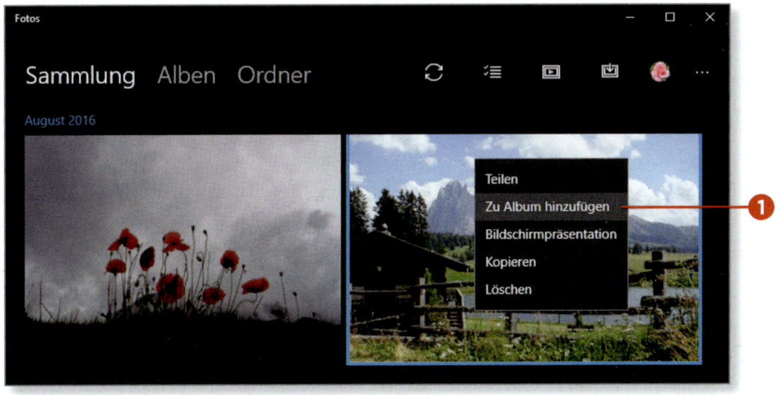

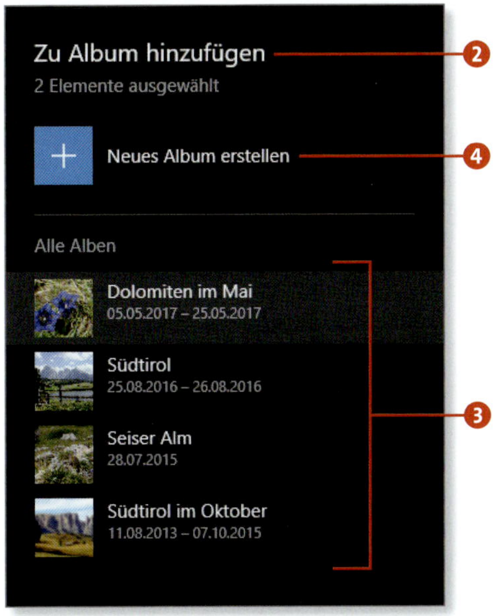

Album mit Freunden teilen

Sie können ein Album teilen, indem Sie es mit der rechten Maustaste anklicken und dann den Menüeintrag **Hochladen und teilen** auswählen. Das Album wird dann auf OneDrive geladen, und Sie erhalten einen Link, den Sie dann per Mail Personen zukommen lassen können, die Zugriff auf das Album erhalten sollen.

Fotos als Diashow betrachten

Natürlich macht die Verwaltung der eigenen Fotosammlung erst richtig Spaß, wenn man die Möglichkeit findet, die Bilder einem interessierten Publikum zu zeigen. Fotoalben eignen sich hervorragend zur Präsentation in einer kurzweiligen Diashow.

1. Starten Sie die Fotos-App, und öffnen Sie im ersten Schritt das Fotoalbum, dessen Bilder Sie präsentieren möchten.
2. Klicken Sie oben in der Menüleiste auf den Eintrag **Diashow** ❶, um die Präsentation zu starten.
3. Die Bilder werden nun im Vollbild für jeweils ca. vier Sekunden angezeigt. Es ist leider nicht möglich, die Übergänge oder die Anzeigedauer zu variieren. Mit der Leertaste können Sie die Diashow aber anhalten, beispielsweise wenn Sie zu einem Bild etwas erklären möchten. Ein erneuter Druck auf die Leertaste führt die Präsentation fort. Zusätzlich können Sie mit den Pfeiltasten [→] und [←] vor- und zurückblättern.
4. Sobald Sie die Maus bewegen, wird der Mauszeiger eingeblendet. Nützlich, wenn Sie z. B. etwas zeigen möchten. Andere Bedienelemente sind nicht zu sehen. Zum Beenden der Diashow drücken Sie eine beliebige Taste auf der Tastatur oder der Maus.

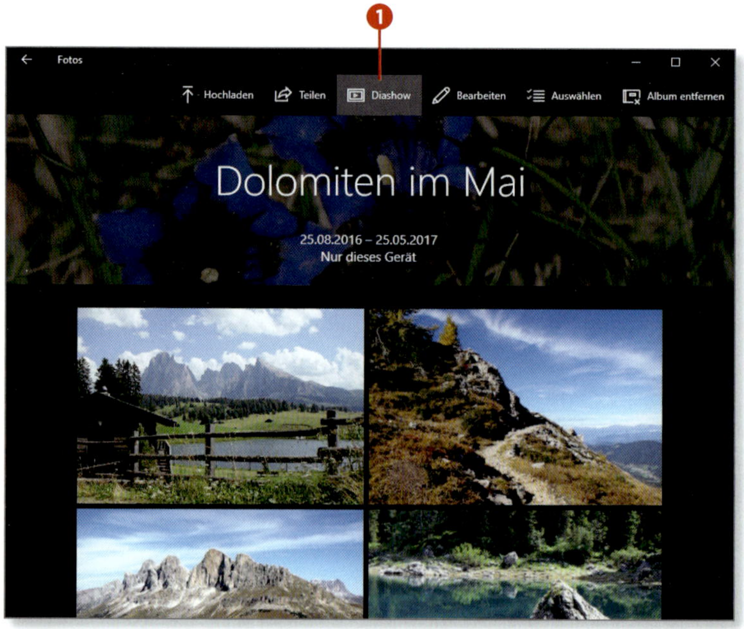

Videos innerhalb der Diashow

Da ein Fotoalbum auch Videos enthalten kann, werden diese bei einer Diashow in voller Länge abgespielt. Die Kombination aus Bildern und Videos verleiht Ihrer Präsentationen eine besondere Finesse. Auch Videos können Sie mithilfe der Leertaste anhalten und fortführen.

Fotos beschriften und markieren

Eine neue Funktion in der Fotos-App ermöglicht es Ihnen, Ihre Fotos zu beschriften oder Zeichnungen einzufügen. Das geht besonders einfach mit einem Tablet-PC per Stifteingabe, aber auch auf einem herkömmlichen Rechner mit der Maus.

1. Öffnen Sie ein Bild in der Fotos-App, und klicken Sie im Kopf der App auf den neuen Menüpunkt **Zeichnen** ❶.
2. Oberhalb des Bildes werden nun verschiedene Bearbeitungswerkzeuge eingeblendet, u. a. ein Kugelschreiber, ein Buntstift und eine Kalligrafiefeder. Klicken Sie auf das Symbol des Kugelschreibers ❷, um eine Farbpalette einzublenden, und wählen Sie eine Farbe aus ❸.
3. Mit dem Schieberegler **Größe** ❹ bestimmen Sie die Strichbreite. Ziehen Sie den Regler mit gedrückter Maustaste auf die gewünschte Stärke.
4. Sie können mit der Maus, bzw. auf einem Tablet-PC mit dem Finger oder einem Eingabestift, Objekte in das Bild zeichnen.
5. Möchten Sie Ihre Änderungen speichern, klicken Sie auf das Diskettensymbol in der Menüleiste ❺. Die App speichert eine Kopie Ihres Bildes als sogenanntes Bewegungsbild ab. Ein Klick auf das Kreuz ❻ verwirft Ihre Änderungen, ohne sie zu speichern.
6. Ihre eingezeichneten Objekte werden beim Aufruf des Bildes in einer Animation dargestellt. Klicken Sie unten auf die Start-Schaltfläche ❼, um die Animation erneut abzuspielen.

Zeichnungselemente entfernen

Nutzen Sie den Radiergummi ❽, wenn Sie Teile Ihrer Zeichnungen wieder entfernen möchten. Das klappt allerdings nur, solange Sie das Bild nicht gespeichert haben. Bei einem bereits gespeicherten Bild können Sie Objekte nicht mehr entfernen.

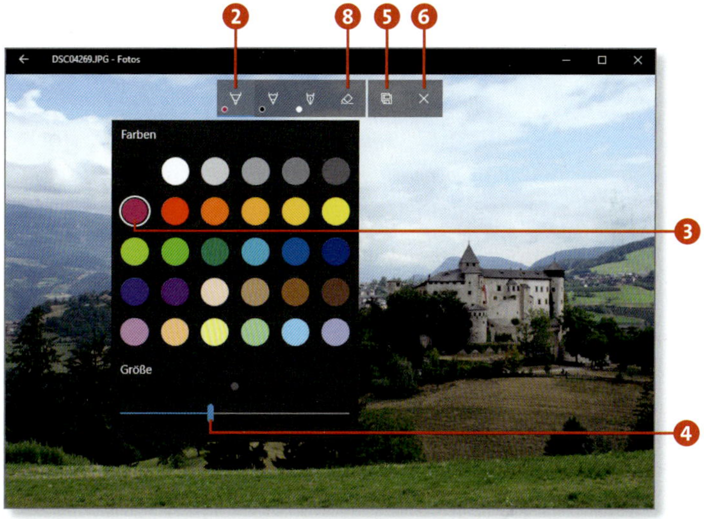

Die Kamera-App

Ein Foto aufnehmen

Verwenden Sie einen Tablet-PC mit eingebauter Kamera? Mit der vorinstallierten *Kamera*-App von Windows 10 können Sie auf einfachste Weise Fotos machen.

1. Beim ersten Start der Kamera-App (über die Kachel **Kamera** im Startmenü) werden Sie gefragt, ob sie auf die Webcam und das Mikrofon zugreifen darf. Bestätigen Sie diese Abfrage. Über die Einstellungen der App können Sie diese Berechtigung auch nachträglich erteilen oder wieder entziehen.

2. Bekannte Gestaltungsregeln beim Fotografieren sind der sogenannte *Goldene Schnitt* und die *Drittel-Regel*, gemäß der das Hauptmotiv möglichst nicht direkt in der Bildmitte, sondern entsprechend versetzt platziert werden sollte. Klicken Sie vor der ersten Aufnahme rechts oben auf den Menüpunkt **Einstellungen**. Hier haben Sie nun die Möglichkeit, ein Raster einzublenden, das Ihnen bei der Gestaltung Ihrer Aufnahmen nützlich sein kann.

3. Um ein Foto zu erstellen, setzen Sie das gewünschte Motiv in Szene und klicken oder tippen auf das Kamerasymbol ❶ am rechten Bildschirmrand. Durch das Geräusch einer auslösenden Spiegelreflexkamera wird Ihnen akustisch mitgeteilt, dass eine neue Aufnahme erstellt wurde.

4. Zum Betrachten des soeben erstellten Fotos klicken Sie rechts unten im Programmfenster auf das kleine, sehr unscheinbare Vorschaubild Ihrer Aufnahme. Die *Fotos*-App wird gestartet und zeigt das neue Bild an ❷. Verwenden Sie die Pfeiltasten [→] und [←] oder klicken Sie am unteren Bildrand auf die Pfeilschaltflächen ❸, um zwischen den Bildern zu blättern.

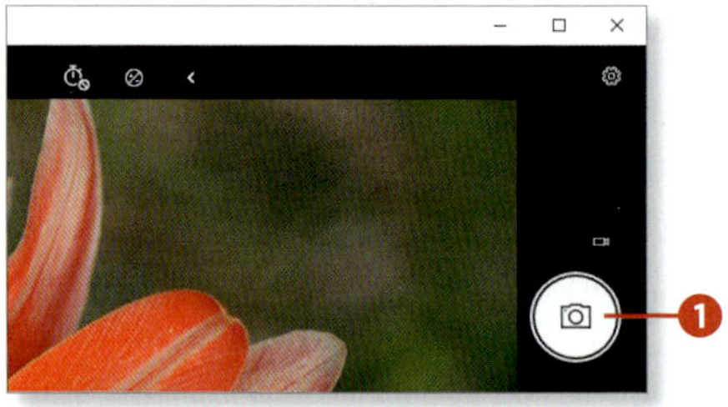

Eine zeitverzögerte Aufnahme erstellen

Klicken Sie auf das Stoppuhrsymbol, um den Timer zu aktivieren. Mit jedem Klick schalten Sie zwischen den Zeiten 2, 5 und 10 Sekunden für den Selbstauslöser um. Wenn Sie nun den Auslöser (das Kamerasymbol) betätigen, wird ein grafischer Countdown in Form eines Kreises eingeblendet. Ist der Kreis vollständig, wird das Foto aufgenommen.

Ein Video aufzeichnen

Vor allem Tablet-PC- oder Notebook-Nutzer werden die Vorteile zu schätzen wissen, die eine im Gerät eingebaute Kamera (*Webcam*) bietet. Nehmen Sie unterwegs doch einfach mal ein kleines Video auf, z. B. ein faszinierendes Bergpanorama oder Ihre Freunde auf der Strandparty. Die *Kamera*-App macht's möglich.

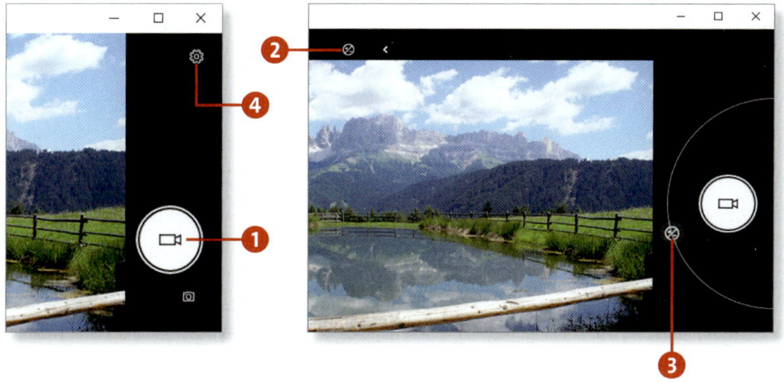

1. Tippen Sie nach dem Start der Kamera-App auf das Videosymbol ❶ am rechten Bildschirmrand, um die Aufnahme zu starten. Alternativ können Sie aber auch das Kamerasymbol antippen und dieses für einen Moment gedrückt halten, auch dann startet die Videoaufnahme.
2. Über die Zeitangabe im Bild können Sie die Aufnahmedauer im Blick behalten. Ein weiterer Klick auf das Videosymbol beendet die Aufnahme schließlich wieder.
3. Über den Menüpunkt **Belichtung**, den Sie über die kleine Schaltfläche ❷ über dem angezeigten Foto aufrufen, können Sie die Helligkeit einstellen. Tippen Sie auf die Schaltfläche, wird am rechten Bildrand ein Bedienelement ❸ eingeblendet, mit dessen Hilfe Sie dann die Belichtung der Aufnahme den Umgebungsbedingungen anpassen können.
4. Rufen Sie die Einstellungen der App über das Zahnradsymbol ❹ rechts oben auf. Hier können Sie im Abschnitt **Videos** die Auflösung der Aufzeichnung festlegen ❺. Öffnen Sie hierfür das Dropdown-Menü, und wählen Sie die gewünschte Auflösung aus. Welche Auflösungen wählbar sind, hängt von der Leistung der im Gerät verbauten Kamera ab.
5. Zusätzlich können Sie eine **Flimmerreduzierung** ❻ hinzuschalten. Auch hier sind die einstellbaren Werte von Ihrer Kamera abhängig.

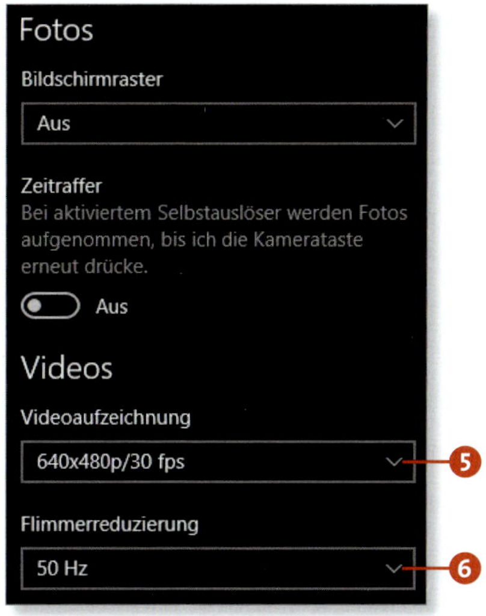

Wo werden die Aufnahmen abgespeichert?

Windows legt mit dem ersten Foto oder dem ersten Video, das Sie mit der Kamera-App aufnehmen, einen neuen Ordner mit der Bezeichnung **Eigene Aufnahmen** in der Bibliothek **Bilder** an. Dort werden alle Ihre Aufnahmen gespeichert. Fotos werden im JPEG-Format, Videos im MP4-Format abgelegt.

Ein Video bearbeiten

Ist das Video zu lang oder der Anfang der Aufnahme nicht gelungen? Kein Problem, Sie können ein mit der *Kamera*-App aufgezeichnetes Video bei Bedarf kürzen und so sowohl den Start- als auch den Endpunkt neu festlegen. Nutzen Sie zur Bearbeitung am besten immer Kopien Ihrer Aufnahmen, damit Sie bei Bedarf stets auf Ihre unbearbeiteten Originale zurückgreifen können.

1. Die Bearbeitung des Videos erfolgt nicht in der Kamera-App, sondern in der *Fotos*-App. Öffnen Sie im ersten Schritt also die *Fotos*-App, und wählen Sie dort das zu bearbeitende Video per Mausklick aus.
2. Klicken Sie in der Menüleiste der Anwendung auf den Eintrag **Kürzen** 1. Sollte die Menüleiste nicht zu sehen sein, klicken Sie zunächst in das Video, um die Leiste einzublenden.
3. In der Zeitleiste wird nun am Anfang und am Ende eine Markierung in Form eines weißen Punktes eingeblendet 2. Mithilfe dieser Markierungen können Sie die Länge des Videos neu festlegen. Klicken Sie eine Markierung an, und schieben Sie sie mit gedrückter Maustaste an die gewünschte Position.
4. Haben Sie das Video Ihren Vorstellungen entsprechend bearbeitet, klicken Sie auf die Schaltfläche **Kopie speichern** 3. Das Werk wird daraufhin auf die neue Laufzeit gekürzt und gesichert. Dieser Vorgang dauert nur wenige Sekunden.

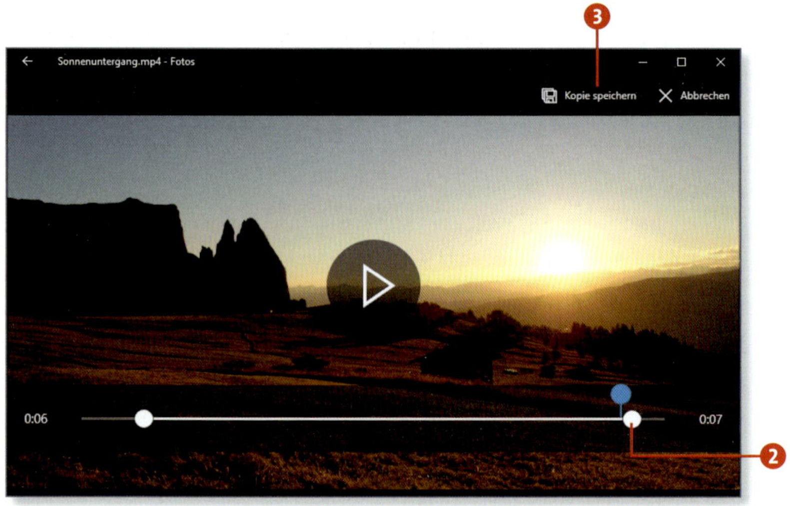

Videos bearbeiten und Diashows erstellen

Für die Nachbearbeitung Ihrer Filme finden Sie im Fachhandel viele gute Bild- und Videobearbeitungsprogramme. Es gibt aber auch zahlreiche sehr umfangreiche und dennoch kostenlose Programme wie z. B. *Avidemux* oder *Lightworks*, die Sie über seriöse Seiten wie *zdnet.de* oder *netzwelt.de* herunterladen können. Zur Gestaltung ansprechender Diashows können Sie beispielsweise das kostenlose *Ashampoo Slideshow 2017* nutzen, welches auf der Seite *www.ashampoo.com/de/eur/fdl* zum Download angeboten wird.

Die Musik-App Groove-Musik

Eigene Musik abspielen

Mit der Musik-App von Windows 10 können Sie Ihre Musik abspielen und über den Store auch neue Titel oder ganze Alben erwerben. Die App ist bereits auf jedem System vorinstalliert. Um sie nutzen zu können, müssen Sie sich mit Ihrem Microsoft-Konto anmelden.

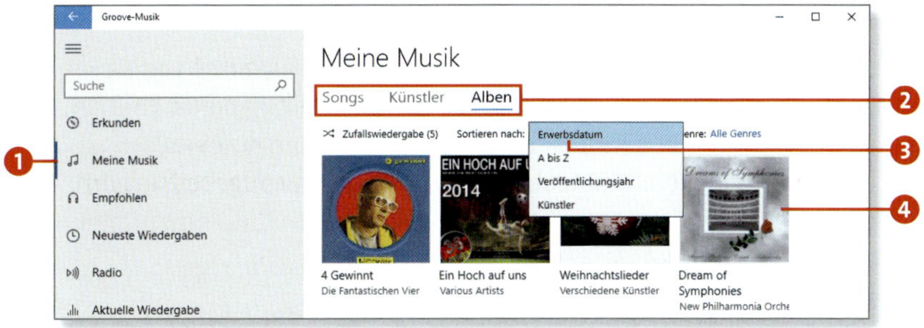

1. Die Musik-App durchsucht nach dem Start die Bibliothek **Musik** auf Ihrem PC und zeigt alle dort vorhandenen Musiktitel unter **Meine Musik** ❶, unterteilt in die Kategorien **Songs**, **Künstler** und **Alben** an ❷.
2. Damit Sie auch bei größeren Musiksammlungen den Überblick nicht verlieren, klicken Sie auf die Überschrift **Erwerbsdatum** ❸ und wählen ein Sortierkriterium aus dem zugehörigen Menü aus.
3. Möchten Sie einen Titel anhören, klicken Sie auf das Cover ❹. Markieren Sie dann ein Lied, und klicken Sie auf die kleine **Wiedergabe**-Schaltfläche ❺. Sie können auch mehrere Titel auswählen. Möchten Sie das ganze Album anhören, klicken Sie auf die Schaltfläche **Alle wiedergeben** neben dem Cover ❻.
4. Über den Menüpunkt **Hinzufügen zu** ❼ neben dem Cover können Sie das Album einer neuen Wiedergabeliste ❽ hinzufügen. Möchten Sie nur einen einzelnen Titel hinzufügen, klicken Sie diesen mit der rechten Maustaste an und wählen dann aus dem Kontextmenü den Befehl **Hinzufügen zu > Neue Wiedergabeliste**. Sollten bereits Wiedergabelisten existieren, werden diese dann auch zur Auswahl im Kontextmenü angezeigt.

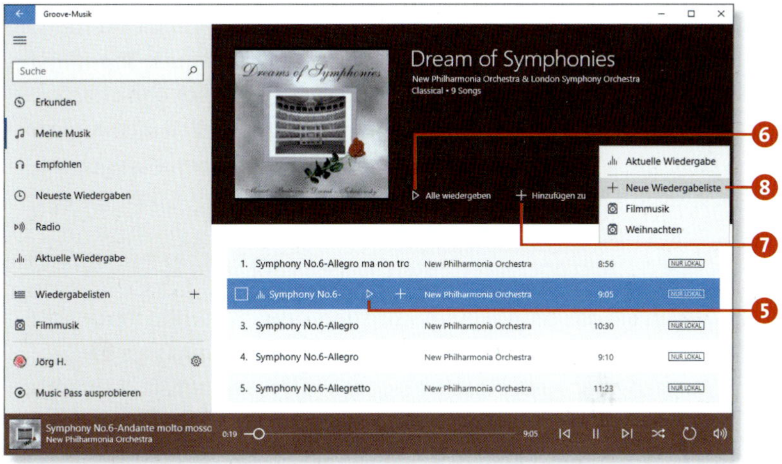

Weitere Informationen abrufen

Über die Schaltfläche mit den drei Punkten rechts neben dem Cover erreichen Sie den Menüpunkt **Künstler anzeigen**, über den Sie sich weitere Alben des Künstlers sowie Titel verwandter Künstler anzeigen lassen. Diese Option gibt es nur, wenn weitere Informationen zum ausgewählten Künstler zur Verfügung stehen.

Musik online kaufen

Über den Windows Store haben Sie Zugriff auf Tausende von Liedern aus allen Genres, wie z. B. Filmmusik, Klassik, Pop und Rock. In die meisten Lieder können Sie für ca. 30 Sekunden hineinhören, und was Ihnen gefällt, können Sie bequem und mit wenigen Mausklicks käuflich erwerben und Ihrer privaten Musiksammlung hinzufügen.

1. Starten Sie den **Store** mit einem Klick auf die Kachel ❶ im Startmenü oder über das Programmsymbol ❷ in der Taskleiste und wechseln Sie anschließend in die Kategorie **Musik**.
2. Der Store listet Ihnen nun zahlreiche Musiktitel auf, unterteilt in Kategorien wie z. B. **Meistverkaufte Songs** oder auch **Top-Künstler**. Nutzen Sie die Bildlaufleiste, um auf der Seite ganz nach unten zu gelangen, denn hier haben Sie zusätzlich die Möglichkeit, nach Titeln und Interpreten in verschiedenen Kategorien, wie z. B. **Filmmusik**, **Jazz** oder **Klassik**, zu stöbern. Suchen Sie sich einen Titel oder Interpreten heraus. (Siehe auch den Abschnitt »Nach Titeln oder Interpreten suchen« auf Seite 264.)
3. Wenn Sie das Album eines Künstlers erwerben möchten, klicken Sie neben dem Plattencover auf den angezeigten Preis ❸. Sie können aber auch einzelne Lieder kaufen. Klicken Sie dazu unter **Songs** auf das Preisetikett des gewünschten Titels ❹.
4. In seltenen Fällen ist der Erwerb einzelner Titel eines Albums nicht möglich. In diesem Fall fehlen die Preisangaben neben den Titeln. Sie können dann nur das komplette Album kaufen.

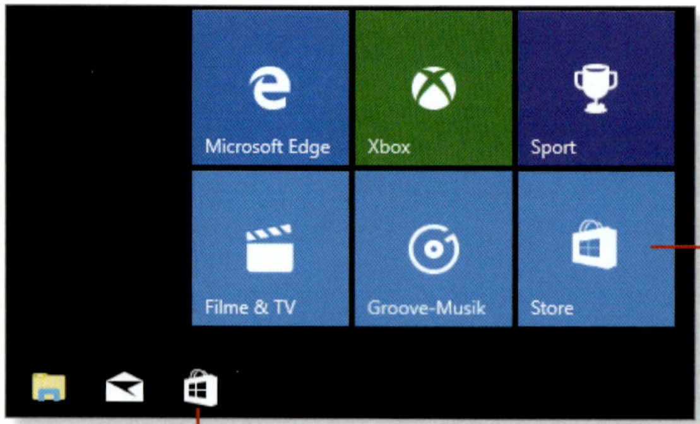

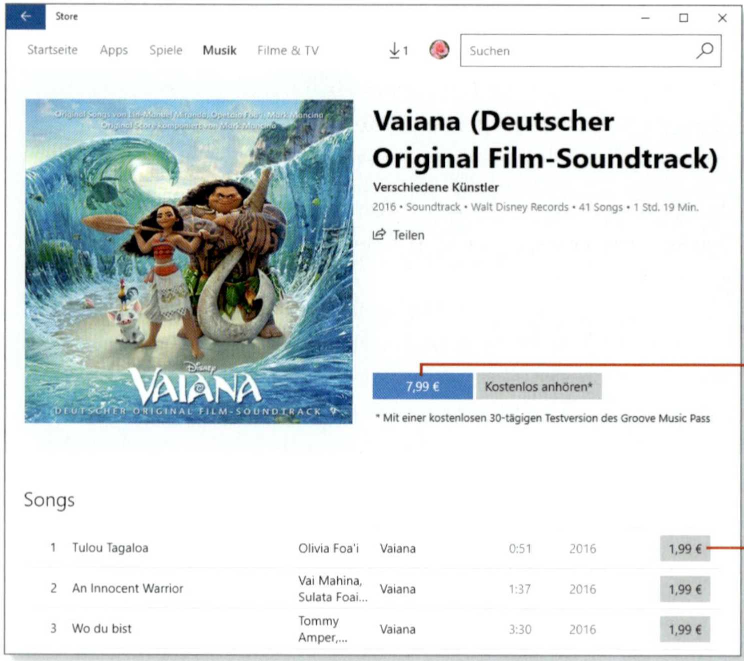

Wo finde ich das gekaufte Produkt nun?

Nach dem Bezahlvorgang wird das Lied (oder das Album) heruntergeladen und als MP3-Audiodatei in den Ordner **Käufe** der Bibliothek **Musik** gespeichert. Sie können die Dateien nun anhören. Siehe dazu auch den Abschnitt »Smartphones und andere mobile Geräte anschließen« ab Seite 240.

5. Egal, ob Sie ein komplettes Album oder einen einzelnen Song ausgewählt haben: Nachdem Sie auf das Preisetikett geklickt haben, erfolgt eine Sicherheitsabfrage, und Sie müssen sich authentifizieren. Geben Sie das Kennwort zu Ihrem Microsoft-Konto ein 5, und klicken Sie auf **Anmelden**.
6. Die Verbindung zum Store wird aufgebaut, und nach wenigen Sekunden wird Ihnen der Preis des ausgewählten Produkts angezeigt. Falls Sie noch keine Zahlungsoptionen hinterlegt hatten, werden Sie nun dazu aufgefordert. Sie können die Vorgabe ändern 6, allerdings werden hier nur die Möglichkeit der Kreditkartenzahlung oder der Dienst PayPal angeboten. (Wenn Sie stattdessen die Seite *https://login.live.com* aufrufen und sich mit Ihrem Microsoft-Konto anmelden, können Sie über den Menüpunkt **Zahlungsoptionen** auch andere Zahlungsmittel wählen.)
7. Die Option **Klicken Sie hier, wenn Sie bei Store-Einkäufen auf diesem Gerät nicht nach Ihrem Kennwort gefragt werden möchten** 7, sollten Sie aus Sicherheitsgründen nicht aktivieren!
8. Kontrollieren Sie den angezeigten Kaufpreis, und klicken Sie auf die Schaltfläche **Kaufen** 8, um den Kauf abzuschließen. Es folgt ein Dank für Ihren Einkauf.

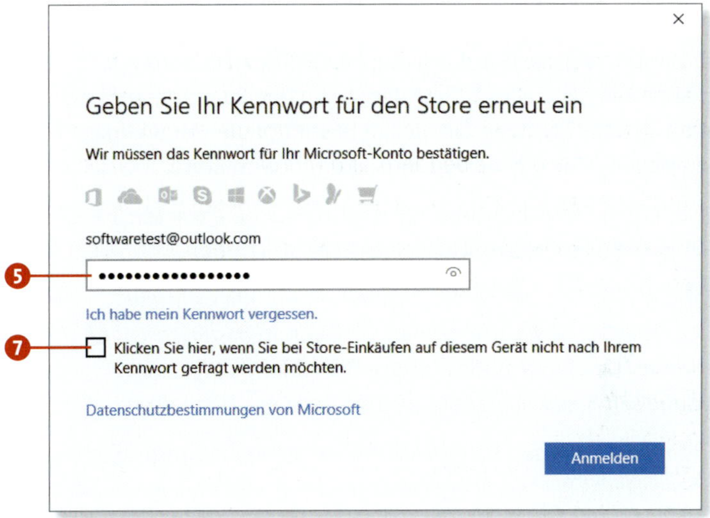

Unbegrenztes Hörvergnügen

Mit dem kostenpflichtigen *Groove Music Pass* haben Sie Zugriff auf aktuell über 40 Millionen Musiktitel und können diese anhören oder auf Ihren Computer herunterladen. Das Angebot kann 30 Tage kostenlos getestet werden. Weitere Informationen finden Sie direkt bei Microsoft unter *www.microsoft.com/de-de/groove*.

Kein Rücktritt vom Kauf möglich!

In dem Moment, in dem Sie auf die Schaltfläche **Kaufen** klicken, wird der Kauf abgeschlossen, und ein Rücktritt vom Kauf ist nicht mehr möglich. Der Kaufbetrag wird sofort fällig und Ihr Kreditkarten- oder PayPal-Konto sogleich belastet.

Nach Titeln oder Interpreten suchen

Bei einer großen Musiksammlung den Überblick zu behalten fällt schwer, oder sind Sie vielleicht auf der Suche nach dem neuen Lied Ihrer Lieblingsband? Nutzen Sie die Suchfunktion der Musik-App, oder durchforsten Sie das riesige Musikangebot im Store.

1. Um Ihre eigene Musiksammlung zu durchsuchen, starten Sie zunächst die App **Groove-Musik** aus dem Startmenü.
2. Öffnen Sie die Menüleiste der App mit einem Klick auf die Menü-Schaltfläche ❶, und tippen Sie dann in das Suchfeld ❷ den Namen des Albums, des Interpreten oder den Musiktitel ein. Schließen Sie die Eingabe mithilfe der ↵-Taste ab.
3. Die Ergebnisse werden in der rechten Fensterhälfte angezeigt. Wenn Sie etwas Passendes gefunden haben, klicken Sie auf die Wiedergabe-Schaltfläche beim CD-Cover ❸, die erst sichtbar wird, wenn Sie mit der Maus auf das Cover zeigen, oder wählen einen einzelnen Titel aus und klicken dort auf die Wiedergabe ❹.
4. Um auf das Musikangebot des Stores zugreifen zu können, müssen Sie Ihre Suche direkt dort starten, in der Kategorie **Musik** ❺.
5. Dort nutzen Sie nun entweder die Suchfunktion ❻, oder Sie stöbern durch die angezeigten Kategorien, wie z. B. **Top-Künstler** oder **Besondere Sammlungen** ❼. Sie können die Suche auch auf ein bestimmtes Genre ❽, wie z. B. **Jazz**, **Pop** oder **Filmmusik**, begrenzen. Diese Kategorien finden Sie am Ende der Seite.

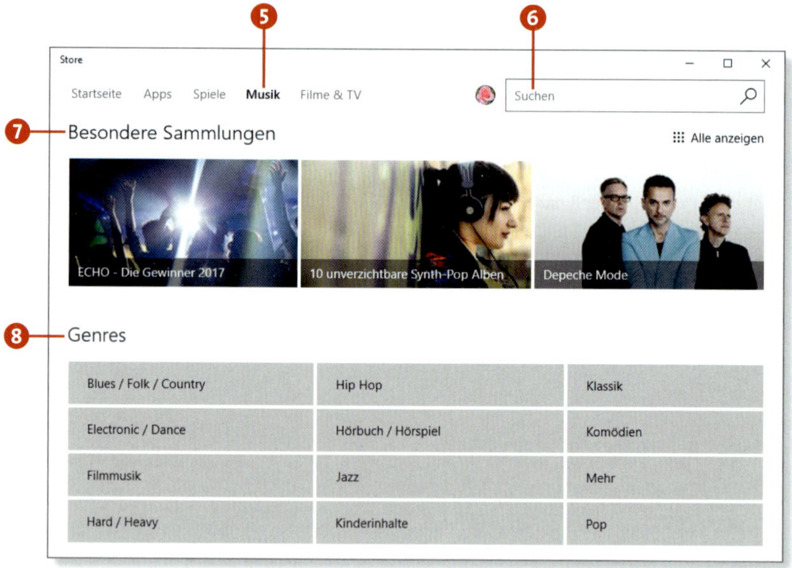

Musik wird nicht gefunden

Um die Suche auf Ihrem Rechner auf weitere Verzeichnisse auszudehnen, öffnen Sie die Einstellungen der App über das Zahnradsymbol und wählen den Menüpunkt **Legen Sie fest, wo nach Musik gesucht werden soll**.

Die Filme-und-Fernsehsendungen-App

Eigene Videos abspielen

Mit der App *Filme & Fernsehsendungen* können Sie Kinofilme, Fernsehserien und natürlich auch eigene Videos abspielen. Melden Sie sich mit Ihrem Microsoft-Konto an, um die App nutzen zu können.

1. Die App durchsucht direkt nach dem Start die Bibliothek **Videos** auf Ihrem Computer und zeigt alle dort vorhandenen Filme, unterteilt in die Kategorien **Gekauft** und **Eigene** an. Klicken Sie auf ein Vorschaubild ❶, um den Film zu starten.

2. Während das Video läuft, sind zunächst keine Bedienelemente sichtbar. Sobald Sie die Maus bewegen, werden verschiedene Optionen eingeblendet, wie z. B. eine Zeitleiste ❷, die Möglichkeit zur Lautstärkeregulierung ❸ oder eine Start-/Pause-Schaltfläche ❹. Mit dem nach links zeigenden Pfeil ❺ springen Sie 10 Sekunden im Film zurück und mit dem nach rechts zeigenden Pfeil ❻ 30 Sekunden nach vorne.

3. Die Größe des Programmfensters kann beliebig variiert werden (siehe auch den Abschnitt »Fenster vergrößern und verkleinern« auf Seite 82). Über den diagonalen Doppelpfeil ❼ schalten Sie das Bild in den Vollbildmodus bzw. beenden diesen. Möchten Sie sich das Video erneut ansehen, klicken Sie zunächst rechts auf die Schaltfläche mit den drei Punkten ❽ und anschließend auf **Wiederholen** ❾.

4. Zurück zur Übersicht gelangen Sie mithilfe der Pfeilschaltfläche oben links ❿, und ein Klick auf **Weitere Optionen** ⓫ führt Sie über den Eintrag **Einstellungen** ⓬ zu weiteren Einstellungen der App. Hier können Sie u. a. über den Menüpunkt **Legen Sie fest, wo nach Videos gesucht werden soll** weitere Verzeichnisse angeben, in denen Sie Videos gespeichert haben und die ebenfalls von der App berücksichtigt werden sollen.

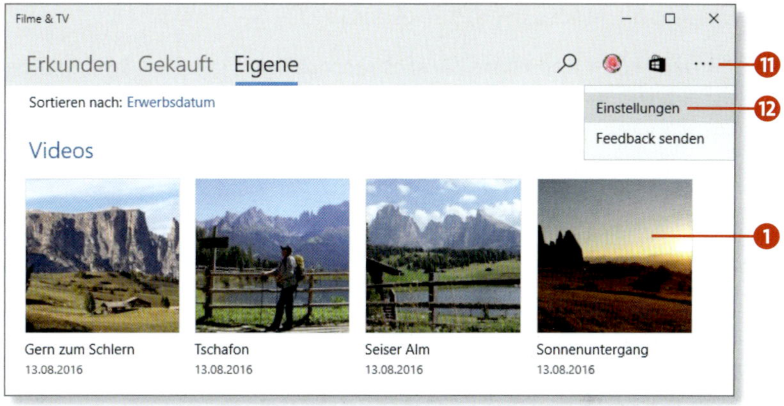

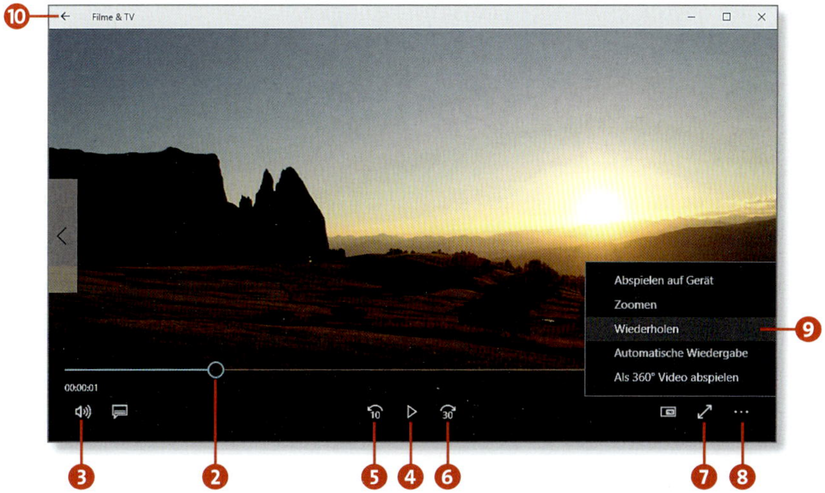

Vollbildmodus im Tabletmodus

Wird die App im Tabletmodus gestartet, werden die Videos stets im Vollbildmodus abgespielt, eine Reduzierung der Bildgröße ist in diesem Fall nicht möglich. Videos mit geringer Auflösung können dadurch nur mit einer entsprechend schlechten Bildqualität wiedergegeben werden.

Filme online kaufen oder ausleihen

Mit der neuen App *Filme & Fernsehsendungen* gehören langweilige Abende der Vergangenheit an, auch wenn mal wieder nichts im Fernsehen kommt. Leihen oder kaufen Sie aktuelle Kinofilme oder brandneue Fernsehserien. Die Filme stehen sofort zur Verfügung.

1. Filme und Serien erwerben Sie unter Windows 10 direkt im neu gestalteten Store. Öffnen Sie also zunächst das **Startmenü**, klicken Sie dort auf die **Store**-Kachel, um diesen zu starten, und anschließend auf den Menüpunkt **Filme & TV** ❶.
2. Unterteilt in verschiedene Abschnitte, wie z. B. **Neue Filme** ❷, **Besondere Filme**, **Besondere Fernsehsendungen** oder auch **Am besten bewertete Fernsehsendungen**, werden Ihnen nun zahlreiche Filme und Serien angeboten.
3. Ganz am Ende der Seite, die Sie über die seitliche Bildlaufleiste erreichen können, haben Sie die Möglichkeit, die Suche auf verschiedene Filmgenres, wie z. B. **Dokumentarfilme**, **Komödie** oder **Horror**, zu konzentrieren.
4. Wählen Sie einen Film per Mausklick aus. Im nächsten Fenster werden einige Informationen zum Film angezeigt; neben dem Titel sind dies u. a. die FSK-Freigabe und die Laufzeit ❸ sowie darunter eine kurze Inhaltsangabe. Bei vielen Filmen haben Sie nun die Auswahl zwischen den Auflösungen **SD** und **HD** ❹. Falls beide Auflösungen zur Verfügung stehen, treffen Sie Ihre Wahl. In der Qualität SD sind die Filme meist günstiger.

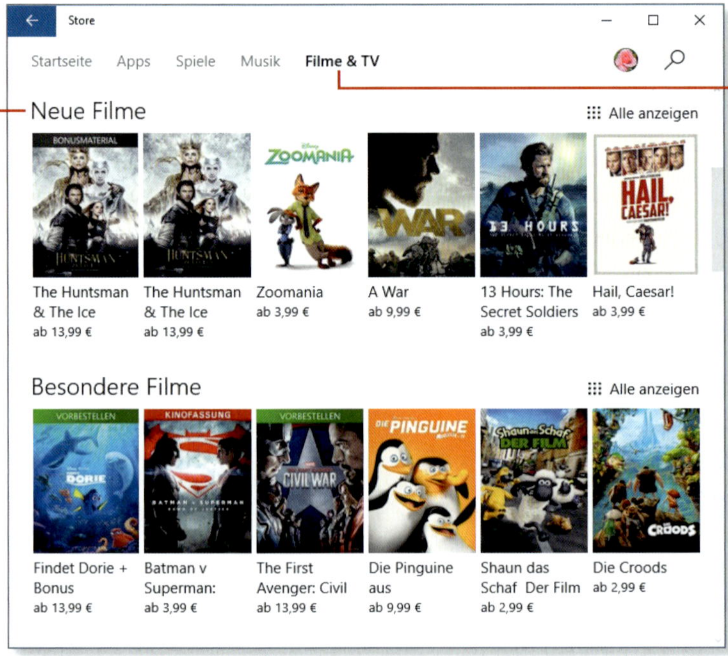

Ausleihdauer oder fehlende Auswahlmöglichkeit

Die Leihdauer für einen Film beträgt meist zwischen 7 und 14 Tagen oder 24 bis 48 Stunden nach dem erstmaligen Ansehen. Nach Ablauf der Frist kann der Film nicht mehr gestartet werden. Gerade bei älteren Filmen ist ein Ausleihen nicht möglich; diese Filme können oft nur gekauft werden.

5. Neben den Optionen **Kaufen** und **Leihen** (5 auf Seite 266) können Sie die entsprechenden Preise entnehmen. Klicken Sie auf eine der beiden Optionen, um den Vorgang fortzusetzen.

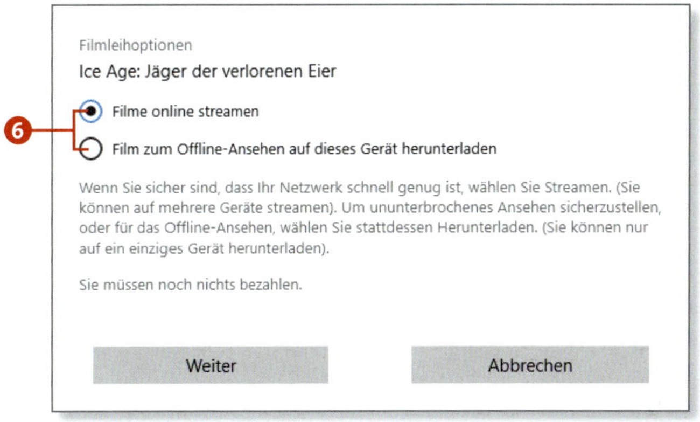

6. Nun haben Sie die Auswahlmöglichkeit, den Film online zu streamen oder komplett auf Ihren Computer herunterzuladen. Für einen Stream benötigen Sie eine schnelle Internetverbindung (siehe den Kasten »Streaming«). Wählen Sie die gewünschte Option 6 aus, und klicken Sie auf **Weiter**.

7. Es folgt eine Sicherheitsabfrage. Authentifizieren Sie sich, indem Sie das Kennwort zu Ihrem Microsoft-Konto eingeben. Für den Fall, dass Sie nicht bei jedem Einkauf ein Kennwort eingeben möchten, finden Sie hier auch die Option **Klicken Sie hier, wenn Sie bei Store-Einkäufen auf diesem Gerät nicht nach Ihrem Kennwort gefragt werden möchten**. Aus Sicherheitsgründen sollten Sie diese Option aber besser nicht aktivieren.

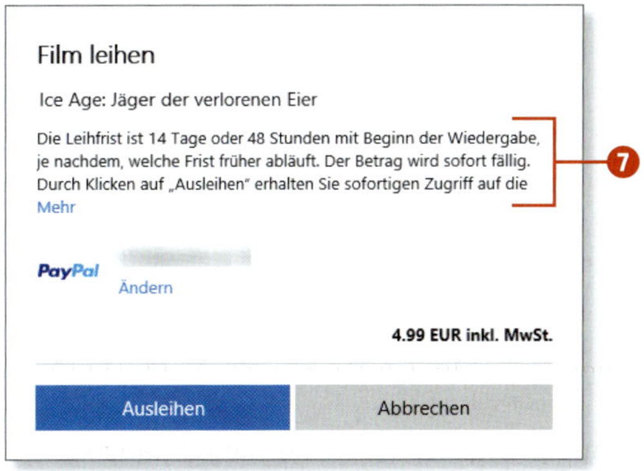

8. Falls Sie noch keine Zahlungsoptionen hinterlegt hatten, werden Sie nun dazu aufgefordert. Legen Sie also fest, wie Sie den Betrag begleichen möchten. Kreditkartenzahlung, SEPA-Lastschrift und PayPal werden angeboten. Ihre aktuellen Zahlungsoptionen können Sie auch direkt in der Verwaltung Ihres Microsoft-Kontos einsehen und abändern. Wenn Sie die Seite *https://login.live.com* aufrufen und sich mit Ihrem Microsoft-Konto anmelden, können Sie über den Menüpunkt **Zahlung und Abrechnung > Zahlungsoptionen** alle Einstellungen vornehmen bzw. kontrollieren.

9. Wenn Sie in Schritt 5 **Leihen** gewählt haben, werden zusätzlich die Ausleihfristen angezeigt 7. Kontrollieren Sie alle Angaben und den Preis. Wenn alles passt, klicken Sie auf die Schaltfläche **Ausleihen**, um den Kauf abzuschließen. Die Meldung, mit der man Ihnen für den Kauf dankt, können Sie über die Schaltfläche **Fertig** schließen.

Streaming

Beim Streaming werden die Dateien geladen und gleich abgespielt. Wenn die Internetverbindung zu langsam ist, kann der Datenstrom allerdings abreißen, und es kommt zu lästigen »Rucklern« und Tonaussetzern. Eine DSL-Geschwindigkeit von mindestens 6.000 KBit/s ist fürs Streamen empfehlenswert. Ist Ihr Anschluss langsamer, sollten Sie bei der Leihe eines Films in Schritt 6 die Option **Herunterladen** wählen, um den Film lokal zu speichern.

Der Windows Media Player

Eine Musik-CD abspielen

Die App *Groove-Musik* kann keine Audio-CDs abspielen, hierfür müssen Sie auf den bewährten *Windows Media Player* ausweichen. Damit steht dem Hörgenuss unter Windows 10 nichts im Wege: einfach die CD einlegen, und los geht's.

1. Legen Sie die Musik-CD in Ihr CD-Laufwerk ein, und schließen Sie die Lade. Nach wenigen Sekunden erkennt Windows die CD, startet den Windows Media Player und spielt sogleich das erste Lied ab.
2. Sobald Sie mit der Maus auf das Programmfenster zeigen, werden Bedienelemente eingeblendet. Darüber können Sie u. a. das Abspielen stoppen, wieder starten, vor- und zurückspulen oder die Lautstärke regeln ❶.
3. Standardmäßig spielt der Media Player die Titel in der vorgegebenen Reihenfolge ab. Mit den Tasten [Strg] + [H] aktivieren Sie die zufällige Wiedergabe, und mit [Strg] + [T] wiederholen Sie die Wiedergabe des zuletzt abgespielten Titels. Beide Funktionen erreichen Sie auch über das Kontextmenü des Programms ❷.
4. Optisch gibt der Media Player zunächst nicht viel her. Führen Sie daher einen Rechtsklick auf das Fenster aus, um das Kontextmenü zu öffnen. Darin klicken Sie auf **Visualisierungen > Streifen und Wellen > Meeresdunst** ❸, um die Musik mit optischen Effekten zu untermalen.
5. Ändern Sie nun die Ansicht des Media Players. Blenden Sie dafür die Bedienelemente ein, indem Sie mit der Maus auf das Programmfenster zeigen, und klicken Sie rechts oben auf **Zur Bibliothek wechseln** ❹.

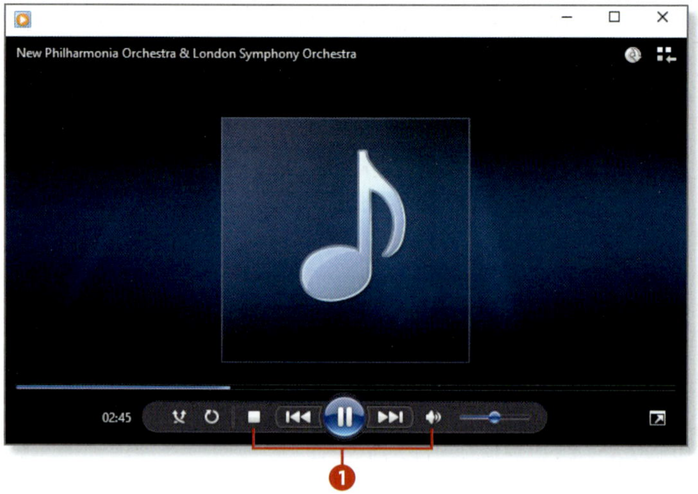

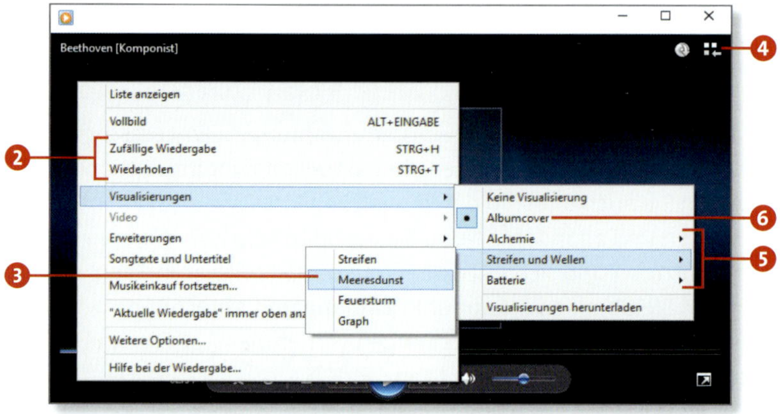

Weitere Effekte

Weitere Effekte erreichen Sie über die Kontextmenüpunkte **Alchemie** und **Batterie** ❺. Wenn Sie **Albumcover** ❻ wählen, sucht der Player online nach einem passenden Cover zur CD und zeigt dieses dann entsprechend an.

6. In der Bibliotheksansicht zeigt der Media Player den Namen der CD sowie alle darauf verfügbaren Titel an. Sie starten die Wiedergabe eines Titels durch einen Doppelklick auf den entsprechenden Eintrag 7.

7. Über die Schaltfläche **Organisieren** 8 können Sie die Auflistung der Titel nach verschiedenen Kriterien sortieren. Klicken Sie auf **Organisieren > Sortieren nach**, und wählen Sie ein Kriterium aus, z. B. **Titel** oder **Album**. Die Sortierung wird sofort entsprechend geändert.

8. Wenn ihm die passenden Informationen fehlen, kann der Media Player die Namen der einzelnen Titel nicht anzeigen. Sie können die Bezeichnungen aber ohnehin jederzeit ändern. Klicken Sie einen Eintrag mit der rechten Maustaste an, und wählen Sie den Befehl **Bearbeiten** 9 aus dem Kontextmenü. Tippen Sie dann eine neue Bezeichnung für den ausgewählten Eintrag ein, und schließen Sie die Eingabe mit der [↵]-Taste ab.

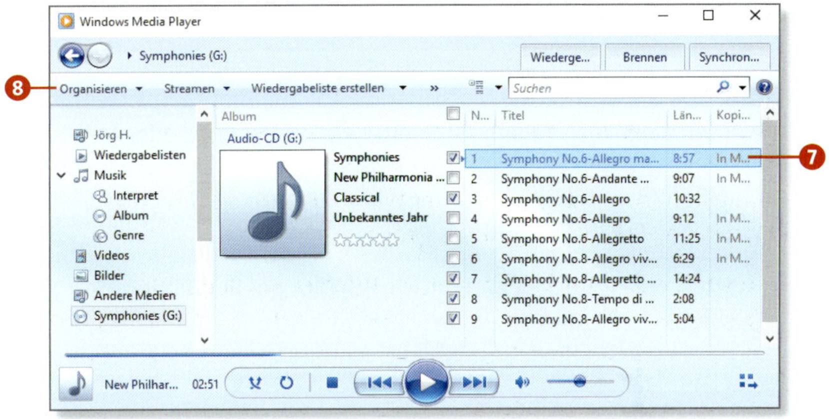

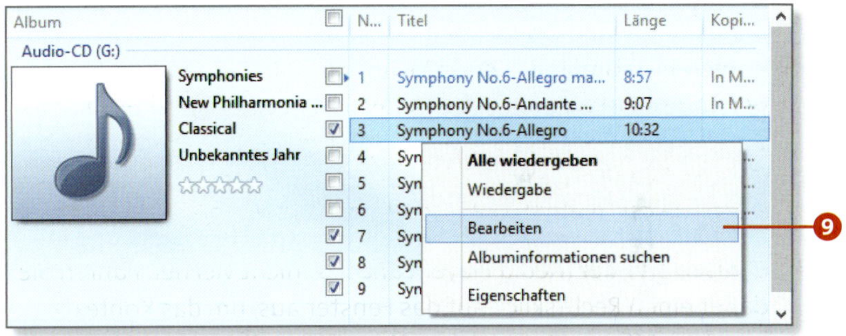

Fehlende Titel- und Albuminformationen

Gerade bei selbst gebrannten CDs fehlen oft die Informationen für die Anzeige der Titel- oder Albuminformationen. Sie können aber nicht nur die Bezeichnungen einzelner Titel ändern, sondern auch den Namen des Albums, den Interpreten, ein Genre und das Jahr der Veröffentlichung ergänzen. Klicken Sie dazu in der Bibliotheksansicht des Media Players mit der rechten Maustaste auf einen der Einträge direkt neben dem CD-Cover, und fügen Sie die neuen Informationen hinzu.

Musik von einer CD kopieren

Der Media Player eignet sich hervorragend zum Kopieren von Musik-CDs. Sie können die Musik dann lokal auf Ihrer Festplatte speichern oder sie auf tragbare Geräte wie Smartphone oder MP3-Player überspielen.

1. Legen Sie die zu kopierende Audio-CD in Ihr CD-Laufwerk ein, und warten Sie einen kurzen Moment, bis der Media Player startet. Wechseln Sie dann mit einem Klick auf **Zur Bibliothek wechseln** in die Bibliotheksansicht (siehe Schritt 5 auf Seite 268).
2. Entfernen Sie nun alle Häkchen vor den Musikstücken, die Sie nicht kopieren möchten ❶. Klicken Sie dazu einfach auf die Kästchen vor den jeweiligen Einträgen.
3. Wenn Sie Ihre Auswahl getroffen haben, öffnen Sie die Kopiereinstellungen, indem Sie in der Menüleiste auf den kleinen nach rechts zeigenden Doppelpfeil ❷ klicken. Zeigen Sie im Menü auf **Kopiereinstellungen > Format**, und wählen Sie anschließend das gewünschte Format aus der Liste aus, z. B. **MP3** ❸.
4. Starten Sie nun den Kopiervorgang. Klicken Sie dazu erneut auf den kleinen Doppelpfeil, und wählen Sie den Befehl **CD kopieren** ❹. Die Titel werden nun auf Ihre Festplatte kopiert und in der Bibliothek **Musik** abgespeichert.

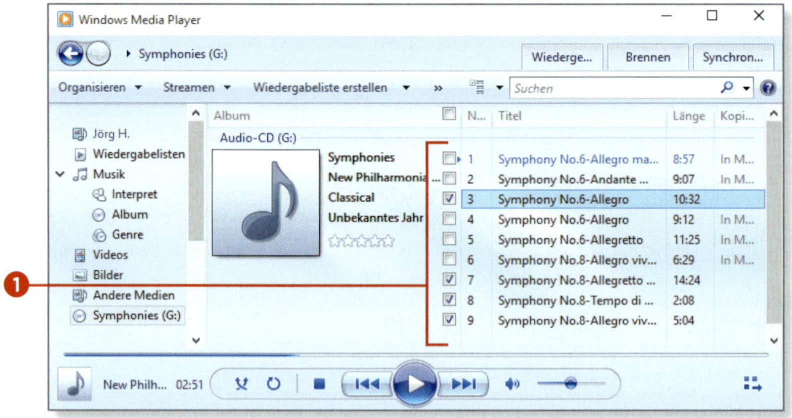

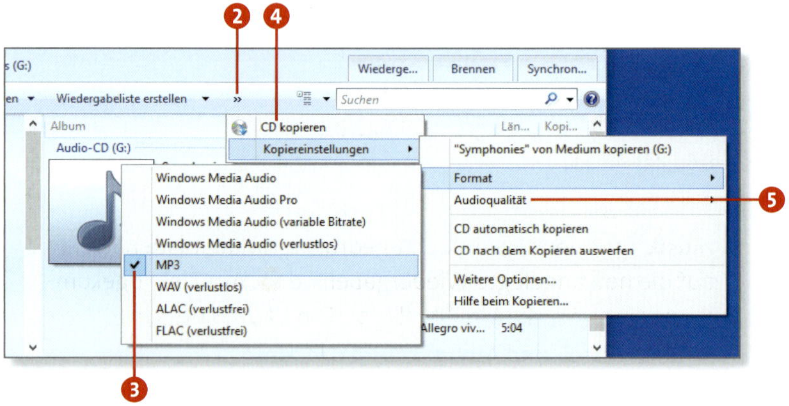

Kompatibilität und Qualität

Prüfen Sie am besten vor dem Kopieren der CD, welches Dateiformat Ihr tragbares Gerät abspielen kann, und wählen Sie es dann entsprechend aus. Über den Menüpunkt **Kopiereinstellungen** können Sie auch die Audioqualität festlegen ❺. Je höher die Qualität, desto größer wird allerdings auch das Dateivolumen.

Eine Wiedergabeliste erzeugen

Organisieren Sie Ihre Musiksammlung, und nutzen Sie dazu individuelle Wiedergabelisten. Sie können je nach Einsatzzweck oder sortiert nach Genres verschiedene Listen anlegen und einzelne Musikstücke oder komplette CDs hinzufügen.

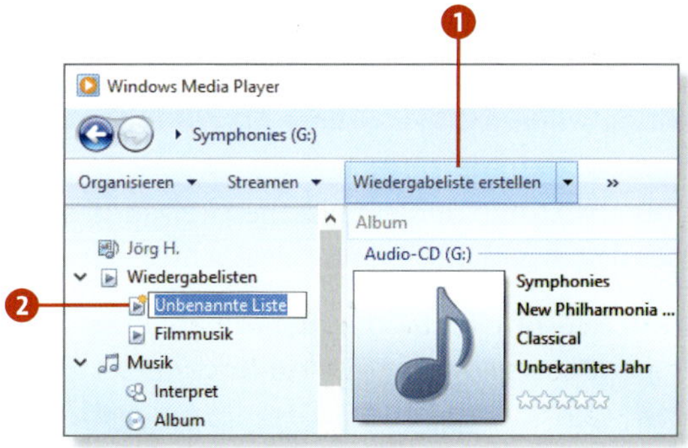

1. Starten Sie den Media Player, und klicken Sie in der Bibliotheksansicht auf die Schaltfläche **Wiedergabeliste erstellen** ❶.
2. In der linken Spalte wird nun im Abschnitt **Wiedergabelisten** eine neue Liste erstellt. Der Name **Unbenannte Liste** ❷ ist bereits markiert; tippen Sie nun einfach eine beliebige Bezeichnung ein, z. B. »Klassik«, und schließen Sie Ihre Eingabe mit der [↵]-Taste ab.
3. Nun gilt es, die neue Liste mit Liedern zu füllen. Klicken Sie zunächst in der linken Spalte auf **Musik** ❸, um sich alle Alben und Titel anzeigen zu lassen, die sich in Ihrer Medienbibliothek befinden. Wenn sich die gewünschten Titel noch nicht in der Bibliothek befinden, führen Sie einen Rechtsklick auf das Laufwerk mit der eingelegten CD aus und wählen den Befehl **CD in Bibliothek kopieren**.
4. Markieren Sie nun einen oder mehrere Titel aus der Bibliothek **Musik**, und ziehen Sie sie mit gedrückter Maustaste nach links auf die neu angelegte Wiedergabeliste ❹. Am Ziel angekommen, lassen Sie die Maustaste los. Die Titel werden Ihrer Liste hinzugefügt.

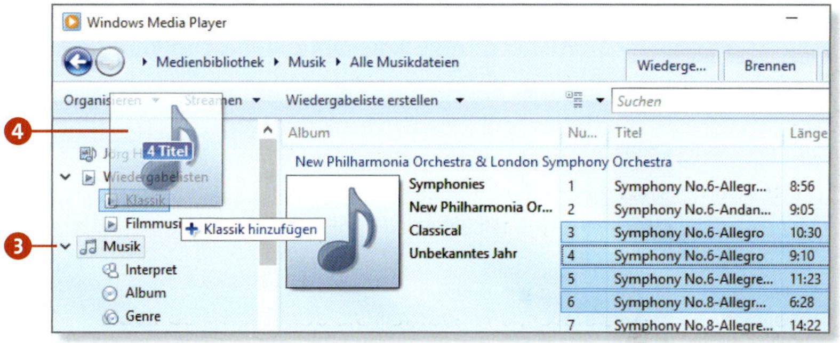

Sortierung der Wiedergabeliste

Zum Sortieren der Titel innerhalb der Wiedergabeliste klicken Sie einen Titel an und verschieben ihn einfach mit gedrückter Maustaste an die neue Position. Sobald Sie die Maustaste wieder loslassen, wird der Titel an dieser Stelle einsortiert.

Die Windows-Spracherkennung einrichten

Statt mit Tastatur und Maus können Sie Windows 10 auch mit der integrierten Spracherkennung steuern und auf diese Art z. B. Programme starten und schließen oder Briefe und E-Mails diktieren. Sie benötigen dafür ein gutes Mikrofon und ein bisschen Zeit für die Einrichtung und das erforderliche Sprachtraining.

Zunächst müssen Sie ein Mikrofon an Ihren Computer anschließen und es einrichten, denn ohne Mikro geht es natürlich nicht. Verwenden Sie idealerweise ein Kopfhörermikrofon, diese sind meist unempfindlicher gegenüber Störgeräuschen. Nachdem das Mikrofon ordnungsgemäß angeschlossen wurde, tippen Sie das Wort *Spracherkennung* in das Suchfeld der Taskleiste und wählen aus der Liste der angezeigten Übereinstimmungen die Option **Spracherkennung** aus. Klicken Sie hier nun auf den Menüpunkt **Mikrofon einrichten**.

1. Geben Sie an, welche Art von Mikrofon Sie benutzen möchten. Sie können zwischen den Optionen **Kopfhörermikrofon**, **Tischmikrofon** und **Sonstiges** wählen.
2. Positionieren Sie das Mikrofon entsprechend den Vorgaben, und achten Sie darauf, dass es nicht stumm geschaltet ist. Klicken Sie auf **Weiter**.
3. Sprechen Sie den vorgegebenen Beispieltext laut und deutlich in das Mikro, und klicken Sie anschließend erneut auf **Weiter**. Damit ist die Einrichtung schon abgeschlossen, und Sie können das Dialogfenster über die Schaltfläche **Fertig stellen** schließen.

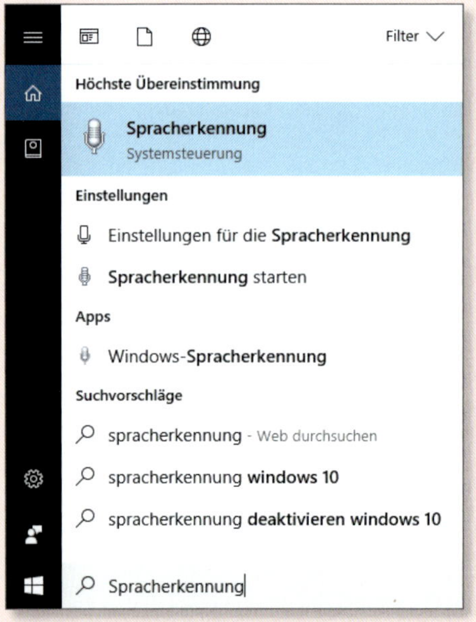

Der Weg zu den Einstellungen der Spracherkennung

Vor der ersten Nutzung muss das Mikrofon eingerichtet werden.

Um die Spracherkennung zu optimieren, stehen weitere Konfigurationsmöglichkeiten bereit. Wählen Sie im Hauptfenster der Spracherkennung den Menüpunkt **Computer trainieren, damit er Sie besser versteht** ❶. Damit die Verständigung reibungslos klappt, sollten Sie die Spracherkennung weiter verbessern und an Ihre Sprechweise anpassen. Nehmen Sie sich ein paar Minuten Zeit für diese Aufgabe, es lohnt sich. Lesen Sie dazu einfach die vorgegebenen Texte laut vor. Störende Hintergrundgeräusche sollten so weit wie möglich vermieden werden. Sprechen Sie ganz natürlich, so, wie Sie es auch mit einer im Raum anwesenden Person tun würden. Hat das Programm den gesprochenen Satz erkannt, springt es automatisch zum nächsten Satz, bis alle Übungssätze abgearbeitet sind. Dieses Training müssen Sie zwar nicht unbedingt durchführen, es ist aber zur Steigerung der Erkennungsgenauigkeit sehr zu empfehlen.

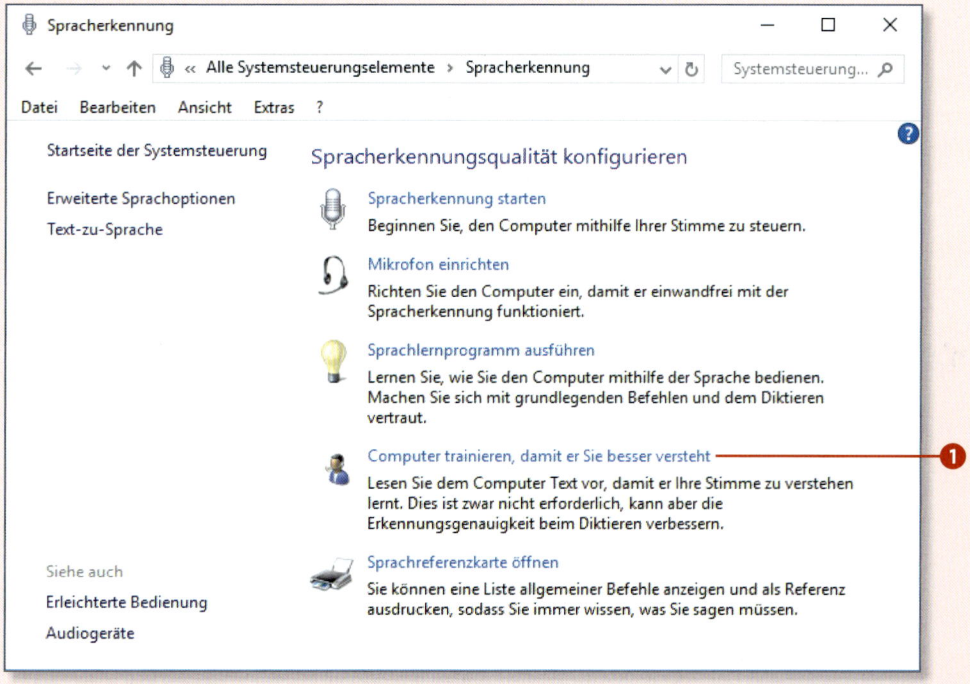

Die Windows-Spracherkennung nutzen

Man kann sich unmöglich die große Anzahl an Befehlen merken, die der Computer verstehen kann. Ist die Spracherkennung aktiviert, sprechen Sie den Befehl »Was kann ich sagen?« ein, und Windows blendet daraufhin eine Sprachreferenzkarte ein. Hier finden Sie alle möglichen Sprachbefehle, unterteilt in verschiedene Bereiche, z. B. **Steuern des PCs**, **Diktat**, **Steuerelemente** oder **Satzzeichen und Sonderzeichen**. Die wichtigsten Bereiche können Sie sich ausdrucken und für die tägliche Anwendung neben den Rechner legen.

Die Spracherkennung selbst starten Sie mit dem Befehl **Spracherkennung öffnen** ❶. Beim ersten Start können Sie die Dokumentenüberprüfung und den gewünschten Aktivierungsmodus festlegen und angeben, ob die Spracherkennung künftig bei jedem Windows-Start automatisch mitgestartet werden soll. Mit der Dokumentenüberprüfung lässt sich die Genauigkeit der Spracherkennung verbessern. Aktivieren Sie diese Option, durchsucht Windows Dokumente und E-Mails und verwendet gefundene Wörter und Begriffe, um das Verständnis der Spracheingabe zu verbessern. Über den Aktivierungsmodus können Sie festlegen, ob Sie die Spracherkennung per Sprachbefehl oder durch Anklicken einer entsprechenden Schaltfläche starten bzw. beenden möchten. Sobald Sie diese letzten Einstellungen vorgenommen haben, steht der Verwendung der Spracherkennung nichts mehr im Wege.

Verwenden Sie die Spracherkennung häufiger, bietet es sich an, diese an das Startmenü oder die Taskleiste zu heften, um sie von dort einfacher starten zu können. Tippen Sie hierfür nochmals das Wort »Windows-Spracherkennung« in das Suchfeld des Startmenüs ein. Der erste Treffer oben in der Liste trägt die Bezeichnung **Windows-Spracherkennung**. Führen Sie einen Rechtsklick auf diesen Eintrag aus, und wählen Sie aus dem Kontextmenü die Option **An „Start" anheften**, um die entsprechende Programmkachel in das Startmenü zu integrieren, oder **An Taskleiste anheften**, wenn Sie stattdessen eine Verknüpfung in die Taskleiste ablegen möchten.

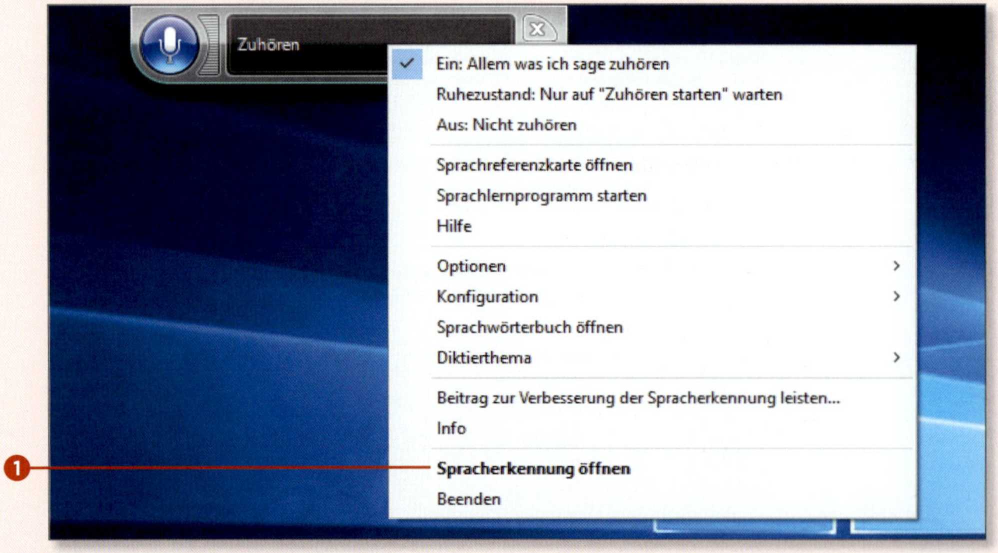

Ein Rechtsklick auf das kleine Programmfenster der Spracherkennung eröffnet zahlreiche Einstellungsmöglichkeiten.

10 Ein Netzwerk einrichten

In diesem Kapitel

- Eine Heimnetzgruppe einrichten
- Auf freigegebene Ordner und Dateien zugreifen
- Fernsteuerung und Fernwartung

Sie können auf Ihrem Rechner in wenigen Minuten eine Heimnetzgruppe erstellen und andere Anwender dazu einladen, sich dieser Gruppe anzuschließen. Auf diese Art tauschen Sie Daten zwischen den Computern Ihrer Familienmitglieder aus oder stellen Ihren Drucker für die gemeinsame Nutzung im Netzwerk zur Verfügung. Geben Sie Bereiche auf Ihrem Computer für die gemeinschaftliche Nutzung frei, und greifen Sie selbst auf freigegebene Ordner und Dateien der anderen Gruppenteilnehmer zu. Natürlich können Sie Berechtigungen jederzeit auch wieder zurücknehmen oder neue Verzeichnisse freigeben. Wird das Netzwerk nicht mehr benötigt, treten Sie per Mausklick aus der Gruppe aus, sind aber im Bedarfsfall genauso schnell wieder beigetreten. Das lange und umständliche Konfigurieren einer Netzwerkverbindung entfällt bei Windows 10 dank der Heimnetzgruppe.

Mit der Remoteunterstützung von Windows 10 können Sie eine vertrauenswürdige Person ganz leicht um Unterstützung bei der Beseitigung lästiger Computerprobleme bitten. Laden Sie Ihren Bekannten oder Freund einfach ein, mittels der Remoteunterstützung auf Ihren Computer zuzugreifen und das Problem per Fernwartung zu lösen. Es ist also nicht mehr nötig, dass ein Helfer zu Ihnen nach Hause kommt, sondern er kann von seinem PC aus auf Ihren zugreifen. Dabei haben Sie natürlich jederzeit die volle Kontrolle und können die Verbindung auch abbrechen.

Dieses Fernsteuerungsprinzip lässt sich auch für die Arbeit nutzen: Wenn Sie von zu Hause arbeiten und eine sichere Verbindung von Ihrem heimischen PC in das Netzwerk Ihres Arbeitgebers benötigen, richten Sie einfach eine VPN-Verbindung ein.

Eine Heimnetzgruppe einrichten

Eine Heimnetzgruppe erstellen

Verbinden Sie Ihren Computer mit anderen Windows-7-, Windows-8- oder Windows-10-Rechnern in Ihrem Haushalt, und tauschen Sie Daten unter den Geräten aus, oder nutzen Sie bei allen den Drucker oder andere angeschlossene Geräte.

1. Erstellen Sie zuerst die Heimnetzgruppe auf Ihrem Hauptrechner. Geben Sie in das Suchfeld der Taskleiste das Wort *Heimnetzgruppe* ein und wählen Sie dann aus der Liste der Übereinstimmungen den gleichnamigen Eintrag **Heimnetzgruppe** ❶.
2. Das Dialogfenster **Heimnetzgruppe** zeigt ein paar Informationen zur Heimnetzgruppe an. Klicken Sie auf **Heimnetzgruppe erstellen**. Den nächsten Hinweis können Sie mit einem Klick auf **Weiter** rasch übergehen, er liefert keine neuen Informationen.
3. Geben Sie nun an, welche Bibliotheken Sie auf dem Hauptrechner freigeben möchten. Klicken Sie dazu auf die Dropdown-Menüs der entsprechenden Bereiche ❷, und wählen Sie daraus jeweils die gewünschte Option aus. Setzen Sie die Einrichtung mit **Weiter** ❸ fort.
4. Nun wird ein Kennwort für die Heimnetzgruppe erstellt ❹. Notieren Sie es sich, Sie benötigen es später für den Beitritt des zweiten Rechners.

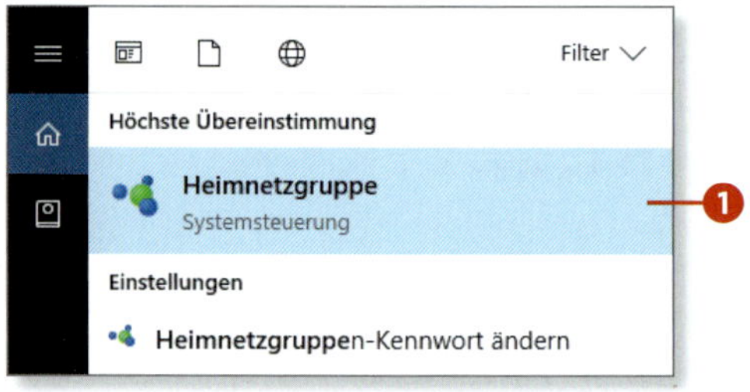

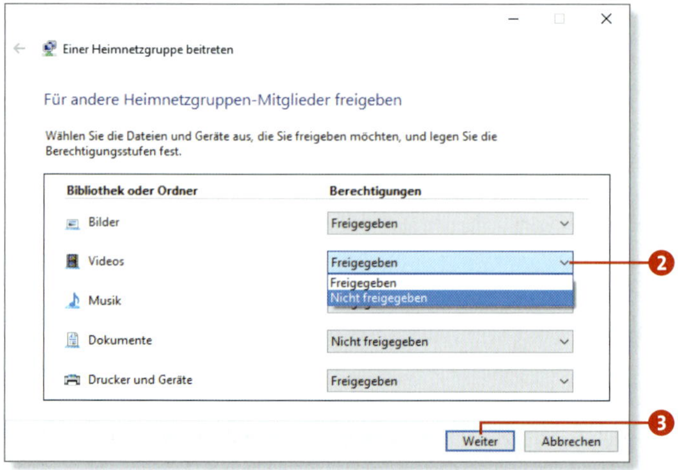

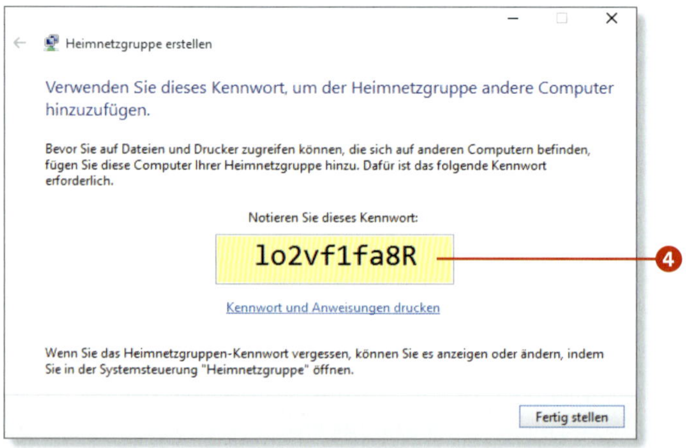

Voraussetzungen

Damit der Austausch von Daten zwischen mehreren Computern möglich wird, müssen diese in die Heimnetzgruppe aufgenommen werden. Für den Zusammenschluss eignet sich besonders eine WLAN-Verbindung, da Sie mit ihr nicht auf feste Standorte angewiesen sind. Mehr dazu erfahren Sie im nächsten Abschnitt.

So treten Sie einer Heimnetzgruppe bei

Die Heimnetzgruppe ist bereits erstellt, und nun soll ein weiterer Rechner, z. B. der Laptop oder der neue Tablet-PC, in die Gruppe aufgenommen werden. Führen Sie die folgenden Schritte auf dem Rechner aus, der der Gruppe hinzugefügt werden soll:

1. Tippen Sie in das Suchfeld der Taskleiste *Heimnetzgruppe* ein und klicken Sie dann auf den Menüpunkt **Heimnetzgruppe**.
2. Die vorhandene Heimnetzgruppe wird sogleich erkannt, und Windows bietet an, dieser Gruppe beizutreten. Klicken Sie also auf die Schaltfläche **Jetzt beitreten** ❶. Das nächste Fenster informiert Sie nochmals über die Beitrittsmöglichkeit. Klicken Sie auf **Weiter**.
3. Wie bei der Erstellung der Heimnetzgruppe auf Ihrem Hauptrechner (siehe den Abschnitt »Eine Heimnetzgruppe erstellen« auf Seite 276) müssen Sie jetzt festlegen, auf welche Bibliotheken zugegriffen werden darf. Treffen Sie Ihre Wahl, und bestätigen Sie sie mit **Weiter**.
4. Nun wird das Kennwort abgefragt, das bei der Erstellung der Heimnetzgruppe generiert wurde. Geben Sie es zur Authentifizierung ein ❷, und klicken Sie auf **Weiter** ❸.
5. Damit ist der Beitritt abgeschlossen, und zwischen den beiden Computern wurde eine Verbindung hergestellt. Mit **Fertig stellen** schließen Sie den letzten Dialog.

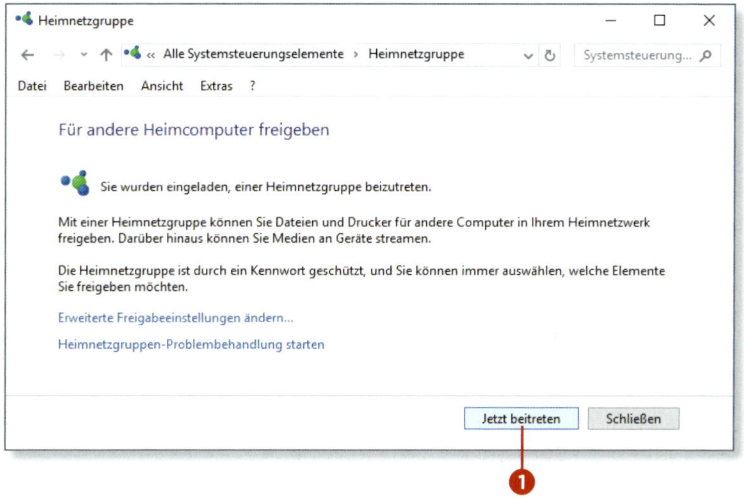

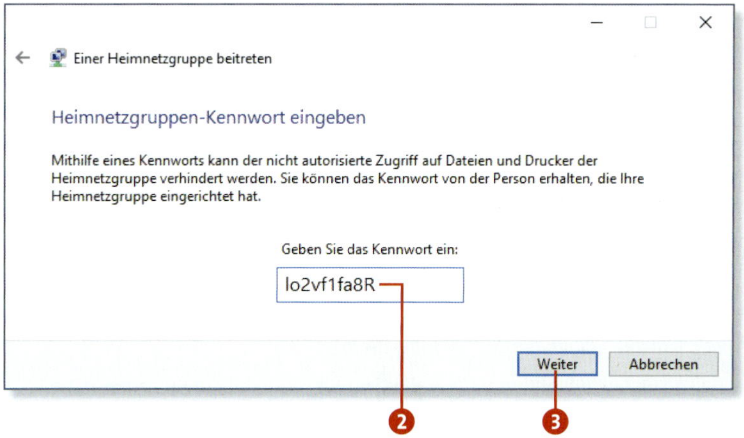

Kennwort vergessen?

Haben Sie das Kennwort vergessen? Kein Problem! Im Abschnitt »Das Kennwort der Heimnetzgruppe nachlesen oder abändern« auf Seite 280 erfahren Sie, wie Sie das Kennwort einsehen und bei Bedarf ändern können.

Auf freigegebene Ordner und Dateien zugreifen

Eine Heimnetzgruppe macht natürlich erst Spaß, wenn der Zugriff auf freigegebene Dateien und Ordner reibungslos klappt und Sie Daten zwischen den angeschlossenen Rechnern austauschen können. Der einfachste Weg führt über den Explorer.

1. Starten Sie den Explorer auf dem Desktop mit einem Klick auf das Ordnersymbol in der Taskleiste oder mit der Tastenkombination [Windows] + [E].
2. Führen Sie links im Navigationsbereich des Explorers einen Doppelklick auf den Eintrag **Heimnetzgruppe** (1) aus, um diesen Zweig zu öffnen. Alle zur Gruppe gehörenden Computer werden in diesem Abschnitt aufgelistet. Wenn das Symbol vor dem Namen eines Mitglieds der Gruppe etwas abgeschwächt dargestellt wird (2), bedeutet dies, dass dieser Rechner momentan nicht zur Verfügung steht, d. h. nicht online ist. Im rechten Teil des Explorers erscheint ein entsprechender Hinweis, wenn Sie diesen Computer auswählen.
3. Um auf einen freigegebenen Ordner eines verfügbaren Computers zuzugreifen, wählen Sie ihn im Explorer aus (3). Sie haben nun Zugriff auf die darin befindlichen Daten und können, je nach Berechtigung, die Dateien nur lesen oder lesen *und* bearbeiten.

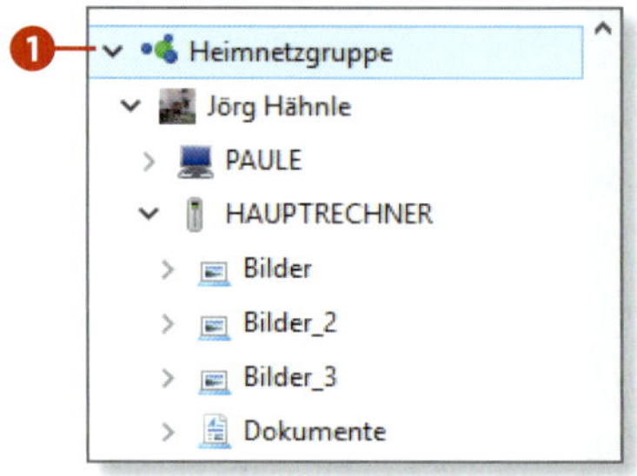

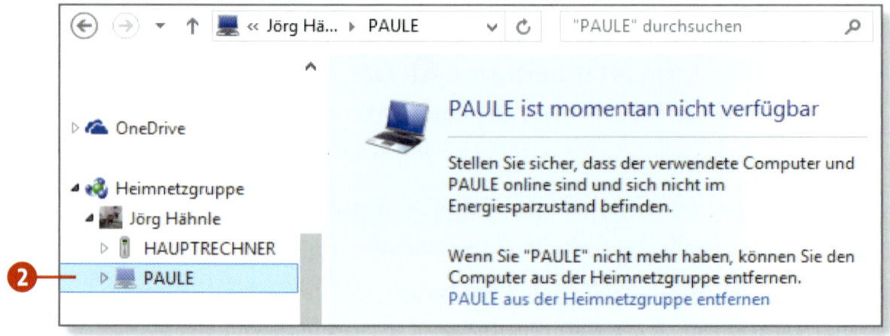

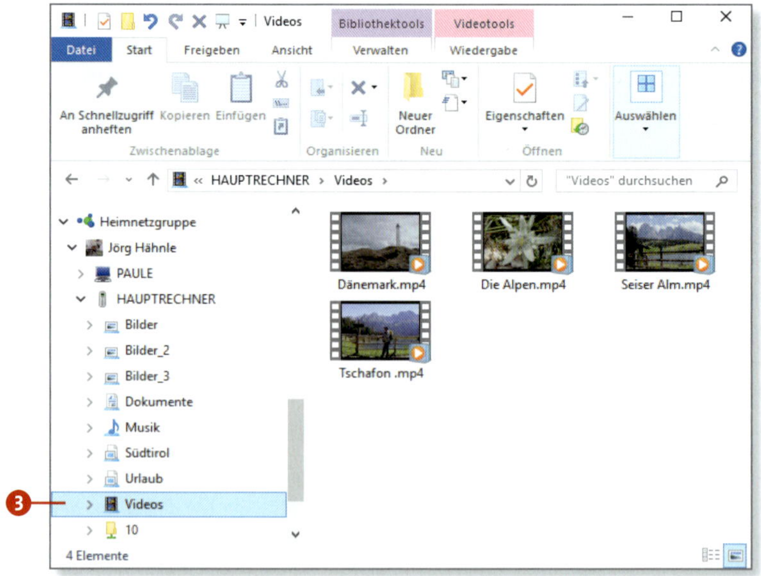

Freigaben nachträglich verändern

Möchten Sie nachträglich die Freigaben verändern, geht dies am einfachsten, indem Sie im Navigationsbereich des Explorers mit der rechten Maustaste auf den Eintrag **Heimnetzgruppe** klicken und den Befehl **Heimnetzgruppen-Einstellungen ändern** aus dem Kontextmenü wählen. Über den Link **Für die Heimnetzgruppe freigegebene Elemente ändern** erreichen Sie die Freigaben und können diese neu definieren.

Weitere Elemente in der Heimnetzgruppe freigeben

Möchte man Daten mit einem anderen Rechner austauschen, wäre es nicht sehr komfortabel, wenn man die Dateien immer erst in eine der freigegebenen Standardbibliotheken kopieren müsste, damit der andere darauf zugreifen kann. Unter Windows 10 gibt es daher auch die Möglichkeit, im Handumdrehen weitere Verzeichnisse für die Heimnetzgruppe freizugeben.

1. Um eine Freigabe für einen neuen Ordner zu erteilen, öffnen Sie mit ⊞ + E den Explorer auf dem Desktop.
2. Wählen Sie das Verzeichnis aus ❶, und klicken Sie mit der rechten Maustaste darauf, um das Kontextmenü zu öffnen. Zeigen Sie auf **Freigeben für**, und klicken Sie dann entweder auf **Heimnetzgruppe (anzeigen)** ❷ oder **Heimnetzgruppe (anzeigen und bearbeiten)** ❸.
3. Bestätigen Sie die anschließende Abfrage mit **Ja, die Elemente freigeben**. Falls Sie nicht als Admin angemeldet sind, werden Sie nun aufgefordert, das Kennwort Ihres Administratorkontos anzugeben.
4. Der Statusleiste des Explorers können Sie entnehmen, ob ein ausgewählter Ordner freigegeben ist ❹. Um die Freigabe zu widerrufen, klicken Sie den Ordner wieder mit der rechten Maustaste an und wählen **Freigeben für > Freigabe beenden** ❺ aus dem Kontextmenü.

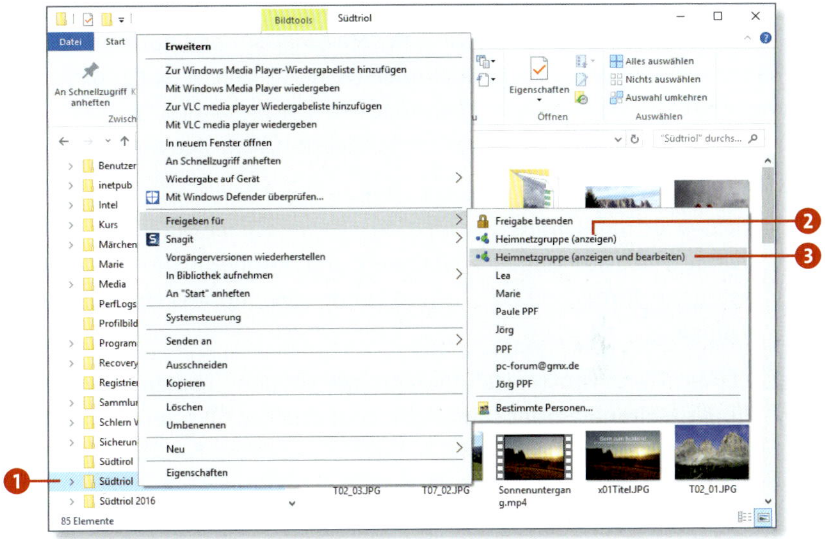

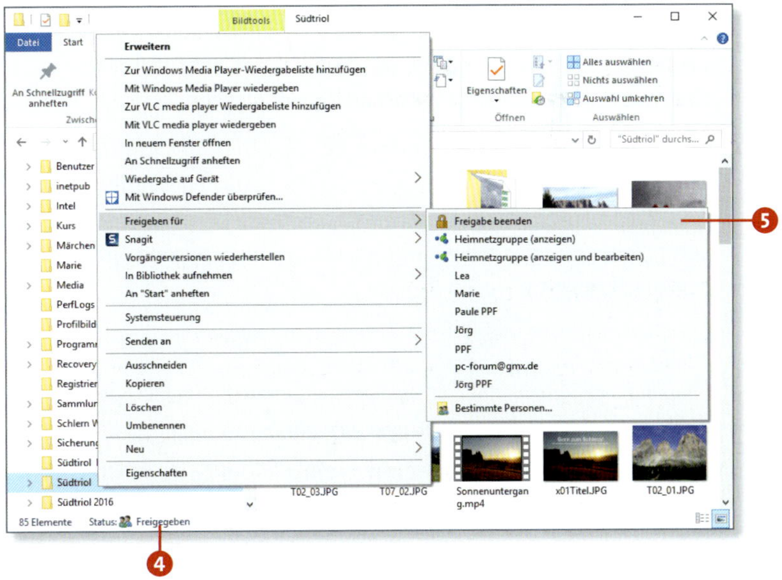

Anzeigen und bearbeiten oder nur anzeigen?

Mit der Freigabeoption **Heimnetzgruppe (anzeigen und bearbeiten)** können Mitglieder der Gruppe die im Verzeichnis enthaltenen Dateien öffnen, lesen, bearbeiten, speichern, löschen und auch neue Dateien erstellen. Mit **Heimnetzgruppe (anzeigen)** können die Dateien nur gelesen, nicht aber bearbeitet werden.

Das Kennwort der Heimnetzgruppe nachlesen oder abändern

Auch wenn Sie sich das Kennwort der Heimnetzgruppe notiert haben – wenn Sie es brauchen, finden Sie den Zettel vielleicht nicht mehr. Falls Sie das Kennwort benötigen und es nicht mehr wissen, schauen Sie einfach im System nach. Ändern können Sie es an der gleichen Stelle.

1. Öffnen Sie die **Heimnetzgruppe**. Navigieren Sie hierfür über die **Windows-Einstellungen > Netzwerk und Internet** in die Unterkategorie **Status** und wählen Sie dort den Menüpunkt **Heimnetzgruppe**.
2. Klicken Sie im Fenster **Heimnetzgruppe** auf den Link **Kennwort für die Heimnetzgruppe anzeigen oder drucken** ❶. Nun wird das Kennwort angezeigt, und Sie können es notieren oder über die Schaltfläche **Diese Seite drucken** zu Papier bringen.
3. Möchten Sie hingegen das Kennwort ändern, klicken Sie im Fenster **Heimnetzgruppe** auf den Link **Kennwort ändern** ❷. Für diese Aktion sind Administratorrechte erforderlich. Falls Sie nicht als Admin angemeldet sind, werden Sie nun aufgefordert, das Kennwort Ihres Administratorkontos anzugeben.
4. Klicken Sie auf **Kennwort ändern** ❸, um ein neues Kennwort angezeigt zu bekommen. Sobald Sie die Option gewählt haben, wird die Verbindung getrennt und das neue Kennwort eingesetzt. Teilen Sie das neue Kennwort nun den anderen Gruppenmitgliedern mit.

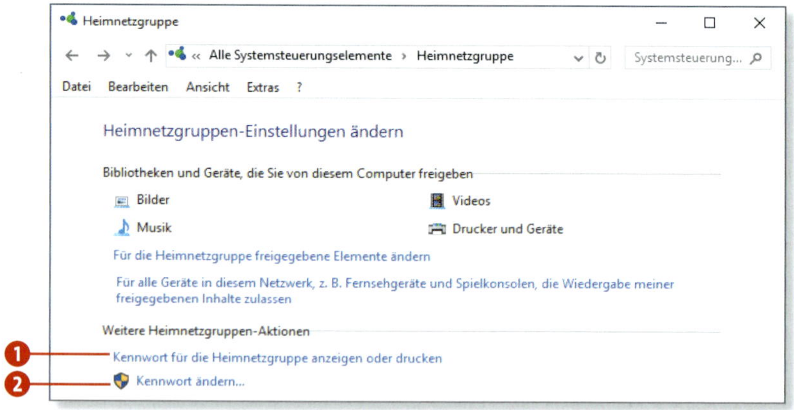

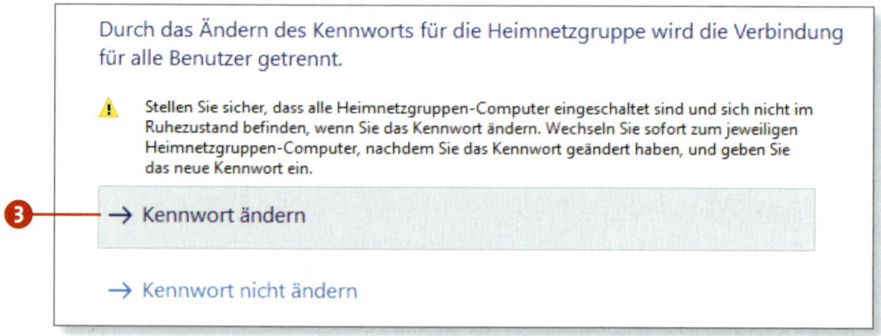

Kennwort der Heimnetzgruppe aktualisieren

Die Verbindung zu den anderen Rechnern der Gruppe kann erst wieder aufgebaut werden, nachdem Sie auch auf diesen PCs das neue Kennwort eingetragen haben.

Computer aus der Heimnetzgruppe entfernen

Sie können eine Heimnetzgruppe jederzeit wieder verlassen. Allerdings haben Sie dann selbstverständlich auch keinen Zugriff mehr auf die Dateien und Geräte der Heimnetzgruppe und können auch selbst keine Daten mehr freigeben. Eine Rückkehr in die Gruppe ist aber ebenso jederzeit möglich.

1. Öffnen Sie die Windows-Einstellungen mit den Tasten [Windows] + [I], und wählen Sie dann die Kategorie **Netzwerk und Internet** aus.
2. Klicken Sie nun auf der rechten Seite im Abschnitt **Netzwerkeinstellungen** ändern auf **Heimnetzgruppe**.
3. Das Fenster **Heimnetzgruppe** öffnet sich. Klicken Sie hier auf den Link **Heimnetzgruppe verlassen** ❶ im Abschnitt **Weitere Heimnetzgruppen-Aktionen**.
4. Im nächsten Dialog fragt Windows nochmals nach, ob Sie die Gruppe wirklich verlassen wollen, und gibt drei Auswahlmöglichkeiten vor. Wenn Sie Ihre Meinung nicht geändert haben, klicken Sie auf **Heimnetzgruppe verlassen** ❷. Ihr Computer wird nun aus der Heimnetzgruppe entfernt. Auch andere Benutzerkonten auf Ihrem Computer haben nun keinen Zugriff mehr auf die Daten der Heimnetzgruppe.

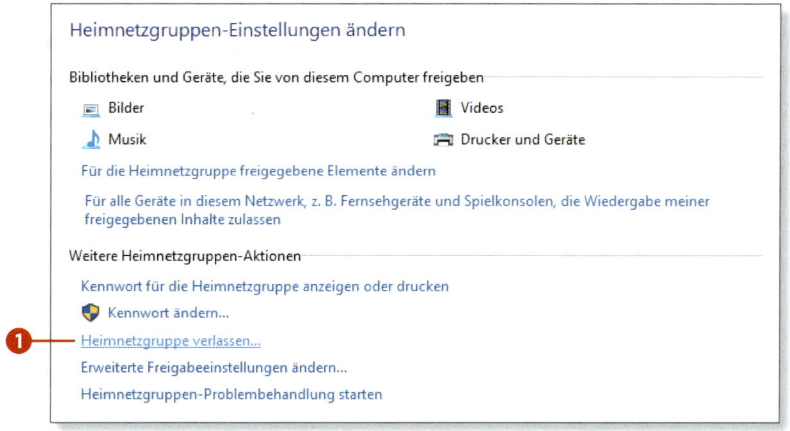

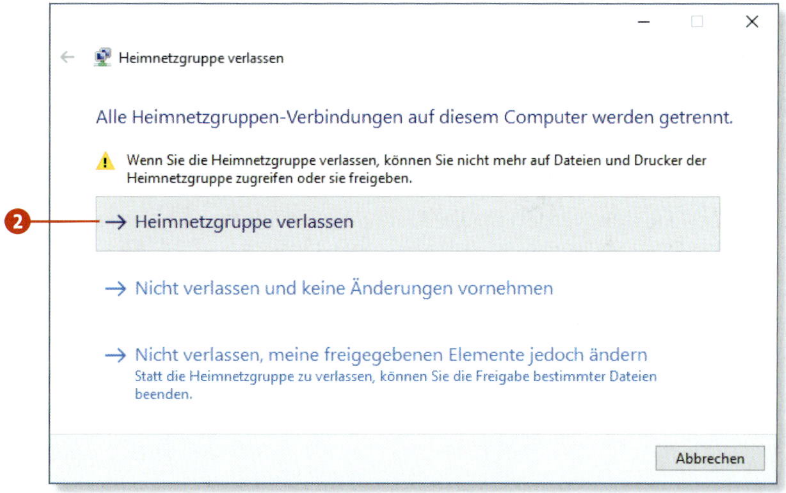

Beitritt und Erstellung

Der Beitritt zu einer Heimnetzgruppe ist mit allen Windows-7-, Windows-8- und Windows-10-Editionen möglich. Anwender von Windows 7 Starter, Windows 7 Home Basic oder Windows RT können selbst aber keine Gruppe erstellen. Unter Windows RT ist zudem die Freigabe von Inhalten in der Heimnetzgruppe nicht möglich.

Fernsteuerung und Fernwartung

Eine VPN-Verbindung mit dem Bürorechner herstellen

Zugegeben, der Gedanke, auch vom heimischen Rechner aus auf das Firmennetzwerk zugreifen zu können, ist sicherlich nicht immer verlockend. Manchmal muss es aber sein, und so bietet sich auch die Möglichkeit, von zu Hause aus zu arbeiten, falls es die Situation erforderlich macht.

1. Die Einstellungen zur Erstellung einer VPN-Verbindung sind auf verschiedenen Wegen zu erreichen. Öffnen Sie entweder über das Startmenü die **Einstellungen**, und wechseln Sie dann über die Kategorie **Netzwerk und Internet** in die Rubrik **VPN**, oder öffnen Sie das **Info-Center** ❶ über die Taskleiste und wählen dort dann den Menüpunkt **VPN** ❷ aus.
2. In den nun geöffneten Einstellungen klicken Sie in der rechten Fensterhälfte auf die graue Schaltfläche **VPN-Verbindung hinzufügen** ❸.
3. Nun werden einige technische Daten für die Verbindung abgefragt. Wählen Sie über das Dropdown-Menü des ersten Datenfeldes den VPN-Anbieter aus, z. B. **Windows (integriert)** ❹.
4. Tragen Sie den Namen für die Netzwerkverbindung ❺ sowie im Feld darunter die Internet- bzw. IP-Adresse der Firma ❻ ein. Diese Daten erhalten Sie vom Netzwerkadministrator Ihres Betriebs.

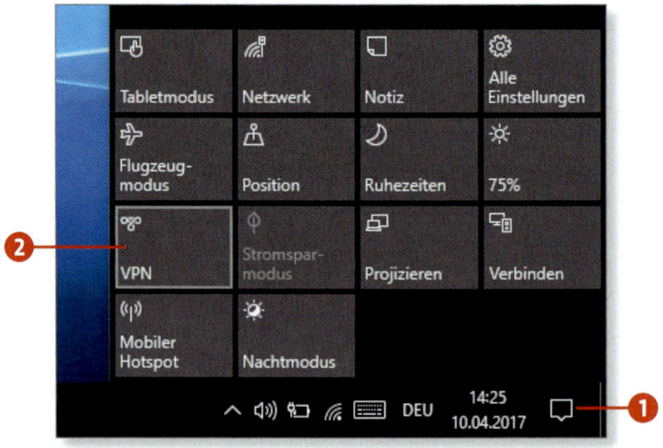

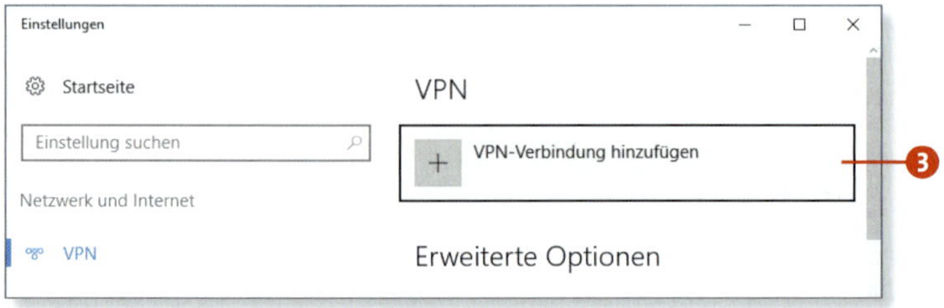

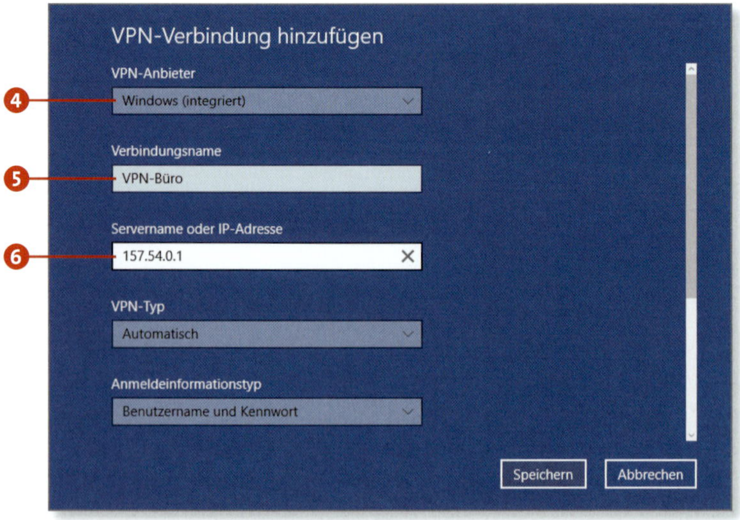

VPN

VPN steht für *Virtual Private Network*. Es handelt sich dabei um eine für gewöhnlich verschlüsselte Verbindung zwischen dem VPN-Client, das ist der Benutzer zu Hause, und dem VPN-Server, also dem Firmenserver.

5. Über das Dropdown-Menü des Feldes **VPN-Typ** 7 definieren Sie das benötigte Verbindungsprotokoll. Meist genügt es hier, die Option **Automatisch** zu wählen, im Zweifel erhalten Sie aber auch diese Information von Ihrem Netzwerkadministrator.

6. Nutzen Sie die Bildlaufleiste am rechten Fensterrand, um zu den weiteren Einstellungsmöglichkeiten zu gelangen, und legen Sie den gewünschten **Anmeldeinformationstyp** 8 fest. Klicken Sie in das Datenfeld, und wählen Sie einen Eintrag aus. Tragen Sie optional in die nachfolgenden Felder Ihren Benutzernamen und das dazugehörige Kennwort für die VPN-Verbindung ein, und setzen Sie das Häkchen vor **Anmeldeinformationen speichern** 9, falls Sie diese sichern möchten. Sind alle Angaben gemacht, klicken Sie auf **Speichern**, um die Einstellungen zu übernehmen.

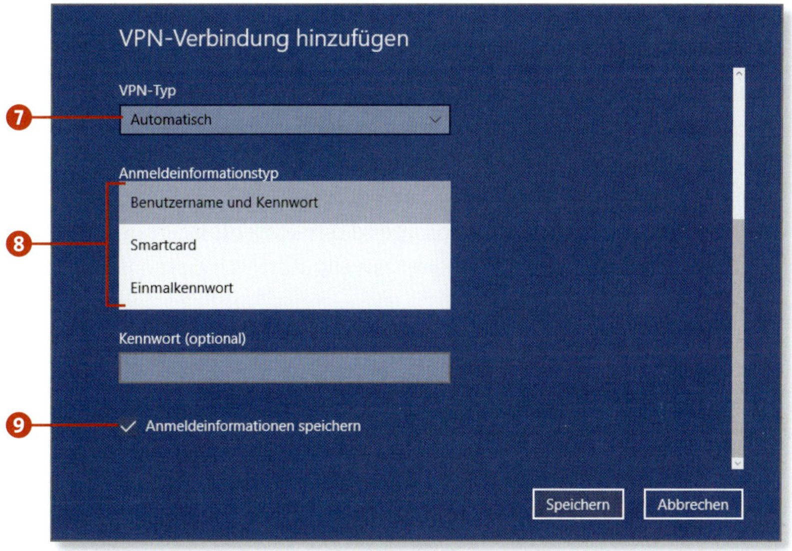

7. Die neue Verbindung wird sogleich aufgelistet. Um eine Verbindung herzustellen, klicken Sie auf den Eintrag und anschließend auf **Verbinden**.

8. Nun folgt die Netzwerkauthentifizierung. Falls Sie in Schritt 6 keinen Benutzernamen und kein Kennwort hinterlegt haben, werden Sie nun aufgefordert, diese einzugeben 10. Mit einem abschließenden Klick auf **OK** wird die Verbindung zum Remotenetzwerk aufgebaut.

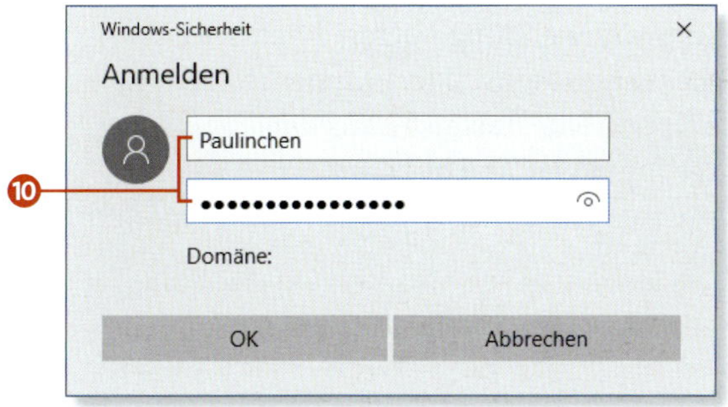

Fernwartung mit TeamViewer

Als Alternative zur Windows-Remoteunterstützung eignet sich besonders das Programm *TeamViewer*, mit dessen Hilfe Sie fremde Computer sehr einfach per Internet steuern und Wartungsaufgaben durchführen können. Für Privatanwender ist das Programm sogar kostenlos nutzbar. Sie können es unter *www.teamviewer.de* herunterladen. Auf dieser Internetseite finden Sie zudem viele nützliche Tipps und Anleitungen für die sichere Verwendung dieser Fernwartungssoftware.

TeamViewer: Unterstützung via Fernzugriff anfordern

Irgendetwas klemmt mal wieder, und Windows macht nicht, was es soll? Wenn Sie einen versierten Bekannten haben, der Ihnen bei Ihrem Computerproblem helfen könnte, bitten Sie ihn einfach, aus der Ferne auf Ihren Computer zuzugreifen. So lassen sich viele Probleme lösen, ohne dass extra jemand vorbeikommen muss. Für diese Aufgabe eignet sich hervorragend das kostenlose Programm *TeamViewer*, das Sie und der Helfer jeweils starten müssen.

1. Öffnen Sie Ihren Browser, und rufen Sie die Seite *www.teamviewer.de* auf. Klicken Sie zum Herunterladen der Software auf die grüne Schaltfläche **Kostenlos herunterladen**.

2. Standardmäßig speichert Windows heruntergeladene Dateien im Ordner *Downloads*. Öffnen Sie mit den Tasten [Windows] + [E] den Explorer, navigieren Sie zum Ordner **Downloads**, und starten Sie das Programm mit einem Doppelklick auf die Programmdatei mit der Bezeichnung *TeamViewer_Setup_de* ❶.

3. Das Programm startet mit einem Dialogfenster, in dem Sie gefragt werden, wie Sie die Anwendung nutzen möchten. Die Anwendung muss nicht zwingend installiert werden, es genügt daher, wenn Sie die Option **Nur starten** ❷ auswählen und den zweiten Teil der Frage mit **privat / nicht-kommerziell** ❸ beantworten. Über **Stimme zu – starten** ❹ wird das Hauptprogramm schließlich gestartet.

4. Bestätigen Sie die nun folgende Abfrage der Benutzerkontensteuerung mit **Ja**.

Für die private Nutzung kostenlos

Das Fernwartungsprogramm TeamViewer ist für die private Nutzung kostenlos. Wird das Programm kommerziell eingesetzt, fallen Lizenzgebühren an. Auf der Webseite des Herstellers finden Sie weitere Informationen.

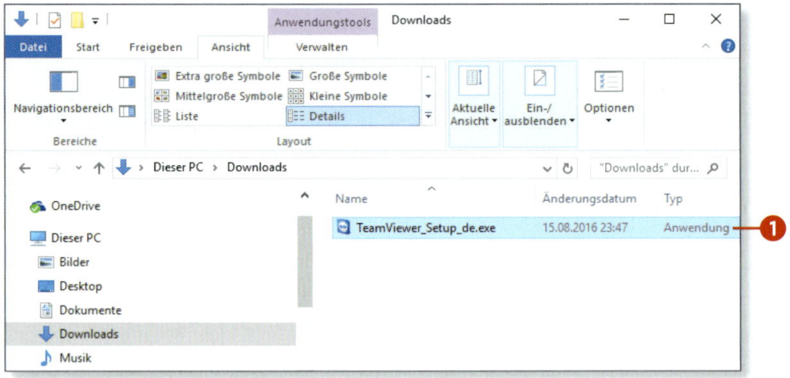

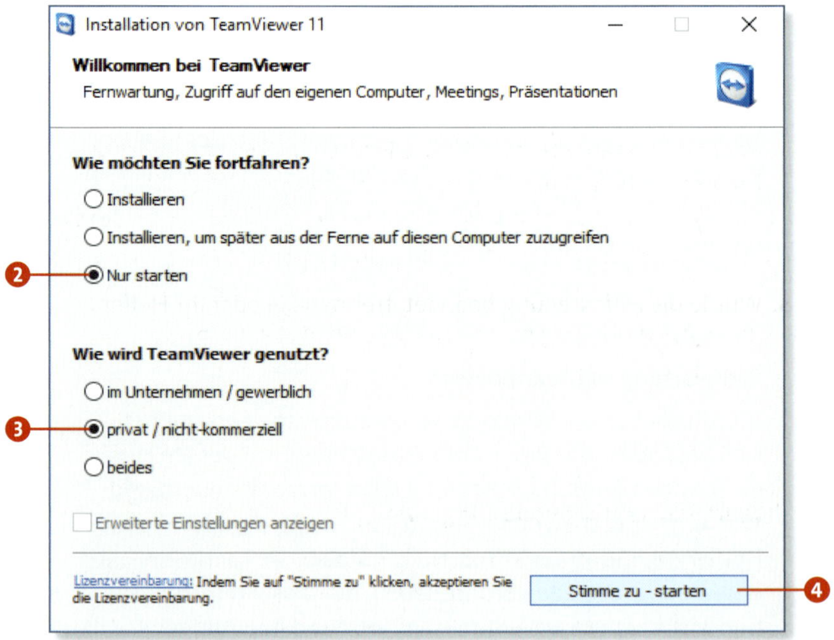

5. Teilen Sie Ihrem Helfer Ihre **ID** und das dazugehörige **Kennwort** mit 5. Die helfende Person startet das Programm ebenfalls auf ihrem Computer und trägt die von Ihnen erhaltene ID in das Feld **Partner-ID** 6 ein. Nachdem sie auf **Mit Partner verbinden** geklickt hat, wird zur Authentifizierung noch das Kennwort abgefragt, das Sie ihr ja bereits übermittelt haben. Waren alle Eingaben korrekt, wird die Fernwartung gestartet.

6. Das Hintergrundbild Ihres Arbeitsplatzes wird durch einen einfarbigen Hintergrund ersetzt. Dies ist zugleich ein sichtbares Zeichen dafür, dass die Verbindung aufgebaut wurde. Rechts unten auf dem Bildschirm erscheint ein kleines Fenster 7.

7. Der Helfer sieht nun auf seinem Computer Ihren Arbeitsplatz und kann Ihren PC aus der Ferne bedienen. Er kann Programme starten und beenden, Dateien öffnen und schließen und Einstellungen an Ihrem System vornehmen, so, als säße er direkt vor Ihrem Rechner. Auf Ihrem Bildschirm können Sie jeden Schritt des Helfers verfolgen. Sie sehen also zu jeder Zeit, was gerade geschieht. Auf diese Weise kann Ihnen der Helfer Vorgänge an Ihrem PC zeigen oder fehlerhafte Einstellungen korrigieren und Fehler beheben. Dabei haben Sie stets die volle Kontrolle und können die Verbindung jederzeit abbrechen, indem Sie einfach auf das kleine Kreuz 8 im Verbindungsfenster klicken.

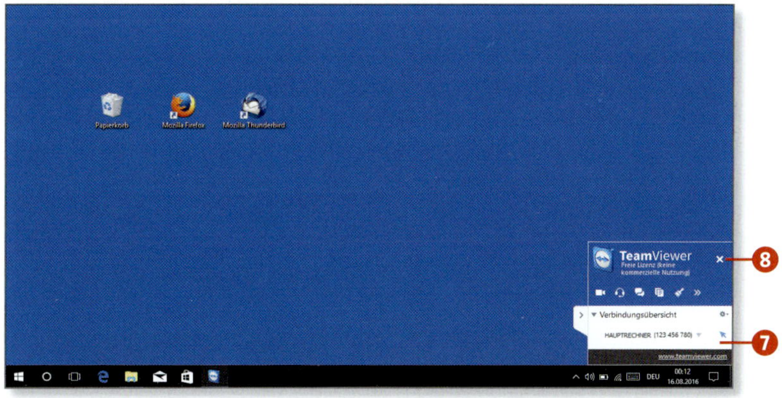

8. Wurde die Hilfestellung beendet, trennen Sie oder Ihr Helfer die Verbindung, und Sie können anschließend das Programm beenden.

TeamViewer für mobile Endgeräte

Das Fernwartungsprogramm gibt es auch für Android, iOS, Windows Phone und BlackBerry. Damit können Sie oder ein Helfer sogar über ein Android-Tablet oder ein Smartphone eine Verbindung zu einem wartungsbereiten Computer aufbauen.

Remoteunterstützung mit Windows-eigenen Mitteln anfordern

Ist der Einsatz des auf den vorherigen Seiten beschriebenen Programms *TeamViewer* nicht möglich oder unerwünscht, können Sie auch auf Windows-Bordmittel zurückgreifen. Möchten Sie einer Person aus Ihrem Freundeskreis helfen, lassen Sie ihr einfach diese Anleitung zukommen, oder fordern Sie selbst Unterstützung bei einer vertrauenswürdigen Person an.

1. Tippen Sie das Kürzel *msra.exe* ❶ in das Suchfeld der Taskleiste ein, und schließen Sie die Eingabe mit der [↵]-Taste ab. Daraufhin startet die Windows-Remoteunterstützung.
2. Im nächsten Dialogfenster wählen Sie die Option **Eine vertrauenswürdige Person zur Unterstützung einladen** ❷.
3. Klicken Sie anschließend auf **Einladung per E-Mail senden**. Daraufhin öffnet sich Ihr E-Mail-Programm mit einer vorgefertigten Nachricht. Die Einladungsdatei wurde dort bereits als Anhang hinzugefügt. Tragen Sie die E-Mail-Adresse des Empfängers ein, und schicken Sie die Nachricht ab.
4. Gleichzeitig öffnet sich die Windows-Remoteunterstützung und zeigt ein Kennwort an. Dieses Kennwort müssen Sie dem Helfer zukommen lassen, z. B. per Telefon.

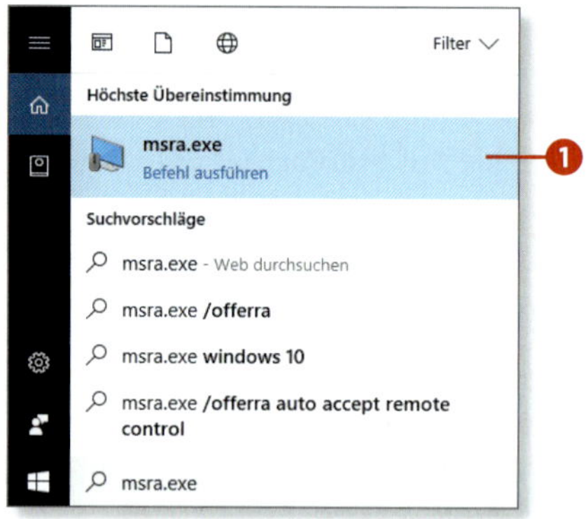

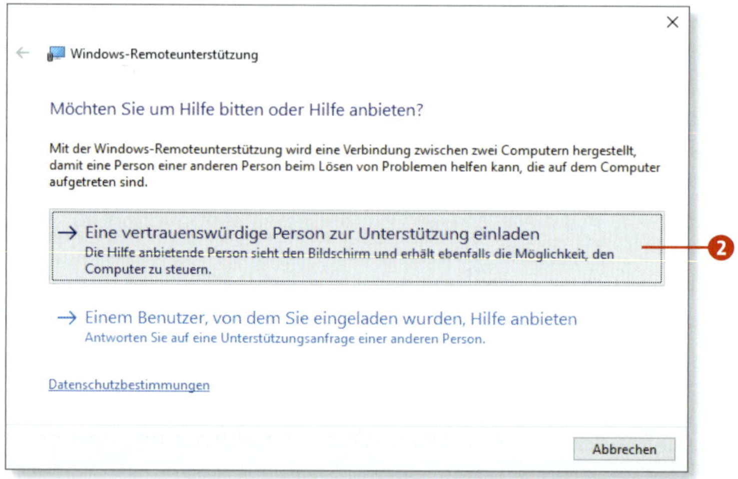

Fehler beim Verbindungsaufbau

Kontrollieren Sie im Fehlerfall, ob die Remoteunterstützung auf Ihrem PC aktiviert ist. Drücken Sie die Tastenkombination [Windows] + [Pause], und wählen Sie im Fenster **System** links den Befehl **Remoteeinstellung**. Prüfen Sie, ob das Häkchen vor **Remoteunterstützungsverbindung mit diesem Computer zulassen** gesetzt ist. Falls nicht, holen Sie das nach.

Wie geht es weiter?

Der Helfer führt einen Doppelklick auf die Einladungsdatei aus und gibt das von Ihnen übermittelte Kennwort zur Authentifizierung ein. Er sieht nun Ihren Desktop und kann mit der Unterstützung beginnen. Sobald Sie das Fenster der Remoteunterstützung schließen, wird auch die Verbindung getrennt.

11

Warten, pflegen, absichern

Befreien Sie Ihr System von unnötigem Datenmüll, und führen Sie immer mal wieder eine Datenträgerbereinigung durch, quasi einen Frühjahrsputz für den PC. Temporäre Internet- oder Programmdateien, Protokolldateien, Fehlerberichterstattungsdateien oder schlicht der Inhalt des Papierkorbs – schaffen Sie wieder Platz auf Ihrer Festplatte, und löschen Sie diese Dateien. Apropos Festplatte: Auch die Festplatte braucht Pflege! Überprüfen Sie sie auf mögliche Dateisystemfehler, und optimieren Sie das Laufwerk, indem Sie es regelmäßig von Windows defragmentieren lassen. Verbessern Sie die Darstellung und Leistung von Windows, und nutzen Sie den Systemintegritätsbericht, um lästige Fehler aufzuspüren und zu beseitigen.

Obwohl Windows 10 mit dem Windows Defender bereits ein Schutzprogramm mitliefert, können Sie natürlich auch ein Antivirenprogramm eines Drittanbieters installieren. Das Gleiche gilt für die Firewall.

Schützen Sie Ihre Daten mit der Verschlüsselungstechnologie BitLocker. Gerade Anwender tragbarer Computer wie Laptops oder Tablet-PCs können ihre Daten so vor dem unbefugten Zugriff Dritter schützen und die Festplatte sicher verschlüsseln. Ohne das Kennwort oder den USB-Stick zur Autorisierung kann niemand Ihre Daten lesen.

Natürlich darf auch das Thema Datensicherung nicht fehlen. Legen Sie eine Komplettsicherung Ihres Systems an. Sollte es zu einem schweren Systemfehler kommen und Windows den Start verweigern, können Sie mit dieser Sicherung Ihre Windows-Installation reparieren.

In diesem Kapitel

- Die Festplatte optimieren
- Die Datenträgerbereinigung
- Windows schützen
- Ein Antivirenprogramm installieren
- Daten sichern
- Das System wiederherstellen
- BitLocker – Laufwerke und Daten verschlüsseln
- Das Windows-Gedächtnis: der Datei-versionsverlauf
- App-Einstellungen für Datenschutz und Privatsphäre

Windows 10 effizient verwalten

So, wie ein Auto regelmäßig zur Inspektion in die Werkstatt gebracht wird, damit wichtige Teile überprüft und gegebenenfalls ausgetauscht werden können, bevor es zu einer lästigen Panne kommt, sollten Sie auch Ihr System regelmäßig warten, pflegen und vor allem absichern. Viele Aufgaben erledigt Windows 10 selbstständig, in anderen Bereichen sollten Sie aber selbst immer mal wieder nach dem Rechten sehen und wichtige Wartungsaufgaben durchführen. Denken Sie auch an Ihre Daten, und legen Sie Sicherungskopien an.

Updates für das Betriebssystem werden automatisch installiert. Mit ihnen stopft Microsoft bekannt gewordene Sicherheitslücken, korrigiert kleinere Fehler oder erweitert das Betriebssystem um neue Funktionen. Aktivieren Sie am besten die Option **Microsoft-Update**, um auch Updates für Microsoft-Produkte wie *Microsoft Office* automatisch zu beziehen. Es gibt keine Unterteilung mehr zwischen optionalen und sicherheitsrelevanten Updates und ebenso wenig eine Abwahlmöglichkeit durch den Anwender. Immerhin aber ist es seit Windows 10 Version 1703 möglich, Updates für ein paar Tage auszusetzen.

Gerätetreiber sind für die reibungslose Zusammenarbeit zwischen dem Betriebssystem und dem angeschlossenen Gerät zuständig. Ein falscher oder veralteter Treiber kann der Grund für ein Fehlverhalten der Hardware sein. Sollten Sie also funktionale Probleme mit einer angeschlossenen Hardwarekomponente haben, kontrollieren Sie den installierten Treiber, und aktualisieren Sie ihn gegebenenfalls. Häufig hilft hier auch ein Blick auf die Webseite des Geräteherstellers, die meist die neuesten Treiber und Empfehlungen bereithält.

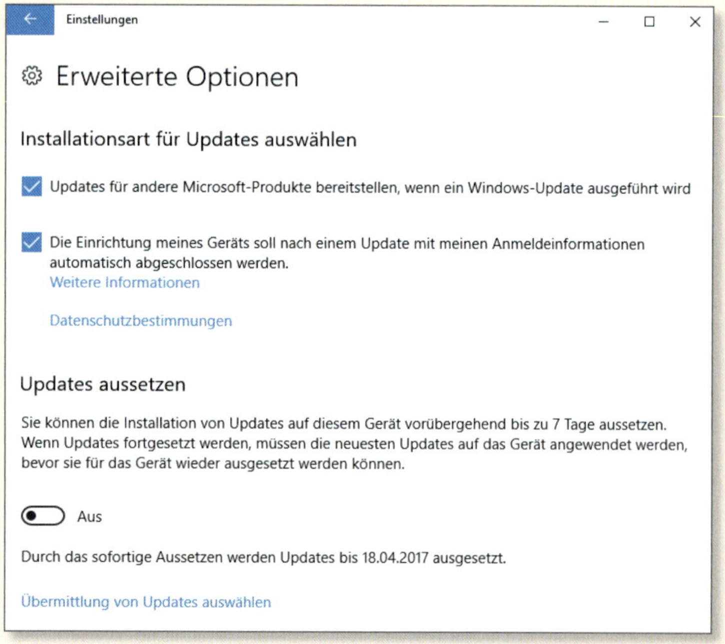

Sinnvoll: Updates auch für Microsoft-Produkte einbeziehen

Viren, Würmer und Trojaner sind leider ständig ein sehr wichtiges Thema. Verwenden Sie auf jeden Fall ein Antivirenprogramm: Entweder nutzen Sie den *Windows Defender*, oder Sie installieren eine Schutzsoftware eines Drittanbieters (siehe dazu den Abschnitt »Ein Antivirenprogramm installieren« ab Seite 294). Bleiben Sie auch hier immer auf dem neuesten Stand! Nur ein wirklich aktuelles Antivirenprogramm kann Schädlinge zuverlässig erkennen und blockieren.

Zumindest die Windows-eigene Firewall sollte immer eingeschaltet sein. Auch in puncto Firewall können Sie auf die Softwarelösung eines Drittanbieters zurückgreifen, wenn Sie möchten (beachten Sie aber auch den Kasten »Andere Firewalls« auf Seite 166). Informationen zum Windows Defender und zur *Windows-Firewall* finden Sie im Abschnitt »Sicherheit im Internet« ab Seite 158.

Wenn die Festplatte einen Fehler aufweist, führt dies fast immer zu Datenverlust. Kommt es ganz schlimm, lässt sich Windows nicht mehr starten, und die Festplatte kann nicht einmal mehr über andere Betriebssysteme angesprochen werden. Zur Wartung gehört daher auch die Optimierung Ihrer Festplatten: Prüfen Sie den Fragmentierungsgrad, und defragmentieren Sie die Festplatten bei Bedarf. Diese Aufgabe kann Windows auch selbstständig nach Ihren Zeitvorgaben durchführen.

Das Thema Datensicherung wird von vielen Anwendern eher stiefmütterlich behandelt. Zugegeben, auch ich gehöre eher zu den »Sicherungsmuffeln« und lasse oft zu große Abstände zwischen den einzelnen Sicherungsintervallen. Dabei bietet Windows 10 die Möglichkeit, auf einfache Weise das komplette System als *Image* (Abbild) zu sichern.

Bereits unter Windows 8.1 ist der *Dateiversionsverlauf* hinzugekommen, der natürlich auch unter Windows 10 zur Verfügung steht. Mit dieser Funktion können Sie Ihre Dateien automatisch sichern lassen. Sollte die Originaldatei einmal verloren gehen, können Sie sie mit wenigen Mausklicks aus einer gesicherten Version wiederherstellen. Alles zum Thema Datensicherung finden Sie im Abschnitt »Daten sichern« ab Seite 296. Informationen zum Dateiversionsverlauf gibt es im Abschnitt »Das Windows-Gedächtnis: der Dateiversionsverlauf« ab Seite 304.

Die Festplatte optimieren

Verbessern Sie die Leistung Ihres Computers durch eine regelmäßige Optimierung Ihrer Festplatten. Weisen Sie Windows an, diese Aufgabe automatisch durchzuführen, oder starten Sie die Defragmentierung bei Bedarf manuell. Während der Optimierung können Sie den Computer weiternutzen.

1. Öffnen Sie mit [⊞] + [E] den Explorer. Wählen Sie das Systemlaufwerk *C:* aus ❶, wechseln Sie dann im Menüband zum Register **Laufwerkstools / Verwalten** ❷, und klicken Sie dort auf den Menüpunkt **Optimieren** ❸.

2. Es dauert einen kleinen Moment, bis die Funktion gestartet wird. Im Fenster **Laufwerke optimieren** werden alle Festplatten und Partitionen aufgelistet, die in Ihrem Computer verwendet werden ❹. Sie sehen in der ersten Spalte die Laufwerksbezeichnung samt Laufwerksbuchstaben, in der zweiten Spalte den Medientyp, und der dritten Spalte können Sie das Datum und die Uhrzeit der letzten Optimierung entnehmen.

3. In der vierten Spalte wird der aktuelle Status der Laufwerke angezeigt. Auch wenn der Status mit **OK** angegeben ist – markieren Sie eine Festplatte, und klicken Sie anschließend auf die Schaltfläche **Analysieren** ❺, um eine Überprüfung zu starten.

4. Die Analyse wird gestartet, und nach wenigen Sekunden wird der Status aktualisiert. Wenn der angegebene Fragmentierungsgrad 10 % oder mehr beträgt, ist eine Optimierung erforderlich. Klicken Sie in diesem Fall auf die Schaltfläche **Optimieren** ❻.

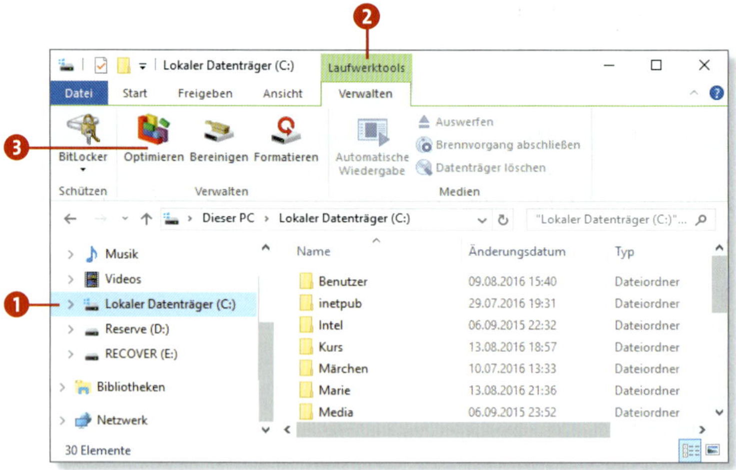

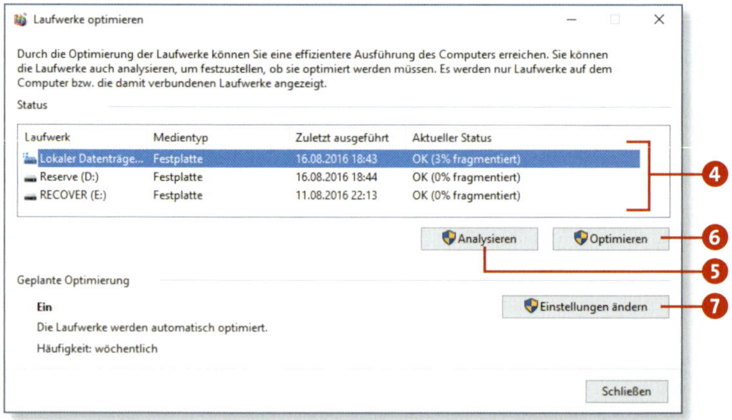

Voraussetzungen

Die Festplatte muss mit dem Dateisystem NTFS, FAT32 oder FAT formatiert sein. Netzwerklaufwerke können nicht optimiert werden.

SSD-Festplatten ausschließen!

SSD-Festplatten sollten Sie grundsätzlich von der Defragmentierung ausschließen, da dies deren Lebensdauer erheblich beeinträchtigen kann!

5. Neben der manuellen Optimierung können Sie Windows auch anweisen, diese Aufgabe automatisch durchzuführen. Klicken Sie dazu im Abschnitt **Geplante Optimierung** auf **Einstellungen ändern** (❼ auf Seite 290).
6. Legen Sie die Häufigkeit der Optimierung über das Dropdown-Menü fest ❽. Meist ist die Einstellung **Wöchentlich** absolut ausreichend. Zusätzlich können Sie auswählen, welche Laufwerke berücksichtigt werden sollen. Klicken Sie dazu auf **Auswählen** ❾.
7. Wählen Sie jene Festplatten aus, die regelmäßig optimiert werden sollen, indem Sie davor ein Häkchen setzen ❿. Markieren Sie auch die Option **Neue Laufwerke automatisch optimieren** ⓫, falls dies bei neu hinzugefügten Festplatten geschehen soll. Bestätigen Sie Ihre Einstellungen schließlich mit **OK**.

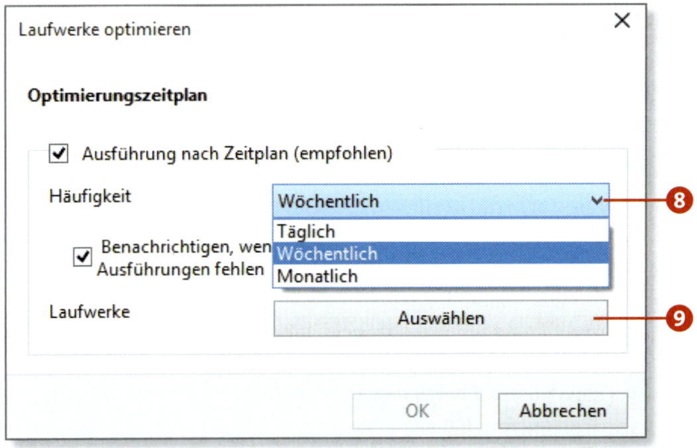

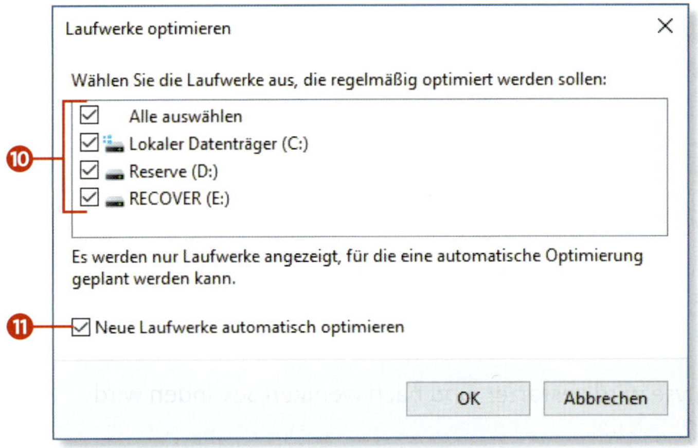

Wie lange dauert die Optimierung?

Abhängig von der Größe der Festplatte und dem Fragmentierungsgrad kann der Vorgang zwischen wenigen Minuten und einigen Stunden dauern. Sie können den Computer währenddessen aber weiterverwenden und die Optimierung im Hintergrund ablaufen lassen.

Programme sauber deinstallieren

Um Datenmüll zu vermeiden, sollten Sie nicht mehr benötigte Programme immer korrekt deinstallieren. Siehe dazu den Abschnitt »Programme vollständig deinstallieren« ab Seite 88.

Die Datenträgerbereinigung

Im Laufe der Zeit sammelt sich auf jedem Windows-System eine ganze Menge Daten an, die eigentlich gar nicht mehr gebraucht wird. Das sind z. B. temporäre Dateien, die von Anwendungen angelegt, aber nicht wieder gelöscht werden, oder auch Dateien im Papierkorb. Geben Sie wertvollen Speicherplatz frei, indem Sie diese Daten gelegentlich löschen.

1. Öffnen Sie mit [Win] + [E] den Explorer auf dem Desktop. Wählen Sie das gewünschte Laufwerk aus ❶, wechseln Sie im Menüband zum Register **Laufwerkstools/Verwalten** ❷, und klicken Sie dort auf **Bereinigen** ❸.
2. Die Datenträgerbereinigung analysiert nun die Festplatte und sucht nach nicht mehr benötigten Dateien. Kurze Zeit später wird das Ergebnis angezeigt. Sie können den aufgeführten Informationen entnehmen, wie viel Speicherplatz freigegeben werden kann, wenn Sie alle vorgeschlagenen Dateien löschen lassen ❹.
3. Sobald Sie einen Eintrag auswählen, wird im Feld darunter eine kurze Beschreibung angezeigt ❺, die Ihnen bei der Entscheidung behilflich ist, ob die Dateien gelöscht werden sollen. Haben Sie Ihre Wahl getroffen, klicken Sie auf **OK**, und bestätigen Sie auch die nachfolgende Sicherheitsabfrage mit **OK**.

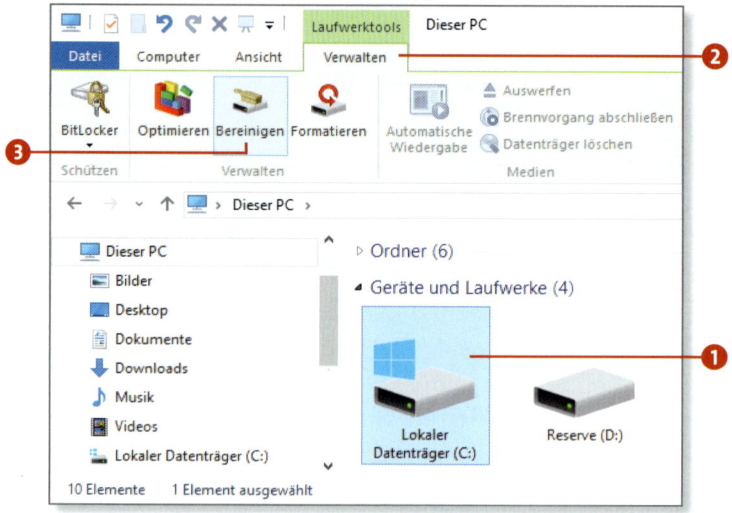

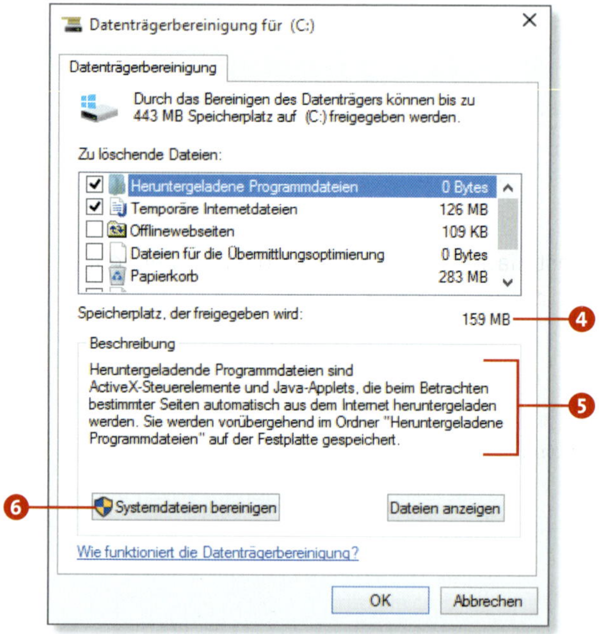

Systemdateien bereinigen

Wählen Sie **Systemdateien bereinigen** ❻, um alte Wiederherstellungspunkte oder frühere Windows-Installationen zu löschen. Diese Funktion sollten Sie aber nur ausführen, wenn Sie ganz sicher sind, dass Sie diese Daten nicht mehr benötigen.

Windows schützen

Welche Windows-Version habe ich?

Windows 10 wird kontinuierlich weiterentwickelt und in unregelmäßigen Abständen über das Windows-Update aktualisiert. Das dient vor allem auch der Schließung von Sicherheitslücken. Neue Versionen werden künftig nach dem Datum der Veröffentlichung benannt, und so bezeichnet die *Version 1703* z. B. die Aktualisierung im März 2017. Hierbei steht die erste Zahl für das Jahr und die zweite für den Monat, wobei es mitunter einige Wochen dauern kann, bis das Update auf Ihrem PC angeboten wird. Welche Version Sie einsetzen, können Sie wie folgt in Erfahrung bringen.

1. Tippen Sie links unten in das Suchfeld der Taskleiste den Befehl »winver« ein, und schließen Sie die Eingabe mit der [↵]-Taste ab. Sollten Sie das Suchfeld ausgeblendet haben, öffnen Sie zunächst das Startmenü, und tippen Sie dann den Befehl ein. Mit dem ersten Tastenanschlag öffnet sich automatisch ein Eingabefeld.
2. Dem sich nun öffnenden Informationsfenster können Sie die aktuelle Version entnehmen. In diesem Beispiel ist es die **Version 1703** ❶. Über die Schaltfläche **OK** ❷ schließen Sie das Fenster wieder.
3. Wenn es um die Installation neuer Software oder Treiber geht, ist es mitunter wichtig zu wissen, ob man Windows 10 in der 32-Bit- oder der 64-Bit-Version nutzt. Drücken Sie die Tastenkombination [⊞] + [Pause], um die Basisinformationen zu Ihrem System einzusehen.
4. Im Abschnitt **System** können Sie dem Eintrag **Systemtyp** ❸ die verwendete Version entnehmen. In diesem Beispiel handelt es sich um die 32-Bit-Version.

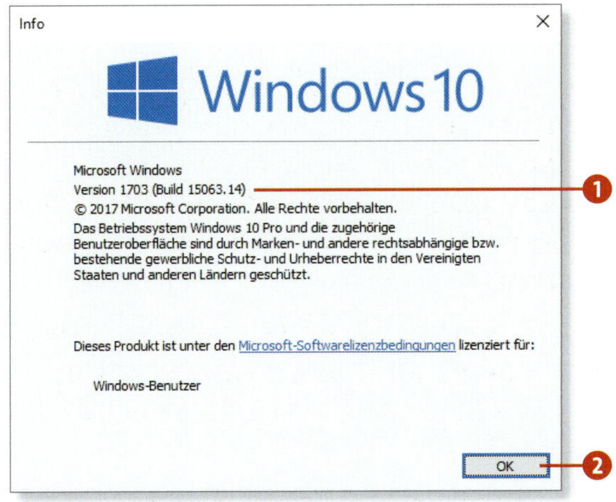

Große Updates werden sukzessive ausgerollt

Steht ein größeres Update bereit, wird dieses sukzessive ausgerollt. Es ist also möglich, dass die PCs von Freunden oder Familienmitgliedern ein Update einige Tage eher erhalten als Sie. Machen Sie sich darüber keine Gedanken, auch Ihr System wird zeitnah automatisch aktualisiert.

Ein Antivirenprogramm installieren

Wer nicht auf den Windows Defender setzen möchte, kann auch ein Schutzprogramm eines anderen Anbieters installieren. Stellvertretend für die große Auswahl beschreibe ich hier die Installation und Einrichtung der Schutzsoftware *Anti-Malware* von Emsisoft, die Sie 30 Tage lang uneingeschränkt testen können.

1. Laden Sie das Programm von der Seite *www.emsisoft.de/de/software/antimalware* herunter, und starten Sie die Installation mit einem Doppelklick auf die heruntergeladene Datei. Bestätigen Sie zunächst die Abfrage der Benutzerkontensteuerung mit **Ja**, und akzeptieren Sie die Lizenzbedingungen.
2. Nach erfolgter Installation startet das Programm automatisch. Um die Testversion nutzen zu können, wählen Sie die Option **30 Tage gratis testen** ❶. Falls Sie bereits eine Lizenz besitzen, klicken Sie auf **Lizenzschlüssel eingeben** ❷.
3. Nachfolgend können Sie angeben, ob Sie am Anti-Malware-Network teilnehmen möchten. Nach erfolgter Auswahl werden die neuesten Updates für das Schutzprogramm heruntergeladen. Klicken Sie nach der Aktualisierung auf **Weiter**.
4. Es klingt lustig, aber aktivieren Sie im nächsten Dialog unbedingt die PUP-Erkennung ❸. *PUPs* sind potenziell unerwünschte Programme, die bei der Installation nützlicher Programme häufig mit anhängen und vom Anwender unbeabsichtigt mit installiert werden. Die Funktion warnt Sie, wenn eine unerwünschte Programmbeigabe erkannt wird. Klicken Sie im letzten Schritt auf **Installation beenden**, um diese abzuschließen.

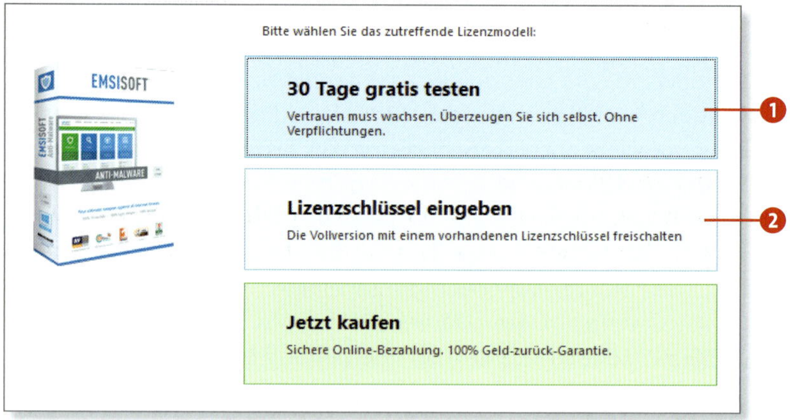

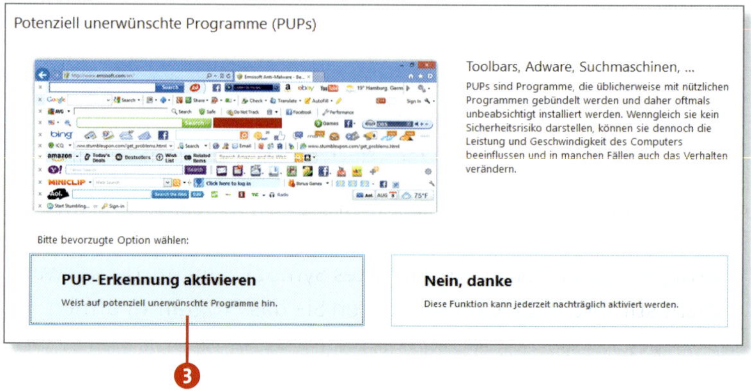

Nach 30 Tagen zum Freeware-Modus

Nach Ablauf der Testphase können Sie das Programm weiterhin kostenlos nutzen, allerdings ohne Echtzeitschutz. Dauerhaft sollten Sie die eingeschränkte Version nicht verwenden, da das Risiko einer Infektion ohne Echtzeitschutz zu hoch ist.

5. Direkt nach der Installation sollten Sie Ihren Computer auf mögliche Schadsoftware überprüfen. Für die erste Prüfung wählen Sie **Schnelltest** ❹. Die Funktion **Malware-Scan** ❺ ist gründlicher, dauert aber sehr lange, das können Sie später nachholen.

6. Ist die Überprüfung Ihres Computers abgeschlossen, geht es mit den allgemeinen Schutzeinstellungen weiter. Kontrollieren Sie im Hauptfenster der Anwendung, ob dort alle drei Schutzfunktionen aktiviert sind: der **Surfschutz**, der **Dateiwächter** und die **Verhaltensanalyse** ❻. Sollte eine dieser Funktionen abgeschaltet sein, klicken Sie auf den entsprechenden Eintrag, und aktivieren Sie die Funktion. Andernfalls würden Sie Ihr System einem hohen Infektionsrisiko aussetzen.

7. Zahlreiche weitere Konfigurationsmöglichkeiten erreichen Sie über den Menüpunkt **Einstellungen** ❼. Im Untermenü **Benachrichtigungen** können Sie festlegen, zu welchen Ereignissen Sie das Programm benachrichtigen soll. Wenn Sie z. B. keine Benachrichtigung wünschen, falls das Programm neue Signatur-Updates heruntergeladen hat, entfernen Sie das Häkchen vor der Option **Signatur- und Muster-Updates** ❽.

8. Ob Ihr System geschützt ist, erkennen Sie auch an dem kleinen Schutzschild rechts unten in der Taskleiste ❾. Ist das Symbol grün, ist alles in Ordnung. Ein rotes Symbol zeigt an, dass etwas nicht stimmt. In diesem Fall sollten Sie das Programm öffnen und nachsehen, wo es klemmt.

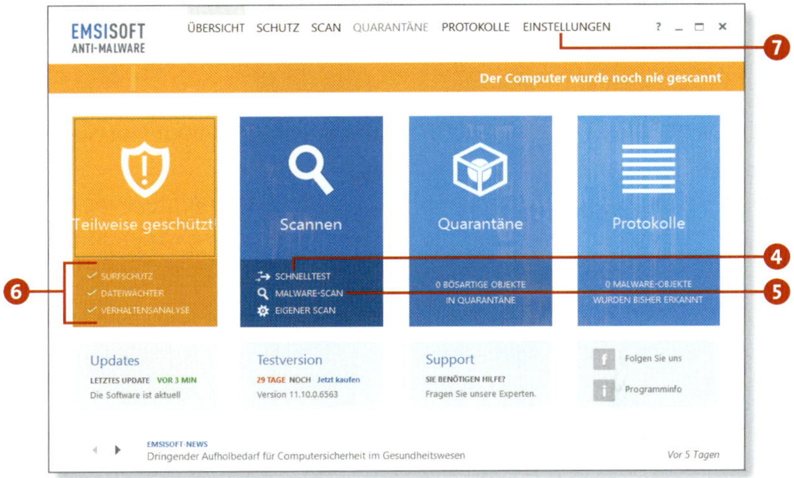

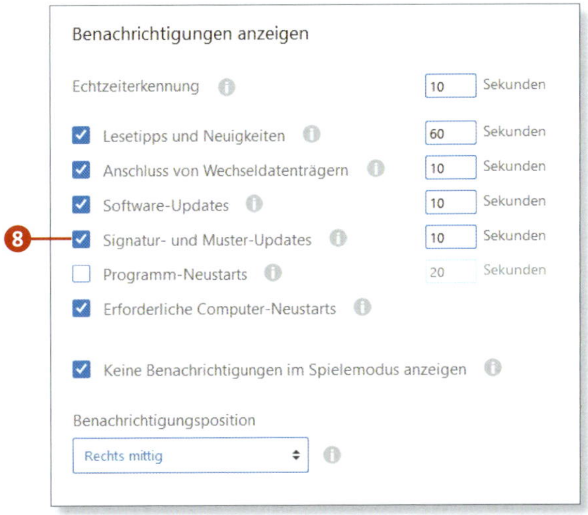

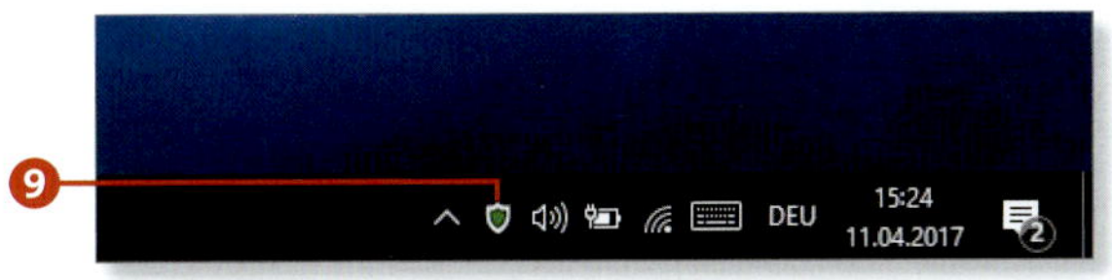

Muss der Windows Defender deaktiviert werden?

Das Programm Emsisoft Anti-Malware kann problemlos zusammen mit den meisten Antivirenprogrammen verwendet werden. Sie müssen den Windows Defender also nicht zwingend abschalten. Auf der Webseite des Herstellers finden Sie weitere nützliche Tipps und Anleitungen zum Programm.

Daten sichern

Das gesamte System sichern

Windows 10 bietet die Möglichkeit, das gesamte System inklusive aller Dateien und Programme als Image zu sichern. Sie können mit dieser Sicherung Ihr System im Falle eines Festplattenfehlers wiederherstellen, allerdings ist es nicht möglich, einzelne Ordner oder Dateien zur Wiederherstellung aus dem Image auszuwählen.

1. Die Funktion ist ein wenig versteckt. Rufen Sie mit der Tastenkombination [Windows] + [I] die Windows-Einstellungen auf, wählen Sie darin die Kategorie **Update und Sicherheit** aus, und klicken Sie dann in der Unterkategorie **Sicherheit** auf den Menüpunkt **Zu Sichern und Wiederherstellen (Windows 7) wechseln**.
2. Im sich nun öffnenden Fenster klicken Sie links oben in der Aufgabenleiste auf die Option **Systemabbild erstellen**.
3. Windows sucht nun nach verfügbaren Sicherungslaufwerken. Zu empfehlen ist die Sicherung des Systemabbildes auf einer externen Festplatte. Wählen Sie ein geeignetes Laufwerk aus (1), und klicken Sie auf die Schaltfläche **Weiter** (2).
4. Sind in Ihrem System mehrere Festplatten vorhanden, können Sie nun per Klick auswählen, welche gesichert werden sollen. Alle Laufwerke, die für die Ausführung von Windows erforderlich sind, werden automatisch einbezogen und können auch nicht abgewählt werden. Klicken Sie auf **Weiter** (3), um zum nächsten Schritt zu gelangen.

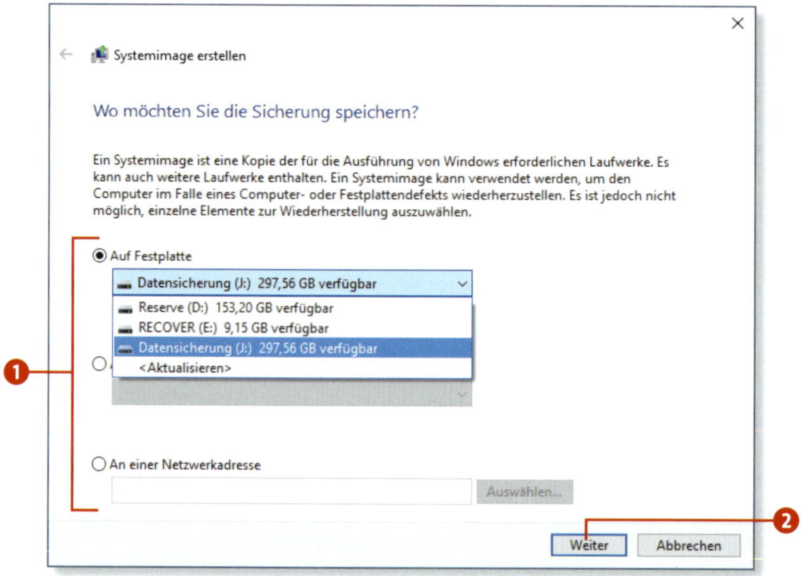

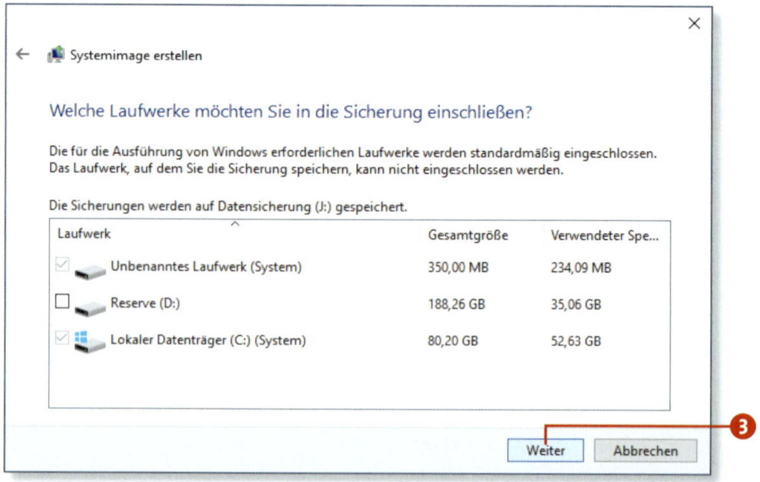

Sicherungsumfang beachten

Je mehr Festplatten Sie einbinden, desto größer ist natürlich auch der erforderliche Speicherplatz auf dem Sicherungslaufwerk. Kontrollieren Sie daher den auf Ihrem Sicherungslaufwerk verfügbaren Speicherplatz.

5. Nun können Sie die Einstellungen nochmals kontrollieren. Mit dem Pfeil links oben ❹ gelangen Sie wieder zur Auswahl der Festplatten, um Korrekturen vorzunehmen. Wenn alles passt, klicken Sie auf **Sicherung starten** ❺. Die Sicherung wird erstellt. Bringen Sie genügend Zeit mit, der Vorgang kann je nach der zu sichernden Datenmenge mehrere Stunden dauern. Es bietet sich daher an, die Sicherung über Nacht laufen zu lassen.

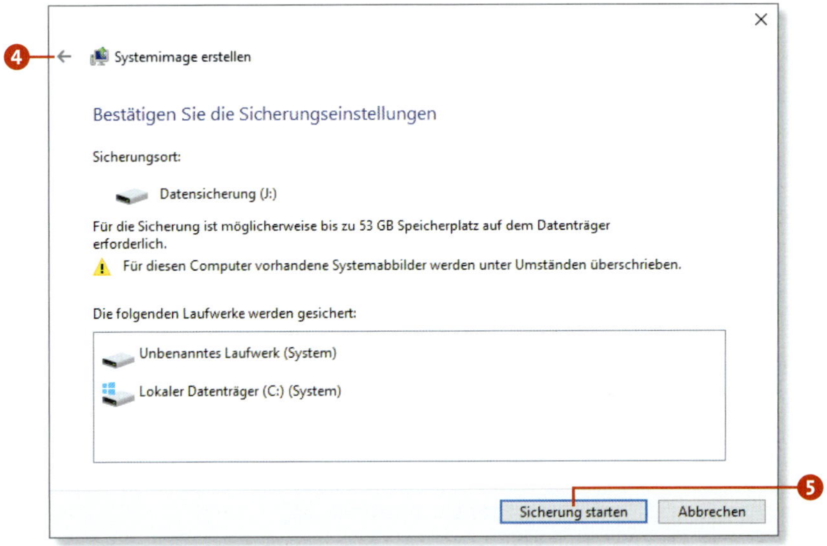

6. Ist die Sicherung beendet, informiert Windows Sie darüber mit einem kurzen Hinweis. Klicken Sie auf **Schließen** ❻, um den Vorgang abzuschließen. Damit Sie im Bedarfsfall das Systemabbild wieder auf Ihren Computer zurückspielen können, erstellen Sie unbedingt auch einen Wiederherstellungsdatenträger (siehe dazu auch den Abschnitt »Einen Windows-Notfall-USB-Stick erstellen« ab Seite 316).

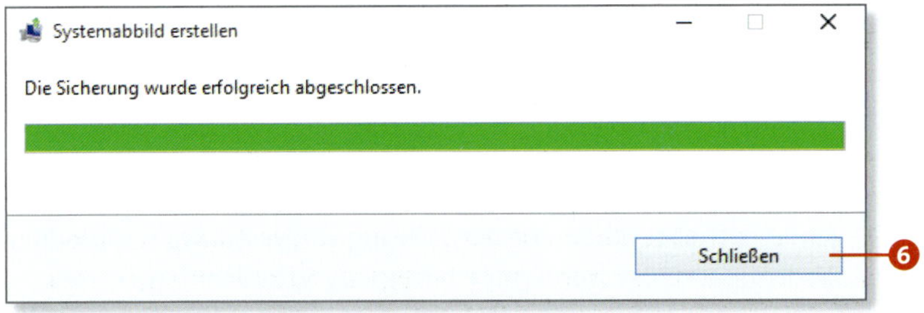

Was ist eigentlich ein Systemabbild?

Ein Systemabbild oder Systemimage ist eine 1:1-Kopie eines Laufwerks. Das Abbild enthält immer automatisch die Kopien aller Laufwerke, die zum Betrieb von Windows 10 erforderlich sind, und neben diesen Systemlaufwerken können Sie weitere Festplatten in die Sicherung einbeziehen. Es enthält außerdem Systemeinstellungen sowie Dateien und Programme. Nach einem Windows- oder Festplattenfehler können Sie dieses Abbild verwenden, um Ihr System wiederherzustellen. Sie können das Systemabbild aber immer nur komplett zurückspielen, eine Wiederherstellung einzelner Elemente ist nicht möglich. Informationen zur Sicherung ausgewählter Dateien und Ordner finden Sie im Abschnitt »Das Windows-Gedächtnis: der Dateiversionsverlauf« ab Seite 304.

Das System wiederherstellen

Wenn sich Windows nicht mehr starten lässt oder ein anderer schwerwiegender Fehler auftritt, können Sie Ihr System mithilfe des zu einem früheren Zeitpunkt erstellten Systemabbilds auf den Stand der Sicherung zurücksetzen.

1. Legen Sie den Windows-Installationsdatenträger ein, oder verbinden Sie den Notfall-USB-Stick mit Ihrem Computer, und starten Sie ihn neu. Das Windows-Setup wird automatisch von der CD/DVD oder dem USB-Stick gestartet. Lassen Sie im ersten Dialog die voreingestellten Werte für Sprache, Uhrzeit und Tastatur ❶ stehen, und klicken Sie auf **Weiter** ❷.
2. Eine komplette Neuinstallation ist nicht das Ziel, daher klicken Sie im nächsten Fenster unten links auf den etwas unscheinbaren Link **Computerreparaturoptionen** ❸.
3. Nach einem kurzen Moment werden Ihnen drei Möglichkeiten zur Auswahl angeboten. Entscheiden Sie sich für die Option **Problembehandlung**, und klicken Sie direkt danach auf die Schaltfläche **Erweiterte Optionen**.
4. Um Windows mit einem Systemimage wiederherzustellen, klicken Sie nun auf den Menüpunkt **Systemimage-Wiederherstellung** ❹ und wählen im Anschluss das wiederherzustellende Betriebssystem aus der Liste aus. Diese Auswahl müssen Sie treffen, selbst wenn nur ein Betriebssystem vorhanden ist.

Windows startet nicht mehr?

Bevor Sie ein Systemabbild aufspielen und damit die auf der Festplatte vorhandenen Daten überspielen, versuchen Sie, eine Systemstartreparatur durchzuführen. Lesen Sie dazu den Abschnitt »Windows startet nicht mehr« auf Seite 310.

5. Windows sucht nun nach vorhandenen Systemabbildsicherungen und zeigt kurz danach das aktuellste verfügbare Abbild an ❺. Über die Option **Systemabbild auswählen** ❻ können Sie aber, soweit vorhanden, auch ein älteres Abbild auswählen. Zu empfehlen ist jedoch die Verwendung der jüngsten Sicherung. Klicken Sie auf **Weiter** ❼, um zum nächsten Schritt zu gelangen.
6. Soll die Festplatte formatiert und neu aufgeteilt werden? Falls ja, aktivieren Sie den Menüpunkt **Datenträger formatieren und neu partitionieren** ❽. Diese Option sollten Sie wählen, falls Sie eine neue, noch unformatierte Festplatte verwenden möchten oder sich die Partitionierung der Festplatte seit der letzten Systemabbildsicherung verändert hat. Ist dies nicht der Fall, können Sie diesen Schritt mit einem Klick auf **Weiter** ❾ überspringen.
7. Noch einmal wird das ausgewählte Systemabbild angezeigt. Klicken Sie auf **Zurück**, falls Sie doch eine andere Sicherung auswählen möchten. Ansonsten starten Sie die Wiederherstellung über die Schaltfläche **Fertig stellen**. Eine letzte Meldung weist Sie darauf hin, dass alle Daten auf den wiederherzustellenden Laufwerken durch die Daten der Sicherung überspielt werden. Bestätigen Sie dies mit **Ja**. Nun beginnt die Wiederherstellung.

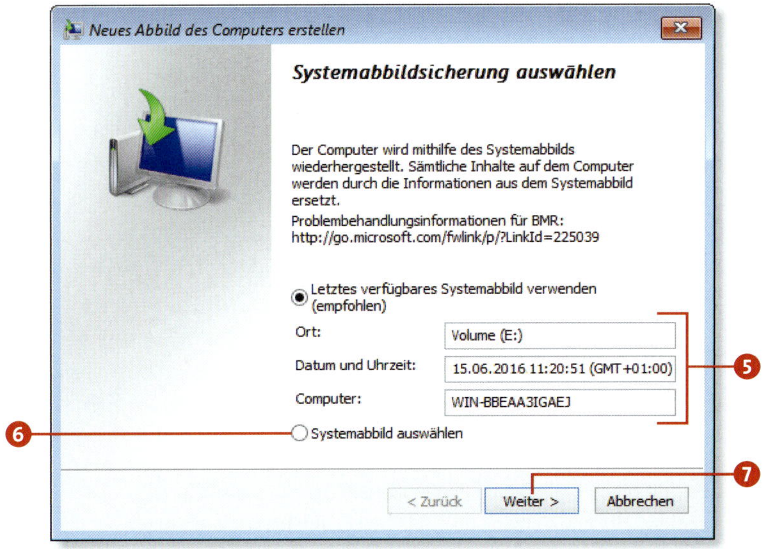

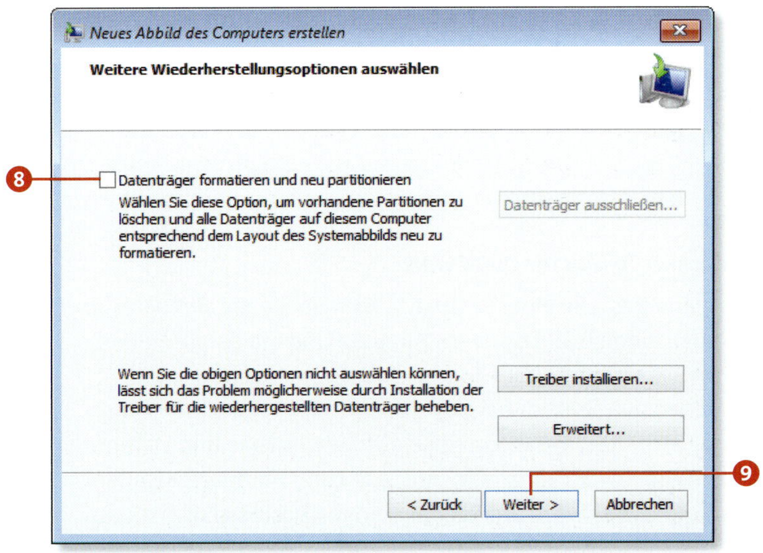

Auch die Systemwiederherstellung kann hilfreich sein

Haben Sie schon versucht, Ihr System mithilfe der Systemwiederherstellung oder der Funktion **Windows auffrischen** zu reparieren? Bei beiden Varianten bleiben persönliche Daten und Einstellungen erhalten. Lesen Sie dazu den Abschnitt »Wiederherstellen, auffrischen, zurücksetzen« ab Seite 318.

BitLocker – Laufwerke und Daten verschlüsseln

Das System für BitLocker ohne TPM-Chip konfigurieren

Beim ersten Aufruf der Funktion *BitLocker* wird überprüft, ob Ihr Computer mit einem TPM-Sicherheitschip (*Trusted Platform Module*) ausgerüstet ist, der verschiedene Sicherheitsfunktionen für Anwendungen bereitstellt, z. B. zur Verschlüsselung der Festplatte, zum Schutz des Betriebssystems vor Manipulation durch Schadsoftware oder zur eindeutigen Identifizierung des Computers. Ist dies nicht der Fall, gibt Windows eine Meldung aus, und Sie müssen Ihr System vorbereiten, um BitLocker ohne TPM-Technologie nutzen zu können. Dafür müssen Sie sich mit einem Administratorkonto am System anmelden.

1. Tippen Sie links unten auf Ihrem Desktop im Suchfeld *Bitlocker* ein, und wählen Sie dann den Menüpunkt **BitLocker verwalten** ❶. Wenn Ihr Gerät TPM nicht verwendet, werden Sie beim Versuch, BitLocker für ein Laufwerk zu aktivieren, darauf hingewiesen ❷.
2. Geben Sie in diesem Fall in das Suchfeld des Startmenüs den Befehl »gpedit.msc« ein ❸, und klicken Sie dann auf den ersten Eintrag **gpedit.msc** ❹ in der Ergebnisliste.

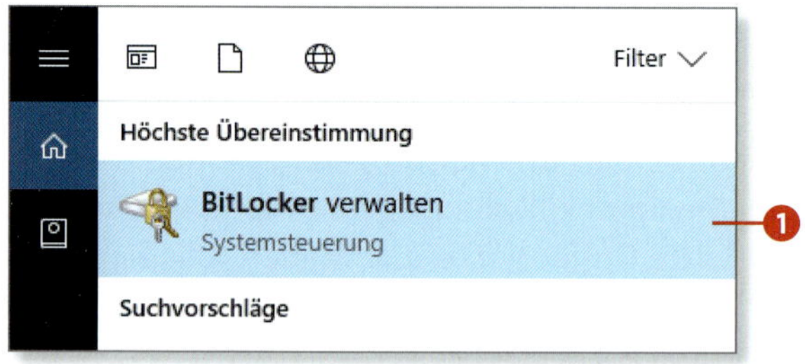

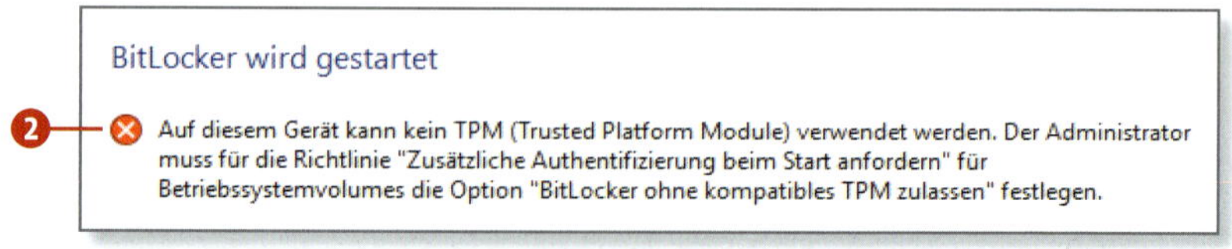

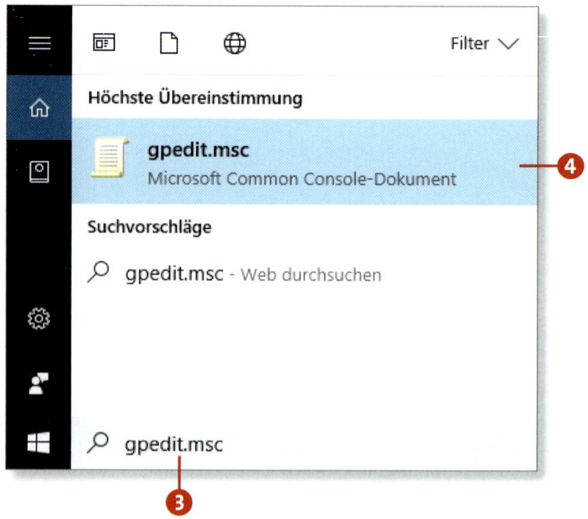

»BitLocker To Go« für USB-Sticks

Übrigens, anstelle einer Festplatte können Sie mit *BitLocker To Go* auch einen USB-Stick verschlüsseln und die darauf befindlichen Daten so vor dem Zugriff Unbefugter schützen. Die Vorgehensweise ist dabei identisch mit der Verschlüsselung einer Festplatte (siehe den Abschnitt »Laufwerke und Daten verschlüsseln« ab Seite 302). Anstelle einer Festplatte wählen Sie dann einfach den am Rechner eingesteckten USB-Stick aus.

3. Der Gruppenrichtlinien-Editor wird gestartet. Öffnen Sie nun folgenden Ordnerpfad: *Computerkonfiguration\Administrative Vorlagen\Windows-Komponenten\BitLocker-Laufwerkverschlüsselung* 5, und klicken Sie schließlich auf den Ordner **Betriebssystemlaufwerke**. Sollten Sie nicht als Administrator am System angemeldet sein, erfolgt an dieser Stelle eine zusätzliche Authentifizierung, und Sie müssen das Kennwort eines Adminkontos eingeben.

4. Öffnen Sie in der rechten Fensterhälfte den Eintrag **Zusätzliche Authentifizierung beim Start anfordern** 6 mit einem Doppelklick, und setzen Sie die Markierung vor den Befehl **Aktiviert** 7. Mit **OK** wird die Einstellung übernommen, und Sie können den Gruppenrichtlinien-Editor wieder schließen.

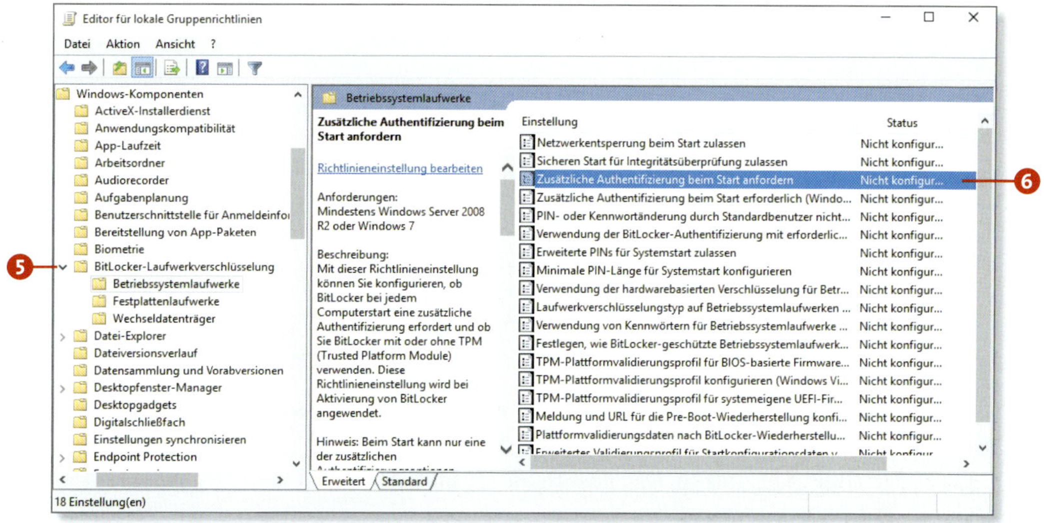

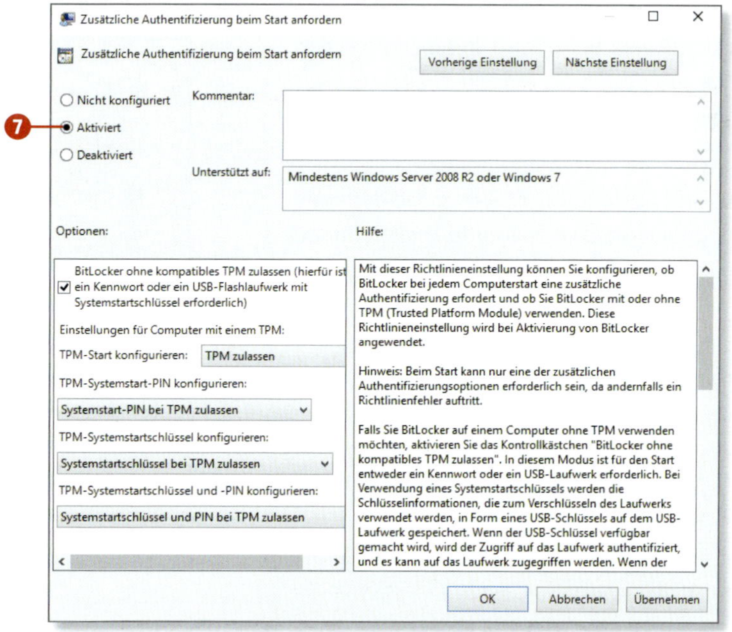

Beschränktes Angebot

Die BitLocker-Laufwerkverschlüsselung ist nur in Windows 10 Pro und Windows 10 Enterprise enthalten.

Laufwerke und Daten verschlüsseln

Vor allem Nutzer mobiler Computer wie Laptops oder Tablet-PCs sollten ihre Daten vor unberechtigtem Zugriff schützen. Sollte Ihr Computer verloren gehen, können Sie durch die vorherige Verschlüsselung Ihrer Festplatte Dritten den Zugang zu Ihren Daten verwehren. Windows 10 bietet für diesen Zweck die *BitLocker-Laufwerkverschlüsselung* an.

1. Öffnen Sie die BitLocker-Laufwerksverschlüsselung, indem Sie *Bitlocker* in das Suchfeld der Taskleiste eintippen und aus der Liste der Übereinstimmungen **BitLocker verwalten** auswählen.
2. Im nächsten Fenster listet Windows alle Laufwerke auf. Wählen Sie Ihr Systemlaufwerk aus (es ist mit dem Windows-Logo gekennzeichnet ➊), und klicken Sie auf den Link **BitLocker aktivieren** ➋ rechts daneben.
3. Das System beginnt nun mit den Vorbereitungen. Klicken Sie in den nachfolgenden Dialogen auf **Weiter**, bis Sie bei der Frage angelangt sind, wie das Laufwerk beim Start entsperrt werden soll. Sie können entweder ein Kennwort eingeben ➌ oder einen USB-Stick anschließen, der die Freigabe enthält ➍.
4. Wenn Sie sich für den USB-Stick entschieden haben, müssen Sie diesen nun anschließen und auswählen. Möchten Sie dagegen ein Kennwort vergeben, geben Sie dieses an und klicken danach auf **Weiter**.

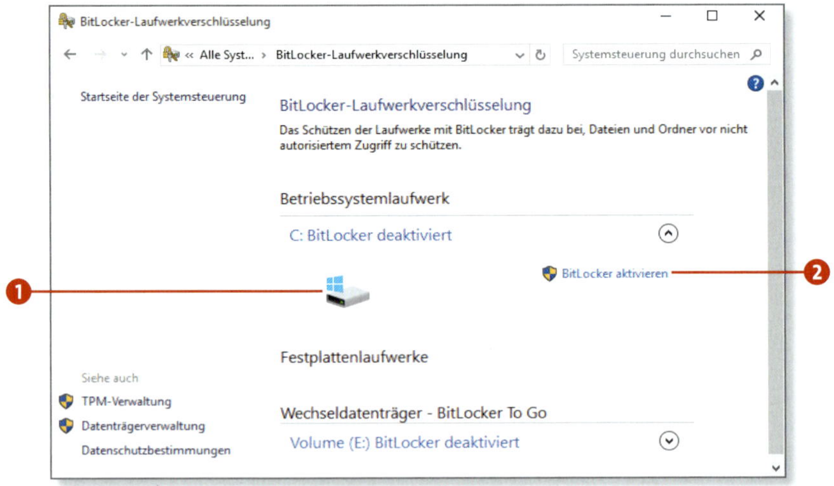

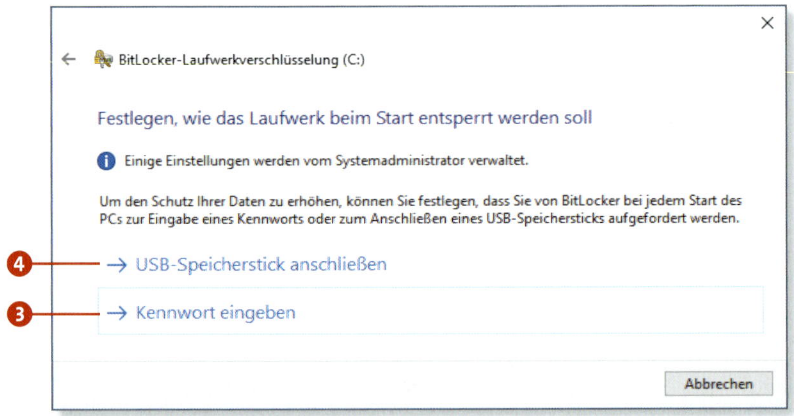

Kennwort oder USB-Stick?

Ein sicheres Kennwort sollte mindestens zehn Zeichen umfassen und aus Groß- und Kleinbuchstaben, Zahlen und Sonderzeichen bestehen. Wer sich kein zusätzliches Kennwort merken möchte, speichert den Zugang auf einem USB-Stick. Dieser sollte dann aber natürlich nicht zusammen mit dem mobilen Gerät aufbewahrt werden.

5. Im nächsten Dialog werden Sie gefragt, wie der *Wiederherstellungsschlüssel* gespeichert werden soll. Sollten Sie Ihr Kennwort vergessen oder den USB-Stick verloren haben, können Sie die Festplatte mithilfe des Wiederherstellungsschlüssels entsperren. Es empfiehlt sich, gleich mehrere Varianten zur Speicherung auszuwählen ⑤.
6. Wie viel Speicherplatz soll verschlüsselt werden? Wenn der Computer bereits in Verwendung ist und sich schon einige Daten auf der Festplatte befinden, wählen Sie die Option **Gesamtes Laufwerk verschlüsseln** und klicken anschließend auf **Weiter**.
7. Legen Sie nun den Verschlüsselungsmodus fest. Wenn die zu verschlüsselnde Festplatte nur auf PCs mit Windows 10 Version 1511 oder höher ausgeführt wird, wählen Sie **Neuer Verschlüsselungsmodus** ⑥. Soll das Laufwerk auch mit älteren Windows-Versionen verwendet werden, wählen Sie die Option **Kompatibler Modus** ⑦ (siehe dazu auch den Abschnitt »Welche Windows-Version habe ich?« auf Seite 293).
8. Es folgt die abschließende Frage, ob das Laufwerk jetzt verschlüsselt werden soll. Wenn Sie Ihre Meinung nicht geändert haben, klicken Sie auf **Weiter**.

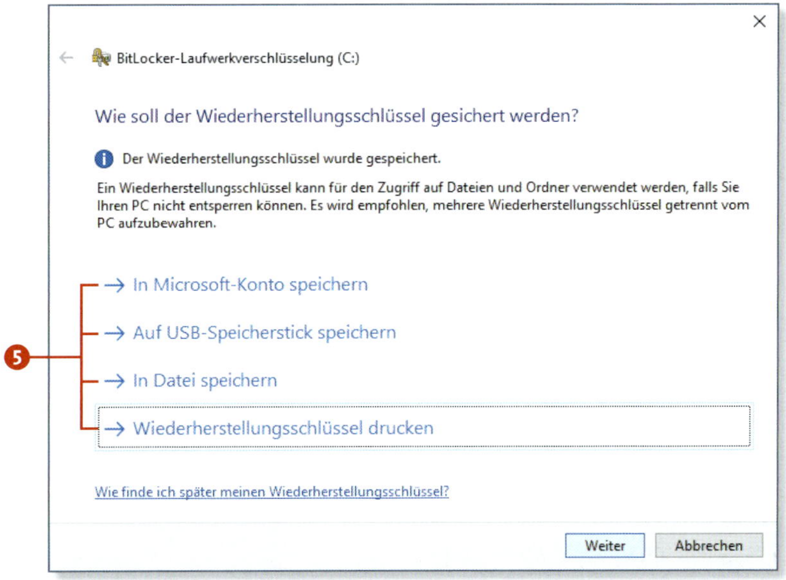

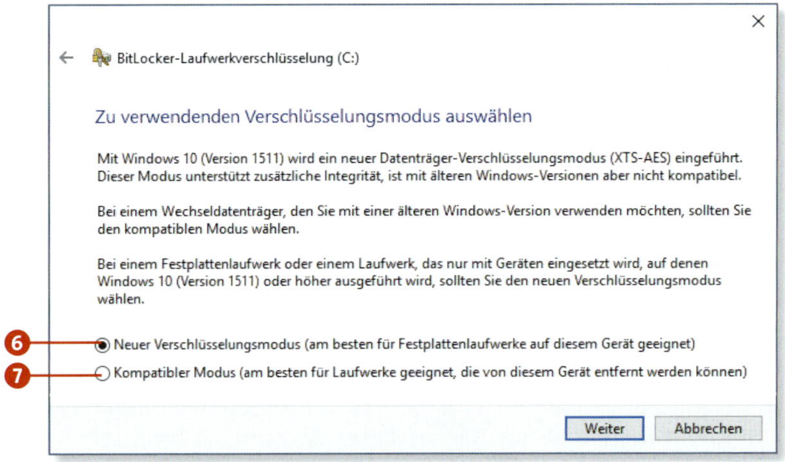

Verlieren Sie den Wiederherstellungsschlüssel nicht!

Wenn Sie das Kennwort vergessen haben oder der USB-Stick nicht mehr auffindbar ist, benötigen Sie den Wiederherstellungsschlüssel, um das Laufwerk zu entsperren. Falls Sie aber auch den Wiederherstellungsschlüssel verlegt haben, gibt es keine Möglichkeit mehr, an Ihre Daten zu kommen. Wirklich keine! Laut Microsoft kann die Verschlüsselung nicht umgangen werden. Sichern Sie Ihren Wiederherstellungsschlüssel daher unbedingt mehrfach!

Das Windows-Gedächtnis: der Dateiversionsverlauf

Den Dateiversionsverlauf einschalten

Speichern Sie automatisch Kopien Ihrer Dateien, und stellen Sie diese mit wenigen Mausklicks wieder her, falls die Originale beschädigt oder versehentlich gelöscht wurden.

1. Öffnen Sie die Einstellungen mithilfe der Tastenkombination [Windows] + [I]. Klicken Sie dann auf **Update und Sicherheit** und anschließend in der linken Fensterhälfte auf den Menüpunkt **Sicherung** (1).
2. Bevor Sie den Dateiversionsverlauf aktivieren können, müssen Sie ein Laufwerk bestimmen, auf das die Kopien gespeichert werden. Klicken Sie dazu auf **Laufwerk hinzufügen** (2), und wählen Sie aus der nun angezeigten Liste aller verfügbaren Laufwerke das geeignete aus.
3. Nachdem das Sicherungslaufwerk ausgewählt wurde, gelangen Sie zu den Sicherungsoptionen mit einem Klick auf den Link **Weitere Optionen** (3).
4. Über das Dropdown-Menü **Meine Daten sichern** (4) legen Sie das bevorzugte Sicherungsintervall fest, z .B. **Alle 15 Minuten**, **Stündlich** oder **Täglich**, und im Abschnitt **Meine Sicherungen beibehalten** (5) können Sie angeben, wie lange die Sicherungen gespeichert bleiben sollen. Zur Auswahl stehen hier z. B. **1 Monat**, **Immer** oder auch **Bis Platz benötigt wird**.
5. Welche Ordner in die Sicherung einbezogen werden, legen Sie im Abschnitt **Diese Ordner sichern** fest. Um einen Ordner aufzunehmen, klicken Sie auf die Schaltfläche **Ordner hinzufügen** (6) und wählen den betreffenden Ordner aus. Soll hingegen ein Ordner entfernt werden, klicken Sie auf diesen und anschließend auf **Entfernen** (7). Der Ordner wird dann ohne weitere Rückfrage aus der Sicherung genommen.

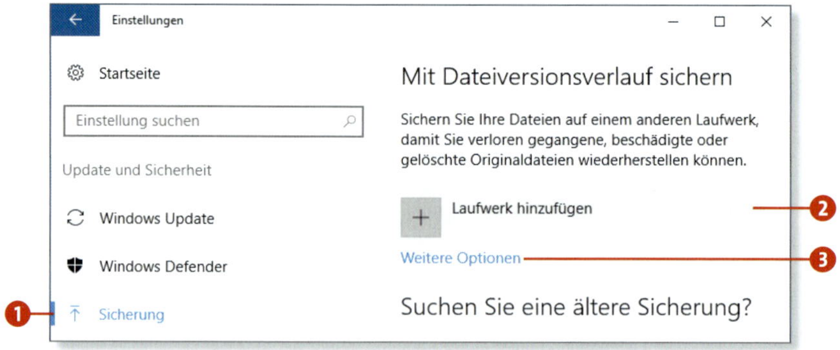

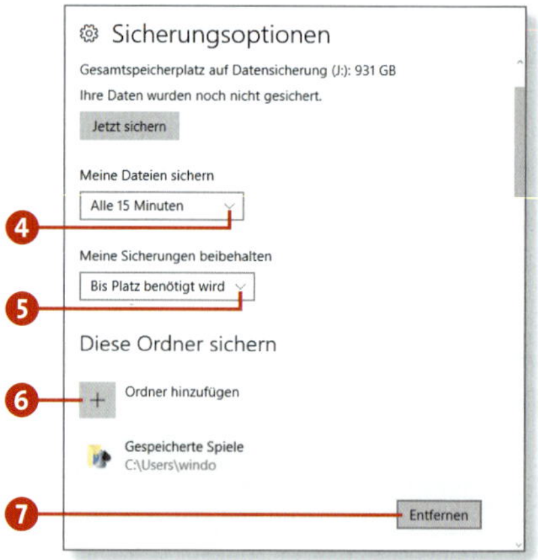

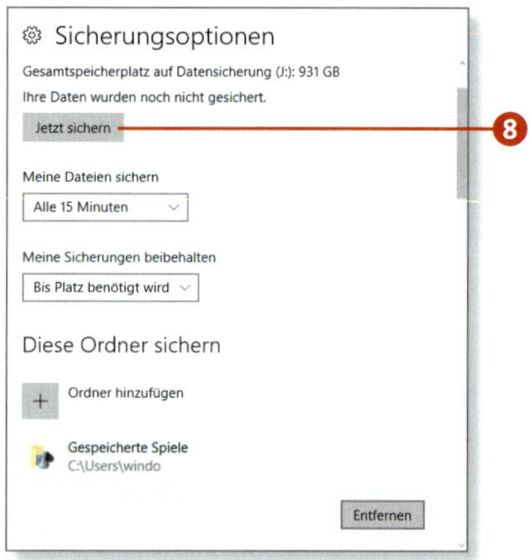

Sicherung manuell starten

Unabhängig vom gewählten Sicherungsintervall können Sie die Datensicherung auch über einen Klick auf den Menüpunkt **Jetzt sichern** (8) jederzeit starten.

Dateien wiederherstellen

Nun ist es passiert – ein wichtiges Dokument wurde irrtümlich durch eine ältere Version überschrieben oder versehentlich gelöscht. Wenn die Datei im überwachten Bereich des Dateiversionsverlaufs lag, können Sie problemlos auf eine frühere Version zurückgreifen und diese wiederherstellen.

1. Starten Sie den **Explorer** auf dem Desktop durch einen Klick auf das Ordnersymbol in der Taskleiste oder mit der Tastenkombination [Win] + [E].
2. Öffnen Sie den Ordner, in dem sich die Datei befindet, die Sie wiederherstellen möchten, und markieren Sie diese Datei mit einem Mausklick (1). Wenn Sie eine gelöschte Datei wiederherstellen wollen, markieren Sie den kompletten Ordner links im Navigationsbereich des Explorers.
3. Klicken Sie im Register **Start** auf **Verlauf** (2).
4. Das ausgewählte Dokument wird nun in einer Vorschau angezeigt. Links oben steht das Datum der letzten Sicherung und daneben die Anzahl der vorhandenen Dateiversionen (3). Über die Bedienelemente (4) am Fuß des Fensters können Sie zwischen den verfügbaren Versionen blättern. Mit einem Klick auf die grüne Schaltfläche wird das angezeigte Dokument am ursprünglichen Speicherort wiederhergestellt.

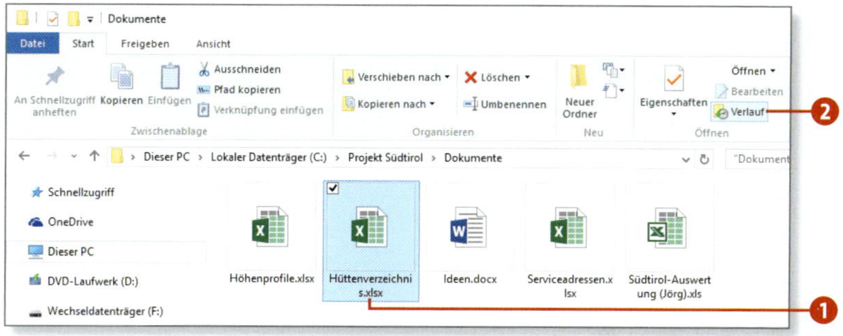

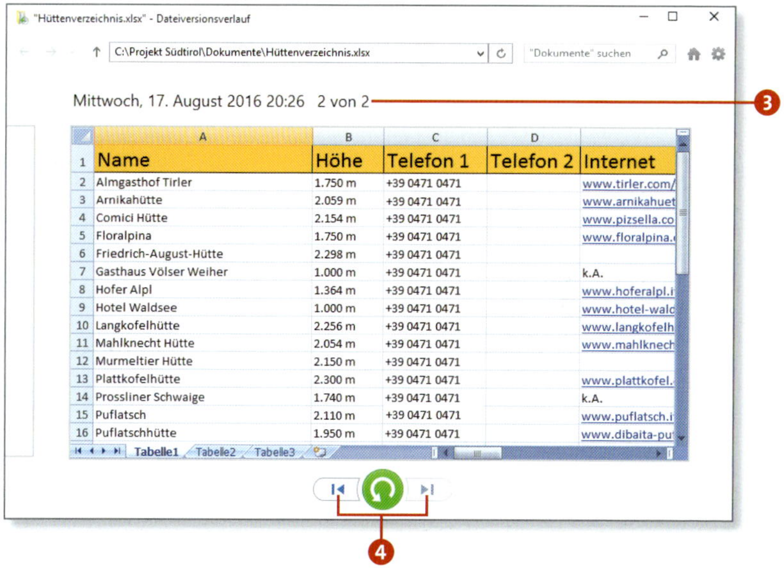

Versionen bereinigen

Wenn Sie alle Bibliotheken in den Dateiversionsverlauf einbezogen haben, werden im Laufe der Zeit viele Dateikopien erstellt. Über den Befehl **Versionen bereinigen**, den Sie in den erweiterten Einstellungen des Dateiversionsverlaufs finden, können Sie ältere Versionen löschen lassen und so jederzeit wieder Platz schaffen.

App-Einstellungen für Datenschutz und Privatsphäre

Schützen Sie Ihre Privatsphäre, und kontrollieren Sie die Einstellungen im Bereich **Datenschutz**. Nachdem Sie eine App installiert haben, fordert diese eventuell beim System Ihren Namen, Ihr Profilbild und Ihren aktuellen Standort an. Sie können festlegen, ob Windows diese Informationen automatisch bei jeder App-Anfrage weitergeben soll oder ob Sie lieber von Fall zu Fall selbst entscheiden möchten.

1. Rufen Sie mit den Tasten [Windows] + [I] die Einstellungen auf, und klicken Sie darin auf den Menüpunkt **Datenschutz** ❶.
2. Wenn Sie nicht möchten, dass Apps auf Ihren Standort zugreifen, wechseln Sie in die Kategorie **Position** ❷ und deaktivieren dort die Option **Positionsdienst** ❸, indem Sie den Schieberegler auf **Aus** stellen, oder legen Sie im Programmfenster weiter unten für jede App einzeln die Befugnis fest.
3. In den Kategorien **Kamera** ❹ und **Mikrofon** ❺ können Sie die Verwendung dieser Hardwarekomponenten komplett deaktivieren oder auch hier Ihren Apps entsprechende Berechtigungen einzeln zuteilen.
4. In den beiden Kategorien **Kontakte** ❻ und **Kalender** ❼ können Sie überdies festlegen, welche Apps auf die Daten Ihres Kalenders und Ihrer Kontakte zugreifen dürfen. Allzu neugierigen Apps sollten Sie den Zugriff verwehren.

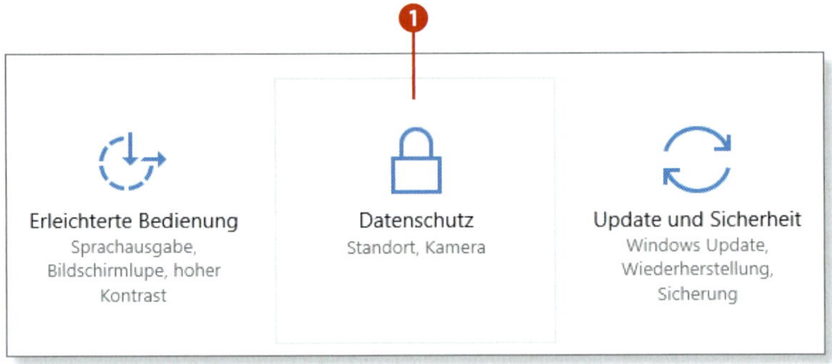

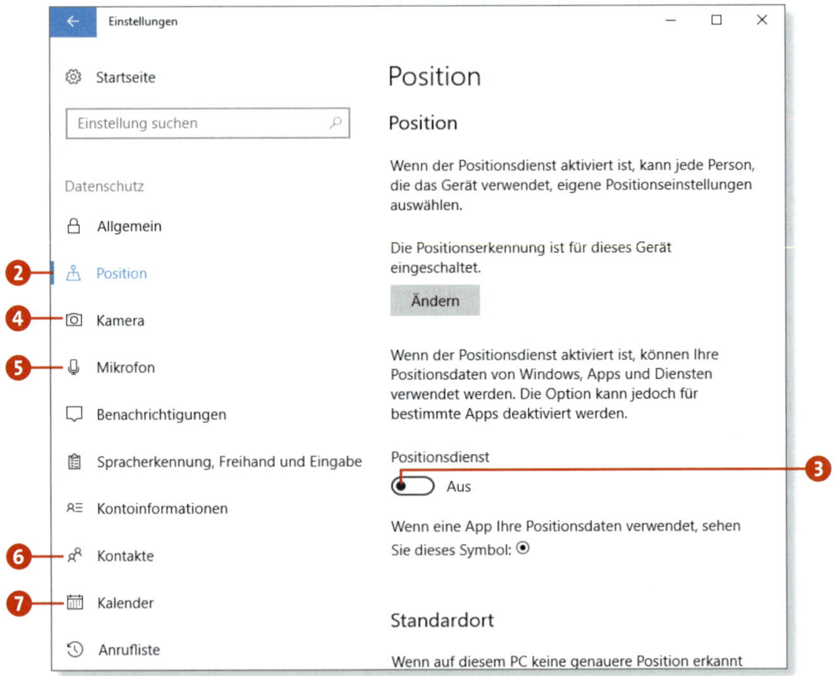

Im Zweifel einfach ausschalten!

Generell sollten Sie lieber selbst entscheiden, welche Informationen Sie einer App überlassen möchten. Ist eine Option deaktiviert, die von einer App benötigt wird, bittet diese um eine entsprechende Freigabe.

5. Sollen Apps Ihre Werbe-ID verwenden, um Ihnen personalisierte Werbung anzuzeigen? Falls Sie das nicht möchten, deaktivieren Sie im Abschnitt **Allgemein** ❽ die Option **Apps erlauben, die Werbe-ID zu verwenden, um Ihnen anhand Ihrer App-Nutzung für Sie interessante Werbung anzuzeigen** ❾.
6. Wenn Sie nicht möchten, dass Apps auf persönliche Informationen zugreifen, deaktivieren Sie in der Kategorie **Kontoinformationen** ❿ die Option **Apps den Zugriff auf meinen Namen, mein Bild und andere Kontoinfos erlauben** ⓫.
7. Kontrollieren Sie im Bereich **Funkempfang** ⓬ auch, welchen Apps Sie das Senden und Empfangen von Daten über WLAN und Bluetooth gestatten möchten, oder deaktivieren Sie den Funkempfang für Apps gegebenenfalls komplett.
8. Nehmen Sie sich ein bisschen Zeit, und klicken Sie sich durch alle Kategorien und Datenschutzoptionen. Legen Sie in aller Ruhe individuell fest, welche Befugnisse Ihre Apps erhalten sollen. Sie können alle Einstellungen jederzeit wieder ändern.

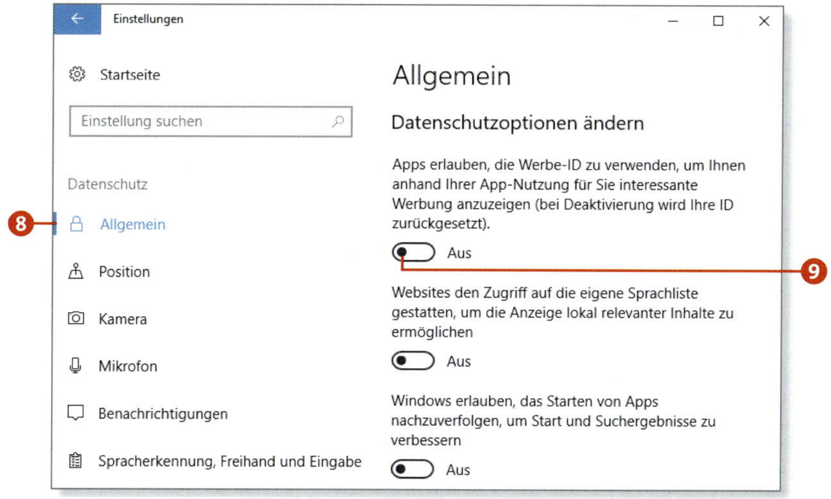

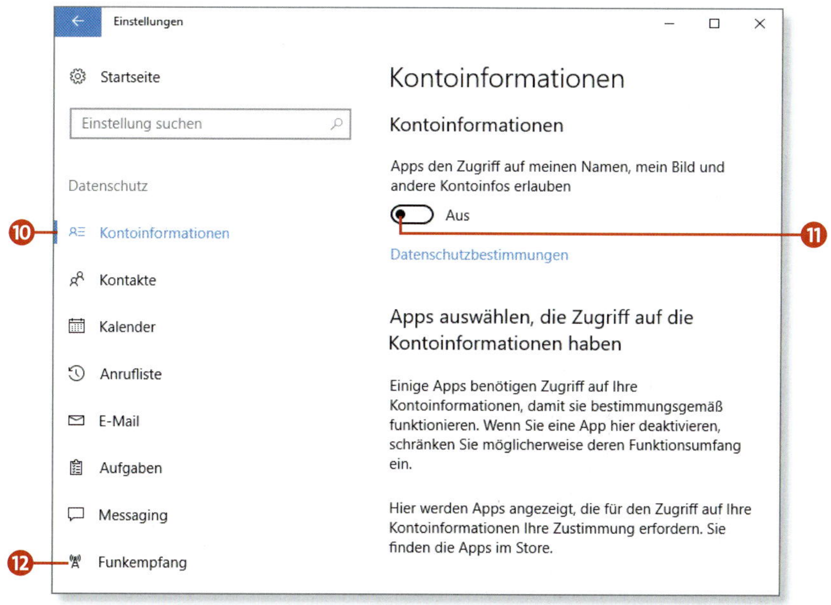

Informationen zum Datenschutz

Microsoft hat seine Datenschutzerklärung überarbeitet und deutlich verbessert. Diese Datenschutzerklärung erläutert, welche persönlichen Daten von Ihnen erhoben und wie sie von Microsoft verwendet werden. Sie finden diese Informationen im Internet unter *https://privacy.microsoft.com/de-de/privacyStatement*.

Sicherheit im Internet

Auch im Internet sollten Sie Ihre Daten und Ihre Privatsphäre schützen. Genaue Informationen dazu finden Sie im Abschnitt »Sicherheit im Internet« ab Seite 158.

12 Probleme lösen

Nach dem Einschalten des Computers bleibt das System plötzlich hängen, der Bildschirm bleibt schwarz, Windows startet nicht mehr. Und jetzt? Wie geht es weiter? Mithilfe Ihrer Windows-DVD oder eines eigens erstellten Systemreparaturdatenträgers können Sie einen Reparaturversuch starten. Wenn Windows 10 auf Ihrem Computer bereits vorinstalliert und im Lieferumfang keine Windows-DVD vorhanden war, wird das allerdings schwierig. Die sogenannten OEM-DVDs (*Original Equipment Manufacturer*) enthalten häufig nicht die benötigten Reparaturoptionen. Vielleicht wurde der Rechner auch nur mit einer Wiederherstellungs-DVD ausgeliefert. Gehen Sie diesen Problemen aus dem Weg, und nehmen Sie sich die Zeit, um selbst einen »Notfall-USB-Stick« zu erstellen.

Läuft das System nicht mehr rund und kommt es immer wieder zu Fehlern oder zu langen Wartezeiten bei der Ausführung von Programmen, können Sie Ihr System zurücksetzen. Dabei wird das System erneuert, und Sie haben die Möglichkeit, Ihre persönlichen Daten zu behalten. Sollte gar nichts mehr gehen, setzen Sie Ihr System einfach auf den Werkszustand zurück. Dabei wird Windows komplett erneuert, und persönliche Daten und installierte Programme werden gelöscht.

Für Programmabstürze kann aber auch ein defekter Arbeitsspeicher verantwortlich sein. Prüfen Sie den Speicher auf mögliche Fehler, und tauschen Sie fehlerhafte Speicherriegel aus. All diese Möglichkeiten zur Problemlösung stelle ich Ihnen in diesem Kapitel vor.

In diesem Kapitel

- Schwierigkeiten beim Start oder mit der Leistung?
- Ältere Programme unter Windows 10 nutzen
- Notfall-CDs zur Virenbeseitigung
- Einen Windows-Notfall-USB-Stick erstellen
- Wiederherstellen, auffrischen, zurücksetzen

Schwierigkeiten beim Start oder mit der Leistung?

Windows startet nicht mehr

Sie schalten Ihren Computer ein, doch irgendetwas scheint nicht zu stimmen. Nach kurzer Zeit wird der Boot-Vorgang (das Hochfahren) abgebrochen, oft ohne Fehlermeldung. Das System »friert« einfach ein. Windows 10 startet nicht mehr. In diesem Fall kann eine Reparatur weiterhelfen.

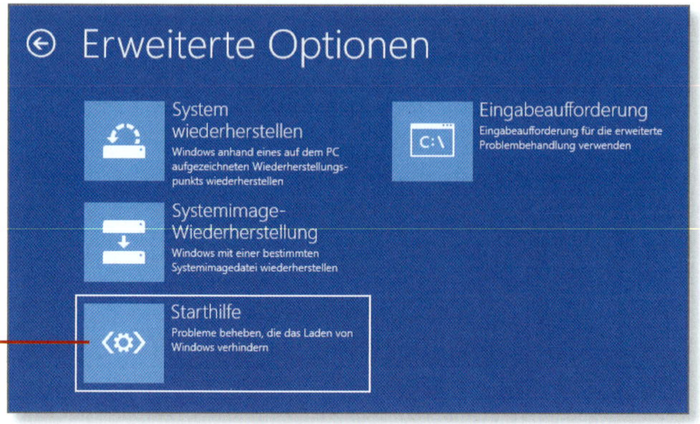

1. Legen Sie Ihren Windows-Installationsdatenträger in Ihr DVD-Laufwerk ein, oder verbinden Sie Ihren Notfall-USB-Stick mit Ihrem Computer, und starten Sie diesen neu. Bei Verwendung eines Notfall-USB-Sticks (siehe den Abschnitt »Einen Windows-Notfall-USB-Stick erstellen« ab Seite 316) entfallen die Schritte 2 und 3. Sollten Sie über keinen Notfall-USB-Stick und keinen Installationsdatenträger verfügen, lesen Sie bitte die Anleitung »Einen Installationsdatenträger erstellen« ab Seite 322.
2. Der Rechner startet nun von der DVD und zeigt nach wenigen Augenblicken den Windows-Setup-Dialog an. Lassen Sie die Einstellungen so, wie sie vorgegeben sind, und klicken Sie auf **Weiter**.
3. Windows soll nicht neu installiert werden, daher klicken Sie im nächsten Dialog nicht auf **Jetzt installieren**, sondern auf den unscheinbaren Link **Computerreparaturoptionen** ❶.
4. Verschiedene Optionen stehen nun zur Auswahl. Klicken Sie auf **Problembehandlung** und im nächsten Dialog auf **Starthilfe**.
5. Die Auswahl **Starthilfe** ❷ verspricht die Beseitigung von Problemen, die das Laden von Windows verhindern. Das System wird nun einer Diagnose unterzogen, und Fehler werden automatisch repariert. Starten Sie Windows anschließend neu.

Startreihenfolge im BIOS/UEFI abändern

Damit der Start von DVD oder direkt vom USB-Stick klappt, muss im BIOS/UEFI eventuell noch die Startreihenfolge geändert werden, d. h., Sie müssen das DVD-Laufwerk oder die USB-Schnittstelle an die erste Stelle setzen. Ins BIOS/UEFI gelangen Sie meist mit [F2] oder [Esc] (die Tasten müssen Sie direkt beim Systemstart drücken). Entnehmen Sie diese Informationen bitte dem Handbuch zu Ihrem Computer.

Wenn der Rechner langsamer wird: Autostart-Programme

Einige Programme startet Windows direkt beim Systemstart, damit sie sofort zur Verfügung stehen und vom Anwender genutzt werden können. Dieses Verhalten ist allerdings nicht immer gewünscht, weil diese Praxis den Systemstart deutlich verlangsamen kann. Dazu kommt, dass viele Programmierer ihre Programme offenbar für so wichtig halten, dass diese in den Autostart aufgenommen werden, obwohl es gar nicht notwendig ist. Unnötigerweise startet dann z. B. ein Programm zur Verwaltung von Textbausteinen, ein weiteres Programm zur Erstellung von Bildschirmfotos und dazu noch ein Foto-Manager, der den Anschluss Ihrer Digitalkamera überwacht und gleich das herstellereigene Bildbearbeitungsprogramm startet, sobald die Kamera erkannt wird. All diese Programme könnte man auch von Hand starten, sobald man sie verwenden möchte. Die ständige Ausführung der Programme im Hintergrund verbraucht wertvolle Ressourcen, und es dauert nicht lange, bis die ersten Auswirkungen spürbar werden. Windows braucht länger, bis es gestartet ist, und auch der laufende Betrieb wird durch die vielen unnötig geöffneten Programme beeinträchtigt. Das System wird immer langsamer, reagiert zunehmend träge, und nicht selten sind Systemfehler und Programmabstürze die Folge. Von Zeit zu Zeit ist daher ein gründlicher Frühjahrsputz angesagt! Kontrollieren Sie, welche Programme im Autostart zu finden sind, und deaktivieren Sie unnötige Einträge.

Auch Antivirenprogramme und Firewalls von Drittanbietern können die Leistung Ihres Computers negativ beeinflussen. Je nach Einstellung der Schutzsoftware werden die Dateien bei jedem Zugriff geprüft, was einiges an Rechenleistung verlangt. Die routinemäßigen Überprüfungen des Systems durch die Antivirensoftware beeinträchtigen Windows ebenfalls häufig spürbar. Sollte die Deaktivierung unnötiger Autostart-Programme keinen Erfolg bringen, schalten Sie zum Test auch einmal Ihr Antivirenprogramm bzw. die Firewall aus. Zur Sicherheit sollten Sie für diesen Test aber zuvor die Verbindung zum Internet trennen und alle laufenden Anwendungen beenden. Falls Windows ohne das aktivierte Schutzprogramm wieder flotter läuft, lesen Sie im Handbuch des Schutzprogramms nach, wie Sie die Performance des Rechners durch die Abschaltung einzelner Sicherheitsoptionen erhöhen können, ohne dabei auf grundlegende Sicherheitsfunktionen verzichten zu müssen.

Autostart-Programme deaktivieren

In früheren Windows-Versionen erreichte man die Autostart-Programme über die Systemkonfiguration, seit Windows 8 und somit auch unter Windows 10 führt der Weg über den *Task-Manager*. Sie können das Programm mithilfe der Tastenkombination Strg + ⇧ + Esc öffnen, oder Sie führen auf dem Desktop einen Rechtsklick auf die Taskleiste aus und wählen den Befehl **Task-Manager** aus dem Kontextmenü.

Wechseln Sie zum Register **Autostart** ❶. Hier sind nun alle Programme aufgelistet, die beim Systemstart geladen werden. In der ersten Spalte wird der Programmname genannt, daneben der Hersteller. Die Spalte **Status** verrät, ob der Programmstart tatsächlich aktiviert ist. Der Information aus der letzten Spalte können Sie entnehmen, welche Auswirkungen das Programm auf den Start hat. Programme, deren Auswirkung mit **Hoch** oder **Mittel** angegeben ist, sollten Sie dahingehend prüfen, ob sie gleich mitgestartet werden müssen, und sie gegebenenfalls deaktivieren.

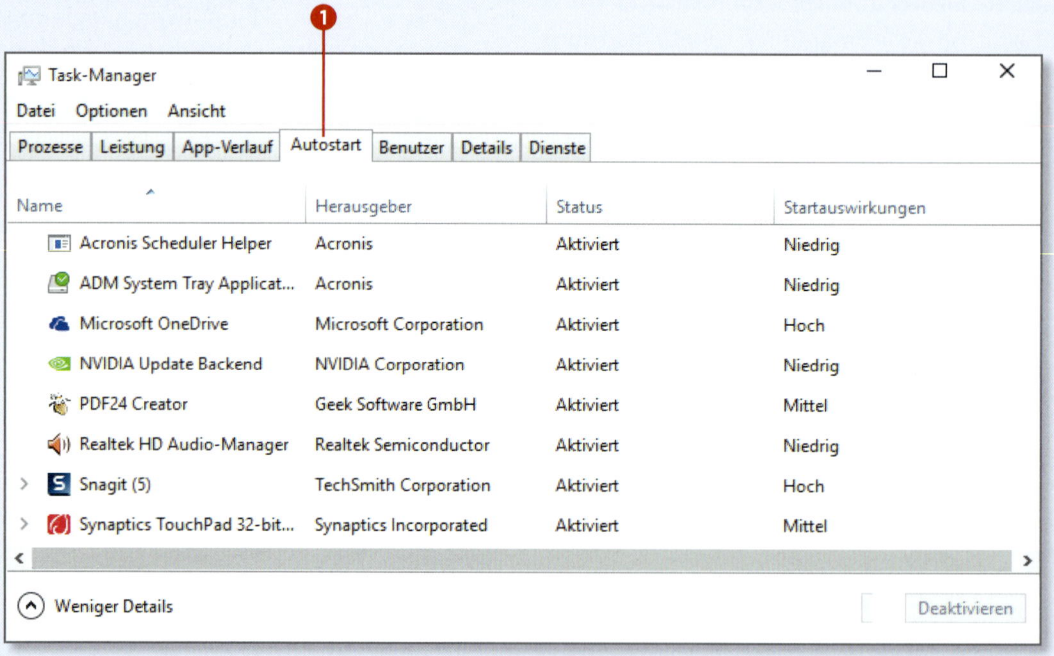

Diese Programme werden bei jedem Systemstart mitgestartet.

Nicht immer sind die Programmbezeichnungen eindeutig, was die Entscheidung, ob das Programm aus dem Autostart genommen werden soll, nicht einfach macht. Falls Sie bei einem Eintrag nicht sicher sind, welches Programm dahintersteckt und ob Sie es problemlos deaktivieren können, führen Sie einen Rechtsklick auf den entsprechenden Eintrag aus und wählen aus dem Kontextmenü den Befehl **Online suchen**. Daraufhin öffnet sich Ihr Browser mit der Suchmaschine *Bing*. Der Programmname ist bereits als Suchbegriff eingetragen. Auf diese Weise können Sie Informationen zum Programm sammeln, oder Sie stellen eine passende Anfrage in einem Computerforum.

Eine weitere Möglichkeit der Identifikation eines Eintrags stellt die Option **Dateipfad öffnen** dar, die Sie ebenfalls über das Kontextmenü erreichen. Wählen Sie diesen Befehl, startet der Explorer und zeigt die Anwendung in ihrem Programmverzeichnis an. Schauen Sie nach, ob im Verzeichnis z. B. Text- oder Hilfedateien zu finden sind, die Auskunft über das Programm geben.

Wenn Sie sich entschlossen haben, den Autostart einer Anwendung abzuschalten, markieren Sie den Programmeintrag und klicken anschließend auf die Schaltfläche **Deaktivieren** unten im Fenster. Eine weitere Nachfrage erfolgt nicht, teilweise ist aber ein Neustart des Rechners notwendig. Deaktivieren Sie nicht zu viele Programme auf einmal. Am besten deaktivieren Sie immer nur einen Eintrag, starten gegebenenfalls den Computer neu und beobachten das Systemverhalten für einige Zeit. Die Einträge werden nicht gelöscht und natürlich auch nicht die Programme selbst, d. h., Sie können einen Autostart-Eintrag jederzeit auch wieder aktivieren.

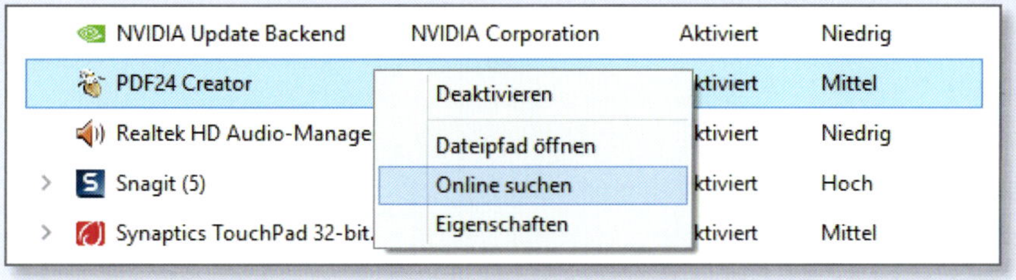

Im Internet nach Programminformationen suchen

Ältere Programme unter Windows 10 nutzen

Um Programme, die für frühere Versionen von Windows geschrieben wurden, unter Windows 10 nutzen zu können, müssen Sie eventuell den Kompatibilitätsmodus zu Hilfe nehmen.

1. Führen Sie einen Rechtsklick auf die Programmdatei aus, die Probleme bei der Ausführung verursacht oder sich nicht starten lässt, und wählen Sie aus dem Kontextmenü den Befehl **Behandeln von Kompatibilitätsproblemen** 1.

2. Zwei Optionen werden angeboten. Klicken Sie auf **Programmprobleme behandeln** 2. Daraufhin werden Ihnen einige Fragen zum aufgetretenen Problem gestellt, die Sie beantworten, indem Sie jeweils die zutreffenden Ereignisse aus der Liste auswählen. Bei einigen Fragen können Sie mehrere Antworten geben.

3. Haben Sie alle Fragen durchlaufen, werden Ihnen die ermittelten Kompatibilitätseinstellungen angezeigt. Klicken Sie auf die Schaltfläche **Programm testen** 3, um die Anwendung zu starten und die angewandten Einstellungen zu überprüfen. Mit der Schaltfläche **Weiter** 4 geht es zum nächsten Schritt.

4. Zum Schluss kommt die Frage, ob das Problem behoben werden konnte. War die Maßnahme nicht von Erfolg gekrönt, probieren Sie in einem neuen Durchgang andere Einstellungen aus.

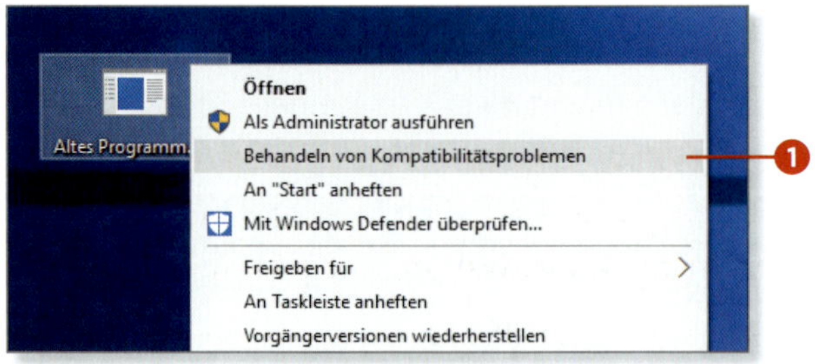

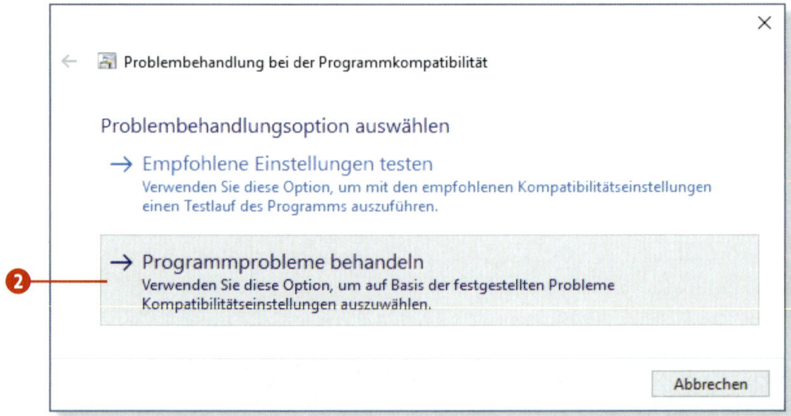

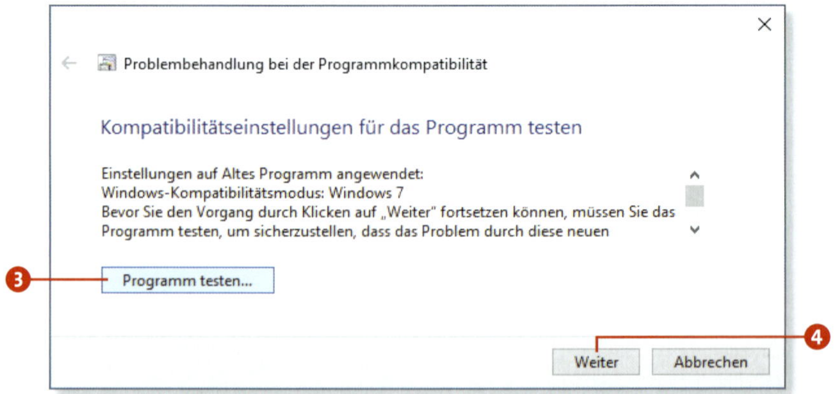

Softwareupdates

Sollten Sie Probleme mit der Ausführung einer älteren Anwendung unter Windows 10 haben, lohnt auch immer ein Blick auf die Internetseite des Herstellers. Vielfach werden dort kostenlose Updates angeboten, die das eingesetzte Programm fit für Windows 10 machen. In manchen Fällen hilft allerdings nur der Erwerb einer neueren Programmversion.

Den Arbeitsspeicher auf Fehler überprüfen

Wenn Windows immer mal wieder »einfriert«, also auf keine Eingabe mehr reagiert, könnte die Ursache ein fehlerhafter Arbeitsspeicher sein. Windows 10 bietet die Möglichkeit, den Arbeitsspeicher zu prüfen und Fehler zu diagnostizieren.

1. Die Funktion *Arbeitsspeicherdiagnosetool* erreichen Sie über das Startmenü unter **Windows-Verwaltungsprogramme**.
2. Wählen Sie aus der Liste der **Hilfsprogramme** den Eintrag **Windows-Speicherdiagnose** (1), und starten Sie das Programm mit einem Mausklick.
3. Möchten Sie den Speicher sofort einer Prüfung unterziehen, schließen Sie alle geöffneten Programme und klicken auf **Jetzt neu starten und nach Problemen suchen** (2). Ist der Neustart gerade unpassend, wählen Sie die Option **Nach Problemen beim nächsten Start des Computers suchen** (3).
4. Es erfolgt ein Neustart mit der anschließenden Diagnose des Arbeitsspeichers. Der Vorgang kann einige Minuten dauern. Nach Abschluss der Prüfung wird der Rechner wieder neu gestartet. Wurden Fehler erkannt, werden diese im Anschluss durch eine Meldung in der Taskleiste angezeigt.

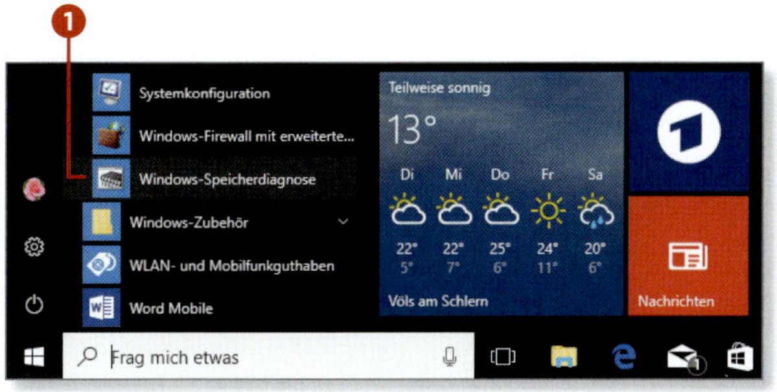

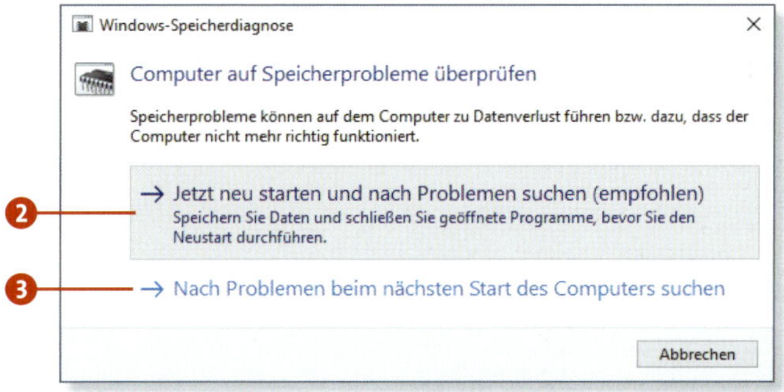

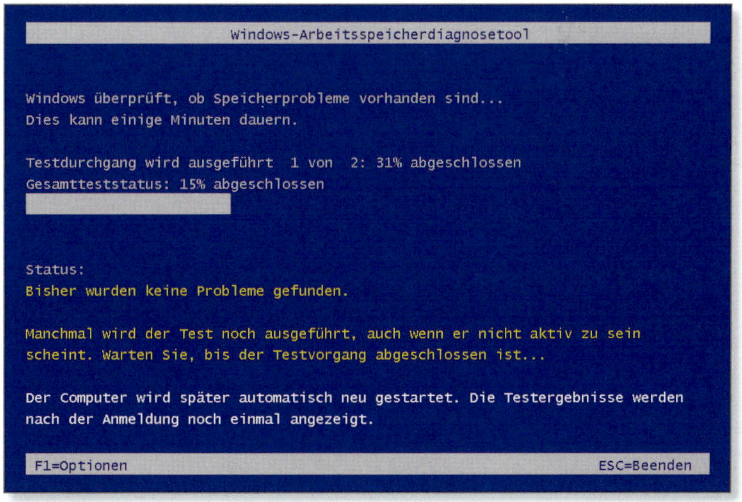

Was tun bei Speicherfehlern?

Defekte Speichermodule müssen ausgetauscht werden, eine Reparatur ist nicht möglich. Welcher Speichertyp in Ihrem Computer verbaut ist, entnehmen Sie bitte dem Handbuch, oder fragen Sie beim Hersteller oder Ihrem Computerhändler nach.

Notfall-CDs zur Virenbeseitigung

Viele Systemfehler sind die Folge von Schadprogrammen wie Viren und Trojanern. Bevor Sie Ihr Windows-System komplett neu aufsetzen und dabei möglicherweise wichtige Dateien verlieren, können Sie versuchen, das System mithilfe von speziellen Malware-Notfall-CDs zu bereinigen. Fast alle Hersteller von Antivirensoftware, z. B. Kaspersky, Avira, Bitdefender, AVG oder Emsisoft, bieten solche Schutzpakete zum kostenlosen Herunterladen auf ihren Internetseiten an, häufig unter den Bezeichnungen *Notfall-CD*, *Rescue-CD* oder auch *Emergency Kit*. Solche Hilfsprogramme werden meist als Image-Dateien (*.iso*) bereitgestellt, die Sie auf eine CD/DVD brennen, sodass Sie mit wenigen Mausklicks selbst eine Notfall-CD erstellen können. Anleitungen und Hilfestellungen zum Einsatz dieser Datenträger finden Sie ebenfalls auf den Webseiten der Anbieter.

Einen Windows-Notfall-USB-Stick erstellen

Am Abend zuvor haben Sie Ihren Rechner ordnungsgemäß heruntergefahren, doch am nächsten Tag verweigert Windows plötzlich seinen Dienst, und das System lässt sich nicht mehr starten. Das Fehlerbild ist vielschichtig: Mal bleibt das System einfach hängen, zeigt einen schwarzen Bildschirm und lädt nicht weiter, mal steigt Windows mit einer kryptischen Fehlermeldung aus. Auf der Festplatte liegen wichtige Daten, und einige Arbeiten müssen heute unbedingt noch abgeschlossen werden. Wie geht es nun weiter? Wenn Sie Ihren Windows-Installationsdatenträger greifbar haben, legen Sie ihn ins Laufwerk ein, starten den Rechner neu und führen die Computerreparaturoptionen aus (siehe den Abschnitt »Windows startet nicht mehr« auf Seite 310).

Viele Rechner mit vorinstalliertem Windows 10 werden aber ohne separaten Windows-Datenträger ausgeliefert. Für diesen Fall und auch wenn die Windows-DVD gerade nicht verfügbar ist, hilft ein Notfall-USB-Stick weiter. Beugen Sie also dem Ernstfall vor, und erstellen Sie einen Wiederherstellungsdatenträger, den Sie für den Fall der Fälle immer in der Nähe Ihres Computers aufbewahren sollten. Welche Speicherkapazität der hierfür eingesetzte USB-Stick benötigt, wird Ihnen bei der Erstellung angezeigt. Bereits auf dem Stick vorhandene Daten werden bei diesem Vorgang gelöscht!

Damit der Rechner im Bedarfsfall über diesen Notfall-USB-Stick gestartet werden kann, müssen Sie im BIOS die Startreihenfolge anpassen und die USB-Schnittstelle an die erste Stelle setzen. Sie gelangen meist ins BIOS, wenn Sie direkt beim Systemstart [F2] oder [Esc] drücken, und können dann die Einstellungen vornehmen. Da fast jeder BIOS-Hersteller eine andere Taste bevorzugt, entnehmen Sie diese Information am besten dem Handbuch zu Ihrem Computer. Wie Sie den Notfall-USB-Stick einsetzen, wenn das System nicht mehr startet, erfahren Sie ebenfalls im Abschnitt »Windows startet nicht mehr« auf Seite 310.

1. Öffnen Sie die Windows-Einstellungen mithilfe der Tasten [Windows] + [I].
2. Geben Sie in das Suchfeld *Wiederherstellungslaufwerk* ein, und wählen Sie dann **Wiederherstellungslaufwerk erstellen** ❶ aus.
3. Aktivieren Sie die Option **Sichert die Systemdateien auf dem Wiederherstellungslaufwerk** ❷, können Sie den USB-Stick auch für eine Neuinstallation von Windows 10 verwenden. Die Option zu aktivieren ist empfehlenswert, allerdings wird dann auch ein USB-Stick mit einer größeren Speicherkapazität benötigt.
4. Mit **Weiter** ❸ setzen Sie den Vorgang fort.
5. Verbinden Sie den USB-Stick mit Ihrem PC. Welche Speicherkapazität der Datenträger haben muss, wird Ihnen nun angezeigt. Klicken Sie schließlich auf **Weiter** und im nachfolgenden Dialog auf **Erstellen**.

Wenige Minuten später ist der Reparaturdatenträger erstellt. Bewahren Sie den Stick an einer sicheren Stelle auf, damit Sie ihn bei Bedarf schnell zur Hand haben.

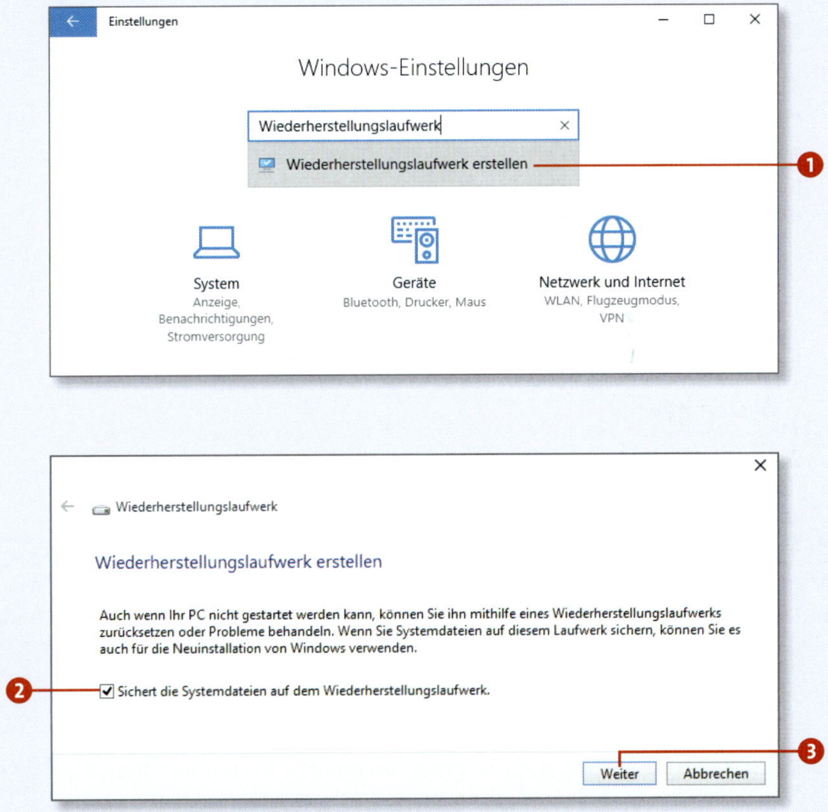

Mit wenigen Mausklicks wird der Notfall-USB-Stick erstellt.

Der letzte Strohhalm im Fehlerfall

Sollten Sie Windows nicht mehr starten können, bevor Sie Gelegenheit hatten, einen USB-Notfall-Stick zu erstellen, und zugleich über keinen Windows-10-Datenträger zur Reparatur des Systems verfügen, lesen Sie bitte die Anleitung »Einen Installationsdatenträger erstellen« ab Seite 322.

Wiederherstellen, auffrischen, zurücksetzen

Einen Wiederherstellungspunkt erstellen

Mithilfe der Systemwiederherstellung können Sie Windows auf einen fehlerfreien Stand zurücksetzen. Einmal pro Woche sowie bei größeren Änderungen am System erstellt Windows automatisch einen Wiederherstellungspunkt. Sie können aber auch selbst einen festlegen, z. B. um die Windows-Registrierung vor einem geplanten Eingriff zu sichern.

1. Öffnen Sie die Einstellungen mit der Tastenkombination [Win] + [I], und klicken Sie in der Kategorie **System** auf **Info** und schließlich in der rechten Fensterhälfte auf den Menüpunkt **Systeminfo**.
2. Im Dialog **System** klicken Sie auf den Link **Computerschutz** in der Aufgabenleiste auf der linken Seite.
3. Das Dialogfenster **Systemeigenschaften** öffnet sich mit dem Register **Computerschutz** ❶. Klicken Sie auf die Schaltfläche **Erstellen** ❷, um den Wiederherstellungspunkt festzulegen.
4. Geben Sie eine Bezeichnung für den neuen Wiederherstellungspunkt ein ❸, z. B. den Grund für die Sicherung, und schließen Sie die Eingabe mit der [↵]-Taste oder durch einen Klick auf **Erstellen** ❹ ab. Der Wiederherstellungspunkt wird nun angelegt.

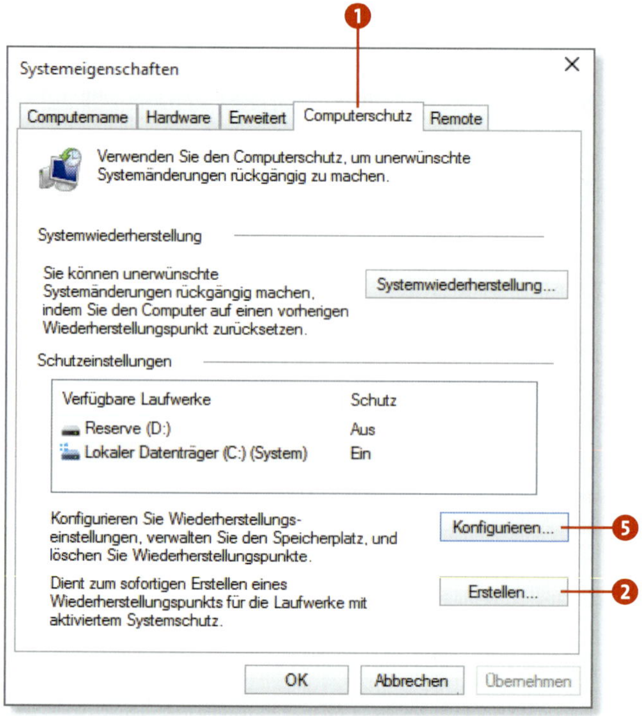

Wie lange bleiben Wiederherstellungspunkte gespeichert?

In den Einstellungen der Systemwiederherstellung können Sie angeben, wie viel Speicherplatz für die Wiederherstellungspunkte reserviert werden soll. Klicken Sie dazu im Fenster **Systemeigenschaften** auf **Konfigurieren** ❺. Wird der Speicherplatz knapp, löscht Windows automatisch den ältesten Wiederherstellungspunkt.

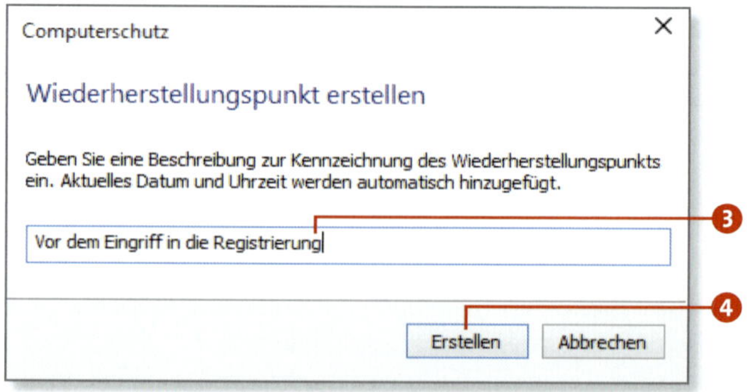

Das System wiederherstellen

Macht der Computer oft Probleme, kommt es immer wieder zu Systemfehlern, oder stürzen Programme ständig ab? Mit der Systemwiederherstellung können Sie viele Windows-Probleme beheben. Setzen Sie Windows einfach auf einen früheren fehlerfreien Systemstatus zurück.

1. Um die Systemwiederherstellung zu starten, tippen Sie links unten auf dem Desktop *Wiederherstellung* ein, und wählen Sie dann aus der Liste den gleichnamigen Eintrag **Wiederherstellung** aus.
2. Die erweiterten Wiederherstellungstools werden angezeigt. Starten Sie den Vorgang mit einem Klick auf den Link **Systemwiederherstellung öffnen**. Es folgt der Hinweis, dass die Systemwiederherstellung keine persönlichen Daten wie Dokumente oder Bilder löscht. Kürzlich installierte Programme oder Gerätetreiber müssen Sie aber möglicherweise im Anschluss an die Systemwiederherstellung neu installieren. Mit **Weiter** gelangen Sie zum nächsten Schritt.
3. Eine Liste mit verschiedenen Wiederherstellungspunkten wird angezeigt. Wählen Sie einen geeigneten Eintrag aus ❶, und klicken Sie auf **Weiter**.
4. Schließen Sie alle Programme, und speichern Sie geöffnete Dokumente ab. Das System wird während der Wiederherstellung neu gestartet. Mit **Fertig stellen** ❷ beginnen Sie den Vorgang.

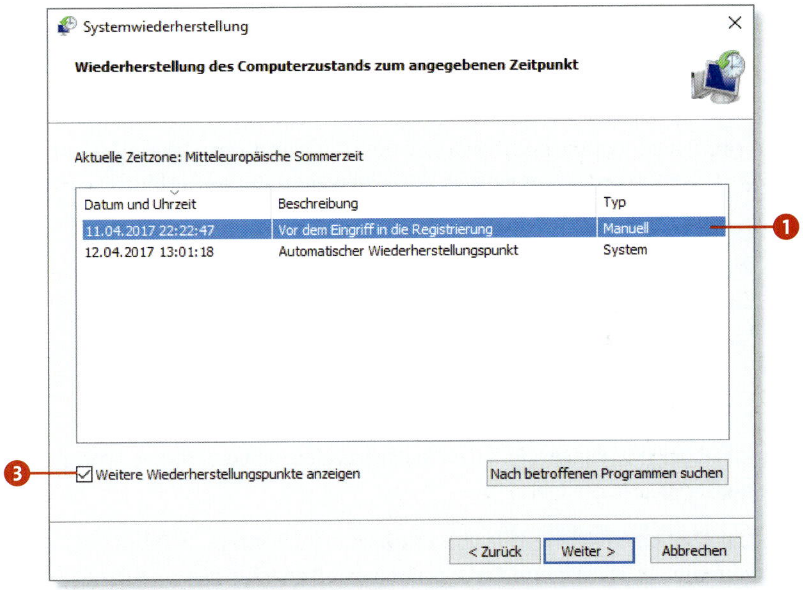

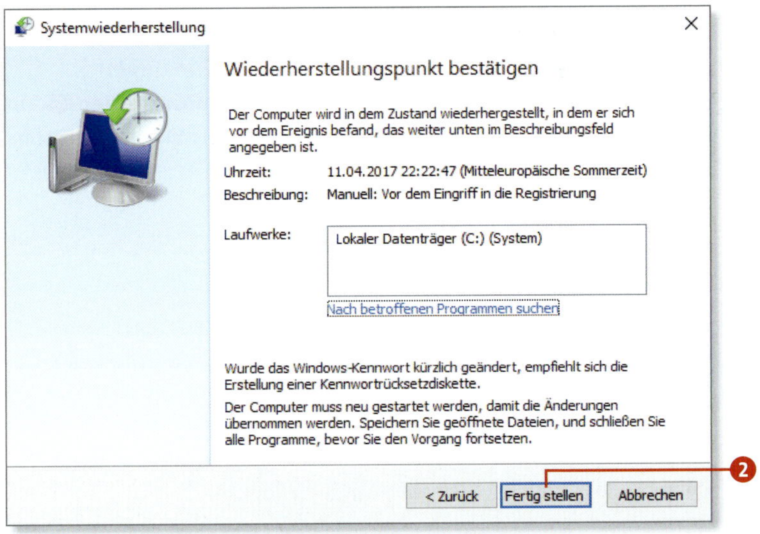

Ältere Wiederherstellungspunkte anzeigen

Setzen Sie das Häkchen vor dem Eintrag **Weitere Wiederherstellungspunkte anzeigen** ❸, um sich weiter zurückliegende Punkte anzeigen zu lassen, die Sie zur Auswahl heranziehen können.

Windows auffrischen

Wenn Sie mit der Leistung Ihres Computers nicht mehr zufrieden sind oder es zu gelegentlichen Systemfehlern kommt, können Sie Ihren PC auffrischen, ohne dass persönliche Daten verloren gehen. Apps und Programme, die nicht zum Lieferumfang des Computers gehören, die Sie also nachträglich über den Windows Store oder von einer CD/DVD installiert haben, werden allerdings entfernt.

1. Öffnen Sie die Windows-Einstellungen mithilfe der Tastenkombination [Windows] + [I] oder durch einen Klick auf den Menüpunkt **Einstellungen** im Startmenü.
2. Wechseln Sie nun in die Kategorie **Update und Sicherheit**, klicken Sie im nächsten Fenster links in der Menüleiste auf **Wiederherstellung** ❶ und anschließend in der rechten Fensterhälfte im Abschnitt **Diesen PC zurücksetzen** auf die Schaltfläche **Los geht's** ❷.
3. Um Ihre persönlichen Dateien behalten zu können, wählen Sie nun die Option **Eigene Dateien beibehalten** ❸. Apps und Programme, die nicht im Lieferumfang enthalten waren, werden entfernt und die Einstellungen auf die Standardwerte zurückgesetzt.
4. Windows zeigt Ihnen die zu erwartenden Auswirkungen an. Wenn Sie einverstanden sind, klicken Sie auf **Zurücksetzen** ❹, um die Auffrischung zu starten. Der Vorgang dauert einige Minuten, und der Rechner wird dabei neu gestartet.

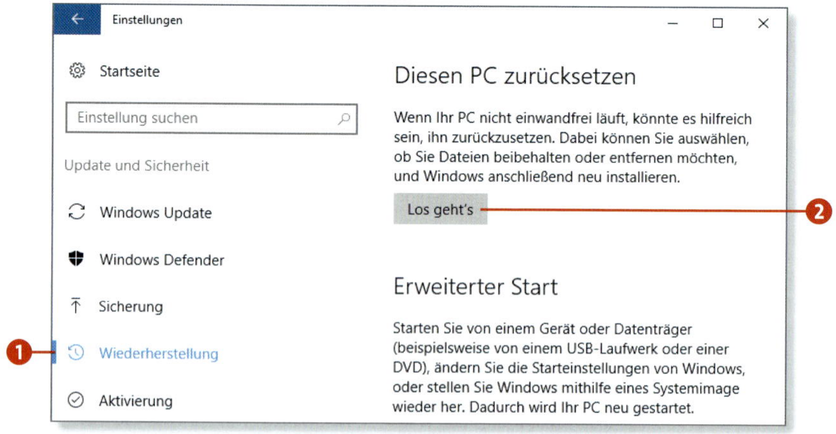

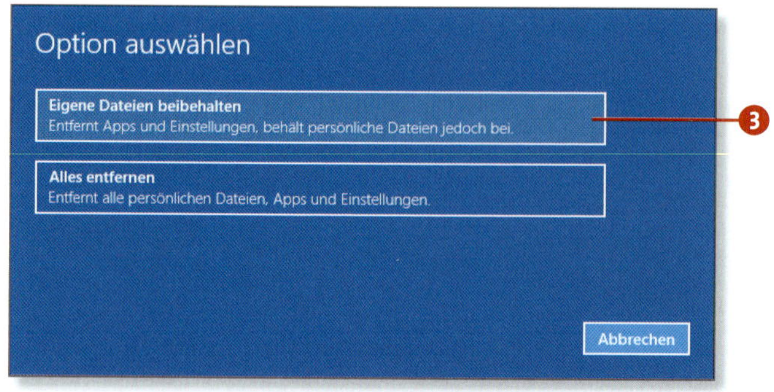

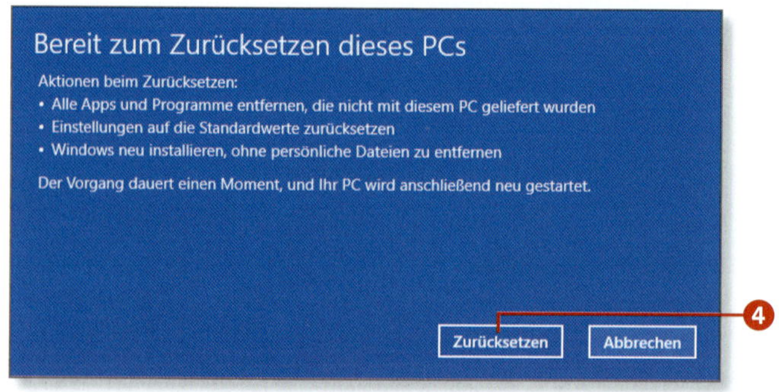

Entfernte Apps erneut installieren

Nach der Auffrischung legt Windows auf dem Desktop eine Datei mit dem Namen **Entfernte Apps** ab. Öffnen Sie diese Datei mit einem Doppelklick, um zu erfahren, welche Apps und Programme aus dem System entfernt wurden, und installieren Sie jene neu, die Sie weiterhin nutzen möchten.

Windows auf Werkseinstellung zurücksetzen

Bei schwerwiegenden Fehlern, die weder durch eine Systemwiederherstellung noch durch eine Windows-Auffrischung behoben werden konnten, ist die Zurücksetzung des Systems die letzte Option. Dabei werden alle persönlichen Dateien, Einstellungen und installierten Programme gelöscht. Sichern Sie also zuvor Ihre Daten!

1. Öffnen Sie mittels der Tastenkombination [Windows] + [I] die Windows-Einstellungen, und wechseln Sie in die Kategorie **Update und Sicherheit**.
2. Wählen Sie links den Menüpunkt **Wiederherstellung** ❶, und klicken Sie anschließend in der rechten Fensterhälfte auf die Schaltfläche **Los geht's** ❷ im Abschnitt **Diesen PC zurücksetzen**.
3. Um das System vollständig zurückzusetzen, wählen Sie nun **Alles entfernen** ❸. Dabei werden alle persönlichen Dateien, Programme und Einstellungen gelöscht.
4. Wenn Ihr PC mehr als ein Laufwerk hat, können Sie nun angeben, ob die Daten aller Laufwerke entfernt werden sollen oder nur die des Laufwerks, auf dem Windows installiert ist.
5. Nun werden Sie gefragt, wie Sie das Laufwerk bereinigen möchten. Soll der Computer verkauft werden, wählen Sie die Option **Dateien entfernen und Laufwerk bereinigen** ❹. Anderenfalls wählen Sie die deutlich schnellere Variante **Nur Dateien entfernen** ❺.

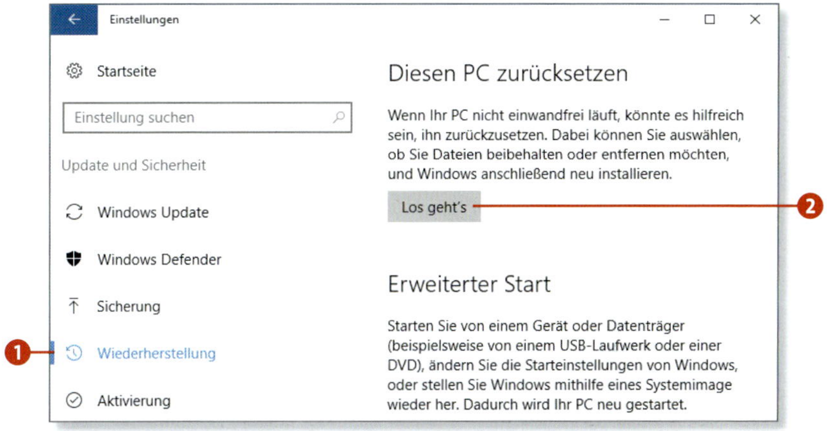

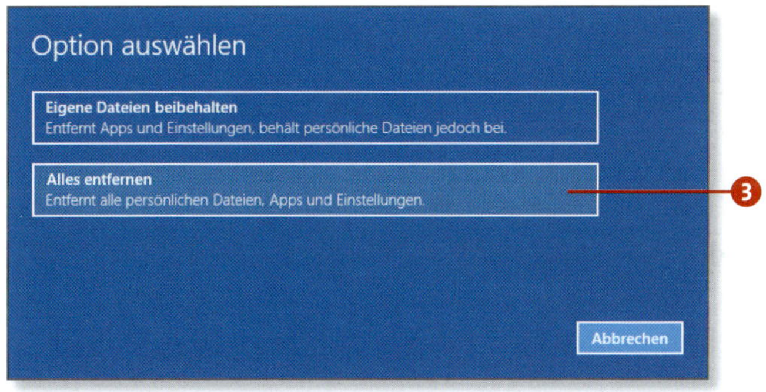

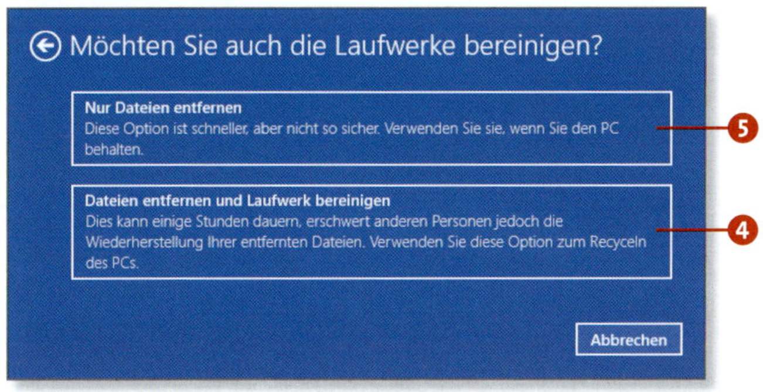

Zeitintensive Bereinigung

Bei der vollständigen Bereinigung der Laufwerke sollten Sie genug Zeit einplanen, der Vorgang kann mehrere Stunden dauern. Tablet-PCs oder Laptops sollten nicht im Akkubetrieb laufen, sondern am Netz angeschlossen sein, damit eine ausreichende Stromversorgung gewährleistet ist.

Einen Installationsdatenträger erstellen

Wenn Windows nicht mehr startet, benötigen Sie zur Reparatur oder zur Neuinstallation des Systems einen Notfall-USB-Stick (siehe die Anleitung »Einen Windows-Notfall-USB-Stick erstellen« ab Seite 316) oder einen Installationsdatenträger. Sollten Ihnen beide Medien nicht zur Verfügung stehen, hält Microsoft mit dem *Media Creation Tool* ein letztes rettendes Werkzeug bereit. Nutzen Sie in diesem Fall den Computer von Freunden oder Bekannten, um sich darüber einen Installationsdatenträger zu erstellen.

1. Öffnen Sie die Internetseite *www.microsoft.com/de-de/software-download/windows10*, und klicken Sie hier im Abschnitt **Sie möchten Windows 10 auf Ihrem PC installieren?** auf die Schaltfläche **Tool jetzt herunterladen** ❶.

2. Starten Sie das Programm nach dem Download mit einem Doppelklick, und bestätigen Sie nachfolgend die Sicherheitsabfrage der Benutzerkontensteuerung mit **Ja**, um mit der Installation zu beginnen.

3. Nachdem Sie die Lizenzbedingungen akzeptiert haben, wählen Sie im nachfolgenden Dialog die Option **Installationsmedium für einen anderen PC erstellen** ❷ und klicken auf **Weiter**, um zum nächsten Schritt zu gelangen.

4. Nun gilt es, die Sprache, die Architektur und die Edition auszuwählen, die auf Ihrem PC installiert ist. Entfernen Sie zunächst das Häkchen vor der Option **Empfohlene Optionen für diesen PC verwenden** ❸, und stellen Sie dann über die Dropdown-Menüs ❹ die benötigte Version ein. Sind alle Angaben gemacht, klicken Sie erneut auf **Weiter**.

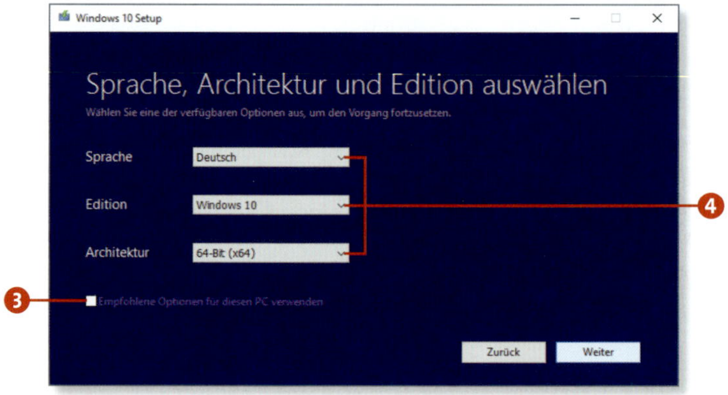

Installationsdatenträger zur Reparatur einsetzen

Wie Sie Windows mithilfe des Installationsdatenträgers reparieren können, lesen Sie im Abschnitt »Windows startet nicht mehr« auf Seite 310.

5. Es erfolgt ein Hinweis, um sicherzustellen, dass Sie auch wirklich die Version ausgewählt haben, die auf Ihrem Rechner installiert ist. Sollten die Versionen nicht übereinstimmen, benötigen Sie bei der Installation von Windows einen gültigen Lizenzschlüssel (*Product Key*). Bestätigen Sie die Abfrage mit **OK** ❺, oder klicken Sie auf **Abbrechen**, falls Sie die zuvor getroffene Auswahl ändern möchten.

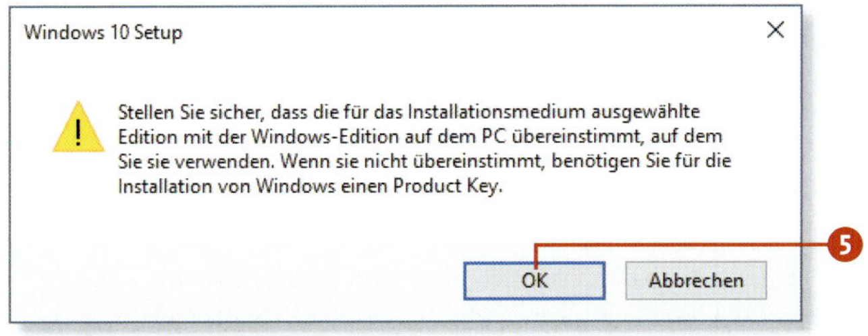

6. Legen Sie nun fest, welches Medium Sie erstellen möchten. Sie können eine ISO-Datei herunterladen und diese später auf eine DVD brennen ❻ oder das System auf einen bootfähigen USB-Stick speichern ❼. Ich empfehle Ihnen hier, den USB-Stick auszuwählen, da es mit gebrannten DVDs immer mal wieder Probleme bei der Erkennung in anderen Laufwerken geben kann. Achten Sie in diesem Fall auf die erforderliche Speicherkapazität von mindestens 4 GB für den USB-Stick. (8 GB, falls Sie sowohl die 32-Bit als auch die 64-Bit-Version laden möchten.) Markieren Sie die gewünschte Option, und klicken Sie dann auf **Weiter**.

7. Haben Sie sich für die ISO-Datei entschieden, beginnt nun der Download der Datei. Bei der Variante mit dem USB-Stick müssen Sie diesen nun auswählen ❽ und mit **Weiter** bestätigen. Eventuell auf dem Speicherstick vorhandene Dateien werden gelöscht! Das Herunterladen des Betriebssystems und die Erstellung des Mediums können über eine Stunde Zeit in Anspruch nehmen.

8. Schließlich meldet Windows die erfolgreiche Erstellung des Datenträgers, und Sie können den Vorgang mit einem Klick auf **Fertig stellen** abschließen. Der USB-Stick ist sofort einsatzbereit. Sollten Sie eine ISO-Datei erstellt haben, müssen Sie diese noch als Datenträgerabbild auf eine DVD brennen.

ISO-Datei richtig brennen

Es reicht nicht aus, die ISO-Datei einfach auf eine DVD zu brennen, die Datei muss als *Datenträgerabbild* gebrannt werden. Klicken Sie hierzu im Explorer mit der rechten Maustaste auf die ISO-Datei, und wählen Sie aus dem Kontextmenü den Befehl **Datenträgerabbild brennen**.

Hilfreiche Tastenkombinationen

Allgemeine Tastenkombinationen

Windows	im Tabletmodus: zwischen dem Startbildschirm und der zuletzt geöffneten App wechseln im Desktop-Modus: Startmenü öffnen und schließen
Windows + A	öffnet das Info-Center
Windows + B	die Option **Ausgeblendete Symbole** in der Taskleiste wählen
Windows + C	startet die Sprachassistentin Cortana (Spracheingabe)
Windows + D	zum Desktop wechseln
Windows + E	den Explorer öffnen
Windows + H	das Menü **Teilen** innerhalb verschiedener Apps öffnen
Windows + I	das Menü **Einstellungen** öffnen
Windows + K	Anzeige drahtloser Geräte in der Menüleiste öffnen
Windows + L	das System sperren
Windows + M	alle geöffneten Fenster auf dem Desktop minimieren
Windows + P	zwischen Bildschirmen umschalten
Windows + Q	aktiviert die Suche über Cortana (Texteingabe)
Windows + R	das Dialogfenster **Ausführen** öffnen
Windows + S	aktiviert die Suche über Cortana (Texteingabe)
Windows + U	Center für erleichterte Bedienung aufrufen
Windows + X	das Schnellstartmenü öffnen
Windows + Z	blendet in älteren Apps die App-Leiste ein

[Win] + [→]	aktives Fenster an den rechten Bildschirmrand andocken
[Win] + [←]	aktives Fenster an den linken Bildschirmrand andocken
[Win] + [↑]	aktives Fenster maximieren
[Win] + [↓]	aktives Fenster minimieren
[Win] + [,]	den Desktop-Inhalt kurzzeitig ausblenden
[Win] + [Pause]	Systemeigenschaften anzeigen
[Win] + Ziffer	das Programm starten, das sich an der durch die Ziffer angegebenen Position in der Taskleiste befindet
[Win] + Leertaste	Spracheinstellung der Tastatur ändern
[Win] + [↹]	zwischen geöffneten Anwendungen umschalten
[Win] + [↵]	Sprachausgabe aktivieren
[Win] + [+]	Ansicht mit der Bildschirmlupe vergrößern
[Win] + [-]	Ansicht mit der Bildschirmlupe verkleinern
[Win] + [Esc]	Bildschirmlupe schließen
[Win] + [F1]	Windows-Hilfe öffnen
[Strg] + [A]	alles markieren
[Strg] + [B]	markierte Zeichen fett darstellen (u. a. in der *Mail*-App und in WordPad)
[Strg] + [C]	kopieren
[Strg] + [I]	markierte Zeichen kursiv darstellen (u. a. in der Mail-App und in WordPad)
[Strg] + [U]	markierte Zeichen unterstrichen darstellen (u. a. in der Mail-App und in WordPad)
[Strg] + [V]	einfügen
[Strg] + [X]	ausschneiden
[Strg] + [Z]	rückgängig machen

Tastenkombinationen für den Explorer

[Alt] + [D]	das Menü **Datei** öffnen
[Strg] + [E] oder [Strg] + [F]	das Suchfeld aktivieren
[Strg] + [N]	ein neues Fenster öffnen
[Strg] + [W]	das aktuelle Fenster schließen
[Strg] + Mausrad	Größe der Symbole ändern
[Alt] + [P]	das Vorschaufenster anzeigen
[Alt] + [↵]	die Eigenschaften des ausgewählten Elements öffnen
[Alt] + [↑]	zum übergeordneten Ordner springen
[Alt] + [→]	zum nächsten Ordner springen
[Alt] + [←]	zum zuvor geöffneten Ordner springen
[F2]	das ausgewählte Element umbenennen
[F3]	zur Suche nach Dateien und Ordnern wechseln
[F4]	Adressleiste anzeigen
[F5]	das Explorer-Fenster aktualisieren
[F11]	das Explorer-Fenster maximieren oder minimieren

Tastenkombinationen in Dialogfenstern

[Strg] + [⇆]	zwischen Registerkarten umschalten (vor)
[Strg] + [⇧] + [⇆]	zwischen Registerkarten umschalten (zurück)
[⇆]	zum nächsten Steuerelement wechseln
[⇆] + [⇧]	zum vorherigen Steuerelement wechseln
[Alt]	Buchstaben als Kürzel für Menüs einblenden

Alt + unterstrichener Buchstabe (Menübuchstaben blenden Sie mit Alt ein.)	das zum Buchstaben gehörende Menü öffnen oder den entsprechenden Befehl aufrufen
Leertaste	Kontrollkästchen aktivieren oder deaktivieren
↵	das ausgewählte Element ausführen/öffnen

Tastenkombinationen für die Mail-App

Strg + R	antworten
Strg + ⇧ + R	allen antworten
Strg + F	weiterleiten
Strg + M	Posteingang aktualisieren
Strg + U	eine E-Mail als ungelesen markieren
Strg + Q	E-Mail als gelesen markieren
Strg + N	eine neue Nachricht erstellen
Strg + ↵	E-Mail senden

Tastenkombinationen für Microsoft Edge und Internet Explorer

Bild ↓	eine Seite nach unten blättern
Bild ↑	eine Seite nach oben blättern
Ende	an das Ende der Seite springen
F3	auf der Seite suchen
F4	Adressleiste aktivieren
F5	Seite aktualisieren
F7	Tastaturnavigation ein-/ausschalten

Pos1	an den Anfang der Seite springen
Strg + -	Darstellung verkleinern
Strg + +	Darstellung vergrößern
Strg + 0	Darstellung wieder auf 100 % setzen
Strg + 9	zur vorherigen Registerkarte wechseln
Strg + Alt + F4	schließt alle Registerkarten bis auf die aktive
Strg + H	Verlauf öffnen
Strg + I	Favoriten öffnen
Strg + K	aktuelle Registrierkarte kopieren
Strg + Link anklicken	öffnet die Seite in einem neuen Register
Strg + N	neues Fenster öffnen
Strg + P	aktuelle Seite ausdrucken
Strg + T	neue Registerkarte öffnen
Strg + ⭾	zwischen Registern wechseln
Strg + ⇧ + P	privaten Modus aktivieren (InPrivate)
Strg + ⇧ + R	Lesemodus ein-/ausschalten
Strg + ⇧ + T	zuletzt geschlossene Registerkarte wieder öffnen
Strg + 1–8	öffnet den Tab, dessen Nummer man drückt

Glossar

Administrator
Als Administrator bezeichnet man den Anwender, der unter Windows die meisten Rechte hat. In einem Netzwerk ist er der Verwalter und kann anderen Benutzern Rechte zuteilen oder entziehen.

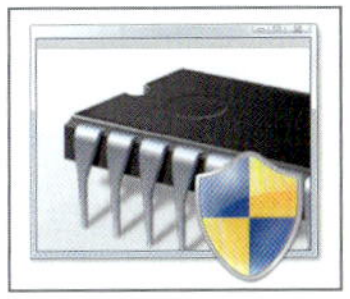

Arbeitsspeicher
Flüchtiger Speicher, in dem Programme und Daten abgelegt werden. Wird der Rechner ausgeschaltet, geht der Inhalt des Speichers verloren. Für Windows 10 in der 64-Bit-Version sollte Ihr Computer über mindestens 2 GB Arbeitsspeicher verfügen. Moderne Rechner werden heute meist mit mindestens 4 GB angeboten. Die englische Kurzform lautet *RAM* (*Random Access Memory*).

App
Kurzform des englischen Begriffs *Application Software*, zu Deutsch *Anwendungsprogramm*. Unter Windows 10 sind Apps für die Bedienung über einen Touchscreen optimiert. Sie werden in Form einer Kachel im Startmenü angezeigt und von dort auch gestartet.

Universal App
Ein Programm, das auf allen Windows-Plattformen, also Desktop-PC, Tablet, Smartphone und Xbox, verwendet werden kann. Die Universal App passt sich den unterschiedlichen Auflösungen und technischen Anforderungen der verschiedenen Geräte automatisch an.

Arbeitsplatz
Als Arbeitsplatz oder Desktop wird bei Windows der Bereich bezeichnet, auf dem herkömmliche Anwendungen ausgeführt werden. Im unteren Teil ist die Taskleiste zu sehen, auf dem Arbeitsplatz selbst zu Anfang lediglich das Programmsymbol des Papierkorbs.

Backup
Sicherheitskopie einer Anwendung oder allgemein das Anlegen einer Datensicherung. Windows 10 enthält Funktionen zum Anlegen von Datensicherungen, wie z. B. die Möglichkeit zur Erstellung eines Systemabbildes oder den Dateiversionsverlauf.

Bibliothek
In Bibliotheken werden Daten zu verschiedenen Themen zusammengefasst, z. B. Urlaubsbilder. Alle Dateien werden gebündelt in der Bibliothek angezeigt, allerdings nur als Verknüpfungen, d. h., sie können an unterschiedlichen Orten auf der Festplatte gespeichert sein.

Bildschirmlupe
Mit diesem Hilfsprogramm können Sie Bereiche des Bildschirms vergrößert darstellen. Die Bildschirmlupe starten Sie über das Center für erleichterte Bedienung, das Sie wiederum mit den Tasten ⊞ + U öffnen.

BIOS

Abkürzung für *Basic Input Output System*. Eine in einem Chip auf der Hauptplatine des Rechners gespeicherte Software, die nach dem Einschalten des PCs diesen für den Start vorbereitet, indem es u. a. die installierte Hardware testet und anschließend das Betriebssystem startet. Im BIOS wird auch festgelegt, in welcher Reihenfolge (Bootreihenfolge) angeschlossene Geräte (z. B. Festplatte, USB-Stick, DVD-Laufwerk) nach einem zu startenden System geprüft werden sollen. Der technische Nachfolger des BIOS ist das System UEFI. Siehe auch *UEFI*.

Bluetooth

Technologie zur Funkübertragung von Daten zwischen zwei oder mehr Computern oder zwischen einer Hardware, wie z. B. einem Drucker oder einer Maus, und einem Computer.

Booten

Englischer Begriff für das Hochfahren (Starten) des Betriebssystems eines Computers nach dem Einschalten.

Browser

Programm, mit dessen Hilfe Sie sich im Internet bewegen (»surfen«) können. Die bekanntesten Browser sind neben dem neuen Standardbrowser *Microsoft Edge* die Browser *Mozilla Firefox*, *Google Chrome* und *Opera*.

Cloud Computing

Steht für die Bereitstellung von Anwendungen und Speicherplatz für Daten auf entfernten Rechenzentren. Zum Beispiel ist der E-Mail-Dienst *Outlook.com* eine bereitgestellte Anwendung, während Speicherdienste wie *OneDrive*, *Dropbox* oder *Google Drive* Speicherplatz zur Sicherung Ihrer Daten zur Verfügung stellen. Cloud steht für das deutsche Wort »Wolke«.

Computer zurücksetzen

Mithilfe dieser neuen Funktion können Sie Ihr Windows-System reparieren. Dabei haben Sie die Wahl, Windows 10 entweder komplett neu zu installieren und damit auf die originalen Werkseinstellungen zurückzusetzen, wobei allerdings alle persönlichen Daten und alle Programme unwiderruflich gelöscht werden. Oder aber Sie entscheiden sich dafür, Ihre persönlichen Dateien zu behalten, in diesem Fall wird eine Reparaturinstallation durchgeführt, Windows also quasi »aufgefrischt«. Legen Sie vor der Anwendung dieser Funktion unbedingt zuerst eine Datensicherung an.

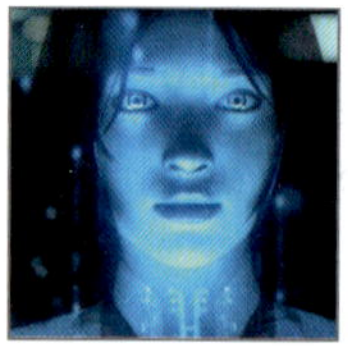

Cortana

»Hey Cortana!« Mit diesen Worten können Sie die Sprachassistentin Cortana starten. Dabei handelt es sich um einen in Windows 10 integrierten sprachgesteuerten Dienst. Fragen Sie z. B., wie das Wetter morgen wird oder welche Restaurants sich in Ihrer Nähe befinden, und Cortana antwortet per Sprachausgabe oder indem sie die Anfrage an eine Suchmaschine zur Anzeige in Ihrem Standardbrowser weiterleitet. Darüber hinaus können Sie mittels Sprachbefehlen Anwendungen starten oder beenden.

Darknet
Ein Netzwerk, welches nur über spezielle Zugangssoftware (sogenannte *Tor-Browser*) zu erreichen ist, die die Daten meist verschlüsselt überträgt, und in dem die IP-Adressen der Teilnehmer verschleiert werden. So ist eine vollständig anonyme Nutzung des Computernetzwerks möglich. Die Inhalte des Darknets sind an sich keinesfalls alle als illegal einzustufen. Journalisten und Menschenrechtsorganisationen nutzen das Netzwerk ebenfalls zur sicheren Kommunikation.

Defender
Eine in Windows 10 integrierte Software zum Schutz vor Viren, Würmern, Trojanern und anderen Schadprogrammen.

Defragmentierung
Windows speichert Daten nicht an einem Stück auf die Festplatte, sondern zerlegt sie in kleine Datenpakete und legt sie in sogenannten *Clustern* an den Stellen auf der Festplatte ab, wo gerade Platz ist. Bei der Defragmentierung werden die Daten neu geordnet und zusammenhängend abgespeichert, wodurch Speicherplatz effizienter genutzt und so der Zugriff auf die Festplatte beschleunigt werden kann.

Deinstallation
Entfernung einer Anwendung vom Computer. Siehe auch *Installation*.

Desktop
Siehe *Arbeitsplatz*.

Drag & Drop
Sie klicken mit der linken Maustaste ein Objekt an und verschieben es mit gedrückter Maustaste an eine andere Position. Sobald Sie die Maustaste wieder loslassen, wird das Objekt an dieser Stelle abgelegt bzw. eingefügt. Diesen Vorgang nennt man Drag & Drop.

Firewall
Programm, das einen Computer, der mit dem Internet verbunden ist, vor Angriffen aus dem Netz schützen soll. Ein- und ausgehende Verbindungen werden überwacht und gegebenenfalls blockiert. Unter Windows 10 ist die Firewall fester Bestandteil des Betriebssystems.

Heimnetzwerk
Zusammenschluss von zwei oder mehreren Computern in einem Netzwerk. Je nach Konfiguration des Netzwerks können alle verbundenen Computer auf Verzeichnisse und Daten der anderen Rechner zugreifen und gemeinsame Ressourcen, z. B. einen Drucker, nutzen.

Hotspot
Öffentlich angebotene WLAN-Verbindung in Hotels oder Restaurants, aber auch z. B. an Flughäfen. Der Zugang ist häufig kostenlos möglich, die Zugangsdaten erhält man an der Rezeption, vom Gastwirt oder am Informationsstand. Während Sie sich in einem öffentlichen Netzwerk befinden, sollten Sie aus Sicherheitsgründen keine Bankgeschäfte, keine Bestellungen und keine Buchungen durchführen.

Installation
Vorgang, bei dem eine Anwendung auf den Computer aufgespielt wird. Siehe auch *Deinstallation*.

IP-Adresse
Eine Kennzeichnung innerhalb eines auf dem IP-Protokoll basierenden Netzwerks, wie dem Internet, über die jedes Gerät eindeutig adressierbar und identifizierbar ist. Die IP-Adresse ist für gewöhnlich nur für eine Internetsitzung gültig und wird bei jeder Einwahl ins Internet neu zugeteilt.

Kachel
Bezeichnung für die Schaltflächen im Startmenü. Über eine Kachel starten Sie entweder eine Windows-App oder ein Desktop-Programm. Kacheln können verschoben und neu angeordnet werden. Siehe auch *Live-Kachel*.

Link
Verweis auf eine andere Seite oder auf eine andere Stelle im Programm. Am häufigsten treten (Hyper-) Links in Textform auf, aber auch Schaltflächen und Grafiken können mit einem Link unterlegt sein.

Live-Kachel
Über die Kacheln auf dem Startbildschirm werden Apps und Programme gestartet. Live-Kacheln zeigen Inhalte an, ohne dass der Anwender die dazugehörige App starten muss. Beispiele dafür sind die *Wetter*-App, die die aktuellen Wetterdaten anzeigt, oder die *Mail*-App, die neu eingetroffene Nachrichten zeigt. Der Live-Modus kann deaktiviert werden.

Mail-App
Die Mail-App zählt zu den Standard-Apps, die auf jedem Windows-10-Rechner vorinstalliert sind. Es handelt sich dabei um ein einfaches E-Mail-Programm. Die Einbindung von mehreren Mail-Konten ist möglich, seit Windows 10 unterstützt die Mail-App auch wieder POP3-Mail-Konten.

Malware
Oberbegriff für Schadprogramme wie Würmer, Viren, Trojaner, Spionage- (*Spyware*) und Werbeprogramme (*Adware*). Zum Schutz vor diesen Programmen sollten Sie immer ein aktuelles Antivirenprogramm einsetzen.

Media Player
Programm zum Abspielen von Musik-CDs und Audiodateien. Unter Windows 10 kann der Media Player aber leider keine DVDs mehr wiedergeben. Verwenden Sie dazu einen anderen DVD-Player, wie z. B. den VLC-Player.

Netzwerkschlüssel
Mit einem Netzwerkschlüssel oder Netzwerkkennwort ist ein Funknetz (*WLAN*) abgesichert. Anwender, die auf die WLAN-Verbindung zugreifen möchten, müssen zur Authentifizierung diesen Schlüssel angeben.

OneDrive
Kostenloser Onlinespeicher, der von Microsoft bereitgestellt wird. Der Dienst ermöglicht es Anwendern, Fotos und Dokumente auf einen Speicherplatz im Internet hochzuladen und

die Daten so anderen Benutzern zugänglich zu machen. Unter Windows 10 ist der Dienst direkt in den Explorer eingebunden. Sie können OneDrive aber auch über die Webadresse *www.onedrive.com* verwenden.

Outlook.com

Kostenloser E-Mail-Dienst der Firma Microsoft und Nachfolger von Hotmail. Das Mail-Konto ist von jedem internetfähigen Computer über den Browser erreichbar, kann aber auch lokal mit einem E-Mail-Client verwaltet werden.

Packen/Entpacken

Das Komprimieren und Dekomprimieren von Daten bezeichnet man umgangssprachlich auch als »Packen und Entpacken« oder, aufgrund der Dateiendung *.zip*, als »Zippen und Entzippen«.

Patchday

An jedem zweiten Dienstag im Monat liefert Microsoft Software-Aktualisierungen (engl. Patches) für seine Produkte aus. Aktualisierungen, die gefährliche Sicherheitslücken beheben, werden aber auch außerhalb der Patchdays bereitgestellt. Unter Windows 10 erfolgen die Aktualisierungen automatisch.

Partitionierung

Einteilung des Speicherplatzes einer Festplatte in mehrere Teile (*Partitionen*, *Laufwerke*).

PDF

Abkürzung für *Portable Document Format*. Dabei handelt es sich um ein Dateiformat, das für den Austausch von Informationen verwendet wird. PDF-Dateien lassen sich mithilfe eines Zusatzprogramms oder direkt aus Microsoft Office heraus erstellen. Um sie betrachten zu können, müssen Sie unter Windows 10 keinen zusätzlichen PDF-Reader mehr installieren, sondern können die *Reader*-App verwenden. Siehe auch *Reader-App*.

Product Key

Auch *Produktschlüssel* oder *Lizenzschlüssel*. Ein meist alphanumerischer Code, mit dem Sie eine Anwendung als Vollversion freischalten können bzw. der Sie zur uneingeschränkten Nutzung einer Anwendung berechtigt.

Programmsymbol

Nahezu jedes Programm verfügt über ein eigenes Programmsymbol. Anwendungen ohne eigenes Symbol wird von Windows ein Standardsymbol zugeordnet. Häufig wird dafür auch der Begriff *Icon* verwendet.

Reader-App

Unter Windows 10 wird die App zur Darstellung von PDF-Dateien Reader genannt. Sie können aber jederzeit auch ein Programm eines Drittanbieters für die Anzeige von PDF-Dateien nutzen, z. B. den *Adobe Reader*.

Registry
Englische Bezeichnung für die Registrierungsdatenbank von Windows.

Remoteunterstützung
Ermöglicht die Steuerung eines entfernten Computers über ein Netzwerk oder das Internet. Damit können Sie Freunden bei der Lösung von Computerproblemen helfen oder selbst eine entsprechende Unterstützung anfordern.

Schaltfläche
Menüpunkte in einer besonderen optischen Form (meist rechteckig). Sie müssen vom Benutzer angeklickt werden, damit eine Aktion ausgeführt wird. Manchmal wird für Schaltflächen auch der Begriff *Button* verwendet.

Sperrbildschirm
Vorgeschalteter Bildschirm, der angezeigt wird, wenn das System vom Benutzer gesperrt wird oder wenn Windows in den Energiesparmodus wechselt. Auf dem Sperrbildschirm lassen sich Informationen, wie z. B. das aktuelle Wetter oder die Anzahl neu eingetroffener E-Mails, anzeigen.

Startmenü
Das Startmenü wurde unter Windows 8 entfernt und ist nun unter Windows 10 wieder zurückgekehrt. Es wird mit einem Klick auf die **Start**-Schaltfläche am unteren Bildrand oder mithilfe der [Windows]-Taste geöffnet. Hierüber können Sie Anwendungen starten und Systemeinstellungen aufrufen. Das Menü kann in seiner Größe variabel dargestellt werden.

Store
Über die Store-App können kostenlose und kostenpflichtige Programme heruntergeladen und installiert werden. Darüber hinaus bietet der Store die Möglichkeit, Musik zu kaufen sowie Filme und Fernsehsendungen zu erwerben oder auszuleihen.

Systemabbild
Auch *Image*, *Systemimage*, *Festplatten-Image*. Eine exakte Kopie eines Laufwerks. In ein Systemabbild können neben der Systemfestplatte auch Kopien weiterer Festplatten integriert werden.

Touchscreen
Berührungsempfindlicher Bildschirm für die Steuerung mit einem Stift oder den Fingern. Moderne Notebooks und Tablet-PCs, aber auch Smartphones sind mit einem solchen Display ausgestattet.

UEFI
Abkürzung für *Unified Extensible Firmware Interface*. Das UEFI ist eine Schnittstelle zwischen der Hardware Ihres Computers und dem Betriebssystem und ersetzt auf modernen Computern das inzwischen in die Jahre gekommene *BIOS*. Es ist leistungsfähiger als das alte BIOS und für den Anwender aufgrund einer ansprechenden grafischen Benutzeroberfläche leichter bedienbar.

Update
Programmverbesserungen und Erweiterungen, die vom Hersteller meist kostenlos zur Verfügung gestellt werden. Updates beheben oft Programmfehler oder schließen Sicherheitslücken.

URL
Abkürzung für *Uniform Resource Locator*. Damit bezeichnet man im Allgemeinen eine Internetadresse, z. B. *http://www.paules-pc-forum.de*.

USB
Abkürzung für *Universal Serial Bus*. USB ist mittlerweile die häufigste Schnittstelle für den Anschluss von Hardware wie Maus, Tastatur, Scanner, Drucker, Digitalkamera, Speicher-Stick und externe Festplatte. Der Standard ist noch USB 2.0, neuere Computer verfügen zusätzlich aber häufig schon über einen schnelleren USB-3.0-Anschluss.

Wechseldatenträger
Datenträger, der nicht fest in den Computer eingebaut ist, z. B. eine CD/DVD oder ein USB-Stick.

Windows Essentials
Sammlung kostenloser Programme und Webdienste von Microsoft. Zu den bekanntesten Anwendungen gehören *Mail*, die *Windows-Fotogalerie* und der *Movie Maker*. Seit Januar 2017 wird die Software von Microsoft nicht mehr unterstützt.

Windows-Ink
Speziell für die Nutzung von Windows 10 auf Tablets konzipiert, unterstützt Windows-Ink die Bedienung mit einem digitalen Stift sowie die Erfassung von handschriftlichen Notizen und Zeichnungen. Die Windows-Ink-Arbeitsumgebung kann über das Kontextmenü der Taskleiste hinzugeschaltet oder deaktiviert werden.

WLAN
Drahtloses lokales Netzwerk (*Wireless Local Area Network*). Die Daten werden per Funk übertragen. WLAN ermöglicht die kabellose Nutzung des Internets z. B. mit einem Laptop.

WPA/WPA2
Verschlüsselungsmethode für Drahtlosnetzwerke (*WLAN*).

Stichwortverzeichnis

C

D

F

G

H

I

N

O

P

T

U